U0120537

■“十三五”国家重点图书出版规划项目

■国家社会科学基金一般项目“政策工具视角下的古代政府治理思想及其当代价值研究”（批准号：17BGL223）阶段性成果之一

■国家社会科学基金重大项目“中国古代管理思想通史”（批准号：13&ZD081）阶段性成果之一

■莆田学院出版基金资助项目

■福建省优秀出版项目

中国管理思想史

明代管理思想史

方宝璋◇著

海峡出版发行集团 | 鹭江出版社
THE STRAITS PUBLISHING & DISTRIBUTING GROUP

2021年 · 厦门

目录

总论

第一节 理论价值和现实意义

“中国管理思想史”系列专著包括《先秦管理思想史》《秦汉魏晋南北朝管理思想史》《隋唐五代管理思想史》《宋代管理思想史》《元代管理思想史》《明代管理思想史》《清代管理思想史》，共7卷，为国家社会科学基金重大项目“中国古代管理思想通史”（批准号：13&ZD081）阶段性成果。该系列专著以中国古代传统儒家修身齐家治国平天下为主线，分别阐述了先秦、秦汉魏晋南北朝、隋唐五代、宋、元、明、清历朝自我管理思想、家族管理思想、经营管理思想、国家管理思想、军事管理思想等五大方面的内容，比较全面系统地勾画了该时期管理思想的历史面貌。该系列专著侧重发掘对当代有借鉴意义的古代管理思想，为构建中国特色社会主义的管理思想和制度提供历史借鉴。

该系列专著按自我管理思想、家族管理思想、经营管理思想、国家管理思想、军事管理思想分类论述的依据来自先秦儒家的修身齐家治国平天下思想。修身齐家治国平天下思想是中国古代的主流管理思想，具有普遍性，比较客观全面地反映了中国古代管理思想的历史面貌和本质特征。

该系列专著中的自我管理思想是中国传统管理思想与西方管理思想的重要区别。西方管理思想强调管理本质是通过其他人来完成工作，如福莱特（Follett）曾给管理下的经典定义是“通过其他人来完成工作的艺术”。罗宾斯（Robbins）和库尔塔（Coultar）也认为，“管理这一术语是指和其他人一起并且通过其他人来有效地完成工作的过程”①。似乎管理是针对其他人，而不是针对本人。与此相反，中国传统管理思想则强调修身、自律，即自我管理，而且将此作为管理的根本和逻辑起点，即首先要管好自己，然后才能管好家庭、国家乃至全天下。中国民间至今流行一句俗话：先管好自己才能管好别人。这里强调的就是自我管理。

该系列专著以先秦儒家的修身齐家治国平天下思想为基础，再派生出经营管理思想、军事管理思想。所谓经营管理思想，因私人经营农、工、商，或多或少带有市场经济的性质，从本质上有别于国家垄断经营的农、工、商，因此另立一类论述。军事管理思想，广义上属于国家管理思想范畴，但由于其具有特殊性，而且古代文献中这方面的资料较多，故也另立一类论述。

当前，世界管理学界十分重视对东方管理思想的研究，我国学界对管理思想史的研究方兴未艾。但从总体上看，有关管理思想史的研究主要侧重于经济管理思想史，而少有涉及政治、军事、文化、社会等管理思想；多侧重于国家管理思想，而少有涉及自我管理思想、家族管理思想、经营管理思想、军事管理思想。以往的研究绝大多数以某些代表人物为中心，采取传统的通史写作方法。该系列专著从自我管理、家族管理、经营管理、国家管理、军事管理的视角，以现代管理理论为指导，在尽可能多地收集资料的基础上，对古代管理思想进行比较全面、系统、深入的分专题研究。这将丰富中国古代管理思想史的研究，填补古代自我管理思想、家族管理思想、经营管理思想、国家管理思想、军事管理思想等方面研究的某些空白，如社会治理思想、古代公共事业思想、古

① 周三多、陈传明：《管理学》，高等教育出版社，2014 年，第 3 页。

代买扑思想、入中（开中）思想、经商思想等。从新的视角用新的方法深化对某些专题的探讨，提出一些新的观点，为今后的进一步研究提供更多的参考资料。

党的十八届三中全会《中共中央关于全面深化改革若干重大问题的决定》提出了“国家治理”“政府治理”“社会治理”等新概念（全文23次出现“治理”一词），在全面深化改革的总目标中提出“推进国家治理体系和治理能力现代化”，还有专门章节论述“创新社会治理体制”。党的十九大报告中将“推进国家治理体系和治理能力现代化”明确为全面深化改革的总目标之一。党的十九届四中全会审议通过了《中共中央关于坚持和完善中国特色社会主义制度、推进国家治理体系和治理能力现代化若干重大问题的决定》。

从广义上说，管理可涵盖治理；从狭义上说，治理是管理的更高一个层次。从狭义上的管理到治理，虽一字之差，却体现了治国理念的新变化、新要求、新跨越。狭义上的管理，简而言之，就是依赖传统公共管理的垄断和强制性质，把属下地区和人民管住、管好，全能政府色彩浓重，较少采取协作、互动的方式。而治理有整治、调理、改造的意思，更强调指导性、协调性、沟通性、互动性，彰显了社会建设的公平、正义、和谐、有序。狭义上的管理，其主体是一元的，而治理，其主体则是多元的。狭义上的管理是垂直的，治理则是扁平化的。目前，我国必须充分发挥政策工具的效用，从较单一的以管制为主的政府逐渐过渡到协调、服务、管制三者兼有的政府，从无限管理型政府逐步转变为有限服务型政府。我国现行的管理体制，是新中国成立后根据我国的政治体制、经济社会发展状况和历史文化传统等基本国情确定的。我们研究古代管理思想，就是要达到古为今用的目的，为建设中国特色社会主义管理理论和管理制度提供历史借鉴。如研究古代的民本思想，政策工具中协调、服务、管制思想就能为当前我国社会主义民主、政策工具的最有效使用提供重要的启迪。同时，研究古代管理思想，能更好地让中国传统管理思想走向世界，增强我国在国际竞争中的软实力。

第二节　国内外研究现状及发展动态分析

有关从自我管理思想、家族管理思想、经营管理思想、国家管理思想、军事管理思想五位一体的视角研究古代管理思想的专门论著，笔者至今尚未见到。但是，一些已出版或发表的论著，却不同程度地涉及这方面的问题。就整体上来说，大致可分为两种类型。

一是一些管理思想史、经济思想史或政治思想史的论著。其中，国内有关管理思想史的著作主要有：苏东水《东方管理学》，何奇《中国古代管理思想》，潘承烈《中国古代管理思想之今用》，姜杰《中国管理思想史》，吴照云《中国管理思想史》，刘云柏《中国管理思想通史》，王忠伟等《中国远古管理思想史》《中国中古管理思想史》《中国近古管理思想史》，刘筱红《管理思想史》，方宝璋《宋代管理思想》《先秦管理思想》。有关经济管理思想史的著作主要有：赵靖《中国经济管理思想史教程》、何炼成《中国经济管理思想史》、叶世昌《中国古代经济管理思想》、滕显间《中国历代经济管理反思》、方宝璋《宋代经济管理思想与当代经济管理》。有关经济思想史的著作主要有：唐庆增《中国经济思想史》、胡寄窗《中国经济思想史》、赵靖《中国经济思想通史》、侯家驹《中国经济思想史》、叶坦《富国富民论——立足于宋代的考察》。有关政治思想史的著作主要有：萧公权《中国政治思想史》、刘泽华《中国政治思想史集》、曹德本《中国政治思想史》、纪宝成《中国古代治国要论》以及数种论文集和资料选辑等。国外的主要有桑田幸三《中国经济思想史论》、上野直明《中国经济思想史》等。这些论著在某些章节或以管理理念的视角，或以管理主体、管理权力、管理组织、管理文化和管理心理的视角，或以古代儒家、法家、道家、墨家、兵家等思想流派的视角，或以政治、经济、军事、文化、社会的视角，对古代管理思想做出精辟、

独到的概括和总结，并上升到管理理论的高度加以阐述。如苏东水在《东方管理学·导论篇》中开创性地提出了概括东方管理文化本质特征的“以人为本、以德为先、人为为人”的“三为”原理，在中国管理、西方管理和华商管理的基础上形成了治国、治生、治家和治身的“四治”体系，以人本论、人德论、人为论为核心，包括人道、人心、人缘、人谋、人才“五行”管理的东方管理理论体系，并提出东方管理学的管理目标是构建和谐社会的和贵、和合、和谐。苏东水东方管理理论体系的创建，主要就是从中国古代管理思想中汲取精华。又如赵靖的《中国古代经济管理思想概论》，以“富国之学”和“治生之学”的发展为线索，为中国古代经济管理思想史这门学科建立了一种理论模式。何炼成总结的中国传统经济管理思想的基本特点是：以宏观目标的“富国之学”为基本线索，宏观经济管理的基本指导思想主要表现为义利之争、本末之争、俭奢之争。宏观经济管理方针主要有两条，一是“无为而治”，即自由放任的方针，二是“通轻重之权”，即实行国家控制的方针。潘承烈等主编的《中国古代管理思想之今用》，以先秦老子、孔子、墨子、商鞅、孟子、孙子、鬼谷子、管子、荀子和韩非子为研究对象，从他们的学说与留给后人的著作中去研究这些先人的思想，包括涉及管理方面的可资借鉴和有启迪作用的思路、哲理、观点、规律与理论等等。刘云柏在《中国管理思想通史》中将中国管理思想分为儒家、道家、法家、佛家、兵家、墨家、农家、阴阳家、杂家、名家、基督教、伊斯兰教、少数民族、纵横家、医家等派别，并分别加以历史性考察。姜以读等编著的《中国古代政府管理思想精粹》，从民为邦本、治国之道、君臣之道、行政方略、因时而立政令、礼义法度应时而变、法令者为治之本，事在四方要在中央、统华夏为一家、兵为国家大事、食货为生民之本、财赋为邦国之大本、四民之业钱货为本、教化治天下、建国教学为先、礼贤举士、用人行政并重、严吏治及交邻有道等方面，总结了古代国家管理思想精粹。

二是一些经济史、政治史、法制史等专题性的论著。其中比较有代表性的有：九卷本各卷分设主编的《中国经济通史》、白钢《中国政治制

度通史》、张晋藩《中国法制通史》、方宝璋《中国审计史稿》，以及大量专题性的断代研究专著，如张亚初、刘雨《西周金文官制研究》，安作璋、熊铁基《秦汉官制史稿》，杨鸿年《汉魏制度丛考》，王永兴《唐勾检制研究》，汪圣铎《两宋财政史》，李晓《宋代工商业经济与政府干预研究》，张文《宋代社会救济研究》，边俊杰《明代的财政制度变迁》，张显清《明代政治史》，田培栋《明代社会经济史研究》等。这些论著在宏观考察中国古代各种制度时，提出了一些对管理思想史有重要参考价值的精辟论断。如白钢在《中国政治制度通史·总论》中提出，中国从战国至清朝封建地主阶级专政的国家是以中央集权和官僚政治的形式出现，实行专制君主制，其政体运行机制，以皇帝“独制于天下而无所制”为转移，其特点主要有 3 个方面，即行政、军事、监察三大系统鼎立，近侍逐步政务官化，中央派出机构逐步地方政权化。

以上两类论著在其研究的主要领域，均做了全面、系统、深入的研究，做出了令人瞩目的贡献，处于领先水平。这些论著在不同程度上涉及古代管理思想，如对社会犯罪的禁戒与镇压、政府财政税收管理、盐铁茶酒专卖、对户口土地的管制、垄断货币发行、对社会的救助等思想的论述，对进一步研究管理思想有参考启示作用。但是，这些论著均只是在从事本领域研究需要时论及管理思想的某一方面，因此难免有所不足。总的说来，其不足大致有以下 5 个方面。

其一，以往的研究成果虽然涉及古代管理思想各方面，但都未能有意识地从自我管理思想、家族管理思想、经营管理思想、国家管理思想、军事管理思想五位一体的视角进行探讨论述。其二，绝大多数研究成果仍停留于采用传统的、以某些代表人物为中心的通史叙述方法，而鲜有以现代先进的管理理论为指导。其三，鉴于以往研究中视角与方法的局限，对古代一些管理思想的分析与看法，有待于重新认识与评价。其四，古代史料浩繁分散，尤其是一些低层次人物有价值的管理思想非常零散，以往的研究对此关注不够、收集较少。除此之外，古代管理行为、政策、制度中所反映的管理思想也发掘不够。有关古代管理思想的史料发掘整

理之不足，是限制研究工作深入的另一个重要原因。

第三节　特色和创新

（一）　学术视角较新

以自我管理思想、家族管理思想、经营管理思想、国家管理思想、军事管理思想五位一体的视角，能比较深层次、客观、系统、全面地勾画先秦、秦汉魏晋南北朝、隋唐五代、宋、元、明、清时期管理思想的历史面貌，动态综合地考察历代政府管理思想得失与王朝兴衰的必然联系。

（二）　史料的完整性

该系列专著在史料收集上的明显特点是：不仅收集高层人物的主流管理思想，而且重视收集一些虽是低层人物但有价值的管理思想，并注意从管理行为、政策、制度中发掘其体现的管理思想。该系列专著所引用的材料有50％以上是该研究领域首次使用的。

（三）　研究领域创新

该系列专著所涉及的一些专题，如古代经营管理思想、古代社会管理思想、古代公共事业思想等是以往很少有人研究的，该系列专著弥补了管理思想史研究的一些空白。

（四）　学术观点创新

对于古代的一些管理思想，学术界历来看法不一。该系列专著从自我管理思想、家族管理思想、经营管理思想、国家管理思想、军事管理思想五位一体的视角，对其进行重新评价，提出独立见解。例如：提出修齐治平是中国古代主流的管理思想，反映了东西方的不同管理逻辑起点；提出中国古代管理思想史大致可分为三个阶段：第一阶段夏商、西周、春秋、战国是古代管理思想的产生及其初成体系时期，第二阶段秦

汉、魏晋南北朝、隋唐前期是古代管理思想缓慢发展时期，第三阶段唐中叶五代、宋、元、明、清是古代管理思想成熟及变革时期；提出古代较先进的政府管理思想是在适度的管制下充分发挥协调、服务政策性工具的作用，这对当代处理好政府与市场的关系、创新行政管理方式、建设服务型政府，具有借鉴意义。这些都是以往研究者所未提到的。

（五） 对当代的启示

该系列专著着重发掘对当代有启示意义的古代管理思想，为党的十八届三中全会和十九届四中全会提出的完善和发展中国特色社会主义制度，推进国家治理体系和治理能力现代化提供历史的借鉴。例如：提出民本思想是古代政府管理的指导思想，在历代具有很强的路径依赖，至今对我国目前“全面深化改革，以增进人民福祉为出发点和落脚点”的改革目标有深刻的影响；提出军事力量是国家管理的基石等管理思想，对现代国家管理都具有积极的借鉴作用。

第四节 修齐治平：历史与逻辑的分析框架

（一） 自我管理思想

汉代《大学》中提出的修身、齐家、治国、平天下，是先秦儒家管理思想的总结。儒家所说的修身，内容相当丰富，其中主要有孔子提出的仁、义、礼、智、信，孟子提出的仁、义、诚等。孟子还将以孔子为代表的儒家修身思想概括为“四端”，即仁、义、礼、智。后人在此基础上又增加了“信”，成为所谓的“五常”。尔后，历代儒家学者在对前代儒家著述和思想的注释和阐发中不断发展完善丰富儒家思想，如汉代的《大学》《中庸》的作者在孔孟“诚”的基础上提出了慎独、正心、明德、格物、致知等，唐代的韩愈提出了性三品论，并将《礼记》中的《大学》篇挑选出来，列为《四书》之首。韩愈因此成为宋代理学的先驱者。宋

明理学大大发展了先秦儒家思想，成为儒学发展史上的第二个高峰，其中南宋的朱熹为集大成者，被称为儒学发展史上“矗立中道”的继往开来的人物。宋明理学援佛入儒，提出了理气、性命等新命题。

就儒家修身学说来说，经过历代发展和丰富，内容可谓洋洋大观，在此，短短的篇幅难以列举。如果要说其中最为核心的思想是什么，据笔者理解，那就是“五常”，而且“五常”之中，又以“仁”为首。孔子首先提出的“仁”，有多种含义，其中最核心的就是“仁者爱人”。按照孔子的逻辑，一个人如有“推己及人”之心，即“己所不欲，勿施于人”，即自己不想做的事，也不要强加别人做。如能做到这一点，就是起码的仁爱，其余的义、礼、智、信也就容易做到了。因此，古今中外都不例外。要建立一个美好的人类社会，其逻辑起点应是每一个人必须具有爱心，其他好的品质就容易培养了。正由于古代先哲认识到了这一点，所以都重视爱，如基督教主张博爱，佛教主张慈悲为怀、众生平等。

（二） 家族管理思想

儒家所谓的齐家，总的说来，是要使家庭、家族和睦，父慈子孝，兄友弟悌，夫主妇从，上下尊卑有序。儒家齐家重视同宗同族之人通过建宗祠、编族谱、建祖坟、定期祭祀会食等以达到追根溯源，尊祖敬宗，慎终追远，从而使同宗同族之人团结在一起，互相扶持，守望相助。所以，俗话所说的“家和万事兴”是中国人齐家的共同追求。儒家也强调通过勤劳节俭而发家致富，使子孙衣食无忧，通过兴办私塾，督促鼓励子弟努力读书学习，科举致仕，进而光宗耀祖，提高本宗族的社会地位和影响力。古人在齐家中认为身教重于言教，一家人朝夕相处，父母家长应重视自己的修身，各方面做出表率，才能教育好子孙。

中国自古以来家国一体，家是小的国，国是大的家。自先秦以来，古人就主张孝治天下。古人认为：在家孝顺父母的人，在外做事当官就会忠于君主和上级领导；在家敬爱兄长爱护弟弟的人，在外处世就会和同事朋友之间相处和谐。这就是古人常说的孝子忠臣、移孝作忠。孔子以“推己及人”的逻辑思维推导，要建立起理想的大同社会，首先必须

从“老吾老以及人之老，幼吾幼以及人之幼”做起。这就是从修身、齐家而扩充至治国的实现平天下的路径。古人基于这种认识，在选拔治国人才时，非常重视将孝道作为一条重要的标准。如汉朝有“举孝廉”的制度，就是选拔有孝道、清廉品德的人担任各级官吏。

（三） 经营管理思想

先秦时期，在经营管理上出现了“计然之策”和“治生之道”、君主利民、轻徭薄赋等思想。汉代，司马迁的善因论思想则提倡国家要善于利用人求利的本性引导工商业的发展。唐代，刘晏兼任盐铁使后，改革榷盐为民产、官收（官督）、商运、商销，改革漕运为官督雇佣制等，都注意通过发挥私商经营的积极性来克服官营的高成本、低效率，促进社会经济的发展，同时提高政府的财政收入。

宋代政府尝试在不同制度关系中运用协调（约定、协商、引导、劝勉、调解）的方式去控制和规范组织与个人的活动，如入中、买扑承包、雇募制思想等，出现管理思想的重心从统治到治理的转化。所谓入中（明称“开中”），就是宋、明朝廷利用茶盐等榷货换取民间商人运送军用粮草到沿边，以保障军队后勤供给。所谓买扑，就是宋代私人通过向官府交纳课利，承包经营官府的酒坊、河渡、盐井、田地等。宋代，有识之士已认识到：只有工商业私营，才能提高生产者的积极性和生产效率，促进社会经济的恢复和发展；私营工商业自由竞争能使吏治廉洁、稳定社会，能在某些方面发挥政府不可替代的作用；对私营工商业应因势利导，能达到官民共利。私商经营和买扑思想是古代经营管理思想的一个重要发展，标志着我国中古管理思想开始向近古管理思想的转变。

（四） 国家管理思想

中国古代在国家管理中的指导思想是以民为本，即民本思想。最高统治者在意识到“治天下者，以人为本”的前提下，在管理国家、制定政策中必须考虑保民、养民、教民、抚民、利民、爱民、得民等。民本思想渊源甚早，并对后世产生深远的影响。中国古代从先秦开始，就出现了《尚书》中的重民、“民惟邦本”，周公的保民，孔子的爱民，孟子

的民贵君轻论，荀子的君舟民水论等民本思想。春秋时期一些当政者对民十分重视，把对民政策作为管理国家成败的关键。虢国的史嚚说："国将兴，听于民；将亡，听于神。"① 战国时期，重民思想又有明显的发展，其中较为突出的是孟子的"民为贵，社稷次之，君为轻"②。据荀子称，君舟民水是孔子提出来的。"君者，舟也；庶人者，水也。水则载舟，水则覆舟，此之谓也。"③ 汉代贾谊进一步提出"以民为命""以民为力""以民为功"等相关理念，继承了先秦儒家爱民仁政的思想，把此作为管理国家的核心思想。到了唐朝时期，唐太宗的国以民为本，明清时期黄宗羲、顾炎武、唐甄等人的民本论，特别是王夫之"不以一人私天下"的民本思想，从公与私的视角对君与民的关系做了分析。

说到底，古代民本思想都是从管理者（最高统治者和各级官吏）的角度，重视、肯定被管理者（民众）在管理国家中的最终决定作用。在政治清明的盛世，民本思想成为政府管理的指导思想。民本思想并不等于民主思想，其本质是统治者重民思想，即意识到在"民惟邦本，本固邦宁""治天下者，以人为本"的前提下，在管理国家、制定政策中首先必须考虑保民、养民、教民、抚民、利民、爱民、得民等。中国古代民本思想在管理国家实践中的具体政策体现是：其一，管理者认识到民心向背关系国家兴衰存亡，故治国必须顺民心，尊重民情、民意；其二，实施利民、惠民政策，而勿扰民、伤民，轻徭薄赋，使民致富，这样就可以得民心、得天下；其三，政府通过实施对民有利之事来引导民众，使民按照政府的政策、命令行事。总之，古代的民本思想与当代的执政为民、为人民谋福祉，其思想是一脉相承的。

德法并用是古代政府管理思想的总原则。其管理国家的基本原则是历代政府要发挥好政策工具（管制、协调、服务）的作用，必须德法并用、德主刑辅，先以仁义教化"劝善"，后以法制刑杀"诛恶"，二者相

① 《左传》庄公三十二年，《十三经注疏》本，中华书局，1980年。
② 《孟子·尽心下》，《新编诸子集成》本，中华书局，2018年。
③ 《荀子·王制》，《新编诸子集成》本，中华书局，2018年。

济为用。

古代德法并用思想的理论依据是人性论。主张以严刑酷法为主治国的人通常认为人性是恶的，因此主张应当以刑法惩恶，才能维护国家的统治。相反，主张以德为主或为先治国的人则一般认为人性是善的，所以主张通过教化，宣传仁义礼智信、忠孝廉耻等，引导民众从善，自觉遵守道德规范，从而达到天下太平。当然，刑法也不可或缺。如没有刑法，则不能威慑企图违法犯罪者。只有以德为主、以刑为辅，或先德后刑，才是治国之正道。

在政府管理中，各种政策工具必须通过各级官吏加以执行。因此，历代最高统治者为维护自己的统治，高度重视治吏。正如《韩非子·外储说右下》所指出的："吏者，民之本、纲者也，故圣人治吏不治民。"治吏的主要手段就是加强对官吏的选任与监察、考核。

古代对官吏的选拔、任用、监察、考核从时间序列上看体现了一种控制思想。其中，选任是核心。选拔侧重于事前控制，属于积极控制；如选拔出的官吏均是德才兼备的优秀人才，那就大大减小了任用官吏环节失控的概率，防患于未然。监察侧重于事中同步控制，可属于积极控制，即在官吏任职期间，如随时发现问题随时提出纠弹，及时制止任用官吏环节出现的失控，将问题防患于萌芽阶段；考核侧重于事后控制，属于消极控制，即在官吏某一阶段任职期结束时进行检查评估，这对官吏虽然有激励作用，但如发现任用官吏有失控问题，则很难弥补其造成的危害损失，同时也毁掉了一批官吏，只能起惩弊于后的作用。

（五） 军事管理思想

国家必须拥有一支强大的军队，以保卫国土安全并随时对被管理者的反抗实行镇压，以此确保政府的管理意志能够得到贯彻执行。古代，国君拥有统率、指挥军队和任命将帅的最高权力。

古代的军事管理最根本、最重要的是，最高统治者，即国王或皇帝要亲自掌握全国军队的领导权、指挥权和调遣权。任何国家管理者的统治权力的基础是拥有一支强大的武装力量作为其后盾。如果一旦失去对

军队的控制，那么管理者将变成被管理者，甚至沦为阶下囚或连身家性命都不保。《管子·重令》说："凡国之重也，必待兵之胜也，而国乃重。"军事管理的主要措施，如将领选任、军队建制、领导体系、兵种建置、兵役制度、武器装备、后勤供给保障、军队纪律等，都是为了加强作为后盾的武装实力，以维护国家的长治久安，保证各项国家管理措施和政策得到贯彻和执行。

但是，最高统治者又要十分慎重使用军事力量。兵者，凶险无比也，它会带来大量人员的伤亡和财产的损失，使千里沃野成为焦土废墟。《老子》第31章云："兵者不祥之器，非君子之器，不得已而用之，恬淡为上。胜而不美，而美之者，是乐杀人。夫乐杀人者，则不可以得志于天下矣。"可见，老子认为武力战争是带来灾难的不祥东西，不是君子所使用的。如万不得已而使用它，最好要淡然处之。胜利了也不要得意扬扬，如果得意扬扬，就是喜欢杀人。喜欢杀人的，就不能在天下得到成功。当时，不仅主张清静无为的老子如此认为，即使作为杰出的军事家孙子也主张不要轻易发动战争。他在《孙子兵法》开篇就指出："兵者，国之大事，死生之地，存亡之道，不可不察也。"不言而喻，孙子认为战争关系到人民的生死、国家的存亡，因此必须予以十分谨慎的对待，切不可轻举妄动。基于这种思想，他在《谋攻》篇深刻指出："百战百胜，非善之善者也；不战而屈人之兵，善之善者也。"这就是即使发动战争百战百胜，胜利一方也要付出沉重的代价，因此不是最佳的选择。只有不发动战争而使对方屈服，这才是最佳的选项。

（六） 古代政府管理政策工具的三个层面

从古代政策工具的视角看，管理国家主要有三个层面。第一层面是以政府管制为主的管理，通过命令、禁戒等手段，如通过户口和土地、租税和货币管理、盐铁酒专卖等，强制民间组织及个人遵守、服从。管制较容易实施和管理，效果具有直接性，更适应于作为处理危机的工具。但管制会限制自愿性和私人活动，可能导致经济上的无效率性、高成本、低质量，并可能产生社会与政府的对立，甚至恶化为冲突等。古代政府

管理思想认为，过分强调管制，会使整个国家和社会处于高度紧张状态，内部缺乏调节和弹性。故貌似强大巩固，其实充满危机。第二层面是以政府协调为主的管理，如通过财政性政策工具、市场性政策工具（买扑、入中、减免赋税等）调控经济活动，通过契约、劝勉、调解等途径使政府与民间组织、个人自愿平等合作，动员全社会力量共同参与，最大限度增进共同利益。政府协调为主的管理能降低政府管制的成本，提高积极性和产品质量，有效配置资源，促进经济发展，避免社会与政府、社会各阶层之间的对立引起的内耗。从短期效益看，虽然协调管理会弱化政府对经济和社会的直接控制，有时短期之内还会减少财政收入，削弱政府的权力，但从长远的眼光来看，协调富有调节机制，能缓和化解各种矛盾，使内部富有修复机制和弹性，整个国家和社会易于趋向安定和谐。第三层面是政府通过对社会的服务，即通过救助进行赈灾、救济，采取公办、公办民助、民办公助等形式，兴办公共事业等。其政策着眼点是保障弱势群体的最起码生存条件，为全体民众提供必要的公共产品，从而使社会和谐稳定。

从管理控制论的角度看，管理国家无论从主体还是从客体来说，都是人（管理者）进行的控制和对人（被管理者）进行的控制。说到底，人是核心要素，所有的管理活动都是通过人的行为来完成的。总的说来，古代的管理者依据被管理者的3种不同性质的行为分别采取3种不同的管理政策工具：对严重威胁封建统治和社会稳定的行为，政府采取镇压、禁戒等严厉管制政策，主要为达到有序地控制目标；对日常民众的经济、文化活动，政府通过价格机制进行反馈和调节，采取鼓励和引导等协调政策，从而提高全社会自愿参与的积极性，主要为达到高效的控制目标；对于灾民及老弱病残、孤独无助者，政府采取救助和兴办公共事业等服务政策，为弱势群体提供公共产品或准公共产品，保证他们的基本生存条件，主要为达到和谐的控制目标。总之，古代政策工具暗含着这样的思想理念：管理者对被管理者对抗性、非对抗性和求助性的3种行为分别采取刚性（管制）、柔性（协调）和人道（服务）的3种性质的政策工

具进行控制，从而达到长治久安的控制目标。

古代政策工具的较好发挥是，在尊重民众基本权利的适度管制下，坚持公平协调，调节化解各种社会矛盾，引导民众向善，着眼于利民、爱民的服务，兴办公共事业和社会救助，保障民众的基本生存条件，从而达到长治久安的管理目标，使国家安定和谐、经济发展、民富国强。

第五节　中国古代管理思想阶段性特征

（一） 古代管理思想形成三个阶段的主要因素

综观中国古代管理思想史，大致可分为三个阶段：第一阶段夏商、西周、春秋、战国是古代管理思想的产生及其初成体系时期，第二阶段秦汉、魏晋南北朝、隋唐前期是古代管理思想缓慢发展时期，第三阶段唐中叶五代、宋、元、明、清是古代管理思想成熟及变革时期。其形成原因是错综复杂的，需要进一步研究，但目前有两点主要因素是比较明显的。

其一，动荡忧患时代更能激发人们对管理思想的思考和创新。如前所述，中国古代之所以在春秋战国时期、唐中叶五代两宋、明末清初与晚清出现管理思想的繁荣局面，其中一条重要原因是这三个时期都是动荡忧患的历史时代。春秋战国诸侯国之间割据混战，生灵涂炭，人民生活处于朝不保夕的境地，促使一些有识之士对国家管理展开思考，并对此发表自己的见解，形成百家争鸣的景象。中国古代管理思想初步形成体系，对其后两千多年的古代管理思想产生了极其深远的影响。中国古代绝大多数的管理思想均可从春秋战国诸子百家中找到其渊源。唐安史之乱后藩镇割据，兵连祸结，最后形成五代十国的局面，社会仍然动荡不安。北宋虽然结束了五代十国的割据局面，但终两宋三百多年，先有北宋、辽、西夏对峙，后有南宋、金、西夏鼎立，仍然是战火连绵，天灾

人祸不断。在这种历史背景下，又激发了一些有忧患意识的人思考如何安邦治国，从而开创了古代管理思想一个新的发展时期。明末清初的改朝换代，使社会长期动荡不安，促使一些明朝遗民思考明亡的教训。晚清西方列强的侵略，使中华民族面临着生死存亡的严峻挑战，一些爱国志士师夷长技以制夷，努力学习西方的先进科学技术与政治制度、管理思想，奋力挽救民族危亡，梦想建立一个富强的中国。明末清初和晚清出现的管理变革思想，标志着中国古代管理思想向近代管理思想转变。与此相反，汉唐虽然是中国古代富庶强盛的朝代，但哲学思想和管理思想都相对缺少明显的创新，处于缓慢发展、比较沉闷的时期。究其原因，汉唐相对安定富饶的生活使人们创新管理思想的动力不足。这里必须说明的是，魏晋南北朝虽然也是一个战乱的时期，但是由于进入中原的游牧民族文化层次太低，其政权更迭频繁，因此也不可能产生管理思想的创新。

其二，相对宽松自由的文化和言论环境有利于管理思想的创新。如春秋战国时期各诸侯国为在割据混战中胜出，一般都给予士人较宽松优裕的待遇，以招揽人才，为己所用。那些士人为了能受到国君的重用，也积极发表自己的安邦治国见解。这就促使当时管理思想新见迭出，异彩纷呈。赵匡胤建立宋朝后，右儒重学，优待知识分子，不杀言官，以后宋代历朝皇帝都遵循这一祖训。这使宋代大臣士人都敢于言事，评论朝政，或著书立说，授徒讲学，创立学派，从而使管理思想呈现出繁荣的景象。明末清初，时局动荡不安，明朝遗民或隐居不仕，或埋名隐姓、浪迹天涯，思考明亡的教训，从而产生了黄宗羲、顾炎武、王夫之反封建君主专制的思想。晚清时期，清廷处于内外交困的境地，无奈之下只好放宽言论限制，允许朝廷大臣以至民间士人，上书奏闻，提出抗御外侮、富国强兵的良方妙策，以挽救岌岌可危的清王朝统治，从而使一些爱国志士纷纷建言献策，引发古代管理思想向近代管理思想的转变。

（二） 古代三次管理思想发展高潮

从上文可知，在中国古代管理思想史上，曾出现三次管理思想发展高潮，一次在第一阶段，即春秋战国时期，两次在第三阶段，即唐中叶

五代宋与明末清初、晚清时期。

其一，春秋战国时期，中国古代管理思想初步形成体系。春秋战国是社会大变革的时代，各种社会矛盾错综复杂。激烈的政治斗争层出不穷，从春秋时期的大国争霸到战国时期的兼并战争，从礼乐征伐自天子出到自诸侯出再到自卿大夫出，从三桓与鲁公室的斗争、田氏代齐到三家分晋，从齐威王改革、魏国李悝变法、赵烈侯改革、韩昭侯内修政教、楚国吴起变法、秦商鞅变法，再到燕昭王的改革。兼并战争与政治、经济上的剧变，对社会上的各个阶级、阶层和集团都产生了深刻的影响。人们对于当时社会大变革中的许多问题，都有自己的态度、主张、愿望和要求等。

每个诸侯国面临割据纷争的局面，都想在生死存亡的竞争中采取合乎时宜的谋略与政策，求富图强，求得生存与发展，最后消灭竞争对手。各国的国君和大贵族，都大力招揽知识分子为自己出谋划策，礼贤下士成为社会风尚。这就是所谓“诸侯并争，厚招游学”①。当时各国统治者对人才的重视，使作为知识分子阶层的士可以各持一说，在诸侯间奔走游说，“合则留，不合则去”，有相对的自由。一些略为有名的士，还收门徒讲学，“率其群徒，辩其谈说”②。这使每个学派都有发展的空间和机会。如当时的孔子就带着弟子周游列国，宣扬自己的治国主张。其后的墨子和他的弟子结成一个严密的团体，经常到各国游学。

当时的国君为了招纳智囊，谋求方略，使士为己效力，都比较礼贤下士，对知识分子比较宽容尊重。这使知识分子有比较强的独立性，敢于独立思考，敢于发表自己的见解。在这大变革的时代，各阶级、阶层和集团也纷纷在士阶层中寻找自己的代言人。这使士这一阶层大都企图用己说改造君主，使君主采纳自己的治国主张，从而得到高官厚禄。有不少思想家虽追逐荣华富贵，但更看重自己的治国抱负。

---

① 司马迁：《史记》卷 6《秦始皇本纪》，中华书局，2011 年。

② 《荀子·儒效篇》。

春秋战国时期，“官学”日趋没落，“私学”在各地产生和发展起来。在当时私学中，孔子创设的私学最为著名，影响最大。齐国的威王和宣王大兴“稷下”之学，使“稷下”成为各派学者讲学和讨论学术的中心，稷门下所设的学校称“稷下之学”。当时儒家、阴阳家、道家和其他流派的学者都聚集在此，从事议论、探讨学术。

在这时代大变革的背景下，许多杰出的人物代表不同的阶级、阶层或集团，提出了对社会变革的看法和治国的主张，初步形成了各种管理思想。例如：在自我管理上，出现了儒家的修身、明德、格物致知等思想；在家族管理上，继承发展了西周的宗法管理思想；在经营管理上，出现了范蠡（陶朱公）的“计然之策”和白圭的“治生之道”；在国家管理上，出现了儒家的仁政、民本、君舟民水、礼治、德主刑辅、选贤任能，法家的法、术、势，道家的无为而治，墨家的兼爱、非攻等思想；在军事管理上，出现了国君必须掌握军队的最高统帅权、将在外君命有所不受、严明军纪、绝对服从上级指挥、知己知彼百战不殆、国力必须以军事实力为后盾、先德后兵，应慎重使用军事力量、不战而屈人之兵等思想。总之，把中国古代的管理思想推向了一个高峰，并对以后两千多年的古代管理思想产生了极其深远的影响。中国古代绝大多数的管理思想均可从春秋战国管理思想中找到其渊源。

其二，唐中叶五代宋，开创古代管理思想一个新的发展时期。经营管理思想、国家管理思想上的新发展主要表现在：古代政府管理思想从统治到治理的转化是从唐末五代至宋中期开始和完成的，其重要标志就是政府协调为主的管理思想的出现。从先秦至隋代，政府对财政性和市场性政策工具的使用仅限于：通过赋役政策引导民众从事农业生产，限制工商业，调整社会财富的分配；通过价格杠杆，买跌卖涨，实行平准，平衡市场物价。唐宋封建商品经济发达，为顺应这一历史潮流，政府管理开始逐渐把市场激励机制、自由竞争机制和民营部门的管理方法与手段引入政府的管理，以最大限度提高财政收入，进而解决因频繁战争、军费开支巨大而引起的财政危机，从而稳定其统治地位。唐宋政府管理

思想开始逐渐发生划时代的变化，从单纯的管制性工具向市场性、财政性工具转变（当然这一转变还是相当微弱的）。在特许经营与契约管理方面，对一些传统的政府经营领域，有意识地引进市场机制。例如：对盐茶酒的专卖，从唐末刘晏发其端，至宋代朝廷全面有意识地引进市场机制，逐步探索从直接全面专卖到间接部分专卖的实践；宋代政府创造性地以高商业利润诱使商人入中，把解决沿边军需供应难题纳入市场化的体系中；明代的开中法沿袭了宋代的这一做法；五代、宋朝廷在酒坊、官田、盐井、河渡、商税场务等推行买扑承包制，通过投标竞争，激活经营机制，压缩政府管理成本，保证国家财政收入最大化，并促进市场的公平竞争和资源的合理配置。唐宋在手工业和漕运方面，完成了从官府垄断经营到承买制、从劳役制到雇募制、从定额制到抽分制的转化，激活了生产者的主动性和积极性，克服了官营垄断的僵化体制和低效率，降低管理成本，从而提高矿冶业的经营效益。在政府救助方面，顺应商人逐利的本性，利用价格杠杆，引导他们参与赈灾，从而部分解决了救灾经费和物资不足问题，节省了财政支出。

宋代以后，由于封建商品经济的发达，人们的交往日益频繁，社会关系纷繁错综，民事诉讼大量增加。朝廷对民事诉讼尽可能采取自愿平等协商的调解方式，而不采取强制性的判决方式。这在缓和社会各种矛盾，防止其激化，以封建纲常伦理教化民众，稳定社会秩序方面发挥了应有的作用。这也从侧面体现了政府管理思想从统治到治理的转化。

总之，以上各种新的管理思想在唐末五代至宋中期的出现，充分表明该时期政府管理思想从统治到治理的转化，是中国古代管理思想史新的发展时期，其结论与史学界的唐宋变革论不谋而合。

唐末五代至宋时期，自我管理思想的新发展主要表现在：韩愈的道统说和性三品论是继承传统的孔孟儒家思想而发展来的，为宋明理学开了先河。他在《原道》中指出："斯吾所谓道也，非向所谓老与佛之道也。尧以是传之舜，舜以是传之禹，禹以是传之汤，汤以是传之文武周公，文武周公传之孔子，孔子传之孟轲。轲之死不得其传焉，荀与扬也，择

焉而不精，语焉而不详。”① 在此，韩愈为了对抗佛道两教，提出儒家思想在历史上的一个传授的系统——道统。韩愈的道统之说，孟子本已略言之，经韩愈提倡，宋明道学家将其进一步发扬光大，成为宋元明清思想界的主流，而道学亦成为宋明新儒学的新名字。韩愈在此极力推崇《大学》的主张，即修身与治国是紧密联系为一体的，修身的目的是齐家治国，要管理好国家首先必须修身齐家。他在自我管理思想方面提出了性三品的人性论。他的性三品论继承了董仲舒的性三品说，既不赞成孟子的性善论和荀子的性恶论，也不赞成扬雄的善恶相混的二元论。

唐代韩愈的性三品论对宋代的人性论产生了直接的影响，其中比较突出的是李觏提出的性三品、人五类论，周敦颐提出的性五品论，王安石提出的上智下愚中人说以及二程、朱熹提出的天命之性、气质之性等。在人性论的基础上，宋代理学家提出了各种自我管理思想。如张载认为，一个人如经历了“穷理”“尽性”“以至于命”3个层次后，其精神世界便上升到一个所谓至诚至善、无思无虑、无私无欲的境界。程颐、程颢提出，“致知格物”是起点、开端、基础，而“治国平天下”则是终点、目标，通过它进行修身养性，最终才能达到治国平天下的目标。周敦颐则要求人们必须孜孜不倦追求诚，因为诚是道德的极致。他还继承了古代儒家“中庸”、道家“清静”、佛家“寂静”的思想，提出以“主静”作为修养的方法。朱熹发扬光大了二程主敬的思想，反复强调把持敬看作是涵养的根本，即“立脚去处”“圣人第一义”“圣门之纲领”。张九成提出的“慎独”道德境界有两层含义：一是所谓“性”“天命”“中”，都是指喜怒哀乐未发时“寂然不动”的心理状态；二是所谓“敬以直内”与二程、朱熹的持敬说的道德境界是相似的，而张九成的慎独说更强调一个人独居时的持敬。

唐末五代至宋时期，家族管理思想的新发展主要表现在：朱熹是继张载、程颐之后大力提倡建立新的家族制度的著名理学家。他为宋代家

---

① 韩愈：《昌黎先生文集》卷11《原性》，上海古籍出版社，1987年。

族制度设计了一个相当完整而十分具体的方案。除了当时已形成的家谱他没有谈到以外，大凡族长、祠堂、族田、祭祀、家法、家礼等体现宋代家族制度形态结构的主要内容，他都详细且具体地在其《朱子家礼》卷 1《通礼》中提出来了。后世的家族制度，大体上就是按照朱熹设计的模式建立起来的。因此，朱熹通过族长、祠堂、族田、祭祀、家法、家礼等达到敬宗收族的思想，对后世影响极其深远。

关于族谱的体例，以欧阳修的《欧阳氏谱图》为例，其包括 4 项内容，为谱序、谱图、传记、谱例。谱序，概述欧阳氏先世历史、得姓缘由和修谱的原因。谱图，绘制欧阳氏世系图。最后是谱例，阐述该谱的编纂原则。从谱序中我们知道，欧阳修编纂族谱采用详近亲、略远疏的著录对象原则。欧阳修主张各房支修谱，便于明确和查考，然后将修好的各房支谱合并起来，就是欧阳宗族的总族谱了。

苏洵的《苏氏族谱》则包含 6 项内容，为谱例、族谱、族谱后录、大宗谱法、附录、苏氏族谱亭记。其中谱例，阐述谱的意义；族谱，先说明修谱的目的和叙述法则，然后是世系图；族谱后录分上、下篇，上篇为苏氏的先世考辨和叙述法则，下篇记录了苏洵“所闻先人之行”，类似人物传记；大宗谱法介绍了纂修族谱的方法，以备修大宗族谱者采用；苏氏族谱亭记记载了族谱亭的建立过程。这里值得注意的是，苏洵纂修《苏氏族谱》采用的是小宗法，全谱仅著录六代人。苏洵还提出藏谱与续修的原则是：已成谱，高祖子孙家藏一部，续增的后人至五世，续修家谱。如此往复兴修，总观起来，世系延绵，修谱不绝，宗绪不会混乱。苏洵对于族谱的世系记载表述，则采用表的方式，六代一线贯穿下来，不像欧谱五世一图。

我们如对欧、苏两谱进行比较，发现其共同点：一是编纂族谱的目的相同，即通过追本溯源、明晰世系以敬宗收族，通过记述祖先的功绩德行来教忠教孝，传承祖先遗德，光宗耀祖；二是在编纂体例上，欧、苏两谱均有谱序、谱例、世系、传记，都采用小宗谱法，详亲略疏，传记所包含的内容，一般都有名讳、字号、仕宦、为人、生卒、享年、葬

地、配偶、子数等。不同点主要是：在记述世系时，欧谱用图，苏谱用表，表述方法不同。欧谱以图表述，不论宗族传了多少世代，人丁多么兴旺，都可以便利地记录下来，但世代、人口一多，查检起来不太方便；苏谱以表表达，族人的世系、血缘关系令人一目了然，但若世远人众，表就不好做了。谱图、谱表，各有优劣，需要互相取长补短，故后世修谱者往往综合欧、苏两家，图表并用。

欧谱和苏谱的创修，不仅出自本族的需要，而且意在为天下提供样本，起表率作用。欧、苏编纂家谱的指导思想和体例不仅影响南宋的家谱修撰，而且为元、明人修谱提供了范本，士大夫修谱纷纷遵奉欧、苏思想，仿照其体例。元代徽州教授程复心于延祐元年（1314）为武进姚氏族谱作序，就主张学习欧苏谱："苏氏、欧阳氏相继迭起，各创谱式，其间辨昭穆，别亲疏，无不既详且密，实可为后世修谱者法。"① 历史上家谱修撰的趋势是：唐以前官修谱牒，宋以后私家自修，首自庐陵欧阳氏和眉山苏氏二家，明士大夫家亦往往仿而为之。

北宋著名的政治家、军事家、思想家和文学家范仲淹以俸禄之余购买良田，捐为范氏宗族公产，称为"义田"，又设立管理机构，称为"义庄"。义庄的功能，涉及诸多方面，但对宗族成员进行经济生活上的赈济，是其最为重要的功能之一。一是义庄的"赡族"措施，其对象并不限于贫困族人，而是惠及宗族的所有成员，如对所有族人"逐房计口给米"，"冬衣每口一匹"，"嫁女""娶妇"支钱，"丧葬"支钱等。二是义庄建立了初步的管理、监督制度。范仲淹去世后，他的几个儿子都能遵从父训，承继父亲志愿，光大父亲事业。在义庄慈善事业方面，他们不断投入钱财和精力，不断完善义庄规矩。义庄对明清家族管理思想影响深远。

唐末五代至宋时期，军事管理思想的新发展主要表现在：中国古代自西魏文帝大统十六年（550）宇文泰开创了府兵制，这一兵制一直沿用

① 民国《辋川里姚氏宗谱》卷1，程复心《序》。

了两百年左右，直至唐中叶府兵制被募兵制所取代。府兵一般不入民籍，而是另立军籍。当府兵者，自备弓、刀，甲、槊、戈、弩由官府供给，有的自备资装，但不负担其他课役。当府兵的农民平时务农，农隙时讲武教战，有战事时朝廷临时点将率领从各地征发的府兵出征。战事完结，兵散于府，将归于朝。这样，兵不识将，将难专兵，避免了将帅长期拥兵作乱之弊，有利于巩固中央集权和国家统一。府兵制是兵农合一的一种制度。

唐中叶，随着土地兼并的发展，均田制日趋破坏，建立在均田制基础上的府兵制难以继续实行。为了解决宿卫缺兵问题，玄宗开元十年(722)，宰相张说奏请募士。翌年，取京兆、蒲、同、岐、华府兵及白丁，加上潞州长从兵，共有 12 万人，号“长从宿卫”。开元十二年(724)“长从宿卫”更名“彍骑”。彍骑的产生实际上使唐朝兵制由府兵制转入募兵制，已具有雇佣兵性质。

北宋先后设立武举和武学，其中武学之设尚是中国古代史上的首创。宋仁宗景祐元年（1034），绛州通判富弼上书仁宗，建议“于太公庙建置武学，许文武官与白身岁得入补。聚自古兵书置于学中，纵其讨习，勿复禁止。朝观夕览，无一日离乎兵战之业，虽曰不果，臣不信也”。[①] 庆历三年(1043) 五月丁亥，在对西夏战争的触动下，宋仁宗始设武学。宋代的武举和武学对军队的人才建设发挥了一定的作用，使一些训练有素的军事人才源源不断地补充到各级军队中，在对敌战争中发挥骨干的作用。

唐中叶五代宋，之所以是开创古代管理思想一个新的发展时期，与社会的动荡忧患、相对宽松自由的文化和言论环境密切相关。唐安史之乱后藩镇割据，兵连祸结，最后形成五代十国局面，社会仍然动荡不安。北宋虽然结束了五代十国割据的局面，但终两宋三百多年间，社会矛盾始终比较尖锐。据粗略估计，大致十年就发生一次较大规模的农民或士

---

① 赵汝愚：《宋朝诸臣奏议》卷 82《上仁宗论武举武学》，上海古籍出版社，1999 年。

兵起义，每一年就发生一次小规模的农民或士兵起义，加上先后对辽、西夏、金和元的战争，给人民生命和财产带来很大的破坏，并严重威胁宋政权的统治。唐中叶五代宋，由于战乱不已，军费开支庞大，财政上入不敷出的危机时有发生。历代朝廷解决危机的一个重要方法就是增加苛捐杂税，横征暴敛。当这种征敛超过了一定的限度，就会对小农经济造成巨大的破坏，严重影响小农的简单再生产正常进行。面对这种局面，许多有识之士纷纷提出改革朝政措施，从而在这一时期涌现出刘晏、杨炎、周世宗、范仲淹、欧阳修、李觏、王安石、司马光、苏轼、苏辙、叶适等著名的管理思想家，提出改革朝政的各种管理思想。一些朝中大臣在治理朝政、解决财政危机中提出买扑、入中，主张私营工商业等富有创造性的理财思想。

宋朝从太祖开始，就尊儒重文，兴文教，抑武事。太宗时还特别注意从孤寒之家选拔人才，这成为宋代科举改革的一个重要原则，为国家选拔才德兼备的人才发挥了积极的作用，如北宋著名的政治家、文学家、思想家范仲淹、李觏、欧阳修、王安石、苏轼、苏辙等都是出身孤寒之家的知识分子。正如明人徐有贞在《重建文正书院记》中所指出的："宋有天下三百载，视汉唐疆域广之不及，而人才之盛过之。"宋仁宗庆历四年（1044），太学从国子学三馆中分出，单独建校。太学在宋代成为混杂士庶子弟的普通学校，是宋代学校制度的一个重大变化，扩大了接受高等教育的范围。到神宗时期，那些"远方孤寒人士"和"四方士人"没有资格进入国子学的，自然就进入太学学习。与此同时，宋廷又给太学生以优厚的经济和政治待遇。朝廷全面实行"舍选"，即"天下取士悉由学校升贡"，于是，太学成为全国士庶子弟获得参加殿试资格的主要途径。南宋初年，国子学已不复独立存在，与太学合二为一。

宋代的右文重儒政策，一方面带来了两宋文化的繁荣，在理学、文学、史学等方面都达到了一个新的高峰，另一方面也造就了一大批士大夫阶层。这些士大夫广泛参与赵宋各级政权，有的终身从政，有的在一生中某一时期从政，其中的绝大部分人不管是在朝还是在野，都以天下

为己任，通经术，明吏事，晓法律，重现实，疑经论政，批判现实，著书撰文立说，总结自己的从政经验，阐发管理思想和方略，如李觏、范仲淹、欧阳修、司马光、王安石、苏轼、苏辙、朱熹、叶适、吕祖谦等均是其中杰出的代表。

宋代自宋太祖开始就立下祖宗之法：不诛杀士大夫和言事人。宋代历朝皇帝的确比较优待知识分子，除非罪大恶极，一般不予诛杀；对上书言事、犯颜直谏之人，一般都较宽容，更不会加罪处以极刑。由于相对宽松自由的文化和言论环境，这一时期出现了一批富有管理思想和方略的名臣。如熙宁变法的论战，各种不同观点不同思想的撞击，产生了许多有价值的管理思想和理论火花。南宋孝宗对各种学派也采取宽容的态度。他喜欢苏轼的学说，却没有因此而排斥程颐的学说。吕祖谦、叶适、陆九渊、朱熹等学派的同时并存，说明了当时言论环境的宽松。

宽松的言论环境使当时的知识分子敢于关心现实问题，批判现实问题。宋代无论是程朱理学，还是陈亮、叶适的重商学派，都关心当时的现实问题，朝政的议论也呈现出前所未有的活跃局面。由此虽然形成了无休止的政党之争，但也带来政治、思想上较为自由的风气。这种风气为学术上的探讨和新管理学说的产生提供了有利的政治条件。如在较为宽松的文化政策环境中，一向为传统儒家思想所鄙视的重商思想在宋代却较为活跃。重商思想对宋代商品经济的发展和空前繁荣影响深刻，在古代经济史中占有显著的地位。

其三，明末清初和晚清，中国古代管理思想向近代管理思想转变。明末清初，在资本主义萌芽缓慢发展，封建君主专制主义愈益腐朽，王朝更迭、社会动荡的历史背景下，黄宗羲、顾炎武、王夫之等人的反专制政治思想，显露出资产阶级民主思想的端倪。黄宗羲提出：专制君主以天下为私产，实为天下大害；在专制君主社会里，只有一家之私法，天下就永远难免于乱；天下治乱的标准不是王朝的兴亡，而是民众的忧乐；应变法以救世，臣下出仕应以万民为重，置相权以分君权，设学校以监视朝政。顾炎武提出专制君主无法使天下致治，应分权众治的政治

主张。王夫之则以“不以天下私一人”的民本思想来反对封建君主专制主义。

清代末年，中国古代管理思想开始发生深刻的变化。19 世纪 40 年代至 70 年代，随着鸦片战争和第二次鸦片战争以及《南京条约》《北京条约》的签订，中国开始沦为半殖民地半封建社会。与此同时，西方思想也如潮水一般涌入中国。林则徐、魏源、冯桂芬、张之洞、李鸿章等提出抵御外侮、学习西方思想。林则徐主张严禁鸦片，抵御外国侵略，了解和学习西方。魏源也主张抗击英国侵略者，“师夷长技以制夷”。冯桂芬提出向西方学习，进行改革的主张，即创办军事工业、民用工业和新式学堂的洋务思想。张之洞提出实业与军事救国、中学为体西学为用思想。

19 世纪末，甲午战争的失败和《马关条约》签订后，面对民族危机日益严重，康有为提出维新变法思想：主张开民权，设议院、制度局，实现三权分立，从而改君主专制为君主立宪制；主张发展民族资本主义工商业，富国养民；主张发展新式教育，培养人才，以智富国。总之，实行自上而下的资产阶级民主改革，使中国走向富国强兵的发展资本主义的道路。梁启超提出维新变法思想：其一，改变官制，变专制制度为议院制度，这是变法的本原。其二，全面促进经济发展，兴交通，清除阻碍经济发展的不利因素。其三，废科举，兴学堂。其四，建立法制，借鉴西方各国法律以完善中国法制。其五，兴民智，实行君民共主。其六，设报馆，译西书，宣传维新变法。严复也提出维新变法，挽救民族危亡的思想。其维新思想中最突出的一个特点是借助自然科学的理论，将弱肉强食、优胜劣汰、物竞天择、适者生存理论用于论证当时中国变法的必要性和紧迫性，认为中国只有变法才能由弱变强，才能“自强保种”，否则，将亡国灭种。严复还主张思想自由，提倡科学，“黜伪崇真”。

20 世纪初，八国联军侵入北京，强迫清政府签订了《辛丑条约》，自此中国完全沦为半殖民地半封建社会。以孙中山先生为首的资产阶级革命党人，提出了民主革命思想。其中最具代表性的是：邹容在《革命军》

一文中，主张通过民主革命，推翻清朝封建专制统治，建立资产阶级民主共和国。章太炎主张，在中国推翻清王朝统治之后，应当建立资产阶级的民主共和国，并主张先“排满”，后对付帝国主义。孙中山民主革命思想的核心内容是包括民族主义、民权主义、民生主义在内的三民主义。民族主义的主要内容是推翻清王朝统治和争取民族独立，民权主义的核心内容是“推翻帝制，建立民国”，民生主义的主要内容是“一曰平均地权，二曰节制资本”。所有这些思想，标志着中国古代管理思想逐步迈向近代管理思想。

第六节　五个方面的说明

该系列专著在撰述中主要注意了五个方面的处理方式。其一，在撰述历代管理思想时，既注意其继承性，又强调其创新性。这就是说，古代的许多管理思想具有历史传承性，也就是历史依赖路径。为了反映这些管理思想的传承性，我们在阐述每一朝代相类似的管理思想时，都以适当的篇幅予以涉及。另一方面，对于每一朝代有特色有创新的管理思想，笔者都尽可能以较多的篇幅予以重点阐述。其二，中国古代历朝管理思想都十分丰富，即使鸿篇巨制也很难一一囊括，更何况拙著区区三百多万字，要阐述三千多年的管理思想更是难上加难。笔者只能以当代人的视角，选择其中对现实较有启示意义的管理思想加以阐述。其三，研究历史上的管理思想，应该如何应用当代的一些管理理论进行阐发，似乎在实际操作中不大容易掌握。尤其是古代的大多数管理思想，以今人的眼光来看，显得较为简单、粗糙，如用现代管理理论做太多的阐述引申，显得有悖于历史的客观情况，如不用现代管理理论阐述引申，又有就事论事之嫌，理论分析不够。笔者尽可能根据当时的历史现实做客观的评述，点到为止，不做太多的引申。其四，在内容框架上尽可能做

到先秦、秦汉魏晋南北朝、隋唐五代、宋、元、明、清卷统一。但是，由于各卷侧重点略有不同，因此，有些相同性质的内容在各卷的安排并不相同。如商税管理思想一般安排在商业管理思想方面论述，但如果本卷没有专节论述商业管理思想，那就将商税管理思想安排在赋税管理思想方面论述。其五，该系列专著各卷所引用的史料，笔者尽可能依据学术界公认比较权威的版本，如中华书局点校的二十四史，中华书局、天津古籍出版社出版的陈高华等点校的《元典章》。主要参考文献中所列的古籍版本只是该系列专著中较多引文依据的版本，并不意味着所有史料引文字句、标点均采用该版本。笔者往往还比较数家不同的点校、注疏和诠释，然后根据自己的理解和判断，择善而从之。由于篇幅和体例所限，以及该系列专著不属于考据学、训诂学的范围，其取舍理由就不一一予以说明了。

第一章 明代管理思想历史背景

第一节 封建专制主义空前强化

一、丞相制度的废除和监察、特务机构的设置

明初，中央和地方的行政建制承袭元朝。中央设中书省、置左右丞相；地方设行中书省，置平章政事和左右丞。中书省是“百司纲领，总率郡属”①。凡事必先“关白”丞相，然后奏闻皇帝。行中书省总管一省军、政、司法。但时隔不久，明太祖发现丞相和行中书省权力过大，对皇权构成威胁，决心加以改革。

洪武九年（1376），他废行中书省，在全国陆续设置了13个承宣布政使司（后习惯上仍称行省或省），置左右布政使各一人，主管一省民政和财政；另设提刑按察使司分管刑法，都指挥使司分管军队。三者合称“三司”，互不统属，分别归中央有关部门管辖。地方三司制使原来行中书省的军、政、司法权得到分割，能互相制衡，有利于加强皇帝对地方的掌控。

---

① 《明太祖实录》卷14，台北历史语言研究所校印本。

洪武十年（1377），明太祖设通政使司作为皇帝的“喉舌之司”，长官称通政使，主管章奏出纳和封驳，稍夺中书省的“关白”之权。第二年，又下令凡奏事不得先“关白”中书省。洪武十三年（1380），明太祖借“谋不轨”罪名杀左丞相胡惟庸，罢中书省，分相权于吏、户、礼、兵、刑、工六部。六部尚书直接对皇帝负责，执行皇帝的命令。其后，进一步规定不许再议置丞相，大臣如敢奏请者，处以重刑。至此，秦汉以来行之一千余年的宰相制度终被废除，皇帝的权力更大了。

明太祖废丞相后，亲自挑选几名文人担任华盖殿、武英殿、文渊阁、东阁等殿阁大学士，协助他批阅奏章，充当顾问。明成祖时，阁臣可参与机务，但不置僚属，不得专制百官。从仁宗开始，用六部尚书、侍郎兼殿阁大学士，阁臣权力渐重。

洪武初年，中央监察机关称御史台。洪武十五年（1382），改称都察院，长官有左右都御史等，专职弹劾百司，充当皇帝耳目。都察院下设十三道监察御史，纠察内外官员。十三道监察御史除各理本布政司，分道纠察州县外，还分别带管内府监局、在京各衙门、直隶府州卫所。监察御史正七品，官阶虽低，威权却重，外出巡查，号“代天子巡狩”，大事奏裁，小事立断。明朝还按六部的建制，设立六科给事中，负责稽查各部，驳正章疏违误。六科给事中作为一个独立的机构，与监察御史配合，对六部等进行科道双重监察。

明代还有尚书、侍郎、少卿等官，加都御史或副、佥都御史衔者，兼职执行监察任务。其称号有总督、提督、巡抚、总理、巡视、抚治等，其中最为常见的是总督和巡抚，称为督抚制度。督抚原是明代中央政府为处理地方事务而派遣到地方临时办事的官员。这种临时性的差遣逐渐制度化，到明中叶以后成为常设的职务。终明一代，督抚的地方长官地位没有得到朝廷的正式承认，是都察院和兵部的“兼衔两属”之职，督抚同地方提刑按察司同负监察地方的职责。

明代还建立了御史出使巡抚地方的制度。凡御史代表皇帝出使地方，称巡按御史。巡按御史专门负责监察，一般不理其他事务，权力极大，

无所不察。

明太祖还设立特务机构锦衣卫，置锦衣卫指挥使，下属南北两镇抚司，除负责侍卫、密缉盗贼奸宄外，北镇抚司还掌诏狱，各地犯重罪者逮至京师，往往由北司严刑审理，而后直接奏请皇帝。明成祖篡位后，为了清除建文帝余党，还设立了“东厂”特务机构，由亲信太监掌管，专门“缉访谋逆、妖言、大奸恶等”①。东厂和锦衣卫一样，只对皇帝负责，不必经司法机关批准，可随意监督、缉拿臣民。明宪宗成化时，又设西厂，由汪直提督厂事。西厂特务横行各地，不仅陷害忠良，使官吏“无辜受屈者甚多”，而且连“民间斗詈鸡狗琐事，辄置重法”②，弄得官民人人自危，惶惶不可终日。

总之，明代皇帝通过监察机关和特务机构，大大加强了对官吏和百姓的控制。中央有都御史对监察百官负总责；监察御史既分管十三道，又带管中央各部门；六科给事中则作为一个独立机构，与监察御史配合，对六部等进行科道双重监察；各省按察使则常驻地方监察；在重要地区或部门还设有总督或巡抚进行督察，有时则派御史随时巡按；锦衣卫、东厂、西厂等特务机构在暗中监督、缉访官员谋逆、妖言、大奸恶等。中国古代封建专制主义在明代得到空前强化。

二、《大明律》《大诰》和“胡蓝之狱”、文字狱

洪武六年（1373），刑部尚书刘惟谦奉旨编定《大明律》，明太祖亲加裁酌，后又经三次修订，洪武三十年（1397）正式颁行。全书计30卷460条，按中央六部体制，分成吏律、户律、礼律、兵律、刑律、工律，加卷首名例律，共七律。《大明律》的一个突出特点就是维护封建君主专制制度，皇帝至高无上的权力神圣不可侵犯。如《吏律》规定，大臣私自选授官吏者斩，交结朋党者斩，凡擅离职守、违弃制书、误犯御名庙

① 张廷玉等：《明史》卷95《刑法三》，中华书局，1974年。
② 《明史》卷304《汪直传》。

讳、遇事应奏不奏等等，或笞、或杖、或罢职，甚至斩首。《刑律》规定，对于谋叛、谋大逆等量罪，重于唐律，不但共谋者不论首从一律凌迟处死，其祖父、父、子、兄弟和同居之人，不分异姓，伯、叔、侄不限同籍，也一律处斩。

明朝最高统治者为强化自己的专制统治，在《大明律》《大诰》中对官民实施严密的控制。《户律》规定，“凡军民驿灶医卜工乐诸色人户并以籍为定”，不许诈冒户籍，脱漏丁口；隐匿田赋、商税，逃避差役，私贩茶盐等等，皆处以重罪。洪武十八年（1385），明太祖又颁布亲自编撰的《大诰》，接着又颁行《大诰续编》《大诰三编》。《大诰》三篇汇集大量惩治官民贪赃受贿、转嫁赋役、侵吞税粮、抗租误役、流亡隐匿等案例和凌迟、枭首等重刑，反映了明朝最高统治者为维护封建专制统治的野蛮和残暴。

明太祖还实行廷杖制度，在殿上杖责大臣。他的侄儿大都督朱文正、工部尚书薛祥等都被杖死。永嘉侯朱亮祖父子则被鞭死。终明一代，廷杖作为慑服公卿、维护皇权的残酷手段，经常被滥用，使“天下莫不骇然”。

明初开国功臣多恃功骄恣，僭越封建礼法，甚至纵容子侄、庄奴，杀人夺田，接受投献，影蔽差徭，凌暴乡曲。这既加深了社会矛盾，又危及朱氏王朝的利益。从立国伊始，明太祖就警告文武勋臣“保守晚节，正当留意”①，不可效西汉韩信、彭越“事主之心日骄，富贵之志日淫”②。洪武五年（1372），明太祖颁布《铁榜文》九条，严禁公侯与都司卫所军官私相结纳，不许擅役军士，凡倚势欺压良善，接受投献，侵夺公私田地、房屋、牲畜者，初犯附过，再犯停俸一年，三犯停禄，四犯与庶民同罪。后来又多次颁布诏书，规定了功臣权限。洪武十三年（1380），左丞相胡惟庸“谋不轨”伏诛，明太祖借此大兴党狱。洪武二

① 《明太祖实录》卷70。

② 《明太祖实录》卷29。

十三年（1390），明太祖颁布《昭示奸党录》，以伙同胡惟庸共谋不轨罪，杀韩国公李善长、列侯陆仲亨等，株连三万人。洪武二十六年（1393），又以谋反罪杀凉国公蓝玉、列侯张翼等，牵连万余人。这两次党狱，不仅元勋宿将被杀戮殆尽，而且覆灭了许多江南豪族，使朱氏王朝的统治得到巩固。

明初，士大夫有各种不同的政治态度。一部分故元遗老和原张士诚的臣僚，对新王朝抱有敌对的情绪。如诗人丁鹤年自以家累世仕元，不忘故国，顺帝北遁后，常“饮泣赋诗，情词凄恻”①。贵溪儒士夏伯启叔侄甚至断指立誓不做官。还有一部分文人虽不公开反对明政权，但也耻事新朝。山阴名士杨维桢拒绝明太祖的征聘，说自己好比行将就木的老妇，无再嫁之理。这些不肯俯首称臣的士大夫，有不少人被明太祖用笞、杖、徒、流、死五刑法加以镇压。大部分地主文人虽归附了明朝，但明太祖对他们也不放心。这位出身贫贱，当过和尚，参加过红巾军的皇帝，十分敏感，生怕别人揭其老底，披阅奏章时，动生猜疑。北平府学训导赵伯宁替人作《万寿表》，中有“垂子孙而作则”句，浙江府学教授林元亮替人写《谢增俸表》，中有“作则垂宪”句，“则”与“贼”音近，明太祖认为是骂他做过贼，一概处死。常州府学训导蒋镇为本府作《正旦贺表》，内有“睿性生知”句，“生”被读作“僧”，尉氏县教谕许元为本府作《万寿贺表》，内有“体乾法坤，藻饰太平”八字，“法坤”被读作“发髡”，“藻饰太平”当作“早失太平”，作笺者均被处死。苏州知府魏观在张士诚的宫殿遗址上修衙门，并请名士高启写《上梁文》，内有“龙蟠虎踞”四字，明太祖知道后勃然大怒，魏观和高启均被腰斩。这种为维护至高无上、神圣不可侵犯的皇权而深文周纳的文字狱，使许多知识分子无辜遭祸。

① 《明史》卷285《戴良传》。

第二节　社会经济的发展和资本主义萌芽

一、农业的发展

明中叶，农业和手工业生产水平、产品种类和繁盛程度比以往有所提高。在农业方面，耕作技术有所进步。从明末徐光启《农政全书》的记载可以看出，当时在耕耘、灌溉、施肥、园艺等方面已积累了丰富的经验。北方推广了凿井溉田，南方推广了水车溉田。不少地区的农民已懂得改良土壤，使原来不宜耕种的土地逐渐改造成良田。闽、浙等地普遍种植双季稻，岭南则种植三季稻。水稻一般亩产达二三石，个别地区和广东南海县有亩收三石半至五石者。花生种植已越来越普遍。福建、广东地区广种甘蔗，闽南一些地区因“稻利薄、蔗利厚，往往有改稻田种蔗者”①。番薯、玉蜀黍已从南洋引种进来。特别是番薯产量高，容易种植，对于解决沿海缺粮地区的粮食供给意义重大。

明代在穿着御寒方面的重大发展是棉花的广泛种植。棉花“遍布于天下，地无南北皆宜之，人无贫富皆赖之”②。松江200万亩耕地，“大半种棉”③，是当时主要的产棉区。嘉定县土地瘠薄，不宜种稻，“其民独托命于木棉”④。除植棉外，传统的种桑养蚕业仍然相当普遍。如湖州地宜蚕桑，种桑养蚕者，“在在有之”。有蚕无桑之家还预租别人桑叶，俗称

---

① 陈懋仁：《泉南杂志》卷上，中华书局，1985年。

② 徐光启：《农政全书》卷35引丘浚《大学衍义补》，岳麓书社，2002年。

③ 《农政全书》卷35。

④ 顾炎武：《天下郡国利病书》卷20《江南八·王锡爵永折漕粮碑记》，上海古籍出版社，2002年。

“秒叶”①。

明代中叶出现了前所未有的烟草种植。烟草在明中叶从吕宋传入后，很快就从闽、广传到长江流域，至明末已“渐传至九边”②。其他如茶叶、马兰草、漆等经济作物的种植面积都有所扩大，产量有所提高。

二、手工业的发展

明代，棉布的大量需求促进了棉纺织业提高生产技术和增加产量。棉纺织业中出现了脚踏纺车和装脚的搅车。搅车改进后，产量大为提高。用句容式搅车和太仓式搅车生产，1 人可抵原来 4 人。弹棉弓从竹弓绳弦改为木弓腊丝弦，弹棉效率和质量提高。丝织业中“花楼构”的构造比以往又改进了一步，能在绫绢上提织各色花纹。弘治时，福建出现新的织机，称“改机”。万历时，嘉兴濮院镇机匠改土机为新式的“纱绸机”。明末，苏州市场上有绫、绢、纱、绸、罗、布 6 种织机作为商品贩卖。所织成品，“巧变百出，花色日新”③。

明中叶，全国制瓷业中心景德镇的民窑生产有较大发展，景德镇瓷器的畅销海外和国内的大量需求，促使民窑不断扩大生产规模。民窑窑身往往比官窑大三四倍，有的每窑烧柴竟达 400 余担。如官窑青瓷，每窑容烧量，以小器计，仅有 300 件；而民间约 20 座的青瓷窑，每座烧制小器可达 1000 余件。崔国懋、周丹泉、昊十九、陈仲美、吴明官等都是明中叶以来的制瓷名家。崔国懋窑被誉为“民窑之冠”，产品四方争售。

当时，产铁业十分兴盛，全国产铁地区共有 100 余处。广东佛山、山西阳城、福建尤溪出现了规模较大的冶铁、铸铁业。据《天工开物》记载，明代普通化铁炉每炉可容矿砂 2000 余斤，一日出铁 6 次，共需矿

---

① 朱国祯：《涌幢小品》卷 2《蚕报》，文化艺术出版社，1998 年。

② 方以智：《物理小识》卷 9《草木类》，商务印书馆“万有文库丛书”本，1937 年。

③ 嘉庆《濮州所闻记》卷 3；崇祯《吴县志》卷 29。

砂万余斤。燃料用煤炭，风箱要 6 人拽带①。

明代的印刷业也有明显的进步，已经使用铜铅活板，这比宋代的胶泥活板又提高了一个层次。在制盐方面，沿海和山西解池都用晒盐法，比煮盐节省了燃料，提高了产量。

明代手工业的进步还表现在手工工场或作坊在分工上更加细密。在苏州丝织业中，就有车工、纱工、缎工、织工等专门的工匠。在织绸时还有打线、染色、改机、挑花等明确分工。徽州的炼铁工场中有煽风、看火、上矿料、取矿砂、炼铸，场外有采矿、烧炭等工种，"各有其任"②。制瓷器工场中也分有和土、印器造坯、圆器造坯、过刮、汶水、打圈、过锈、入匣、满窑等不同工种，所谓"共计一坯工力，过手七十二，方克成器"③。精细的分工，提高了劳动生产率，增加了产量。

三、商品经济的发展

明中叶，尽管自给自足的自然经济仍居统治地位，但是由于生产水平的提高，小生产者有可能生产出更多的可卖劳动产品，农业生产技术的进步，为更多人脱离农业从事手工业生产或商品贸易提供了可能。还有实行"一条鞭法"后，田赋和力役折银征收，劳动人民也必须出卖更多的农副产品以换取银两，从而促使商品经济有了很大的发展。如松江府，小农以织布作为家庭副业，日成一匹，投入市场的棉布竟是"日以万计"④。浙江嘉善，穷苦小民日卖纱数两以糊口，涓滴成泉，也汇成滔滔江河。所以当时有"买不尽松江布，收不尽魏塘纱"的谚语⑤。无锡"乡民食于田者唯冬三月"，一到春天就阖户纺织，抱布贸米，"一岁所交

---

① 宋应星：《天工开物》下卷《五金》，万卷出版公司，2008 年。

② 弘治《徽州府志》卷 3《食货二·财赋》。

③ 《天工开物》卷中《陶埏第七》。

④ 宋如林：《松江府志》卷 5《疆域志·风俗》。

⑤ 雍正《浙江通志》卷 102《物产二》转引万历《嘉善县志》。

易，不下数十万”①。其他农业、手工业产品，如粮食、生丝、蔗糖、烟草、绸缎、纸张、染料、油料、木材、铜器、铁器、瓷器以及各种手工艺品，也都大量涌入市场。苏州绫罗纱缎“转贸四方”②。景德镇瓷器更是北贩燕云，南运交趾，东售沿海，西销四川，“无所不至”③。还有湖北丝，潞安绸，蜀锦，杭缎，江西南丰大篓纸，福建的黑白沙糖和蓝靛，广东的锡器和铁锅等，不仅畅销国内，而且还远销日本、南洋等地。

随着小农与市场的联系日益密切，当从事家庭副业的经济效益超过从事农业的经济效益时，自然经济下男耕女织的传统社会分工起了变化，为了生产更多的手工业品投入市场以获取更大的利润，一些地区连男人也放弃农业而从事家庭手工业劳动。如万历以来，松江地区就有男子以缝袜、制鞋为生的④。太仓城中，有许多男子靠操轧花生活⑤。温州地区，除妇女勤于纺织外，许多纺织品是出于男子之手⑥。更有一些农民完全放弃农业，离开赖以生存的田地，出外经营工商业谋生。有人指出，苏松地区在正德之前，“百姓十一在官，十九在田”。四五十年后，放弃农业而经营工商业者，增加了三倍，“游手趁食者又十之二三矣”⑦。浙江常山地区，丁壮“屏（摒）耒耜而事负载，以取日入佣值”，从事农业生产的人减少了⑧。徽州许多人“执技艺或负贩就食他郡”⑨。福建古田县壮年农民也“多佣之四方”⑩。

明中叶后，有些经济发达地区已出现粮食和经济作物种植、原料和

---

① 黄印：《锡金识小录》卷1《备参上·力作之利》，清光绪二十二年木活字本。

② 嘉靖《吴邑志》卷14《土产》。

③ 王宗沐：《江西省大志》卷7《陶政》；康熙《饶州府志》引万历《饶州志序》。

④ 范濂：《云间据目抄》卷2《记风俗》，“申报馆丛书”铅印本。

⑤ 崇祯《太仓州志》卷5。

⑥ 万历《温州府志》卷2《风俗》。

⑦ 何良俊：《四友斋丛说摘抄》卷3，中华书局，1959年。

⑧ 万历《常山县志》卷3《土产》。

⑨ 《天下郡国利病书》卷32《江南二〇·徽州府》。

⑩ 万历《福州府志》卷7《舆地志七》。

手工业品生产的区域性分工趋势。有些地区农民以种经济作物为主，粮食为辅。如江南湖州农民大部分种桑养蚕，山东、河南许多农民种植棉花。而另外一些地区的农民则以种粮为主，如湖广农民大量种植水稻。这样，就出现了不同区域间经济依赖性和互补性加强的趋势。种植经济作物为主的地区，就要依赖种粮地区供给粮食。而手工业品产地所需的原料，又仰给于经济作物种植区。如当时丝织业发达的苏州、福州，所需要的蚕丝，要取给于湖州。松江地区的棉花不能满足本地棉纺织业的需求，还要大量从山东、河南产棉区运来。于是出现"北土广树蓺而昧于织，南土精织衽而寡于蓺，故棉则方舟而鬻于南，布则方舟而鬻诸北"的现象①。在这种情况下，粮食、经济作物和手工业品都互为商品，促进了各地区间的商品交换，商品贸易十分繁盛。

明中叶之后，在商品贸易繁盛的条件下，全国各地涌现出一批实力雄厚的商人和商业资本集团。当时最著名的是徽商，不仅人数多，而且资金数额大，经营各种商业。其次是晋商、闽商、江右商，再次是粤商、吴越商、关陕商等。他们以地缘、亲缘、业缘等为纽带，在各地设立会馆、商会、行会，组织了各种商帮。其中多数是中小商人，少数则是拥资数万、数十万乃至百万的富商大贾。商人的贸易活动已不单纯为满足皇室王公贵族、官僚地主奢侈生活的需要，而是更多地贩卖手工业原料、粮食和劳动人民所需的日常生活用品。如山东东昌生产的棉花，"商人贸于四方"②。郓城木棉，"贾人转鬻江南"③。西北大贾购买江西赣州城南所产的蓝靛④，用作染料。为了收购手工业原料，有的商人不辞辛劳遥远，深入穷乡僻壤。如江西靖安龙丘山区有徽商在"隙地种竹"，大的作

① 《元明事类钞》卷24引王象晋《木棉谱序》。

② 万历（嘉靖）《山东通志》卷8《物产》。

③ 万历《兖州府志》卷4《风土志》。

④ 天启《赣州府志》卷3《舆地志·土产》。

篾，“贸以通舟楫所不及”①。如前所述，当时全国各地商人纷纷到瓷都景德镇，购销平民百姓日常生活所用各种各样的陶瓷品。

手工业和商业的发展促进了城市经济的繁荣。当时，南、北两京是全国最大的都市，“四方财货骈集”，“南北商贾争赴”②。苏州自“吴阊至枫桥，列市二十里”③。这里除有大量缎匹外，凡日用诸物，可以“从其所欲”④。杭州“内外衢巷绵亘数十里”，民物繁庶，“车毂击，人肩摩”⑤。汉口汉阳“五方杂处，商贾辐辏”⑥。广州在明初就已是“阿峨大舶映云日，贾客千家万家室”⑦的对外贸易港口。山东济南，“远方之货至，富人争市以博利”⑧，也是一个商业中心。不同地区的城市，因其地理位置的不同，其经济发展各显出自己的特色。如东南沿海的广州、漳州、福州、宁波等，既是对外贸易的港口，又是商业都会。长江沿岸的武昌、汉阳、荆州和运河两岸的天津、临清、淮安，既是交通要津，又是贸易中心。最繁荣的江南地区形成了五大手工业区域，即松江的棉纺织业、苏杭的丝织业、芜湖的浆染业、铅山的造纸业和景德镇的制瓷业。而苏州、松江、杭州、嘉兴、湖州五府，又是江南最繁荣的城市。在这五府地区还有若干丝棉纺织业新城镇的兴起。如苏州的盛泽镇，嘉兴的濮院镇、王江泾镇、菱湖镇，松江的枫泾镇、洙泾镇、朱家角镇和杭州的唐栖镇等。城镇人口显著增加，既有土著，也有外来商人、小手工业者和流民。他们多半脱离了农业生产。如王江泾镇，居民七千家，“多织

---

① 陈梦雷：《古今图书集成》《职方典》卷853，熊文举《梦游龙丘记》，中华书局、巴蜀书社，1988年。

② 张瀚：《松窗梦语》卷4《商贾记》，中华书局，1985年。

③ 康熙《松江府志》卷54《遗事下》。

④ 黄汴：《一统路程图记》《江南水路》卷7，上海古籍出版社，1994年。

⑤ 万历《杭州府志》卷34《衢巷市镇》。

⑥ 《古今图书集成》《职方典》卷1130《汉阳府部·风俗考》。

⑦ 孙蕡：《西庵集》卷3《广州歌》，国家图书馆出版社，2010年。

⑧ 王维桢：《赠济南太宋项君序》，引自《明文奇赏》卷24，明天启三年刊本。

绸，收丝缟之利”，耕田织布的很少①。濮院镇居民也是“以机为田，以梭为耒”②。枫泾镇、洙泾镇则以棉纺织业著称。这些手工业市镇的兴起和城镇居民脱离农业从事工商业，成为明代城市经济发展的显著特征③。

四、封建生产关系的新变化和资本主义萌芽

明代中后期，商品经济的发展冲击着封建生产关系，使其发生新的变化。

在江南一些商品经济较发达的农村，地主为了有更多的农产品投入市场以取得更大的经济效益，不惜投入资金以提高劳动生产率，花工本修水利，施肥料，精耕细作，提高复种指数，发展集约经营。农业集约化程度的提高，也增加了对劳动力的需求。江南一些地主除使用佃户、僮仆之外，还大量使用雇工。当时雇工分长工和短工两种。“无产小民投雇富家力田者，谓之长工。”④ 长工一般雇佣期在一年之上，故“计岁受值”⑤。只在农忙时受雇于人一两个月者，称短工，也叫“忙工”，一般是计日受值，也有计时受值的。有的短工则与借贷联系在一起，借贷者为偿还债务而为债主做短工。如吴江县的一些短工，先是向地主“借米谷食用”，农忙时再以工偿债⑥。明中叶，江南某些地区当雇工的人很多，“一里或二十名，或二十五名”⑦。万历十六年（1588），明政府新定律例规定：长工中“立有文券，议有年限者，以雇工人论”，即雇主与雇工之

---

① 万历《秀水县志》卷1《市镇》。

② 杨树本等纂：《濮川所闻记》卷4，学识斋，1868年。

③ 朱绍侯主编：《中国古代史》下册，福建人民出版社，1982年，第147－148页。

④ 弘治《吴江县》卷5《风俗》。

⑤ 嘉靖《吴江县》卷13《典礼志·风俗》；正德《松江府志》卷4《风俗》。

⑥ 弘治《吴江县》卷5《风俗》。

⑦ 薛尚质：《常熟水论》。转引自傅衣凌《明代江南市民经济初探》第69页，中华书局，2007年。

间还有“主仆名分”；“止是短雇日月，受值不多者，依凡人论”①，即短工人身与凡人一样自由。

明初虽因袭元朝户籍制度，把手工业者编入匠籍，但工匠已不像元代时那样长年累月服役于官府。明代工匠基本上分成住坐匠和轮班匠两种。轮班匠指各地轮流到京师服役的工匠。洪武十九年（1386）规定，各地轮班匠每三年赴京服役三个月。洪武二十六年（1393），朝廷又按照政府各部门的实际需要，将各种工匠改为从五年一班至一年一班五种轮班法，每班仍服役三个月。轮班匠服役是无偿劳动，不但上工之日没有报酬，连往返京师盘费也要自备。此外，轮班匠中，某些因特殊制作如丝织、制瓷等，需要留在本地执役，不能赴京者，又叫存留工匠。住坐匠从民间征集来京长期留住，隶属于工部，主要是替皇室生产，每月服役十天。洪武时还没有“住坐匠”的名称，永乐时才“设有军民住坐匠役”②。永乐十九年（1421），其待遇为上工期间按月支领月粮三斗，无工停支。不论是轮班匠还是住坐匠，在服役时间之外，都可以“自由趁作”。

据统计，明代名隶官籍的民匠中，约有轮班匠 23 万人，约占工匠总数的 80%。但是，不论是轮班匠还是住坐匠，均因不堪官府奴役，纷纷用怠工、避班、隐冒和逃亡等方式进行反抗。如北京的住坐匠，永乐时估计有 27000 余人，到万历四十三年（1615），只存 15000 余人③。随着商品货币经济的发展以及工匠的反抗，明政府对工匠服役制度进行了改革。成化二十一年（1485），工部奏准，轮班匠不愿当班者，听其出银代役。南匠每月出银 9 钱，北匠 6 钱。嘉靖四十一年（1562），明政府又下令，班匠“不许私自赴部投当”，一律以银代役，每人每年纳银四钱五

---

① 《明律集解附例》卷 20《斗殴》，台湾学生书局，1986 年；《万历实录》卷 191、卷 194。

② 《明会典》卷 189《工部·工匠》，中华书局，1989 年。

③ 《中国古代史》下册，第 150 页。

分，称“匠班银”[1]。这样，封建政府对班匠的人身控制大为削弱，工匠交纳匠班银后可以自由经营生产，有利于民营手工业的发展。

与此同时，随着商业资本的发展，商人进一步控制手工业生产，手工业者对商人的依赖性加强了。江南棉纺织业发达的松江等地，有许多身带数万甚至几十万资本的富商大贾，前来产地收购棉布[2]。他们的足迹甚至深入到乡村市镇挨家逐户收购。松江朱家角镇就有“贸易花布京省标客，往来不绝”[3]。这些大商人有的也自己设肆，或通过牙行收购棉布。上海一家诸姓牙行，家里常有秦晋布商数十人[4]。其交易形式，有一种是以纱换花或以花换布，即以产品棉纱、棉布来换取原料棉花。华亭县每天清晨，里媪“抱纱入市，易木棉以归”[5]。这样，商人不仅割断了小手工业生产者与制成品市场的联系，而且也割断了他们与原料市场的联系。商业资本的这种控制手工业生产的活动，与产业资本仅差一步之遥了。

在纺织业发达的江南地区，商人还控制了加工丝棉纺织品的染坊和踹坊。有的商人自己开设染织作坊。如徽商阮弼曾在芜湖“立局召染人曹治之”，染出的纺织品远售吴越、荆梁、燕豫、齐鲁之间。后来，除了芜湖总局外，又设“分局而贾要津”[6]。其规模之大、销售网络之广，可想而知。松江府枫泾镇、洙泾镇的数百家布号，则通过染坊主、踹坊主掌握棉布销售。他们将收购的棉布交给染坊染色，踹坊压平，然后再销往各地。染坊主拥有简陋的厂房和简单的生产工具，从布商手中领来布匹，招募染工、踹工加工生产。万历时，苏州染坊工人有几千人[7]。

明中叶，在商品经济空前发展的某些地区，若干手工业部门中出现了资本主义萌芽。其中以江南丝、棉纺织业最为明显。

---

① “匠班银”亦作“班匠银”。

② 叶梦珠：《阅世篇》卷7《食货》。

③ 顾炎武：《肇域志》卷9，上海古籍出版社，2004年。

④ 褚华：《木棉谱》，上海通社排印“上海掌故丛书”第一集，1936年。

⑤ 正德《华亭县志》卷3《风俗》。

⑥ 汪道昆：《太函集》卷35《明赐级阮长公传》，黄山书社，2004年。

⑦ 《万历实录》卷361。

江南苏、杭一带是明代丝织业中心。明政府为控制江南丝织业生产，在南京设立内织染局、神帛堂和供应机房，在苏、杭等地设织染局。当时，江南各地有大批从事丝织业的民间机房。苏州“家杼轴而户篡组”①，民机数量甚多，尤其是城东长洲县，“比屋皆工织作，转贸四方”②。这些机户，一方面被编入“机籍”，即匠籍，隶属于官府的织染局，受织染局的管理和役使，另一方面又和市场密切联系，从而不断产生两极分化。如成化末，杭州仁和县有一家名张毅庵的机户，产品“备极精工”，人相争购，逐渐富裕起来，从一张织机发展到二十余张，“家业大饶”③。万历初，苏州富民潘璧成，其先世“起房织手”，曾积累财富至百万④。晚明小说《醒世恒言》描写吴江县盛泽镇丝绸机户施复，从每年养几筐蚕儿，妻络夫织，不上十年，却能“开起三四十张绸机”⑤。这些开张二十余张或三四十张织机的机户，统称“大户”，而那些没有生产资料者则称“小户”，实际上也就是“机工”。隆庆万历年间，苏州“大户张机为生，小户趁织为活”。有的小户被大户固定雇佣，有的则没有。每天早晨，在玄妙观口聚集着没有固定雇主的小户上百人。“听大户呼织，日取分金为饔飧计。大户一日之机不织则束手，小户一日不就人织则腹枵，两者相资为生久矣”⑥。他们之间的关系是“机户出资，机工出力”⑦ 的劳动力买卖关系，也就是最初的具有资本主义性质的雇佣关系。万历时，南京贫苦的丝织业工人，还由于“钱贱物价贵”，聚众“倡为齐行”⑧ 罢工。这已经具有资本主义雇佣劳动者斗争的特点了。

在棉纺业中，两极分化的结果也使一些小生产者丧失了生产资料，

---

① 《万历实录》卷 361。

② 嘉靖《吴邑志》卷 14《物货》。

③ 《松窗梦语》卷 6《异闻记》。

④ 沈德符：《万历野获编》卷 28《守土吏狎妓》，中华书局，1989 年。

⑤ 冯梦龙：《醒世恒言》卷 18《施润泽滩阙遇友》，人民文学出版社，1994 年。

⑥ 蒋以化：《西台漫记》卷 4，浙江巡抚采进本。

⑦ 《万历实录》卷 361。

⑧ 周晖：《金陵琐事剩录》卷 4，文学古籍刊行社影印万历本，1955 年。

不得不替人进行来料加工，以赚取加工费，实际上也变成了出卖劳动力的雇佣生产者。如温州地区“贫家无棉花、苎麻者”，只好替人分纺分织，“其女工巧拙，视布之粗细为差”①。她们实际上成为在自己家中为原料供应者工作的雇佣工人，原料供应者按她们技术的高低、加工产品质量的等级付给相应的加工费。

在松江地区加工棉布的暑袜业中，资本主义生产关系的产生以出现包买主为特征。万历以来，松江西郊暑袜店百余家，经售用洁白尤墩布缝制的尤墩暑袜，极其轻美，四方争购，故“合郡男妇，皆以做袜为生，从店中给筹取值”②。这里，暑袜店商人已直接支配生产，变成了包买主，商业资本转化成产业资本；做袜为生的“合郡男妇”，向暑袜店“给筹取值”，成了暑袜店的雇佣工人。

我们也必须看到，明中后期处于萌芽时期的资本主义生产关系和成熟时期的资本主义生产关系，不能同日而语。当时的资本主义萌芽与那棵封建大树相比显得相当弱小、稀疏，并带有先天的发育不全，即资本主义生产关系只发生在少数地区少数行业，而且带有明显的封建烙印。如苏州的丝织业机户，仍“名隶官籍”，经常受封建政府的“坐派”和重税的勒索，不能自由健康地发展。雇佣工人多来自农村，还没有完全和土地分离，摆脱农业生产。雇佣工人与雇主虽然是劳动力买卖关系，雇佣工人人身相对自由，但是他们必须受到行会的管束，不能摆脱行会的控制。苏州玄妙观内的“机房殿”就是丝织行会所在地。那些“无主之匠”每天伫立桥头受雇时，得听从行会的“行头”分遣。

---

① 弘治《温州府志》卷1《风俗》。

② 《云间据目抄》卷2《记风俗》。

第三节　明中后期社会矛盾

一、内阁倾轧与党争

正统初，英宗9岁登极，太皇太后委政内阁，令大学士杨士奇等对题奏本章拟出处理意见，交皇帝裁定。从此，开创了明朝的票拟制度。但是，阁臣中只有位高望重的首辅（又称首揆）才有票拟权，次辅、群辅只能参论而已。于是，为了谋当有权势的阁臣，特别是首辅，朝臣之间展开了明争暗斗。

阁臣之间的倾轧，自嘉靖初“大礼议”事件后趋于激烈。武宗无子，死后由堂弟朱厚熜继位，是为世宗。世宗欲尊生父兴献王为帝。首辅杨廷和提出异议，认为继统同时要继嗣，应尊武宗之父孝宗为皇考，生父只能为皇叔。中下级官吏张璁、桂萼、方献夫等为了个人升迁，迎合世宗，上疏论“继统”不同于“继嗣”，应尊兴献王为帝。这就是“大礼议”之争。斗争的结果，杨廷和被罢官，同派官吏180余人受杖责，134人下狱。张璁当了首辅，恃宠跋扈，因结怨太多，不断遭到以礼部尚书夏言为首的官吏的弹劾。这使世宗疑心张璁擅政，让夏言入阁为首辅。夏言掌权后又势凌礼部尚书严嵩，斥逐其党。严嵩串通都督同知陆炳，借夏言支持兵部侍郎曾铣倡议收复河套一事，攻击夏言“误国”，招边衅。夏言因此遭杀身之祸，严嵩操政柄，“遍引私人居要地”①，并与儿子工部左侍郎严世蕃狼狈为奸。嘉靖末，严嵩失宠，御史邹应龙、林润相继弹劾严世蕃。最后，严世蕃被杀，严嵩被革职，徐阶继任首辅。隆庆初，高拱以东宫旧臣，受穆宗器重，与徐阶抗衡，终于取代徐阶。不久，

① 《明史》卷308《严嵩传》。

高拱又被张居正排挤去官。

张居正改革失败后，明朝的政治更加黑暗，党争更加复杂激烈。朝廷内外，党派林立，如以籍贯地为名的浙党、齐党、楚党、宣党、昆党等。这些党派彼此倾轧，争权夺利。万历二十九年（1601），朱常洛在东林党人等的支持下，立为太子。万历四十三年（1615），有人持棍闯进慈庆宫谋害太子常洛。东林党人王之寀审出事与郑贵妃有关，史称“梃击案”。万历四十八年（1620），神宗死后，朱常洛继位，是为光宗。几天后，光宗患痢疾。郑贵妃指使太监进泻药。鸿胪寺丞李可灼又进“红丸”。光宗服后一命呜呼，廷臣大哗，史称“红丸案”。光宗死后，郑贵妃的同伙李选侍挟太子朱由校居乾清宫，意在擅权。东林党人杨涟、左光斗上疏请李选侍移宫，离开太子，史称“移宫案”。朱由校继位后，是为熹宗，东林党人大受重用，势盛一世。正当东林党人踌躇满志之时，宦官魏忠贤内结熹宗乳母客氏，外收东林党反对派作羽翼，逐步形成阉党，袭击东林党人。在这场残酷的斗争中，东林党人被逮杀殆尽。魏忠贤总揽内外大权，专横跋扈，明后期政治更加黑暗腐败。

二、宦官专权

宦官专权，是明朝政治黑暗腐败的重要因素。洪武年间，明太祖鉴于汉唐末世，政败宦官，在宫内镌铁牌，严禁内臣干政。燕王朱棣发起靖难之役时，南京内宦向燕师提供军情，燕王旧邸宦官王彦（狗儿）等也立有军功。朱棣因此以为家奴可靠，称帝后，不仅对宦官委以出使、专征、监军、分镇等军政大权，而且为了清除建文帝余党，还设立东厂特务机构，由亲信太监掌管，专门“缉访谋逆、妖言、大奸恶等”①。东厂和锦衣卫一样，只对皇帝负责，不必经司法机关批准，可随意监视、缉拿臣民。这开启了明代宦官干政之端。但在正统之前，皇帝皆亲自视政，宦官还不敢擅权。

---

① 《明史》卷95《刑法志三》。

正统以后，明朝皇帝多昏聩无能，疏于政事，为宦官专权提供了条件。明代宦官机构有二十四衙门，即十二监、四局、八司。其中司礼监掌奏章机要，历来由皇帝心腹宦侍担任。随着票拟制度的形成，皇帝的最后裁决意见，由司礼监秉笔太监用红笔批写在奏章上，称“批红”。于是，秉笔太监成了皇帝的代言人，甚至利用职权，改动内阁拟票。因此，史称“内阁之拟票，不得不决于内监之批红，而相权转归于寺人”①。如当时的司礼监宦官王振，就曾矫旨引荐同党，陷害政敌。他威权日重，皇帝呼之“先生”，公侯勋戚尊之“翁父”。府、部、院诸大臣“俱攫金进见”②。

正统十四年（1449），英宗还命太监金英，在大理寺筑坛，审理刑部、都察院、大理寺狱囚。“（金）英张黄盖中坐，尚书以下左右列坐。自是六年一审录，制皆如此。”③ 宦官从此插手司法，刑部、都察院、大理寺三法司断案量罪，“俱视中官意，不敢忤也”④。

景德时，为抗击瓦剌，明朝廷建立了京军的精锐“团营”，归太监曹吉祥、刘永诚节制，从此又开了宦官总领京军之例。天顺五年（1461），曹吉祥就利用手中的兵权，发动过叛乱。

成化时，明朝又设立西厂特务机构，由宦官汪直提督厂事。西厂特务横行各地，陷害忠良，打击无辜，使得官民人人自危。正德时，宦官刘瑾、马永成、谷大用、张永等八人得宠于武宗，时称“八虎”。其中刘瑾以内官监总督团营，继而又掌司礼监，势焰熏天。他的党羽布满朝廷，连内阁大学士焦芳、吏部尚书张彩等都是他的爪牙。他曾得意忘形地自夸：“满朝公卿，皆出我门。”⑤ 朝廷奏章，要“先具红揭投瑾，号红本，

---

① 《明史》卷72《职官一》。

② 谷应泰：《明史纪事本末》卷29《王振用事》，中华书局，1985年。

③ 《明史》卷304《金英传》。

④ 《明史》卷95《刑法志三》。

⑤ 《明史纪事本末》卷43《刘瑾用事》。

然后上通政司，号白本"①。刘瑾又设立内行厂特务机构，比东、西厂更为酷烈。正德以前，厂、卫分立，更迭用事。正德时，锦衣卫指挥杨玉、石文义是刘瑾的爪牙，以致厂、卫合势，都成为刘瑾的势力范围，忠于刘瑾的特务布满全国各地，铲除异己。万历初年，宦官冯保专擅威福，连神宗皇帝都怕他，"有所赏罚，非出保口，无敢行者"②。天启年间，宦官魏忠贤，人称九千岁，除提督东厂外，还于宫内设"内标"万人，武装宦官，带甲出入，一批无耻官吏甘作他义子、走卒，号"五虎""五彪""十孩儿""四十孙"等。

宦官在政治上弄权作威的同时，在经济上巧取豪夺，贪污受贿，勒索大量财富，搜括民财。王振家有金银六十余库，珊瑚高六七尺者二十余株。刘瑾家产仅黄金就有二十四万锭，又五万七千八百两；元宝五百万锭，又一百五十八万余两；还有宝石二斗，玉带四千余束，其他财物不计其数。

三、吏治腐败

明初严于吏治，对官吏的惩罚，有两个方面的问题处理得特别严峻：一是对皇帝的不忠顺，二是贪污受贿。明太祖曾规定，凡守令贪酷者，许民赴京陈诉，官吏"犯赃者无贷"。官府公座旁各悬一剥皮实草之袋，使之触目惊心。在这种高压态势下，明初吏治尚未出现大的问题。

明中叶以后，吏治开始大坏，政以贿成。皇甫汸指出："贪墨之吏，未有甚于此时者也。舆金辇璧，京邸为场，鬻爵卖官，朝堂为市，持衡者若操筹焉，谒选者若登垅焉。盖朝通百镒，则夕蒙百镒之酬；夜纳千金，则旦受千金之验。"③ 到了崇祯年间，甚至连明初对整饬吏治行之有效的考核、监察制度也走到了反面。大臣梁廷栋曾奏称："朝觐、考满、

---

① 《明史》卷 304《刘瑾传》。

② 《明史》卷 305《冯保传》。

③ 张萱：《西园闻见录》外编卷 31《吏部二・黜斥》，上海古籍出版社影印《续修四库全书》，2002 年。

行取、推升，少者费五六千金。合海内计之，国家选一番守令，天下加派数百万。巡按查盘、访缉、馈遗、谢荐，多者至二三万金。合天下计之，国家遣一番巡方，天下加派百余万。”①

明万历以来，吏治腐败，贪污受贿成为官场积习，甚至连负有监察职责的御史亦贪纵无忌，徇私枉法。《万历野获编》卷 19《台省·台省之玷》和《补遗》卷 3《台省·御史墨败》两条所列案例数十起，即可概见。嘉靖五年（1526），御史朱豹就指出：“今抚按举劾多徇私任意，贤能者未必举，所举或及污婪；鳏旷者未必劾，所劾或加良直。宜令慎于举劾，不得仍前怠忽，庇尸素而抑贤能。”② 还有明代中后期，官场积习日深，大小官员互相攀缘，盘根错节，以同乡、同年、门生、座主、举主、亲戚、故旧等名义组成了一个硕大无朋的关系网，牵一发而动全身。这种政治局面使那些持身严谨、勇于任事的御史也难以有所作为：“御史巡方，未离国门，而密属之姓名，已盈私牍。甫临所部，而请事之竿牍，又满行台。以豸冠持斧之威，束手俯眉，听人颐指。”③ 在这种情况下，御史要依法办事，不理请托是很困难的。当时惩治贪污腐败也是流于形式，走走过场，只打苍蝇不打老虎，掩人耳目：“惩贪之法在提问。乃豺狼见遗，狐狸是问，徒有其名。或阴纵之使去，或累逮而不行，或批驳以相延，或朦胧以幸免……苞苴或累万金，而赃止坐之铢黍。”④

四、土地兼并与流民问题严重

明中叶后，土地越来越高度集中。皇帝带头掠夺地产，大量设置皇庄，是这一时期土地兼并的突出特点。皇庄始于永乐时期，其大量增多，是从宪宗时期开始。宪宗即位时，没收太监曹吉祥在顺义县的土地，作为宫中庄田。曹吉祥强夺军民田 2487 亩，改为宫中庄田后，宪宗又侵占

① 《明史》卷 257《梁廷栋传》。

② 《明世宗实录》卷 71，台北历史语言研究所校印本。

③ 《明史》卷 226《丘檞传》。

④ 《明史》卷 226《丘檞传》。

民田4000多亩，共计占地7500多亩①。此后皇庄日益增多。弘治二年(1489)，北京周围皇庄只有5处，占地12800余顷②。弘治十八年(1505)，武宗在继位第一个月内，就设立皇庄7处，继而扩展至300余处。其增加速度之快，实为惊人！明代皇庄之多，超过了以往任何一个朝代③。

洪武时，明太祖除赐给燕王宛平县黄岱庄熟田作王庄外，其他亲王都只赐予牧马草地、废壤、河滩、山场、湖陂淤田。洪熙、宣德以后，亲王庄田逐渐增多。他们多通过钦赐、奏讨、纳献、夺买和直接劫夺等手段广占田地，其中主要的是奏讨，即把农民的田地指作“闲地”“空地”“荒地”，向皇帝奏求，然后占为己有。所以，“名为奏求，实豪夺而已”④。明代分封到全国各地的朱氏诸王都是大地主。如四川蜀王府，明中叶富冠宗藩，其庄田自灌县至彭山县，占据了成都平原7/10的沃壤。楚王府的庄田不仅布满湖广，还远置到陕西平凉府固原州。正德时，江西宁王宸濠夺民田以万计，杀平民不下千数。嘉靖时，景王戴圳“越界夺民产为庄田”⑤，占地竟达数万贯之多。此外，外戚、勋臣、宦官也强占大片庄田。如弘治时，宪宗皇后弟王源，怙势夺静海寺民田2000余顷。云南勋臣黔国公沐氏，正统时就有庄田365区，“始而侵占投献，终则劫掠乡村”⑥，为害一方。宦官同样狐假虎威，“多夺民业为庄田”⑦，正德时的谷大用强占民田至万顷。

当时，一般官僚和缙绅也通过各种手段兼并大量土地。如南京附近权豪“侵凌军民，强夺田亩”，霸占民田计62300余亩。扬州地主赵穆一

---

① 嵇璜：《续文献通考》卷6《田赋考》，商务印书馆“万有文库”十通本。
② 《明孝宗实录》卷28，台北历史语言研究所校印本。
③ 朱绍侯主编：《中国古代史》下册，第125页。
④ 《明史》卷180《李森传》。
⑤ 《明史》卷208《颜鲸传》。
⑥ 傅维麟：《明书》卷92《黔宁王沐英世家》，“畿辅丛书”本。
⑦ 《明史》卷208《郑自璧传》。

次就强夺民田3000余亩作己业①。江浙豪绅“阡陌连亘”，有的“一家而兼十家之产”。特别是乡宦，如首辅徐阶在苏松占田24万亩，拥有佃户几万人。阁臣严嵩“广市良田，遍于江西数郡”，又“广置良田美宅，于南京、扬州，无虑数十所”②。东南沿海福州，“郡多士大夫，其士大夫又多田产，民有产者无几耳”③。成化时，大同、宣府势家豪右占夺几十万顷肥沃土地，农民因而失业④。“公私庄田逾乡跨邑，小民恒产岁朘月削”⑤，这是当时人们对土地高度集中的概述。

明后期，土地兼并之风愈演愈烈。有的地区土地兼并已达饱和状态，皇族还在肆无忌惮地强占。如河南土地已被诸王瓜分殆尽，神宗时又在河南封藩福王朱常洵，赐田2万顷。河南凑不足数，就以山东、湖广土地补给⑥。熹宗赐给惠、瑞、桂三王湖广、陕西庄田每人3万顷，两省地方官竭尽全力也搜括不出这么多土地，熹宗竟强令摊派给四川、山西、河南共同“协济”⑦。其他勋戚官僚、缙绅豪民、富商大贾同样是“求田问舍而无底止”⑧。宦官魏忠贤兼并土地多达100万亩以上⑨。浙江奉化乡官戴澳所纳钱粮竟占全县一半⑩。崇祯时，杨嗣昌概括全国土地兼并情况时说：“近来田地多归有力之家，非乡绅，则富民……若夫穷民，本无立锥之地”⑪。可见全国绝大部分土地至明朝后期都已集中到地主阶级

① 《明英宗实录》卷23、卷29、卷49，台北历史语言研究所校印本。

② 《明史》卷210《王宗茂传》《邹应龙传》。

③ 《明史》卷203《欧阳铎传》。

④ 《明宪宗实录》卷156，台北历史语言研究所校印本。

⑤ 陈子龙：《明经世文编》卷88，林俊《林贞肃公集·传奉敕谕查勘畿内田地疏》，中华书局，1962年。

⑥ 吴伟业：《绥冠纪略》卷8《汴渠垫》，清康熙刻本。

⑦ 《明熹宗实录》卷76、卷77，台北历史语言研究所校印本。

⑧ 《古今图书集成·食货典》卷61，刘同升《限田均民议》。

⑨ 《明熹宗实录》天启七年十月。

⑩ 文秉：《烈皇小识》卷7，上海书店，1982年。

⑪ 杨嗣昌：《杨文弱先生全集》卷32《钦奉上传疏》，上海古籍出版社影印《续修四库全书》，2002年。

手中。

明代中后期，随着土地兼并的恶性发展，卫所屯田制度也逐渐被破坏。诸王、公侯、监军太监、统兵将领、卫所军官和地方豪强竞相侵吞屯田，役使军丁。宣德六年（1431），经查勘，山西大同有2000余顷屯田被“豪右占据”①。正统年间，“诸边将校占垦腴田有至三四十顷者”②。陕西镇守太监王贵占夺官田多达100余顷，私役军丁计900余名③。正统时，为了限制军官兼并屯田，陕西左参政年富建议，屯田每顷应纳粮12石。都督王祯认为过重，竭力反对。经廷议，屯田每顷纳粮4石④。无形中朝廷承认了侵占屯田的合法性，更加助长了侵占屯田之风。景泰年间，口外附近各城堡膏腴之田，均被在京功臣之家占作庄田，余下空闲田地，又被镇守总兵、参将、都指挥等官占为己有。弘治年间，大官僚马文升指出，天下屯田被“卫所官旗势豪军民侵占盗卖十去其五”。当时，明政府曾对屯田进行一次清查，结果，户部郎中王勤清出北京及京外被侵占的屯田计41000余顷，“中间尚有未能清出者”⑤。

随着土地的高度集中，大批自耕农失去土地而沦为佃户和奴仆。江南“有田者什一，为人佃作者什九”⑥。福建南靖等地7/10的田地被豪强侵占，广大农民只好“佃耕自活”⑦。湖北钟祥有的地主占有佃户多达千人。西南真州土豪范姓数家各拥庄佃数千户。大部分佃户自己没有土地，仅有部分生产工具，他们要把产量的五成、六成甚至八成交给地主。除地租之外，佃农还要受许多额外的勒索。例如：承佃时要交“批礼银”“批赁”“批佃”“移耕”“写礼”等钱；逢年过节要献“冬牲”“豆粿”

---

① 《明史》卷157《柴车传》。

② 《明史》卷177《年富传》。

③ 《明英宗实录》卷16。

④ 《明史》卷177《年富传》；《续文献通考》卷5《田赋五》。

⑤ 《明经世文编》卷63《马端肃公奏疏·清屯田以复旧制疏》。

⑥ 顾炎武：《日知录集释》卷10《苏松二府田赋之重》，上海古籍出版社，2006年。

⑦ 《天下郡国利病书》卷94《福建四》。

“年肉”“芒扫”等物；地主下乡收租要供给酒饭，交租时要挑粮上门。大斗收租，小斗出粜，更是地主惯用的盘剥手段。由于剥削沉重，佃农勤劳一年，依然冻馁，今日完租，明日乞贷，还要终生遭受高利贷压榨。

明代，皖南、两浙、江西、湖广等地还盛行奴仆制度，一些失去土地、无以为生的农民沦为奴仆。奴仆大致上又可分为家奴和佃仆两种。家奴主要由买卖而来。贫苦农民因天灾人祸，将自身或子女卖与富家为奴，“即立身契，终身不敢雁行立”①。佃仆名称，各地不一，有庄奴、地仆、田僮、火佃、伴当、郎户等。农民沦为佃仆的原因是多样的，大多数是为了躲避封建差役而投靠宦门，时谓“靠势”②。也有因权势所挟，或债务所逼等。他们累代作佃仆，失去人身自由，通常是在主人的监督下进行生产，承担主人家中的各种杂役，对主人有严格的人身隶属关系，有时还随同土地被主人转卖。当时，官僚、缙绅、地主家里拥有的奴仆数量是相当大的。如“吴中仕宦之家，奴有至一二千人者”③。嘉定县有的地主“僮仆多至万指”④。湖广士大夫“仆隶之盛甲天下”，麻城梅、刘、田、李四大姓奴仆不下三四千人⑤。

大批失去土地的农民，除了沦为奴仆外，有的还离乡背井，外出谋求生路，成为流民。明代，流民成为严重的社会问题是在正统以后。当时，流民已几乎遍布全国。据估计，全国流民总数最高时约有600万人，占在籍人口的1/10，其中山西、河北、山东、陕西、河南、安徽、江苏、湖南、湖北、浙江、福建等地较为严重。如正统年间，山西繁峙县五台山以北居民2166户，逃亡的竟达半数以上。翼城县农民逃亡，“遗下田地，俱为荆棘”。流民往往成群结队，沿途露宿，“采野菜煮榆皮而食”⑥。

---

① 佚名：《研堂见闻杂记》。

② 吴骞：《愚谷文存》卷13，“拜经楼丛书”本。

③ 《日知录》卷13《奴仆》。

④ 《天下郡国利病书》卷20《江南八》。

⑤ 《绥寇纪略》卷10《盐亭诛》。

⑥ 《明英宗实录》卷45、卷46、卷66。

南直隶凤阳地区流民“动以万计，扶老携幼，风栖露宿”。流民中有不少人因饥寒交迫，倒毙路旁。幸存者有的作乞丐，有的当和尚、道士，有的船居水上，有的漂泊海外，有的投靠卫所耕种屯田，有的被富豪隐匿作奴仆佃户，有的打短工度日，有的逃入深山老林垦荒种田，采矿淘金。当时，有比较大数量的流民涌入湖北、河南、四川、陕西交界的荆襄山区。这里山谷厄塞，川险林深，有大量沃土可供耕垦。流民来到这里，斩茅结棚，烧畲为田，垦荒屯种，过着“既不纳粮，又不当差”[①] 的生活，因此，成为流民流亡的好去处。从正统以来，流民纷纷涌来，至景泰、天顺年间，大约聚集了几十万人。随着人口的增加，许多商人也挟资前来，雇流民开矿藏，兴办各种手工作坊，如木耳厂、笋厂、药材厂、木厂、纸厂、铁厂、炭厂、金厂等。

五、财政危机加深和赋税、徭役的加重

从明中叶开始，政府财政危机加深。正德后，由于土地兼并严重，高度集中，大地主隐匿赋税，明政府每年只征米2216万石，麦462万石。嘉靖后，更降到米1822万石，麦462万石。与此同时，封建王朝的财政支出却与日俱增。特别是嘉靖二十九年（1550），俺答进逼北京，明政府添兵增饷，军费大增。据户部统计，嘉靖三十年（1551），各边境饷银达500多万两，修边塞等工役所需又800余万两，两项合计1300余万两。而正赋及其他加派总共才1000万两[②]。这时，皇族支费也大为增加。明初，“亲、郡王、将军才四十九位，女才九位”。到嘉靖末，依皇族谱牒所载，见存28492位[③]。当时，全国田赋输京米400万石，而宗藩岁禄达853万石，“岁输亦不足供禄米之半”[④]。加上皇室奢侈成风，冗官冗食，嘉靖一朝每年财政赤字多者近400万两，少者也有100余万两。到隆庆元

① 《明经世文编》卷62，马文升《添风宪以抚流民疏》。

② 《明史》卷202《孙应奎传》。

③ 万历《秀水县志》卷9《艺文》，戚元佐《议处宗藩疏》。

④ 《明史》卷116《诸王传一》。

年（1567），朝廷太仓银仅存 135 万两，只足 3 个月的开支[①]，由此可见明王朝财政之拮据。

随着明王朝财政危机的加深，农民的赋税负担也日益加重。宣德时，就开始对明初“永不起科”的新垦土地征税了。正统元年（1436），随着商品经济的发展，明政府将江南诸省“田赋折征银两”，称为“金花银”。当时规定米麦 4 石折银 1 两。及至成化，折银率大变，每粮 1 石，征银 1 两。农民的赋税负担无形中增加了 3 倍[②]。嘉靖三十年（1551），因与俺答战争需要，于南直隶和浙江省等州县，增赋银 120 万两。从此开始了明朝的田赋加派。嘉靖三十三年（1554），朝廷又因东南倭寇来侵犯，在江南以提前征收下年度不当役里甲徭役银方式，加派银 40 万两，称“提编”。此外，其他“箕敛财贿”的苛捐杂税名目也日益增多。特别是地方官吏征敛时，“指一科十”，广大民众又遭一番盘剥。

佃种官田的农民不仅田赋负担重，更为严重的是，送仓缴纳时，“运涉江湖，动经岁月，有二三石纳一石者，有四五石纳一石者”[③]。农民负担不了，以致累年拖欠。宣德元年（1426）至宣德八年（1433），仅苏州逋赋就有近 800 万石。当时，江南流传一首歌谣：“一亩官田七斗收，先将六斗送皇州，止留一斗完婚嫁，愁得人来好白头。”[④] 这是官田佃户由于官田赋税等负担过重而导致生活悲惨的真实写照。

明代中后期，随着土地兼并，田产转移，还引起黄册上登记的人丁资产失实，“名为黄册，其实伪册也”[⑤]。政府佥派徭役，经常“放富差贫”。随着政治上的日益腐败，封建官府又役民无度。如正德时，武宗出巡，仅自仪真到张家湾一段水路，“伺候人夫不下数十万”[⑥]。当时，百姓

① 《明穆宗实录》卷 15。
② 《续文献通考》卷 2《田赋考》。
③ 《续文献通考》卷 2《田赋考》。
④ 蔡方炳辑：《广治平略》卷 3《舆地篇》，清同治十年刻本。
⑤ 《天下郡国利病书》卷 86《浙江四》。
⑥ 《明武宗实录》卷 186，台北历史语言研究所 1962 年校印本。

的徭役负担，繁重到“孤寡老幼皆不免差，空闲人户亦令出银……甚至一家当三五役，一户遍三四处”①。农民徭役负担的加重，被夺去大量的劳动时间，严重地影响农业生产。如凤阳府，“民当农时，方将举趾，朝为轿夫矣，日中为杠夫矣，暮为灯夫矣。三夫之候劳而未止，而又为纤夫矣。肩方息而提随之，稍或失夫驭而长鞭至焉。如此民奔走之不暇，何暇耕乎？”②

第四节　封建家族制度的发展

根据《大明集礼》卷 6《宗庙·品官家庙》记载，明初士大夫普遍受朱熹《家礼》中祠堂之制的影响。凡品官之家在正寝之东建立祠堂，祭祀四世之主。至于庶人则无祠堂，乃于居室的中间或他室祭祀二代神主。明朝政府鉴于家庙制度未定及民间祭祖的现实情况，于是“权仿朱子祠堂之制”，规定品官祭祀高、曾、祖、祢四代祖先，庶人祭祀祖、父两代祖先。

嘉靖十五年（1536），“诏天下臣民祀始祖”③。该诏令颁布后，全国各地宗族纷纷建立宗祠祭祀始祖，遂使“宗祀遍天下”。如广东南海朱氏家族称：“我家祖祠，建于明嘉靖时，当夏言奏请士庶得通祀始祖之后。”④ 又据广东佛山《岭南冼氏宗谱》卷 2 之首《宗庙谱》记载：“明大礼议成，世宗思以尊亲之义广天下，采夏言议，令天下大姓皆得联宗建庙祀其始祖。于是宗祠遍天下，其用意虽非出于至公，而所以收天下之

---

① 《明宪宗实录》卷 33。

② 《天下郡国利病书》卷 33《江南二一》。

③ 许重熙：《宪章外史续编》上；朱国桢：《皇明大政记》卷 28《补遗》，上海古籍出版社影印《续修四库全书》，2002 年。

④ 《朱九江先生集》卷 8《南海九江朱氏家谱序例》，学识斋，1868 年。

族，使各有所统摄，而不至散漫，而借以济宗法之穷者，实隆古所未有……我族各祠亦多建在嘉靖年代。逮天启初，纠合二十八房，建宗祠于会垣，追祀晋曲江县侯忠义公，率为岭南始祖。”不仅是冼氏宗族，据当地方志载：“我佛诸祠亦多建自此时（嘉靖十五年后），敬宗收族于是焉。”① 除了广东南海、佛山之外，安徽旌德的戴氏宗族也是在嘉靖世宗诏令后建置始祖祠堂的。戴氏族谱记载：“祠初创于元之丙申，士可公奉四世之神主而妥侑之，非略也，孝思可展，限以礼而不得越，至明世宗诏令天下士庶，得祀始祖，族人因于万历丁酉辟地构祠，则前乎此者，已感叹于蔓草荒烟矣。”② 总之，嘉靖十五年（1536）有关祭祖、家庙令，客观上造成了嘉靖朝修建宗祠祭祀始祖的热潮。这一热潮此后一直延续，从而使宗祠祭祀始祖普遍化，这是中国宗族发展史上重要的演变。③

明代宗族制度发展的另一重要标志是宗族乡约化。所谓宗族乡约化是指宗族内部直接推行乡约或依据乡约的理念制定宗族族规、家训等，要求族人严格遵守，并设立宗族管理人员约束族人，宗族实际上成为非官方的最基层的管理组织。

明代乡约最早始于洪武年间明太祖颁布的《教民榜文》，后在正德年间经过王阳明的改造，到嘉靖万历年间已在全国普及。明代家族族规、家训的大量出现是在嘉靖以后的明后期，这些家族规范是随着明朝官府推行乡约而出现的。族规、家训等宗族规范是明代乡约与宗族结合的产物。宗族的乡约化，在相当程度上是官府与宗族在维持基层社会秩序方面的契合点，其目标与利益是一致的，促使官府与宗族相辅相成、互相依托支持，完成社会最基层管理秩序的构建。如：当时温州府要求宗族各自为约，统一设立《族范》；南昌府通过设立宗长在宗族中推行乡约，反映了地方官府在宗族乡约化过程中的主导作用。而温州府永嘉王氏嘉靖时建立族约，休宁范氏在嘉靖时依据圣谕制定祠规，抚州府乐安董氏

---

① 民国《佛山忠义乡志》卷 9《氏族志·祠堂》。

② 1929 年刊《旌阳留村戴氏族谱·留村叙伦祠记》。

③ 冯尔康等：《中国宗族史》，上海人民出版社，2009 年，第 226—227 页。

万历二年（1574）制定祠规，严州淳安洪氏万历时制定宗约，休宁商山吴氏万历中叶响应朝廷设乡约、讲圣谕制定祠规，祁门县的文堂陈氏乡约与族规合二为一等，均表明当时宗族中的缙绅借鉴乡约来制定宗族规范，从而达到化族成俗的目的。同时以制定宗约族规为契机，设立族长、约正等家族管理人员，完善宗族组织化建设。

明代在宗族乡约化过程中，把修族谱、建宗祠作为其建设活动的载体。如永嘉王氏修族谱、修宗祠，乐安董氏建宗祠、立族规，沱川余氏在乡约的推动下设宗祠。修族谱是明确族规、家训规范的对象，修建宗祠是设立执行族规、家训的活动场所，其目的是实现宗族的自治，即自我管理。如永嘉王氏“察举淑慝，有不率者遵族约以听于祠，一不闻于有司”。淳安洪氏设立“宗约堂”，为约正、约副负责词讼之所，约正、约副会同家族长处理族人投诉的田土争执之事。在家庙重治、惩罚行为不轨的族人，并将不服者送官惩治。

宗族的这种自治活动，受到官府推行乡约和宣讲《圣谕六言》的重要影响。如文堂陈氏制定《文堂乡约家法》，呈官批准，并示范全县，祁门的乡约在数月内快速推广。又如乐安董氏按月轮流管事，实为仿照《教民榜文》中木铎老人一年分 6 次宣讲圣谕。在宗族乡约化的活动中，宣讲圣谕是加强对族人教化的重要内容。再如淳安洪氏《宗约》的主旨是《圣谕六言》的思想，具体内容则根据官府乡约宗礼确定。

明代宗族制发展的第三个重要标志是族谱体例趋于完善。明代在万历之前，民间撰修的族谱体例相比还比较简略，大致在四至八项之间。如江苏金坛段敏为江西新城知县，他重修族谱“先以系图，次以家传，又次以先世遗文与凡儒硕诗文为段氏作者”，加上谱序共有四项内容。江西丰城游氏为福建副按察使，其族谱也是“先之图，以表世系；次之谱，以记其行实；而历朝之诰敕暨名卿畯儒之词章附焉”。可见，游氏族谱有世系图、行实谱、诰敕、著述及谱序五项内容。江西南丰曾氏，其族谱内容亦五项，但具体项目与游氏族谱略有不同：“首谱序，得姓之由著矣；次家训，正家之道严矣；又次之宗图，世系昭矣；又次之家传，世

德之详矣；附以前代当世名贤之文，所以光昭世美者备矣。”全谱为谱序、家训、宗图、家传、著述五项。浙江瑞安钟氏族谱则有八项：“首之谱例，明作谱之法也；次之宗图，著承传之序也；又次之世谱，纪行实之详也；亢宗鸠族，必有规范，故家规次之；禔身正家，必有仪矩，故家仪次之；附以列圣之诰敕，昭天宠也；继以名贤之碑志，表卓行也。其立例严，其考据精，真得古人作谱之良法矣。”① 瑞安钟氏族谱虽有八项，但其实最重要的就是多出谱例一项，表明修谱者立例严谨。其余多出项目只是在五项基础上的细化，如把家训细分为家规、家仪。还有诰敕这一项目，不是每个家族都有的，只有那些达官显宦家族，才有可能得到皇帝诰敕之类的天宠。因此，这一项目不能作为修撰家谱必须具备的内容。

万历以降，族谱内容更加丰富，体例进一步完备。以编撰于万历时的浙江平湖《孙氏家乘》为例，该谱除谱序、世系表外，“为志八”，即祠墓、居徙、仁宦、恩纶、神像、文献、家传、家训。该族谱修撰者孙植在谱例中还规定：今自吾子以下，六房所生子，“世代依次传序”，并列入族谱，世系图二十字：“廉勤恭谨、忠信纯明、节孝温良、宣慈惠和、諴贞端亮”，实为明昭穆辈分房派之语。该谱并设有领谱字号，规定：“谱成，编立字号，分给子孙收执，谱后记曰：大明某年某月某日某字号，谱给某房几代第几代孙某，世世宝藏勿失。”② 《孙氏家乘》的“志”很详备。以地区论，明代族谱体例最完备者，当推徽州。以歙县殷氏为例，隆庆、万历年间，“始为谱，其大凡有姓氏、本原、世系三考”，后又增加“世德、闺范、训典、文献、宅第、丘墓、遗事、遗迹、里社九考”③。这些考应该属于志书体例。又如休宁《曹氏统宗世谱》15 卷，万历末年修成，该谱内容有谱序、题辞、谱引、谱歌、谱诗、恩荣录、

① 何乔新：《椒邱文集》卷 12《金坛段氏族谱》《安沙游氏族谱序》《南丰曾氏族谱》《瑞安钟氏族谱序》，台湾商务印书馆影印文渊阁本《四库全书》。

② 天启《平湖县志》卷 10《风俗·氏族》引《孙氏族谱序·谱例》。

③ 王世贞：《弇州四部稿》卷 70《殷氏族谱序》，上海古籍出版社，1993 年。

曹氏先达、迁徙源流、坟墓、后序、跋、谱约、支谱图、统宗谱系小叙、凡例，各房目录、家传、小传、始祖事略，各支谱谱叙、系图、事略，以及重修族谱叙略、家乘序、诗集序、遗嘱、跋等，名目实为繁多！万历之后的修谱虽有项目过于琐细之嫌，但也反映了当时族谱记载的内容的确比万历之前又有较明显的增加，如将其记载项目加以合并，其体例除万历之前有的谱序（含题辞、跋等）、谱例、世系图、世系传、文献（诰敕、著述、遗文等）、家传（含事略）、家训（含族约、家规、家仪、世德、闺范、遗嘱等）外，又增加了祠墓、居徙、仕宦、恩纶、神像、姓氏（即得姓始末）、本原（即先世考辨、纪源、传信、传疑等）、宅第、遗迹、里社、续后（为空白纸，以备后续子孙）、派语、领谱字号等。由此可见，明中后期尤其是后期的族谱体例已经相当成熟完备，清代的族谱体例基本上就是明代的延续，没有什么大的变化了。

明代中后期族谱体例的完备还表现在大型的会通谱、统宗谱。会通谱、统宗谱涉及地域广，人数多，房支世系错综复杂，要将其房支、世系辨别、厘清并处理好总谱与支谱以及支谱之间的关系实属不易。因此，会通谱、统宗谱修撰的完善，说明当时修谱水平的提高。据考证，明代会通谱出现较早，如景泰年间刊的《新安程氏诸谱会通》，弘治四年（1491）原刊、弘治十三年（1500）增刊的《黄氏会通谱》，嘉靖十二年（1533）刊的《岭南张氏会通谱》等。所谓“会通”，据《新安黄氏统谱·谱例》云：“会通之要，所以审迁派、究源流、归万殊于一本也。”即辨别厘清各迁徙其他地方本族的派别，追根溯源查明源流，然后将其会合贯通于共同始祖之下。随后明代又出现了统宗谱的名称，而且比起会通谱一词来说更多地被人使用。“统宗”之意，据《汪氏统宗正脉·谱序》所云：“统宗应盖取礼制大宗合祖之义，而与谱其宗者不侔也。”意即大宗统小宗于宗族始祖。见于记载，较早使用统宗谱名称的是弘治时的程敏政，他编纂了《新安程氏统宗世谱》，用图表形式来表示错综复杂的宗支世系。时人指出：“古今修谱之例三变：始如道统图体者；中如欧、苏谱体者；至程篁墩（即程敏政）谓欧、苏体，一图一传，不见统

宗之义，乃变为《汉书》年表、《唐书》相表体然。”① 可见，人们对程敏政编纂统宗谱用图表形式来表示宗支世系方面的创新评价甚高，把其作为古代修谱体例三次重大变革中的一次。时人的这一评价还是比较中肯的。程敏政所编修的《新安程氏统宗世谱》是较早的大型通谱，规模庞大，共记载44个支派，通53代人，入谱者逾万人。而嘉靖时张宪、张阳辉等主修的《张氏统宗谱》则记载全国15省的117个支派，更是皇皇巨著。统谱的特色在于世系纷繁，反映在体例上必然要求世系的记载应脉络清晰、有条不紊，程敏政较好地解决了这个问题，在修统宗谱中辨别房支，厘清世系，让人一目了然。他在统宗体例上的创新，影响甚大。

自程敏政之后，编修统宗谱者不一而足，如嘉靖十四年（1535）刊《张氏会修统宗世谱》《张氏通宗会谱》，嘉靖十六年（1537）刊《张氏统宗世谱》，隆庆四年（1570）刊《汪氏统宗正脉》《武口王氏统宗世谱》，嘉庆年间还刊有《许氏统宗世谱》，万历时则有《俞氏统会大宗谱》等。

第五节　程朱理学在思想界占统治地位

明朝建立了统一强大的封建专制主义帝国，同时，重视统一思想，把程朱理学定于一尊，确立其作为明朝统治思想的地位。这个王朝的君臣都深谙程朱理学在治国中的重要性。明初开国伊始，明太祖朱元璋就常与刘基、宋濂等精通理学的近臣“论道经邦”，议论“礼乐之制”，初步确立以孔孟之书为经典，以程朱注解为“规矩”，作为明朝的统治思想。明成祖朱棣篡位后，解缙等人以讲筵、入对的形式进行君臣研习唱和程朱理学。永乐年间，在明成祖的御临下，以程朱学说为标准，汇辑

① 许象先：《新安许氏世谱·凡例》，转引自叶显恩《明清徽州农村社会与佃仆制》，安徽人民出版社，1983年，第172页。

经传、集注，编为《五经大全》《四书大全》《性理大全》，诏颁天下。这就是所谓“合众途于一轨，会万理于一原”，“使家不异政，国不殊俗”，以程朱理学统一全国思想文化。至此，程朱理学才真正取得独尊的地位。

三部理学《大全》的编者在编撰时只是将程朱的经传、集注和接近程朱的其他注解，加以辑集，整齐划一，并不掺杂编者自己的见解。编撰完成后，《大全》又以钦定的形式颁布，作为治理国家的统治思想。因此，程朱理学在定于一尊的同时，也意味着其失去了进一步发展的生机。正如章懋一针见血指出：“自程朱后，不必再论，只遵闻行知可也。”薛瑄也说：“自考亭以后，斯道大明，无烦新著。”明末顾炎武、朱彝尊更直截了当指责三部《大全》尽是“窃取”“抄袭”，没有新义，对人们的思想起着桎梏的作用。

但我们也必须看到，虽然程朱理学在明初被钦定下来，成为不刊之论，但终明一代，还是有一些理学家，固然崇拜程朱，但也不是只徒守吟诵。他们往往以一种“体认”的方式，发其新义。而其中又因为各自的“体认”不同，“所得”不同，使得理学还是出现一些新观点、新见解。

刘基、宋濂的理学著作和思想，多形成于元末，但其影响和作用，则主要是在明初。刘基反对佛、道的鬼神论，以维护儒家“天理”的绝对性。宋濂称儒、佛“其道揆一”，“同一”，谓学道者当兼儒、佛。刘基、宋濂均为明初重臣，在程朱理学取得独尊地位过程中发挥了很大作用。

宋濂最得意的门生是方孝孺，但他与其师有所不同，“放言驱斥二氏”，被称为“千秋正学”“明之学祖”。他忠于君臣大义，面斥朱棣“篡国”，致被磔死和诛十族。但方孝孺实践了理学道德，以身殉道，名垂青史。

与方氏同时而稍后的曹端，是明初北方大儒，开“河北之学”。其理学谈论的多是宋人议题，曾委婉地对朱熹所谓理与气如人之乘马提出异议。当时罗钦顺、王廷相谓曹端提出的理气无“间断”，是“深有体认”，

但又嫌其不足，继而提出“理气为一物”“理出于气”等观点。

在曹端之后，“闻风而起”者是薛瑄。薛氏开山西“河东之学”，门徒遍山西、河南、河北、关陇一带，蔚为北方朱学大宗。其理学发挥曹端理气“一体”之说，谓“气中有理”，理气无“缝隙”。其学传至吕柟，又开明代关中之学。关中之学以“躬行礼教为本”，重视道德实践，在理论上没什么新意。

与北方薛瑄同时的吴与弼，在南方开“崇仁之学”，亦称朱学大宗。吴氏治学“兼采朱陆之长”，“寻向上工夫”。尔后，其徒陈白沙和娄谅更流衍为王学的“发端”和“启明”。

在明前期的理学中，由宋濂、曹端到薛瑄、吴与弼，所出现的这些思想变化，致使程朱理学的思想体系被弄得“支离破碎”，这不能不说是王学得以风靡一时的重要原因之一①。

明朝中后期，王守仁心学的崛起及王学的广泛传播，成为这一时期理学发展的主要趋势。嘉靖以后，出于王学又不同于王学的泰州学派，在下层社会传播。王学逐渐走向式微，历史向明末清初对理学的批判总结阶段转化。

陈献章江门心学提倡“静中养出端倪”，是王学的前驱。陈氏心学在岭南自相传授，形成一个学派。大弟子湛甘泉得其心传，并在为官各地时，筑书院以祀献章，张大师说。王守仁与湛甘泉友善，经常互相切磋，对湛的学说深为契合。陈、湛心学对王守仁心学的形成影响甚明。

王守仁集宋明理学史上心学一派之大成，建立了自己的心学体系，其主要观点有三：一曰心即理；二曰知行合一；三曰致良知。这三个观点又围绕着发明本心的良知这一中心思想。王守仁仕途显赫，长期讲学，弟子众多，在当时影响很大。

王学广泛传播，传其学者不能不无所歧异，其后学分成若干派别，其中比较有代表性者有以下 3 个派别：

---

① 侯外庐：《宋明理学史》下册，人民出版社，1997 年，第 6 页。

其一，浙中学派有王畿、钱德洪、张元忭等。王畿“挤阳明而为禅”，到处讲学，在上层社会影响甚大。钱德洪为学比较谨慎，其学生黄绾对王学流弊有所批评。张元忭虽奉阳明之说，但对其学流弊亦有讥议。

其二，江右王学有邹守益、欧阳德、聂豹、罗洪先等人。其中邹守益为正传，欧阳德与之相近。聂豹的“归寂”说颇与阳明异同，为同门所非难。罗洪先为学博杂，虽自列于王门，但亦受朱学影响。除此之外，江右王学还有刘邦采、王时槐、胡直等，对王学的发展都有一定的贡献。江右王学为王学的重要支派，学者众多，为世所重。

其三，泰州学派有王艮、何心隐、罗汝芳、李贽等。泰州学派出于王学，但又不同于王学。开创者王艮及门于王守仁，然自立门户，倡“淮南格物”之说，谓“百姓日用即道”。弟子中多有农工商贾，与其他王学学派不同。其派学者何心隐、李贽被视为“妖逆”或“异端之尤”，被明政府迫害致死。

王学支派还有南中王学、楚中王门、粤闽王门、北方王门等，但由于这些支派中没有比较突出的学者，兹不细述。

明代在王学盛行之时，亦遭到一些学者的批评。陈建著《学蔀通辨》，批驳王守仁“朱熹晚年定论”之说。罗钦顺为朱学学者，坚持维护朱学。王廷相批评宋儒之论“天地之先，只有此理”，乃老、庄“道生天地”之改易面目，诚为一语破的。

明后期，东林党人顾宪成、高攀龙等组织社团，讲学著书，评论朝政。顾宪成批评王学“无善无恶心之体”四句教，对王学末流的无忌惮，深表不满。

明末出现刘宗周、黄道周两大学者。刘宗周创“慎独”之说，讲学蕺山。黄道周精于《易》学象数，其天文、历算之学，十分深邃。此外，还有方以智“易堂九子”，对理学有所讥评，其经世之学，殊有价值。

第二章 明代自我管理思想

第一节　治心、识心、明心、洗心思想

一、宋濂的识心、明心思想

宋濂（1310—1381），字景濂，号潜溪。他生活在元末明初。元末，见元王朝将覆亡，隐居浙东龙门山，读书著述，静观时变。元顺帝至正二十年（1360），朱元璋攻占南京，占婺州，称吴王，召纳儒士。次年，宋濂经李善长荐举，始受命江南儒学提举。后不断升迁，历任赞善大夫、翰林院学士、知制诰、《元史》修撰总裁等。宋濂等人在明开国之初曾不断以理学向朱元璋进讲、入对，使其懂得理学是治心之要、治国之本。宋濂治学除宗程朱理学外，对于佛、道二氏，尤其对于佛教典籍，也是潜心饱饫。其著述卷帙浩繁，曾以《潜溪集》《萝山稿》刊行，明嘉靖年间严荣辑其所著为《宋文宪公全集》。

宋濂的理学，谈得比较多的是有关识心和明心的问题。宋濂继承朱熹的观点，认为天地之间有一个所谓生生不息的“天地之心”（又称“生物之心”），它体现天地之间的仁、德。人们求道问学，修养道德，就在于体验和获得这个“天地之心”，使“吾心”能够“冲然”“渊然”“浑

然”“凝然”“充然”。如果能达到这个境界，就能与天地并运，与日月并明，与四时并行，浑然一体，实现“君子之道”：

君子之道，与天地并运，与日月并明，与四时并行，冲然若虚，渊然若潜，浑然若无隅，凝然若弗移，充然若不可以形拘。测之而弗知，用之而弗穷。①

换言之，他认为人如能体验到“天地之心”，也就是体验到天地之道，其心也就具有一种不可测知而又能无所不照。他形容人心如达到这种境界，就处于冲然、渊然、浑然、凝然、充然、不可测、不可穷的状态。

在此基础上，宋濂进一步指出，人之所以能够体验到“天地之心”，实现君子之道，是因为“吾心”本具一切：

天地一太极也，吾心一太极也。风雨雷霆皆心中所以具。苟有人焉不参私伪，用符天道，则其感应之速，捷于桴鼓矣。由是可见，一心至灵，上下无间，而人特自昧耳。②

这是说，因为“吾心”与天地都具有“一太极”，所以如果“吾心”洁净莹彻，“不参私伪”，不杂入私性伪妄，方显出“吾心”的“至灵”，就能与天地之太极“感应”而“桴鼓”相应，才能与天地“上下无间”，天人合一。因此，他的所谓体验“天地之心”，体验天地为一太极，只不过是让“吾心”本有的太极显现出来，也就是说发掘出“吾心”本有的“天地之心”而已。这就是宋濂提出要识心、明心的一个重要理由。

宋濂提出要识心、明心的第二个理由是此心为天下最大，是化育万物、治理四海国家的根本。他说：

天下之物孰为大？曰：心为大……曰：何也？曰仰观乎天，清明穹窿，日月之运行，阴阳之变化，其大矣广矣。俯察乎地，广博持载，山川之融结，草木之繁芜，其广矣大矣。而此心直与之参，

① 宋濂：《宋文宪公全集》卷38《萝山杂言》，台湾商务印书馆影印文渊阁本《四库全书》。

② 《宋文宪公全集》卷8《赠云林道士邓君序》。

> 混合无间，万象森然而莫不备矣。
>
> 非直与之参也！天地之所以位，由此心也；万物之所以育，由此心也……心一立，四海国家可以治，心不立，则不足以存一身。使人知此心若是，则家可颜、孟也，人可尧、舜也，六经不必作矣，况诸氏百子乎？……四海之大，非一物非我也。①

宋濂这一段自问自答，是论证此心之所以为天下最大，是因为此心能够仰观俯察，看到天地大矣广矣，能够与天地相参应合之故。此心之所以能够与天地参，乃是由于此心本身。天地万物“所以位”“所以育”，是“由此心也”。只要此心一立，四海国家就可以得到治理，人人都可以成为尧舜。

宋濂提出要识心、明心的第三个理由是儒家六经就是记录“吾心”所具之理：

> 六经者皆心学也。心中之理无不具，故六经之言无不该，六经所以笔吾心之理者也。是故说天莫辨乎《易》，由吾心即太极也；说事莫辨乎《书》，由吾心政之府也；说志莫辨乎《诗》，由吾心统性情也；说理莫辨乎《春秋》，由吾心分善恶也；说体莫辨乎《礼》，由吾心有天叙也；导吾民莫过乎《乐》，由吾心备人和也。人无二心，六经无二理。因心有是理，故经有是言。心譬则形，则经譬则影也。无是形则无是影，无是心则无是理，其道不亦较然矣乎？
>
> 然而，圣人一心皆理也，众人理虽本具而欲则害之，盖有不得全其正者，故圣人复因其心之所有，而以六经教之……教之以复其本心之正也。
>
> 呜呼！……秦汉以来心学不传，往往驰骛于外，不知六经实本于吾之一心……不知心之为经，经之为心也。何也？六经者以笔吾心中所具之理故也……今之人不可谓不学经也。而卒不及古人者，

---

① 宋濂：《凝道记·天下枢》，明正德三年刻本。

无他，以心与经如冰炭之不相入也。[①]

以上所引三段均表明，宋濂旨在说明六经是记录“吾心之理”，六经之言是概括“吾心之理”，而且六经所记录概括“吾心之理”是指圣人之心之理。对于一般人来说，他们心中虽生而禀赋着理，但由于蔽于“私伪”，“欲则害之”，故其心不得其正。因此，记录圣人之心之理的六经，对于一般人来说，就是“教之以复其本心之正”的作用。换言之，宋濂认为人们通过读记录圣人之心之理的六经，就能恢复每个人心中原有的天地之心，因此读儒家六经是识心、明心的重要途径。

至于具体如何识心、明心，宋濂提出了不断克除“人伪”的所谓“存心”方法。他说：“人伪之滋，非学不足克之也。”[②] 克除人伪之法在于学，至于学的内容，就是他前面说过的读记录圣人之心之理的六经。在学习六经中，“周公、孔子我师也，曾子、子思我友也，《易》《诗》《书》《春秋》吾器也，礼、乐、仁、义吾本也，刑法政事吾末也”[③]。他所列为学的内容，主要就是理学家所说的身外之物（理学的“物”所指很广，人、事、历史、读书、洒扫应对之类也称“物”）。宋濂也讲“格物致知”与“持敬”，内外兼进，正如他在《自题画像记》中所说的：“用致知为进德之方，借持敬为涵养之地。”[④]

但是，综观宋濂的著述，他虽然偶尔提到格物致知，但几乎没有论述过它的具体步骤、方法。其所以也讲点下学功夫，是为了在求心中能有“根脚”，不至于面壁蹈空。作为宋濂识心、明心的主要方法和功夫，不是对身外之物的格物穷理，而是“不假外求”的内向冥悟[⑤]。他的这种内向冥悟的方法，首先是使同万象世界相接的心回到所谓“常寂”的状态。在他看来，心在“常寂”的这一静止的状态中，才能光明莹彻，显

---

① 《宋文宪公全集》卷36《六经论》。

② 《宋文宪公全集》卷22《全有堂箴》。

③ 《凝道记·天下枢》。

④ 《宋文宪公全集》卷47《自题画像记》。

⑤ 《宋明理学史》下册，第68页。

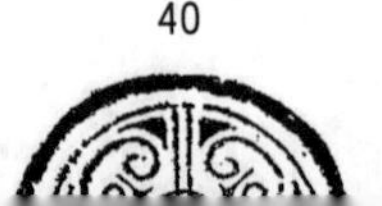

出“真知之心”，从而达到识心、明心。其次，宋濂认为要达到那种天即我、我即天的天人冥合状态，要经过一番“默坐存诚”的神秘体验。其中，最重要的就是摒除外界的止观坐禅法。他说：“必处乎重山密林之中，木茹涧饮，绝去外缘，而直趋一真之境。水漂麦而不顾，雷破柱而弗惊，久之驯熟，忽然顿悟。”① 其屏息顿悟的感觉，据宋濂描述，是“敛神功于寂默之中，昏昏冥冥，万象虽具，不见其迹”②。这里，他的所谓摒绝人烟、冥冥顿悟，所要排除的是执着于物、累于物的那种小我之心，以遣其是非、黑白的扰动，使我心即主观意识摆脱物的制约，而加以膨胀，从而使我心能涵盖天地，成为天地的主宰，成就绝对精神的大我之心，亦即“真知之心”③。

二、方孝孺的治心洗心思想

方孝孺（1357—1402），字希直，一字希古，号逊志，学者称正学先生。幼受庭训，得伊洛之学，长为宋濂入学弟子。朱元璋建立明朝，方氏应聘为明蜀王世子师，后为建文帝翰林院学士、侍讲学士、洪武《实录》修撰总裁。不久，燕王朱棣起兵篡位，方孝孺当面痛骂朱棣篡位，遂被磔死，诛及十族。后人辑其著述，名为《方正学先生逊志斋集》。

方孝孺重视道德修养，认为作为道德准则的理是本于天，这是当然的，无须论证，已载于六经，经过“近世大儒剖析刮磨，具已明白”④。当时的主要问题是如何“尊而行之”，修养成为道德君子。方孝孺进行道德修养的方法就是治心，又称为正心。他认为治心是学道的要旨。他说：“学道之要，莫切乎治心，而心之官则在于思……人之有身孰能无所思也

---

① 《宋文宪公全集》卷 2《送季芳联上人东还四明序》。

② 《宋文宪公全集》卷 26《松风阁记》。

③ 《宋明理学史》下册，第 73 页。

④ 方孝孺：《逊志斋集》卷 10《答王仲缙五首》，《四部丛刊》本。

哉！”[①] 他还说：“先王之为治，自心而身，而推之家、国、天下行也。”[②] 其意思是说，学道的关键在于治心，治心是修、齐、治、平的起点，自身的心治理好了，那么家庭、国家、整个天下也都能治理好。而且心作为人身上的器官在于有思想，而思想有正确与不正确之分，需要通过日用酬酢谨笃其心，使有思想之心归于正确；心能正确，则可以体验天道，使“心通乎天”，故需要治心[③]。换言之，要获得天道，则必须治心。

方孝孺所谓治心、正心，不过是为了使心清静，毋为物累，所以治心也可叫作洗心。至于如何治心，其《幼仪杂箴》所列 20 项科目的日用酬酢，就是治心的具体方法。方孝孺认为，学道要重视小学的功夫，由小学到大学，以往的理学家也讲过，朱熹曾注纂《小学》书，但他们视小学为大学的基础，而把心性修养重点放在大学功夫方面。方孝孺则认为，小学并非仅仅是教幼童的蒙学之事，而是自少至长，包括成人在内，皆当践履的功夫。他在《幼仪杂箴》中，列小学科目为坐、立、行、寝、揖、拜、食、饮、言、动、笑、喜、怒、忧、好、恶、取、与、诵、书 20 项。他指出，每一项内容，不仅使幼童学到形体外表的“规则”，而且也包含心性的涵养。如“坐”要“端庄”，是为了培养“坚静若山”的精神；“立”要“植”，同树一样挺直，是为了培养屹然不动的精神；“寝”要“宁心定气”，是为了“安养厥德”；“怒”不要遽暴切齿，是为了培养揆道、审虑之心，等等。这一切都是为了“养其心志”[④]。方孝孺认为，学道君子，养其心志，体验天道，而这个道就在洒扫应对、饮食言动的日用常行中，无乎不在。他在《幼仪杂箴》中开宗明义地说道：

> 道之于事无乎不在，古之人自少至长，于其所在皆致谨焉而不敢忽，故行跪、揖拜、饮食、言动有其则，喜怒、好恶、忧乐、取予有其度，或铭于盘盂，或书于绅笏，所以养其心志，约其形体者

---

① 《逊志斋集》卷 17《身修思永堂记》。

② 《逊志斋集》卷 18《书汉三王策书后》。

③ 《逊志斋集》卷 1《毁言箴》。

④ 《逊志斋集》卷 1《幼仪杂箴》。

至详密矣。其进于道也，岂不易哉！①

方孝孺所列小学科目的学道方法，是为了把理学关于心性修养的内容寓于日用常行中，以此来培养道德君子的精神，在于“养其心志”“以端其本”。他在《送石永常赴河南佥事序》中说：“必也端其本乎，本安在？心是也。子（石永常）其正乃心，嗜欲不形，好恶不倾，是非咸得其正，然后可以为正矣。”②“本”即心，“端其本”就是正其心；能正心，则嗜欲好恶就可以得其正。“大本既立”，“何适非宜”③。

除了《幼仪杂箴》所列20项科目的治心具体方法外，方孝孺在《君学》篇里还概括了“治心五术”，即“持敬”以弭安肆之萌，“寡欲”以遏侈纵之渐，“养慈爱”以充其仁，“伐骄泰”以固其本，“择贤士”以闲其邪，“王者立然后可以为政”④。他认为通过弭欲、遏侈纵、充仁、固本、闲邪，其心就能清静无欲，可以“静以致思”⑤，从而把国家治理好。

三、吴与弼的洗心思想

吴与弼（1391—1469），字子傅，号康斋。一生虽生活清贫，躬耕自食，但立志发奋读书，研习理学，以居家授徒终老。其门下弟子众多，主要分成两派：一是陈献章“得其静观涵养，遂开白沙之宗”；二是胡居仁、娄谅等“得其笃志力行，遂启余干之学”⑥。其后，王阳明即从娄谅和陈献章学生湛甘泉问学。其著述有明崇祯刻本《康斋文集》，清康熙年间将其《日录》汇入《广理学备考》，称《吴先生集》。

吴与弼的理学重视身心修养，在具体方法上提出“洗心”说：

夫心，虚灵之府，神明之舍，妙古今而贯穹壤，主宰一身而根

---

① 《逊志斋集》卷1《幼仪杂箴》。

② 《逊志斋集》卷14《送石永常赴河南佥事序》。

③ 《逊志斋集》卷8《郑氏四子加冠祝辞》。

④ 《逊志斋集》卷3《杂著》。

⑤ 《逊志斋集》卷7《慎思堂铭》。

⑥ 《四库全书总目》卷170《康斋文集》提要。

> 柢万事，本自莹彻昭融，何垢之有？然气禀拘而耳目口鼻四肢百骸之欲为垢无穷，不假浣之之功，则神妙不测之体，几何不化于物哉？……于是退而求诸日用之间，从事乎主一无适，及整齐严肃之规，与夫利斧之喻，而日孜孜焉，廉隅辨而器宇宁，然后知敬义夹持，实洗心之要法。①

这里，吴与弼首先指出心的特征有三：一是“妙古今而贯穹壤”，即人的思想能超越时间和空间；二是人的思维主宰人的身体，是人处理万事万物之根本；三是这个心本来是“莹彻昭融”，极其洁净、透明，没有任何尘垢。因此这个心是完满自足的，即“吾心固有”，本具一切。其次，因为这个心被气禀所拘，被耳目口鼻四肢百骸的各种欲望所迷惑，所以蒙有尘垢，使心作为神妙不测的器官，不能发挥它应有的功用。最后，正由于心蒙有尘垢，因此要通过刻苦奋励的浣洗功夫，去其尘垢。这就叫作“洗心”，亦称“磨镜”。他曾赋诗“十年磨一镜，渐觉尘埃退”②。而对心的“浣洗”功夫，包括向内的敬内功夫与日常的集义功夫。吴与弼把程颐提出的“敬义夹持”，变成向内“洗心”，也就是明心的功夫，因此他说“敬义夹持，实洗心之要法”。而心经过敬义两方面的“浣洗”，即可“莹彻昭融”，从而显现本心，达到“反求吾心”的目的。

吴与弼所论的“洗心”说与朱熹的心论有所不同。朱熹论心，一般是指理与气相合而有的心，这个心“有指体而言”，“有指用而言”，故心与理、性、情之间，不能一概而论。朱熹所谓心为“主宰”，是指心的“发用”时，有“知觉”“思虑”“灵处”的能力而言。如他答张钦夫的信中说：“人之一身，知觉运用，莫非此心之所为，则心者固所以主以一身也。”③ 所谓心之知，能“六合之大，莫不在此。这个神明不测，至虚至

---

① 吴与弼：《康斋文集》卷10《浣斋记》，台湾商务印书馆影印文渊阁本《四库全书》。

② 《康斋文集》卷1。

③ 朱熹：《朱文公文集》卷24，《四部丛刊》本。

灵”①，等等。正因为心是能知能觉，因此在论及为学的方法上，朱熹主张先在身外有“格物穷理”的下学功夫，然后通过具有“知觉”之心，加以“思虑营为”而上达天理。这个时候的心，才可以说是已“莹彻昭融”。这同吴与弼径直地对心“浣洗”“磨镜”，反求“吾心”中固有的一切观点，显然有所不同。由此可见，吴与弼论心，接近于陆九渊的“本心”说。其所谓“洗心”，也接近陆氏所谓此心“只自完养”之说：“人气禀清浊不同，只自完养，不逐物，即随清明”。“清明”即本心明彻发露。显然，吴与弼所“体认”的朱熹的“涵养性情”“涵养本原”，已非朱熹之本意，而是陆学的“涵养本心”了。

由于吴与弼强调向内径求，主张在“思处”格物，因此在谈到为学修道的功夫时，他特别重视“平旦之气”的“静观”和“枕上”的“夜思”冥悟，故刘宗周称吴与弼之学，“多从五更枕上汗流泪下得来”。正是这种“静观”“夜思”的为学修道功夫，成为其理学思想的最大特色。其后，他的门人陈献章、胡居仁，正是从这里衍变而成王守仁心学的发端②。

第二节　敬内义外、预养功夫思想

一、刘基敬以直内思想

刘基（1311—1375），字伯温。早年历官元朝江西、浙江县丞、儒学副提举、元帅府都事等。至正二十九年（1369）朱元璋称吴王，刘基应召，向朱元璋密陈取天下之计，备受重用。明朝建立后，历任御史中丞、

① 黎靖德：《朱子语类》卷18，中华书局，1986年。

② 《宋明理学史》下册，第140－141页。

资善大夫、弘文馆学士，封诚意伯。刘基博通经史，受濂洛之学，其著述辑为《诚意伯刘文成公文集》。

刘基讲人性，主要是发挥了孔子“性相近，习相远”的思想，即认为人性并不完全局限于先天气禀的原因，后天环境的习染也是很重要的。他举例说，鱼在狭小池中竟觉得悠游自乐，这是鱼被物（池）牢笼，久之成习，改变了本性，而自以为乐①。又如，鸟的本性是野飞高翔，但被人置于笼中，久而驯之，“惯而乐生”，“既习而耽之矣”②。由此，他提出人性与环境，即人性与外物的关系是：人性能惑于物，“蛊于物”。“其（指人性）守不固，而物得以移之矣。”③ 而物能否移其性，则又在于自我。他说：“人心之贪与廉，自我作之，岂外物所能易哉？”④ 在他看来，归根结底，人的善恶，不是环境起决定作用；环境之所以起作用，还是通过自我之心，即“心志”的抉择。

刘基认为道德修养的出发点应是因其心志，养其心志。他强调立志要“立乎大，不遗乎细；严乎内，不弛乎外”⑤，因为立志就是立心，心如海洋一样是无限广大的：

> 夫志，道之正也，立乎其大，而小者不遗焉，斯得之矣。是故天下惟海为大，求其大而不于海，非知大者也……是故知海，斯知学矣。⑥

他又说，海是“浮天地、纳日月，汗漫八极”，“鲸龙虾蟹”，无所不包，故其至大幽深，“杳冥莫测”，“不可量矣”⑦。他对海的形容，是比喻心的广大，包有天地万事万物，一切无不在其中，所以立心要胸怀宽广，

---

① 刘基：《诚意伯集》卷5《鱼乐轩记》，台湾商务印书馆影印文渊阁本《四库全书》。

② 《诚意伯集》卷5《鱼乐轩记》。

③ 《诚意伯集》卷5《饮泉亭记》。

④ 《诚意伯集》卷5《饮泉亭记》。

⑤ 《诚意伯集》卷4《沙班子中兴义熟诗序》。

⑥ 《诚意伯集》卷4《章秀才观海集录》。

⑦ 《诚意伯集》卷4《章秀才观海集录》。

无限广大。

在此基础上，刘基进一步提出固其心志、养其心志的具体方法是“敬以一之，仁以行之”①。他所说的敬即是敬内。他在《敬斋铭》中，引述他父亲说的“经礼三百，曲礼三千，一言以蔽之，曰毋不敬”之后，接着说：

> 敬也者，其万事之根本欤？故圣人之语君子曰：修己以敬。故禹、汤以克敬而王，桀、纣以不敬而亡。自天子至于庶人，岂有异哉？②

这里，刘基强调敬是万事的根本，先秦经礼三百、曲礼三千，纷繁芜杂，但其宗旨是敬；禹、汤能成功称王，是因为敬，桀、纣之所以败亡，是因为不敬。这个道理无论对于天子还是庶民，都是一样的。

至于如何才能做到敬，刘基认为其要旨是“克臧自我，否臧自我”，在于自我“克念”③。而“克念”就是绝外虚心，使心静无物。虚其心才能纳理，心能纳理也就实在④。如能做到这一点，其心就能“臧之渊渊，出之虔虔，俾中不偏，有握不勿”“既悠既坚”⑤。其为人之气象是“庄其外而肃其内，琼琚玉佩，无显无昧”⑥。这种渊渊虔虔、庄外肃内的气象，也就是理学家所追求的达到“圣域”的精神境界。

刘基强调“敬以直内”的道德修养，是离物内求的方法。其特点是注重“敬以直内”的一面，而忽视“义以方外”的另一面。而程、朱是“敬义夹持”，内外兼顾。朱熹所谓敬的功夫主要为收敛、常惺惺，以“收拾自家精神”，作为求道问学的“操之之道”。因此，朱熹强调“不当专在静坐，须于日用动静之间，无处不下功夫”⑦，反对兀然端坐，以心

① 《诚意伯集》卷4《沙班子中兴义熟诗序》。
② 《诚意伯集》卷7《敬斋铭》。
③ 《诚意伯集》卷7《敬斋铭》。
④ 《诚意伯集》卷7《连珠》。
⑤ 《诚意伯集》卷7《（为宗道作）敬斋铭》。
⑥ 《诚意伯集》卷7《（为彦诚作）敬斋铭》。
⑦ 《朱文公文集》卷56《答方宾王》。

观心。而刘基“一其心”的敬，正可以说是默坐澄心的敬，基本上离开了日用动静，偏于向内的冥悟。因此，刘基的敬功夫与朱熹的敬功夫是不尽相同的。但是，这并不等于说，刘基的敬功夫就是陆学的“发明本心”。陆九渊讲理在心中，心外无物，而刘基是讲理载于气以行，理是绝对的本性，万物（包括人在内）是通为一气流行，故理在人心，亦在万物，世上物物都有理。刘基的“求诸心”是折中朱陆而自成一家之言。

刘基比较重视道德践履，认为通过敬内冥求所得到的体验，必须付诸实践，否则只是“谈无用之空言”。他认为，学道君子通过道德修养，心静无欲，充之以理，其遇事遇物，就会“吾心裕如”，泰然处之。他举例说，会稽王元实筑一小室，“大不盈丈，高不逾仞”，其小非常人所能居，但匾题“裕轩”，人多讥笑。刘基却不这样认为，他说人心能“裕如”，就不觉其小，“盖人之裕在物，而王子（元实）之裕在我；人以物裕我，王子知我裕而不知物之裕”。当年陶朱公范蠡虽有车马奇玩，那只是人裕于物，而王元实是裕于心，无为物累。他指出，人心如能修养到“裕如”，则“何往而不裕哉？”自然就不会计较穷陋，不慕轩宇大厦①。他在《菜窝记》一文中，劝谕刘彬要居“陋室”，食蔬菜，“永怀怡然而自善”②，其实也是在宣扬“吾心裕如”的道理。

刘基还进一步指出，其实遇事“吾心裕如”在道德践履中还只是一种被动的行为，而更重要的，是应当有“跃然”的积极行为。他批评一些道学君子的行为与道德之间是了不相顾，即“呼朋命徒，左跄右趋，谈无用之空言，强相名而曰儒”③，“今夫世俗之人，类以善自名也，观其行而不掩”④。虽然也有言行一致的人，但他们并不是出于由衷的感情。如有些儒者也知道“孝为百行之首”，但只是以“饮食供奉为至足，而不

---

① 《诚意伯集》卷6《裕轩记》。

② 《诚意伯集》卷6《菜窝记》。

③ 《诚意伯集》卷6《菜窝记》。

④ 《诚意伯集》卷6《书最善堂卷后》。

知戚其戚，欣其欣，至于违其情而不顾”，不能做到“由义履礼”①。于是，刘基又提出在道德践履中需要“勇”的问题：“人之于道，知足以知之，而行弗逮者，无勇也。”因为道德“不能自行，而驾勇以行”。刘基认为，道德践履中的勇，要知仁、知“中道”。所谓“中道”，即在恭与谄、讦与直的“疑似之间”，能择善而行，否则足以害道②。应该像颜渊那样知仁而“跃然”行之，方为大勇的达德君子。如果是像荆轲、聂政那样勇而不知仁，他们只是“惟其情之所徇”③。他们这种勇，不但不能达德，反而会害德。

刘基强调道德践履，也包括积极用世、治国平天下的思想。他说：“圣人之道，包天地括万物，一体而毫分焉。”故有志于道者，当“存其不忍人之心”④。学道君子不是以修身为终，还要治国平天下，昭用于时，强调修、齐、治、平，一以贯之。这也反映了刘基本人一生的政治抱负。

二、方孝孺敬内义外思想

方孝孺在道德修养中也很重视敬功夫。他在《直内斋记》中说：“敬为复善去恶之机，天理之所由存，人欲之所由消也。故人能一主乎敬，突奥一间，俨乎若上帝之临；造次之顷，凛乎若珪璧之奉。”⑤ 由此可见，方氏认为，复善去恶、存天理去人欲的道德修养，都离不开敬的功夫。

方孝孺的敬工夫是敬义的内外兼进。敬指敬内，涵养其心；义指义外，即敬内又必须同义外相结合。这就是“涵养以敬，以澄其内；制之于义，以应乎外”⑥。换言之，就是“以敬存心，以义制行”⑦。方氏讲的这种敬内义外关系，源于程、朱，但与程、朱又有不同。起初，程颐根

① 《诚意伯集》卷5《养志斋记》。
② 《诚意伯集》卷6《书最善堂卷首》。
③ 《诚意伯集》卷5《大勇斋记》。
④ 《诚意伯集》卷6《医说赠马复初》。
⑤ 《逊志斋集》卷17《直内斋记》。
⑥ 《逊志斋集》卷8《郑氏四子加冠祝辞序》。
⑦ 《逊志斋集》卷7《习庵记》。

据《周易》“敬以直内、义以方外”这句话提出“敬义夹持”的方法。尔后，朱熹加以发挥，在阐述敬、义兼进时，其“义”多指“集义”，即指对身外的事事物物，格得其理，然后才能敬内。因此，其路径有由外及内的意思。而方孝孺首先突出敬的重要性，说敬能复善去恶、存天理去人欲。其次，再据此提出先由敬涵养澄心，然后才“制之于义，以应乎外”。由此可见，方孝孺的修养路径与朱熹正好相反，是由内及外，即由敬而推之于义。这反映方氏是偏重于内修的。

我们还必须看到，方孝孺在《幼仪杂箴》中讲的坐立行揖、饮食言动这些酬酢之事，不过是“宁心定气”“养其心志”的敬内初步功夫，而与朱熹说的“由格物而致其心知”不同。朱熹讲的格物，是指就身外的事事物物格得其理，积之既久，然后吾心豁然贯通。虽然他也重视应接酬酢等“居敬”功夫，但不过是作为格物穷理中所持的态度而已，即“敬者所以操之之道也”①。或者说敬是“收敛身心”“收拾自家精神”②。所以不是通过“居敬”，就可以使心直接体认天理，敬只是体认天理的一个桥梁。而方孝孺则是以敬为觉，通过敬可以直接体认天理。他很赞同其父亲说的一番话，“闻君子之于学，将有以扩充吾良知良能，而复吾本然之量（性），非由外铄我也”③。

方孝孺依据这种居敬功夫，使自我的精神，由“克己”达到“忘己”，使心不“留滞于一物”，这样就能直觉天道了。这就是他所谓的“忘己以观物，忘物以观道”④。他还指出，“其心之虚明广大，与天地同体”，“万物皆可为乐”⑤。其心之浩大，可以“参配天地，超乎万物之表”。因此，“宇宙之内，特以是心为之宰耳”⑥。显然，这种“参配天地”

---

① 《朱文公文集》卷 40《答何叔京书》第二十二。
② 《朱子语类》卷 12。
③ 《逊志斋集》卷 11《与陈敬斋》。
④ 《逊志斋集》卷 16《菊趣轩记》。
⑤ 《逊志斋集》卷 17《来鸥亭记》。
⑥ 《逊志斋集》卷 16《心远轩记》。

之心，不是私欲所蔽的小我之心，而是经过自省自悟，“端思”“澄虑”之后获得天道的大我之心。而这样的人也就成为“凝凝”“安安”的道学君子，离“圣人气象”不远了。

方孝孺的理学方法，同他的老师宋濂通过“佛氏空寂之义”，由“无己”到“真知”的“明心见性”的方法，以及与刘基“离物求觉”的方法，甚为相似，即都是比较倾向于内省的直觉方法。朱熹虽然也讲“豁然贯通”之类的直觉，但他首先是要经过格物穷理、博学审问、本末粗精不遗的“集义”工夫，而方孝孺与宋濂、刘基则是如朱熹当年所批评的那种“存诸内而略夫外”“只持一个敬字，更不做集义工夫”的学者①。因此，他们对朱学来说是“得其半而失其半”。如方孝孺盛称：“朱子之学，圣贤之学也。自朱子没二百年，天下之士未有舍朱子之学而为学者。”② 但是，作为朱学重要内容的格物论，在方氏文集中却没得到肯定。这说明他在谈到内外兼修时，实际上不重视外修的格物穷理，这与他谈敬义时只重敬内是一致的③。

三、曹端的预养思想

曹端（1376—1434），字正夫，号月川。曾官霍州、蒲州学正。其学虽宗程、朱，但对朱熹太极、理气论，作《辨戾》与之评骘。其著述有《录粹》《语录》《家规》《夜行烛》等，并就周敦颐《太极图·易说》《易通》和张载《西铭》作《述解》。明人张璟汇刻其著作为《曹月川先生遗书》（不分卷）。

曹端在道德修养方面提倡“预养”说。所谓“预养”，就是涵养其心的功夫。他认为，“预养”功夫主要应放在“事心”上：“学圣之事，主于一心”，“事事都于心上做功夫，是入孔门底大路”。君子为学，就是“事心之学”，而“事心之学，须在萌上”。其所以要“在萌上着力”，是

---

① 《朱文公文集》卷54《答项平父书》。

② 《逊志斋集》卷14《赠卢信道序》。

③ 《宋明理学史》，第98—99页。

因为“人性本善，而感动处有中节不中节之分”，即有合乎天理不合乎天理的区别，而“天理存亡，只在一息之间”。这是说，人在念虑之间，是天理还是人欲，是“克念为圣”还是“罔念为狂”，只是在一闪念的“毫忽之间”。因此，曹端在讲到心之已发、未发时，特别重视心之未发（即在萌上）时的预养功夫，认为“心得其养”，则在已发时，可以扩充而“致中和”。所谓“致中和”，就是发而中节，合乎天理①。

曹端“预养”功夫的具体内容，主要就是诚、敬两方面。而他的诚、敬，主要注重于自思反省，不重视身外的“体察”和“集义”。

曹端的“诚”，主要指虚静、无欲，即“诚之于思”② 的主静方法，使己心摆脱物情之累。他把这称作“气清、欲息”。“欲息”就是无欲，其本心“善处自然发露”。所以，曹端认为人如能摆脱物累，其心便能明觉自悟，体悟到天理，或者说天理自然就可“发露”。总之，“无欲便觉自在”，己心即可与天为一，优入圣域③。

曹端不仅把诚作为预养的方法，还认为诚具有己性、太极的意义。最早，诚在《中庸》是指“天之道”，而曹端则认为诚不是悬于天上，而是在己性之中。他指出，对人来说，“诚固未尝无也”，只是“以其未形而谓之无也”④。这就是说，诚存在于每个人身上，只是有时未显现出来，所以人们说它没有。正因为诚不在身外，所以“思诚”当思己心固有之诚。这种观点基本上是上承周敦颐“诚为人之性”和“率性谓诚”的说法。所不同者，周敦颐以乾卦喻诚，谓诚本于万物资始的“乾元”，而不曾说诚就是太极。而曹端则发展了周氏的诚本于乾元说，直接称“诚即所谓太极也”⑤。这和他在《太极图说述解》中所说的“人心即太极”是互相发明的。诚既为人心中所固有，则“诚之于思”，显然就是内省的主

① 曹端：《录粹》，《曹月川先生遗书》，北京大学出版社，2014 年。

② 曹端：《语录》，《曹月川先生遗书》。

③ 《录粹》。

④ 曹端：《通书述解》卷上，台湾商务印书馆影印文渊阁本《四库全书》。

⑤ 《通书述解》卷上。

静方法。

曹端将“敬”也阐发为偏于内省之“敬”，而不同于朱熹的“居敬”“持敬”。他的“敬”，主要就是“在心上做功夫”，重内略外，重在事心。刘宗周称他是“即心是极”“一以事心为入道之路”①。朱熹也重视心的功夫，但强调要由外及内、内外兼尽。如他说：“为学次第……必使之即事即物，考古验今，体会推寻，内外参合。盖必如此，然后见得此心之真。”② 而曹端则忽视外功，在他的著作中，几乎看不到他对身体外察、格物方面的论述。

四、黄道周的修己以敬思想

黄道周（1585—1646），字幼平（一作幼元），学者称石斋先生。黄道周天启二年（1622）中进士。天启四年（1624）授翰林院编修、为经筵展书官。崇祯十年（1637）升任少詹事，充经筵日讲官。后被贬为江西布政司都事，未任，即离都返乡。崇祯十三年（1640）因疑为结党，被下狱问罪。次年，谪戍广西。崇祯十五年（1642）秋，复原官，以病归。清军入关后，黄道周被隆武帝委以武英殿大学士的重任，在抗清战役中被俘，英勇就义。黄道周一生著述宏富，约 40 种，主要者有《三易洞玑》《榕坛问业》《博物典汇》《孝经集传》《坊记集传》《表记集传》等，后人有汇编本《石斋先生经传九种》《黄漳浦集》。

黄道周在道德修养上，继承程颐所谓“涵养须用敬”③ 的观点，提倡“修己以敬”的道德修养论。但是黄道周的“修己以敬”与程颐的“涵养须用敬”两者在具体做法上又有所不同。

其一，两者的着眼点有所不同。程颐说，“主一之谓敬”“无适之谓一”④。这就是说人的思想要专一于封建伦理道德规范，不可背离。黄道

---

① 黄宗羲：《明儒学案·师说》，上海世界书局，1936 年。

② 《朱文公文集》卷 4《答项平父书五》。

③ 程颢、程颐：《河南程氏遗书》卷 18，上海古籍出版社，2000 年。

④ 《河南程氏遗书》卷 15。

周所提倡的“敬”，则是“本体工夫”，是“中和之本，礼乐渊源”①，而不只是一种道德修养方法。他说：

以敬修己，才有本体工夫，是圣贤将法作身。②

修己以敬，正是中和之本，礼乐渊源。③

中是敬字养成得来，无敬做中和不出。④

黄道周这里所说的“中和”，就是《中庸》中所说的“喜怒哀乐之未发谓之中，发而皆中节谓之和”。这是儒家所追求的一种伦理思想，认为人的修养如能达到“中和”境界，就会产生“天地位焉，万物育焉”的效果。黄道周则把“敬”既看作是“中和之本”，又看作是“礼乐渊源”。于是，“敬”就不限于只是道德修养，而是“本体工夫”了。

其二，两者的目的不同。程颐言“敬”，屡谓“有此涵养，久之自然天理明”，目的在于“居敬穷理”，修身养性。黄道周言“敬”则和“安民”“安百姓”联系在一起，目的在于“治国平天下”。他在同学生的问答中说：

戴石星问云：“君子修己以敬，只此一句，便尽却君子事功、君子学问，如何又说到安人、安百姓上去？”

某（黄道周）云：“俱是君子本体。”

戴石星云：“皋陶论治，只在知人、在安民。知人是智上事，安民是仁上事，古今舍此两事，决无太平日子……”

某云：“自然是修己安百姓难，所以须敬，如不为天下百姓，要此己何用？”⑤

从黄道周与学生戴石星的问答中，可以看出，黄道周之所以将“安民”“安百姓”与他的“修己以敬”的道德修养联系在一起，一是因为他

① 黄道周：《榕坛问业》卷15，台湾商务印书馆影印文渊阁本《四库全书》。

② 《榕坛问业》卷15。

③ 《榕坛问业》卷15。

④ 《榕坛问业》卷15。

⑤ 《榕坛问业》卷15。

把“修己以敬”当作“君子事功”“君子学问”以及“安人安百姓”的根本。二是“修己以敬”“君子事功”“君子学问”以及“安人安百姓”都是“君子本体”的大事，是实现儒家“修身、齐家、治国、平天下”理想之所在。三是因为“安百姓难”，所以更要注意“修己以敬”，把自身道德修养做好。己之不正，何以正人？如自己个人道德修养不好，绝不可能治国、平天下，安人安百姓。四是“修己以敬”或“以敬修己”的目的在于“为天下百姓”，“如不为天下百姓”，那“修己以敬”还有什么作用？黄道周这一关于道德修养在于“为天下百姓”的观点，含有民主性的因素。这显然与程颐的“居敬穷理”的道德修养论不同。这点，黄道周的学生郑肇中一语中的：“程门独举是旨，至今不绝，然竟无有人能以‘敬’字安人安百姓者。”① 黄道周之所以将“修己以敬”的道德修养论与“为天下百姓”联系起来，不是孤立的，而是与他的“为君之道必须先存百姓”的治国理念构成一个整体。在君与民的关系上，黄道周指出：“天下非一人之天下，乃天下之天下也。同天下之利者，则得天下；擅天下之利者，则失天下。”② 可见，黄道周认为，如君主能与天下共享天下之利，则能得到人民的拥护，得到天下；如君主把天下之利据为己有，那将被人民反对，失去天下。有关君与民的这种关系，他反复予以强调，明确主张君主治国，首先必须考虑百姓的利益，得到百姓的拥护，那自己的统治才能长治久安：

足先存地，鱼先存于水，君先存百姓，古今以来不可易也。③

百姓存则与存，百姓亡则与亡。存百姓者，所以自存也。④

为君之道，先存百姓，今古以来，未有易矣。⑤

由此可见，黄道周多少察觉到广大百姓是决定封建王朝安危的主要

---

① 《榕坛问业》卷15。

② 黄道周：《博物典汇·六韬》，明崇祯刊本。

③ 黄道周：《黄漳浦集》卷12，台湾商务印书馆影印文渊阁本《四库全书》。

④ 《黄漳浦集》卷12。

⑤ 《黄漳浦集》卷12。

因素，而且把统治者个人“修己以敬”道德修养与安人安百姓、国家安危兴亡联系起来，使他的道德修养论含有民主性的因素，这是他对儒家修、齐、治、平思想的发展。

其三，在“修己以敬”道德修养论中，将“诚”与“敬”联结起来。黄道周借鉴《中庸》关于“诚者，天之道也；诚之者，人之道也”的观点，提出“诚是天道，敬是人道”①，认为人的道德修养，若能修到“诚”处，就可以达到人与天地鬼神同体，实现从孟子以来一些儒者所梦寐以求的“天人合一”的境界：

> 诚是天道，敬是人道，修己便要修到诚处，便与天地同体。②
>
> 个个是诚，个个与鬼神同体。③

在此基础上，他又提出：道德修养要达到“诚”处，只有在“敬”字上下功夫，就能与天地、鬼神同体，人就能安然自如、万虑不扰、处事精详、通晓一切：

> 诚则明矣。人心自敬恭而后自然万虑不扰、处事精详。④
>
> 不是敬了，那看得出上下、鸟兽、虫鱼、草木。⑤
>
> 竖天立地，安世安身，只一敬字，经纶无万。⑥

黄道周还借鉴了《中庸》的“慎独”说，认为人的道德修养由“敬”而达到“诚”，还须有“慎独”的功夫，即强调人在独处无人关注时，言行还要坚持谨慎不苟，只有这样，才能达到“诚”。所以他指出，“圣门吃紧入手处，只在慎独”⑦，“诚意只是慎独。慎独者，自一物看到百千万物”⑧。可见，慎独是一人独处时的“以敬修己”的方式，如果一个人在

---

① 《榕坛问业》卷15。
② 《榕坛问业》卷15。
③ 《榕坛问业》卷15。
④ 《榕坛问业》卷15。
⑤ 《榕坛问业》卷15。
⑥ 《榕坛问业》卷15。
⑦ 《榕坛问业》卷2。
⑧ 《榕坛问业》卷15。

无人关注时还坚持“敬”的修养功夫，那在有人关注时就会更注意“敬”的修养功夫。因此，“慎独”是“以敬修己”中较高的境界，故黄道周十分重视“慎独”，认为是进入圣人境界的关键。

第三节　王守仁的致良知和知行合一思想

王守仁（1472—1529），字伯安，因筑室阳明洞，世称阳明先生。王守仁一生的政治活动与其“学凡三变”的学术历程是联系在一起的。政治上他曾因在反对宦官刘瑾的斗争中失势，由“赐二甲进士出身、兵部主事”而被贬谪为“贵州龙场驿丞”，由此激发他觉悟“良知”，“龙场悟道”，诞生心学。不久，刘瑾伏诛，王守仁一年之内又连升三级，由庐陵知县升授刑部四川清吏司主事、吏部验封清吏司主事、文选清吏司员外郎，最后擢任都察院左佥都御史。从此，开始他所谓“破山中贼”和“破心中贼”的活动。

王守仁因镇压各种反明武装起义有功，后升为“南京兵部尚书、参赞机务”。他在从政之余，聚众讲学宣扬他的心学，从学者如云。他的“学凡三变”可以“龙场悟道”为界标，分为前“三变”和后“三变”两个阶段。“泛滥于词章”“遍读考亭遗书”和“出入佛老”是前三变；“以默坐澄心为学的”“专提致良知三字”与“所操益熟，所得益化”是后三变。其著述有《王文成公全书》。

一、致良知思想

王守仁的致良知，既是他关于认识方法的核心思想，也是他的道德修养论的主要内容。此处所论主要侧重于其道德修养论的内容。

王守仁把致良知作为道德修养论，其理论基础是把“良知”与宋代

理学的“天理”等同起来。如他说，“吾心之良知，即所谓天理也”①；“良知是天理之昭明灵觉处，故良知即是天理”②。按照他的观点，所谓“良知”，约而言之，就叫“天理”，具体而言，则包括孝、悌、忠、信、五伦百行等道德规范：

见父自然知孝，见兄自然知悌，见孺子入井自然知恻隐，此便是良知。③

故致此良知之真诚恻怛以事亲便是孝，致此良知之真诚恻怛以从兄便是悌，致此良知之真诚恻怛以事君便是忠。只是一个良知，一个真诚恻怛。④

既然良知就是天理，因此，王守仁进一步指出，良知都是善良的，为“中寂大公”，是人人先天所具有的。但人们由于受物欲的昏蔽，才有了后天的恶，因此致良知就是通过学习“以去其昏蔽”：

性无不善，故知无不良。良知即是未发之中，即是廓然大公、寂然不动之本体，人之所同具者也。但不能不昏蔽于物欲。故须学以去其昏蔽，然于良知之本体，初不能有加损于毫末也。知无不良，而中寂大公未能全者，是昏蔽之未尽去，而存之未纯耳。体即良知之体，用即良知之用，宁复有超然于体用之外者乎？⑤

至于如何才能通过学习“去其昏蔽”，达到致良知，王守仁还是遵循宋儒“道问学”（格物）和“尊德性”（致知）这两条路径：

若鄙人所谓致知格物者，致吾心之良知于事事物物也。吾心之良知，即所谓天理也。致吾心良知之天理于事事物物，则事事物物皆得其理矣。致吾心之良知者，致知也；事事物物皆得其理者，格

---

① 王守仁：《王文成公全书》卷2《答顾东桥书》，《四部丛刊》本。
② 《王文成公全书》卷2《答欧阳崇一》。
③ 《王文成公全书》卷1《传习录》上。
④ 《王文成公全书》卷2《答聂文蔚》二。
⑤ 《王文成公全书》卷2《答陆原静》。

物也。是合心与理而为一者也。[①]

王守仁在遵循宋儒格物致知以致良知的路径上也有自己的发展，即把格物、致知的功夫分为“动时”和“静时”两种：

静时念念去人欲、存天理，动时念念去人欲、存天理。[②]

存养是无事时省察，省察是有事时存养。[③]

必欲此心纯乎天理，而无一毫人欲之私，此作圣之功也。必欲此心纯乎天理，而无一毫人欲之私，非防于未萌之先，而克于方萌之际不能也。[④]

王守仁把存天理去人欲的致良知功夫称为“作圣之功”，并把它分为静的功夫和动的功夫：静的功夫指在无事时存养，把人欲“防于未萌之先”，通过静处体悟达到致知，即存天理；动的功夫指在有事时省察，把人欲“克于方萌之际”，通过“事上磨炼”达到格物，即去人欲。

详言之，王守仁所谓静的功夫，指的是“反身而诚”的直观内省，即“自明本心”的本体证悟功夫：

君子之学，以明其心。其心本无昧也，而欲为之蔽，习为之害，故去蔽与害而明复，非自外得也。心犹水也，污入之而流浊；犹鉴也，垢积之而光昧。孔子告颜渊克己复礼为仁，孟轲氏谓万物皆备于我，反身而诚。夫己克而诚，固无待乎其外也。世儒背叛孔、孟之说，昧于《大学》格物之训，而徒务博乎其外，以求益乎其内，皆入污以求清、积垢以求明者也，弗可得已。[⑤]

他认为，人心如水如镜，原本是明净的，只是因为污垢的侵蚀，才变得混浊暗昧。只要能“反身而诚”，“固无待乎其外也”，就能复得本体明净。他又说，“圣人之心如明镜，只是一个明，则随感而应，无物不

---

① 《王文成公全书》卷2《答顾东桥书》。

② 《王文成公全书》卷1《传习录》上。

③ 《王文成公全书》卷1《传习录》上。

④ 《王文成公全书》卷2《答陆原静》。

⑤ 《王文成公全书》卷7《别黄宗贤归天台序》。

照”，“只怕镜不明，不怕物来不能照”，“学者唯患此心之未能明，不患事变之不能尽”①。王守仁强调，要做到水净镜明，就必须恢复“无视无听、无思无作、淡然平怀”② 的良知本体，下静功夫最直接的办法就是静坐息虑，“久久自然有得力处”：

> 吾昔居滁时，见诸生多务知解，口耳异同，无益于得，姑教之静坐，一时窥见光景，颇收近效。③

> 教人为学，不可执一偏。初学时心猿意马拴缚不定，其所思虑多是人欲一边，故且教之静坐息虑。久之，俟其心意稍定，只悬空静守，如槁木死灰，亦无用，须教他省察克治。省察克治之功，则无时而可间。如去盗贼，须有个扫除廓清之意。无事时将好色、好货、好名等私，逐一追究搜寻出来，定要拔去病根，永不复起，方始为快。常如猫之捕鼠，一眼看着，一耳听着，才有一念萌动，即与克去，斩钉截铁，不可姑容，与它方便，不可窝藏，不可放它出路，方是真实用功，方能扫除廓清。到得无私可克，自有端拱时在。虽曰何思何虑，非初学时事。初学必须思（诚），省察克治即是思诚，只思一个天理，到得天理纯全，便是何思何虑矣。④

王守仁认为，所谓“静坐息虑”，就是在无事之时，将自己心中好色、好货、好名等各种私欲，“逐一追究搜寻”，“拔去病根，永不复起”。因为好货、好色、好名等私欲，是人们无法致良知的根本原因，因此，只有将这些私欲之心都清除了，就能致良知、存天理。这就是“货、色、名、利等心，一切皆如不做劫盗之心一般，都消灭了，光光只是心之本体，看有甚闲思虑。此便是寂然不动，便是未发之中，便是廓然大公，自然感而遂通，自然发而中节，自然物来顺应”⑤。如果不把“货、色、

① 《王文成公全书》卷3《传习录》下。
② 《王文成公全书》卷3《传习录》下。
③ 《王文成公全书》卷3《传习录》下。
④ 《王文成公全书》卷1《传习录》上。
⑤ 《王文成公全书》卷1《传习录》上。

名、利等心”病根拔去，“譬之病疟之人，虽有时不发，而病根原不曾除，则亦不得谓之无病之人矣”①。这种静处体悟的功夫，王守仁称之为“思诚”或“诚意”。他强调说，“诚意之说，自是圣门教人用功第一义”②，并把它比喻为“杀人须就咽喉上着刀，吾人为学，当从心髓入微处用力”③ 的关键所在。

王守仁所谓动的功夫，指的是有事时“省察克治”，强调的则是要在为人处世的一切领域贯彻、坚持封建道德规范。如他反对在道德实践中“著空为学”，主张必须落到实处，此之谓“真格物”。他曾对一狱吏讲述如何在判案中具体做到“真格物”：

> 尔既有官司之事，便从官司的事上为学，才是真格物。如问一词讼，不可因其应对无状，起个怒心；不可因他言语圆转，生个喜心；不可恶其嘱托，加意治之；不可因其请求，屈意从之；不可因自己事务烦冗，随意苟且断之；不可因旁人谮毁罗织，随人意思处之。这许多意思皆私，只尔自知。须精细省察克治，惟恐此心有一毫偏倚，杜人是非，这便是格物致知。④

王守仁在实践封建道德规范中，主张“真实克己”，反对“只管闲讲”，而不克除私欲，即反对那些只会夸夸其谈，而不实际行动起来克除自己私欲的人：

> 问：知至然后可以言诚意，今天理人欲知之未尽，如何用得克己工夫？
>
> 先生曰：人若真实切己，用功不已，则于此心天理之精微日见一日，私欲之细微亦日见一日。若不用克己工夫，终日只是说话而已，天理终不自见，私欲亦终不自见。如人走路一般，走得一段，方认得一段；走到歧路处，有疑便问，问了又走，方渐能到得欲到

---

① 《王文成公全书》卷 1《传习录》上。
② 《王文成公全书》卷 2《答顾东桥书》。
③ 《王文成公全书》卷 4《与黄宗贤》五。
④ 《王文成公全书》卷 3《传习录》下。

之处。今人于已知之天理不肯存，已知之人欲不肯去，且只管愁不能尽知，只管闲讲，何益之有？且待克得自己无私可克，方愁不能尽知，亦未迟在。①

王守仁认为道德修养"真实克己"的格物致知功夫，是一个长期积累的过程，只要你脚踏实地，一步一个脚印，用功不已，持之以恒，就会"此心天理之精微日见一日，私欲之细微亦日见一日"，如人走路一般，边走边认，边问边走，最终就能到达目的地。如果你"只管闲讲"，不肯下克除私欲的功夫，那永远不能到达目的地。王守仁的这种"真实切己，用功不已""日见一日"的长期积累功夫当源于朱熹的"今日格一物，明日格一物"的思想。

王守仁在道德实践中还提倡"事上磨炼"，"人须在事上磨炼，做功夫乃有益"②。所谓"事上磨炼"主要指孝顺父母，尊重兄长，于乡党邻里、家族亲戚谦和恭顺，不嗔怪别人，不贪图财利，口不言是非，耳不听是非，心里明辨是非，存天理，行你那是的心等。王守仁在戎马倥偬之中，曾对聋哑人杨茂进行"事上磨炼"功夫的说教，颇具有典型性：

你口不能言是非，你耳不能听是非，你心还能知是非否？（答曰：知是非。）如此，你口虽不如人，你耳虽不如人，你心还与人一般。（茂时首肯，拱谢。）大凡人只是此心，此心若能存天理，是个圣贤的心。口虽不能言，耳虽不能听，也是个不能言、不能听的圣贤。心若不存天理，是个禽兽的心。口虽能言，耳虽能听，也只是个能言能听的禽兽。（茂时扣胸，指天躄地。）你如今于父母但尽你心的孝，于兄长但尽你心的敬，于乡党邻里、宗族亲戚，但尽你心的谦和恭顺。见人怠慢，不要嗔怪；见人财利，不要贪图。但在里面行你那是的心，莫行你那非的心。纵使外面人说你是，也不须听；说你不是，也不须听。（茂时首肯，拜谢。）你口不能言是非，省了

---

① 《王文成公全书》卷 1《传习录》上。
② 《王文成公全书》卷 3《传习录》下。

多少闲是非；你耳不能听是非，省了多少闲是非！凡说是非，便生是非、生烦恼；听是非，便添是非、添烦恼。你口不能说，你耳不能听，省了多少闲是非，省了多少闲烦恼！你比别人到快活自在了许多。（茂时扣胸，指天躄地。）我如今教你，但终日行你的心，不消口里说；但终日听你的心，不消耳里听。（茂时顿首，再拜而已。）①

王守仁对格物致知的另一个发展是根据他致良知理论的需要对格物致知做出新的解释。他认为，“致吾心之良知者致知也”②。可见，致知不是寻求对于外在事物的知识，而只是彰显固有的良知。至于格物，他认为物就是事，“凡意之所发必有其事，意所在之事谓之物。格者正也，正其不正以归于正之谓也”③。这就是格物不是考察客观的事物，所谓物就是主观的意念，格是改正，格物即改正那些不正当的意念。

在此基础上，王守仁把格物致知与他的致良知结合在一起，构成他的新的思想体系。他指出：

所谓致知格物者，致吾心之良知于事事物物也。吾心之良知即所谓天理也。致吾心良知之天理于事事物物，则事事物物皆得其理矣。致吾心之良知者致知也，事事物物皆得其理者格物也。是合心与理而为一者也。④

由此可见，王守仁的所谓致知格物，就是把我心的良知推致到事事物物上。我心的良知就是天理。把良知的天理推致到事事物物上，那么事事物物就都合理了。致我心的良知是致知，事事物物都合理就是格物，这是合心与理而为一的⑤。

从上述王守仁论格物致知可以看出，他与致良知相结合的格物致知

---

① 《王文成公全书》卷 24《谕泰和杨茂》。

② 《王文成公全书》卷 2《答顾东桥书》。

③ 《王文成公全书》卷 26《大学问》。

④ 《王文成公全书》卷 2《答顾东桥书》。

⑤ 北京大学哲学系：《中国哲学史》，商务印书馆，2004 年，第 408 页。

不包含对外探求事物的客观规律，而主要讲反省内求，主张“向里寻求”，“从自己心上体认”①。但他也不得不承认，只求之于心，不能得到关于具体事物的知识。他说：“圣人无所不知，只是知个天理；无所不能，只是能个天理。”不是致得良知以后，对于天下事物“都便知得，便做得来也”。“天下事物，如名物度数、草木鸟兽之类，不胜其烦”，圣人虽然良知明白，“亦何缘能尽知得？但不必知的，圣人自不消求知，其所当知的，圣人自能问人”②。所谓致良知，只是对于道德的原则有充分的认识，并不是认识事物的规律。关于特殊事物的认识，还是不能从所谓良知、天理中推出来，需要问别人。

致良知被王守仁称作“孔门正法眼藏”，是他一生最得意的理论创新。他曾总结说：“吾平生讲学，只是致良知三字。”③ 王守仁之所以如此重视致良知思想，是因为他力图“破心中贼”，“为善去恶”的现实需要。后来，他在晚年时把自己的“立言宗旨”归纳为“王门四句教”，即所谓“无善无恶心之体，有善有恶意之动，知善知恶是良知，为善去恶是格物”④。在扩大“致良知”说的社会影响方面，王守仁确有其比朱熹远为“高明”之处。首先，他把“存理去欲”的烦琐理论讲得更为“明白简易”，“虽至愚下品，一提便省觉”⑤。其次，他把“良知”这种“惟圣人能致”的“圣物”下降到“愚夫愚妇与圣人同”的普及地位，从而宣扬人人皆有“良知”，个个做得“圣人”⑥，故其影响很大。

二、知行合一思想

知行问题，是中国古代哲学史上古老而常新的话题。王守仁在知行

---

① 《王文成公全书》卷 1《传习录》上。

② 《王文成公全书》卷 3《传习录》下。

③ 《王文成公全书》卷 26《寄正宪男手墨二卷》。

④ 钱德洪：《阳明夫子年谱》卷 3，又见《明儒学案》卷 34《年谱三》。

⑤ 《王文成公全书》卷 6《寄邹谦之》三。

⑥ 《王文成公全书》卷 3《传习录》下。

问题上，态度鲜明地批评朱熹的“知先行后”说，提出知行合一说，“只说一个知，已自有行在；只说一个行，已自有知在”，“知行如何分得开?”① 王守仁的知行合一说，主要不是从认识与实践的角度来阐述，而是着眼于他的道德观念与道德修养的密切结合，以哲学来论证伦理学，把知行观主要局限于伦理道德的范畴：

今人问学，只因知行分作两件，故有一念发动，虽是不善，然却未曾行，便不去禁止。我今说个知行合一，正要人晓得，一念发动处，便即是行了；发动处有不善，就将这不善的念克倒了，须要彻根彻底，不使那一念不善潜伏在胸中。此是我立言宗旨。②

可见，王守仁提倡“知行合一”的最主要目的是把“知”，即意念也当作最初的“行”，以使人们对“不善的念”不能掉以轻心，即在“不善的念”在内心刚产生时，就要把它“克倒”。因此，他把“知行合一”说成是“对病的药”③。

王守仁的知行合一思想是以“心即理”为理论前提，他把知行合一与心即理之说互相联结起来，提出“外心以求理，此知行所以二也；求理于吾心，此圣门知行合一之教”④。知行合一，就是“求理于吾心”，所以，王守仁谓知行合，也就是他所谓的致良知，良知是知，致的功夫就是行。他批评朱熹“物理吾心终判为二”是导致“知行之所以二也”的原因，而如果“今人却就将知行分作两件去做”，则势必在理论上失却“知行本体”，在实践上造成“终身不行，亦遂终身不知”的流弊。他说：“此不是小病痛!”⑤

王守仁知行合一思想，具体而言，大致有 3 个方面的论证富有自己的特质：其一，所谓“知行之体本来如是”。他说，“知行合一”“又不是

---

① 《王文成公全书》卷 1《传习录》上。
② 《王文成公全书》卷 3《传习录》下。
③ 《王文成公全书》卷 1《传习录》上。
④ 《王文成公全书》卷 2《答顾东桥书》。
⑤ 《王文成公全书》卷 1《传习录》上。

某凿空杜撰，知行本体原是如此”，“非以己意抑扬其间，故为是说，以苟一时之效者也”①。对此，徐爱提出质疑：“如今人尽有知得‘父当孝、兄当悌’者，却不能孝、不能悌，便是知与行分明是两件。”王守仁做了如下解释：

> 此已被私欲隔断，不是知行的本体了。未有知而不行者，知而不行，只是未知。圣贤教人知行，正是要复那本体，不是着你只恁的便罢。故《大学》指个真知行与人看，说：“如好好色，如恶恶臭。”见好色属知，好好色属行。只见那好色时已自好了，不是见了后又立个心去好；闻恶臭属知，恶恶臭属行。只闻那恶臭时已自恶了，不是闻了后别立个心去恶。如鼻塞人，虽见恶臭在前，鼻中不曾闻得，便亦不甚恶，亦只是不曾知臭。就如称某人知孝，某人知悌，必是其人已曾行孝行悌，方可称他知孝知悌，不成只是晓得说些孝悌的话，便可称为知孝悌？又如知痛，必已自痛了，方知痛；知寒，必已自寒了；知饥，必已自饥了。知行如何分得开？此便是知行的本体，不曾有私意隔断的。②

王守仁坚持己见的关键是他认为“知而不行，只是未知”，“知行如何分得开?”，“如称某人知孝，某人知悌，必是其人已曾行孝行悌，方可称他知孝知悌”。这就是“知行的本体”。

王守仁还把“知行本体”与“心之本体”联结起来：

> 知是心之本体，心自然会知。见父自然知孝，见兄自然知悌，见孺子入井自然知恻隐，此便是良知不假外求。③

既知“知行本体”就是“心之本体”，那也就是“自然会知”“不假外求”的良知。也就是说，“知”是“良知”的自我体认，“行”是“良知”的发用流行，都是“心的本体”自然如此。

---

① 《王文成公全书》卷 2《答顾东桥书》。

② 《王文成公全书》卷 1《传习录》上。

③ 《王文成公全书》卷 1《传习录》上。

其二，所谓“知行原是两个字说一个工夫”①。王守仁说：

知是行的主意，行是知的工夫；知是行之始，行是知之成。②

凡谓之行者，只是着实去做这件事。若着实做学问思辨工夫，则学问思辨亦便是行矣。学是学做这件事，问是问做这件事，思辨是思辨做这件事，则行亦便是学问思辨矣。若谓学问思辨之，然后去行，却如何悬空去学问思辨得？行时又如何去做得学问思辨的事？行之明觉精察处便是知，知之真切笃实处便是行。若行而不能明觉精察，便是冥行，便是“学而不思则罔”，所以必须说个知；知而不能真切笃实，便是妄想，便是“思而不学则殆”，所以必须说个行。原来只是一个工夫。凡古人说知行，皆是就一个工夫上补偏救弊说，不似今人截然分作两件事做。今说知行合一，虽亦是就今时补偏救弊说，然知行体段，亦本来如是。③

这里，所谓“学问思辨行”就是《中庸》提出的博学、审问、慎思、明辨、笃行，王守仁用一个“做”字，把前四者都纳入行的范畴。他的理由是知行“原来只是一个工夫”，两者是紧密结合在一起不可分割，因为“行之明觉精察处便是知，知之真切笃实处便是行”。行离不开知，因为“若行而不能明觉精察，便是冥行”；同样，知也离不开行，因为“知而不能真切笃实，便是妄想”。这就是“知之真切笃实处即是行，行之明觉精察处即是知。知行工夫本不可离”④，知行只是一事的两方面，只是一个过程。在这个过程中，切实用力的方面叫作行，觉悟理解的方面叫作知，两者是不能分开的。

其三，所谓“知行合一并进”。王守仁指出：

夫人必有欲食之心然后知食，欲食之心即是意，即是行之始矣。食味之美恶，必待入口而后知，岂有不待入口而已先知食味之美恶

① 《王文成公全书》卷6《答友人问》。

② 《王文成公全书》卷1《传习录》上。

③ 《王文成公全书》卷6《答友人问》。

④ 《王文成公全书》卷2《答顾东桥书》。

者邪？必有欲行之心然后知路，欲行之心即是意，即是行之始矣。路歧之险夷，必待身亲履历而后知，岂有不待身亲履历而已先知路歧之险夷者邪？知汤乃饮，知衣乃服，以此例之，皆无可疑。

……

以求能其事而言谓之学，以求解其惑而言谓之问，以求通其说而言谓之思，以求精其察而言谓之辨，以求履其实而言谓之行。盖析其功而言则有五，合其事而言则一而已。此区区心理合一之体、知行并进之功，所以异于后世之说者，正在于是。

……

是故知不行之不可以为学，则知不行之不可以为穷理矣；知不行之不可以为穷理，则知知行之合一并进而不可以分为两节事矣。①

“知行常相须”的说法在朱熹及其门人陈淳的著述中偶有提及，后学叶由庚、王柏曾屡加发挥。但是，他们所说的“相须”“并进”还是把知、行分为两个主体。王守仁的“知行之合一并进”则把两者当作一个主体，明确指出：“知行之合一并进而不可以分为两节事矣。”这是对朱学的改造和发展。王守仁“知行合一并进”论，其根源就是所谓“心理合一之体”。在“心理合一”理论指导下，他认为，“欲食之心即是意，即是行之始”，“欲行之心即是意，即是行之始”，甚至把学、问、思、辨、行按其功能而言可分为五种方法，但如果就其本质而言，则同是一回事。王守仁还援用一些为生活实践所证明了的经验常识，来论证他“知行之合一并进”的作用。如“路歧之险夷，必待身亲履历而后知”，“学射，则必张弓挟矢，引满中的；学书，则必伸纸执笔，操觚染翰”②。

王守仁的“知行合一”思想是对朱熹“知先行后”说的批判而提出来的。朱熹的“知先行后”说揭示了认识过程中的两个阶段，但却有割裂二者辩证关系之嫌。而王守仁的“知行合一”思想，弥补了朱学“知

① 《王文成公全书》卷2《答顾东桥书》。

② 《王文成公全书》卷2《答顾东桥书》。

先行后”这一缺陷，强调了认识两个阶段之间的统一与联系。这为后世知行观的进一步发展，提供了启迪。例如，王夫之就曾从批评“知行合一”论入手，总结出“知行相资以互用”的观点：“知行相资以为用。唯其各有致功，而亦各有其效，故相资以互用。则于其相互，益知其必分矣。同者不相为用，资于异者乃和同而起功，此定理也。不知其各有功效而相资，于是而姚江王氏知行合一之说得借口以惑世。”①

第四节　主静读书、涵养德性思想

一、读书涵养思想

吴与弼的理学，主要讲身心修养，认为圣贤教人，就是诚意正心以修身，修身然后可以治国平天下：

> 圣贤教人，必先格物致知以明其心，诚意正心以修其身。修身以及家、而国而天下，不难矣。故君子之心必兢兢于日用常行之间，何者为天理而当存，何者为人欲而当去。②

他的修养身心以及治学方法，多得自朱学，认为为学的过程就是变化气质。其变化气质的方法，主要是“读圣贤书”，体会圣人遗言，以充实“吾心固有之仁义礼智”。因此，就人来说，读书为学，主要在于“反求吾心”。他说：“欲异于物者，亦曰反求吾心固有之仁义礼智而已，欲实四者于吾身，舍圣贤之书则无所致其力焉。”③

在此认识的基础上，吴与弼进一步指出，读书为了“反求吾心”，这种“反求”并非“直截”和顿悟，一蹴而得，而是要经过对吾心的涵养、

① 王夫之：《礼记章句·中庸篇》卷31，中国书店，2016年。

② 《康斋文集》卷10《励志斋记》。

③ 《康斋文集》卷8《劝学赠杨德全》。

磨洗、启发等一系列“积功久之”的过程，最后才能使吾心固有的仁义礼智发露出来，从而达到“反求吾心”的目的。因此，他在谈到读书的具体方法和功夫时，总是强调要结合日用酬酢，要有不间断的持之以恒的刻苦，要“勿忘勿助”，自然而然，反对一朝一夕读书、冥目即可通透的顿悟。

他重视读书对心的涵养，认为在读书中能够玩味、体验“圣人之道”，就可浃洽于身心。因为“心是活物，涵养不熟，不免摇动，只常常安顿在书上，庶几不为外物所胜”①。他一生刻苦奋励，手不释卷，因此以亲身读书涵养内心的体验来说明这一观点。他举例说，“观《近思录》，觉得精神收敛，身心检束，有歉然不敢少恣之意，有悚然奋拔向前之志”，“贫困中事务纷至，兼以病疮，不免时有愤躁，徐整衣冠读书，便觉意思通畅”。“枕上思在京时，昼夜读书不间，而精神无恙”②。

吴与弼认为，读书由于是对心的涵养，因此，读书必须精思熟读，反复玩味，才能体验到书中的真谛和圣贤之心，如果是浅尝辄止，一曝十寒，那是体验不到的。他主张读书涵养要“昼夜反复身心，然后知圣贤之道”③。他曾对学生胡九韶说：“专心循序熟读，勿忘勿助，优柔厌饫于其间，积久自然有得，不可强探向上。此味真难知之，正文公（朱熹）所谓虽淡而实腴也。”④ 为此，他建议学道者，要“读以千万而不计其功，磨以岁月而不期其效。优柔厌饫于其中，则日新之益，自有不期而然者矣”⑤。总之，读书“须要打捱岁月方可”，“如此痛下工夫，三五年庶几可立些根本，可以向上”⑥。

吴与弼的这种通过读书达到修养身心的方法与朱熹的通过读书格物

---

① 《日录》。
② 《日录》。
③ 《康斋文集》卷 8《与章士言训导书》。
④ 《康斋文集》卷 8《与胡九韶书》。
⑤ 《康斋文集》卷 8《复曰让书》。
⑥ 《康斋文集》卷 8《学规》。

穷理的方法并不相同。吴与弼的读书方法是以所谓的“循序渐进”的涵养达到“反求吾心”的目的。而朱熹则把读书作为格物穷理的一个重要途径，因为他认为理在事事物物中，即所谓“天下之事莫不有理”，故格物穷理就是要在事物中“有以穷之”，以“知其所以然，与知其所当然……此穷理所以必在格物也”。因此，“为学之道，莫先于穷理，穷理之要必在于读书”[①]。显然，“读书只是要见得许多道理”[②]。所以，读书也叫作“集义”，获得许多道理，即可浃洽于心，“涵养德性本原”。由此可见，吴与弼认为读书就是在直接修养身心，反求吾心，端发吾心固有之理。朱熹则认为读书只是修养身心的准备阶段，心是“空豁豁地，更无一物”，是“虚底物”。心要能知，需要在事事物物中格得其理，不能直接从心中获得。所以，读书等为学功夫，是由外知到内知，向内充实，不是说读书是为了“反求”，径直发明“吾心”。朱熹曾批评以“读书类推反求”的说法，认为这是“却将他人说话（圣贤之言），来说自家底意思”，因而又不免以“自家私意”去牵率古人，其圣人之言也就成了吾心之注脚。这难免要滑向陆九渊所谓“六经注我”的错误方法之中。总之，朱熹的意思是说读书只是使人明白许多道理，然后在此基础上再去掉私欲，以使“心静理明”，这样就能“涵养德性本原”。

二、聂豹的归寂思想

聂豹（1487—1563），字文蔚，自号双江。明正德十二年（1517）进士。历官知华亭县、御史、巡按福建、苏州知府、陕西副使、兵部右侍郎、兵部尚书等职。聂豹为官廉正，为民兴利除弊。聂豹为学，好王守仁良知之说，但与王学亦颇有异同。其著述主要有《双江聂先生文集》和《困辨录》。

聂豹提出归寂说的理论依据是：“良知本寂，感于物而后有知；知其

---

① 《朱文公文集》卷14《行宫便殿奏札二》。

② 《朱子语类》卷34。

发也，不可遂以知发为良知而忘其发之所自也。”[①] 所谓“其发之所自”，就是“本原之地，要不外乎不睹不闻之寂体也”[②]；而“不睹不闻，便是未发之中”[③]。这里，有两点值得注意：一是所谓“良知本寂”即是“不睹不闻”，也就是“未发之中”。他认为这是王守仁的观点，也是其《传习录》中的义旨，故说“先师云：良知是未发之中，廓然大公的本体……此是《传习录》中正法眼藏”[④]。二是“良知”与“知”是有区别的：“良知”是“寂体”，“知”是其“发用”，即“良知寂体”感物而动的结果，二者之间是体与用的关系，故说“不可遂以知发为良知”，亦即不可以“知”为“体”。[⑤]

聂豹的“良知本寂”，虽然源于王守仁的“良知”说，但与王说又有不同。王守仁认为：“知是心之本体，心自然会知。见父自然知孝，见兄自然知悌，见孺子入井自然知恻隐，此便是良知，不假外求。”[⑥] 可见，王守仁主张“知”即是“良知”，也就是“心之本体”，三者是一回事，不可妄加分别。而聂豹不以“知”为“良知”，不言而喻，他因而也不以“知”为“心之本体”了。

既然“良知本寂”，那么，聂豹主张“归寂”就成了“致良知”的必然途径。因为在他看来，“心主乎内，应于外而后有外；外其影也，不可以其外应者为心而遂求心于外也。故学者求道，自其主乎内之寂然者求之，使之寂而常定”[⑦]。可见，聂豹的所谓“归寂”，就是求寂诸内心。显然，这与王守仁关于“心”的体用、动静观点也是相违异的。王守仁说：“心一而已，静其体也，而复求静根焉，是挠其体也；动其用也，而惧其

① 《明儒学案》卷 17《江右王门学案·双江论学书》。
② 《明儒学案》卷 17《江右王门学案·双江论学书》。
③ 《明儒学案》卷 17《困辨录》。
④ 《明儒学案》卷 17《困辨录》。
⑤ 《宋明理学史》，第 309 页。
⑥ 《王文成公全书》卷 1《传习录》上。
⑦ 《明儒学案》卷 17《江右王门学案·双江论学书》。

易动焉，是废其用也。故求静之心即动也，恶动之心非静也。”[①] 王氏在此明确指出，体用源于一心，动静不可分离；舍动求静，就是“废其用”而“挠其体”，这是行不通的。因为舍动求静之心，它本身就是动而非静。王门弟子正是根据上述师说，提出“寂本无归，即感是寂，是为真寂”[②] 的观点与聂豹的“归寂”说进行辩难的。

聂豹在与王门弟子就“归寂”说进行辩难时指出：“夫禅之异于儒者，以感应为尘烦，一切断除而寂灭之。今乃归寂以通天下之感，致虚以立天下之有，主静以该天下之动，又何嫌于禅哉!”[③] 聂豹在回答王门弟子的责难时辩明自己的“归寂”说并非释氏的“寂灭”之义，两者存在明显的区别：释氏把感应当作尘烦，以“寂灭”为旨归，所以为了归于“寂灭”，就必须“断除”一切“尘烦”，换言之，也就是要“断除”一切“感应”。这说明在寂感问题上，释氏是主张“废感”而“归寂”。与此相反，儒者（即聂豹自己）是主张“归寂”以“通感”，可见他认为“感”不但不能“废”而且还必须“通”，“归寂”就是“通感”之道。据王时槐《双江聂先生传》载，聂豹在给欧阳德的信中就曾提到“归寂”以“通感”的观点，他在论及“良知本寂”之后说：“故学问之功，自其主乎内之寂然者求之，使之寂而常定也，则感无不通，外无不该，动无不制，而天下之能事毕矣。”[④] 这说明在“归寂”问题上，聂豹与释氏的观点不同：聂豹提倡“归寂”是旨在通感、应事，是“入世”的，是为了“立天下”“该天下”“使天下之能事毕矣”；而释氏主张“寂灭”，是旨在“断除”世间的“尘烦”，是“出世”的，是追求超凡脱俗。

此外，聂豹在回答“王门弟子”责难时提出“主静以该天下之动”的观点，他推崇“龟山一派每言静中体认”是“吾儒真下手处”[⑤]，但又

① 《王文成公全集》卷5《答伦彦式》。

② 《明儒学案》卷17《江右王门学案·双江论学书》。

③ 《明儒学案》卷17《江右王门学案·双江论学书》。

④ 焦竑：《国朝献征录》卷39，广陵书社，2013年。

⑤ 《明儒学案》卷17《江右王门学案·困辨录》。

认为这并非适用于一切人。有人问："周子言静，而程子多言敬，有以异乎？"他说：

> 周曰"无欲故静"，程曰"主一之谓敬"。一者无欲也，然由敬而入者，有所持循，久则内外斋庄，自无不静。若入头便主静，惟上根者能之。盖天资明健，合下便见本体，亦甚省力，而其弊也，或至厌弃事物，赚入别样蹊径。是在学者顾其天资力量而慎择所由也。近世学者猖狂自恣，往往以主静为禅学，主敬为迂学。哀哉！①

这段话表明：第一，聂豹的"归寂"说与周敦颐的"主静"说在认识"本体"的方法上，是一致的。他们都主张从"寂""静"入手，在"寂""静"中体认。显然，这与程颐的"由敬而入"，因而"有所持循"的"主敬"说，是有所不同的。但是，从终极目标来看，则又是相同的，它们都是认识"本体"不可或缺的方法，故聂豹对二者均持肯定的态度。

第二，在认识"本体"问题上所以存在着"主静"和"主敬"两种方法，是因为人的"天资力量"各异。聂豹认为，只有"天资明健"的"上根者"才适用"入头便主静"的"主静"说。这与王守仁关于"四句教法"的观点，即认为只有天资聪颖的"上根人"才适用"四无"之说颇为相似。说明"主静"说并不具有普遍适用的思想品格，因而也说明他提倡"归寂"说是有条件的。

第三，即使适用于"上根者"的"主静"说，也并非完美无缺，而是有其利弊得失的。它既有"合下便见本体，亦甚省力"之利，又有"或至厌弃事物，赚入别样蹊径"之弊。这说明聂豹对于"主静"说的适用性的肯定不但是有条件的，而且是有分析的②。

根据史籍记载，聂豹当时提倡"归寂"说，是有针对性的。王时槐就认为，这是因为"先生患当时学者率以知之发用为良知，落支节而遗本原"，故"特揭未发之中"③。聂豹所患的"当时学者"，不但包括朱学

① 《明儒学案》卷17《江右王门学案·困辨录》。

② 《宋明理学史》，第311－312页。

③ 《国朝献征录》卷39《双江聂先生传》。

学者，而且包括王门学者。在当时的学者，也出现过倾向“道问学”的思想流派，他们强调“多学而识”，注重“考索记诵”。如浙中王门的季本和顾应祥，他们“悯学者之空疏，只以讲说为事，故苦力穷经”①，于“九流百家”之书，“皆识其首尾”②。又如南中王门的薛应旂和杨豫孙，更是明确反对“离行言知，外事言学”③，主张“知识即性”④。

三、罗洪先的主静思想

罗洪先（1504—1564），字达夫，号念庵。嘉靖八年（1529）举进士第一，授翰林院修撰。后历官经筵官、春坊左赞善，因忤旨落职归里。家居期间安贫乐道，数次拒绝友人馈赠，常与王门诸子切磋学问。著作有《念庵罗先生集》。

罗洪先“主静”说的理论前提和出发点是对于“心体”的探讨。陈九川提出：“吾辈学问，大要在自识本心，庶工夫有下落。”其意是做学问必须先识得“本心”，“工夫”才有下手之处。可见，明辨“本心”是做学问下功夫的落脚点和出发点。罗洪先十分赞同陈九川的观点，谓“此言诚是也”⑤。

“心体”问题，主要涉及“心”的本然状态“有体”“无体”，孰“寂”孰“感”的问题。这一问题在当时江右王门弟子中主要分为两派：一派主张“寂感无时，体用无界”的“寂感体用”合一派。这一派大体上本之王守仁的观点，以邹守益、陈九川为代表。另一派则主张“寂感有二时，体用有二界”的“寂感体用”分离说，这显然与王守仁观点不同，此派以聂豹、罗洪先为代表。

---

① 《明儒学案》卷13《浙中王门学案·季本传》。

② 《明儒学案》卷14《浙中王门学案·顾应祥传》。

③ 《明儒学案》卷25《南中王门学案·薛应旂传》。

④ 《明儒学案》卷25《南中王门学案·杨豫孙传》。

⑤ 罗洪先：《念庵罗先生集》卷2《答陈明水》，台湾商务印书馆影印文渊阁本《四库全书》。

罗洪先在《答陈明水》信中针对陈九川提出的“心无定体”“有感而无寂”的观点，针锋相对地提出了“心有定体，寂然不动”的“心体”说：

来教云：“心无定体，感无停机。”……谓“心有感而无寂”，是执事之识本心也。不肖验之于心，则谓“心有定体，寂然不动”是也；“感无定机，时动时静”是也。心体惟其寂也，故虽出思发知，不可以见闻指，然其凝聚纯一，渊默精深者亦惟于着已近。①

陈九川认为“心无定体”，但是从他提出的“心有感而无寂”来看，实则是以“感”为体。与此相反，罗洪先提出“心有定体，寂然不动是也，感无定体”，则是以“寂”为体。他的“心体”本“寂”的“心体”说，显然与陈九川以“感”为体的“心体”说相对立，却与聂豹的以“寂体”为“心体”、为“良知本体”的观点相一致。所以，黄宗羲谓其观点与聂豹的“归寂”说“深相契合”。

聂豹以“寂”为“体”，只是用以说明“心体”，而罗洪先则不局限于说明“心体”，而是将其放大、推广，用以说明一切现象的“根原”：“凡天地之交错变易，日用之酬应作止，皆易也，皆动也，而其根则本静，本于无极。此即所谓根原也。”② 也就是说，无论是天地万物之错综复杂变化，人伦日用之酬酢应对，“其根”无不“本静”。这种以“本静”为万物“根源”的静本论，是对他的以“吾心”为宇宙本原的心体论的进一步贯彻。其诗云：

天地即吾心，吾心天地似；万物生其中，扩然无彼此。③

既然“天地即吾心”，“万物生其中”，可见罗洪先即以“吾心”为万物之“本原”，那么由“心体”本“寂”得出万物本“静”，自然是合乎逻辑的推论。

与“心体”本“寂”的观点相对应，罗洪先提出“致良知”的功夫

---

① 《念庵罗先生集》卷 2《答陈明水》。

② 《念庵罗先生集》卷 1《答董蓉山》。

③ 《念庵罗先生集》卷 12《闲述其十三》。

属静而非动：

致良知者，致吾心之虚静而寂焉，以出吾之是非，非逐感应以求其是非，使人扰扰外驰而无所于归，以为学也。夫知其发也，知而良则其未发，所谓虚静而寂焉者也。①

与聂豹一样，罗洪先也认为“知”属“已发”，“良知”属“未发”，即“虚寂而静”。因此，所谓“致良知”，就是“致吾心之虚静而寂”，而非在“感应”中致“吾心”之良知，去求“吾心”之“是非”。他针对当时“言良知者恶闻静之一言”，以为“主于静焉，偏矣”的责难，明确提出“主静所以致良知”的观点：

夫良知该动静、合内外，其体统也。吾之主静所以致之，盖言学也。学必有所由而入，未有入室而不由户者。苟入矣，虽谓良知本静亦可也，虽谓致知为慎动亦可也。②

这里的“体统”，是指“良知该动静、合内外”，从“良知”一统于“心”推论，其“体统”也就是“心”“该动静、合内外”。从为学的角度看，罗洪先认为，所谓“致良知”，必须“有所由而入”，这就是由“静”而入，即以“主静”为“致良知”的入室门户，所以罗洪先认为自己为学的路径是“主静所以致之”。总之，在罗洪先看来，“主静”是“致良知”的必由之路，是“所以致良知”的功夫。

罗洪先主静功夫的具体做法首先是必须“无欲”：

今之议者咸曰：“寂然矣，无为矣，又何戒惧之有?”将以工夫皆属于动，无所谓静者。不知无欲故静，周子立极之功也。③

“无欲故静”一语出自周敦颐的《太极图·易说》，它是作为道德修养功夫提出的。罗洪先对此推崇备至，认为这是达到人道之极致的道德修养境界，其功不可没。罗洪先通过推崇周敦颐的“无欲故静”，把自己的“主静”功夫与周敦颐的“无欲”说联系起来，以为“无欲”即是

---

① 《明儒学案》卷 18《江右王门学案·双江七十序》。

② 《念庵罗先生集》卷 1《答董蓉山》。

③ 《念庵罗先生集》卷 2《答陈明水》。

“主静”，“静”是“无欲”产生的结果。这表明他提出的“主静所以致良知”，是以宋代理学家的“存天理、去人欲”为旨归的。

其次，罗洪先强调“主静”功夫必须自“戒惧”入手：

> 良知犹言良心，主静者求以致之，收摄敛聚，自戒惧以入精微。①

“戒慎恐惧所以致良知”是王门弟子一脉相传的思想观点，在这点上罗洪先与他们没有什么不同。其不同之处在于：邹守益为首的一派认为，“戒惧”属动而非静，故赋予其“自强不息”之新意；聂豹、罗洪先一派认为，“戒惧”属静而非动，故说“常令此心寂然无为，便是戒惧”②，“今以戒惧疑于属动，既失子思本旨，又因戒慎而疑吾心无寂，则并《大易》、周子之旨而灭之，无亦言之未莹矣乎!”③ 可见，罗洪先主张“戒惧”属静，是与其“心体”本“寂”的“心体”说是一致的，相互发明，共同构成他的“主静”思想。

罗洪先主静功夫的最高目标，是要达到“内外两忘”的境界。他说：

> 今岁体会到内外两忘一言，真是致良知之功。良知本无内外。今人未经磨锉，却都在逐外一边走透。稍知反观而不得其要，又容易在守内一边执着。脱此两种，始入内外两忘路径，始是近里有安顿人。此非收敛枯槁后，未易言也。④

罗洪先认为，“真是致良知之功”，就是说，只要达到“内外两忘”才是“致良知”的真功夫，要达到这个目标：第一步应该“无欲”，才能够“主静”；第二步自“戒惧”入手，“常令此心寂然无为”，即“主静”功夫自“戒惧”始，“所以致良知”；第三步“收敛枯槁”一番，使“精神自不走透”“至此方可语良知之通塞”⑤，最后达到“内外两忘”的最高

---

① 《念庵罗先生集》卷 4《读困辨录抄序》。

② 《明儒学案》卷 18《江右王门学案·答郭平川》。

③ 《念庵罗先生集》卷 2《答陈明水》。

④ 《念庵罗先生集》卷 1《答胡青崖》。

⑤ 《念庵罗先生集》卷 1《答胡青崖》。

目标。这种“内外两忘”的“主静”功夫，已经近乎佛教禅宗的摈弃思虑、湛然静坐的“坐禅”了。无怪乎以聂豹、罗洪先为代表的“寂静”派有“落禅”之讥①。

第五节　刘宗周的慎独思想

刘宗周（1578—1645），初名宪章，字起东，号念台，因讲学山阴县城北蕺山，学者称为蕺山先生。万历二十九年（1601）中进士，后历官行人司行人、礼部主事、尚宝司少卿、顺天府尹、工部左侍郎、左都御史等职。刘宗周为官尚气节、重操守，刚直敢言，南明弘光元年（1645），南京陷落，明王朝危在旦夕，他绝食而亡。刘宗周是明末儒学大师，学问渊博，早年持程、朱立场怀疑王守仁心学，中年转向陆王心学，晚年认识到王守仁的良知说易于同禅学合流，想从心学束缚中摆脱出来。刘宗周的著作，被后人编辑成书的有《刘子全书》《刘子全书遗编》《刘子节要》《刘子粹言》。

在刘宗周道德修养思想中，“慎独”说是其重要内容，也是其理学思想的重要组成部分。所以，他的学生黄宗羲说“先师之学在慎独”②。

“慎独”一词，最早出于《中庸》，历来被儒家作为内心省察的道德修养功夫。刘宗周十分重视“慎独”，把它当作为学做人的最高宗旨：“君子之学，慎独而已矣”③，“慎独之外，别无学也”④；“学问吃紧工夫，

---

① 《宋明理学史》，第 324 页。

② 黄宗羲：《黄梨洲文集·先师蕺山先生文集序》，中华书局，2009 年。

③ 《刘子全书》卷 21《书鲍长孺社约》，台湾商务印书馆影印文渊阁本《四库全书》。

④ 《刘子全书》卷 38《大学古记约义》。

全在慎独，人能慎独，便为天地间完人"①。可见，在他看来，"慎独"包括了对宇宙本体的认识以及个人的道德修养等一切重要学问和做人的道理在内。他说：

> 慎独是学问的第一义。言慎独而身、心、意、知、家、国、天下一齐俱到。故在《大学》为格物下手处，在《中庸》为上达天德统宗、彻上彻下之道也。②

> 《大学》之道，一言以蔽之，曰慎独而已矣。《大学》言慎独，《中庸》亦言慎独。慎独之外，别无学也。在虞廷为"允执厥中"……在文王为"小心翼翼"、至孔门……其见于《论》《孟》则曰非礼勿视、听、言、动……曰"求放心"，皆此意也。而伊洛渊源遂于一"敬"为入道之门。朱子则析之曰"涵养须用敬，进学则在致知"。故于《大学》分格致、诚正为两截事，至解慎独又以为动而省察边事。先此更有一段静存工夫，则愈析而愈支矣。故阳明子反之，曰慎独即是致良知。即知即行，即动即静，庶几心学独窥一源。③

在此，刘宗周力图把尧、舜、禹的"十六字心传"，孔子"四勿"的道德准则，孟子的"求放心"，以至程、朱的"涵养须用敬，进学则在致知"，王守仁的"致良知"等统统囊括在"慎独"二字之内，把三千多年来中国古代哲学史上的本体论、认识论、人性论和道德修养论都用"慎独"二字贯通起来，由此可见，刘宗周对"慎独"推崇至致。

刘宗周不仅把"慎独"推崇到极致，而且对"慎独"做了新的解读："独之外，别无本体；慎独之外，别无工夫"④。何谓"独"？他的学生陈确进一步诠释说："独者，本心之谓，良知是也。"⑤ 说明"独"即人的主

---

① 《刘子全书》卷 10《学言》上。

② 《刘子全书续编》卷 1《证人社语录》。

③ 《刘子全书》卷 38《大学古记约文》。

④ 《刘子全书》卷 8《中庸首章说》。

⑤ 陈确：《陈确集·辑祝子遗书序》，中华书局，1979 年。

观意识，即“心”，也即王守仁的“良知”。自从刘宗周在中年转向心学之后，其论述的“心”“灵明”正是王守仁所谓“心之本体，无所不该”[①]的“良知”。王守仁常把“心”“灵明”等同于他的“良知”，故而陈确把“独”诠释为“本心之谓，良知是也”，是符合刘宗周的本意的[②]。关于“独”，刘宗周还做了如下的解读：

独者，位天地、育万物之柁牙也……主人翁只是一个，认识是他，手下亦是他。这一个只是在这腔子内，原无彼此。[③]

圣学本心，惟心本天，维玄维默，体乎太虚，因所不见，是名曰独。[④]

名曰独，其为何物乎？本无一物之中而物物具焉，此至善之所统会也。致知在格物，格此而已。独者，物之本，而慎独者，格之始事也。[⑤]

“独”中具有喜、怒、哀、乐。四者，即仁、义、礼、智之别名。[⑥]

千古相传只慎独二字要诀，先生（王守仁）言致良知，正指此。但此“独”字换“良”字，觉于学者好易下手耳。[⑦]

刘宗周在此更具体地说明他所定义的“独”与王守仁的“良知”相似，即天地万物，人的认识方法、对象，喜怒哀乐情感，仁义礼智道德准则，都在人的心中，即在“独”（良知）之中。需要指出的是，刘宗周谈“慎独”，大多还是从个人道德修养方面而言，而很少从本体上去论证“慎独”。这与他一生高度重视自身节操、清廉刚正有关。

刘宗周认为“慎独”能使人的道德修养达到“中和”的境界，是实

---

① 《王文成公全书》卷 3《传习录》下。
② 《宋明理学史》，第 637 页。
③ 《刘子全书续编》卷 1《证人社语录》。
④ 《刘子全书》卷 23《独箴》。
⑤ 《刘子全书》卷 12《会录》。
⑥ 《刘子全书》卷 5《圣学宗要》。
⑦ 《刘子全书》卷 13《阳明传信录》。

现儒家“中庸之道”的必要途径。

“中和”这个概念，最早也出自《中庸》。子思把孔子的“执两用中”的方法论提到了世界观的高度，即所谓“中也者，天下之大本也；和也者，天下之达道也。致中和，天地位焉，万物育焉”。这显然把“中和”看作是宇宙的根本法则，遵循这一法则，就能让事物平衡、和谐发展，使天下万物各得其所，生生不息。子思还认为“喜怒哀乐之未发谓之中，发而皆中节谓之和”，即要求人们的思想感情，内蕴于心时中正不偏，表露于外时不偏激而有节制。总之，要符合仁义礼智信的道德规范。这样，就合乎儒家所称道的“天命之性”和“中庸之道”。刘宗周继承了子思的“中和”思想，与他的“慎独”之说紧密联结起来，认为“慎独之学，即中和、即位育，此千圣学脉也”①。他把“慎独”看作与子思的“致中和”一样，都是实现“中庸之道”的必要路径。因为“慎独”在《中庸》中是要求一个人即使在独处无人关注时，也要谨慎不苟，切实按照伦理道德的规范进行内心省察，以保证自己的言行合乎“中和”这个天地间的根本法则，即“中庸之道”。这样，也就尽到了“天命之性”。他说：

> 约其旨，不过曰慎独。独之外别无本体，慎独之外别无工夫，此所以为中庸之道也。②
>
> “独”即天命之性所藏精处，而慎独即尽性之学。③

由此可见，刘宗周的“慎独”说，虽然其主要内容是阐发道德修养方法，但也涉及人性论和认识论方面。

刘宗周与大多数理学家一样，其注重自身道德修养的最终目的是要达到治国平天下。他从子思的“中和”说出发，认为君子由“慎独”以“致中和”，不仅能使“天地位、万物育”，而且还能达到天、地、人、物“致则俱致，一体无间”的结果：

> 君子由慎独以致吾中和，而天地万物无所不贯、无所不达矣。

---

① 《刘子全书》卷11《学言》中。

② 《刘子全书》卷8《中庸首章说》。

③ 《刘子全书》卷5《圣学宗要》。

达于天地，天地有不位乎？达于万物，万物有不育乎？天地此中和，万物此中和，吾心此中和，致则俱致，一体无间。[①]

在刘宗周看来，如人人都能做到“慎独”，走“中庸之道”，各安其位，各尽其职，彼此和谐发展，就可以把国家治理好，使天下太平。

刘宗周的“慎独”思想中还包含着“敬诚”的修养。其实，“慎独”在《中庸》中的原意，简言之，就是一个人独处没人关注时，也要保持敬诚的状态。刘宗周所说的“敬”，是汲取程、朱所谓“入道莫如敬”“主敬”为“圣学始终之要”[②] 的观点。而且，他把“敬”与“诚”联结起来，提出“诚由敬入，孔门心法”[③]。他认为子思的主观精神——“诚”，不仅体现天道，而且也是道德和认识的基础，所以他十分赞赏孟子的“思诚者，人之道也”的观点。孟子所谓“思诚”，就是要“明乎善”“诚其身”[④]，即所谓的“尽心”，要求通过内心省察去保持先天固有的仁义礼智的“善端”。这自然和“慎独”的内心省察相联系。刘宗周也很推崇周敦颐所说的“诚”。他指出周敦颐的“诚”，是“言圣人分上事，句句言天之道也，却句句指圣人身上家当。‘继善成性’，即是‘元亨利贞’，本非天人之别”。周敦颐的“诚”，体现了道德论与宇宙论的一致，而刘宗周的“慎独”说显然与周敦颐一脉相承。他把“慎独”与“敬诚”联结起来进行道德修养，是要人们保持至诚的精神状态去进行内心省察，寻求道德的自我完善，以达天人一体的神秘境界[⑤]。

刘宗周之所以提倡“敬诚”之说，除了由于“敬诚”与其“慎独”之说思想相通外，还因为他认为王守仁“良知”之学被后人运用不当，出现了弊端，其症结是患“不诚之病”，因此他要提倡“学以诚意为极则”，以补救“良知”之学。正如后学邵廷采所指出的：“蕺山虽不言良

---

① 《刘子全书》卷 8《中庸首章说》。

② 《朱文公文集》卷 39《答胡广仲》。

③ 《刘子全书》卷 40《子刘子年谱》。

④ 《孟子·离娄》，《十三经注疏》本。

⑤ 《宋明理学史》，第 640 页。

知，然补偏救弊，阳明之学，实得蕺山益彰。”①

总之，刘宗周以心学的立场观点，汲取和融合了儒家《中庸》中的慎独传统观念，以及周敦颐、二程、朱熹的“主敬”“诚”等理学观点，形成自己的慎独思想。对此，黄宗羲曾做了较为中肯的评论：

> 先生宗旨为慎独，始从主敬入门，中年专用慎独工夫，慎则敬，敬则诚。晚年愈精微、愈平实。本体只是些子，工夫只是些子，仍不分此为本体，彼为工夫。②

> 朱子一生学问半得力于主敬，今不从慎独二字认取，而欲掇敬于格物之前，真所谓握灯而索照也。③

---

① 邓廷采：《思复堂文集·刘子蕺山先生传》，浙江古籍出版社，2010年。

② 《刘子全书》卷39《子刘子行状》。

③ 《刘子全书》卷39《子刘子行状》。

第三章 明代家族管理思想

第一节 修撰族谱思想

明代修撰族谱的指导思想，与宋元时期相比，一个明显的变化是政治化倾向加强。明朝开国皇帝朱元璋曾颁布旨在稳定基层社会秩序的“圣谕六言”：“孝顺父母，尊敬长上，和睦乡里，教训子孙，各安生理，毋作非为。”“圣谕六言”颁布后，朝廷在各地广泛宣传，做到家喻户晓，要求人民遵守。这对明代族谱的修撰产生了广泛深刻的影响，许多家族在其族谱中将“圣谕六言”载入族规家训，作为族人行为规范的最高准则，以管理约束族人。如万历时所修江苏海安《虎墩崔氏族谱·族约》有“宣圣谕”条，首载六言，然后说：“此六事乃太祖高皇帝曲尽做人的道理，件件当遵守，能遵守的便是好人，有一件不曾遵守，便是恶人。愿我一族长幼会集祠中，敬听宣读，悉心向善，皆作好人。有过即改，共为盛世良民，贻子孙无穷福泽。”除此之外，该谱还在“立宗会”条规定：“族人每月于朔望日齐集祠中，宣读圣谕。”王士晋在《宗规》中也列有“圣谕当遵”条，认为“这六句包尽做人的道理，凡为忠臣、烈士、

孝子、顺孙皆由此出，皆为圣世良民”①。

明代士大夫坚持以儒家倡导的“修身齐家治国平天下”为治国理念，把编修族谱、宣传族谱作为改造社会的重要途径。明初大儒宋濂指出：“为士者布海内而无救于俗，由是知今之士多无志也。”他认为有志救俗之士，应身体力行，为了“化同姓”而“损益周制”，“凡月之吉，少长咸会先祠。拜谒毕，齿坐，命一人庭诵古训及拜法。诵已，长且贤者释其义而讽导之。书会者于名册。再会，使互陈其所为”②。对于孝悌忠信者予以鼓励，有悖戾之行者则予以惩处。

宋濂的弟子、明初大儒方孝孺继承了其师的思想，进一步明确指出齐家是治国的根本：

> 论治者常大天下而小一家，然政行乎天下者世未尝乏，而教洽乎家人者自昔以为难。岂小者（家）固难而大者（国）反易哉？盖骨肉之间，恩胜而礼不行，势近而法莫举。自非有德而躬化，发言制行有以信服乎……家既可齐而不忧于为国，为天下者无有也。故家人者君子所尽心，而治天下之准也，安可忽哉。③

这一段的主旨即是他在《宗仪序》中所说的“家与国通”“家者身之符，天下之本也”。早在宋代，理学家周敦颐、真德秀就提出治国用世首在于治家的思想。如真德秀就指出，因为家门之内，“狃于妻妾之私，或牵于骨肉之爱”，以至弃仁弃义，何能治天下而用世？方孝孺深知治家“为难”，为此他在《宗仪》中专门讨论如何治家。他特别强调要尊祖、重祀、重谱、广睦，认为这样可以“叙戚疏，定尊卑，收涣散”，“维系族人之心”，“收人心于一”，并由此可以“思孝广爱”，“以爱亲之心广于天下”④。

在齐家与治国的关系中，方孝孺特别强调通过睦宗族而达到治理国

① 王士晋《训俗遗规》卷3。

② 《宋文宪公全集》卷7《俞氏宗谱序》。

③ 《逊志斋集》卷1《家人箴序》。

④ 《逊志斋集》卷1《家人箴序》。

家的目标。他在为其师宋濂宗族所作的谱序中指出："士有无位而可以化天下者，睦族是也。天下至大也，睦吾族何由而化之？人皆欲睦其族，而患不得其道，吾为之先，孰忍弃而不效乎？有族者皆睦，则天下谁与为不善。"他还提出了睦族的三个措施，其中之一就是"为谱以联其族"。具体而言，"谱之法，正月之吉，会族以修谱也；四时孟月，会族以读谱也；十二月之吉，会族而书其行以为劝戒也"①。修谱、读谱、记录族人善恶之行是其"谱之法"的三部曲，通过"谱牒叙长幼亲疏之分以睦其族"②，即建立尊卑长幼的血缘等级社会，以确定自己在血缘关系网中的位置，从而达到贵贱、尊卑、亲疏有序，使同血缘的人形成一个宗族整体。同时，方孝孺认为通过族谱可以使同姓之人明确彼此是同一祖先，可以减轻富、贵、强的族人对贫、贱、弱的族人的侵凌。他指出："一乡之中，一姓之人少者数十家，多者数百家，其富贫贵贱强弱之不同，至相悬也。苟无谱以列之几何，富者之不侵贫，贵者之不凌贱，强者之不暴弱也乎！得其人，谨书之于谱，取而阅之曰：是虽贱与吾同宗也，是虽贫与吾同祖也，是虽弱亦吾祖之子孙也。"③ 他多次强调和宣传自己的这一思想，如在为葛氏宗族作谱序中说：予"每谓非谱无以收族人之心，而睦族之法不出乎谱"④。

宋元时期，徽州宗族纂修谱牒的宗旨是尊世系、序昭穆、尊祖、敬宗、收族。对这一宗旨，宋人汪高梧在《新安汪氏庆源谱序》中的阐述具有代表性：

> 周文王立为宗法，别子为祖，继别为宗，继祢为小宗，使相联属而不忘其祖。复设庠序，以明其大宗、小宗之法，叙其昭穆，有喜则相庆，有急则相救，死葬相恤，而疾病相扶持，欢然有恩以相爱，粲然有文以相接，然皆出于亲也。虽亲尽服绝，而和气蔼然；

① 《逊志斋集》卷13《宋氏世谱序》。

② 《逊志斋集》卷13《童氏族谱序》。

③ 《逊志斋集》卷13《楼氏家谱序》。

④ 《逊志斋集》卷13《葛氏族谱序》。

虽家析户分，而尊卑秩善如初，皆宗有谱有图之所致也。后世以娄为刘，以疏为束，姓系淆乱，宗法不明，情弗洽而若胡越，服未远而如途人，是独无人心之天乎？良由谱不明，族不和，情不通，而势不相亲也。①

明朝，商品经济的繁荣和资本主义生产关系的萌芽，引起社会风俗的“浇漓”，冲击着宗族制度和宗族统治。因此，与宋元族谱相比，明代族谱更重视对族人的劝诫，通过褒贬以教化族人。万历时，福建建阳《考亭朱氏文献全谱·谱例》指出：“尊祖莫先重谱，重谱莫先表贤，然必居官有实迹，处世有实行，没乃传其事，以为世劝。女德有经旌表可征志行者乃录。”从明代开始，族谱的主要作用转变为劝善惩恶。

明代族谱教化功能的加强，突出体现在对妇女贞节的要求和对族人充当贱业等行为的削名两方面。关于削名之例，元代一般对族人充当僧道者不录，而明代则扩大至对充当贱役者也加以削名。万历时浙江《范氏家谱·谱例》说：“男子为乐艺优伶、为隶卒、为义男，并为巫祝者，俱削其名。”天启时平湖《孙氏家乘·谱例》也说：“族人有为僧道及隶卒、巫祝之类，他如淫盗万恶自干刑宪及为隶卒自鬻为仆者，削其名以示惩。”② 明代族谱对妇女贞节、名分的要求，也有具体明确的规定。如妾若生子可以入谱，反之则不能入谱；不论族人所娶妇女改嫁还是本族女子再婚抑或族人娶再醮女，凡再嫁者一般都不书；休掉的妻子也不书。明万历安徽休宁《茗洲吴氏家记·议例》载：“书配氏、书女……配之改适者不书，女之改适者不书……妾之无生者不书，有生出而细书，不与主母并者，不得而并也。”《考亭朱氏文献全谱·谱例》也载：“妾有生子者书，以有继也；无者不书，征之也；母既出者不书，示正家也；妇嫁者不录，绝之也；孀妇来嫁不录，丑之也；来而有子者不得不书之也……再嫁者不录，励女节也。”

① 《新安汪氏庆源谱序》。

② 天启《平湖县志》卷10《风俗志·氏族》。

明代族谱大量提倡伦理说教，并规定对能否实行者采取奖励措施，呈现出族谱伦理法制化的倾向。明初方孝孺在本族族谱中对族人行为提出如下要求：

> 君臣、父子、兄弟、夫妇、朋友五者，天伦也。斁天伦者，天之所诛，人之所弃，生不齿，死不服，葬不送，主不入祠，谱不书其名。行和于家，称于乡，德可为师者，终则无服者为服缌麻……如是而不能为君子，则非方氏之子孙也。告于祠，而更其姓，不列于谱。①

明代族谱不仅将皇帝劝民谕旨列入宗规家训，而且把封建纲常礼教也列入族规家训中，作为族人的日常行为规范，要求族人遵守。如宋修、明续的《商山吴氏重修族谱》中，有一篇洪武十四年（1381）《吴氏续谱序》云：

> 族之有谱，自昔然也。三代圣王，封建诸侯，而立宗法，所以统族属，别亲疏，明宗叙，厚风化者也。太史掌其籍，司徒掌其教，而必曰孝、曰友、曰睦，其不孝、不睦、不悌者刑之。是故喜则庆，忧则吊，患难相救，贫乏相周，服属虽远，而恩礼尚存，世代虽更，而分义不泯，此所以支派繁而本源固，民俗厚而教化行。越自后王，降德之典，不行于民，法弛教衰，风漓俗变，于是贵不与贱齿，富不与贫叙，争夺之端，多于异姓，忮忍之害，僭于他人。呜呼！其亦可哀也哉！则凡世家大族士夫君子，有感于人伦风化，得不思所以救之欤！

此文感叹当时世风浇漓，同姓同宗人之间因贵贱、富贫而发生争夺，作者呼吁必须在族谱中要求族人遵守孝、友、睦、纲常礼教，违反者予以惩罚。据赵华富研究，明中期以后，徽州宗族编纂谱牒时，为了贯彻封建道德，厘正社会风俗，巩固宗族统治这一宗旨，在许多谱牒中增添了族规家法这一重要内容。其掌握的 100 多部徽州宗族族规家法，其中

① 《逊志斋集》卷 1《宗仪九首·谨行》。

大都有大量封建纲常的说教和规定①。

明代家族修谱的体例基本上仍然继承和遵循宋代欧、苏谱体，图和传是谱牒的核心。正如《新安黄氏会通宗谱·黟石山黄氏家谱后序》所云：

族之有谱，所以序昭穆，别亲疏，而笃同宗也。古封建一变之后，宗子之礼废，而谱学不明久矣。宋欧阳文忠公、苏老泉先生以尊祖、敬宗、睦族之心为心，采太史公年表，郑玄诗谱略作世谱，且曰："三世不修谱，则同小人。"由是后世修谱牒者，必以欧、苏为法。

但是，明代修谱的体例在欧、苏图传体的基础上，也略有改进，弘治时期的程敏政依据《汉书》年表和《唐书》宰相表对欧、苏谱体的谱图——世系表或世系图做了一些完善，但并没有从根本上改变欧、苏"一图一传"的"图传体"。《新安许氏世谱·凡例》云：

古之修谱之例有三变，始如道统图体者；中如欧、苏谱体者；至程篁墩，谓欧、苏谱体，一图一传，不见统宗之义，乃变为《汉书》年表、《唐书》相表体。

明代族谱，随着时代的发展，其记载的内容有了明显的增加。如冯尔康、常建华指出：万历以降，族谱的内容更加丰富，体例进一步完善。明代族谱新增加的内容主要体现在族规家训、祠产等宗族制度的重要方面，反映出宗族制度在明代发展了②。赵华富通过对徽州谱牒的研究，更详细、具体地指出：明代中期以后，徽州谱牒的内容有大大增加。宋元时代，徽州谱牒的内容包括：谱序、谱例、科第、恩荣、祖先考辨、世系图、世系录、传记、祖墓支派、文翰等。明中期以后，增加了祠堂、祠产、族规、村图、像赞、祭祀、行辈联、余庆录、领谱编号等，有的谱牒还有书馆、庙宇、桥梁、山场水道等，而且其中最具时代特征的是

① 赵华富：《徽州宗族研究》，安徽大学出版社，2004年，第233—234页。

② 冯尔康等：《中国宗族史》，第267—268页。

祠堂、祠产、族规的出现①。

嘉靖十五年（1536），礼部尚书夏言上《请定功臣配享及臣民得祭始祖立家庙》奏议中说："臣民不得祭其始祖先祖，而庙制亦未有定则，天下之为孝子慈孙者，尚有未尽申之情……乞诏天下臣民冬至日得祭始祖……乞诏天下臣工建立家庙。"② 随着明朝民间祭祖礼仪的限制放松，全国范围内世家大族相继建宗族祠堂祭始祖先祖，因此，当时族谱中增加"祠堂"这一内容，是这一历史变化的反映。

明代中期以后，随着商品经济的发展和资本主义的萌芽，商人的财富迅速增加。据赵华富研究，明代中期以后，随着徽商的繁荣昌盛，徽州的祠产才开始得到迅猛的增长。例如：宋、元、明时期 20 宗祭田，其中多数属于明中后期设置；18 宗义田，其中也多为明中后期设置③。明代中期以后族谱中增加"祠产"这一内容，从一个侧面反映了明代中后期民间宗族祠产的大量增加。

面对明代中后期世风的浇漓，士大夫重视通过修谱以达到教化、劝诫族人，因此，族谱中出现了许多族规家训的内容。有关这一内容前文已论述，兹不赘述。

第二节　宗族乡约化思想

宗族乡约化，是指在宗族内部直接推行乡约或依据乡约的理念制定宗族规范、设立宗族管理人员约束族人。其渊源可以追溯到北宋神宗熙宁九年（1076）吕大均于陕西蓝田建立了中国历史上第一个乡约——吕

① 《徽州宗族研究》，第 237 页。

② 夏言：《桂洲先生奏议》卷 17，齐鲁书社影印《四库全书存目丛书》，1997 年。

③ 《徽州宗族研究》，第 238 页。

氏乡约。明代乡约初建于洪武时的《教民榜文》，于正德时期由王阳明改造，重建并普及兴盛于嘉隆万时期。明代的宗族乡约化分为两条路径：一是由地方官推行乡约化，二是由宗族自发实行乡约化。

在地方官推行的乡约化中，文林在浙江永嘉县以及温州府推行的乡约化年代较早，并具有代表性。文林系苏州府长洲人，曾先后在成化、弘治年间任永嘉知县和温州知府，任上推行乡约。他推行乡约化的思想保存在其所撰的《族范序》中：

> 成化甲午，予知永嘉，永嘉士民力田乐教化，不习商贾游说。厥令匪明德曷为作新，爰命立乡约于城邑，冀贤者由于道以为民望。未几去任，余廿载，乃弘治戊午复守温。向在约者尚循循不舍，因檄下诸邑咸为约，用协于道。然而大家豪族，险决万山，安能月诣邑中为约；又族之大者聚不下千人，足自为约。夫何犷不闻教，质不闻礼，或衅孽之生至有相戕如路人者，又安能如近者之易为约哉！不能约则所以健词讼繁刑，玩法逋赋，罔不繇是。是故立族范所以一而归之礼焉。先儒谓宗子法立，天下易治，范之有族长，虽不专主宗子，然不出外姓，因其本源为联属之，用笃恩礼，盖亦由宗子法而以义起之也。夫乡约所以秩德，族范所以敦礼，秩德则风俗可醇，敦礼则法守鲜败。入邑而闻约，归族而守范，远近将同途，贤不肖当有间矣。吾民其勉之哉！岁在戊午中秋，知温州府事长洲文林书。①

文林历任地方知县、知府，清楚地意识到封建政权的触角难以深入到社会的最基层，所以社会才会出现“健词讼繁刑、玩法逋赋”的现象。朝廷要治理好国家，稳定社会秩序，就必须依靠地方的宗族组织，通过乡规民约，来教化、约束民众，从而使民风淳朴，百姓知礼守法，国家得到治理，社会稳定有序。

---

① 文林：《文温州文集》卷9《族范序》，齐鲁书社影印《四库全书存目丛书》，1997年。

文林的乡约思想和实践受到宋儒乡约思想和复兴宗法主张的影响。成化时文林为永嘉令，曾刻朱熹《增损吕氏乡约》，“付邑诸父老，俾行之”。弘治时他任温州知府，再次刊刻，并附录《教民榜》《白鹿洞规》《古灵先生劝谕》《温公居家杂仪》①。文林《族范序》中“先德谓宗子法立，天下易治”的说法，出自北宋的张载②。可见，宋儒张载、吕大均、司马光、陈襄、朱熹等人维护乡族社会秩序的主张以及朱元璋《教民榜》的要求，是文林乡约思想和实践的理论基础和政策依据。

明代由宗族自发实行乡约化的事例中记载比较详细的是江苏镇江府丹阳县姜氏于万历前十年在族内尝试乡约的经过。当时，姜氏宗族中倡导乡约化的发起者是姜宝，字廷善，号凤阿，丹阳人，嘉靖三十年（1551）进士，累官南京礼部尚书致仕，卒于万历二十一年（1593）。他在《丹阳县乡约序》中云：

> 邑父母紫亭甘公，自徽郡之黟县以才优调我丹阳，携所尝行乡约，首先圣谕六条，继以王三原公所为训释，又继以我丹阳风土习俗所宜，公为增损四十六款，欲以行于境内，而属予序之。予惟士夫者民之倡，而士夫家尤民间所视为从违也。公于是访举邑士仕而归及诸生中有志行、不复为举子业、系乡人所向者，间相与为约正副，众未喻公意，或不乐于从也。公又以问于予，予曰：“是当在子，予族众六七百人，公既许自为约，行诸家祠中，服行公之训，请先自予家始。予有家规在祠，方仗官法行于我有众，服行公之训，请先自予始可乎？”公曰：“可以。”③

丹阳知县甘氏欲在其管辖的境内推行以宣讲圣谕六条和针对当地移风易俗之事的乡约，但推行之初未得到当地士绅的响应，唯有姜宝与甘

---

① 《文温州文集》卷8《温州重修乡约序》。

② 张载认为：“管摄天下人心，收宗族，厚风俗，使人不忘本，须是明谱系、世族与立宗子法。”见张载《张子全书》卷4《宗法》。

③ 姜宝：《姜凤阿文集》卷17《丹阳县乡约序》，齐鲁书社影印《四库全书存目丛书》，1997年。

氏不谋而合。姜氏宗族有族众六七百人，建有祠堂并制定家规，姜宝希望借助甘氏推行乡约以官法实施家规，治理族人。姜宝的治家想法与甘氏推行乡约的施政一拍即合，姜宝当即向甘氏表示丹阳县推行乡约从自己家族开始，从而使自己对家族的管理合法化，得到官府的支持，而甘知县则依靠姜宝等乡绅推行乡约，将政府对社会的控制力深入到最基层。

姜氏宗族由于得到地方官的大力支持，其自发实行乡约化的实践获得成功。于是，姜宝撰写了《议行乡约以转移风俗》一文，总结了姜氏宗族推行乡约化过程的经验与不足，以期后任地方官和其他宗族以此为参考，普遍推行宗族乡约化。他在该文中指出：

> 乡约之行于民间，风俗甚有益，其与保甲法相兼行者，则善俗而弭盗，于民间尤更有益者也。第在长民者实意行，又能选择约正副保甲长得其人，斯善矣。往见尹翀莘父母曾行此，未兼保甲也。而约正副未尽得人，凭信一二人名实不相副者主兹事，而约正以狡而奸者厕其间，甚至委以剖决词讼，查勘事情，清理课税，而往往为所欺，是以徒为文具，而未见有实效。甘紫亭父母相继欲行此，谋于予，予告以实意行，请自予家奉法始，说具予所作《乡约序》中，而亦未兼保甲也。兼行保甲法及予宗自为约，不令他姓人得参与有所妨，推予自请于公，公特许可尝行之，而似有效矣。公丁艰去，他约皆停寝，而独予家请于府，改乡约为宗约，以宗约行，又以保甲法相兼行，冀垂诸久远而不废……推广甘公德意，由予一家遍推于家家，由一时行之于时时，将化行俗美，盗息民安，刁讼不严而渐少，逋负不严而易完，无论民间受益，即官长不烦心力可卧而待治矣。予著为此议，望后来贤令君以二法相兼行，务以实心求实益，庶民为良民，贤令君亦为良大夫矣。是为议。①

在此，姜宝认为，以往实行乡约化，已收到了使民风淳厚的效果，但也有不足之处：一是因选任的约正副“未尽得人”，时有发生奸诈欺

---

① 《姜凤阿文集》卷20《议行乡约以转移风俗》。

瞒、营私舞弊的事情，使乡约化“徒为文具”，流于形式；二是乡约化还未与保甲法结合起来，所以在维护地方社会秩序，“盗息民安”方面还未发挥应有的作用。因此他建议甘氏知县的继任者应该选任好约正副，“改乡约为宗约”，并将乡约化与保甲法结合起来。换言之，姜宝请求政府赋予宗族以族约、保甲、族长管理族人，即赋予宗族司法权，使其具有准地方基层政权的性质。对于宗族来说，如果没有政府的授权，宗族领袖管理族人的权力有相当的限度，且缺乏一定的合法性，族法不能超越国法。就明代中后期的情形而言，政府原则上同意了宗族在地方的管理权。其性质是族权必须服从政权，族权必须受到政权的监控。因为政府看到如果授权得人，宗族对维持基层社会秩序有益，能发挥政权不可替代的作用。因此，姜宝希望政府能将自己宗族实行乡约化的做法普遍推广到每一个家族，并能持之以恒，长期坚持下去，必将使风俗美善，盗息民安，不仅使“民间受益”，也使地方长官“不烦心力可卧而待治矣”。

如果从乡约化的功能与作用方面考察，我们大致可以将明代乡约化思想划分为以劝善惩恶为主的道德教化型和以弭盗防贼为主的军事治安型。这两种类型的思想在明代嘉靖万历时期基本定型。正德末年至嘉靖年间，在商品经济的冲击下，明代社会发生了明显变化，“操资交捷，起落不常。能者方成，拙者乃毁；东家已富，西家自贫。高下失均，锱铢共竞；互相凌夺，各自张皇”。于是，淳朴的民风受到了侵蚀和破坏，社会逐渐陷入一种无序状态，“诈伪萌矣，讦争起矣，芬华染矣，靡汰臻矣”。[①]“有献笑呈颜，博饮食于富贵之门；温言蜜语，导纨绮以荒淫之路。又其甚者，作奸启讼，扞法犯科，群聚而呐无辜，众口而烁孱弱……献谗者开之衅，舞文者启之诬，用壮者激之斗，谋利者导之关”[②]。正是在这种风俗乖戾、奢靡相竞、治安日坏、强梁横行、奸党窃发和地痞流氓充斥的背景下，道德教化型和军事治安型的乡约化思想和实践逐

① 万历《歙志》考卷5《风土》。

② 万历《休宁县志》卷1《舆地志·风俗》。

渐兴起。人们希望以乡约化治理，从道德教化入手，匡正民风，革易陋俗，弭盗防贼，安定社会。

明世宗嘉靖初，礼部正式檄文全国，推行乡约。嘉靖五年（1526），应天巡抚陈凤梧行文南直各地，积极倡导和推广建立乡约里社，徽州各地积极响应，祁门县还专门为此向全县颁布告示。这纸告示的文字被全文镌刻在石碑上，保留至今，反映了道德教化型乡约化为主的思想：

> 徽州府祁门县为申明乡约，以敦风化事：
>
> 抄蒙钦差总理粮储兼巡抚应天等府地方都察院右都御史陈案验备，仰本县遵照洪武礼制每里建里社坛场一场，就查本处淫祠寺观毁改为之，不必劳民伤财，仍行令各该当年（里长），□嘉靖五年二月起，每遇春秋二社，出办猪羊祭品，依式书写祭文，率领一里人户致祭五土五谷之神，务在诚敬丰洁，用虔祈报。祭毕会饮，并读抑强扶弱之词，成礼而退。仍于本里内，推选有（齿）德者一人为约正，有德行者二人副之。照依乡约事宜，置立簿籍二扇，或善或恶者，各书一籍。每月朔一会，务在劝善惩恶、兴礼恤患，以厚风俗。乡社既定，然后立社学，设教读以训童蒙，建社仓、积粟谷以备凶荒，而古人教养之良法美意率于此乎寓焉。果能行之，则雨旸时若，风俗淳美而词讼自闲。何待于□□□，何劳于听断，而水旱盗贼亦何足虑乎！若五谷丰登而赋税自充；礼让与此敦本尚实之（政），良有司者，自当加意举行，不劳催督。各将领过乡约本数，建过乡约住所，选过约正、约副姓名，备造簿册，各另径自申报，以凭查考。其举之有迟速，行之有勤惰，而有司之贤否于此见焉。定行分别劝惩，决不虚示等因。奉此。除遵奉外，今将备蒙案验内事理刻石，立于本社，（永）为遵（守）施行。
>
> 嘉靖五年四月十三日祁门县立石①

---

① 《嘉靖五年四月十二日徽州府祁门县为申明乡约、以敦风化事碑》，原碑现立于祁门县彭龙乡彭龙村路边，转引自卞利《明清时期徽州的乡约简论》，载《安徽大学学报》2002 年第 6 期。此碑疑有一些错字，今据广德州《申明乡约》碑校改，文中用括号标出。

由此可见，道德教化型的乡约思想，大致包括以下 7 个方面的内容：其一，每里建里社坛场一场，其余淫祠寺观毁禁，避免劳民伤财；其二，每遇春秋二社，率民祭祀五土五谷之神，并宣读抑强扶弱之词；其三，每里社推选有德行一人为约正，二人为约副；其四，置善恶簿籍各一本，分别记录善恶之事，务在劝善惩恶、兴礼恤患，以厚风俗；其五，建立社学，设教读以训童蒙，兴学办教育；其六，建立社仓，以备灾荒；其七，将乡约本数、乡约住所、约正约副姓名，报官备查。

嘉靖二十三年（1544），在歙县岩寺，由曾经担任过南京刑部主事的郑佐倡导并建立的《岩镇乡约》，反映了军事治安型乡约化为主的思想。郑佐在《岩镇乡约叙》中云：

> 维我岩镇，居当要冲，道远郡城。官府之法，尝三令而五申，里社之条亦并行而兼举。夫何今者，天时亢旱，人心忧危，奸党乘机邪谋窃发，假称借贷，敢拥众于孤村；倚恃强梁，辄纱臂于单弱。白昼公行而无忌，昏夜不言而可知。宜预为桑土之谋，庶可免剥肤之患。是以众谋佥同，群策毕举。一镇分为十八管，有纪有纲。每管各集数十人，一心一德。毋小勇而大怯，毋有初而鲜终，毋生事而败盟，毋见利而忘义。理直气壮，强暴知所警而潜消；力协心孚，良善有所恃而无恐。庶患难相恤之义复敦，而仁厚相成之俗益振。①

安徽歙县岩镇，地处交通要道，并远离郡县，官府难以掌控。当时干旱严重，人心惶惶，一些不法之徒乘机聚集在孤村，明借暗抢，凭借武力，在光天化日之下为非作歹。在这种社会动荡不安的背景下，《岩镇乡约》具有深厚的军事治安色彩，其建立的宗旨是联合岩镇各宗族共同对付境内奸党和强梁之徒。其具体做法是将岩镇划分为 18 个管区，每个管区配备数十人，专司习武、稽查和巡逻等任务。嘉靖后期，徽州知府何东序倡立具有保甲性质的乡约，“以备防守”。何东序倡立的乡约，“令每十甲为一约，于内选殷实公正、日为乡党推服者二人为约正、副，率

① 雍正《岩镇志草》贞集《艺文志下·岩镇乡约叙》。

领众人，每约置炳大牌，书百姓家名，送县标押。每十家置锣一面、铳一把，闲暇操练。一遇有警，约正、副持牌鸣锣号召，并力追捕。其约正、副量给冠带衣巾，并印信文帖，少假事权，以示宠异”①。

明清的乡约组织，依据各地的不同情况，有以宗族血缘范围为主，有以地区范围为主，并且多采取乡约与保甲相结合的形式。如文林在推行宗族乡约化时就采取在市镇乡村设立乡约与保甲相结合的组织：

委各乡能干耆民或有行止义官前去，会同各该粮里老，不分城市乡村、官民军灶，但团聚一处，居制止相连者，每十一户或十户，置小圆牌一面，编作一甲，内举优者一人为首。每百户选佥家道殷实可为乡里表率者一人立为耆老，如无，原报耆民领之，称为一保。一里有二百户者，设立二人。每保选持铎老人一名，巡历告报。每十户之内，善恶俱要互相劝戒，患难俱要互相救恤。②

由此可见，文林在成化、弘治年间以保甲形式行乡约化，实际上所行乃太祖里甲老人的旧制。到了嘉靖、万历年间，乡约组织的宗族色彩就更加浓厚了：

城市，取坊里相近者为一约；乡村，或一图、或一族为一约。其村小人少附大村，族小人少附大族，合为一约。各类编一册，听约正约束。③

乡约组织的负责人是约正、副，除此之外，还有一些办事人员，如“通知礼文者数人为约赞，导行礼仪为司讲，陈说圣谕，又得读书童子十余人歌咏诗歌。其余士民俱赴约听讲。有先达缙绅家居，请使主约”④。祁门文堂乡约在选任约正、副时，特别注意对他们道德涵养的要求，以使能在众人之中起表率作用：“在约正、副为众所推举，则虽无一命之尊，而有率人之责。首自为恶，而责人之无恶；自不为善，而喻人以善，

① 乾隆《绩溪县志》卷4《武备志·捕察保甲附》。

② 《文温州文集》卷7。

③ 康熙《徽州府志》卷2《舆地志下·风俗》。

④ 嘉靖《徽州府志》卷2《风俗志》。

谁则听之？故当明礼义以表率乡曲，不可斯须陷于非礼、非义以自坏家法，以为众人口实。”①

明代乡约组织在内部有严格的管理制度，如文堂陈氏乡约建立乡约的目的十分明确，即“立约本欲人人同归于善，趋利避害”。陈氏乡约还规定每月举行乡约家会，“每会以月朔为期，惟正月改至望日。值轮之家，预设圣谕屏、香案于祠堂。至日，侵（同‘清’）晨鸣锣约聚，各户长率子弟衣冠齐诣会所，限于辰时毕至。非病患、事故、远出，毋得偷怠因循不至。其会膳只用点心，毋许糜费无节，以致难继”②。每逢约会之日，置圣谕屏于堂上，进行宣讲。参加宣讲和听讲各就各位，不许先后不齐，不准亵服苟简，不得大声喧哗。乡约家会座次井然，仪式严肃隆重，“威仪动静以成礼节”。否则，随时有可能为二位纠仪司察而受到惩罚。

文堂陈氏乡约奖惩制度严明，专门于乡约之所设立纪善和纪恶簿二扇，对约中成员的善恶言行进行监督和奖惩：“约所立纪善、纪恶簿二扇，会日，共同商榷。有善者即时登记，有过者初会姑容，以后仍不悛者书之。若有恃顽抗法、当会逞凶、不听约束者，即是侮慢圣谕，诅善济恶，莫此为甚。登时书籍，以纪其恶。如更不服，遵廖侯批谕，家长送究。”对于其他违反约会规定的事项，“若户下有经年不赴约会，及会簿无名者，即为梗化顽民，众共弃之。即有变患之加，亦置不理”。“自约之后，凡我子姓各宜遵守，毋得故违。如有犯者，定依条款罚赎。”对约内子孙，若“有忤犯父母，祖父母者，有缺其奉养者，有怨訾者，本家约正、副，会同诸约正、副言谕之。不悛即书于纪恶簿，生则不许入会，死则不许入祠”③。

明代，许多宗族根据官府的“乡约家礼”制定了“宗约家规”，对族人进行管理，要求族人遵守宗约家规。如严州淳安县洪氏在万历年间政

---

① 隆庆《（祁门）文堂陈氏乡约家法》。

② 隆庆《（祁门）文堂陈氏乡约家法》。

③ 本段引文均见于隆庆《（祁门）文堂陈氏乡约家法》。

府推行乡约时制定了《宗约》，并在《宗约》开宗明义指出："我族众生齿既繁，生理宜讲，见蒙上司颁行乡约宗礼，其于律身闲家之道，谆谆详矣。然宗祠之中，一以尊祖睦族，一以贻谋后昆，使无宗教以约之于礼仪之中，欲子孙之贤且才也得乎！乃推圣谕六言之意，详著科条，开列于左。"接着，《宗约》记载了有关冠礼、婚礼、丧礼、祭礼、务学、勤俭、择业、息争、存谱、修谱 10 条规约，然后于结尾部分强调："前此数条，皆切近精实之理，人之所易知而易行者，特著为宗约家规，以示永久，子姓其勉承之毋怠。如有不肖，背违宗约，傲慢弗循，彝伦攸致，率意妄为，此则名教中之罪人也。不惟宗祠之所不容，亦王法之所不赦者矣。凡我宗族百世子孙，各相旃勉。"从 10 条规约的内容看，《宗约》大致从 4 个方面对族人进行管理。其一是第 1—4 条，按照官府颁布的《四礼图》，从冠婚丧祭人生礼仪方面要求族人必须遵守《四礼图》的规定，从而密切配合官府乡约化的行动。其二是第 5—7 条，对族人职业行为提出要求，即首先希望族人业儒者向学，其次希望族人务农者勤俭，再次不能业儒、务农者可为工商，最后如不能为工商者学习医卜等术。其三是第 8 条，即处理族中诉讼纠纷。《宗约》规定："有产段不明，许赴宗约堂投鸣，约正副会同家族长，三面辨明曲直，即与处分。切不可以少凌长，以卑逾尊，以富欺贫，不轻犯于有司矣。谚云：'便宜不落外方。'识理者闻言即悟，何必汲汲意周侥幸，而率意以妄为耶。如有违约，动因小节，不顾名义得罪长上，恃己骄傲凌辱宗族，结党成群败坏风气者，会众鸣鼓，拘赴家庙重治之、罚之；强顽不服者，送官惩治，决不姑息；为恶不悛者，永不许入祠。"① 可见，洪氏宗族设有"宗约堂"，作为处理族人诉讼纠纷的场所。如族人有田产纠纷争执之事，可赴宗约堂投诉，由约正副会同家族长在宗约堂处理。而对于行为不轨的族人，则要在家庙重治、惩罚，并将不服者送官惩办。也就是说，族里有两套管理系统，一套为宗约堂负责的乡约系统，处理一般田土纠纷争执

① 本段引文均见于洪汝仲等纂修《遂安洪氏家谱》1 卷，上海图书馆藏明抄本。

等，另一套是家庙负责的族权系统，处理破坏家族伦理的重要事端。我们看到乡约已深入宗族，但并未与族权完全合二为一。其四是第 9—10 条，规定珍藏和续修族谱之事①。

第三节　对族人行为规范思想

明朝的宗族对族人的职业选择、嫁娶、丧葬、闲暇娱乐、人际关系等日常行为，都提出规范。当时，大多数宗族承袭正统的观念，认为士为四民之首，农次之，工商又次之。但是在明后期，随着社会商品经济的发达，资本主义的萌芽，宗族家训中出现了“工商皆本”的观念，当时《何氏家规》就主张：“男子要以治生为急，农工商贾之间，务执一业。”② 其意是男子必须以谋生为第一要务，农工商只要能从事其中一个行业，就可以养家糊口了。

在婚姻方面，明代宗族仍然重视正统的门当户对，强调良贱不婚，反对婚姻论财及卖女为妾，当时，绝大多数的宗规家训都对婚姻做这样的规定。如婺源江氏宗族于明万历时所定祠规要求“慎嫁娶”，认为“凡嫁娶须择门第相等并父母情性醇笃者，方许结婚，毋贪厚奁重费，毋为鬻骨重索。惟求婿妇得人，自可相安，克昌家道，其有卖女为妾贻辱家门，竟削本枝，不许入祠”③。有的家族还对婚龄作出规定，如浙江湖州归安嵇氏于嘉靖时规定，“男子二十以上皆可婚，女子十六以上皆可嫁”，并主张“议婚须求门第相符，伦序不紊者”④。

在丧葬方面，明代宗族提倡节葬，遵守礼制，反对停柩不葬。明嘉

① 常建华：《明代江浙赣地区的宗族乡约化》，载《史林》2004 年第 5 期。

② 张又渠辑、徐相节抄《课子随笔节抄》卷 2。

③ 万历《溪南江氏家谱·祠规》。

④ 道光《嵇氏宗谱·条规》。

靖湖州归安嵇氏要求族人："制丧仪制务循礼，视吾力之所及与吾分之所当，得力可为而不为、与不当为而为者，皆非礼，亦不可久殡在家。"①

明代宗族特别反对赌博。天启时河北任丘边氏宗族所定家训禁止族人赌博，指出："禁赌钱，凡人初赌时，只云解闷，又云小赌有何大害，不知小者大之基，赌钱初则失钱，钱尽则失物，物尽则破产，及至破产，上不能事父母，下不能容妻子，名为匪类，甚而卖子质妻，身居下品，此时悔之晚矣。"②

在家庭生活中，宗族要求族人按照儒家伦理观念处理家庭关系，做到父慈子孝，兄友弟恭，夫妻相敬如宾。尤其在一个大家庭中，还要就婆媳、祖孙、妯娌、叔（伯）侄、姑嫂、叔嫂等关系加以规范，明确双方的权利和义务。宗族在处理这些关系时，通常遵循尊卑贵贱、男尊女卑、歧视妇女的原则。如任丘边氏家训规定："禁听妇人言，凡事三思，揆之于理，独断独行，不惟不谋于妇人，并不闻于妇人，非负性刚毅者不足以语此。"③ 家庭要求妇女闭门不出，生儿育女，相夫教子，孝敬公婆，埋头家务等。

宗族重视族内人际关系的和睦，睦族是族规家训的重要内容，也是古代宗族制度的一个基本功能。明正德时江苏江都卞氏宗族认为："本宗子孙有贫不能嫁娶殡葬者，同宗之人，自当念及……小宗一支之中，殷实诸人，各笃本支，为之周助。"并认为族人既应当处理好尊长和卑幼的辈分关系，又要调适富贵与贫贱的关系："睦族以和，毋论卑幼不可以犯上，即尊长亦不得以尊凌卑，如以富贵而藐视贫贱，恃强众而凌虐寡弱者，宗长责之，祖宗厌之。"④ 如族人之间发生争端，要求大家以和为贵，在内部解决。睦族思想有利于缓和社会矛盾，稳定社会秩序。

明代宗族秉承儒家以和为贵的传统思想，主张在本族同外族发生纠

---

① 道光《嵇氏宗谱·条规》。

② 乾隆《任丘边氏族谱》卷19《一经堂家训》。

③ 乾隆《任丘边氏族谱》卷19《一经堂家训》。

④ 道光《江都卞氏族谱》卷3《卞氏宗祠初定条约》。

纷时，如果是无关紧要的小事，族人应以忍让为先，如涉及祖先尊严和伦理纲常的“大事”，则要求族人同仇敌忾，把宗族的荣誉和利益放在首位。明万历时安徽休宁吴氏宗族规定：“处侮之来，皆由自我招之，由小隙成巨衅，由微不谨以至大不可救，比比皆然，不可不慎也。倘事系众族，有关祖宗纲纪义不容己者，须协力御之，毋得推托不理；其或悻悻斗狠以取尤衅，虽关于众，亦不可助长以济暴也。”①

总之，明代宗族对族人日常行为的规范思想既有当代可资借鉴的地方，也有封建的糟粕，如在择业上提倡工商皆本，反对婚姻论财，提倡节葬，反对停柩不葬，禁止赌博，主张睦族、忍让为先等，都有其积极的意义，而强调门当户对、歧视妇女、尊卑贵贱等级等，则是封建糟粕，必须予以批判摒弃。

第四节　族产管理思想

中国人的传统观念是希望家族产业世代传承，若被子孙荡卖，是为不孝。但明代以后，土地买卖日益频繁，分家析产又一直沿袭均分习惯，沉重的赋役负担使某些家庭产业朝不保夕，因而祖产受到商品经济的极大冲击，很不稳定，极易被转卖而易主。为此，许多宗族为使族产世代相传，采取众存产业的办法，对部分祖产实行禁止出卖和析分，规定只可经营，不许转卖他姓，族众在贫困万不得已时，可将分籍（众存产业中族人所拥有的股份）卖与本族人。在分家析产过程中，众存产业不参与析分，只可进，不可出，从而防止祖产的迅速瓦解。

宗族产业不许析分和盗卖，如发生析分和盗卖，当事人则要受到宗族的严厉惩罚。如万历四十六年（1618），程本和等四房众立《合同》中

① 《茗洲吴氏家纪》卷7《条约》。

说："其所存祀产，枝下子孙（丝）毫不得私于售人。如有此辈，众誓于怀德堂，先以家法，随以官法重治之，责令取赎仍外加罚。"① 万历二十二年（1594），祁门凌氏宗族共立《合同》中说："今有承祖山场，买受祖坟山一号……日后毋许租自变卖他人，同众商议卖与本家内人即可。倘有不好，卖与他人，听众投里赍文责令卖身赎回，复祖之恩。"② 不惜将盗卖族产的族人卖身为奴，也要赎回族产，可见宗族保护族产的坚定决心和惩罚手段的严厉。

明代，朝廷对于宗族保护族产予以支持，在所定的法律条文中，也有保护族田的规定。如《明律》规定，有典卖族田者，"问发旁卫充军"。

明代，许多宗族为了防止族产流失，都对族产进行登记、编册，载入谱牒。绩溪《金紫胡氏家谱·金紫胡氏祠产册序》记载："金紫家庙，产业颇非，若无底籍流传，世远年湮，势难保无遗失侵占之弊……爰将祠基、屋业首列于前，各处坟茔继之，三则家边、东村、杨溪、丁家店、大石门、卓溪六柱田产，由近及远，雁编成本，颜曰《考据》，良有以也。"可见，金紫胡氏宗族为了防止族产因年代久远而遗失或被人侵占，专门在《金紫胡氏家谱》中设立"金紫胡氏祠产册"，登记祠基、屋业、坟茔、田产等重要资产，使之永久有案可查。当时许多宗族不仅在族谱中记载田产，而且还详细规定必须另为造册记载田产的字号、土名、四至、亩步、丘数以及租额，征收实数、佃人姓名等，以备宗族管理人员稽查。如歙县《棠樾鲍氏宣忠堂支谱·值年规则》中规定："征租簿登载田亩、字号、土名、租额及佃人姓名，逐年再将征收实数分载各佃名下；尾后再总结数，本年收毛谷若干，计晒干谷若干。倘遇佃人转手顶种，征租时务须查询明白，即于该佃人名下填注某年某人顶种字样，以备稽查。"程昌、程钫《窦山公家议》卷四《田地议》记载："各处田、地、塘土名、租数、照保逐号开列于后。每年称租之时，即于各号边空行内，

① 《万历四十六年程本和等四房立合同》，原件藏中国社会科学院历史研究所。

② 《祁门凌氏誊契簿》第 67 契《合同》，原件藏中国社会科学院历史研究所。

填注某年收完，或监，或让，并佃人名目，逐一注明，以便查考。其字号、四至、亩步、丘数、查注各号下。其各保号后存有空板，日后续买，管理者递年刊刻续上。”

据《窦山公家议》卷5《山场议》所载，一些拥有山场的宗族，也将山场林木造册登记备查：

> 田地俱有定租，家议开注，逐年一册可也。山场长养，逐年功效不同，必须递年治山事绩萃于一册，方有稽考。众议山场另立草册二本，一本收贮众匣，管理递年填注存照；一本轮给递年治山者，开注本年某处栽坌杉苗若干，某处崭拨杉苗若干，某处凑买力坌若干，某处大苗若干，某处小苗若干，某处拼卖砍木若干，某处拼卖柴价若干。先期十日逐一开明，交与管理。管理查实，填注匣内草册上，并注家议手册上，至中元日一齐交递。其草册即付接管治山者收领，开注下年事绩。接管者承领草册，续行查勘。倘有不实，告家长家众，管理与治山者同罚，仍令将草册所注改正。其草册，治山者逐年轮传，毋得损坏、失落。如有损坏，不许接管者承领。如有失落，罚银一两，责令照依匣内草册誊录逐年绩，付接管治山者。①

从这一记载，我们大致可以了解到明代宗族对山场族产的管理大致有以下3个方面的制度安排。一是山场管理设有管理者和治山者，管理者负责监督治山者，清查山场林木数目；治山者负责林木的栽种、护理。二是山场设置草册两本：一本由管理者“填注存照”，由宗族保管；另一本由递年治山者保管，填写该年栽种林木数量、卖砍林木数量以及卖柴价钱等。设置两本草册的作用有两个方面：其一是管理者通过查核治山者开注的草册来监督治山者的事绩，并将查实山林数目填注到匣内另一本草册，然后至中元日一起交递宗族族长；其二是如治山者开注的草册损坏、失落，管理者可依据匣内的另一本草册誊录逐年事绩，重新补齐

---

① 周绍泉、赵亚光：《窦山公家议校注》卷5《山场议》，黄山书社，1993年。

或另造损坏、失落的草册。三是治山者逐年轮流，如接管者查勘发现上任治山者所填草册不实，即告家长、家众，那治山者和负责监督的管理者均要受到惩罚，并且将原草册不实之处改正。接管者如发现草册损坏没有及时补齐，不许承领；如草册失落，原治山者罚银一两，待另造新草册后再交付接管的新治山者。

明代，族产较多的宗祠，往往设立“祠户”作为经营管理、收取租谷和缴纳税亩的机构。如据朱墅《歙西碣田朱氏祠志》记载，隆庆三年(1569)，朱熹12代孙朱墅、朱钟向府、县递交为朱子建祠置产呈文。隆庆六年（1572）正值大造之年，朱兴铭等人又提出设立祠户的请求。朱氏宗族子弟的要求，获得歙县知县姚氏批准。批文曰：

> 二十一都五图朱兴铭等呈：为尊立户事。户因祠立，税以户收。会族世袭翰林院五经博士朱墅议建唐始祖瑰公、宋献靖公、文公祠宇，蒙段太爷赐匾，众置祭田，以备春秋祭仪，税无所归。今值大造，望乞垂念先贤，准立文公儒籍收税……
>
> 隆庆六年五月　　日　　具

宗族族产较多者，为了防止公有财产流失，大都在官府注册备案。歙县《橙阳散志》卷12《中丞公请给印保坟呈文》记载曰：“各处坟山、田、地，关系国课、祭祀，恐年远弊生，亦特造具清册一本传流，轮次经营，庶典守有人，稽查有据，既不为豪强所觊觎，又可杜不肖侵卖，而盗荫戕坟之患可免矣。为此具呈，并将呈词抄录册首，恳乞大祖台俯鉴诚忱，呈赐存房立案册，赐给印领归，俾世世子孙奉为铁据，共保祖业。”当时，宗族普遍认为，坟山、田地等族产，造具清册呈报当地官府，注册备案后就得到官府权力的保护，既能免于被豪强觊觎，又能杜绝被不肖子孙侵卖，防止坟山被不法之徒盗埋毁坏，经过官府注册备案的清册还是子孙保护祖业的铁的证据。

明代族产在财务收支上为防止经办人弄虚作假、侵吞贪污，制定了一些管理监督措施，主要有以下6个方面。其一，实行职务不相容制度。如明代婺源萧江氏族祠正副在征缴国税时，强调“祠正一司钥，一司匣，

不得兼摄疏失。其干便分理，祠副所司，毋恣忽”①。这里强调开匣钥匙与存放账簿的匣不得由一个人兼管，其目的就是防止一个人兼管容易造成营私舞弊，而由两个人分管则能互相监督。又如明代休宁张氏宗族中，共有的银子族产，于“三朝日兑出，附（付）与管年人，眼同交附（付）执匣者收贮”②。在此，管年人是参与族内相关公产管理的人员，当宗族银子兑出交付给管年人时，管年人不能私自一人保管，必须与另外负责保管的执匣者共同当场将银子收贮。其二，在财务收支上必须由二人以上互相监督，不得私自专行。明代绩溪城西周氏族人周士暹在制定的宗族文会规条中提及“每年司值四人，收租存贮公所，办祭输粮，公同支用，事竣算账，如有私自支用，公同议罚，入众公用”，“存贮银两借去收入，必须（司值）四人同见，不得私自专行，更不得侵渔吞噬”③。这里的宗族财务收支时，“必须（司值）四人同见”，即旨在通过 4 人互相监督，使他们“不得私自专行”“私自支用”，从而防止“侵渔吞噬”族产。其三，族内财务收支必须记录在簿籍上，以便族长、族众等审核稽查。如明代婺源萧江氏“宗祠江光裕户一应粮差，祠正副要行依期解纳”，“吾族各处岁入田租及前溪渡银，并一应公著公堂等项，祠正副公同出纳，订注簿籍，听从族众查考”④。又如上引《棠樾鲍氏宣忠堂支谱·值年规则》中也规定，族内设“征租簿”，“登载田亩、字号、土名、租额及佃人姓名，逐年再将征收实数分载各佃名下；尾后再总结数，本年收毛谷若干，计晒干谷若干……以备稽查”。其四，对族内财务和族产等管理中出现的问题，相关责任人必须受到经济处罚。如明天启元年（1621）休宁程氏订立的《清明挂柏簿》云：“如支年者坟墓不修，礼仪

① 万历《萧江全谱》信集《附录》5 卷《贞教第七》，安徽大学徽学研究中心藏。

② 王钰欣、周绍泉主编：《徽州千年契约文书》（宋元明编）卷 6《万历十六年休宁张氏（建厅簿）》，花山文艺出版社，1993 年，第 75—78 页。

③ 光绪《绩溪城西周氏宗谱》卷 20《文会》，安徽省图书馆藏。

④ 万历《萧江全谱》信集《附录》5 卷《贞教第七》，安徽大学徽学研究中心藏。

不备，铺设不齐，邀率不齐，结算不清，交管违期及祭器物件失所损坏者，会中共罚银五钱。”① 该族“支年者”的经济管理活动主要是围绕清明祭祀时的相关财务管理以及“祭器物件”管理等，如在管理中财务“结算不清”或“祭器物件失所损坏者”，支年者要受到罚款的处罚。明崇祯年间歙县潭渡黄氏订立的《各派更定祠规条款》规定：“祠屋日久不无颓圮，管年派祭日同众议价修理，无得袖手推诿。其簿内现在家伙，上下首眼同查交，如有损坏，责令管年经手赔偿。”② 这里，管年负责保管祠堂里陈设的家具，在上下任管年交接时，如有损坏，上任管年必须予以赔偿。其五，在族产经营管理中，如相关责任人违背有关规定使族产受到损失，那将受到经济处罚。如明《(休宁)商山吴氏宗法规条》云：“祠中田地山塘屋赁等租、新立水牌，俱轮首家经收，必须一一如数取完。如若懒惰不行取讨，欠缺之数尽是首家赔补充足。”③ 可见该族执事人员“首家”负责收取田地、山塘、房屋等族产的租金，如首家懒惰不积极去取讨，租户所欠租金必须由首家负责赔补。又如明成化十八年(1482)休宁陪郭程氏族人程敏政制订的《重定拜扫规约》中提及：“族众每人出银二钱，每岁轮当首者，以所鸠银两任从生理利息，供祭扫之用，本钱不得擅动，动者，每一钱罚银一两，入拜扫本内。”④ 弘治年间，该族订立义社《会约》，对本族社祭加以规范，其中规定：“在会二十八户，所出银两，收积社内，每年当首领去加息三分，遇春秋二戊，交与下次当首。”⑤ 该族执事人员“当首”负责对祭祀经费进行“生理利息”，对会产“领去加息”，“当首”对祭祀经费“生理利息”负有责任，但不得擅动本钱，否则会受到经济处罚，而且处罚相当重，即擅动祭祀经费

① 《徽州千年契约文书》(宋元明编)卷8《天启元年休宁程氏立(清明挂柏簿)》，第273—274页。

② 雍正《歙县潭渡孝里黄氏族谱》卷5崇祯十三年《各派更定祠规条款》。

③ 《(休宁)商山吴氏宗法规条》，明抄本，国家图书馆藏。

④ 成化十八年《重定拜扫规约》，弘治《休宁陪郭程氏本宗谱》附录《休宁陪郭程氏赡茔首末》，明弘治十年刻本。

⑤ 弘治《休宁陪郭程氏本宗谱》附录《会约》。

一钱，则罚银一两。其六，族中的执事人员头家、当首、首家不是长期或终身担任，而是每年轮流担任。如嘉靖十八年（1539）歙县沙溪汪氏订立的《先茔便览义》规定："每岁清明，例编标挂头家六名，递年照序轮流征收租利，至期买办祭仪，标挂唐宋元皇明历代祖墓。"① 又如上引明成化十八年（1482）休宁陪郭程氏族人程敏政制订的《重定拜扫规约》中也规定："族众每人出银二钱，每岁轮当首者，以所鸠银两任从生理利息，供祭扫之用。"

第五节　宗族赈灾济贫、义田赡族思想

明代，随着宗族制度的发展，人们清楚地意识到宗族可以用谱牒、祠堂、祖墓等有形的纽带，加上团拜、省墓、祭祖等具体的行为，将同一个祖先之下的族众紧密地团结在一起，达到患难与共的目的。正如徽州章氏宗族在明万历年间的《西关章氏鼎建宗祠约引》中所说的："嗣后春秋有祭，昭穆有序，蔼然聚于一堂之上，而爱敬仁让诚孝之心油然而生，其裨益良匪。"② 又如景泰年间的徽州人程孟论及谱牒的作用时，认为"一开卷览之则曰：斯吾五服之亲也，斯吾同宗无服也，斯吾同源别派也，吾当亲之，爱之，异乎常人。又曰：斯人之有德也，斯人之有善也，斯人之有功绩也，吾当尊之仰之，异乎常人"③。这里明确指出了要用血缘关系在宗族内部营造出一种同甘苦、共患难的氛围；同时，还要让先辈们的懿德善行对后代产生积极的影响。

明代，一些士大夫推崇：君子不但要取财有道，而且要仗义疏财；

---

① 道光《新安歙西沙溪汪氏族谱》卷12嘉靖十八年《先茔便览义约》，南京图书馆藏。

② 《绩溪西关章氏族谱》。

③ 《祁门善和程氏仁山门支修宗谱》。

既要会聚财，还要会散财。如明初著名政治家、思想家刘基就指出："人有积货财而不能散者，君子谓之愚。知散之而不要诸道，其为愚一也。"①正德年间的章恕斋也认为："积而不散，守财虏也，且众怨聚焉。于是务为长者，如周急赈饥，矜贫恤孤诸事，皆不惮尽乃心力。"② 当时，许多成功的商人也往往标榜重义轻利，在商场拼搏成功，发家致富后，回家乡行善积德，捐资兴办慈善事业。如万历年间歙县富商许禾，"少修父业，转毂郡国，所至息入辄倍，益累高资。退而栖于屏紫芝之阳，力行孝悌。既而修饰祖庙，增拓祭田，订仪法，修祀事，章章备矣。复令族之贫不能自业者，颠连而靡告也，谋于季弟叔孺，就郭东治垣屋七十楹，岁收田租僦直择族之长而贤者，掌计而时出纳之。卜窑头墓地一区为营域，以待死而无所归者，凡衣食、廪饩、婚娶、槥瘗，给各有差"③。一个商人将自己经商所得不仅用于"修饰祖庙，增拓祭田"，而且斥巨资修建"垣屋七十楹"，用于安置"族之贫不能自业者"，并辟"墓地一区"，以安葬"死而无所归者"。可见，他所救济的范围已不再仅是灾荒背景下的灾民，就连平常条件下的贫困族人也是他救助的对象。由此可知，当时赈济族人和贫困无以聊生者的思想已深入人心，已成为一种较普遍的社会风气。

明代宗族赈灾救荒主要通过以下 6 种形式，基本上体现了宗族赈灾济贫思想。其一，普遍建立义仓和社仓。明代义仓和社仓有一个共同点，那就是用民间资本籴谷备荒。万历年间，祁门县知县刘一烇在祁门县建立了 60 座社仓。在社仓建立之初，由官府"给本银四百七十一两，买稻一千五百七十石，并各约输稻，令乡约分贮各仓备荒"④。如此看来，社仓贮谷的最初资金来之于官府，尔后主要靠民间集资。婺源县"知县吴琯劝输，听各乡自行备稻，遇岁歉时，自行支赈，官不稽查，民不滋

① 《诚意伯文集》卷 7《海宁州贾希贤义塾私序》。

② 《绩溪西关章氏族谱》卷 34《明故处士恕斋公传》。

③ 《重修古歙东门许氏宗族》卷 9《家规》。

④ 同治《祁门县志》卷 14《恤政》。

扰”。而且，婺源县的社仓“共贮稻六千三百六十七石有奇”[①]。由此可知，社仓不仅在粮食来源上依靠民间自行筹集，而且在收贮和发散上也是由民间自行管理，官府只是起引导和组织作用。明代徽州人余懋衡曾为婺源县的社仓写了一篇短文，称：

> 吾邑故无社谷，万历初，吴侯为政，始劝义输。历年既久，乾没影射，各社几无谷。当时赵侯追银于官，未遑易稻，侯继之清未完者，尽数分给四乡以籴，东西南北皆筑社仓贮之，而北乡社仓则建于清华，其地旧官仓地也。其庀材鸠工之资，则侯所设处也。为廪十四楹，可以储谷二千五百余石……既储谷以备荒而慎择主者，岁出陈易新，贷敛以时，岁石息一斗，荒年免之。鼠雀之耗，修甃盘概之费，就中酌给。主者三岁践更，综核不扰，法固周矣。[②]

从“东西南北皆筑社仓贮之”可知，从万历开始，婺源县各乡普遍设立社仓。社仓的功能是“储谷以备荒”，通过建立众多的“廪”来存储谷子，如遇荒年就通过借贷的方法出贷仓粮，一石谷子借贷一年利息一斗，如是荒年借贷则免去利息。社仓借贷谷子所得的利息用于仓库维修。社仓管理中的一个关键环节是要慎重选用可靠的人担任管仓人，管仓人三年一换。管仓人要注意保持仓粮的收支平衡，每年采取“出陈易新、贷敛以时”的方式，就能做到“就中酌给”，“综核不扰，法固周矣”，使社仓制度尽善尽美。

其二，赈济饥民。明代政府在大灾之年，重视开展劝募活动，广泛动员社会力量参与救灾，其中一个重要的内容就是奖励宗族中的富家大户赈济族人和乡邻。这种措施对帮助饥民渡过饥荒、稳定社会秩序是比较有效的。因为这种民间就近的赈灾既避免长途运送救济粮食的困难，又能减轻政府的财政负担。在政府的倡导下，民间富人赈济族人和乡邻成为一种风尚。如民国《婺源县志·义行》就记载了明代许多富家大户

---

① 民国《婺源县志》卷11《食货六》。

② 民国《婺源县志》卷67《艺文四》。

的善行义举，如胡衡在“岁歉”时，“族之待以举火数十家”；查时铭在“岁大歉”时，“出粟以贷族人，全活甚众，众族人请留券以偿，铭语其子曰：‘若知孟尝君市义乎？’竟取券焚之”；程洵于“岁屡歉，煮糜平粜，乡里颂其德。族中赖以举火者不胜纪”。这些富家大户不仅赈济族人，也惠及乡邻，如黟县县令曾为普通百姓胡彦本写了一篇《旌义堂记》，赞扬他赈济乡人的义行：

> 正统辛酉之年，予宰黟县。岁旱饥，耆民胡彦本慨然出粟一千二十石，赈乡人千四百三十户有奇。予以奏闻，上遣使赍敕奖谕，劳以羊酒，旌为义民，且复免其丁役。天章云翰辉煌闾里。彦本感恩无任，因年老且病，使其子志广诣阙谢恩。上复赐宴，时缙绅士大夫莫不荣之。①

朝廷对出粟千石赈济乡人的普通百姓胡彦本进行奖谕，旌表他为义民，并免除其家徭役，这对于其他富家大户是一个很好的示范作用，使“缙绅士大夫莫不荣之”，纷纷效仿参与赈济饥民活动。自胡彦本之后，明代黟县受到官方奖励的“义民”就有6人。兹据嘉靖《黟县志·人物·义行》记载列表如下：

姓　名	时间	出谷数	奖　励
胡彦本	正统九年	1200石	敕赐劳以羊酒，旌为义民，免除本户杂泛差役3年
胡志广	景泰六年	600石	建尚义坊
汪廷珍	成化年间		敕赐建旌表尚义之门
孙　昌	弘治初年	1000石	旌表尚义之门，建坊里闾，赐以冠带
罗显贵	嘉靖年间		授以冠带
朱廷琏			举宾筵，恩赐冠带
程　切		700石	赐以冠带

从上表可以看出，明代官府对捐粟救荒的富家大户以精神奖励为主、

① 嘉靖《黟县志》卷14《艺文》。

物质奖励不多。这说明在明代民间善行义举观念深入人心，在人们的价值取向上，以能得到官府“义民”“尚义”的旌表或赐以冠带为莫大的荣幸。这使许许多多富户对捐粟赈济饥民乐此不疲，对整个社会的赈济饥民救灾事业产生巨大的推动作用。

其三，蠲免地租。在古代，遇到荒年蠲免租税是政府常用的救灾手段之一。在明代，不仅封建政府会用蠲免租税的手段帮助灾民度过饥荒，即使是一般的地主也懂得在灾荒中适当减免一些地租。如《窦山公家议》在“田地议”中就提出：

> 凡遇水旱，管理者须分勘各处轻重量助，令其救治。若有荒歉，或监或让，须亲勘通处。其田原亩步紧者，亦须酌量宽减，俱毋得执一，以困贫佃，但不可受嘱滥与，以私灭公，亦不许怀恨留难，以逞己忿。

由此可见，民间一般地主在灾荒年份蠲免佃户地租也已有比较完善的措施：首先，地主必须亲自勘查灾情；其次，依据佃户受灾程度轻重予以不同的减免，不搞一刀切；再次，蠲免佃户地租时不能感情用事，既不能因受人嘱托而减免太多，也不能因平时对某佃户有看法而故意刁难，减免太少。据章有义在《明清徽州土地关系研究》一书中提及，明末休宁县的一位胡姓地主差不多年年都要因为自然灾害的原因，给佃户减免一部分田租。

其四，通商平粜。在古代饥荒中，往往有一些不法商人乘机囤积居奇，哄抬物价，谋取暴利。另外，在一般情况下，一旦大范围暴发饥荒，许多地方官吏为了不让本辖区粮食外流，往往闭关自保。因此，在这种情况下，为缓解饥荒地区粮食的紧缺和粮价的暴涨，通商平粜，即鼓励商人往饥荒地区贩运粮食并平价出售，成为赈灾的一个重要手段。如明代徽州地区，多山少田，粮食难以自给，史志称，徽州“一日米船不至，民有饥色；三日不至，有饿莩；五日不至，有昼夺”[1]。可见，如在饥荒

① 康熙《休宁县志》卷7。

时期，那情况更为严重了。好在徽州男子多在外经商，因此，如遇饥荒，徽州商人通过通商平粜拯救饥民成为一个富有鲜明特色的“义行”。如《婺源县志·人物·义行》载：明代商人程一庆在“岁饥”之时，“减价平粜，远近至者日数万人”。可以想见，这种平粜由于解决了饥民的无米之炊，因此对饥民的吸引力何其之大，一天有数万人前来购买平价粮食。又如另一商人戴邦礼，“每遇岁歉，谷价踊贵，辄减值平粜，为厚积者倡。前邑侯张公嘉其义，赐匾旌美”。从某种意义上说，有偿的平粜甚至比无偿的分发救济粮对救灾更有效果。《婺源县志·人物·义行》记载了一位富有远见卓识的商人母亲的做法：

> 辛巳岁饥，民皆哗聚。（查公）乐欲散米以赈，母曰不可为继也，亦不可以持久，盍仿平粜法，其及广，且无惠名。乐奉母命，贾米于饶，减半价以粜，相继者数月，故其乡独全。

商人查公乐的母亲真是一位富有远见卓识的女性。她意识到儿子的经济实力不可能长期无偿散米给饥民，提出采取半价出售粮食给饥民比无偿散米更能持久，救灾效果更好。查公乐依照母亲的教导，到上饶买米贩运到婺源，然后半价出售给乡里的饥民，且坚持了几个月，这种救灾行动最终取得了理想的效果，在婺源大饥荒的社会动荡中，“其乡独全”。

其五，医疗救助。古代在灾荒之年，由于饥民吃不饱、穿不暖，体质羸弱，容易染病，因此，灾荒之年往往伴随着疫病的流行。这使医疗救助也成为赈灾活动的一个重要组成部分。明代虽然在全国范围内普遍设有惠民药局，但实际上，一旦到了疫病暴发之时，数量和规模有限的惠民药局不可能满足社会的需求。这时，社会力量的参与是医疗求助中不可缺少的。医疗求助主要依靠两个方面的支持，一是经费药品的供给。明代婺源县一曹姓富人，“施药、施棺、施汤茗，岁以为常”，将施药与施粥视为同等重要的赈灾措施。另一富人程大防对“疾病不能致医者，

为施方药，多所全活……邑侯重之，礼以宾筵"①。程氏的施药产生了很大的效果，治好了许多病者，拯救了无数条生命，所以让一县之令"礼以宾筵"，对他尊敬有加。二是医生为病人治病。如明代医家余淳，"值万历戊子岁大疫，出秘方，全活不可胜纪"。另一位医家张明徵，"术精岐黄，业授太医院官，后回籍开馆施药"。由于他当过御医，医术精湛，在疫病流行之时，许多患者慕名前来求医，于是"四方踵至，应之不倦"②。

其六，掩骼埋胔。明代受传统的"事死如事生"观念的影响，很重视对亡故之人的安葬。官府和民间都设立义冢，用于安置埋葬贫困无力安葬者。如歙县一带民间设立义冢颇为普遍，不仅能让贫困者有一块葬地，还可以施给棺材，甚至还配一块地收租，置办清明日的祭品。如弘治《徽州府志》卷5《恤政》载：

朱氏义冢，在歙县二十七都汪村。成化间环溪朱克绍捐资买地为之。复买地二亩收租以备每年清明日设馔祭之。于氏义阡，在歙东赵家坦。成化十八年（1482），新安卫千户于明捐己资买山地一十余亩，遇有贫难不能葬者，皆给棺葬之。有司为之立籍。鲍氏义冢，在二十二都富亭山，弘治初棠樾鲍珍捐资买地五亩，缭以墙垣，一听贫民无地者葬焉，无棺者给之。

一个小小的歙县，在明代民间捐资购地建成的义冢就有3座，可见，当时民间设立义冢的风气应该是比较普遍。这种义冢一般都是只安葬本族贫无葬地的人，如明万历年间歙县县令林元立的《凌氏义田记》一文载：

凌景芳者，其义士欤！芳，歙沙溪人也，吾闻其事亲孝，居乡谨，尤喜施与周急赈穷。贾于广德……慨慕文正公之为人，乃捐其资置田与族饥馁者，共亩计之凡有若干；创屋与族无依者，共楹计

① 民国《婺源县志》卷11《人物·义行》。
② 道光《休宁县志》卷16。

之凡有若干。又置冢一区，与族之死无归者，共族之人养生丧死无憾。芳，义足多哉！①

凌景芳的义行，集中体现了传统儒家睦族和事死如事生的观念。他置义田是为接济族内“饥馁者”，创屋是为了安置“族无依者”，置义冢是为了“与族之死无归者”，总之，赈济的对象均限于本族之贫困者。他赈济的内容为三大项，其中接济“饥馁者”、安置“族无依者”是事生，“与族之死无归者”则是事死，可见，他把事死与事生同等看待。

这里还需要指出的是，这种义冢的设立不完全是为了救荒。因为即使是正常年景，也有一些因贫困而无葬地的乡民需要安葬在义冢中。但毕竟，设义冢与施棺在灾荒之年能发挥更突出的作用。如明代歙县吴文光在万历饥荒时，“设糜粥以饲饿者，出钱米以周贫乏，施棺槥以掩道殣”②。在这位一心行善的吴文光的观念中，在赈灾中关怀死者与关怀生者一样重要③。

明代宗族济贫的对象主要有：一是族人年力已衰，家无恒产，不能经营生理者；二是族有孀居无子或子幼贫不能养者；三是族人年幼父母俱亡，无兄长抚育者；四是族有孤贫不能自婚者；五是族人有丧，贫不能敛葬者；六是族人有卧病危迫，贫不能自医药者；七是族中子弟有读书向进而家贫者④。宗族赈济贫困者的一个重要经费来源就是义田的收入，因此，宗族义田的发展，得到上自最高统治者皇帝，下至士大夫朝臣的大力提倡和扶持。明初，太祖朱元璋由于自己出身贫寒，深知百姓生活之艰辛，所以在颁行《教民榜文》《圣谕六言》等教化谕世文书和推行里社礼制、老人制度、乡饮酒礼等乡治实践的过程中，提倡“贫无可

① 乾隆《沙溪集略》卷6《艺文》。

② 民国《歙县志》卷9《人物志·义行》。

③ 周致元：《明代徽州官府与宗族的救荒功能》，载《安徽大学学报》2006年第1期。

④ 《咸丰金匮安氏家乘》卷首载万历年间订《赡族条件》。

赡，周给其家”，“婚姻丧葬有乏，随力相助”①，为宗族义田的发展，创造了良好的社会环境。明朝中叶，明孝宗朱祐樘在大学士徐溥为置义田事奏请官府支持时，明确回复：“置义田赡族，深有补于风化，便行。本管有司严为防护，俾其子孙永远遵守。其义庄户内差役，仍与蠲免。”②这表明明朝最高统治者皇帝大力支持和鼓励民间置义田，诏令地方官府严加保护义田，并给予义庄免除差役的优待。明朝的一些士大夫们把当时着力推行的宗族制度视为对远古宗法制度的继绝复兴，甚至认为义庄、义田就是远古大宗遗绪，借用古代崇尚三代的思想，打着复古的旗号来发展现实中的义庄、义田制度。如唐顺之就谈道：

> 义田者，其古道之遗乎？其起于古道之废乎？古有之大宗者，收族者也。义田者，其大宗之遗乎？虽然有大宗则无义田，故义田者，其起于大宗之废乎？古者因族而立之宗，族人有余财则归之宗，不给也则资之宗。其族人如腰膂手足之相为一体，其财贿如津液之经纬溶灌于其间，惟其所虚则注焉，而无有乎臃肿羸乏之处。是以，举族无甚贫甚富之家，而天下之为族者，莫不有宗。③

这里，唐顺之把宗族中的义田视为解决现实中贫富悬殊严重的可行措施，因为义田使“族人有余财则归之宗，不给也则资之宗”，这样就能做到“举族无甚贫甚富之家”。如果每个家族都实行这种制度，那天下贫富悬殊的社会问题就解决了。

明代由于商品经济的发展，土地买卖和兼并日趋频繁和严重，“千年田八百主”，“百年田地转三家”的现象相当普遍。这使一些人思考化解土地兼并严重的社会问题，有的人试图通过义田、义庄使大部分农民拥有一块耕地，解决最低水平的温饱问题，从而稳定社会秩序，巩固明王朝统治。如明初著名政治家刘基提出如将富家大族田地变成义田，从而

---

① 《明会典》卷87《祭祀八》。

② 《明孝宗实录》卷99，台北历史语言研究所，1962年。

③ 《荆川集》卷8《华氏义田记》。

得到官府的保护，禁止买卖，就能使众多子孙世世代代保有祖宗田产，而不至于纵欲败度而破落到无容身之所的地步。他指出：

> 人孰不爱其子孙？而不知所以爱之者。今有良田美宅，绵亘阡陌，堆金积帛，充斥梁栋，自以为用之不竭、享之无穷也，一旦光销影烁，而且纤芥之留者，何耶？骄淫生于富溢，而纵欲败度之子，常由不悟前人成败之迹，而自视侈然大也。及其颠连困厄于垂老之际，彷徨无所容其身，虽欲效织蒲补履以食其余年，且不可得。若是者，虽其人之不肖，抑亦其父兄处之不得其道也。①

章懋则认为设立义田、义庄是防止土地兼并、保护自耕农的一项有效制度安排："先王有大宗小宗之法牧其族，而人无不亲其亲者。有百亩、五亩之田宅以厚其生，而人无不足于衣食者。故当其时，男有分，妇有归，老有所终，壮有所用，幼有所长，而鳏寡孤独废疾有所养也，尚奚以义庄之惆恤为哉？"② 在章懋看来，广大农民如都是自耕农，就不会出现衣食不足的现象，整个社会男女老壮幼各得其所，而鳏寡孤独废疾都有人供养。

姚舜牧则从社会福利的角度，比较现实地指出义田帮助解决贫困族人的生活、子女教育和死者安葬等问题。他说："立义田以给族之不能养者，立义学以淑族之不能教者，立义冢以收族之不能葬者，皆仁人君子所当恻然动念，必周置以贻谷于无穷者也。范文正公自宋迄今盖数百年矣，而义庄犹存，李德裕之平泉安在哉？敢以是为劝为戒。"③

明代义田在宗族中发挥了内在功能，主要有以下 4 个方面。

其一，养济族人。这是宗族义田的一项基本功能。在明代有关宗族义田的材料中，像"置义田赡族""为义田以赡族"的记载，可以说俯拾皆是。总的说来，从救济的对象来看，大致可分为两类。一是全族族众

① 《诚意伯文集》卷 10《季氏湖山义塾记》。

② 章懋：《枫山集》卷 4《路西陈氏复义庄记》，台湾商务印书馆影印文渊阁本《四库全书》。

③ 姚舜牧：《药言》，丛书集成初编本，中华书局，1982 年。

均从义田中得到接济。如嘉靖《徽州府志·志行》载：歙县余文义所建义田，“人日补粟一升，矜寡孤独者倍之。丰年散其余，无年益贷补乏，岁终给衣絮”。唐顺之《荆川集》卷8记无锡华氏义田，“推其远胄自十一世祖录事君而下之子孙，皆籍之”。不过，这种按族众人头均给的做法，实际上并不常见，往往只在少数规模较大的义田中出现。二是只限于赡济族内的贫困鳏寡孤独和遇婚丧嫁娶者。这类义田占绝大多数。一般说来，中小规模的义庄义田由于财力有限，很难对全体族众都予以接济，只能局限于“族人之老而无子者，幼而孤者，妇之寡而守节者，以及丧葬婚娶”才有给①。即使是一些规模较大、财力较雄厚的义庄也采取有选择的赈济。明代义庄义田的基本原则是，为贫困族人解决生计困难，对鳏寡孤独者予以赡养，鼓励寡妇守节。若族人家计不充，但不愿领取，听其自便。族人原来有田产的，若无正当理由出卖，义庄也不因其无田而发给粮食等。如娄县张氏义庄虽然规模较大，拥有义田千亩以上，施赈范围也是以族人为主体，但却不是每一个族人都可以领取财物。它按族人家产的多少来决定是否施济。每人若有八九亩田，收入可以度日，就不能支领。家有多少田，相应减少口米，或者少领其他钱物。又如浙江萧山来氏家族，制定有专门的赈米规定：

> 宗祠给米本为孤寡老疾四项极贫无靠者，而设其中稍可自存活，与亲属可依倚者，便在可以与可以无与之间，夫米止有此数，可以无与而与，则不可不与者与之反少，非哀茕独惠鳏寡之道，故不得不有所分别，而稍靳之也。②

这里，把只赈济“孤寡老疾四项极贫无靠者”的理由讲得很明白，即宗祠所存储的米有限，如果那些可赈济可不赈济的人都给了米，那些非赈济不可的人所分到的米就少了，这不符合“哀茕独惠鳏寡之道”。

中国古代宗族制的一个重要特点就是注重血缘亲疏关系，因此义田、

---

① 《枫山集》卷4《路西陈氏复义庄记》。

② 浙江《萧山来氏家谱》卷9《来氏赈米条款》，转引自钱杭《十七世纪江南社会生活》，浙江人民出版社，1996年，第106页。

义庄赡济族人，无论是赡全族，还是仅限于赡贫济困，都要遵循有关亲疏远近的原则。在广东增城，大儒湛若水所置义田，明确限定“义田止及于五世之子孙，抚近也……务远而遗近，务广施而弗及君子，不为也”①。无锡华氏义田也规定“自十二世祖而上，其族疏人众则惟视其困甚……则量助之”。临海屈氏将要养济的族人分为三等：上等是节孝及有功于义庄者，“日食米一升三合”；中等是建庄者景州公有服近属，及远族之鳏寡孤独者，“日食米一升”；下等是远族老少男女，“日食米六合”②。泽及族人，而又区分亲疏远近，这是宗族义田的一个基本特征。之所以这样做，一方面固然是接受了儒家“君子之泽，五世而斩”的思想观念，“夫生天地之间有血气之属者，皆知爱其类，然而莫知于人，故不亲其亲悖也，亲亲而无杀乱也”。当然，另一方面财力有限也是一个重要的因素，如章懋在《路西陈氏复义庄记》中所言：“其庄之产薄，不能遍及同姓之疏远，则先其亲之近者。”

其二，助学重教。在传统社会中，宗族都十分重视对本族子弟的教育，因为人才的盛衰不仅关系到民族存亡、国运隆替，而且与家族的兴衰密切相关，一个家庭兴旺与否往往取决于家族内杰出人才的有无多寡。因此，几乎所有有条件的家族，对族中子弟的向学求教都予以不同形式的支持，“以教以掖，以成后昆之美”，而捐义田助学便是最常见的一种形式。

明代的助学义田，大体上可分为两类，一类是在多功能的义田中，赋予助学的功能在于其中，“诸生膏牍饮射之费，与贫不能婚葬者之资，及凶侵无能自赡者之恤，咸仰需焉”。如江苏金安氏宗族在万历时所定义田《赡族条件》规定：该族赡养的对象是“族人年力已衰家无恒产不能经营生理者”“族有孀居无子或子幼贫不能养者”“族人年幼父母俱亡无兄长抚育者”“族有孤贫不能自婚者”“族人有丧贫不能殓葬者”“族人有

① 湛若水：《洹词》卷2《湛氏小宗义田记》，台湾商务印书馆影印文渊阁本《四库全书》。

② 《临海屈氏世谱》不分卷《义庄规条》。

卧病危迫贫不能自医药者”“族中子弟有读书向进而家贫者”等7种，涉及老、寡、孤、婚、丧、病、学等情况。在各种情况下，又根据族人的经济情况分等赡给。如：在第一种情况下，“极贫月给米六斗，冬夏布银五钱；次贫月给米三斗，冬夏布银三钱；其能自给者夏送酱麦五斗，夏布银二钱，冬送糙米一石，布银三钱”①。另一类是在义庄田、义田中单独划拨一块田产，租额专门用于助学。后者往往又被称作学田、塾田、书田、劝学田、实兴田、义学田、义塾田等。用当时的话来说，是“学之有田，以义起也”，“曰学田者，书其重也已耳”。如明万历时苏州吴氏设义田六百亩，“内以二百亩以奉公田，以资公役；以五十亩为报本田，以供粢盛，以会族食；以五十田为敦睦田，以恤匮乏，以尊高年；以五十亩为嘉礼田，以时婚配，以重人伦之本；以五十亩为凶礼田，以谨丧葬，以厚人道之尊；以百亩为学田，以教以掖，以成后昆之美；以百亩为备荒田，以储以散，以裕歉岁之需”②。又如松阳杨氏，度闲旷之地，创为屋庐，“割腴田百亩隶之，以二十亩供祀事，八十亩以给其师，其田之出悉入于塾……又置田二十亩别储，其入以济族党之贫乏者”③。这里苏州吴氏义田600亩，其中报本田、敦睦田、嘉礼田、凶礼田等均只有50亩，而除奉公田以资公役开支巨大，故置200亩外，学田、备荒田各置100亩，并列第二；而松阳杨氏120亩义田中，除供祀事、别储各20亩外，学田竟达80亩之多。由此可见，明代宗族对子弟教育之重视。

与养济族人类型的义田不同，许多助学田不过分强调同宗，兼顾了地缘与血缘两层关系，对乡里其他外姓并不完全排斥。宗族所办的义学有的也对乡党、族姻子弟开放，免除他们的全部或部分束脩之资。明初刘基记其家乡季氏湖山义塾情况时就谈到，该义塾“延名儒为师，以训

---

① 《胶山安氏家乘赡族录》，见《宗谱的研究》，第507页。

② 光绪《吴氏支谱》卷12《创立继志义田记》，见《宗谱的研究》，第507页。

③ 王袆：《王忠文公集》卷8《杨氏义塾记》，台湾商务印书馆影印文渊阁本《四库全书》。

子弟以及族姻之人”①。这反映了明代传统社会中，社会办学、重视人才培养、有教无类的良好风尚，体现了“欲高门第须为善，要好儿孙必读书”的思想观念。

其三，助役应差。明王朝对广大民众强制性的征课和加派，使得贫弱无助的百姓往往不堪重负。因此，帮助家庭成员应付沉重的官输和徭役负担，便成为一些宗族义田的一项重要职能。如前所引，苏州吴氏义庄的义田总共有600亩，分成大小不一的7份，分别用于奉公、报本、孰睦、嘉礼、凶礼、劝学、备荒等7个方面，其中“内以二百亩为奉公田，以资公役”，占全部义田总额的1/3。在明代义庄田中，助役应差部分通常是单独划出来的。有些地方把用于支付官府赋役的宗族义田直呼为役田。这类役田有一人捐助的，也有举族合力共建的。无锡延祥上区，是明代赋役最重的地区，“今天下财赋独江南最大，江南常所部邑独无锡最大，无锡诸区独延祥最大，而延祥又独上区最大”。世代居住这里的华氏深受虚粮和无名徭役之苦，“盖无锡之虚粮八千石而延祥独得二千石”。万历年间，族人华鸿山致仕还乡，遂倡为役田，“家及役者，出百亩之三亩，不及役者五亩。进士不应役而稍优之。如役者，三亩……公之兄弟，当出田共八百亩以先。诸华通出田二千四百亩，得米若干石，麦若干石，以岁助虚粮及收运之费”②。

其四，救荒赈灾。明代，宗族置义田的一个重要原因是为了救荒防灾，应危救急。如苏州吴氏义田所订立的《备荒田记》就指出：

> 夫以五顷之入，供我五服贫者之需，似亦足矣。而又益之以百亩者，则以水旱之虞也。户下业田虽非尽出卑下，而卑下者十之三，畏旱者十之三。倘值灾伤，将以何者行吾义乎？故又有备荒田百亩。五岁之中，幸而皆登，则积之以备一岁之歉，即遭二歉，亦可支其半，则此田之入，尤不可目为羡余之物而轻用之者也……合我子姓

---

① 《诚意伯文集》卷10《季氏湖山义塾记》。

② 《弇州四部稿》卷75《延祥上区华氏役田记》。

而不限五服，推及闾里而不限一姓。①

万历年间苏州吴氏设义田600亩，下分7种专款专用田，其中备荒田、学田各置100亩，并列7种田中第二，比报本田、敦睦田、嘉礼田、凶礼田等多出1倍，可见吴氏宗族对备荒之重视。《礼记·王制》云："三年耕，必有一年之食，九年耕，必有三年之食。以三十年之通，虽有凶旱水溢，民无菜色。"这里，先秦《礼记》对备荒救灾的要求是三年生产的粮食必须有一年的剩余，这样遇到水旱之灾，老百姓就不会挨饿了。而吴氏宗族所规定的百亩备荒还达不到"三年耕，必有一年之食"的标准，而只能是"五岁之中，幸而皆登，则积之以备一年之歉"。可见，吴氏宗族规定百亩备荒田并不为多。

明代宗族义田具有备荒职能的较为普遍，如在徽州，江氏祠田是由江家人"会岁祲，斗米百七十文，比邻嗷嗷，遂以谷若干石给里族之贫者，籍其田岁以为常"②。同样是江氏，其义田的作用是"岁大祲，遂出谷赈饥。明年，籍其田以为常"③。又如上引万历年间歙县县令林元立所作的《凌氏义田记》中也记载，义士凌景芳"捐其资置田与族饥馁者，共亩计之凡有若干"④。如果一个宗族内部能有几块义田用于备荒，虽然还达不到"三年耕，必有一年之食"的标准，但毕竟有胜于无，使整个宗族抵御自然灾害的能力会有所提高。

在明代传统社会中，人们大多聚族而居，一乡一村往往就是一姓或几姓居住，宗族组织几乎与乡村社会的基层组织重叠，一个乡约、一个保甲往往就是同一个祠堂。宗族赈灾济贫、义田赡族等思想与实践，也就是社会最基层组织推行慈善事业的思想与实践。一个宗族的赈灾济贫、义田赡族搞好了，也就意味着社会最基层组织的慈善事业办好了，如每一个宗族都把赈灾济贫、义田赡族做好，无疑意味着全社会基层组织的

---

① 光绪《吴氏支谱》卷12《备荒田记》。

② 江东之：《瑞阳阿集》卷6《江氏祠田叙》，两江总督采进本。

③ 《瑞阳阿集》卷6《江氏义田传》。

④ 乾隆《沙溪集略》卷6《艺文》。

慈善事业都成功。这对稳定社会秩序缓解社会矛盾，国家长治久安，无疑是十分重要的。

第六节　宗族教育思想

明代，绝大多数宗族教育的目标是振兴宗族。在他们看来，子弟读书不纯粹是个人的行为，且肩负着振兴宗族的重大责任。休宁《梅林汪氏族谱》云："读书期于用世，非为荣其身，增辉其族党也。"① 这里的"增辉其族党"，具体而言，就是希望子弟通过读书，或通过科举入仕做官，或通过经商发财致富，从而光宗耀祖。正如《（休宁）宣仁王氏族谱·宗规》"蒙学当豫"条所指出的："今俗教子弟者何如？上者教之作文，取功名止矣……次者教之杂字柬奥，以便商贾书记；下者教之状词活套，以为他日刁滑之技也。"② 《文堂乡约家法·教训子孙条》也云："古人说道：一年之计，莫如树谷；十年之计，莫如树木；百年之计，莫如树人。若人家有子孙者，用心教训，则孝敬和睦相延不了，读书者可望争气做官，治家者可望殷富出头，就是命运薄者，亦肯立身好学。如树木枝干，栽培不歇，则所结果子，种之别地，生发根苗，亦同甘美，是光前裕后第一件事。"③ 这里"教之作文，取功名止矣"和"读书者可望争气做官"是宗族教育的第一目标，即获取功名，入仕做官。但是获取功名、入仕做官毕竟是少数文采杰出，人生幸运者。因此"次者教之杂字柬奥，以便商贾书记"和"治家者可望殷富出头"是宗族教育退而求其次的目标，即通过治生商贾等发财致富。但是即使是发财致富者也

① 汪应泰：《（休宁）梅林汪氏族谱》，明天启六年抄本，安徽省图书馆藏。

② 王宗本：《（休宁）宣仁王氏族谱》卷1《宗规》，明万历三十八年刻本，中国国家图书馆藏。

③ 陈昭祥：《（祁门）文堂乡约家法》，明隆庆六年刻本，安徽省图书馆藏。

不可能是多数，因此大多数人是“下者教之状词活套，以为他日刁滑之技也”和“命运薄者，亦肯立身好学”，即学到一技之长以养家糊口、安身立命。总之，无论是科举入仕、光宗耀祖，还是学得治生经商手段，争取富贵出头，抑或断文识字，学得一技之长，养家糊口，都能在不同程度上“光前裕后”、振宗兴族，最终实现“课耕贸易争先亢宗”① 的总目标。因此，在宗族的大力倡导下，广大族人把培养子弟读书作为家族发展的第一要务。如时人程顺道常说：“家之贵显增光先世者，皆由子孙读书知为善。”② 汪才生勉励诸子：“吾先世夷编户久矣，非儒术无以亢吾宗，孺子勉之。”③ 那些资质聪慧、勤勉好学的宗族子弟，更是族人们振宗兴族的希望所在。如徽州人程原泰得知侄孙中进士后，谆谆告诫：“所赖以亢宗者在子，宜努力公家，为先人之光。”④ 程公昭少年读书聪慧，宗族长老见而叹曰：“后有炳然振吾族者，将在是子乎？因名之耀，字公昭。”⑤ 可见，程公昭的姓名本身，即被赋予了光宗耀祖之意，寄托着亢宗兴族的厚望。

明代宗族之所以将宗族教育赋予以振宗兴族的重大意义，原因在于当时的徽州宗族已普遍认识到：宗族成员的个人素质决定着宗族的兴衰荣辱。程敏政就一针见血指出：“新安之号巨姓，盖不以富贵，以其人。”⑥ 而族人的素质，即子弟道德水准和文化水平的高低又都取决于宗族教育水平的高低。

明代还有少数有识之士不仅看到宗族教育决定宗族的兴衰荣辱，而

---

① 程敏政：《篁墩文集》卷49《孙处士春般传》，台湾商务印书馆影印文渊阁本《四库全书》。

② 程敏政：《新安文献志》卷92《赠嘉议大夫都察院右副都御史程公顺道神道碑》，黄山书社，2004年。

③ 汪道昆：《太函集》卷67《明赠承德郎南京兵部车驾司署员外郎事主事汪公暨安人郑氏合葬墓碑》，台湾商务印书馆影印文渊阁本《四库全书》。

④ 《篁墩文集》卷45《曾叔祖尤溪府君墓表》，第1253册第86页。

⑤ 《篁墩文集》卷46《休宁儒学生程公昭墓志铭》，第1253册第109页。

⑥ 《篁墩文集》卷45《善和程处士墓表》，第1253册第97页。

且关系到整个国家的治乱兴衰。时人于镃中深刻指出："养既有备，教不可缓，劝族中之富者，开设义塾，延有行而文者为之师，以教子弟及同宗之无师无贽者。"这样，"贤者由此出，家世由此兴。此族应不能无愚不肖，而教之有政，使有一人失教，则心有外而仁义有亏可乎？学而至此，国之本自家立矣，家齐而后国可以治，其序岂可紊乎"。这种思想是儒家修身、齐家、治国、平天下在教育思想中的进一步扩展和深化。

由于宗族办学培养人才能光宗耀祖，因此无论是私人还是宗族都热心于出资办学。明代宗族办学，其经费主要有两种来源。一是私人捐助。如惠州人何真于洪武年间，"以惠州城西之私第为义祠，并所有私田百余顷为义田，世俾宗子主祀事。恐族人不知学也，有塾以教之"①。休宁商山吴氏宗族子弟吴继良，"尝构义屋数百楹，买义田百亩，建明善书院，设义塾"②。歙县潭渡黄氏宗族子弟黄立文，"置义田百亩，筑室为义学，延明师以训子弟"③。祁门胡村胡氏宗族支丁胡天禄，"幼贫而孝，后操奇赢，家遂丰……输田三百亩为义田，使蒸尝无缺，塾教有赖，学成有资，族之婚嫁丧葬与嫠妇无依穷而无告者，一一赈给。曾孙征献又输田三十亩益之"④。二是宗族创办。如温州平阳林氏建有墓祠，"复立祠于左偏，祀晦庵朱子之像，以其先……配。即祠之前为学，聘乡人之贤者为师，使族人子弟就学焉"⑤。徽州黄氏建义仓、义居后，"又创旁余屋为塾，延里社师，教其稚子，取子之息、租谷之赢以供"⑥。《霍渭涯家训》卷1说：霍氏在嘉靖年间建宗祠、立族田后，建有本族所有的社学，要求"凡子侄七岁以上入社学"。

明代宗族不仅出资办学校，而且给予入学子弟一定的生活补助。如

---

① 《宋文宪公全集》卷16《惠州何氏祠碑》。

② 康熙《徽州府志》卷15《尚义》。

③ 歙县《潭渡孝里黄氏族谱》卷7《孝友》。

④ 康熙《徽州府志》卷15《尚义》。

⑤ 《宋文宪公全集》卷2《平阳林氏祠学记》。

⑥ 《弇州四部稿》卷75《疏塘黄氏义田记》。

同府嘉善陈氏宗族子弟凡7岁以上，稍微俊慧并愿意入学，其父母为其报名。若学校离家近，就每年给米4石，听其自领；住地稍远，就“于义学中供养，逐月报数”。到14岁以上，“通举业堪面试，就每年给米十石”。至20岁以上，“或有颖卓可期大就者，又当超格优遇”①。这里按子弟学习的三个阶段，看其发展的具体情况，给予不同的资助，而且资助额是相当优厚的，足够学习者的日常开支。由于科举入仕做官最能光宗耀祖，因此宗族对子弟走科第仕宦之路特别予以资助。如绩溪《明经胡氏龙井派祠规》规定：

一、“凡攻举子业者，岁四仲月，请齐集会馆会课，祠内支持供给。赴会无文者，罚银二钱。当日不交卷者，罚一钱。祠内托人批阅”。

二、“其学成名立者，赏入泮贺银一两，补廪贺银一两，出贡贺银五两”。

三、“至若省试，盘费颇繁，贫士或艰于资斧，每当宾兴之年，各名给元银二两，仍设酌为饯荣行，有科举者全给，录遗者先给一半，俟入棘闱，然后补足。会试者，每人给盘费十两”。

四、“登科贺银伍十两，仍为建竖旗匾，甲第以上加倍”②。

这里，对走科第仕宦之路的子弟基本上分4个等级资助和奖励。最低等级是会馆会课，其费用由宗祠包揽，但如果去参加会课而写不出文章的，就要罚银二钱，当日不能交卷的，罚银一钱。第二等级是赴试取得最初功名者，如获入泮赏贺银一两，获补廪赏贺银一两，获出贡赏贺银五两。第三等级是如到省城参加省试，每人给盘费银二两，如到京城参加会试，每人给盘费银十两。最高等级是参加科举取得功名，奖励贺银五十两，并竖旗杆赠匾，如果取得第一名者，奖励加倍。

又如休宁《汪氏渊源录·汪氏黎阳家范·给助条款》规定：

一、子孙有志读书，岁给灯油银一两；

---

① 陈龙正：《几亭外书》卷1《义庄条约序》，上海书店出版社，1994。

② 绩溪《明经胡氏龙井派宗谱》卷首。

一、贫而有业儒者，岁给薪水银二两；

一、入泮援例入监者，给贺仪银一两；

一、科举应试者，给卷资银一两；

一、明经赴京廷试者，给旗匾银二两；

一、登科者，给旗匾银五两；登第者，给旗匾银十两。

汪氏宗族资助、奖励的项目比胡氏宗族多些，但各项目的差额不大，其中读书灯油银、入泮贺仪银、科举卷资银都仅一两；业儒者因为是教师，所以岁给薪水银二两；赴京廷试者，因路途遥远，而且已取得廷试资格，实属出类拔萃，故给旗匾银二两；最高奖励是参加廷试，取得科第，功成名就，光宗耀祖，那就分别给旗匾银五两或十两。

明代宗族办学，在聘任老师方面，往往首先考虑聘请族人，其本意是宗族便于了解为师者的情况，族人为师也便于掌握学生的情况。但有的宗族择师不论同姓异姓，重在教师的品学。几乎所有族学择师都注重考核教师的品学，即要求族师应品德高尚、举止端方、学问优秀。师者当为人楷模，起表率作用，因此特别看重族师的品行。明代宗族教育十分重视尊师之道，江苏《毗陵庄氏族谱·鹤坡公家训》告诫族人说："待师之礼犹宜忠敬。忠敬积于中，礼币隆于外，然后可望其子成立矣！"

明代族学的教育内容，基本上是以儒家伦理政治类书籍为主，如初将《二十四孝》中的字做成字块，教学生识字，并把识字同教孝结合起来；然后再教《神童诗》《千家诗》，选诗以劝善惩恶为主。此后再读《孝经》、朱子《小学》以及四书诸经。有的族学是先认号帖至千余字，即令将《三字经》《弟子规》《治家格言》《四字鉴略》《小学集解》熟读，然后令读四子书。

第四章 明代经营管理思想

第一节　士农工商、各治所生思想

把士农工商都作为人们的谋生手段，加以平等对待的思想，至迟在宋代已经比较被社会认同。到了明代，这种思想更加普及，并有所发展。首先，值得注意的是在社会上层，一些深受儒家正统思想教育、位高权重的官僚在他们的家训中，都认为经营工商业也是治生的正常途径，同士农相提并论。如明代广东南海人霍韬，明武宗正德八年（1513）进士，官至礼部尚书，就在家训中指出“居家生理，食货为急”，即在平民百姓家庭生活中，衣食住是最重要的。要解决百姓的衣食住问题，不仅要从事农业，还要通过“窑冶”“炭铁”“木植”等方面的经营，“入利市”，“可以便民同利”。因为百姓家庭生活不仅只是通过农业解决吃穿问题，而且还要通过冶铁制造农具，种树伐木等获得盖房子、烧饭取暖的木材，同时必须通过市场贸易互通有无，这既方便了百姓的生活，又能从中获利。总之，士农工商对百姓的生活来说，都是重要的。但是，霍韬又指出：“盖本可以兼末，事末不可废本。”[①] 可见，他认为农业为本还是第一

---

① 霍韬：《霍渭崖家训·货殖第三》，《涵芬楼秘笈》第二集。

位的，工商为末是第二位的，必须在从事农业的基础上兼工商业，从事工商业时不要荒废了农业。又如浙江海宁人许相卿，明武宗正德十二年(1517) 进士，官至兵科给事中，在谈到教育子弟时说，“教子正是要渠做好人”，认为除了“农桑本务”之外，“商贾末业”也是治生的“常业”，“可食力资身”，并且“人有常业则富不暇为非，贫不至失节”①。这就是说，农工商都是人们谋生的“常业”，百姓通过从事农工商就可养家糊口。而且，百姓如果都忙于农工商赚钱养家糊口，即使发家致富也没空闲为非作歹，贫穷也不至于失去节操，因为他有一技之长可以谋生且活得有尊严。换言之，农工商都可以使人走正道，自食其力，安身立命。

在此，霍韬与许相卿只是把农工商作为百姓的谋生手段，而未把士阶层列入，与农工商同作为一种谋生的手段或职业。明代福建同安大儒苏濬在《诫子书》中则明确把士与农工商相提并论，教育子弟并非一定要读书做官，在他看来，子弟如不是读书的料，务工和经商同样都可以赚钱养家糊口，过上幸福生活：

> 子不见东家子业农，三时辛苦一时逸，全家鼓腹乐豳风。又不见西家子业商，去时区区一束装，江湖得意几回首，十万八万未可量。汝今行年十有九，农兮商兮汝何有？汝父道汝读诗书，为择良师延益友。汝曹不知自勉旃，昼夜逸兮夜贪眠。欲为江湖客，床头昔日黄金啬；欲为田舍郎，耒耜无力难担当。落落碌碌天壤间，旁人把汝何等看！稂不稂兮莠不莠，饥不饥兮寒则寒。空云读书史，不知农家穰穰饱丰年。空云志豪杰，不如商家郁郁多财帛。要作农商头上人，须从月迈日斯征。多读多作从今始，一时一刻莫消除！勿谓无知己，年来天开文运时。勿谓年纪少，多少英雄在尔后。嗟嗟！有金兮在囊，有书兮在床，有田兮在一方，吾儿自酌量，无志早去作农商。②

---

① 许相卿：《许云村贻谋·郑氏规范及其他两种》，丛书集成初编本。

② 里人何求：《闽都别记（下）》，第 379 回，福建人民出版社，1987 年，第 506 页。

苏濬认为年轻子弟最不成材的是好逸恶劳，游手好闲，既读不了书，又无气力务农，也不吃苦花钱经商。其实，除读书做官求富贵外，务农虽然辛苦，但丰衣足食，其乐融融，经商虽然孤身闯荡江湖，但能发家致富，因此，都是不错的选择。他谆谆告诫子弟趁年轻就要做好人生规划，早早定下读书、务农或经商的职业，不要碌碌无为，虚度时光，一事无成。

但是，由于明代士大夫阶层受“万般皆下品，唯有读书高”和“农本工商末”传统观念的影响很深，因此，他们在提出士农工商、各治所生思想的同时，仍然认为士农工商四业中，士是最尊贵的，其次是农，再次是工商。如广东南海人庞尚鹏，明世宗嘉靖三十二年（1553）进士，官至左副都御史，在关于治生之道的论述中，更加强调经营工商业的重要性，更加肯定工商业在治生活动中的作用。他把工商业同农业并列为治生的正常途径，认为都可以使人发财致富。他说：“民家常业，不出农商。通查男妇仆几人，某堪稼穑，某堪商贾……各考其勤能果否相称，如商贾无厚利，而妄意强为，必至尽亏资本，不如力田。”① 从这里，我们可以推断庞尚鹏择业的价值取向以是否能获得“厚利”为衡量标准。因此，他在此认为选择职业首选商业，因为商业最容易取得“厚利”。当经商赚不到“厚利”，甚至亏本时，再选务农。但是，庞尚鹏从社会地位的标准来衡量，他又认为“士农工商，各居一艺。士为贵，农次之，工商又次之。量力勉图，各审所尚，皆存乎其人耳。予家训首著士行，余多食货农商语，皆就人家日用之常，而开示涂辙，使各有所执循”②。在此，他在肯定士农工商社会地位差别的同时，却提出要“量力”“审所尚”，即根据各人的能力和兴趣来选择家庭经营的对象或途径，而不以社会地位贵贱作为择业的标准。因此，他在自己家训中虽然“首著士行”，但实际上其家庭择业教育“多食货农商语”，对从事农业或者经营工商业

① 庞尚鹏：《庞氏家训·务本业》，道光丙戌手抄本。

② 《庞氏家训·端好尚》。

都提出了“有所执循”的治生训示。

明代像庞尚鹏一样，既承认士农工商有贵贱高低之分，又认为治生选择职业关键在于有一技之长，能养家糊口，士农工商只要能执一业就行。如姚舜牧在《药言》中指出：“人须各务一职业，第一品格是读书，第一本等是务农，外此为工为商，皆可以治生，可以定志，终身可免于祸患。”① 何伦在家规中也强调：“凡读书不遂，即鄙农工商贾之事而不屑为，所以有济世之才而无资生之策者多矣……男子要以治生为急，于农商工贾之间，各执一业。”② 这里，姚舜牧明确指出，读书做官是品格最高的职业，而务农是最根本的职业，其次才是工商，但士农工商都可以治生，如专心把其中一个职业做好，终身都可避免生活无依靠的祸患。何伦虽然没有明确指出读书做官最为高贵，但其隐含着这种思想，即读书做官是最佳的职业选择，只有读书不好无法做官后，再于农工商中选择一项职业谋生；最不好的是书读不好做不了官，但又鄙视农工商职业，认为不屑为之，这样的人一无所成，是无法自食其力的。

明代也有少数有识之士认为，士农工商只各是一种谋生的职业，无法说明其社会地位的高低贵贱，一个人的高低贵贱，是由他的知识修养水平决定的。一个有知识修养的商贾与一个知道孝悌的秀才，懂得农业知识的公子，其地位是一样的，甚至前者更加难得。如温以介在《温氏母训》中指出，“治生是要紧事”，“士农工商，各执一业，各人各治所生”。并且认为“通文义的商贾”与“学孝悌的秀才”“知稼穑的公子”的地位一样，“此尤难得也”③。

明代，随着商品经济的发展和资本主义萌芽的出现，从商人数比以往任何一个时期都大大增加，在全国各地形成许多地域性的商帮，如徽商、晋商、闽商、粤商、浙商、秦商等，在经济发达的地区已形成一个

---

① 姚舜牧：《来恩堂草》卷13《药言》。

② 何伦：《何氏家规》，转引自张师载《课子随笔》卷2，1922年溧阳周倚德堂木活字印本。

③ 温璜：《温氏母训》。

相当规模的市民阶层。如在明嘉靖、万历年间，商业在徽州的地位已经彻底改变，“昔为末富，而今为本富”[①]。随着商业和商人作用的加强，在经济思想领域内人们对待工商业，特别是对商业的态度和观念有了明显的转变，突出表现在对商业的地位和作用的认识比以前深刻了，传统的重农抑商思想受到了进一步的批判和冲击。尤其是商人本身，面对传统价值观的强大压力，他们为求得自身的发展和社会对他们价值的肯定，就必须以新的价值观作为群体成员的心理依据，必须对传统的士农工商四业重新进行定位。

明代，徽商在全国与晋商并称两雄，因此，徽州地区最鲜明地颠覆了传统对商业和商人的看法。徽州“谚语以贾为生意，不贾则无望，奈何不亟亟也。以贾为生，则何必子皮其人而后为贾哉。人人皆欲有生，人人不可无贾也”[②]。徽州地区万山之中，地狭人稠，人们经营农业很难生存，因此一条重要的出路就是男子外出经商谋求生路。从明中叶以后，“自安、太至宣、徽，其民多仰机利，舍本逐末，唱棹转毂以游帝王之所都，而握其奇赢，休、歙尤夥，故贾人几遍天下。良贾近市利数倍，次倍之，最下无能者逐什一之利。其株守乡土而不知贸迁有无，长贫贱者，则无所比数矣”[③]。正因为外出经商能获取巨大的利润，发家致富，而株守乡土不懂得经商的人只能长久贫贱，因此，谚语反映了明代徽州人普遍的观念，即人人都想生活得富裕，人人都不能不经营商业，如果不经营商业，那生活就没有指望。在当时人们的心目中，“农事之获利倍而劳最，愚懦之民为之；工之获利二而劳多，雕巧之民为之；商贾之利三而劳轻，心计之民为之；贩盐之利五而无劳，豪猾之民为之”。可见，传统的重农贱商观念在明代民间被完全颠覆了，从事农业劳动的人被看作是“愚懦之民”，因为务农获利最少而最劳累，只有那些愚蠢懦弱的人才会去干，而从事商业贸易的人则被看作是“心计之民”，因为经商获利数倍

① 万历《歙志·风土》。
② 万历《歙志·货殖》。
③ 《松窗梦语》卷4《商贾纪》。

而轻松，所以吸引了那些聪明有心计的人来经营。在徽州，人们不以经商为耻，就是“士大夫之家”也“以畜贾游于四方”①。

在这种社会思潮下，出身于商贾世家的名儒汪道昆由于受到社会和家庭的影响，对传统的“重本抑末”观进行了有力的批判：

> 窃闻先王重本抑末，故薄农税而重征商，余则以为不然，直一视而平施之耳。日中为市肇自神农，盖与耒耜并兴，交相重矣。耕者什一，文王不以农故而毕蠲……及夫垄断作俑，则以其贱丈夫也者而征之。然而关市之征，不逾十一，要之各得其所，商何负于农?②

汪道昆认为，从远古神农氏日中为市开始，农与商就是并重的，农与商都能各自为国家作贡献。他把商贾对国家税收方面的贡献做了具体的阐述：“今制大司农岁入四百万，取给盐鹾者什二三。淮海当转毂之枢，输入五之一；诸贾外饷边，内充国，戮力以应度支。”③ 因此，他主张农与商不应有“轻”“重”之分，而应当是“交相重”，不应“抑商”而应“便商”，特别是在税收上应“一视而平施之”，不应该轻征农税而重征商税。

在中国古代，“重本抑末”作为思想界的主导思想，使大多数人认为商业在社会经济中的作用是消极的，或主要是消极的，妨碍农业的发展，即使承认商业是社会分工的一部分，商人作为四民之一，但多数也不对商在富国中有什么积极作用做过较为明确具体的分析、探讨。

明嘉靖、隆庆、万历时期是商品经济有了较大发展、资本主义萌芽已比较明显出现的时期，工商业在社会经济中的地位和作用日益加强，这使人们对工商业的认识逐渐有所改变。作为官至明代首辅大臣的张居正（1525—1582）是一位务实的政治家，他敏锐地看到现实生活中农工

---

① 归有光：《震川先生集》卷13《白庵程翁八十寿序》，上海古籍出版社，2007年。

② 汪道昆：《太函集》卷65《虞部陈使君榷政碑》，黄山书社，2004年。

③ 《太函集》卷66《摄司事裴公德政碑》。

商地位的变化，从而在富国问题中重视农商关系，提出了“厚农资商”和“厚商利农”这两个互相联系的观点。重农抑商是把农商对立起来，通过抑商来发展农业，“厚农资商”和“厚商利农”则把农商统一起来，通过两者相辅相成来共同发展，从而达到富国的目标。

张居正认为农业和商业是密切相关，互相促进的。农业发展了，可以为商业提供更多更充足的商品，促进商品的繁荣；反之，商业发展了，农民的剩余产品可以及时卖出，并从市场购买自己需要的物品，从而促进农民努力生产更多的农产品，使农业得到发展。如果商品流通不发达，农业生产就会受到影响。商业发展有赖于农业，农业发展也有赖于商品，二者互相促进，不可分离。张居正指出：“古之为国者，使商通有无，农力本穑。商不得通有无以利农，则农病；农不得力本穑以资商，则商病。故农商之势，常若权衡然。至于病，乃无以济也。”① 所以，要富国富民，在重视农业生产的同时，也必须重视商业的发展。他指出，影响商业发展的主要因素，和农业一样，是官府的关市之征日益加重，所以，轻关市之征与省田亩之税，同是农商并举、国富民足的前提条件：“故余以为，欲物力不屈，则莫若省征发以厚农而资商，欲民用不困，则莫若轻关市以厚商而利农。”②

“厚农资商”和“厚商利农”，这是张居正发展经济、富国富民的两翼双轨。他仍然认为：一方面，农是本，越是“厚农”，就越能加强商的基础；另一方面，商对农的作用已不是消极的，不会妨农、病农，已是积极的，只会利农。

唐宋时期，随着商品经济的发展，商人的社会地位逐步得到提高，开始出现士商合流的趋势。正如北宋王安石所说：“方今制禄，大抵皆薄，自非朝廷侍从之列，食口稍众，未有不兼农商之利而能充其养者

---

① 张居正：《张太岳集》卷 8《赠水部周汉浦榷竣还朝序》，上海古籍出版社，1984 年。

② 《张太岳集》卷 8《赠水部周汉浦榷竣还朝序》。

也。”[①] 到了明代，这种趋势进一步加强，在那些商品经济发达的地方表现得十分明显。如在徽州“人庶仰贾而食，即阀阅之家，不惮为贾”[②]，“故虽士大夫之家，皆以蓄贾游于四方”[③]。明人归有光在《白庵程翁八十寿序》中提及的程氏家族就是士商合流：“新安程君少而客于吴，吴之士大夫皆喜与之游……古者四民异业，至于后世而士与农商常相混。”程氏“子孙繁衍，散居海宁、黟、歙间，无虑数千家，并以《诗》《书》为业，君岂非所谓士而商者欤?”[④] 这种士商合流、士商界限相混的现象，清人沈垚已清楚地觉察到：

> 宋太祖乃尽收天下之利权归于官，于是士大夫始乃兼农桑之业，方得赡家，一切与古异矣。仕者既与小民争利，未仕者又必先有农商之业，方得给朝夕，以专事进取。于是货殖之事益急，商贾之势益重。非父兄先营事业于前，子弟即无由读书，以致身通显。是故古者四民分，近世四民不分。古者士之子恒为士，后世商之子方能为士。此宋元明以来变迁之大较也。[⑤]

沈垚的看法是有一定的历史依据的。宋代中下级官吏俸禄薄，经商牟利是解决俸禄薄的一条重要途径，即使是那些想科举入仕做官而正在读书或打算读书的人，也必须通过农商之业，尤其是经商赚钱，为读书做官提供经济保障。因此，宋代以前是“士之子恒为士”，而自宋代开始，则变成商人之子因为有钱读书而成为士，这就导致宋代以来士农工商四民混淆不清。

明代士商合流趋势的加强，促使贾儒相通思想的形成。山西商人王现，早年读书应试失败后，改志经商，蓄财抚养幼弟读书中举。他是一位以义取利、不牟取不正当利益的儒商善贾，在他的墓志铭中有一段训

---

① 王安石：《临川文集》卷 39《上仁宗皇帝言事书》，《四部丛刊》本。

② 《唐荆川文集》卷 15《程少君行状》。

③ 《震川先生集》卷 13《白庵程翁八十寿序》。

④ 《震川先生集》卷 13《白庵程翁八十寿序》。

⑤ 沈垚：《落帆楼文集》卷 24《费席山先生七十双寿序》，学识斋，1868 年。

子弟的话，反映了明代贾儒相通的思想：

夫商与士，异术而同心。故善商者，处财货之场，而修高明之行，是故虽利而不污。善士者，引先王之径，而绝货利之径，是故必名而有成。故利以义制，名以清修，各守其业，天之鉴也。①

业儒与服贾，只是职业上的不同，他们各守其业，“异术而同心”，即同样讲义、修德，其价值观和道德修养是相同的。利而不污的商人与名而有成的士大夫相比，是可以等量齐观的，没有优劣高低之分。

明代贾儒相通的观念，在实践中有利于业儒和服贾的相辅相成，相得益彰。他们或先儒后贾，或先贾后儒，或亦儒亦贾。儒贾结合，使业儒者提高经济实力，服贾者有更高的文化水准，这对于促进明代经济、文化的发展都是有积极作用的。明人汪道昆对当时儒贾结合的历史现象做了记述：

新都三贾一儒，要之文献国也。夫贾为厚利，儒为名高。夫人毕事儒不效，则弛儒而张贾；既侧身飨其利矣，及为子孙计，宁弛贾而张儒。一弛一张，迭相为用，不万钟则千驷，犹之转毂相巡，岂其单厚计然乎哉，择术审矣。②

在中国传统的价值取向中，名利是最重要的驱动力。人们往往首先追求名而业儒，读书科举之路走不通，才改而追求利，弃儒服贾。经商发财致富后，又希望子孙追求名，弃商再业儒。许多家庭就是在这样的追求中，最终名利双收，既家财万贯，又功名显赫，成为业儒与服贾良性循环的成功典范。

---

① 李梦阳：《空同集》卷44《明故王文显墓志铭》，台湾商务印书馆影印文渊阁本《四库全书》。

② 《太函集》卷52《海阳处士金仲翁配戴氏合葬墓志铭》。

第二节　张履祥"稼穑为先"的治生思想

张履祥（1611—1674），字考夫，号念芝，因世居铲镇杨园村，故学者称杨园先生。他9岁时，父亲去世，家故贫窘，在母亲惨淡经营、勤俭持家下，四处求学。23岁时学业成就，从此开始教学生涯。明亡后，归居乡里课蒙终身，并经营农业生产，靠数量有限的学费及地租收入维持生活。他曾受业于刘宗周，后专意程朱，倡居敬穷理，践履笃行，力主耕、读不容偏废，虽继承程朱理学，但又没有完全囿于程朱思想体系，主张"毋专习制义，当务经济之学"①。他所著《补农业》，大至治地，小至编篱，及养鱼酿酒，凡农家事，精粗毕载，为世所推重。另著有《读易笔记》《读史偶记》《初学备忘》《言行闻见录》等，后人辑为《杨园先生全集》。

张履祥坚持和发展了古代传统的贵农贱商思想，认为稼穑就是治生，治生只能稼穑，只有农业才是治生活动中的唯一经营对象或途径，只能从农业范围内探讨家庭经济管理问题。他说："治生以稼穑为先，舍稼穑无可为治生者。"② 张履祥之所以主张治生以稼穑为先，其理由有以下3个方面。

其一，张履祥认为，经营工商业是与礼义等道德规范相违背的，"贸易之事""足以害心"③，造成"今日子弟忠信者绝少……坏以利诱……求资市道损其朴心矣"④。"商贾近利，易坏心术，工技役于人近贱，医卜之

① 苏惇元：《张杨园先生年谱》。

② 张履祥：《杨园先生全集·初学备忘上》，中华书局，2014年。

③ 《杨园先生全集·答陆孝垂书》。

④ 《杨园先生全集·与沈德符（孚）书》。

类又下工商一等，下此益贱，更无可言者矣。”[①] 因此，在他看来，“市井习气不佳”[②]，商贾“逐蝇头之利，工市侩之术”[③]，是有害的、不可取的治生手段。他认为“货殖之最粗、极陋者也”[④]，对亲友一再告诫说：“知交子弟有去为商贾者，有流于医药卜筮者，较之耕桑，自是绝远。”[⑤] 与此相反，他认为务农能培养人的良好的道德品德，“夫能稼穑则可无求于人，可无求于人则能立廉耻；知稼穑之艰则不妄求于人，不妄求于人则能兴礼让”[⑥]。因此，他主张：“治生无它道，只务本而节用一语尽之。”[⑦] 显然，张履祥从道德层面反对通过工商业治生，而坚持务农是治生的唯一对象或途径。古今现实确实存在着这种现象，即所谓人们常说的“商无奸不富”，应该说绝大多数的商人在巨大利润的诱惑下，往往使用一些不正当的手段赢利，而相对说来，务农使人比较纯朴、实在。

从道德层面上看，张履祥心目中最理想的治生方式是耕读结合。他指出“读书兼力农，此风可为师法也”[⑧]，并批评说“人言耕读不能相兼，非也”[⑨]。他认为，耕是读的必要前提，只有经营农业，具备了一定的物资生活条件，才能谈得上治学读书，“劝农桑”使“衣食足矣”，就可以“为之设师儒，敦庠序，徇木铎”[⑩]。同时，务农还为治学提供了充裕的时间条件，只要“专勤农桑”，“绝妄为”，那么到了农闲日子，“开卷诵习，讲求义理”的时间就多了，“心逸日休，诚莫过此”[⑪]。他的力主耕、读不容偏废的价值取向，与他终身居敬穷理，教读余暇，岁耕田 40 多亩，草

① 《杨园先生全集·训子语上》。
② 《杨园先生全集·与颜予重书》。
③ 《杨园先生全集·初学备忘上》。
④ 《杨园先生全集·备忘二》。
⑤ 《杨园先生全集·与严颖生书》。
⑥ 《杨园先生全集·初学备忘上》。
⑦ 《杨园先生全集·备忘二》。
⑧ 苏惇元：《张杨园先生年谱》。
⑨ 《杨园先生全集·补农书下》。
⑩ 《杨园先生全集·赁耕末议》。
⑪ 《杨园先生全集·补农书下》。

履箬笠，习于农事的生活密切相关。

其二，早在汉代，司马迁就提出了“以末致财，用本守之”① 的思想，即经商获利大，赚钱快，容易发财，但风险大，因此，发财致富后，必须买田地经营农业，就能长久守住这家业，因为农业虽然获利小，赚钱慢，但风险小，比较保稳持久。明代，随着商品经济的日益发展，经商的风险也日益加大，即使是经营农业，伴随着土地买卖和兼并的愈演愈烈，张履祥继承和发展了司马迁的观点，认为治生的首要目标是守财保富，维持长远。他说，“治生……为子孙计长久”②，“子孙欲衍先人之绪，惟有不贪财，不尚力，苦守敦让”③。而在士农工商各行各业中，只有农业是最保险、可靠、持久的治生之道。他指出：“今日之急务可知已然，非别有治生之道也。先业之尚存者，极力于保守，心力之得尽者，一用于耕桑。”④ 这是因为“耕则无游惰之患，无饥寒之忧，无外慕失足之虞，无骄侈黠诈之习……保世承家之本也”⑤。农业生产的特点是比较辛劳，使人不会游手好闲慢惰，但农业生产粮食、棉桑，使人没有饥饿、寒冷之忧。农业生产实实在在，不会使人产生非分之想，不会使人养成骄傲奢侈、狡黠奸诈的习气。与此相反，经营商业风险很高，“市井富室易兴易败”⑥。做官与经商一样，也是盛衰无常，“仕宦而入厚禄，商贾而拥丰资，非但子孙再世将不可问，身命之不保者，众矣”⑦。他认为做官比经商更危险，做不好连身家性命都保不住。因此，“万般到底不如农”⑧。

其三，张履祥从家国同构的理论角度，提出治理国家和管理私家经

---

① 《史记·货殖列传》。
② 《杨园先生全集·备忘二》。
③ 《杨园先生全集·与邱季心书》。
④ 《杨园先生全集·与钱子（予）固书》。
⑤ 《杨园先生全集·训子语上》。
⑥ 《杨园先生全集·补农书上》。
⑦ 《杨园先生全集·训子语上》。
⑧ 《杨园先生全集·补农书上》。

济具有一些共同的规律和原理，“立国有立国之规模，立家有立家之规模，兴衰隆替，其理一之”[①]。他继承发展了北魏贾思勰的“家、国一义”论，提出“家、国无二理”[②]观点，认为国民经济管理中的一些方针、政策和方法，同样适用于家庭经营管理，“治家与治国亦无二道”[③]。因此，他把传统的古代宏观治国方略“重本抑末”改造为微观的“治生唯稼”论，更彻底地将经营工商业从治生之道中排除出去。他反复强调“治生一事……只有务本节用而已，天下家国之计以是，一身一家之计亦以是，外此即商贾技术之智，儒者羞为”[④]，“务本节用一条，所以为百世不易之中道也。人徒以为平天下之义而不思耳，岂知匡济一身，要不能外此乎?”[⑤]在此，他武断地推论，古代治国以“重本抑末”为“富国之学”，那么，当前家庭经营管理的唯一途径就是“务本节用一条”，除此之外，别无其他道路。

张履祥由于终身坚持耕读，在长期的农业生产和经营管理中，积累了丰富的知识和经验，“学稼数年，咨访得失，颇识其端”[⑥]，并且在与农民的广泛交往中，吸收他们宝贵的生产经营经验，“以身所经历之处与老农曾论列者，笔其概”[⑦]，把劳动人民长期积累的零散的感性的农业生产经验，加以系统化、条理化，著书立说。他的农业生产经营管理思想中，值得重视的有以下 3 个方面。

其一，尊重遵循农业生产的客观规律，发展多种经营。张履祥很注意尊重遵循农业生产的客观规律，认为“蓺谷、栽桑、育蚕、畜牧诸事，俱有法度”[⑧]，所谓法度就是要遵循客观规律，不能肆意妄为。他主张根

---

① 《杨园先生全集·初学备忘上》。
② 《杨园先生全集·备忘一》。
③ 《杨园先生全集·备忘一》。
④ 《杨园先生全集·答张佩葱书》。
⑤ 《杨园先生全集·答颜孝嘉书》。
⑥ 《杨园先生全集·补农书上》。
⑦ 《杨园先生全集·补农书下》。
⑧ 《杨园先生全集·补农书上》。

据节令的先后，需要的缓急，天气的阴晴，“授时赴功”①，科学安排农事生产、日常交易和家庭消费品的加工等等，合理地支配人力、物力和财力。在他所制定的生产规划中，重视农业生产的多种综合经营，如农、桑、畜、副、渔并举，种稻、麦、桑、麻，植瓜、豆、果蔬，养猪、羊、鸡、鸭，还有养鱼、酿酒、腌菜、作腊等等，精心策划，充分利用资源，灵活多样。

张履祥除了制定一般性的生产规划外，还为一些亲友出谋划策，根据每个人的具体情况，因人因时因地制宜，制订最符合每个家庭情况的家庭经营规划。如他为湖州邬氏一家选择治生方案时，针对邬家劳动力弱（老母稚子）、生产资料少（田四十亩、池一方）的特点，认为按照一般人所采取的经营方式是不适当的。他的理由是，雇工耕田因给雇工报酬高而无利可图，“与石田无异”；租佃于人因地租低也获利甚少，“计其租入，仅足供赋役而已，众口嗷嗷，终将安籍”；只能自耕，但自种稻谷，“每艰于水”，“力不任耕”。这样经过权衡比较，张履祥认为邬家最适合自己条件的农业生产规划应该是，专门经营桑、豆、竹等经济作物，才能达到工时省、风险小而回报快的效益。因为“种桑、豆之类，则用力既省可以勉，而能兼无水旱之忧；竹、果之类，虽非本务，一劳永逸，五年而享其成利矣”②。

其二，强调精耕细作。明代，随着人口的大量增长，地小人多的矛盾愈益突出。当时，解决人地矛盾的一个重要途径就是提高精耕细作的水平，从而增加亩产量，来缓解人口对土地的压力。张履祥精耕细作的思想就是在这样的时代背景下产生的。他的精耕细作思想的核心就是：“百谷草木，用一分心力，才有一分成效；失一时栽培，即见一时荒落。”③ 换言之，他的精耕细作思想主要包含两个方面：一是加大对农业

① 《杨园先生全集·补农书上》。

② 《杨园先生全集·补农书下·策邬氏生业》。

③ 《杨园先生全集·补农书下》。

生产的投入，才能有更大的产出；二是农业生产要特别注意讲究农时。如种植农作物要抓好深耕通晒、施足基肥、选用良种、合理密植、精锄勤耘等一系列劳动力、肥料、良种、技术、管理等的投入。尤其要重视“接力”即施肥，“接力一壅，须相其时候，察其颜色，为农家最要紧机关”①。在注意农时方面，他特别强调抓春耕，如水稻种植“得春气，备三时也”，“三时气足则收成厚”②。除此之外，他还对农具的使用、麦子的栽培、蚕桑的管理、瓜果的种植、六畜的饲养以及轮作、复种、间作、套作的合理安排和不同耕作制度的品种搭配等等，都提出一些很有价值的见解。

其三，注重农业生产中的经济效益。张履祥治生之策的一个鲜明特点就是重视通过具体数据来计算许多农产品生产经营过程中的投入与产出，从而判断其经济效益，以期追求耗费较少的人力、物力、财力，而取得较大的经济效益。例如，他对当时每个织妇一年所生产的绢的投入与产出进行计算分析，得出每个织妇一年所生产的绢，扣除生产成本和生活费用后，可以盈利三十两，“日进分文，亦作家至计”③。又如，他对农民饲养绵羊和山羊，何者经济效益更高做了比较分析，从而用具体的数据说明：养绵羊没什么盈利，不过可以得到一些肥料，节省了一些肥料费用；而养山羊，“可抵前本而有余”④，并且也有肥料收入。更难能可贵的是，张履祥还提出在农业生产中通过循环利用来节约成本，以获取更高的经济效益。如他经过精确的计算，提出了用粮食酿酒，用酒糟养猪，用猪粪肥田，通过变废为宝，充分利用各个生产环节中的废弃物，从而达到少投入而多产出的效果。此外，他对种稻、养蚕、植树、养猪牛鸡鸭等生产项目中的劳动耗费和收益，都做了精细的核算，认为这些农业生产都可以带来一定的经济效益。

---

① 《杨园先生全集·补农书上》。
② 《杨园先生全集·补农书下》。
③ 《杨园先生全集·补农书上》。
④ 《杨园先生全集·补农书上》。

第三节　对农业生产的管理思想

一、对佃户、雇工的管理

明代随着商品经济的发展，农村的封建生产关系发生了变化。明中叶，大部分佃户对地主的人身依附都有所松弛，一般说来，今年佃耕，“明年可以弃而不种”①。江南一些地主除使用佃户、僮仆之外，还使用大量的雇工。雇工分长工、短工两种，大致情况是，雇主与长工之间还有“主仆名分”，而短工“止是短雇日月，受值不多者，依凡人论”②，即短工人身与凡人一样自由。

在这样的时代背景下，张履祥把对待佃户、雇工的管理作为其治生思想的重要内容。他把治生中佃户、雇工的管理提到与治国中任用人才一样的高度，强调“用人之道，自国与家，事无大小，俱当急于讲求”③。他说：“孟子曰：‘诸侯之宝三，土地、人民、政事。’士庶之家亦如此。家法，政事也；田产，土地也；雇工人及佃户，人民也。”④ 在此，他把治生中对佃户、雇工的管理与治国中的任用人才、管理民众相提并论，可见其对佃户、雇工管理的重视。因此，在治生活动中，如何管理佃户与雇工，就是他所关心的用人之道的主要内容。他认为农业生产和经营中最重要的内容有 3 个方面，其中之一就是对劳动力的管理：“农桑之务，用天之道，资人之力，兴地之利。”⑤

---

① 《西园闻见录》卷 40《蠲账前》。

② 《明律集解附例》卷 20《斗殴》，《明神宗实录》卷 191、194。

③ 《杨园先生全集·补农书下》。

④ 《杨园先生全集·补农书下》。

⑤ 《杨园先生全集·补农书下》。

在中国古代，一个传统的观念是富人养活穷人。如南宋叶适就认为："小民之无田者，假田于富人；得田而无以为耕，借资于富人；岁时有急，求于富人；其甚者，庸作奴婢，归于富人；游手末作、俳优技艺，传食于富人……富人为天下养小民。"① 难能可贵的是，张履祥一反传统的富人养活穷人的思想，认为地主如仅广占土地，没有佃户、雇工为之耕田交租，就不可能过上不劳而获、安享其成的寄生生活。他说"有土不能垦，贫户为之垦，垦则赋役足供，衣食足给"②，如果没有佃户、雇工的劳动，地主的生活就会失去来源，忍冻挨饿，甚至因无法向国家交纳赋税服役而遭受刑罚，连身家性命都受到威胁，"不垦赋役不能供，衣食不能给。赋役缺则刑戮加，衣食匮则寒饿至，则是豪家之命悬于贫户也"③。佃户、雇工对地主是如此重要，但在现实生活中，那些地主并没有意识到这一点，肆意对他们进行剥削掠夺，两者之间矛盾尖锐。对此，张履祥清醒地意识到问题的严重性："恃目前之豪横，陵虐劳民，小者勒其酒食，大者逼其钱财妻子，置之狱讼，出尔反尔，可畏哉!"④ 这样长此以往，必然会激化矛盾，引起佃户"怨恣载道"⑤，最终危及地主家业，造成破产败家，"其祸败可翘足也"⑥。因此，为了缓和地主和佃户、雇工之间的矛盾，使"厥业可永，子孙有赖"⑦，张履祥再三强调地主治生管理的主要任务，就是处理好地主和佃户、雇工的关系，以便更有效地选择、组织、笼络、监督佃户或雇工从事农业生产，其内容主要包括 2 个方面。

其一，挑选好佃户、雇工。他特别强调要审慎地挑选佃户或雇工，

---

① 叶适：《水心别集》卷 2《民事下》，中华书局，1960 年。

② 《杨园先生全集·赁耕末议》。

③ 《杨园先生全集·补农书下》。

④ 《杨园先生全集·补农书下》。

⑤ 《杨园先生全集·补农书下》。

⑥ 《杨园先生全集·赁耕末议》。

⑦ 《杨园先生全集·补农书下》。

认为“种田无良农，犹授职无良士也”①。在他看来，选用良农的最重要标准是“惟善为宝”②，即挑选那些老老实实，易于使唤、听话的人。这是必须坚持的首要前提条件。而那些“有才智者，害多利少，且于义未当也，总不宜多畜”③。所以挑选那些老实听话的农民比挑选聪明能干的农民为好，因为聪明能干的人十有七八有不义之心，不听使唤，容易与地主抗争，即“今之小人刁悍成风，十人之中，未必二三良善也”④。

在挑选佃户、雇工以“惟善为宝”为总标准的基础上，张履祥又具体将挑选佃户、雇工的标准分为4个等级：“力勤而愿者为上，多艺而敏者次之，无能而朴者又次之，巧诈而好欺、多言而嗜懒者为下。”⑤ 意思是那些肯出力干活、驯服听话的为上等，有技艺、比较聪明的为第二等，没有才能但老实听话的为第三等，奸诈、喜欢欺骗、花言巧语、懒惰的为下等。同时，他又指出，由于“近来农人朴心亦少”⑥，真正能达到上等标准的农民很少，因此，对挑选佃户或雇工的要求不能过高，“无求备于一人”⑦，要全面衡量，灵活考虑，总体上好就行，不能求全责备，如果那样，就无人可供选用，“不可便说无人可用，人无全好，亦无全不好”⑧。

张履祥主张在选择佃户、雇工时，必须注重平时对他们的访求考察，强调地主平时要深入农家，细心了解摸底，“访求选择，全在平时”⑨，“至其室家，熟其邻里，察其勤惰，计其丁口”⑩。这样在需要佃农的时

① 《杨园先生全集·补农书下》。
② 《杨园先生全集·补农书下》。
③ 《杨园先生全集·训子语下》。
④ 《杨园先生全集·与徐敬可书》。
⑤ 《杨园先生全集·补农书下》。
⑥ 《杨园先生全集·与何商隐书》。
⑦ 《杨园先生全集·补农书下》。
⑧ 《杨园先生全集·补农书下》。
⑨ 《杨园先生全集·补农书下》。
⑩ 《杨园先生全集·补农书下》。

候，就可以根据平时所掌握的情况，对照标准“择其勤而良者，人众而心一者，任之”①。如果不重视平时的访求考察，对佃户的底细心中没数，不能“举尔所知”②，临时选择，仓促用人，就会使人选不当，对今后管理、使用佃农不利。“平时不知择取，临事无人，何所归咎？因其无人而漫用之，必致后悔”③。对此，张履祥还主张最好选用原先租佃关系较好的佃户，彼此间比较了解，不会出大问题，让人比较放心，“惟求旧用惯之人，彼知我，我亦知彼，既无大利，终无大害，坦然任之”④。

其二，要善待佃户、雇工。张履祥认为，与佃户的关系还较好处理，而与雇工的来往则需多加留意，“与世人相交，农终易处，以雇工而言，口惠无实，即离心生”⑤。因为佃户租种地主的田地，期限较长，比较稳定，而雇工往往是短期的雇佣，稍对地主不满，即会离去。对此，他提出了对雇工要“三好”“三早”的措施：“做工之人要三好，银色好、吃口好、相与好；做家之人要三早，起身早、煮饭早、洗脚早。三好以结其心，三早以出其力。”⑥ 这就是说地主要主动、及时地付给雇工银子，成色要足，不能变相克扣工钱，“不求而与之，宜也；求而与之，斯已后矣；可令屡求而后与乎？”平时地主要稍微改善雇工的伙食，就可以借此加紧督促他们干活，“饱其饮食，然后责其工程，彼既无词谢我，我亦有颜诘之”⑦。不然，因伙食恶劣，雇工就会在生产中怠工反抗，造成“灶边荒了田地”的后果。地主应搞好与雇工的关系，要做到“在者无不满之心，去者怀复来之志。切不可乘人之急，将低作好，措少为多，使人有伤心之痛”⑧。同时，地主本身在清晨要早早起床，把饭煮好，让雇工

① 《杨园先生全集·补农书下》。
② 《杨园先生全集·补农书下》。
③ 《杨园先生全集·补农书下》。
④ 《杨园先生全集·补农书下》。
⑤ 《杨园先生全集·补农书下》。
⑥ 《杨园先生全集·补农书下》。
⑦ 《杨园先生全集·补农书上》。
⑧ 《杨园先生全集·补农书下》。

早吃饭早出工干活，而晚上收工回来，让雇工早点洗脚后上床睡觉休息，以利恢复体力，第二天好干活。另外，张履祥还主张对雇工中的“惰者与勤者”，要讲究策略，分而治之。因为如一视同仁，“则勤者怠矣”，而待遇不同，“则惰者亦能不平”，如勤劳者没有得到奖励，与懒惰者一样的待遇，那勤劳者将也变为懒惰；而如果勤劳者得到奖励，懒惰者心里也会不平衡。因此，最好的办法是暗中给勤劳者奖励，“阴厚之”，从而使“勤者既奋，而惰者亦服”①。

张履祥还主张对佃农要“以至诚恻怛之意待之”②。在佃户遇到自然灾害、疾病死丧、水火盗贼时，要减免田租，并“有所称贷，量力应之”③；如丧失劳动力而年老失所者，为田主干些杂活，“养之终其身”④；佃户遇有喜庆之事，“给米一斗”⑤；上门交租“给予酒饭”，平时有事远道而来“亦与便饭”，尤其对“行善事”的佃户要“特具酒食酬劳”⑥；需要佃户的鸡鸭瓜果时，要按时价，公平购买；佃户来地主家中效力帮忙，“仍计工值酬劳”⑦；地主对佃户中丧父母而无所依靠的年幼者，加以收养，地主家中所聘请的教师也可为佃户子弟施教；等等。总之，用儒家的仁义思想来善待佃户，从而笼络他们的感情，使其自觉地尽力为地主耕种田地，“教其不知而恤其不及，须令情谊相关如一家之人”⑧，提高佃户的劳动自觉性、积极性，以减少管理成本，获取更大的经济效益。

张履祥不赞成地主对佃户、雇工漠不关心，认为“劳苦不知恤，疾痛不相关，最是失人心之处”⑨。他更反对地主对待佃户及雇工过于残暴、

---

① 《杨园先生全集·补农书下》。
② 《杨园先生全集·与何商隐书》。
③ 《杨园先生全集·赁耕末议》。
④ 《杨园先生全集·赁耕末议》。
⑤ 《杨园先生全集·赁耕末议》。
⑥ 《杨园先生全集·赁耕末议》。
⑦ 《杨园先生全集·赁耕末议》。
⑧ 《杨园先生全集·补农书下》。
⑨ 《杨园先生全集·补农书下》。

苛虐，“今士庶之家，骄蹇呵詈，使人不堪。毋论受者怨之，自顾岂不可耻”①。反对地主对佃户、雇工任意敲诈勒索，“每存不足之意，任仆者额外诛求……必欲取盈，此何理耶?”② 他认为地主如果如此对待佃户、雇工，必然会恶化租佃关系，激化矛盾。因此，地主在治生活动中，“务以仁义固贫户”，对佃农要怀柔、笼络，这样租佃关系搞好了，“多费心力以抚御之，使其感惠而不忍耕他人之土，则永久无患矣”③。

张履祥还主张地主不要轻易退佃、换佃，“更易佃户为至不得已之策也”④。其理由是地主如用退佃、换佃的手段来加重对农民的剥削和压制农民的反抗，结果往往适得其反，不但不能达到目的，反而使矛盾尖锐化、扩大化，“今愤疾其顽而惩治之，小人不知自反，则不免弗服于心而有辞于口矣。是则不足以警顽，而余人不知其故者，反为其所鼓惑”⑤。并且，“另召耕佃，未必遂得其良”⑥。如果新佃户“物以类从”“同恶相济”，那后果会更加严重，即“益增其困，而适足以快顽梗之心”⑦。张履祥在此分析：如果地主用退佃、换佃方式来惩治那些懒惰、不听话的佃户，不但达不到警示佃户的作用，反而会激起其他佃户联合起来共同反抗地主；如果另外招人耕佃，可能会使新佃户与旧佃户也联合起来，那地主的处境会更加不妙。因此，出于对农民斗争的恐惧，为缓和租佃关系，他一再说“无大过恶，切不可轻于进退”⑧，“宽恤租户，不敢退佃”⑨。但是，对少数富有反抗精神的佃户，他认为还是要毫不留情，坚

① 《杨园先生全集·补农书下》。
② 《杨园先生全集·补农书下》。
③ 《杨园先生全集·与徐敬可书》。
④ 《杨园先生全集·与徐敬可书》。
⑤ 《杨园先生全集·与徐敬可书》。
⑥ 《杨园先生全集·与徐敬可书》。
⑦ 《杨园先生全集·与徐敬可书》。
⑧ 《杨园先生全集·补农书下》。
⑨ 《杨园先生全集·补农书上》。

决退佃、换佃，“犯上作非……不务本业者，租课虽不亏欠，其田亦行别授”①。

明代除了张履祥提出要善待佃户、雇工思想外，在一些家训提出的治生之策中，抚恤善待佃户、雇工也往往有所提及。如庞尚鹏就提出，遇到荒歉之年，佃户交租时，“慎勿刻意取盈”②。他主张：“雇工人及僮仆，除狡猾顽惰斥退外，其余堪田者，必须时丰其饮食，察其饥寒，均其劳逸。”③ 他还强调：“其有忠勤可托者，尤宜特加周恤，以示激劝。”④ 可见庞尚鹏认为，在荒歉之年，地主要求佃户交租不必一定要交足；平时地主必须注意观察佃户、雇工饮食，不能使他们过分挨饿受寒，过度劳累，对于那些忠诚、勤劳的佃户、雇工，应该特别予以周济抚恤，以此作为激励。许相卿也有类似的主张，他说：“一应臧获亦人子也，宜常恤其饥寒，节其劳苦，疗其疾痛，时其配偶，情通如父子，势应如臂指。”⑤ 也就是说地主对待佃户、雇工应该像对待自己儿子一样，不能让他们挨饿受寒，过度劳累，他们有疾病应该予以治疗，帮他们及时娶老婆，这样就能使地主与佃户、雇工关系情同父子，那么地主就很容易使唤佃户和雇工，佃户和雇工也会心甘情愿地为地主效劳。这就是“我则广吾仁心，而彼自竭其情力矣”⑥，“欲得人死力，先结其欢心”⑦。

其三，合理安排劳力、督促考核思想。霍韬认识到在农业生产、经营中选配专职管理人员的重要性。他说：“凡居家，事必有统乃不紊。故立田纲领一人，司货一人。”⑧ 纲领、司货均为管理人员，由家族中的子侄担任。其中纲领负责管理农业生产，主要职责为：“岁春初，即分田

① 《杨园先生全集·赁耕末议》。
② 《庞氏家训》。
③ 《庞氏家训》。
④ 《庞氏家训》。
⑤ 《许云村贻谋》。
⑥ 《许云村贻谋》。
⑦ 《庞氏家训》。
⑧ 《霍渭崖家训》。

工，量肥硗，号召使力耕；夏获秋获，人稽其入，储之一室；俟完入，乃咨家长，稽其勤惰。”① 由此可见，纲领负责每年农业生产的全过程，春天分配每个人的工作量，号召大家努力耕耘；夏秋谷物收获时，稽核收入，并将谷物储藏稳妥；待完全收藏好，纲领向家长报告，考核所有生产、管理人员勤惰。尔后，纲领还要将农业生产的情况，“岁会其功，第其入之数，咨禀家长，行赏罚”②。司货则主要负责窑冶、炭铁、木植等方面的经营。

霍韬不仅主张“稽其勤惰”“行赏罚”，而且规定了督促考核的标准：“凡耕田三十亩，获禾，季给人功三十”；“凡耕田三十亩，岁收亩入十石为上功，七石为中功，五石为下功”③。此外，对具体负责农业生产的管理者纲领，也要进行稽查考核，赏勤罚懒：“凡岁终，家长考纲领田事者勤惰行程，考其会计，考其出纳，考其分派工作当否，以验能否，行赏罚。”④ 这里，对耕田者的考核是以亩产量为标准，而对管理者纲领的考核是考察其办事勤惰和分派工作是否恰当，稽核财务会计出纳，然后实行赏罚。

霍韬还提出，为了使农业生产取得更好的效益，必须注意家庭成员与土地较好地结合，使土地资源得到合理的配置：“凡家中计男女口凡几何，大口种田二亩，小口种田一亩，大口百口种田二百亩，小口百口种田百亩”；“凡子侄，人耕田三十亩……年二十五受田，五十出田”；“凡耕田三十亩，如力不任耕，或志在大不屑耕，听自雇人代耕，考功最”⑤。同时他还主张人员的兼职，充分挖掘人力资源：“司窑冶者犹兼治田，非谓只司窑冶而已……司木、司铁亦然。”⑥

---

① 《霍渭崖家训》。

② 《霍渭崖家训》。

③ 《霍渭崖家训》。

④ 《霍渭崖家训》。

⑤ 《霍渭崖家训》。

⑥ 《霍渭崖家训》。

许相卿强调在家庭农业生产管理中，管佃、收租等重要环节“须主人亲自细检”“亲自查算”，“须主人心目一一经历酌量，延访处置”①。在日常的经营管理中，要做到“程督必详，勤惰必察”，“因时访问稽查”②；对不同农活，还要“择人分任，置籍计功”③，根据监督考核的情况有赏有罚。

庞尚鹏也强调在家庭农业生产管理中，地主本人及其子弟“要亲身踏勘耕管，岁收稻谷及税粮徭差，要悉心磨算”，因为“若畏劳厌事，倚他人为耳目，以致菽麦不辨，为人所愚，如此而不倾覆，吾不信也”④。地主本人或其子弟亲自参加管理，就能对农业生产情况了解，不至于被人欺骗、愚弄。庞尚鹏对农业生产管理的目标是要达到人地潜力的充分发挥“人无遗力则地无遗利。各派定某管某处，开列日期，不时查验，毋令失业”，“各考其成，某人种某处，某人种某物。随时加察，以验勤惰”⑤。

二、霍韬、许相卿、庞尚鹏等的农业生产经营管理思想

霍韬、许相卿、庞尚鹏与张履祥一样，也重视农业生产，他们把农作为本业，为民生第一务，把“力农”“亲农事”作为地主或子弟们“守家”“起家”“资身”“立身”之本，主张地主或子弟们要亲自参加农业生产和经营管理。如霍韬就主张“务农力本……本家子侄兄弟入社学，耻力田……初犯责二十，再犯责三十，三犯斥出，不许入社学”，“凡子侄必责之力农，以知艰苦；必严考最，以别勤惰贤不肖”⑥。霍韬是用严厉的惩罚手段督责子弟必须力农，把子弟是否力农作为衡量他们勤、惰和

① 《许云村贻谋》。
② 《许云村贻谋》。
③ 《许云村贻谋》。
④ 《庞氏家训》。
⑤ 《庞氏家训》。
⑥ 《霍渭崖家训》。

贤、不肖的标准。许相卿把务农置于各种社会经济活动中的最高地位，认为地主本人亲自“悉课农圃”，是“民生第一务”①。庞尚鹏也指出，必须教育子弟“亲农事”，才能使其“思祖宗之勤苦，知稼穑之艰难，必不甘为人下矣”②。

在具体从事农业生产、经营中，庞尚鹏也主张多种经营，除了对耕田栽种谷物进行管理外，还费心筹划、经营养鱼、种菜、植果树，用柴草等。他提出“池塘养鱼，须要供粪草，筑塘墙；桃李荔枝，培泥铲草”，“柴用耕田稻草，如不足即于收获时并工割取，用船载回”，“菜蔬各于园内栽种，分畦浇灌”③。

许相卿在合理安排农业生产的基础上，提出了精耕细作的要求：“风土气候必乘，种性异宜必审，种植耕耨必深，沃瘠培灌必称，芟草去虫必数，壅溉修剪必当必时。”④ 他的精耕细作具有初步的系统论思想，即包括必须利用好土壤、气候条件，审慎辨别种子是否适合种植，耕耨土壤一定要深，施肥、培灌一定要恰到好处，芟草、去除害虫要做到心中有数，对农作物壅溉、修剪一定要掌握好时候。

在农业生产中，土地是最重要的生产要素之一。在明代，地主土地私有制有了更充分的发展，霍韬、许相卿、庞尚鹏等都认识到田产的重要性，主张要加强对田产的管理。霍韬认为，如果地主不关心自己田产的经营，不亲自了解和过问，“而坐食租入，久则田业消乏，求为人奴不可得”⑤。许相卿则更具体提出对田产管理的措施，“家传田地山林界限”，务必要“总立户簿”⑥，亲自掌管，以做到心中有数。庞尚鹏把“亲身踏勘”土地田产列为家庭经济管理的一项重要内容，并极力反对家庭成员

---

① 《许云村贻谋》。
② 《庞氏家训》。
③ 《庞氏家训》。
④ 《许云村贻谋》。
⑤ 《霍渭厓家训》。
⑥ 《许云村贻谋》。

中有人分割、变卖土地等财产，“有故违者，声大义攻之，摈斥不许入祠堂”①。

霍韬、许相卿、庞尚鹏等一方面竭尽维护自己的田产，防止被人变卖、兼并，另一方面也反对以“非义”的手段吞并、占有别人的田产，尤其是反对兼并邻近的田地。霍韬反对“放债准折人田宅”，认为这是“非义置田土”②。许相卿强调说，“勿以非义求其足”，“邻田接畛却毋设心计取”③。庞尚鹏也认为：“田地财物，得之不以义，其子孙必不能享。”④ 沈鲤教育子孙的“垂涕衷言”是：“田已多而务广，强之鬻，不出其本心，与之直，不合乎公道……多藏者亦复厚亡，室虽广而不得宁居，田虽多而不能安享。”⑤ 他在此提出的以“合乎公道”的价格购买田产的思想，在明代家训中是屡见不鲜的。姚舜牧甚至主张不仅在买进土地时要做到“价用足色足数，不可短少分毫”⑥，而且提倡“增价”购买邻近的田产。他的理由是“今旁近去处或有来售，应买者宁畛多价与之，使渠可无后言”⑦。曹子汴也主张：“其邻欲售之者，辄再倍其直，于是售之者若不及。”增价购买邻近的田产，其目的是防止日后卖主反悔或引起田产纠纷。

在古代农业生产经营中，由于科学技术的限制，生产水平难有质的飞跃，因此，古代要发展农业生产，很重要的途径是多投入劳动力或节省开支，这导致中国古代历朝勤于农作、俭以持家的思想在民间十分广泛深入，明代也不例外。在明代家训所提出的治生之策中，勤和俭处于

① 《庞氏家训》。
② 《霍渭崖家训》。
③ 《许云村贻谋》。
④ 《庞氏家训》。
⑤ 沈鲤：《垂涕衷言》，转引自张又渠《课子随笔》卷1。
⑥ 《药言》。
⑦ 《药言》。

核心或枢纽的地位①。许多人都认为，勤俭对家庭的兴衰成败具有关键性的重大影响，对家庭经营管理的具体措施、方法起着决定性的指导作用。霍韬就指出“家之兴，由子侄多贤；家之败，由子侄多不肖。子侄贤不肖，莫大于勤惰奢俭”，“守家惟勤与俭，由为庶人、为士、为大夫卿佐，道则不同，本诸勤俭一也”②。许相卿强调：“须勤俭资身以免求人。”③庞尚鹏指出：“勤俭……最为立身第一义，必真知力行。”④ 姚舜牧认为：“一生之计在于勤，起家的人，未有不始于勤而后渐流于荒惰……起家的人，未有不成于俭而后渐废于侈靡……居家切要在勤俭二字。”⑤《温氏母训》说：“六口之家，能勤能俭，得八口资粮，便有二分余剩，何等宽舒，何等康泰。”⑥ 总之，勤与俭是立身立家的根本，坚持勤与俭就能起家、守家，流于惰与奢就会败家、毁家。

霍韬、许相卿、庞尚鹏在农业生产经营、家庭生活开支中提出统筹规划，量入为出，重视积贮，以备凶荒以及用之有节、精打细算和注意簿记的管理作用等思想，保障了家庭农业再生产的正常进行。

霍韬在家训中规定，负责农业生产的纲领，每年年底都要将收支情况、盈余情况等等，上报家长，以便下一年的统筹规划。“岁终，纲领田事者，会计一岁入若干，岁出若干，羡余若干，预备若干，咨禀若干。元旦集众，申明会计，乃付下年纲领田事者收掌。”⑦ 霍氏家族将农业生产收入分别存入各仓，分门别类地用于各项支出。“凡纲领田事者，岁验耕获，储之一仓，以给家众口食。”“凡佃人租入，储之一仓，以供赋役。

① 赵靖：《中国经济思想通史》（第 4 卷），北京大学出版社，1998 年，第 456 页。

② 《霍渭崖家训》。

③ 《许云村贻谋》。

④ 《庞氏家训》。

⑤ 《药言》。

⑥ 《温氏母训》。

⑦ 《霍渭崖家训》。

又储一仓，以备凶荒赈给。又储一仓，以供粢粜，供祭祀。”[1] 对于各仓所需储备量，霍氏家族都做了测算：“凡租入，预计税粮岁需几何，民壮岁几何，水夫岁需几何，均平徭役十年之需，一年几何，皆预储以备。”[2]“凡佃人租入百石，别储二十石备凶荒。”[3]

许相卿推崇南宋陆九韶的一段话：“今家计亦当量入为出，然后用度有准，丰俭得中……子孙可守。”[4] 许相卿把这段话和陆氏提出的日常生活的具体方案抄录于家训之中，作为许氏家族持家的规定，“每岁约计耕桑蓺畜佃租所入，除粮差种器酒醋油酱外，所有若干以十分均之，留三分为水旱不虞……七分均为十二月，有闰加一，取一月约三十分，日用其一”，“留三分为水旱不虞，专存米谷，逐年增仓……所谓存十之三分者不能则存二分，不能则存一分亦可……不然一旦不虞，必遂破家矣”[5]。许相卿持家以自先秦以来的量入为出为指导思想，把每年全家的收入分为十分，留其中三分以备水旱荒年，然后将七分再均分于十二个月开支。如果年成不好，无法从十分中留三分备荒，那就留存二分或一分，总之，都要留存一点备荒，否则一旦遇到水旱荒年，必然会使家业破败。庞尚鹏在《庞氏家训》中所制订的家庭开支规则是“每年计合家大小人口若干，总计食谷若干，预算宾客谷若干，每月一次照数支出，各令收贮……其支用谷数仍要每次开写簿内，候下次支谷之日，查前次有无余剩若干，明白开载查考”，“每年通计夏秋税粮若干，水夫民壮丁料若干，各该银若干，即于本年二月内照数完纳，或贮有见银，或临期粜谷，切勿迁延”。庞氏家族也很重视在规划开支时必须留贮余粮以备灾荒，告诫子孙切勿遇到灾荒再临时抱佛脚，应该在平时就注意积贮以防患于未然，万万不能遇到灾荒向人借高利贷，那离家业荡覆已不远了。庞尚鹏告诫

① 《霍渭崖家训》。
② 《霍渭崖家训》。
③ 《霍渭崖家训》。
④ 《许云村贻谋》。
⑤ 《许云村贻谋》。

子孙，“租谷上仓，除供岁用及差役外，每年仅存十分之二，固封积贮，以备凶荒。如出陈易新，亦须随宜补处”，“预算积贮，以备应用。若待急迫而后图之，或称贷于人，则荡覆无日矣”①。

中国古代由于生产力水平的限制，物质总体说来还是比较匮乏的，即使是拥有一片田产的中小地主，如果不遵循用之有节、精打细算的原则，生活奢侈无度，也难逃家业破败的命运。因此，要保住家族的一份产业，节俭是很重要的。霍韬在家训中就分析了“末俗尚浮，以侈相高”的家庭生活所带来的“败身”“灭族”的严重后果：“凡人家居，久则衰颓。由习尚日侈，费用日滋，人竞其私，纵恣口腹，逾礼日甚。得罪天地，积致罪殃，小则败身，大则灭族，不可不畏。”他向家人敲起警钟：“凡我兄弟子侄，服食器用已有定式，只许量议撙节，不许增添毫发，以长侈风，败我家族。”基于这种思想，他具体提出了在衣布、酒醋、会膳、冠婚、器用等方面的节用要求：“凡男子未四十，不许服纱罗段绫”；“会膳日许肉食，非会膳日、复非宾至，不许肉食”；“凡会膳，三十以上乃用酒，三十以下不许饮酒……三十以下不许精白米”；“凡男二十而冠，给冠帽银五钱，绢衣一领”；“生员许擎尺五寸雨伞，非生员举人，出入不许用仆人执伞”②。

许相卿则强调节俭对于治家、保家的重要性：“若身节用，稍存赢余，然后家可长久。”因此，他也主张在日常生活中要厉行节俭：“早晚菜粥，午食一肴。非宾、祭、老、病不举酒、不重肉。少未成业，酒毋入唇，丝毋挂身”；“器用但取坚整，舟舆鞍辔但致远重，勿竞雕巧绚丽，以乖素风。”③

庞尚鹏提倡“以俭约为贵”，“尺帛半钱不敢浪用，庶几不至于饥寒”。他在家训中制订了不少“禁奢靡”的规定：“子孙各要布衣蔬食，惟祭祀宾客之会，方许饮酒食肉，暂穿新衣，幸免饥寒足矣”；“亲戚每

① 《庞氏家训》。

② 《霍渭崖家训》。

③ 《许云村贻谋》。

年馈问多不过二次，每次用银多不过一钱”；“亲友往来，拜帖、礼帖、请帖、谢帖，俱单柬，不用封筒”。他还在节省日常生活费用上精打细算，如要求家人以稻草为柴，认为“若用银买柴，必立见困乏，岂能常给乎?”又如他主张利用“家有余地”种菜蔬，以供日常之用，不赞同“买菜给朝夕”，批评说：“彼冗食者何事乎?”①

从以上霍、许、庞在家训中的有关节俭规定可知，即使是较富裕的官僚地主家庭，平时对族人食衣行方面的节俭要求也是比较严格的。如不到三四十岁的年龄，不许饮酒、穿纱罗缎绫等丝织衣服；平时不吃肉，只有年节、会膳之时才允许吃肉；出门乘舟骑马只要求能走远路就行，不要追求装饰上的精巧华丽；日常开支能省则省，如请柬不用封筒，为节省买柴的钱以稻草当柴，为节省买菜的钱自己种菜等。

明代家训都比较注意簿记在家庭经济管理中的作用。如霍韬提出：“有田则有粟。粟入有储，聚之于公，以稽岁入；散之于用，以稽岁费。不可无统纪。”② 这里所谓稽核岁入、岁费，就是审查、核对簿记、实物等，因此，簿记在家庭农业生产、消费中是不可缺少的。许相卿更具体地主张，对租债、杂货、积贮等收入，既要“总立家储簿”，又要各项分立账簿；同时对宾师、婚丧、修造等支出，也要“每年立家用簿”③。可见，在家庭经济管理中，必须根据管理对象、内容的不同，分别设置不同的簿记予以记录、审核，并且根据簿记功能的不同，已有总簿、分项簿的区分。庞尚鹏在家训中也把家庭经济管理簿记分成 3 种，但他划分的依据与许相卿不同。其划分的 3 种是：岁入簿一种，岁出簿分公费簿、礼仪簿两种；其记录钱谷收支方法是按时间顺序登记，岁入簿每两个月结账一次，“量入为出，务存盈余”，岁出簿每一个月结账一次。其具体规定是“置岁入簿一扇。凡岁中收受钱谷，按顺月日，逐项明开，每两月结一总数；终年经费，量入为出，务存盈余，不许妄用”，“置岁出簿

① 《庞氏家训》。

② 《霍渭崖家训》。

③ 《许云村贻谋》。

二扇。一扇为公费簿，凡百费皆书；一扇为礼仪簿，书往来庆吊、祭祀、宾客之费，每月结一总数于左方，不许涂改及窜落”①。明代家训之所以在家庭经济管理中重视簿记，其原因是“懒记账籍，亦是一病。奴仆因缘为奸，子孙猜疑成隙，皆繇于此”②。这就是如果家庭收支等经济活动，没有在簿记中记录清楚，奴仆就会乘机弄虚作假、营私舞弊，而子孙之间也会互相猜疑。

第四节　经商思想

中国古代在重农抑商、重农贱商思想占主导地位的时代背景下，经商思想不为人们所重视，甚至被人鄙视。因此，在先秦诸子百家中，就没有专门的商人之学，在浩如烟海的传统文化典籍中，商业文化典籍至为稀少。就传统商业文化典籍而言，除西汉伟大史学家司马迁《史记·货殖列传》外，作为专书、专篇，在明清以前几乎是一片空白。只有随着明中后期商业的繁荣，资本主义萌芽的出现，才催生了一些人讲求经商术。他们效法《货殖列传》所载的陶朱公（范蠡）、白圭等人的经商之道，在实践中不断丰富和发展。有少数人还将在经商中的一些经验、方法、思想编写成书，在商业领域之中传抄流播。据今人收集统计，明清商书，从广义上讲包括商人日用通书、商业交通路程书、商业训诫之书等，现存近二十种③。其中记录经商思想的书系明代人编写的有两种较有价值：一是明代徽商程春宇编撰的《士商类要》，二是明代闽商李晋德编撰的《客商一览醒迷》。以下笔者根据有限的所见典籍中的记载，对明代经商思想做一初步介绍。

① 《庞氏家训》。

② 《温氏母训》。

③ 贾嘉麟等：《商家智谋全书》，中州古籍出版社，2002年，《前言》第3页。

一、不惟任时，且务择地

古代商人买卖商品时非常注意选择时机，先秦著名商人范蠡和白圭将其总结为“与时逐”“乐观时变”的经营原则。如古代商人会依据岁星将要到达的方位，来推测农业生产的丰歉，从而预测市场在近期和远期的变化，以及市场价格的涨落，以决定购进什么，贮存什么，以备将来之需，并制定买卖策略。《士商类要》指出：“如贩粮食，要察天时。既走江湖，须知丰歉。水田最怕秋干，旱地却嫌秋水。上江地方，春播种而夏收成。江北江南，夏播种而秋收割。若递（逢）旱涝，荒歉之源。冬月凝寒，暮春风雨，菜子有伤。残夏春秋，狂风苦雨，花麻定损。小满前后风雨，白蜡不收。立夏之后雨多，蚕丝有损。春后严寒风雪，桐油定贵。端午晴明雾露，桕子必多。北地麦收三月雨，南方麦收要天晴。水荒尤可，大旱难当。荒年艺物贱，丰岁米粮迟。黑稻种可备水荒，荞麦种可防夏旱。堆垛粮食，须在收割之时。换买布匹，莫向农忙之际，须识迟中有快。”① 程春宇之所以在此向商人讲述时令、气候变化对农业的影响，其用意在于：一是时令、气候的变化会影响农作物收成的丰歉，而农作物的丰收、歉收则直接决定其价格。如“荒年艺物贱，丰岁米粮迟”，其意就是饥荒的年份，人们连吃都吃不饱，哪有余钱、闲情去购买工艺品享受。因此，工艺品无人购买，价格就会跌落，而在丰收年景，粮食产量增加，价格就会低落，不易出卖。又如“春后严寒风雪，桐油定贵”，即遇到立春以后依然严寒，风雪过多，桐油收成不好，价格就会腾贵。二是时令、气候的变化会影响农作物的质量，进而影响价格的高低。如“冬月凝寒，暮春风雨，菜子有伤。残夏春秋，狂风苦雨，花麻定损”，“立夏之后雨多，蚕丝有损”。冬季严寒，春末又多风雨，蔬菜生长就会不好；夏末、春天、秋天，如果狂风呼啸，雨水过多，棉花、麻类植物必定会受到损害；立夏之后雨水太多，蚕丝质量就会受到损害。

① 程春宇：《士商类要》，载贾嘉麟等《商家智谋全书》第 27 页。

不言而喻，气候不好会影响农作物的质量，从而使它们的价格降低。三是收购农产品时必须选好时机。如“堆垛粮食，须在收割之时。换买布匹，莫向农忙之际，须知迟中有快”。囤积粮食，必须在收成时购进，因为这时粮价很低；购买布匹，则不能选择农忙之时，因为这时妇女没有时间织布，必须选在农闲之时购买，这时是妇女织布的季节。总之，购买农产品必须知道迟中有快，越是在价低货迟时积累的货物，就越能在价高货快时大量倾销，获取巨利。

从古到今经商赚钱的重要途径就是从时间、空间的差异来获取利润，上述“与时逐”“乐观时变”是通过不同时间的差价来赚钱，这就是“任时”；而“且务择地”“且惟择地”则是通过不同地区的差价来赚钱。明代商人认识到贩卖农作物必须选择农作物的产地，这样才能收购到物美价廉的农产品，从而贩运到其他地区以赚取尽可能高的利润，并且可以使这些农产品尽快脱手，不因质量不好而滞销：

> 欲贩芝麻、菜子，须询油价何如。南河蓝麻、海北黄麻为最，连稍油估五十斤。马头、滕县红麻，泇口、峄县白麻为次，也看四十七八。惟五河以下，小河、一队、房村左右者，俱是低麻。所喜者，饱满寡净无黄稍。所恶者，有细土，株有叶缠。不嫌陈盧缁色，最怕土热黄尖。河南菜子，高者三十六七。长江好者，也有三十四五。所贵者，老干净润。所贱者，嫩盧瓜稜。①

程春宇认为，经营长途贩运贸易的商人，如果想贩运芝麻、菜子之类的油料作物，就必须事先做好市场调查，了解各地的油料作物的质量和价格，这样就能购买到质量好、价格低、性价比高的油料作物，贩运到各地销售，从而获取尽可能高的商业利润。

明代商人遵循“不惟任时，且惟择地”的原则，从而获得商业上的成功。如山西商人张四维说：“善贾必相时度地，居物而擅其盈。”② 山西

---

① 《士商类要》，载《商家智谋全书》第56页。

② 张四维：《条麓堂集》卷23，上海古籍出版社影印《续修四库全书》，2002年。

蒲州商人王海峰，审时度势，决定在人们不愿意去的长芦盐区经商，终于成为这一盐区的富商。张四维就称赞说："海峰王公者，雄奇人也……胸中有成筹，人所弃我则取之，人所取我则去之。"① 歙县商人程季公在决定经商之前，就"东出吴会，尽松江遵海走淮扬，北抵幽蓟"以了解"万货之情"②。明末休宁商人汪心如"东抵东粤，北走燕京，凡征歉物转之必盈之，征贱物转之必贵之，所至操奇有声"③。汪心如的经商之术就是充分利用各地区之间商品的差价，通过长途贩卖，终于发财致富。歙县商人黄豹，曾"挟资以游荆襄南楚，堇堇物之所有，贸迁而数致困。公欲更其业，诸贾人慰留之。公曰：'嗟乎！昔蜀（卓）氏处葭萌，葭萌地狭薄，不足以致富，更业汶山之下，富拟人君。若久居荆襄，是长贫耳。'于是犨其资斧之淮南。淮南，东楚都会之地，鱼盐之饶。公绝机诈，一为廉贾。久之，一年给，二年足，三年大穰，为大贾矣"④。黄豹早年经商，因选错了地方，局限在荆襄南楚贸易，致使几次亏本失败。后来受到西汉卓氏迁居经商而致富的启发，改往淮南经商，凭借当地鱼盐之饶及诚信经营，最后终于成功，成为富商大贾。

二、静观盈缩，善察低昂

明代商人遵循"人弃我取，人取我予"的营销策略，把握商品价格变化的规律，在商品价格低的时候，大量购进该商品，等待原先预测商品价格升高的时机到来之时，迅速将商品脱手，从而获取巨大的商业利润。明代闽商李晋德就认为，一个优秀的商人必须具有这种能力："涨跌先知，称为惯手；壅通预识，可谓智人。作牙作客，能料货之行与不行，逆知价之涨跌，而预有定见，是为真老成也。"⑤ 这就是说，作为商人，

① 《条麓堂集》卷21。

② 《太函集》卷52《明故明威将军新安卫指挥佥事衡山程季公墓志铭》。

③ 《休宁西门汪氏宗谱》卷6。

④ 歙县《竦塘黄氏宗谱》卷5《明故处士黄公豹行状》。

⑤ 李晋德：《客商一览醒迷》，载贾嘉麟等《商家智谋全书》第148页。

如对货物价格的涨跌能够有所预见，可以称作是“惯手”；对于货物的滞销和畅销能够有所预料，可以称作是“智人”。无论作为经纪人还是客商，如果能够预料货物是否有销路，预知货物价格的涨落，从而事先预见，决定取舍，这就是真正老成练达的商人。

明代徽商程春宇则更具体详细地对静观盈缩、善察低昂做出诠释，提出了在具体经商实践中如何操作：

> 当穷好处藏低，再看紧慢。决断不可狐疑。货贱极者，终虽转贵。快极者，决然有迟。迎头快者可买，迎头贱者可停。《道德经》云：“欲贵者以贱为本，欲高者以低为本。”价高者只宜赶疾，不宜久守，虽有利而实不多，一跌便重。价轻者方可熬长，却宜本多。行一起而利不少，纵折却轻。堆货处，要利于水火。卖买处，要论之去头。买要随时，卖毋固执。如逢货贵，买处不可慌张。若遇行迟，脱处暂须宁耐。货有盛衰，价无常例。放账者纵有利而终久耽虚，无力量一发不可。现做者虽吃亏而许多把稳。有行市得便又行。得意者，志不可骄，骄则必然有失。遭跌者，气不可馁，馁则必无主张。买卖莫错时光，得利就当脱手。①

程春宇认为，商人经营贸易要做到静观盈缩，善察低昂，必须注意 3 个方面：一是要把握好价格涨跌的时机进行买卖。商人经营贸易，在买卖处于最高峰的时候要有所收敛，退一步稳住阵脚，再看行情变化。决策要果断，不可游移不定。货物价格跌到最低点时，最终就会再向上回升。最紧俏的商品，也一定有滞销的时候。遇到货物畅销时，就可购买；遇到货物跌价时，就要停止。老子《道德经》上说：“要想贵就要以贱为根本，要想高就得以低为基础。”价格高涨的货物只能尽快出手，不应该握在手中坐等更高的价钱，虽可能会获一时之利，但一旦折本，将损失惨重。价格低廉的货物可以长时期不出手以待高价，但只适合资本雄厚的商人；行情一旦见好就会盈利不少，即使经营不当折了本也损失不大。

---

① 《士商类要》，载《商家智谋全书》第 28 页。

如果遇到货物价格高涨，也不要慌忙争抢购买；如果遇到货物价格跌落滞销，卖货也要暂时隐忍一段。货物有余缺盛衰，价格也有高涨低落，没有常例。二是买卖时要注意货物存贮、交通状况等。堆积货物的地方，要有利于排出积水和防止火灾，货物如遭水灾侵害，将损失惨重，甚至血本无归。买卖交易的地方，要看交通状况。交通便利的地方，人流量大，货物容易销售。三是商人经营贸易要做到胜不骄、败不馁，见好就收。生意场上，成功得志的人，不可志骄意满，骄傲必定会使自己失去警惕、审慎之心，最终有所损失；亏损折本的人，也不可气馁，一旦气馁就会不知所措。买卖应该争分夺秒，莫失良机，得利时就迅速脱手，既加快资金周转，也免于折本，蒙受更大的损失。

明代不少商人就是遵循静观盈缩、善察低昂的原则，看准商品贵贱的时机，迅速采取商业行动，从而取得成功。如徽州商人汪拱乾“精会计，贸易于外者三十余年，其所置之货，皆人弃我取，而无不利市三倍”①。又如歙县商人黄存芳，“甫弱冠，即能与时俯仰，握计然之划，数年遂累千金……审积著，察低昂，择人而任时，故财货日振，致资累万”②。上引徽商程春宇对“静观盈缩，善察低昂”的丰富与发展，可能就是对徽州商人“善识低昂，时取予，以故贾之所入，视他郡倍之”③ 实践的总结和理论上的升华。

三、无敢居贵，甘为廉贾

司马迁在《史记·货殖列传》中就指出“贪贾三之，廉贾五之”，意思是说，在商业经营中，不要贪图过高的利润，而应是薄利多销，积少而成多，薄利多销的商人往往容易获得更大的利润。明代闽商李晋德对这一理论又有所丰富、发展：

---

① 钱泳：《登楼杂记》，见谢国桢《明代社会经济史料选编》中册，福建人民出版社，2004 年，第 100 页。

② 歙县《竦塘黄氏宗谱》卷 5《东庄黄公存学（芳）行状》。

③ 康熙《徽州府志》卷 2。

厚利非我所利，轻财方是吾财。经营贸易及放私债，惟以二三分利息，此为平常无怨之取。若希七八分利者，偶值则可，难以为恒。倘存此心，每每欲是，怨丛祸积，我本必为天夺而致倾覆也。①

在此，李晋德认为：如果经商、放贷贪得无厌，追求厚利，反而非我之利，无法获得；只有轻财好义，尚德诚信，才可以获取钱财。经商贸易以及放贷私债，只可以赚取三分利润为宜，这才是比较公平正常、不致招怨的取利原则。如果想获取七八分的利润，偶然遇到这样的事情还可以，但难以长久。倘若存有此心，每次都想如此，那么长此以往，怨恨丛集，祸患积聚，其资本必定为上天所夺，从而导致倾家荡产。李晋德不仅从纯商业经营贸易的角度，认为薄利多销容易获得更大的利润，而且还从道德的层面认为，赚取三分利润是比较公平正常的，是尚德诚信的；如果想赚取七、八分的利润，那是贪得无厌，是不道德的，最终只会招致众人对你的怨恨，而带来祸患，导致倾家荡产。

明代陕西三原商人马仲迪在经商中“初从故业力田，已贾蜀，务完物，无饰价，无敢居贵，诸贸易至者，知不知，无不人人交欢公”②。由于“无饰价，无敢居贵”，在同行中赢得了信任，原来认识的或不认识的人，都同他关系密切，相处很好。他通过不欺和廉价的经商行为，建立了良好的社会关系网络，毫无疑问，他的商业活动必然会取得成功。

四、务备完物，了无息币

“务完物，无息币”是范蠡经商的一条重要原则。“务完物”指商品买卖中注意货物的质量，务使经营的货物质量上乘、保持完好。“无息币”是指商人不要让货币滞留在手中，而要使其在不断流通中增值。商人要使商品能不断地买进卖出，就必须重视商品质量，只有质量好的商品才容易畅销。商品畅销，意味着资金周转速度加快，商人获得的利润

① 《客商一览醒迷》，载《商家智谋全书》第 197 页。

② 《士商类要》，载《商家智谋全书》第 57—58 页。

随着资金周转次数的增加而提高。商人要取得利润，就要不断买进卖出，这个过程中断了，商业利润也就没有了。

明代商人懂得经商的这一重要原则，因此十分注意辨别所经营货物的质量。如徽商程春宇在《士商类要·杂粮通论》中谈到，在从事贩粮贸易时必须仔细辨别各种粮食的质量，并注意将其保存好。这样才能使销售的粮食因质量好而畅销，并能售出高价格：

糙米须看糠之粗细，皮之厚薄，开手软硬，谷嘴有无；再看颗粒饱满、干硬无稻者为高。有匾碎软、有稻者勿买。饭米最嫌者，老艮身热，稗子拖枪。糯米所贱者，阴杂花斑，断腰尖细。上江早米，竹芽籼好于乱亡籼。无锡晚米玉色，别处俱是白脐。大麦饱有青白色、无须寡净者为良，细有长芒盧黄者为贱。小麦清深皮厚者，面少；饱有皮薄者，面多。堆晒须是伏天，若经秋风，多蛀。堆米之仓，不宜堆麦；堆麦之仓，不宜堆米。若要堆垛，预先打扫干净，着板靠壁，须换新席贴铺，平中淋一尖顶，用草厚盖，方得新鲜。四、五月出仓者，有二升之涨，六、七月出仓者，有三升之亏。①

商人在贩卖粮食中，为了保证所销售农作物的好质量，不仅在购买时要仔细鉴别农作物的品相，以判断农作物质量的好坏，而且收购到手后，还要科学、妥善保存，才能使农作物不受损害，并保持其新鲜度，最终销售时才能赢利。程春宇认为，贩卖粮食单辨别农作物品相、质量和妥善保存还不够，还要注意其产地以及在什么时候销售最合适：

菉豆全青者皮厚，取芽菜最高；蜡皮者皮薄，洗真粉第一。黄豆无灰土、肥圆寡净、精神沉重者，多油；青花黑杂、有匾毛衣、土珠、破损者，油少。胶州青，南京盛作。丹阳青，过塘便宜。黑豆一窠蜂，快在上马料之月。藜豆花斑石，行于豆饼燥之年。襄豆圆大色光润，带胭脂瓣者多腐。陈豆色浑白，咬开瓣儿通红者，无油。如堆垛者，须要晒干，潮则盧白，惟稻米、芝麻、菉豆还可熬

① 《士商类要》，载《商家智谋全书》第57—58页。

> 长，二麦、黑豆、菜子不耐久垛。卖豆莫胜于瓜洲，稻谷芜湖上路位，芝麻、菜子又让高邮，米麦杂粮枫桥去广。大略概言其旨，买卖见景生情。①

程春宇在此指出，贩卖豆类作物除鉴别品相、判断质量外，还要注意产地和销售地，如胶州的青豆，在南京地区很畅销；丹阳的青豆，过了太湖就价格便宜了。贩卖豆类作物没有比瓜洲最好的去处了，而贩卖稻谷最好的去处则是芜湖以西地区，芝麻、菜籽则最好去高邮地区，米麦杂粮则要数枫桥以南。而且，有的豆类的销售还有旺季、淡季之分，如黑豆的行销犹如一窠蜂，只在上马料之月最为热销；藜豆色如花斑石，在豆饼干燥的年份最为热销。

正因为贩卖货物必须具备精到的辨别货物品相、质量的能力，而且还要对货物的产地、销售地以及销售旺季、淡季了如指掌，因此，程春宇告诫经商之人："不识莫买，在行莫丢。平昔生意，惯熟货物，虽然利微，亦或遇而不遇，切不可轻易丢弃，改换生理，暴入别行，而货物真假未必全识，价值低昂难以逆料，以致倾覆财本，大有不可量也。然作客贩货，宜固守本行为是。"② 这就是经商之人对不了解的货物不可轻易买进，应当固守自己的本行，不可轻易舍弃。自己平常所从事的生意，熟悉的货物，虽然利润微薄，甚至有时可得、有时不可得，但切不可轻易丢弃本行，改换生计的道路。突然进入别的行业，对货物的真假好坏未必能够了解，价格的高低变化也难以意料，以致造成倾丧钱财、亏折货本的结果，不堪设想。因此，客商从事贩运贸易，应当以固守本行为是。

对于"无息币"思想，程春宇从另一个角度做了简略表述："夫人之于生意也，身携万金，必以安顿为主。资囊些少，当以疾进为先。"③ 他认为商人做生意，如果身带万金，资本雄厚，就一定要谨慎稳妥，待时

---

① 《士商类要》，载《商家智谋全书》第 58 页。
② 《士商类要》，载《商家智谋全书》第 52 页。
③ 《士商类要》，载《商家智谋全书》第 25 页。

而发，以获大利；如果囊中羞涩，资金不足，就应当加速周转，频繁交易，以快取胜。

明代商人在具体经商实践中也注意遵循“务完物，无息币”的原则，使贸易不断取得成功，发家致富。如上引陕西三原商人马仲迪在四川经商时就很讲究商品质量，“已贾蜀，务完物”。洞庭商人徐三函，“得微息辄出，速输转无留货，以是获利恒倍”[①]。这里，马仲迪是通过讲求商品质量而使货物畅销，从而加快资金周转，而徐三函则通过薄利多销来加快资金周转，两人殊途同归，最终都是达到获取更大利润。

五、知人善任，应对自如

司马迁把范蠡的经营之道，归结为“择人而任时”，择人比任时对商业成功更具有重要意义。范蠡的择人可能主要指的是选择自己手下的伙计或合伙人。明代的商人则认为经营之道不仅要选好手下的伙计或合伙人，而且还特别重视经商中必须选对经纪人（即牙人、牙侩等）以及与自己发生贸易关系的商人。总之，经营商业的一个重要特点是必须同各种各样的人打交道。因此，如何正确无误地了解一个人，然后加以任用或与之发生各种钱物交易关系，是使商业活动正常有序进行的关键。相反，若对一个人缺乏了解，盲目加以任用或与之发生各种钱物交易关系，就很难使商业活动能正常有序地进行，甚至会遭到对方的坑蒙拐骗，人财两空。明代闽商李晋德就认为：“交接非人，虽万金无足论有。朋友者，伙计者，不独通财，而身家百尔所系。与其高者吾亦高，与其低者吾亦低，如形处鉴，美恶因之。交结苟非良人，导我于不善，虽万金易败，安得云乎有哉?”[②] 可见，李晋德把经商交友任人看作是头等重要的事，如果结交共事的不是诚实可信的人，即使有钱万贯也不足以称得上富有。商人结交朋友、任用伙计，不只是合伙通财，共同经营，而且关

① 乾隆《消夏湾石氏家谱》卷4《徐府君子开传》。

② 《客商一览醒迷》，载《商家智谋全书》第115页。

系到自己的财产事业、身家性命。与品行高尚、才智高超的人交往，自己的品行、才智也会提高；与品行低下、才智低劣的人交往，自己的品行、才智也会降低。就像一个物体处在镜子面前一样，是美丽还是丑恶都因物体形象而定。如果所结交的不是善良之人，引导自己不走正道，那么即使有家财万贯，也会很快败落，哪里还谈得上富有呢？

明代闽商李晋德认为商家在选择伙计、家仆时“放荡莫收。旅中家仆，百凡所托，苟非其人，盗货而赖主家者有之，伺本主出门盗财物者有之，不可不慎。凡人故无根无保者，切不可收，主家亦勿怂成。倘有不明逃拐，招怨招累，务宜阻止。若客魆地自取，亦须谨防，毋以心腹相待”①。在此，李晋德指出，经商旅途中随行的家仆，非常重要，为自己的身家性命、财产所系。如果任用不得人，盗窃货物而诬赖经纪人的大有人在，窥得其主人出门盗窃钱财而去的大有人在，千万不可不慎重选用。凡是放荡无行之徒，不可收纳作为仆役。凡是不知其家庭根底、没有保人的，切不可收留，经纪人也不可从中怂恿说合。一旦发生拐财逃走之事，招致怨恨，带来拖累，务必加以阻止才是。如果客商暗地里自己收留这样的人，也要谨慎提防，不可作为心腹相待。

古今中外经商，由于个人资金和人手的限制，难免要找合伙人共同经营，但是，在具体经营中，往往合伙人难找，合伙经营的生意难做好。正如李晋德所指出的：“轮宝如同打劫，独任尚顾门风。毋论兄弟叔侄，合伙共开一行，若轮流管年管事，各要顾己赚钱，不肯推让牙用，妄施本文，知客再来，落于谁手？与其独自开行，尚图下年，百凡宽让，以顾门面也。”② 这就是说，经纪人若是合伙开行，轮流管事，就如同打劫一样，只顾自己赚钱，根本不为别的合伙人考虑；而独自开行，就会顾及门风信誉，为长远之计。兄弟叔侄之间，合伙共开一行，进行经营活动，如果采用轮流掌管一年的形式进行管理，那么谁掌权都各自顾个人

---

① 《客商一览醒迷》，载《商家智谋全书》第 137 页。

② 《客商一览醒迷》，载《商家智谋全书》第 161 页。

赚钱，不肯与客商礼让相处，谦让佣金，反而随意行事，根本不从长远利益着想，反正谁知道下次客商再来，利润落入谁人之手呢？至于那种独自开行的，在经营活动中还要图谋下一年的生意，所以交易之间百般宽让，以此顾及自家门风和信用，以图长期发展。

正由于经营商业选择合伙人非常重要，因此，李晋德主张："合伙开行，择能者是从；分头管事，以直者可托。一行若有数人合伙，客当择其殷厚者托之本，能事者托之鬻，他日分伙相投亦如是也。"① 他认为数人合伙开行做生意，要选择有能力的人从事经营；而伙计分头掌管事务，要选择正直忠厚之人托付于他，一家铺行，如果有几个人合伙经营，应该选择其中殷实忠厚的人托付给本钱，选择有才干的人进行销售活动。如果日后分伙相投，也应当这样。在此，李晋德可谓知人善任：选择正直忠厚之人掌管整个铺行总体事务及本钱，因其品德良好而办事待人公正，容易团结所有合伙人共同尽力经营，并不会侵夺铺行合伙人共同集资的本钱；选择有能力才干的人从事销售活动，可以不断扩大铺行业务，使经营日益发展，合伙人都从中获利，发财致富。

明代，在买卖交易中，经纪人的中介作用十分重要。徽商程春宇在《士商类要》中反复强调经纪人在买卖交易一些环节中的重要作用。如他指出："买卖要牙……买货无牙，称轻物假。卖货无牙，银伪价盲。所谓牙者，权贵贱，别精粗，衡重轻，革伪妄也。"② 这就是买卖交易必须有经纪人作为中介。如果买货不通过经纪人从中联络，就会出现重量不足、货物伪劣的情况；如果卖货不通过经纪人进行交易，就会出现银价不纯甚至出现假银、价格盲目不实等情况。所谓经纪人，就是权衡物价贵贱、辨别货物质量好坏、确定货物轻重、革除虚假和欺骗行为等现象的中间人。换言之，买方和卖方，为规避买卖交易中出现的风险，都需要经纪人在中间作为风险的担保。

---

① 《客商一览醒迷》，载《商家智谋全书》第160—161页。

② 《士商类要》，载《商家智谋全书》第49页。

除此之外，货物装卸运输，商人也需要经纪人从中作为风险担保："卸（写）船无埠头，防生歹意……凡卸（写）船，必由船行经纪，前途凶吉，得以知之。间有歹人窥视，虑有根脚熟识，不敢轻妄。倘悭小希省牙用，自雇船只，人面生疏，歹者得以行事，以谓谋故，无迹可觅，为客者最宜警惕。"① 客商雇船运输货物，如果没有船行经纪人从中介绍，就要提防奸邪之人心生歹意。凡是雇船运货，客商一定要通过船行经纪人从中介绍安排，从而得以了解底细，预知运输途中吉凶。偶尔遇到歹徒窥视并乘机作案，也会顾虑有根底之人相互熟识，不敢轻举妄动。倘若吝惜小钱，节省经纪人的佣金，私自雇用船只，人生面疏，就可能使歹徒得以乘机作案，因为歹徒经过周密谋划，没有任何踪迹可寻。作为客商，最应警惕防备这种事情发生。

李晋德则从经商被人欺骗的角度强调经营贸易买卖选对经纪人的重要性："货物低假，尚可获五七之偿；牙侩空虚，落套无万一之稳。货低货假，虽无利钱，肯亏折尚可卖出，或换货拨，亦不至于全无。若投空虚牙家，一落其套，不惟本钱尽亡，求归之盘缠亦不可得。"② 也就是说，货物虽然质量低劣，甚至是假冒商品，还可以收回五成或七成的本钱；如果以介绍买卖为职业的经纪人资本空虚，设计诓骗，一旦落入他们的圈套，就连万一的保险系数也没有。货物质量低劣或是假冒商品，虽然没有利润，但如果愿意亏本卖出，或兑换货物推销出去，还不至于全打水漂。但如果投到资本空虚、奸诈的经纪人手中，一旦落入他们的圈套，那就不仅连本钱全搭进去，甚至连回家的盘缠也没有了。

经纪人不仅是买卖双方的风险担保人，而且更重要的是为买卖双方联系牵线，撮合成功交易。因此，程春宇主张："好歹莫瞒牙侩……货之精粗，实告经纪，使彼裁夺售卖。若昧而不言，希图侥幸，恐自误也。"③ 作为客商，自己的货物好坏不要瞒着经纪人。客商的货物精美还是粗陋，

---

① 《士商类要》，载《商家智谋全书》第 48 页。

② 《客商一览醒迷》，载《商家智谋全书》第 117 页。

③ 《士商类要》，载《商家智谋全书》第 38 页。

要实事求是地告诉经纪人，以便让他们根据货物的情况决定销售发卖的方针。如果隐瞒不说清楚，希望侥幸脱手，图一时之利，恐怕会自误其事。

经纪人作为买卖交易的中介人，由于其素质良莠不齐，加上利益的驱动，往往会伙同买卖中的一方，设置圈套，坑蒙拐骗另一方。因此，程春宇、李晋德在他们的著作中，一再告诫商人必须善于辨别经纪人的良恶，并小心谨慎予以应对，防止受骗上当。程春宇指出：

> 到彼投主，须当审择。不可听邀接之言，须要察其貌言行动。好讼者，人虽硬而心必险，反面无情。会饮者，性虽和而事多疏，见人有义。好赌者，起倒不常，终有失。喜嫖者，飘蓬不定，或遭颠。以上之人，恐难重寄。骄奢者性必懒，富盛者必托人。此二等非有弊，而多误营生。直实者言必忤，勤俭者必自行。此二般拟着实而多成买卖。语言便佞扑绰者，必是诳徒。行动朴素安藏者，定然诚实。预先访问客中，还要临时通变。莫说戾家要寻行户，切休刻剥。公道随乡，义利之交，财命之托，非恒心者，不可实任。买卖虽与议论，主意实由自心。①

程春宇认为，商人到买卖之地投奔经纪之家，一定要慎重地选择经纪人。不要听他们的介绍，需要察其言而观其行。有下列几种类型的经纪人不可选择：一是喜好争斗诉讼的人，为人虽然刚强，却内心险恶，翻脸无情。二是喜欢饮酒的人，性格虽然温和，办事却不够精细，容易疏忽，但为人比较讲义气。三是喜欢赌博的人，生活起居没有规律，总有疏失之时。四是喜欢嫖妓淫乐之人，漂泊不定，有时不免跌跤吃亏。五是骄奢淫逸的人一定懒惰，家业巨富的人定会转托他人，依靠这两种人要么会给生意带来弊端，要么会耽误生意。六是言谈虚妄、捕风捉影的人，一定是骗子。七是如果经纪人预先到客商中访谈，商人要注意随机应变，以免上当。以上这几种人，都难以依靠，不可托付生意。相反，

① 《士商类要》，载《商家智谋全书》第 26 页。

行为朴素而不善表现自己的人，一定诚实可信；正直诚实的人言谈定会有不顺从，勤恳俭朴的人一定会躬身力行，这两种人处事诚实，可以助成生意。买卖虽然要与经纪人议论，但主意要由自己来拿。

程春宇在《士商类要》中用了较多篇幅介绍自己如何辨别、判断经纪人良恶，兹举数例有代表性者，以窥一斑：

> 投牙三相：相物，相屋，相人；入座试言：言直，言公，言诈。①

对于所要投托的经纪人，作为货主的商人要从3个方面对其进行仔细的观察：观察其日用物件是否古朴整洁，观察其房屋建筑是否豪华宽敞，观察其为人是否正直可信。入座之后，要从3个方面对其言谈话语进行考验：其言语是否直爽，其言谈是否公正，其言语是否欺诈。

> 物古不狼，老实节俭。凡观人家所用物件，不可因其古旧，即以为贫，非狼藉破坏不堪，必老实俭朴好人家也。②

如果经纪人家里的日用物品古朴大方，整洁而不杂乱，可见其人老实可靠，注意节俭。大凡观察经纪人之家日常所用的物品，不能因为古朴陈旧，就认为其家境贫困，财力有限，只要其日用物品不至于杂乱无章，一片狼藉，破烂不堪，那么其人必定老实诚信，生活俭朴，是个好人家。

> 宇新而焕，标致奢华。人家屋宇精致，山节藻棁，物件研明，分外巧样，多是奢华之人，其内必不能积聚。③

如果经纪人之家的宅第房舍新颖而光亮，那么其人必定是喜欢修饰外表、奢侈浮华。经纪人之家的房屋建筑精致豪华，雕梁画栋，日用物品精致而明亮，分外工巧，可知多半是喜欢奢侈豪华的人，这样的人其内部资财必定不会积累很多。

> 异妆服饰，花子之流。衣冠随世，不古不华，理也。若巧异妆

---

① 《士商类要》，载《商家智谋全书》第32页。

② 《士商类要》，载《商家智谋全书》第32页。

③ 《士商类要》，载《商家智谋全书》第33页。

扮，服色变常，此皆花子下流，非守业受用人也。①

如果经纪人奇装异服，打扮奇巧，必定是花花公子之流人物。衣冠穿戴要适应世风的变化，既不可过于古朴，也不可过于奢华，这是符合常理的。如果打扮得奇异新巧，衣服式样颜色异乎寻常，这就必定是花花公子之流，而不是可以保守家业、受用无穷的人。

初到牙家，问货价值，随口而答，则相近不差多少；若口慢，应答含糊，必怀欺诈也。②

客商初到经纪之家，问起货物行情价格，对方随口应答，那么与实价就不会相差多少；如果对方吞吞吐吐，闪烁其词，那么其内心必定怀有欺诈。

牙人初会，恭敬出于分外，酒席破格丰盛，仆从欢腾，快意甚炽，则知货有价而锋快也；客到主家，仆不甚紧随，款待疏略，不以为意，非货迟滞，而因本少也。③

如果客商与经纪人初次相见，经纪人就显得分外毕恭毕敬，殷勤周到，招待宴席也格外丰盛，仆从等都欢腾雀跃，气氛热烈，则可推知货物可以卖出高价，而且非常抢手；如果客商来到经纪之家，经纪人及其仆从不甚热情，并不奉迎周旋，待客礼仪简略而不周到，并不放在心上，说明不是货物销路不好，就是嫌资本薄弱，无利可图。

公平正直者，当交易之场，高唱其价，而牙用是其分内，良客必不争也。阴险奸猾，背地晦议，其间得无弊乎？④

公平正直的经纪人，在交易的当场，高声报价，而其佣金自在其中，贤良的客商决不会争执。而那些阴险狡猾的经纪人，却在背后暗中合计，其间能没有弊端吗？

李晋德在《客商一览醒迷》中也用了较多篇幅介绍自己如何辨别、

---

① 《士商类要》，载《商家智谋全书》第33页。

② 《士商类要》，载《商家智谋全书》第34页。

③ 《士商类要》，载《商家智谋全书》第34页。

④ 《士商类要》，载《商家智谋全书》第46页。

应对各种经纪人的经验，兹亦举数例有代表性者：

> 多因行大放胆，十有九危。客因见牙侩行事彰大，财货放胆托付，不为疑虑，一值倾怀，所负不啻万金，安可以大行而怠意哉！
>
> 不如牙小慎心，三平五满。彼经纪门面小巧，所费窄狭，抑客货轻不放手，量入制出，百凡谨惧，返更无差迟也。①

客商往往因为看到经纪人行事气派大，而认为该牙行实力雄厚，从而放心大胆地投托财货，这样做十有八九是比较危险的。客商因看到经纪人行事张扬，气派不凡，从而放心大胆地将自己的财货投托给他发卖，内心不加怀疑，一旦遭受欺骗，倾尽资财，损失何止万金，怎么可以因为牙行行事张扬而放松警惕？还是不如将钱财货物投托给规模较小而谨慎小心的经纪人，这样才三平五满，没有危险。因为那些门面小巧的经纪人，行事谨慎稳重，用度也不大，因此对前来投托的客商的货物，一般都要压一压，以观察市场变化，从不轻易出手，量入制出，百般谨慎恐惧，这样反而不会出现什么纰漏。

> 远接岂是良牙，疏礼方为稳主。经纪度无客投，必雇人远接，其素行不良可知。若殷厚主家，不务粉饰，直率待人，资本托之无虞矣。②

如果远接欢迎客商，就不一定是品行良好的经纪人；对客商真诚相待，即使礼仪疏略，这才是比较可靠的经纪人。经纪人自己意识到没有客商前来投托货物，一定要雇佣人力去远接欢迎，拉生意，从中可知其平时行事不良，故无主顾来投托。如果是资产殷实、为人忠厚的经纪人家，就不追求表面粉饰，待人真诚直率，那么，客商将货物资财投托其家，就没有危险了。

> 凡见人讨银即拒人，不用开言，先自惭色，此为知廉耻者。若任骂不答，掐指低头，是为黑脸无志之徒，恐偿无日。③

---

① 《客商一览醒迷》，载《商家智谋全书》第 128 页。
② 《客商一览醒迷》，载《商家智谋全书》第 131 页。
③ 《客商一览醒迷》，载《商家智谋全书》第 131 页。

凡是见客商前来结账讨银而加以拒绝的经纪人，如果当客商尚未开口质问争议之前，就先自有惭愧脸色，说明这是知道廉耻的人，还是可以交往的；如果任凭客商质问怒骂而不对答，只是掐着手指，低头不语，那么这就是遇到了厚颜无耻的无赖之徒，恐怕客商的货银不可能再有偿还之日了。

> 无耻经纪滥用客财，视为己物，恬不思恤，虽具以美酒肥羊款待，其客亦不能准。银钱惟在财上分明，商顾本为重，自然投托。①

贪婪无耻的经纪人，滥用客商的本钱，视为自己的财物一样，丝毫不为客商着想。对于这种人，即使他预备丰盛酒宴进行款待，客商也不能轻易允准，上当受骗。只有那些在钱财上公道分明的经纪人，才能广招商旅，因为商人以顾惜本钱为重，自然会选择诚信的经纪人投托货物，进行交易。

> 投暗弃明，是与本钱相抗。有等作客，图人馈送，利以饮食，弃其旧主，往不实之家包货包价，舞弄玄虚，倒贴客钱，返云有赚。徼人买卖，搁人货物，诱惑客心，施奸放饵，此皆非长久之道。客堕其术，鲜有不遭其倾陷也。②

客商放弃长期合作的正当的经纪人，而去投托其他不明底细的经纪人，这是拿自己的本钱作儿戏，极其危险。有这么一种客商，图谋经纪人前来馈送礼品，以上等的饮食相待，因而舍弃长期合作的经纪人，投到那些以利相诱、华而不实的商行，包货包价，进行交易，舞弄玄虚，结果连自己的本钱都搭上了，反而自认为赚到了钱。而有的经纪人，图谋作客商的交易代理，使客商的货物前来投托，用种种手段进行诱惑，施行各种奸诈，放长线钓大鱼。这都不是长久合作之道。客商一旦落入那种经纪人的圈套，很少有不遭到倾财折本的。

---

① 《客商一览醒迷》，载《商家智谋全书》第146页。其文中“银钱惟在财上分明，商顾本为重，自然投托”疑有脱文，译文据上文“广招商旅，只因财上分明”句予以意译。

② 《客商一览醒迷》，载《商家智谋全书》第152页。

主之待客，自有常礼。若不时唱戏筵宴，及佳肴美酝，私邀享之，此皆买结客心，计在钓饵，得谓无所图耶！①

经纪人接待客商，自有正常的礼仪规范。如果不时地设乐唱戏，酒宴款待，用美酒佳肴私下邀约赴席，享乐不尽，这都是为了收买客商之心，以此作为诱饵钓客商上钩，如此用计设谋，能说他没有企图吗？

移李补张，在处主家俱是有；扯头盖脚，通廛牙侩敢云无！挪缓以应急，犹借支钱粮，惟与有数抵补，不至空虚，是亦常事。若侵用无偿，非在挪借之比，是移后以填前穴也。②

挪用李家的货款以抵补所欠张家的债务，这种情况无论何处的经纪人普遍都有；扯头盖脚这种做法，在市井中，任何一家经纪人也不敢说没有用过。挪用宽缓一些的银钱以应付急迫的债务，这就像是借支钱粮一样，只要能如数补偿，不至出现亏空，这在生意场上也是常有的事。如果侵用之后不加偿还，这就不是挪借之法所可类比，而是移后土而填前穴。

商人经营贸易买卖，不可避免要与形形色色的人打交道，因此，必须具备识别、应对各种各样人的能力："凡与人交接，便宜察言观色，务要背恶向善。"③ 这就是凡与他人往来，就应该察言观色，一定要分辨善恶，是善良之人就与之相交结，是丑恶之人就避而远之。程春宇认为，商人在外经营商业，与人来往，会遇到千奇百怪、坑蒙拐骗的人，最好的应对办法是自己要坚持安分守己、不贪便宜的原则：

守己不贪终是稳，利人所有定遭亏。吊白、打拐、诓骗、掣哄之流，智过君子，狡诈莫测，或假装乡里讲乡谈，称有寄托，哄出我银，却将铅石抵换；或狗皮裹泥充麝香；或竹筒筑土充水银；或水晶、玛瑙、宝石、溜（镏）金奇巧之具，执立冲衢，自谓客仆，盗出主物，不求高价，惟求现卖，诱人僻巷，强令买之。及觉物伪

① 《客商一览醒迷》，载《商家智谋全书》第170页。

② 《客商一览醒迷》，载《商家智谋全书》第168页。

③ 《士商类要》，载《商家智谋全书》第31页。

寻觅，则拐子变易巾帽衣服，虽立前不复识认；或丢锡锭于地，令人拾之，而挟取贴分；或云能炼黄白，要银求买奇药；或云能通先天神数，善察幽隐，坐以致鬼，不用开言，诱人就学。似此种种诡计，无非效抛砖引玉之谋，诓人财物。如老成惟守己有，不事贪求者，不能入彼奸套。若贪心利他所有，定然遭彼拐也。①

程春宇除了告诫商人防范市井流氓无赖的诈骗之术外，即使与一般的商人交易，也要注意识别、防范不法商人的欺骗。如他指出：

多说价钱，老奸之客；遍呈色足，好胜之流。老奸好胜之流，分明货卖九钱，对众说价已卖一两。会来银水，抽去搭色，独呈纹足，遍与人看，使别人争价争纹，彼在其中讨好取事。②

多报货物价格，多是老奸巨猾的客商；手持成色十足的纹银遍示众人，定是轻浮好胜之流。老奸巨猾、轻浮好胜的客商，明明其货物只卖了九钱，对众人却报价说是一两。会来银子，抽去其中不纯的搭色，单单拿出成色十足的纹银，遍示众人观看，以便使市场上众人都争索高价、争讨足银，自己却从中讨好取利。

面红识羞终不负，头低忍辱必成诓。知羞耻者，必能展转推挪，端不负人债矣。其不知羞愧，百行皆丧，焉得复有廉耻哉！虽骂虽告，无益于事，钱落其手，必遭诓也。③

如果买卖一方拖欠对方货款，在追逼责难之下，面红耳赤，可知其仍知羞耻，债务终究会偿还；如果低头不语，忍辱挨骂而无所谓，那一定是图谋诓骗了。只要知道羞耻的人，一定能够辗转推挪，千方百计偿还债务，终究不会有负于人。如果不知羞耻，百般德行、良心丧尽，哪里还会有廉耻之心呢？即使客商愤而怒骂，甚至告状诉讼，也无益于事，钱财落入其手，必定要遭受诓骗了。

来买货者不争价，随口而允，此必图赊，恐一争硬而不到手。

① 《士商类要》，载《商家智谋全书》第 47 页。
② 《士商类要》，载《商家智谋全书》第 43 页。
③ 《士商类要》，载《商家智谋全书》第 44 页。

至于还银足文（纹），而不悭占成色者，须防放饵，钓我下次也。①

前来购货的买主，如果不讨价还价，随口就答应下来，这就必定是图谋赊账，恐怕一旦争执不下，货物就无法到手了。至于在会账取银时，成色十足而不加吝惜，就要提防对方是否在悬饵钓鱼，企图在下次进行诓骗。

六、守法公平，莫仗官势

在传统的重农抑商观念中，人们之所以贵农贱商，很重要的一个原因是认为农民比较安分守己、朴实听话，而商人则被认为商无奸不富，善于投机取巧，唯利是图。明代，商人经营贸易买卖要遵纪守法、公平交易的思想已引起人们的高度重视。程春宇就告诫商人："凡出外，先告路引为凭，关津不敢阻滞，投税不可隐瞒，诸人难以协制，此系守法。"②这就是商人外出经营，必须首先向官府申请，取得路引，作为凭证，这样路过关卡、码头，有关人员就不会阻拦；经商纳税，不可隐瞒偷漏，这样有关人员就无法挟制和刁难。可见，经商遵纪守法，其实是在保护商人本身的权利：向官府申请到路引，就可以顺畅通行；向官府纳了税，就免受不法官吏的挟制和刁难。李晋德也指出："榷征莫漏，赋役当供。货至榷场，必须实报，毋为小隐，侥幸欺骗，查出倍罚，因小失大。间有船户求赂走关，客图便宜胁从，及至追至，本钱倾丧，为商幸毋为此。而民间赋役，旧时项派，近来条编汇成划一，贫得息舒，富无横敛，官绝羡取，吏禁旁求。所输赋者，多为九边军需，披坚执锐，苦冒星霜环卫，中土之民，借以奠安，斯民乐享升平。尚吝资甲之需，逃避顽梗，岂得谓良民也耶！"③ 这里，李晋德从遵纪守法和保家卫国的高度告诫商人不可偷漏赋税、逃避徭役，认为客商经营，在交易场所，不可隐瞒或

① 《士商类要》，载《商家智谋全书》第 46 页。

② 《士商类要》，载《商家智谋全书》第 29 页。

③ 《客商一览醒迷》，载《商家智谋全书》第 175—176 页。

逃避被征收的专卖税；赋税和徭役应当承担。客商携带货物到达征收专卖税的交易场所，必须据实申报，不得稍有隐瞒，一旦查出来将会加倍处罚，千万不可因小失大。偶尔遇到船户索求贿赂以便带领客商越过关卡，逃避征税，客商贪图便宜，胁从违法，等到被执法人员追到，连本钱也全部丧失了，作为客商不要这样冒险妄为。至于那些民间所应缴纳的赋税，应承担的劳役，旧时的种种加派，由于近年来（指明神宗万历年间）实行一条鞭法，已全部划一征取。这使贫穷的人得以休养生息，富豪之家也免受横征暴敛，官府多征多取之弊也断绝了，有关吏员的巧取豪夺也被禁止了。百姓所缴纳的赋税，多是为了供应九边的军事需要，边防士卒身披盔甲，手执枪矛，冒着风霜，披星戴月，艰苦地守卫着边疆，使内地的广大人民才得以安居乐业，享受太平。在这样的情况下，如果还吝惜钱财，偷漏赋税，不愿为边防军队提供物资保证，难道能够称得上是良民吗？李晋德在此一方面通过晓以利害，告诉商人如果偷税漏税、逃避徭役，就有可能被抓到，其结果会使你血本无归、倾家荡产，另一方面晓之以理，交纳赋税是为了供养那些艰苦守卫边疆的将士，使广大百姓因此得以安居乐业，这是每个商人应尽的义务。

李晋德还建议买卖时，双方必须坚持公平交易，这样可避免发生争执："哄彻成交，难免会银破面；捺压出货，终须会账伤情。卖货不曰客克，或众强成，或牙捺压，皆非公平交易，难免会账无低昂争也。"① 这是说交易之时，如果是众人哄劝成交，难免在结账时双方翻脸；如果是经纪人强行压价促成，最终也会在结账时发生纠葛、伤害感情。买卖交易如果不是客商自愿成交，或者是众人强行哄劝而成，或是经纪人强行压价而成，这都不是公平交易，难免会在结账时因价格高低而发生争执。

李晋德更反对一些商人依仗官势，在经营买卖交易时肆意横行，攘夺别人财物，他劝告这些人莫仗官势胡作非为，因为一旦你的后台官员解任，你也随之倾败：

---

① 《客商一览醒迷》，载《商家智谋全书》第136页。

依官势，官解则倾。出外经商，或有亲友，显宦当道，依怙其势，矜肆横行，屏夺人财，抾为臧否，阴挟以属，当时虽拱手奉承，心中未必诚服。俟官解任，平昔有别故受谮者，蓦怀疑怨于我，必生成害，是谓务虚名而受实祸矣。又有等打抽丰说分上，于地方生事，坏彼官箴，不念伊辛苦半生，始得一职，惟图己利，不顾官守，致有议论，此辈良心安在哉？凡作客，当守本分生理，不事干求，虽至厚居官，亦宜自重，谢绝请谒，使彼此受益，德莫大焉！①

李晋德认为，如果商人依靠官宦的权势，为非作歹，等到官员解任，就会倾败。出外经商，有的正好遇上亲友在该地做高官显宦，手握重权，于是依靠其权势肆意横行，攘夺别人的财物，随意评议人物，暗中挟持结为同党，当时别人虽然拱手相让，曲意奉承，内心未必真的服气。等到该官解职离任，平时因为其他缘故受到诬陷迫害的人，这时很快就会对其怀有仇怨，必然就会形成祸害，这就叫作务求虚名而实际上承受了灾祸。又有那么一种打抽丰、说分上的，在地方上滋生事端，破坏做官亲友的官箴，根本不考虑人家辛苦半生，才得一官职，只图自己获利，不顾官员的操守和规范，以至于议论纷纷，民怨很大，这些商人的良心何在？凡是做客商的，应当安守自己的本分生意，不可一味地结交官府，谒求权贵，即使是交谊至厚的人在此做官，客商也应当自重，谢绝请托，省却事端，从而使彼此受益，没有比这样的德行更高的了。

七、注意安全，小心谨慎

古代商人如是长途贩运货物，由于交通、各地区治安状况等因素的影响，旅途中往往充满危险，尤其是如商人携带钱币、贵重物资，更是被一些不法之徒作为谋财害命的对象。因此，钱财不外露是商人外出经营买卖交易自我保护的一条基本原则。程春宇就告诫外出经商的人："逢人不可露帛，处室亦要深藏。乘船登岸，宿店野行，所佩财帛，切宜谨

① 《客商一览醒迷》，载《商家智谋全书》第 215 页。

密收藏。应用盘缠，少留在外，若不仔细，显露被人瞧见，致起歹心，丧命倾财，殆由于此。居家有财，亲友见之或借，不惟无以推辞，拒之必生怨隙。”① 他认为客商出行在外，逢人不可暴露自己的钱财；居家独处，也应当深藏不露。客商外出经营，无论是乘船途中、上岸之后，还是客居旅店、野外行走，身边携带的金银财帛，千万要谨慎而周密地收藏起来。日常所用的盘缠，可以少留一些在外零用，如果不谨慎小心，暴露了身边的钱财，被人看见，以致使人顿生歹意，后果不堪设想，很多丧命倾财的事，大多都是起因于此。平时居家，暴露了自己的钱财，亲戚朋友看到，有的会来借贷，不仅无法推辞，若一旦拒绝，必然会产生怨恨和仇隙。程春宇甚至还主张：“客商慎勿妆束，童稚戒饰金银。出外为商，务宜素朴，若到口岸肆店，服饰整齐，小人必生窥觊，潜谋劫盗，不可不慎。而孩童年小，父母垂爱，以金银为之冠帽、手镯、项圈、耳坠之类，小人窥见，利其财物，或毁体折肢采取，或连孩童抱去，谋杀之端由此。”②

程春宇一方面主张钱财不外露，商人及家属服饰不要太华丽，以避免遭到丧命倾财的厄运，另一方面又主张那些铜、铁之类的重物，不宜包藏，应显露在外，以免被人误以为是贵重的钱财，导致不测之祸：

> 铜铁忌藏箱柜，重物莫裹包囊。出外收拾行李，若有铜铁秤锤，一切重物，不可收入箱笼及裹于包袱之内。倘付脚夫、船户挑载装仓（舱），疑系财帛，遂起歹心，不可不慎。如有此物，宜显露在外为佳。③

程春宇还主张，客商在外经营贸易，时时要看好自己的钱财货物，“有物不可离房，无事切宜戒步。鼠窃之徒，有心窥探，或暗通己仆，结为内应，伺立他出，即潜入盗偷，故房门常宜关锁，出门宜早回也”④。

---

① 《士商类要》，载《商家智谋全书》第 39—40 页。
② 《士商类要》，载《商家智谋全书》第 42 页。
③ 《士商类要》，载《商家智谋全书》第 40 页。
④ 《士商类要》，载《商家智谋全书》第 41 页。

古代，陆路由于车、马等交通工具的限制，载货量很有限，因此，大宗货物的贩运买卖绝大多数要依靠水路船运，但是水路货运的风险远大于陆路车马运输。明代，船家偷盗客商货物的手段无奇不有：

> 前藏尖嘴、锤头、什物家伙之下，后匿稍仓、箱柜、坛桶之中，两傍递过邻船，人散从容再取，预用纸雕灰印。中途得使盗卖，更改斛挚，私买拗斛轻倾，或浇水湿而掺和，或剔船缝而称漏，麻饼破三片而调成四片，腌猪称小帮而抵换大帮，桶油钻眼，得油而使橦楔，篓油破缝，得油而称燥调；又有使针搠眼，得油而插猪鬃，用火烧头，竟为闭塞；烧酒用布包裹泥头，将坛倒放，候泥润透，复直旋转，开坛倒出几壶，装水补数，仍将泥头按上，干则照旧无形；棉布用竹夹而卷心掣出。米包有竹管而斜插溜焉；纸札松头，而整刀抽取。鱼包解索，而逐个偷拈；棉花接绳而折布缝，白糖褪箍而打桶底；芦席包以枥索吊，松口而探出；荆条篓用铁钩向中心扯开，千货千弊，百狡百奸，是货皆在装卸之中动手，是船个个俱会窃偷。谚语："十个船家九个偷。"信哉！①

由此可见，船家作弊的手段很多，花样层出不穷。他们往往隐藏尖头利器、锤头等作案工具于前舱什物家具之下，或藏于艄舱、箱柜、坛桶之中，或勾结外人从邻船递过，等众人散后，从容取出，并预先用纸雕、灰印作出记号。行至中途，得便盗卖粮食，更改量具，私下买来拗斛，轻轻倾倒；或者浇水使粮食潮湿，掺和他物；或者剔开船缝倒出粮食，谎称漏掉；麻饼破三片，而调成四片；腌猪腊肉则将大帮换成小帮；桶装的油料，钻个洞眼偷去，然后用橦楔塞好；篓装油料则破缝偷油，得油后谎称是干燥蒸发；还有使用针扎眼偷油，然后用猪鬃塞好，点火烧其一头，竟能封闭如初；运载烧酒，就用布包住泥封头，把酒坛放倒，等封泥湿透后，再加旋转即可去掉封泥，开坛盗出几壶，装水充数，最后再将泥头按上，干燥后照旧不露痕迹；装载棉布，则用竹夹卷心抽出

---

① 《士商类要》，载《商家智谋全书》第 60 页。

盗去；装载米包，就用竹管斜插入包，使米流出；装运纸札，就松其一头，整刀抽取；装运鱼包，就解开包绳，逐个拈出；装运棉花，就接绳而折其布缝；桶装白糖，就退去桶箍，打倒桶底，芦席包则用枥索吊，松口而探出；荆条篓，则用铁钩从中间扯开。总之，千种货物有千种作弊偷盗的方法，什么货都可以在装卸中下手偷盗，只要是船家，个个都会偷窃。谚语说："十个船家九个偷。"的确是这样啊！

更有一些丧尽天良的船家，偷盗船运货物太多，难以交接，而且所偷货物价值已数倍于船价，于是干脆在中途将船凿沉，弃船逃走。事后软磨死缠，不肯赔偿。"又有一等欠债之船，狼心偷货，价倍于船，送至地头，尤恐债主催逼，少数难交，中途将船凿沉，弃船逃走。常有不到地头，预支下脚，及卸少原装数目，却使柔奸，或将妻女老幼图赖，或罚誓叫天告饶，不肯全赔，高低完事。贼智千般，难于枚举"。①

对于船家的偷盗，程春宇提出了一些防范、应对措施：一是雇船要慎重，必须与经纪人商议处置，选择较可靠的船家："宜以雇船一事，必须投牙计处，询彼虚实，切忌贪小私雇，此乃为客之第一要务也。虽本地刁钻之人，尚难逃其术，何况异乡孤客哉？如新下水，新修捻，什物家伙不齐整，或齐整家伙，与船大小不相对，乃借来之物。及邋遢旧船，失于油洗，人事猥衰，必是欠债船也。其看船之法，须是估梁头，算仓口，看灰缝干湿，观家伙齐整，方可成交。谚云：'雇船如小买。'诚哉斯言也。"② 二是船泊装运货物，沿途停泊，一定要谨慎提防保护。"客惟装卸之中，勤管要紧，沿途停泊，防慎为先。"③ "如装粮食，务要防慎，后仓马门、梁眼、梁缝，于补缺的小板，防是活印子，俱要先用封条贴过，方许铺仓。又有死夹梁，更加双夹匴，并制卖筹数，卸亦如之。受载之时，各仓俱记小数，不可听其混装。常观前后，照管两傍。"④ 这就

① 《士商类要》，载《商家智谋全书》第 61 页。

② 《士商类要》，载《商家智谋全书》第 59 页。

③ 《士商类要》，载《商家智谋全书》第 61 页。

④ 《士商类要》，载《商家智谋全书》第 60 页。

是作为客商，只有在装卸货物之时，仔细检查，勤于管理，沿途停泊之时，务必谨慎提防。如果装运粮食，后仓的马门、梁眼、梁缝，都要认真检查，对于船舱中补缺的小板尤其要留意，谨防是活印子，这些地方都要先用封条贴过，才准允铺舱装运。又有死夹梁，还有双夹匾，都是船家抽取发卖的筹数，卸货时也是这样。在粮食装载之时，各舱都要分别记录粮食的数量，不可听任船家混装，并且要不时观察前后，照应两边。三是商家必须待货物平安运达目的地后，再与船家、脚夫结算支付运费。“完契之时，下脚必推不足，中途支使，须将卖货为由，倘有余资，切休露白。”① 这就是装完货物，交接手续之时，船家、脚夫必定推托用度不足，要求预支中途运费，客商必须以出卖货以后才能结算为由，加以拒绝，倘有银钱脚资，切记不要暴露出来。

八、量入制出，记账会账

明代商人在经营贸易中，已十分重视经济上的核算，量入以制出。程春宇就指出：“出纳不问几何，其家必败。当家之人，宜量入以制出。若迷蒙不识所进若干，尽其所有而用，更无稽考，不怀畏惧，此为必败之道。”② 这里程春宇把经济上的核算视为商家成败的基础，如商家对钱财的收入与支出不问多少，缺乏管理，其家必然要破败。当家的人，应该根据收入的多少来决定开支。如果马马虎虎，不知道收入多少，又尽其所有滥用无度，更不稽查清理，不怀畏惧之心，这是必然破败的作为。

要做好商家的经济核算，会计账簿是核算的依据，因此，在经商贸易中，商家都重视会计账簿的作用，勤于记账。如李晋德主张：“临财当恤，记账要勤。银钱堆积目前，益宜斟酌出纳。若矜喜浪用，易于消散。然与人交接，要勤记账，莫厌烦琐。若惰笔，负一时强记，少刻为别务

① 《士商类要》，载《商家智谋全书》第 61 页。

② 《士商类要》，载《商家智谋全书》第 55 页。

所致，遂至忘却。或错与人，反生争竞，虽坐卧忖思，从头握算，亦无益矣。”① 这就是说，面对钱财应当珍惜，不可浪费；生意场中，要勤于记账，以免差误。生意兴盛，银钱堆积于面前，这时更应当谨慎使用，斟酌支出，如得意自夸而浪费滥用，银钱就很容易消费散尽。而与人交往，买卖交易，要勤于记账，不要讨厌繁杂琐碎。如果懒于记账，靠一时强记，不一会儿就可能注意力集中于别的事上，以至于忘却无遗。或者错给别人，反而引起争议和矛盾，即使坐卧之间不断思考，再从头计算，也不会有什么裨益了。

李晋德还主张：“会账要急。卖货出门，宜急会账。少缓赊卖，买者以为可迟，或会在买主家别还，或付买主家侵用。倘主宽急，遂致延长，费力取追，亦无益矣。”② 所谓会账就是结账。客商在发卖货物之后，要抓紧时间前去结账。若稍微迟缓，则意味着可以让买主赊账，这样买主认为结账可以拖延，就会将出卖货物回收的货款挪作他用，或者偿付给经纪人被侵用。倘若经纪人又宽限怠惰，迟迟不予结清，就会导致拖欠过久，到那时即使费心费力去追逼还债，也不会有什么结果了。程春宇在《士商类要·为客十要》第六条中也提出类似“会账要急”的主张：“凡取账，全要脚勤口紧，不可蹉跎怠惰，收支随手入账，不致失记差讹，此为勤紧用心，六也。”③ 其意为客商凡是出外讨债清账，一定要腿脚勤快，守口紧密，不要懒惰，耽误正事；收支钱财要随手入账，不致忘记，出现差错。这就是《为客十要》第六条：勤紧用心。

---

① 《客商一览醒迷》，载《商家智谋全书》第198—199页。

② 《客商一览醒迷》，载《商家智谋全书》第159页。

③ 《士商类要》，载《商家智谋全书》第31页。

第五节　丘浚的自为论思想

丘浚（1420—1495），字仲深，广东琼山（今海南省海口市琼山区）人。自幼家贫，但聪明好学，景泰五年（1454）考中进士。做官后长期从事编纂工作，参与编修《英宗实录》《宪宗实录》《续通鉴纲目》等书。后历官礼部右侍郎、礼部尚书，71 岁时官至太子太保兼文渊阁大学士，参预机务。

丘浚利用为官之暇，编写《大学衍义补》，名为补南宋真德秀《大学衍义》。其实，这是两部性质不同的书。《大学》本来包括格物、致知、正心、诚意、修身、齐家、治国、平天下的内容，“浚以真德秀《大学衍义》于治国平天下条目未具，乃博采群书补之”①。他自己称，“因采六经诸史百氏之言，汇辑十年，仅成此书，用以补真氏之阙”②。因此，《大学衍义补》一书的内容相当广泛，凡政治、经济、军事、教育、外交、吏治、礼仪等均有涉及，其意为明王朝的统治提出各种治国之策。丘浚在书中分门别类地辑录了大量前人的有关言论，以按语的方式表达了自己的见解，其中包含了丰富的管理思想。丘浚认为《大学衍义》和《大学衍义补》两部书是不同的：“前书主于理，而此则主乎事。”③ “主于理”就是着重于义理之学，“主乎事”就是侧重于治国平天下之事。

丘浚在《大学衍义补》一书中，反复强调国民经济管理“自为”论的主张。这一思想的提出，有其深刻的历史背景。明代中叶城市工商业出现比较繁荣的局面，商品经济迅速发展，资本主义萌芽已经明显出现。面对这种社会经济现象，统治者在制定治国方略中，是对此采取限制、

① 《明史》卷 181《丘浚传》。

② 丘浚：《大学衍义补·序》，台湾商务印书馆影印文渊阁本《四库全书》。

③ 《大学衍义补·序》。

禁止的政策，还是采取宽容、引导的政策，必须做出明智的选择。丘浚的国民经济管理“自为”论就是这种形势下的产物。

丘浚十分重视理财，认为“财用国之常经，不可一日无者”，不能由于反对聚敛财富而讳言理财，如果不重视理财，就会造成“国用不给”，最终反而会导致“横取诸民”的“聚财”①。丘浚还认为，所谓理财有狭义、广义之分，狭义的理财就是管理国家财政，广义的理财即为对整个国民经济的管理。丘浚称理国家财政之财为理国财，而称理国民经济之财为理民财。而且他指出，理民财与理国财的关系其实就是经济与财政之间的关系，经济决定财政，国民经济发展了，就为财政的增长提供了雄厚的基础。因此，“善于国富者，必先理民之财，而为国理财者次之”，这就是首先必须理好民财，使广大民众富足了，然后就能理好国财，使国家财政富余，“民财既理，则人君之用度无不足者”②。

丘浚的国民经济“自为”论，是以“好利”论和“安富”论作为其理论基础。所谓“好利”论是指社会上各等级的人都是要追求财富的，“财者，人之所同欲也”③，求利是人的本性决定的，是没有限度的，“人心好利，无有纪极”④。这是因为人类的生存和发展，必须以物质财富为基础，“人之所以为人，资财以生，不可一日无焉者也”⑤。“一失其养，则无以为生矣。”⑥ 在此，丘浚明确肯定了人类好利的正当性。同时，丘浚又把整个国家、整个社会看作是个人的总和，“天下之大，由乎一人之积”⑦，这样，个人利益的总和就等于整个国家、整个社会的利益，追求私人财利与整个国家、整个社会追求财利是一致的，并不矛盾冲突。换言之，允许、听任私人追求财利不仅对个人有好处，而且对整个国家、

① 《大学衍义补》卷20《总论理财之道上》。
② 《大学衍义补》卷20《总论理财之道上》。
③ 《大学衍义补》卷20《总论理财之道上》。
④ 《大学衍义补》卷20《总论理财之道上》。
⑤ 《大学衍义补》卷20《总论理财之道上》。
⑥ 《大学衍义补》卷1《总论朝廷之政》。
⑦ 《大学衍义补》卷20《总论理财之道上》。

整个社会也是有利的。因此，丘浚主张，国家要顺应“人情之俗”①，放手让私人追求财利，“人人各得其分，人人各遂其愿”②，满足人们获得和积累财富的欲望，以使整个社会富裕起来，“而天下平矣”③。同时，丘浚也提出用义来制约利，必须“使其于财也，彼此有无之间，不得以非义相侵夺”，对于“民有趋于利而背于义者，又必宪法令，致刑罚以禁之”④。

丘浚的所谓“安富”论是指国家要保护富民的利益，发展他们的经济力量，听任富民自为、自便，允许私人不受限制地占有和转让土地，任凭富商大贾自由经营工商业以发财致富。“使富者安其富，贫者不至于贫，各安其分，止其所得矣。”⑤ 丘浚之所以认为国家要安富，其理由有两个方面：其一，“天生众民，有贫有富”⑥，社会上有贫富差别是正常的、合理的，“夺富与贫”是没有道理的，“乃欲夺富与贫以为天下，乌有是理哉!”⑦ 其二，富民上“富国”下“养民”，是国家和平民百姓的依靠。“诚以富家巨室，小民之所依赖，国家所以藏富于民者也……富者非独小民赖之，而国家亦将有赖焉。”⑧ 只要富人“得其分”“遂其愿”，能够维护、利用自己的财富，按照自己的愿望来追求、增殖更多的财富，贫穷小民就有了依靠，就能够得到满足最低生活需求的必要财物，其“得其分”“遂其愿”也就不难解决了。他甚至认为高利贷也是有利于人的，“通有无以相资助，使人不至于匮乏”⑨。政府禁止民间借贷，虽然本

① 《大学衍义补》卷 20《总论理财之道上》。
② 《大学衍义补》卷 20《总论理财之道上》。
③ 《大学衍义补》卷 20《总论理财之道上》。
④ 《大学衍义补》卷 1《总论朝廷之政》。
⑤ 《大学衍义补》卷 25《市籴之令》。
⑥ 《大学衍义补》卷 25《市籴之令》。
⑦ 《大学衍义补》卷 25《市籴之令》。
⑧ 《大学衍义补》卷 13《蕃民之生》。
⑨ 《大学衍义补》卷 106《详听断之法》。

意上是“抑富强”，但实际上使“贫民无所假贷，坐致死亡多矣”[①]。所以，他主张保护债权人的利益，对于债务，“虽有死亡，苟有佐证，亦必追偿”[②]。这就是说，对于高利贷，也应“听民自便”。还有，富人是国家的主要税源，安富使国家财政收入的来源有了保障。因此，封建国家损害富人的利益，“夺之而归之于公上”，更是不可取的。“贫吾民也，富亦吾民也，彼之所有，孰非吾之所有哉！”[③] 他认为“抑富”是那些“偏隘”之人干的，“彼偏隘者，往往以抑富为能”。丘浚以儒家经典《周官》中所讲“安富”为依据，批评那些主张“抑富”的人是不懂“《周官》之深意”[④]。他一反抑商的传统，反对“摧抑商贾”，认为不能因为富商大贾富有而“摧抑”。

丘浚认识到，农业在整个国民经济中占最重要、最突出的地位，而土地则是发展农业生产以“养民”“安富”的基础。他说“人君之治莫先于养民。而民之所以得其养者，在稼穑树蓺而已”，“民之所以为生产者，田宅而已。有田有宅，斯有生生之具。所谓生生之具，稼穑、树蓺、牲畜三者而已”[⑤]。因此，他特别重视土地的管理，其管理方针是“听民自便”[⑥]。

丘浚认为“田不在官而在民”[⑦] 的土地私有制由来已久，上古土地国有的井田制“决无可复之理”[⑧]。并且“限田之议、均田之制、口分世业之法”[⑨] 等限制土地兼并的方案只能“可以暂而不可以常也”[⑩]。因为这

① 《大学衍义补》卷106《详听断之法》。
② 《大学衍义补》卷106《详听断之法》。
③ 《大学衍义补》卷25《市籴之令》。
④ 《大学衍义补》卷13《蕃民之生》。
⑤ 《大学衍义补》卷14《制民之产》。
⑥ 《大学衍义补》卷14《制民之产》。
⑦ 《大学衍义补》卷14《制民之产》。
⑧ 《大学衍义补》卷14《制民之产》。
⑨ 《大学衍义补》卷14《制民之产》。
⑩ 《大学衍义补》卷14《制民之产》。

些解决土地问题的办法都“不免拂人情而不宜于土俗”①，也就是说，违背了一般地主和富裕农民保有和扩大自己土地数量的要求，不符合土地私有制的历史趋势。在他看来，土地制度应顺应民情习俗，“听民自便之为得也”②。这意味着封建国家要维护和听任土地私有制的存在和发展，任凭土地兼并“自便”地进行而不要加以干涉或禁止。

但是，丘浚也意识到，对土地兼并如一味地放纵，任其自由进行，不仅会使大量的自耕农、半自耕农失去土地，而且会使一般地主富户包括一些兼营工商业的地主，都将成为大地主兼并的对象。显然，这会缩小封建王朝的统治基础，不利于国家的长治久安。于是，他提出，土地管理制度应在放任中有所控制、有所干预，在“听民自便”的总原则下，再辅以并不完全放任的“配丁田法”来限制土地兼并。其方案是：确定一个期限，在此期限之前，不管私人占有多少土地，“虽多至百顷，官府亦不之问”③。在此期限之后，以一丁占田一顷为标准，丁多田少，每丁平均不足一顷的户，允许再买，达到平均一丁一顷即止。丁田已相当的户，即一丁平均一顷的户，则不许再买，如再买就要没收。田多丁少的户，每丁平均已超过一顷，只许卖田不许再买田，否则，不仅没收再买部分，而且对其原有超过部分也要“并削其所有”④。

丘浚认为“配丁田法”既贯彻了“听民自便”的土地管理方针，维护了土地私有制，保证了私人占有土地不受任何侵犯，“不夺民之所有”⑤；但又能在放任的同时，起到限制兼并的作用。他说：“行之数十年，官有限制，富者不复买田，兴废无常，而富室不无鬻产。田直日贱，而民产日均……兼并之患日以渐销矣。”⑥

---

① 《大学衍义补》卷 14《制民之产》。
② 《大学衍义补》卷 14《制民之产》。
③ 《大学衍义补》卷 14《制民之产》。
④ 《大学衍义补》卷 14《制民之产》。
⑤ 《大学衍义补》卷 14《制民之产》。
⑥ 《大学衍义补》卷 14《制民之产》。

丘浚十分重视商业和市场，认为商品交换和市场是适应人民的需要产生的。他指出，“食货者，生民之本也。民之于食货，有此者无彼。盖以其所居异其处，而所食所用者，不能以皆有”，所以需要交换，“故当日中之时，致其人于一处，聚其货于一所。所致所聚之处，即所谓市也”①。人们在市中“持其所有”“而相交相易焉，以其所有易其所无”。市场使“有者得以售，无者得以济”，百姓“各遂其所欲”，“人无不足之用”②。商品交换和市场不仅互通有无，可以满足人民日常生活的需要，而且也能增加政府的财政收支，“民用既足，则国用有余矣”③。他还认为市场上出售的商品的品种、规格、质量与“风俗之奢俭，人情之华实，国用之盈缩”有密切的关系。因此，管理好市场，“是亦王政之一端也”④。

在工商业管理上，丘浚的基本主张是“民自为市”⑤，即对绝大多数的商品，采取放任政策，允许工商业者自由生产和买卖，反对封建官府直接参与经营和控制工商业。他尖锐地抨击了历史上的官营商业措施，如桑弘平的“平准”、王安石的“市易”等等，认为这是对私人权益的侵夺，“争商贾之利，利民庶之有”，“以人君而争商贾之利，可丑之甚也”⑥。主张国家经营商业的人，历来都强调两点理由：一是可以打击商人操纵市场以牟取暴利；二是可以稳定物价，保证市场供给。丘浚对这两点都进行反驳。

他指出，官营商业抑制了私营工商业者的生产和流通，使“商贾无所牟利”。“商贾且不可牟利，乃以万乘之尊而牟商贾之利，可乎？”⑦因此，封建国家不应自己直接从事市场活动，应当让商贾自己经营，“大抵

① 《大学衍义补》卷25《市籴之令》。
② 《大学衍义补》卷25《市籴之令》。
③ 《大学衍义补》卷25《市籴之令》。
④ 《大学衍义补》卷25《市籴之令》。
⑤ 《大学衍义补》卷25《市籴之令》。
⑥ 《大学衍义补》卷25《市籴之令》。
⑦ 《大学衍义补》卷25《市籴之令》。

立法以便民为本，苟民自便，何必官为”①。他还主张，封建官府乃至宫廷自用的各种商品，也不能设立场务，强行向民间收买，而应该由官府派人到民间市场上购买。这些官府采购人员也必须遵守商业惯例进行公平交易，“赍现钱，随时价，两平交易，而不折以他物，不限以异时（不赊购），不易以坏币”②。

丘濬认为，官营商业不仅不能调节商品的供求和保持物价的稳定，相反，官府通过行政权力，在与民交易中，强行要求老百姓供应的商品质量要良好的，而价格又由官府决定，加上交易中官吏营私舞弊、私心诡计层出不穷，因此，要使官营商业推行有利而无害，是根本做不到的。他说：“官与民为市，物必以其良，价必有定数，又有私心诡计百出其间，而欲行之有利而无弊，难矣!”③ 他认为只有通过私人之间的市场自由竞争，才能使商品的质量、价格和数量都得到合理的调节：“民自为市，则物之良恶，钱之多少，易以通融，准折取舍。”④ 而且，民间贸易活动自由进行，市场上的商品多了，竞争会对商品价格自发地进行调节，使“其价自然不至甚贵”⑤。根本无需封建官府人为地干预市场、平抑物价。

在“民自为市”的基本思想指导下，丘濬反对封建官府与大盐商共同垄断食盐产销的“榷盐”制度。他指出，食盐等自然资源都是“天地生物”，不能由少数人“擅其私”而加以垄断，应该用于“利民”“养人”，使全国人民“公共之”⑥。他批评封建官府实行榷盐，“立官以专之，严法以禁之，尽利以取之”，是违背了“天地生物之意”，也失去了“上天立君之意”⑦。同时，他还分析说，盐是老百姓日常必需品，需求量很

① 《大学衍义补》卷28《山泽之利上》。

② 《大学衍义补》卷25《市籴之令》。

③ 《大学衍义补》卷25《市籴之令》。

④ 《大学衍义补》卷28《山泽之利上》。

⑤ 《大学衍义补》卷28《山泽之利上》。

⑥ 《大学衍义补》卷28《山泽之利上》。

⑦ 《大学衍义补》卷28《山泽之利上》。

大，经营盐业获利大："盐之在天地间，无处无有，故生民之食用，亦无日可无也。惟其无处无有，故其为利也博，惟其无日无有，故其为用也广。"所以"有国者，于常赋之外，首以此为富国之术焉"①。封建国家"有天下之大，尚资盐以为利"，而那些"无寸尺之土、隔宿之储"的人，"见利之所在"，当然要"趣赴"的，禁私盐是禁不住的。如果采取严刑的办法来"禁遏"，"刑愈严，而害愈甚"。丘浚还提醒朝廷，"唐之黄巢、王仙芝，元之张士诚辈，皆贩盐之徒也"②。

但是，丘浚也并非主张盐完全自由经营。他只是反对在盐的生产销售上"立官以专之，严法以禁之，尽利以取之"，而对另外一种"禁"，他是赞成的。他说："天地生物以养人，君为之禁，使人不得擅其私而公共之可也。"③ 这就是说，如果官府之"禁"，是禁止少数人垄断盐利，那是可以的。因此，他提出"盐之为利，禁之不可也，不禁之亦不可也，要必于可禁可不禁之间，随地立法，因时制宜，必使下不至于伤民，上不至于损官，民用足而国用不亏，斯得之矣"④。看来，丘浚对盐的生产销售不赞成完全放开经营的原因是，他担心完全放开经营会使少数人"擅其私"，这样既伤害了平民百姓，又会使官府的财政收入减少。

在此思想指导下，丘浚具体提出了盐政的改革措施：在官府的严格监督管理下，由私人生产运销。煮盐的灶户先要向官府申请生产证明以及煮盐用的"牢盆"，在交纳了一定数量的"举火钱"之后，官府就"听其自煮自卖"，"煮而不闻官者有罪"。盐商可以直接"赴场买盐"，买后向官府申报，并按所买引数，交工墨钱，"官给钞引，付之执照"，按官府指定的"行盐地方发卖"。如果盐商到官府指定的地区之外销售，就"没入之"。丘浚认为这个办法"不必追征于灶户也，不必中纳于商贾也，不必官自卖也，不必官自煮也。非惟国家得今日自然之利，亦可以销他

① 《大学衍义补》卷 28《山泽之利上》。
② 《大学衍义补》卷 28《山泽之利上》。
③ 《大学衍义补》卷 28《山泽之利上》。
④ 《大学衍义补》卷 28《山泽之利上》。

日未然之害矣”①。这个办法不仅省去很多经营中的麻烦，减少了管理成本，并提高了灶户和商贾的积极性，使国家财政收入增加，而且可以避免如黄巢、王仙芝、张士诚这些“盐贩之徒”的起义。

丘濬不仅反对榷盐，而且对于唐中叶以后开始的榷茶制度，更加反对，认为实行榷茶，“遂为天下生民无穷之害”②。他指出，榷茶比榷盐更不合理，食盐是“不可一日缺焉者也”，“民食淡则不能下咽”③，并且不容易找到替代品，国家实行专卖，就能“夺民之利”，较多增加财政收入；而茶并不是人民生活所不可缺少的，“民之日用可无者”，官府加以垄断，价高质劣，就会造成人们对茶的消费量大大减少，或“以他物代之”④。因此，榷茶不仅损害茶叶的种植、生产和销售，而且也起不到增加国家财政收入的作用。

明代自洪武年间开始，就禁止海外贸易。丘濬却一反明太祖定下的制度，主张开放海禁，允许私人出海经商。他的理由主要有两个方面：一是从事海外贸易有利可图，“虽律有明禁，但利之所在，民不畏死”，海外贸易是禁不住的。禁止海外贸易的结果只是使不少人陷于法网，“民犯法而罪之，罪之又有犯者，乃因之以罪其应禁之官吏”。这样，“则吾非徒无其利，而又有其害焉”。二是如果开放海禁，使民在国家管理之下，公开从事海外贸易，官府可以征税，“则岁计常赋之外，未必不得其助”。这就可以“不扰中国之民，而得外邦之助，是亦足国用之一端也”⑤。在丘濬看来，开海禁不仅满足了“人心好利”的欲望，使人不因海外贸易而陷入法网，而且又能增加国家财政收入。丘濬提出开放海外贸易的具体建议是：恢复“市舶司”，管理私人出海贸易和征收关税。准备出海贸易的商人，要把所有船只的情况、经营商品的种类数量，经行

---

① 《大学衍义补》卷28《山泽之利上》。

② 《大学衍义补》卷29《山泽之利下》。

③ 《大学衍义补》卷29《山泽之利下》。

④ 《大学衍义补》卷29《山泽之利下》。

⑤ 《大学衍义补》卷25《市籴之令》。

哪些国家以及何时返国，事先向市舶司呈报。从海外运回货物时，须经市舶司检查征税，才能进入国内市场销售。

丘浚开放海外贸易的主张，是他对经济活动“听民自便”“听其自为”思想在对外贸易上的体现，反映了私人工商业者开拓海外市场的要求，顺应了资本主义萌芽发展的趋势。

丘浚管理工商业的基本原则是“民自为市”，但这绝不意味着他主张对整个市场完全听之任之，盲目排斥国家对工商业活动的适当调控和干预。他认为，在市场主体上，绝大部分的商品可以让私商自由竞争和经营，其价格和供求由市场自发调节。但是，对当时于国计民生最为重要的商品——谷，丘浚却不主张听任“民自为市”，而主张由国家以轻重敛散之术对谷物的价格和供求进行调控。“天生万物，惟谷于人为最急之物，而不可一日无者，有之则生，无之则死，是以自古善为治者，莫不重谷。”① 并且，各种商品的价格又“恒以米谷为本”②。因此，封建国家对于谷物的控制是不能放松的。封建国家掌握了足够的谷物，控制了谷物价格，就掌握了大局。丘浚提出，为了使“民自为市”的活动能够顺利进行，国家必须采取 3 种措施来保证谷价的稳定：

其一，国家根据谷物生产的丰歉情况，运用轻重敛散之术，来调节市场供求，实现“米价常平”。他主张：“岁穰，民有余则轻谷，因其轻之之时，官为敛籴则轻者重。岁凶，民不足则重谷，因其重之之时，官为散粜则重者轻。上之人制其轻重之权，而因时以散敛，使米价常平以便人。”③

其二，建立谷物价格的逐级上报制度。丘浚认为，“国家定市价，恒以米谷为本”④，“在内，俾坊市逐月报米价于朝廷；在外，则闾里以日上于邑，邑以月上于府，府以季上于藩服，藩服上于户部，使上之人知钱

① 《大学衍义补》卷 25《市籴之令》。

② 《大学衍义补》卷 26《铜楮之币上》。

③ 《大学衍义补》卷 25《市籴之令》。

④ 《大学衍义补》卷 26《铜楮之币上》。

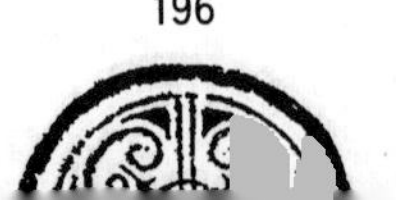

谷之数。用是而验民食之足否，以为通融转移之法”①。这就是谷物价格上报制度使各级官府和朝廷能及时了解各地谷物价格的变化，就可以随时采取措施，在各地之间调剂盈虚、移低就高，以平衡谷物价格。

其三，国家应控制货币的流通量，注意协调货币投放量与谷物数量两者比例的关系。“务必使钱常不至于多余，谷常不至于不给，其价常平。”货币的投放量与粮食供求相适应了，就不会造成谷价的过大波动，使“其价常平”。丘濬认为谷价稳定了，“民无苦饥者矣”，其余就不足虑了。“其余货贿，民之可以有无者，不必计焉。”② 显然，在他看来，由于谷在经济生活中的特殊重要地位，如果能使谷“价常平”，其他商品任其自发涨跌，“其价自不至甚贵”。可见，丘濬建议国家对谷物的轻重散敛的管理，其实是为其他商品“民自为市”创造了条件。

丘濬在经济管理上的“自为”论与西汉司马迁的“善因”论是一脉相承的。两者都反对国家控制、干预私人经济活动，尤其否定国家直接经营工商业；两者都主张国家应允许私人经营工商业，允许和促进私人求利活动的发展。但是，“自为”论并不是“善因”论的简单翻版，而是在“善因”论的基础上从国家政策层面予以具体化和丰富。司马迁在我国封建社会早期根据国家政权在经济活动中的过度管制，如盐铁专卖，排列了各种国民经济管理办法的优劣等次，提出“善者因之，其次利道之，其次教诲之，其次整齐之，最下者与之争”③。可见，司马迁认为人为的控制、干预因素越多，则越“次”。司马迁只是在理论上做了简要论述，至于如何具体在国民经济管理中制定政策和实施方案，他却未提及。丘濬的“自为”论则在封建社会的后期，针对明代中后期土地兼并日益严重、商品经济发展和资本主义萌芽的历史背景下，提出：在土地管理上，“听民自便”，实行“配丁田法”；在工商业管理上，“民自为市”，反

① 《大学衍义补》卷 26《铜楮之币上》。

② 《大学衍义补》卷 26《铜楮之币上》。

③ 《史记》卷 129《货殖列传》，中华书局，1982 年。

对官府完全垄断盐、茶的生产和销售，主张在官府的监督和征税下由民自己生产和销售，同时开放海禁。总之，丘浚认为理民财是百姓自己的事，没有必要事事由国家为民操办，更不能通过理民财为借口与百姓争利，国家对经济的管理主要是尽量听任百姓自己进行获得财富的活动，而不要过多地加以控制和干预。这些思想在当时的历史条件下，是有着重要的积极意义的。

丘浚的“自为”论思想对后世也有一定的影响。如明清之际的唐甄在经济思想方面主张“富民”论，认为“立国之道无他，惟在于富，自古未有国贫而可以为国者”。唐甄所重视的富，已不是“本富”，而恰是传统富民思想所反对或不重视的“末富”。他把“听民自利”，即“让市场调节”看作是富民的根本途径。他认为财富的产生和增殖是一个能够自然而然进行的过程，“海内之财，无土不产，无人不生，岁月不计而自足，贫富不谋而相资”①。这一过程不需要国家插手，国家所应该做的唯一一件事，就是听任这一过程的自然进行：“圣人无生财之术，因其自然之利而无以扰之，而财不可胜用矣。”②

第六节　开中思想

明太祖朱元璋建立明朝后，于洪武元年（1368），在各产盐地设官，整理盐场生产。对盐实行直接全面专卖，将盐民登记成灶户，按户计丁，称“盐丁”，按丁计盐，称“额盐”。灶户分给草荡采薪煮盐，又发给工

① 唐甄：《潜书·富民》。唐甄（1630—1704），原名大陶，后改名为甄，字铸万，别名圃亭。他于顺治十四年（1657）中举人，后经过吏部考试，分发山西当过10个月的长子县知县，因与上司意见不合而被革职。从此离开官场，经商失败，最后靠设馆授徒来维持清苦的生活。唐甄一生著述颇多，《潜书》是他的主要著作。

② 《潜书·富民》。

本米或宝钞，作为灶户生活及生产费用，并免其杂役。灶户所产除额盐必须按时缴足外，另有超产的余盐也不准私卖，全部由政府收购。

洪武三年（1370）六月，“山西行省言：大同粮储，自陵县、长芦运至太和岭，路远费重。若令（商）人于大同仓入米一石，太原仓入米一石三斗者，给淮盐一引。引二百斤，（商）人鬻毕，即以原给引目赴所在官司缴之。如此，则转输之费省而军储之用充矣”①。明初的开中法基本上承袭宋代入中法（又称折中法），把对边疆地区的军粮等军用物资的供给通过市场化的手段，国家出卖盐的部分专卖权给商人，引导鼓励商人往北部边关输送粮食，从而旨在解决军粮供应中的“路远费重”问题。因为边关路途遥远艰难，如由政府运送军用物资，不仅需要征用大量的运夫，而且要花费不少的路费盘缠。如由商人通过纳粮边关中盐，再将盐贩运各地销售，从中可获得巨大利润。正如时人章懋所言：“圣祖以边城险远，兵饷不充，而粮运劳费，乃命商人输粟边仓，而多给引价，以偿其费。商人喜得厚利，乐输边饷。公私两便，最为良法。”②

尔后，开中法逐渐形成制度化：“每遇开中，南京户部印制勘合，发各边，填写商人姓名并所中引盐数目，俱用印盖，不许洗改，编置底簿并流通文簿，发运司。候商人交到勘合，比对写号相同，派场支盐，及刷印引目，运司关领，给付商人发卖。”③ 凡缺粮的边关，由户部出榜招揽商人，编置勘合及底簿，分立字号，一发各布政司并都司、卫所及收粮衙门收掌，一发各转运司及盐课提举司收掌。商人纳粮后，由收粮衙门填写所纳粮数及应支盐数，待商人持投各运司及盐课提举司，查验勘合相符，就让他们到盐场如数领盐，自行运售。明代中盐则例对各仓每盐一引的纳粮数都有不同的规定，并不时有所增减，大致是根据边境形

---

① 《明太祖实录》卷 53。

② 《明经世文编》卷 95《章枫山文集·议处盐法事宜奏状》。

③ 冯达道等：《（新修）河东运司志》卷 2《盐法·附引粟》，书目文献出版社，1998 年。

势的缓急、米价的高低、运输道路的远近难易而定①。

由于纳粟中盐对公私都有利，明朝廷曾努力为商人开中销盐提供方便。如洪武二十五年（1392），“置山西解州运盐站，命户部遣官相治道路，设法转运，以便商贾”②。“其后，各行省边境，多召商中盐以为军储，盐法、边计，相辅而行。”③ 事实证明，这种旨在结合盐政与边政的制度在成化、弘治以前是相当成功的。明初开中法于官于民都有利，正如洪武年间人所言：“自中盐之法兴，虽边陲远在万里，商人图利，运粮时至，于军储不为无补。”④ “洪武间召商中盐……官之征至薄，商之获至厚”，“故盐价平贱，民亦受赐”⑤。由此可见，开中法对政府、商人和消费者都有好处：政府通过出卖部分食盐经营权给商人，解决边地军队粮草供给难题；商人在贩卖食盐中获得厚利，发家致富；商人运盐到各地销售，使食盐供应充足，价格下降，消费者得到实惠。总之，可以说开中法是明初盐政立法成功的一大标志，故《明史》在提到开中制时赞扬说：“有明盐法，莫善于开中。”⑥

商人在纳粟中盐的实践中，为了减少长途运输粮食的费用和辛劳，得到价格更便宜的粮食，从而获取更大的开中利润，创造了商屯这一形式。这就是商人经政府允许，在距纳粮边镇较近的地方招雇劳力，垦荒种地，然后将收获的粮食就近上纳边仓，换取盐引。“永乐中，下实粟于边之令，富商大贾竞于三边出财力，招游民，筑墩台，立堡伍，荒土膏沃，稼穑衍植。及乎成化，甘肃、宁夏粟石二钱，边用大饶。”当时商屯地处边关，为安全起见，商人斥资“筑台堡自相保聚”⑦。“富商大贾，悉

---

① 《明会典》卷34《盐法三·盐法通例》。

② 《明太祖实录》卷215。

③ 《明史》卷80《食货四·盐法》。

④ 《明太祖实录》卷197。

⑤ 庞尚鹏：《百可亭摘稿》卷2《清理盐法疏》，清道光十二年刻本。

⑥ 《明史》卷80《食货四·盐法》。

⑦ 《明史》卷80《食货四·盐法》。

于三边，自出财力，自招游民，自垦边地，自蓺菽粟，自筑墩台，自立保伍。”① 由于商屯是“商人自募民耕种塞下，得粟以输边，有偿盐之利，无运粟之苦”②，因此，在边地大为推广。商屯最早出现于大同，其次扩展到宁夏、四川，再次为云南、辽东、陕西，而以陕西三边为最盛，岁产米十八万石或粟二十八万石③，在解决北方边镇军粮供给上，起了很大的作用。“富商得以私财募人开垦塞下，输纳盐粮，故当时公私饶裕，不借内帑而给。”④ 如宁夏镇，“军储只取给屯盐等数，未有民运”⑤。正统三年（1438），“宁夏总兵官史昭又以边军缺马，而延、庆、平凉官吏军民多养马，乃奏请纳马中盐”⑥。这表明，就当时的宁夏而言，军队粮食供给已经过关，紧缺的不是粮，而是马匹了。以开中盐法为媒介，商屯把盐商的资本引向了边疆的开发，引向发展当时边防所急需的农业生产，使荒凉的边地得到开发，“荒土膏沃，稼穑衍植……边用大饶”，经济发展，并且对解决边镇军队粮草供给起了很大作用，“军储只取给屯盐等数，未有民运”，故意义不可低估。可以说，商屯纳粟，是开中法的巅峰时期⑦。

从管理思想的角度来看，明代初期的开中法有几点值得注意：一是明代开中法将政府对盐的全面直接垄断，变为对盐的局部间接垄断。政府将盐的运输、销售权通过要求商人纳粮边关而转卖给商人经营，这样既发挥了私商自由竞争的优越性，又将边关军需供给纳入市场化轨道，解决了边关路途遥远艰险的供给难题。二是政府主要通过引导、鼓励的手段，通过市场价格机制使私商积极、自愿地纳粟中盐，而不是通过行政的强制手段。如永乐以后，随着全国基本安定，开中纳粟主要集中在

---

① 《明经世文编》卷186《霍文敏公文集二·哈密疏》。

② 《明经世文编》卷431《刘文艺公集·盐政考》。

③ 王守义：《明代的商屯》，《南开大学学报》1956年第2期。

④ 余继登：《典故纪闻》卷18，中华书局，1981年，第327页。

⑤ 《明会典》卷28《边粮》。

⑥ 《明史》卷80《食货四·盐法》。

⑦ 王雄：《从纳粟中盐到纳银中盐》，《广播电视大学学报》2003年第2期。

北方9个边镇，这样，纳粮边镇与主要产盐区距离远了，纳粮、支盐的运作难度增大，商人不愿报中。为此，朝廷大幅度下调纳粮额，给予商人更大的赢利空间，以鼓励商人纳粟中盐的积极性。永乐时，“一引输边二斗五升”①，宣德时以中盐旧则太重，商贾少至，政府下调纳粮额，“定每引自二斗五升至一斗五升有差，召商纳米北京”②。这种引导、鼓励的政策性工具，既提高了商人纳粟中盐的积极性，也降低了政府管理盐政、军需供给的成本。三是商人在边地招游民垦荒种粮中盐，这是一种属于商品粮性质的农业生产。商人招雇游民，应属自愿的雇佣劳动，商人与被招游民之间，是雇佣者与被雇佣者之间的关系。朝廷招募盐商在边地商屯，朝廷与盐商之间归根到底是一种商品交换的契约关系。商人与政府订立契约，到边地垦荒种粮，纳粟中盐，仅仅只是商业目的。一旦政府不需要商人纳粟中盐，或商人无法从商屯纳粟中盐中获得利润，商屯就随时有可能不复存在，商人会放弃这些商屯土地，解雇那些游民，撤回内地。如“明初，募盐商于各边开中，谓之商屯。迨弘治中，叶淇变法，而开中始坏。诸淮商悉撤业归，西北商亦多徙家于淮，边地为墟”③。四是开中法助推了一批地域性商人（即商帮）势力的兴起。明代最显赫的西北商（也称山陕商人）和徽商的兴起直接得益于开中法的实施和嬗变。由于开中盐法最早是在山西实行，其中西北地区一直是开中的重要区域，所以最早有西北商的形成。明代初期尚无徽商称谓，当时徽商以淮商的名义参与开中法，“淮盐直贵，商多趋之”④。当时西北商和淮商的竞争格局是：西北商获得盐引后，要下到两淮盐场支盐；而淮商获得盐引后，又需到西北去开中。弘治五年（1492）叶淇变法后，“诸淮商悉撤业归，西北商亦多徙家于淮”⑤，从而在明代中叶，逐渐形成以徽商和西

① 《西园闻见录》卷35《户部·盐法前》。

② 《明史》卷80《食货四·盐法》。

③ 《明史》卷77《食货一·屯田》。

④ 《明史》卷80《食货四·盐法》。

⑤ 《明史》卷77《食货一·屯田》。

北商为骨干的淮商新体系①。正如万历《扬州府志》所言："内商多徽歙及山陕之寓籍淮扬者。"商人势力的兴起与发展，为明代经营管理思想注入新的活力，尤其大大丰富了经商思想的内容。

明政府为了吸引商人多纳粟中盐，解决边镇军粮供给，不断滥发盐引，下调中纳额。由于中纳盐引猛增，而课盐产量却有定数，于是引起了开中盐引与支盐场分课盐支付能力的矛盾。在总体供盐不足的情况下，供盐场分所负担的开中边镇纳粟多，该盐场课盐供不应求的矛盾就越突出。商人持引赴指定盐场支盐，该盐场却没有现盐，只好等待有盐才予以支领，这就叫作守支。当时守支严重者达到等待数十年都支领不到盐，有的商人永乐时中得盐引，到成化十六年（1480）还支不到盐，即史书所说的"祖孙相代不得者"②。明末清初的著名学者顾炎武也说："商人有守候数十年，老死不得支，而兄弟妻子代之支者矣。"③ 守支使商人付出了很大的代价。输边纳了粟，并中到了盐引，但却支不到盐，严重地挫伤了商人中盐的积极性，使纳粟中盐面临着严重的危机。为此，明政府多次派人清理盐法，主要是解决守支问题，同时摸索改进盐法。当时采取的措施主要有以下 4 个方面：

其一，政府出钞给盐商，冲销盐引。这就是政府出钱，回收商人手中多年支不到盐的盐引。成化十六年（1480），朝廷"令永乐、宣德、正统年间客商所中引盐全未支者，各造册送部，于原籍有司关给资本钞，每引三十锭。景泰元年（1450）以后未支引盐，愿关资本钞者听，愿守支兑换者，两淮兑福建、山东，两浙兑广东，俱每引加半引。不愿者听照旧守支"。成化十九年（1483）奏准，"正统十四年（1449）以前客商中盐未支者，淮盐每引给资本钞三十锭，两浙、广东、四川、云南，每引二十五锭，河东、长芦、福建、山东，每引二十锭。其景泰元年

① 汪崇筼：《以商品经济观念论开中盐法及其嬗变》，《盐业史研究》2000 年第 3 期。

② 《明史》卷 80《食货四・盐法》。

③ 《天下郡国利病书》卷 28《江南十六・盐法考》。

(1450)以后愿关资本钞者及今告代支故商引盐者，亦照此例”①。

其二，政府对于积欠时间不太长的盐引，给予加额的优惠，动员商人转场支盐，或兼场支盐。正统二年(1437)，朝廷“令两淮运司永乐年间两淮客商该支引盐，以十分为率，支与淮盐四分，其六分兑与山东运司支给，不愿兑者听令守支”。正统三年(1438)又定：“客商中纳官盐支给不敷者，令两淮运司、云南盐课提举司于河东、陕西、福建、广东各运司、提举司兑支。河间、长芦及河东、陕西运司于广东、海北盐课司兑支。”正统八年(1443)奏准，“永乐、洪熙、宣德年间客商原中淮、浙、长芦运司引盐，愿兑支河东、山东、福建运司者，每一引支与二引，不愿者听其守支”②。

其三，政府收买灶户余盐以充正引，供开中。这就是政府在盐课供不应求场分，收买灶丁纳课之后剩下的盐，支给纳粟中盐商人，解决守支问题。正统十三年(1448)规定：“凡灶户若有余盐，送赴该场，每二百斤为一引，给与米一石，年终具奏，造册申报，其盐召商于开平、辽东、甘肃等处开中，不拘资次给予。两浙运司及松江、嘉兴二分司，仁和、许村等场，亦准照此例。”③ 景泰元年(1450)又规定：“灶丁余盐每引给米，淮盐八斗，浙盐六斗，长芦盐四斗。”④ 此外，还将灶户应向国家交纳粮、草等科差也折以余盐交纳。灶户除了办盐外，也经营一些土地，这些土地的科差，通常是以粮草交纳的。这时为了增加边盐额，以解决守支，就把这些粮草也折为盐上纳。

其四，政府定常股、存积之制，解决因盐引积滞影响紧急开中之弊。正统五年(1440)，“令两淮、两浙、长芦运司每岁额外办盐课，以十分为率，八分给与守支客商，二分另为收积在官，候边防急缺粮储召中。以所积见盐，人到即支，谓之存积，其八分年终挨次给守支客商，谓之

① 《明会典》卷34《盐法三·盐法通例》。

② 《明会典》卷34《盐法三·盐法通例》。

③ 《明会典》卷32《盐法一·两淮》。

④ 《明会典》卷34《盐法三·盐法通例》。

常股。凡中常股价轻，存积价重”①。存积就是积有现盐，可供商人引到即支，用于在边关紧急用粮之时，召商人纳粟中盐时予以粮食一到边镇即可支盐的待遇；常股则是按照商人平时所中盐引的先后次序，依次来支付积年所欠商人开中引盐和一般正常开中引盐。常股、存积既考虑到解决长期存在的守支问题又不影响边镇紧急用粮时的召商纳粟中盐，可谓是较好的权宜之计。但商人因苦于多年守支，尽管存积盐价高于常股，但仍然争趋开中存积盐。这使存积盐也渐渐出现供不应求。到了成化末年，“存积之滞遂与常股等”，“两淮积欠至五百余万引”②。

从以上明政府解决守支的主要措施来看，当时政府对多年困扰开中法的守支问题，其态度还是认真负责的。虽然其措施不可能完全解决守支难题，但却收到了一定的效果，在一些地区甚至可以说得到基本的解决。如弘治四年（1491），朝廷派李嗣清理淮盐。李嗣先把召商报中暂时停止，集中力量解决积欠商人盐引问题。他采取让商人买余盐补官引的办法，在以余盐充正引的同时，又从商人买余盐收入的银中抽出1/3，支付过去商人已经中引而未支盐的盐价，逐步回收了积欠的盐引，基本上解决了淮盐中守支的问题。

明政府在实施开中法中，为了使商人能在相对公平的条件下进行竞争，特制定了“抢上之法”：

> 遇开到引盐，定拟斗头，分派城堡，尽数开列，揭榜通衢。听各有本商人抢先上纳。凡银粮，但以先入仓库为定，出给实收，按其先后填给勘合。不惟奸人不得虚报卖窝，高坐罔利，即司饷诸臣亦不得以意所憎喜，高下其间。比之验银准报，可以假借应点者，不可同日语矣。请著之令甲，下各镇从实举行，亦今日通商利国一道也。③

---

① 《明会典》卷34《盐法三·盐法通例》。

② 《明史》卷80《食货四·盐法》。

③ 《明世宗实录》卷278。

由此可见，所谓“抢上之法”就是实行类似当代的公开竞标制度，如政府需要商人中盐之时，就将所需中盐“尽数开列，揭榜通衢”，让所有百姓知晓，召商人前来竞标。在竞标价相同的情况下，商人最先抢到，纳粮于政府指定仓库者即为中标者。这种公开竞标制度既保证了商人开中的公平竞争，防止官吏营私舞弊，又促进了商人争先报中的积极性。

开中法实行不久，明太祖为了防止权贵势要利用权力干预垄断盐利，破坏开中法，“洪武二十七年（1394），令公、侯、伯及文武四品以上官，不得令家人、奴仆行商中盐，侵夺民利”①。这种制度设计对保障普通商人的公平竞争、健康有序地推行开中制无疑起了积极的作用。但是明中期以后，随着明王朝政治上的腐败，权贵势要往往利用手中的权力，中盐行商与民争利，“每当户部开纳年例，方其文书未至，则内外权豪之家，遍持书札，预托抚臣。抚臣畏势而莫之敢逆，其势重者与数千引，次者亦一二千引。其余多寡各视其势之大小而为差次，名为买窝”②。这使盐商要经营盐业，取得盐引，就必须从拥有盐引的权贵势要手中购买，实际上权贵势要在商人和政府之间扮演了中介角色。盐商为取得行盐资格，不得不忍受势要的高价，加重了其行盐成本。更有皇亲、王府和内臣，“奏讨之内，又有夹带；奏讨者一，夹带者十”③。这种正盐为特权人物所垄断的情况不但使私盐泛滥，侵占了盐商的行盐市场，打击了中盐盐商的同时也使开中制受到极大的损害。到了成化、弘治时，权贵势要及各色人等奏讨占窝、垄断开中、多支夹带、贩卖私盐，在相当程度上占去了中盐商人的销售市场和所能取得的货源，本色开中基本上实行不下去了。以致嘉靖时人们发出了“盐法之害，莫甚于买窝卖窝，累拟禁革而弊不除者，以未得其术耳”④ 的感慨！

明代开中法从纳粟中盐为主过渡到纳银中盐为主有一个发展的过程，

---

① 《大明律》卷8《户律·盐法》。

② 《西园闻见录》卷36《盐法后》胡松语。

③ 《明书》卷81《盐法》。

④ 《明世宗实录》卷278。

并且是历史的必然趋势。明初，由于国家处于战时经济状态，为了维持“九边”的军事防御，就必须有足够的实物粮草供应，所以明初开中制之下，商人以纳粮开中为主，间或也有纳马、纳铁的，但很少有折银的例子。从本色开中到折色开中演化的情况，寺田隆信认为：“在英宗复辟的天顺至成化间，与蒙古的关系处于比较缓和的状态……由于民运粮的纳银及京运年例银的支付，北部边塞地区的银货流通量在逐渐增加，以银货为中心的边饷筹集体系也逐渐建立起来。与此同时，开中法也适应这种变化，开始采取以纳银来代替纳粮、纳草的办法来发给仓钞了。”① 换言之，明初“召商输粮于边而与之盐”就其本质而言，是一种临时性的非常态的政府通过出让盐的特殊经营权给商人，从而利用商人来解决边镇军队的粮草供给难题。当明初大规模的军事行动基本结束，全国大致安定后，边镇的军队数量减少，就不需要先前那么大数量的粮草供给，纳粟中盐为主必然要转化为纳银中盐为主。从宪宗成化以后，“内府供用日繁”②，盐税锐减而开支增多，国库因而日益枯竭。为解决财政赤字，政府就打盐课的主意，起用叶淇，实行盐法变革，以食盐专卖作为财政搜刮的手段。“粟贵征粟，粟贱征银”，明政府不再把开中作为解决边镇军需供给的依靠，而是把它作为致力充实国库、增加帑银的工具。总之，边镇军需供给压力的减小和财政赤字是纳粟中盐转变为纳银中盐的最主要原因。

如以更广阔的视野考察明代开中从纳粟中盐为主到纳银中盐为主的转变，这与明代社会经济的发展也有必然的联系。成化、弘治时，硬通货银在流通领域的地位越来越重要，银在经济领域的地位几乎已超过了实物，全国的主要税收都以货币银交纳，这不可能不影响到盐法领域。当时，纳银中盐就是将朝廷规定的各盐司济边课盐，让商人直接在盐司纳银，换取盐引，而后在本运司支盐。

---

① ［日］寺田隆信：《山西商人研究》，张正明等译，山西人民出版社，1986 年，第 79 页。

② 夏燮：《明通鉴》卷 34，中华书局，2009 年。

纳银中盐成为盐法的主流后，国家的盐课收入大大增加，“每引输银三四钱有差，视国初中米值加倍，而商无守支之苦，一时太仓银累至百余万”①。巨额的盐课解决了国家财政赤字，但也出现了一些弊端。从商人上纳盐银开始，经运司解户部，再分解各边，其间损失、消耗、干没者不在少数。特别是由于官吏腐败，在济边问题上，不如商人那样精打细算，用银很多，办事却少，致使时人有“然不以开边而以解部，虽岁入巨万，无益军需”② 之叹。

在纳银中盐成为盐法的主流之后，纳粟中盐并未完全废止，在粮草紧缺的边镇，仍经常强调纳粟开中。如正德五年（1510）规定：“盐课不许于腹里地方中卖，亦不许奏开残盐，以遂商人奸计。待各边奏有缺乏，户部开送各边报中本色粮草，不许折纳银两。”嘉靖二十七年（1548）又规定：“自二十八年为始，开中引盐无论常股存积，不分淮、浙、山东、长芦，俱照原定价则，止令纳本色粮草。”③

纳银中盐实施后，盐商逐步分成边商、内商两部分。边商是指籍居九边诸镇一带的商人。他们久在边境中盐，就近纳粟中引较为方便。后来，由于内商不赴边报中，政府就把应纳盐粮强行摊派到每个边商名下。由于他们居处远离盐场，资本也不太雄厚，在盐法日益阻滞、守支无期的情况下，无力赴场关支，于是另辟蹊径，开卖引于内商一途。边商在边镇上纳盐粮，换取勘合、仓钞，赍赴运司，以稍高的价格售与内商，取利而还。内商是指居住在内地盐场附近的大小商人。他们有较雄厚的资本。实行开中制度的初期，他们也得赴边纳粮中引，开发屯田。纳银中盐之例一开，他们就撤回内地，纳银运司，换取盐引。当朝廷因边镇缺乏军粮强调纳粟开中时，他们也不再赴边，经营起收买边商引的生意。这样，边商得卖引之便，省去赴场关支之苦，内商得买引关盐，免去赴边上纳粮草之劳，亦庶几两便。这是纳粟开中在当时还能得以维持的一

① 《明史》卷 80《食货四・盐法》。

② 《明史》卷 80《食货四・盐法》。

③ 《明会典》卷 34《盐法三・盐法通例》。

种方式①。

总之，无论是纳粟中盐还是纳银中盐，明政府均是将盐的全面直接专卖转变为部分间接专卖，既在运销环节发挥了私商经营的优越性，又节约了政府管理成本，增加了财政收支。纳粟中盐还在解决边镇军队粮草供给中发挥了重要作用。但是，由于明王朝中后期政治上的腐败，权贵势要依靠权力占窝，多支夹带，私盐泛滥，在相当程度上侵占了中盐商人的销售市场和所能取得的货源，使本色开中难以实行下去。纳银中盐成为主流后，边商纳粟中盐几乎失去了其商业性质，而成为一种赋役。如宁夏，派往该镇的盐引，由于远商不至，就将本地商人佥籍登记，坐名摊派，“年复一年，追并上纳，迄无宁时”②。商人在中纳过程中，又受到官府和奸商的掊克盘剥。边商交纳盐粮，非得上足一万引才给填写勘合，使边商资本消折，旧粮未纳足，新粮又派走，困苦不堪。想得到通融，就得上下使费。这样，边商个个视中盐为畏途，百般规避，不愿中纳。有的商人通过门路，告减斗头，四六交纳，有的是商人与边仓通同作弊，不纳粮而且虚出仓钞，因此，所收不及半数。纳粟中盐至此，已经是名存实亡了。

① 王雄：《从纳粟中盐到纳银中盐》，《广播电视大学学报》2003 年第 2 期。

② 《明经世文编》卷 360《庞中丞摘稿四·清理宁夏屯盐疏》。

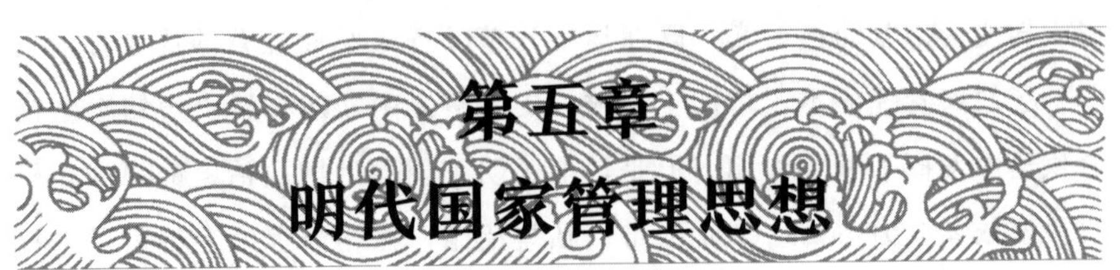

第五章 明代国家管理思想

第一节　户口与土地管理思想

一、户口管理思想

（一）户帖制

中国古代，对户口的管理是历代政府的重要工作，明代也不例外，因为对户口的普查、登记、分等及管理是国家要求民众交纳赋税并提供劳役的依据，即户籍关系到“纳粮当差”。《明史·食货志》载：朱元璋在明朝建立之初，就着手建立户帖制，“太祖籍天下户口，置户帖、户籍，具书名、岁、居地。籍上户部，帖给之民。有司岁计其登耗以闻。及郊祀，中书省以户籍陈坛下，荐之天，祭毕而藏之”[①]。由于元末以来连年战争，民户流散，户籍或毁于兵火，或严重失实，因此，对于一个新建立的政权来说，查清户口数目、建立新的户籍制度成为刻不容缓的一项重要工作。早在元朝至正二十六年（1366），朱元璋就命陈灌为宁国知府。陈灌在府内除弊兴利，“访问疾苦，禁豪右兼并。创户帖以便稽

① 《明史》卷77《食货一》。

民”。朱元璋以为可法，“取为式，颁行天下”①。从上引《明史》的记载，再结合李诩《戒庵老人漫笔》卷1《半印勘合户帖》的记载②，明初户帖的内容主要是记录户主姓名、年龄、籍贯；全家口数，分为男子成丁、不成丁，妇女大口、小口，亦俱记各人姓名、年龄及其与户主之亲属关系；最后登录事产，包括房屋、田地等不动产及船只、耕牛等动产的种类和数量。户帖制从洪武三年（1370）起在全国全面实施，到洪武十四年（1381）编造赋役黄册，并被后者取代为止，共实行了十余年之久，是当时明政府用以管理户口、征派赋役的主要依据，并为实行赋役黄册制度准备了条件。

明初的户帖制与当时实行的“籍户口”及户口分等级是密切联系在一起的。明朝初年社会秩序比较混乱，漏口、脱户者不可胜计，严重影响了国家赋税的征收和徭役的调发。于是，洪武二年（1369），朱元璋下令：“凡各处漏口、脱户之人，许赴所在官司出首，与免本罪，收籍当差。”“凡军、民、医、匠、阴阳诸色户，许各以原报抄籍为定，不许妄行变乱。违者治罪，仍从原籍。”③ 洪武三年（1370），朱元璋又下令在全国范围内核实民户、统计人口：“令户部榜谕天下军民：凡有未占籍而不应役者，许自首。军，发卫所；民，归有司；匠，隶工部。”“又诏户部：籍天下户口及置户帖，各书户之乡贯、丁口、名岁，以字号编为勘合，用半印钤记，籍藏于部，帖给于民，令有司点闸比对，有不合者发充军，官吏隐瞒者处斩。”④ 户部在普查的基础上制订户籍、户帖，户部保存户籍，民众自行保管户帖，这是明朝第一次较全面的人口普查。

明初，还在元代户口制度的基础上，把民户分为三等，并把元代最

---

① 《明史》卷281《循吏传·陈灌》。

② 李诩所著的《半印勘合户帖》载：“洪武三年（1370）十一月二十六日钦奉圣旨……教中书省置下天下户口的勘合文簿户帖，你每户部家出榜，去教那有司官将他所管的应有百姓，都教入官附名字，写着他家人口多少，写得真着，与那百姓一个户帖，上用半印勘合，都取勘来了。”

③ 《明会典》卷19《户部六·户口总数》。

④ 《明会典》卷19《户部六·户口总数》。

基层的政权组织“社”，改为里甲，编民为里，强化户口管制。这就是“凡户三等：曰民，曰军，曰匠。民有儒，有医，有阴阳。军有校尉，有力士，弓铺兵。匠有厨役、裁缝、马船之类。濒海有盐灶。寺有僧，观有道士。毕以其业著籍。人户以籍为断，禁数姓合户附籍。漏口、脱户，许自实。里设老人，选年高为众所服者，导民善，平乡里争讼。其人户避徭役者曰逃户。年饥或避兵他徙者曰流民。有故而出侨于外者曰附籍。朝廷所移民曰移徙”①。

但是，明初的户帖制不载户丁等则及田地科则，容易造成赋役征调轻重失准，加之户帖上所登记的人口、事产又都是静态的，不能及时反映出民户的动态变化，也未涉及人口和财产如何管理问题。这就要求必须建立一种更合理有效的户籍管理制度，保证国家赋税的征收和徭役的征调，又更能均平百姓的赋役负担，从而稳定社会秩序，使国家长治久安。

（二）赋役黄册

明初的户帖制虽然使全国的人口管理基本走上了正轨，但户帖制本身的缺陷使漏口脱户、隐瞒丁产的现象仍然较为严重，这使民众赋役负担不均，容易激化社会矛盾，而且也直接影响到政府的赋役征派。在此背景下，改革户籍管理制度势在必行。洪武十三年（1380）之前，有些地方就开始编置“小黄册”来管理赋役。尔后各地相互仿效，并不断探索完善。“洪武十四年（1381），诏天下府州县编赋役黄册，以一百一十户为里。推丁多者，十人为长，余百户为十甲。甲凡十人，岁役里长一人，管摄一里之事。城中曰坊，近城曰厢，乡都曰里。凡十年一周，先后则各以丁数多寡为次，每里编为一册，册首总为一图。鳏寡孤独不任役者，则带管于百一十户之外，而列于图后，名曰畸零。册成，一本进户部，布政司及府州县各存一本。”② 由此可见，当时地方府州县编制赋

① 《明史》卷77《食货一》。

② 《明会典》卷20《户部七·黄册》。

役黄册，农村以110户为1里，推丁、粮多者10户为里长①，其余100户分为10甲，每甲10户；每年役使里长1人，甲首1人，负责管理一里一甲之事，里长、甲首轮流担任，其先后次序以丁、粮多寡为定，每10年为1个周期，重新核实编造。城镇也同时实行这种户籍赋役管理体制，只是名称不同，乡村称“里”，城中称“坊”，城乡接合部称“厢”，坊、厢的钱粮差役及其余公共事务由坊长、厢长督责，差役由坊、厢内的居民按丁轮充。凡编造黄册，每里编为一册，册首前面绘有总图。鳏寡孤独不担任徭役者，附10甲后列于图尾，称为畸零。黄册一式四份，1份送户部，其余3份分别保存于司、府、县。由于“上户部者，册面黄纸，故谓之黄册。年终进呈，送后湖东西二库庋藏之。岁命户科给事中一人、御史二人、户部主事四人厘校讹舛”②。

明朝赋役黄册强调人户统计与控制，侧重于户口管理，其目的是使政府能更好地向民众征派赋役。如《明会典》卷20《赋役》载“国初，因赋定役，每十年，大造黄册，户分上中下三等，差役照册签定”，“（洪武）十七年（1384），令各处赋役，必验丁粮多寡、产业厚薄，以均其力，违者罪之”。同卷《黄册》亦云，国初每岁类报户口赋籍总数，“十年攒造黄册，以定赋役，核隐漏，清逃亡，法例甚详”。可见，明初制定黄册的目的是使民众的赋税徭役负担尽可能与他们的丁粮多少、产业厚薄相符合，以达到征派赋役的公平，并且通过核查隐漏、逃亡民户，杜绝逃避赋役的现象。鉴于这个目的，明政府三令五申，对于在编造黄册中民众隐漏、逃亡，官吏营私舞弊予以惩罚。如洪武二十六年（1393）规定：“各布政司、府州县攒造黄册，编排里甲，分豁上中下三等人户，遇有差役，以凭点差。若有逃移者，所在有司必须穷究所逃去处，移文勾取赴官，依律问罪，仍令复业。”③ 景泰二年（1451）奏准：“凡各处招

---

① 上引《明会典》“先后则各以丁数多寡为次”，而《明史》卷77《食货一》则云“先后以丁粮多寡为序”，兹依后者所述。

② 《明史》卷77《食货一》。

③ 《明史》卷20《户部七·黄册》。

抚外郡人民在境居住，及军民官员事故改调等项，遗下家人弟男子侄，置有田地，已成家业者，许令寄籍，将户内人丁、事产报官，编入图甲，纳粮当差。仍于户下注写原籍贯址、军民匠灶等户，及今收籍缘由，不许止作寄籍名色。如违，所在官司解京，发口外充军，田产入官。凡攒造黄册，如有奸民豪户，通同书手，或诡寄田地、飞走税粮，或瞒隐丁口、脱免差徭，或改换户籍、埋没军伍匠役者，或将里甲那移前后应当者，许自首改正入籍，免本罪。其各司府州县委官，并当该官吏，提督书算，从实攒造，仍先以提调委官，并书算姓名贯址，造册一本缴部。如有似前作弊者，事发，问罪充军。”①

明朝规定，赋役黄册编定后，民众不得随意改动户籍，不得擅自流动，外出百里之外者必须持有政府发给的“路引”，总之，全国所有的人户都处于政府的严密管控之下。但是事实上，这种层层控制的高压政策很难长期有效执行，杜绝人户逃亡、移徙，隐瞒人户的现象历朝屡见不鲜，迫使明政府不断做出相应的政策调整。

（三）抚绥人户

终明一代，逃户和流民从未间断，是一个较严重的社会问题。其不仅影响政府的赋役征派，而且在不同程度上威胁社会的稳定。明代逃户和流民的出现，有复杂的政治、经济、文化、社会以及历史、地理等因素，但总而言之，其最主要的原因是为了躲避赋税徭役、饥荒或战乱。对此，《明史》卷 77《食货一》对此做了简洁明了的总结和区别：“其人户避徭役者曰逃户，年饥或避兵他徙者曰流民，有故而出侨于外者曰附籍，朝廷所移民曰移徙。”这里对逃户和流民的区分就是依据其产生的原因不同为依据。附籍则是对流动人口的一种安置管理方式，即原先外来的人户附入后来所在地的户籍而成为当地正式的编户民。移徙则是政府通过主动迁移民户来调整各地方的人口布局。

明政府对于因饥荒、战乱而出现的流民，一般都采取宽恤、抚辑的

---

① 《明会典》卷 20《户部七·黄册》。

政策。如成化六年（1470）准奏：“流民愿归原籍者，有司给与印信文凭，沿途军卫有司每口给口粮三升；其原籍无房者，有司设法起盖草房四间，仍不分男妇，每大口与口粮三斗，小口一斗五升，每户给牛二只，量给种子，审验原业田地给与耕种，优免粮差五年，仍给下帖执照。”① 嘉靖年间，朝廷对流民采取了更宽厚的抚绥措施。嘉靖六年（1527），朝廷下诏：“今后流民有复业者除免三年粮役，不许勾扰。其荒白田地，有司出给告示晓谕，许诸人告种，亦免粮役三年；三年后如果成熟，量纳轻粮。如有不遵，官吏、里甲等人，一体治罪。各州县官有设法招抚流民复业，及招人开垦承种荒白田地数多者，俱作贤能官，保荐擢用。”嘉靖九年（1530），朝廷又下令：“各省乘大造之年查勘各属流民，置有产业、住种年久者，准令附籍当差，其余俱各省令回籍生理……又令抚按官招抚流民令各还乡，查将本处仓库，堪动钱粮，并近开事例银两，量给牛具种子，使各安生业，毋致失所。”② 可见，明政府对于流民，主要采用给予口粮、住房等保证他们基本的生活条件，然后再量给种子、耕地，甚至耕牛等，让他们尽快恢复生产，并通过优免粮差等政策鼓励农民积极开荒种粮。

而对于逃避赋税徭役的逃户，明政府则采取暴力强制和抚绥相结合的政策措施。如洪武初年，朱元璋就倾向于使用行政强制的手段，解决逃户问题。洪武三年（1370）“令户部榜谕天下军民：凡有未占籍而不应役者，许自首。军，发卫所；民，归有司；匠，隶工部”。“又诏户部：籍天下户口及置户帖，各书户之乡贯、丁口、名岁，以字号编为勘合，用半印钤记，籍藏于部，帖给于民，令有司点闸比对，有不合者发充军，官吏隐瞒者处斩。”“（洪武）十九年（1386）令：各处民，凡成丁者，务各守本业，出入邻里必欲互知；其有游民及称商贾，虽有引，若钱不盈万文，钞不及十贯，俱送所在官司，迁发化外。”③ 明英宗正统八年

① 《明会典》卷19《户部六·流民》。

② 《明会典》卷19《户部六·户口总数》。

③ 《明会典》卷19《户部六·户口总数》。

(1443)又令:“逃军、逃匠、逃囚人等自首免罪,各发著役。罪重者从实开奏,量与宽减。其逃民不报籍复业,团聚非为,抗拒官府,不服招抚者,户长照南北地方发缺军卫所充军,家口随住。逃军、逃匠、逃囚人等不首者,发边卫充军。”① 但是,事实上行政强制措施并不能很好解决逃户问题,逃户仍然大量存在。洪武末年,朱元璋即开始调整相关管控措施,以抚辑宽恤政策替代行政强制政策。如洪武二十四年(1391),山西繁峙县奏言:“逃民三百余户,累岁招抚不还,乞令卫所追捕之。”朱元璋认为应善加抚恤,说:“民窘于衣食,或迫于苛政,则逃。使衣食给足,官司无扰,虽驱之使去,岂肯轻远其乡土?今逃移之民不出吾疆域之外,但使有田可耕,足以自赡,是亦国家之民也。即听其随地占籍,令有司善抚之。若有不务耕种,专事末作者,是为游民,则逮捕之。”②

尔后,明代历朝对于逃户基本上都采取抚辑宽恤的政策,对于那些严重触犯法律的逃户才予以惩治。如永乐十六年(1418),民有告言:“湖广随州及枣阳县藏各处逃民五百余户,有出入官府、蠹政害民者,有左道惑众者。”成祖云:“人孰不欲保聚乡里为良善,此盖厄于饥寒,而有司不能抚绥故耳。”并命令监察御史欧阳和前去抚慰,不治其逃徙之罪,民众皆“欣欣出,首服”,“惟出入官府蠹政害民及惑众劫掠者,论之以法”③。宣德五年(1430),明宣宗对户部大臣说:“人情皆欲安居,谁肯弃业他徙?只缘有司不善抚恤,横征暴敛,致其如此。比闻彰州强贼皆是逃民,罪虽可诛,情亦可悯。推原其始,责在有司尔。即榜示各处戒约,务存宽恤。若有扰害,致其逃亡者,必罪不贷。”④ 对此,朝廷采取了以宽恤为主的抚绥政策:“逃户已成产业,每丁种有成熟田地五十亩以上者,许告官寄籍。见当军、民、匠、灶等差,及有百里之内开种田地;或百里之外有文凭分房趁田耕种,不误原籍粮差;或远年迷失乡

---

① 《明会典》卷19《户部六·逃户》。

② 《明太祖实录》卷208。

③ 《明太宗实录》卷197。

④ 《明宣宗实录》卷68。

贯，见住深山旷野未经附籍者，许所在官司取勘见数造册，送部查考。其余不回原籍逃民及窝家，俱发所在卫所充军，照例拨与田地耕种，办纳子粒。若军卫屯所容隐者，逃民收充本卫所屯军，窝家军余人等照隐藏逃军榜例发边卫充军。该管军卫、有司官吏、旗军、邻里容隐者，照例坐罪。若逃军诈作逃民，许限内自首，各还原卫所著役。限外（内）不首者，逃军并窝家亦照榜例问断。"①

正统十四年（1449）土木堡之变后，明王朝社会开始动荡，逃户逐年增多。景泰五年（1454），镇守福建的兵部尚书孙原贞奏言："臣前任河南参政，阅各处逃民文册，通计二十余万户。其河南之开封、汝宁，山东之兖州，直隶之凤阳、大名，地境相连，近黄河、湖泊、蒲苇之乡，因水泄水消变膏腴之地，逋逃潜住其间者尤众。近者河溢，此处数水荒，逃户复转徙南阳、唐、邓、湖广、襄樊、汉沔之间逐食，恐其相聚为盗。宜俟年谷颇登，敕令各臣督有司府州县，各委官沿村挨勘验口，以给田业，随土宜以课农桑，举乡饮以导其父兄，立乡学以训其子弟，建乡社使知报本，设义食使知备荒，时加巡察抚绥，德理以化之，刑法以齐之，徐议其赋役。俾为治民之良法，庶无后来之患。"英宗采纳了孙原贞抚辑宽恤、德理以化的建议，下令移文各参赞巡抚等官，"如原贞所奏斟酌而行从之"。②

明政府在对待流民、逃户问题上，主要有 4 个层面的治理目标。其一，最佳的治理目标是防患于未然。如景泰五年（1454），镇守福建的兵部尚书孙原贞就在其《大戒》奏疏中称："缘此等逃民，始因躲避粮差，终至违悖德化，食地利而不输租赋，旷丁力而不应差徭，弃故乡而不听招回，住他郡而不从约束。累诏宽恤，其原籍与所在官司，两难挨究，莫之如何。况今声教所暨，四海归心，独此辈恃恩玩法，梗化若此，然以中原腹心之地，为流民渊薮。如昔陈涉、王常、张角诸盗，皆由此起。

① 《明会典》卷 19《户部六·逃户》。

② 《明英宗实录》卷 247。

今圣明抚运万无此虞，然虑积岁滋久，时遇饥荒，安知无奸盗扇祸其间，毒流百姓。故宜防之于未然。合候年谷丰登，乞敕近臣，先往此几处，着落司府州县，各委官沿村逐户挨勘的实，籍贯丁口明白，验家口以给田业，随土宜以课农桑……俾为治世之良民，庶无后来之患。”① 又如成化四年（1468）刑科给事中白昂在《灾异六事疏》中也指出：“修治化以止流民。即今河南、荆襄附籍流民，已有六万三千余户，未附籍者，犹不知数。皇上简任宪臣，往彼抚治，然而犹有仍前流往者。盖因新收逃户，既得赈恤，复业流民，又免粮差，惟安土重迁、始终不逃者，每代逃户赔粮服役，反不能存。今宜严加禁约府卫州县，务在敷宣德化，抚军民，使之各安其业，不致流移可也。”②

其二，把流民、逃户遣送回原籍安置。如成化四年（1468），巡抚陕西右副都御史陈价奏云：“平凉、延安、庆阳等府所属人户，为因年荒贼扰，逃移外郡十有七八，所遗田土、粮草、纱绢，俱责见存人户代纳。存者被累，亦欲思逃；逃者惟虑追陪，不愿复业。臣愚欲将逃于河南、山西、湖广、四川地方者，或行文彼处官司差人送回，或令回文原籍府县发人起取，无分彼此，悉与口粮。其代逃户陪纳者，悉与蠲除。凡公私逋负一皆停免，庶逃者乐于复业而存者不致思逃。”宪宗下令下户部商议，于是决定：“逃民近而知所向者，宜如拟起取；远而无定在者，宜行各该巡抚官勘实遣回。于粮差则实免二年，于陪纳则量蠲其半。”③ 又如弘治十二年（1499），巡抚湖广都御史阎仲宇奏云：“本镇地方多流民啸聚，请下各州县审核，有系逃军、逃匠、逃囚者，各递解原籍处置。其不系逋逃，愿自还乡者，抚遣以归；如住久置有产业不愿回还者，照例收附里籍，三年之后随垦田多少从轻纳粮当差。若军匠冒称民籍者，从原籍官司查取改正。”诏从其议。④

① 《明经世文编》卷 24《孙司马奏议·大戒》。

② 《明经世文编》卷 80《白彭二公奏疏·灾异六事疏》。

③ 《明宪宗实录》卷 52。

④ 《明孝宗实录》卷 147。

其三，就地安置流民、逃户。如成化十二年（1476）左副都御史原杰上《处置流民疏》，称："湖广、荆襄、河南、南阳等处流民，自往年驱逐之后，中间多有去而复来，及近时各处灾伤，陆续逃移之数，日渐众多……陕西、汉州等府，金州、商洛等县，俱与荆襄接境，系流民新聚处所，选委湖广、河南、陕西都布按三司官员王用等，遍历山谷，取勘流民共一十一万三千三百一十七户，男妇共四十三万八千六百四十四丁口，审系山东、山西、陕西、江西、四川并本省军民等籍。随同镇守等官议得前项流民，先因原籍粮差浩繁及畏罪弃家偷生，置有田土，盖有房屋，贩有土产货物，亦不过养赡家口而已，别无非为事端。若依前例一概逐遣，尚恐去而复来，或各处顽民，闯知地土空闲，纠集趁住，不数年必有甚如今日之众，势难尽遣。合将近年逃来，不曾置有产业，原籍田产尚存流民戴广等一万六千六百六十三户，男妇共四万五千八百九十二丁口，并平昔凶恶、断发原籍者，照例遣回。其本分营生流民张清等共九万六千六百五十四户，男妇共三十九万二千七百五十二丁口，仰遵圣谕编附，各该州县户籍应当粮差，仍严立禁条，用杜将来流徙。"①又如弘治十七年（1504）朝廷下令："抚按官严督所属，清查地方流民，久住成家不愿回还者，就令附籍，优免粮差三年；如只身无产，并新近逃来军匠等籍，递回原籍。仍从实具奏稽考。"②

其四，将流民、逃户安置到田多人少的地区。如景泰年间，兵部左侍郎商辂上《招抚流民疏》，称："河南开封等府并南直隶凤阳府等处地方，近年为因水患，田禾无收，在彼积年逃民，俱各转徙往济宁、临清等处，四散趁食居住……近闻各处有司，遇有外县逃民到来，一切驱逐，不容在境潜住。若果能驱令复业，固是美事。但恐前项艰难地方，及素无产业，或系在外逃匠、囚犯等项，宁死道路，不愿复业之人，被所在官司驱逐急迫，无所依归，必至失所，不无激变。及今水患已息，仍虑

① 《明经世文编》卷93《原襄敏公奏疏·处置流民疏》。

② 《明会典》卷19《户部六·流民》。

逃回河南凤阳原处地方居住，异日虽欲再行招抚，必不肯从，去留之机，实系于此，不可不虑。臣切照畿内顺天等八府，所属计一百三十余州县，所在除官府草场并官员庄田及军民见种田地不计外，其余多有抛荒并空闲无碍田地。如蒙敕户部计议，出给榜文，遍行山东等处逃民聚集之所，张挂晓谕，前项逃民有志复业者，即令复业，其不愿复业，无所依归之人，许令于顺天府等八府所属州县分投，从便居住。有司照名拨田，设法赈恤，其宽恤等项，榜内有当开写者，悉照本部节次，奏准事理，明白开写，晓谕施行。行移各府巡抚、巡按等官，督同各有司，遇有逃民到来，即令报名，在官酌量乡村广狭、田地多寡，四散安插。如某州田地数少，逃民数多，则发遣于有田州分住居；某县田地数多，逃民数少，亦须将别县逃民，递相分拨。或某州可安插千人，止留五百人，某县有田千顷，止拨五百顷，盖人少易于赈恤，田多以备后来。其口粮、种具等项，或暂借官储出给，或劝令富民假贷，俟有收成之日，照数追还。俱听巡抚、巡按等官设法整理，从宜处置。”① 在此，商辂主张将河南开封、南直隶凤阳府等处不愿回原籍复业逃民安置到顺天等八府田多人少的州县，拨给田地、口粮、种子、农具等，使其从事农业生产，从而解决数以万计的逃民问题。

明朝对于流民、逃户实行就地安置或迁往田多人少地区安置的附籍制度，使原先外来的人户附入后来所在地的户籍而成为当地正式的编户民。这种制度主要针对两种类型的外来人口：一是明政府推行官员任职回避制度，官员不得在原籍从政，必须异地对调，退休或客死他乡的文武官员及其家属不能回到原籍，不得不就地入籍。二是流民、逃户在安置地入籍。如正统初年山西左参政王来上疏言，“流民所在成家。及招还故土，每以失产复逃去。乞请随在附籍便”，明英宗从其请②。嘉靖九年（1530）题准：“今后大造之年，各该州县，如有流民在彼寄住年久、置

① 《明经世文编》卷38《商文毅公文集·招抚流移疏》。

② 《明史》卷172《王来传》。

有田产家业、不愿还乡者，查照流民事例，行文原籍查勘明白，许令收造该州县册内，填入格眼，照例当差纳粮，不许捏为畸零等项名色，及破调容隐，作为贴户，查出依律治罪。其不愿入籍者，就令还乡，仍行该州县安辑得所，免其杂泛差役三年。”①

综上所述，明政府在治理流民、逃户问题上，无论是遣回原籍安置，还是就地安置、迁往田多人少地区安置，其总的原则是一致的，即人户都必须编入户籍，不得脱产，若离开原籍，应随地附籍，纳入政府管理范围，以便随时根据需要纳粮当差；否则，如脱离户籍，就要受到惩罚。

（四）调整人口布局

明朝初年，由于长期的战争使社会经济遭到严重的破坏，许多地方，尤其是久罹兵革的山东、河南、河北等省，受祸最重，大量民众死亡或逃离，乡村萧条，人烟断绝，田地荒芜，许多地方竟然成为无人之地。这加剧了全国各地人口分布的不平衡，北方一些地方“多是无人之地”，地多人少，时称“宽乡”，另外一些地方则“地狭人稠”，地少人多，时称“狭乡”。为了改变这种人口分布不均局面，促进社会经济的全面发展，朱元璋在全国范围内开展大规模的移民垦荒运动，其参与的人数之多为前代所罕见。

洪武三年（1370）六月，朱元璋以“苏、松、嘉、湖、杭五郡地狭民众，细民无田以耕，往往逐末利而食不给。临濠，朕故乡也，田多未辟，土有遗利”，“令五郡民无田产者往临濠开种。就以所种田为已业，官给牛、种、舟、粮，以资遣之，仍三年不征其税。于是徙者凡四千余户”②。徐达平定北方之后，“徙北平山后民三万五千八百余户，散处诸府卫，籍为军者给衣粮，民给田。又以沙漠遗民三万二千八百余户屯田北平，置屯二百五十四，开地千三百四十三顷。复徙江南民十四万于凤阳”③。尔后，朱元璋采纳了户部郎中刘九皋的建议，有计划地让狭乡之

① 《明会典》卷19《户部六·附籍人户》。

② 《明太祖实录》卷53。

③ 《明史》卷77《食货一》。

民迁移到宽乡，使“地无遗利，人无失业”，于是，“迁山西泽、潞民于河北”；“屡徙浙西及山西民于滁、和、北平、山东、河南。又徙登、莱、青民于东昌、兖州。又徙直隶、浙江民二万户于京师，充仓脚夫”①。洪武九年（1376）十一月，移山西及北直隶真定等处民无产业者往凤阳垦田②。洪武十五年（1382）九月，迁广东番禺、东莞、增城诸县原元将何真所部降民24400余人到泗州屯垦③。洪武二十年（1387）十月，命湖广常德、辰州民有3丁以上者，出1丁往耕云南，又下诏命长兴侯耿炳文率陕西土军33000人往云南屯种听征④。洪武二十一年（1388）八月，迁山西泽、潞二州民之无田者往彰德、真定、临清、归德、太康诸处闲旷之地，令自便置屯耕种⑤。洪武二十二年（1389）四月，迁杭、湖、温、台、苏、松诸郡民无田者，令往淮河迤南、滁、和等处就耕⑥。同年九月，以山西地狭民稠，下令许其民分丁于北平、山东、河南旷土耕种⑦。洪武二十四年（1391）七月，命户部籍浙江等省、应天诸府富民14300余户，悉徙其家以实京师。洪武二十五年（1392）二月，移山东、莱诸府民贫无产者5635户，赴本省东昌等处编籍耕种。洪武以后，移民垦荒虽然还持续了一段时间，但规模逐渐缩小，至永乐末年基本结束。正如《明史》卷77《食货一》所说的：“太祖时徙民最多，其间有以罪徙者。建文帝命武康伯徐理往北平度地处之。成祖核太原、平阳、泽、潞、辽、沁、汾丁多田少及无田之家，分其丁口以实北平。自是以后，移徙者鲜矣。”

从以上太祖至成祖明初移民可以看出，其调整人口布局的思想有以下3点值得注意：其一，移民的主要对象是“无田以耕”“无田者”“无

---

① 《明史》卷77《食货一》。

② 《明太祖实录》卷110。

③ 《明太祖实录》卷148。

④ 《明太祖实录》卷186。

⑤ 《明太祖实录》卷193。

⑥ 《明太祖实录》卷196。

⑦ 《明太祖实录》卷197。

产业者”“民贫无产者”“地狭民稠”地区的人，把这些人迁到“旷地耕种”或“屯垦”，既使无田、无产业者获得了田地等生产资料，解决了他们最基本的生活出路问题，又使那些“闲旷之地”，地多人少地区得到开发，从而使“地无遗利，人无失业”，即土地和劳动力资源得到较合理的配置，促进了明初社会经济的恢复和发展。其二，明初浙江、江苏、山西等地是地少人多、经济较发达的地区，而河北、河南、山东、安徽、云南等地则是地多人少、经济较落后的地区。地少人多、经济发达地区富余劳动力向地多人少、经济较落后地区的迁移，既缓解了经济发达地区的地少人多矛盾，也使经济较落后地区地多人少的矛盾得到一定程度的缓和，从而使全国各地区人口分布趋于合理，各地区经济发展差距缩小。其三，明初移民绝大部分是经济目的，但也有少部分带有政治目的和军事目的。如洪武二十四年（1391）七月徙浙江等省、应天诸府富民以实南京和明成祖分太原、平阳、泽、潞等地丁多田少及无田之家以实北平，其目的都在于加强首都的力量。而洪武二十年（1387）命陕西土军往云南屯种听征，显然是为了加强西南边疆的军事力量。

二、土地管理思想

明代土地总体上分为两种类型，即官田、私田：“土田之制，凡二等：曰官田，曰民田。初，官田皆宋、元时入官田地。厥后有还官田，没官田，断入官田，学田，皇庄，牧马草场，城壖苜蓿地，牲地，园陵坟地，公占隙地，诸王、公主、勋戚、大臣、内监、寺观赐乞庄田，百官职田，边臣养廉田，军、民、商屯田，通谓之官田。其余为民田。”①明代官田和民田不仅所有制性质不同、种类不一，而且征税的名目、税粮科则也各有差别。官田曰租，民田曰税；官田租重，民田税轻；官田多由贫民租种，民田多归豪右所有。明代初年全国官田少而民田多，中叶以后官田逐渐私有化，其赋税科则与民田合而为一。

---

① 《明史》卷77《食货一》。

（一）编定鱼鳞图册

明朝之初，由于长期的战争，户籍、田籍等事关军国大计的图版文籍或毁于战火，或残缺不全，“版籍多亡，田赋无准”①。朱元璋在编制赋役黄册加强户口统计、管理中，发现“里胥或不谙书算”，导致“天下郡县所进赋役黄册，丁粮之数，类多错误”②，尤其是其偏重于户口，那些田产多者往往从中钻空子来减轻其赋役负担。如“两浙富民畏避徭役，往往以田产诡托亲邻、佃仆，谓之‘铁脚诡寄’。久之，相习成风，乡里欺州县、州县欺府，奸弊百出，谓之‘通天诡寄’。于是富者愈富而贫者愈贫”③。这不仅使逃避、拖欠税粮的现象日趋严重，影响国家的财政收入，而且也威胁到社会的稳定。朱元璋清楚地认识到“牧民之官，苟非其人，则赋役不均而贫弱者受害尔……凡赋役必验民之丁粮多寡、产业厚薄，以均其力。赋役均则民无怨嗟矣”④，“民有田则有租，有身则有役，历代相承，皆循其旧。今民愚无知，乃诡名欺隐以避差徭。互相仿效，为弊益甚”⑤。因此，欲验“丁粮多寡、产业厚薄，以均其力”，使民无怨，就必须同时将户口和田地之数量弄清楚，并登记在册，即不仅在查清人口的基础上建立户籍，也要在清丈田地的基础上建立田籍，使二者相辅相成，以保证国家对民众赋税徭役的征派，均平民众赋役负担，稳定社会秩序。

洪武十三年（1380）二月，朱元璋令户部核实天下土田⑥。洪武十九年（1386）开始先后派遣国子监生武淳等人分行全国府县乡里，经理田赋图籍，“随粮定区。区设粮长四人，量度田亩方圆，次以字号，悉书主名及田之丈尺，编类成册，状如鱼鳞，号曰鱼鳞图册。先是，诏天下编

① 《明史》卷77《食货一》。
② 《明太祖实录》卷144。
③ 《明太祖实录》卷180。
④ 《明太祖实录》卷163。
⑤ 《明太祖实录》卷165。
⑥ 《明太祖实录》卷135。

册，以户为主，详具旧管、新收、开除、实在之数为四柱式。而鱼鳞图册以土田为主，诸原坂、坟衍、下隰、沃瘠、沙卤之别毕具”①。由此可见，编定鱼鳞图册首先必须指派专人负责，随税粮多寡定区，区设粮长。“粮长者，太祖时，令田多者为之，督其乡赋税。岁七月，州县委官偕诣京，领勘合以行。粮万石，长、副各一人，输以时至，得召见，语合，辄蒙擢用。末年更定，每区正副二名轮充。”② 即“定区”的依据是以税粮1万石为1区，每区设粮长4人。其次，丈量每家每户田地面积，编上字号，并记录田主姓名、每户田地尺寸，以及各种田地类型和土质，如平原、山地、低洼地、新开田土、田地肥沃与贫瘠、沙荒地、盐碱地等的差别。由于鱼鳞图册以图绘出每家每户田地，状如鱼鳞，所以称之为鱼鳞图册。再次，赋役黄册以户为主，以“四柱式”详列旧管（原登记的户口）、新收（新出生或迁入的户口）、开除（死亡或迁出的户口）、实在（现在实有的户口），对户口进行动态管理，作为征调差役的依据。而鱼鳞图册以土田为主，详载田地面积及类型、土质，作为征收租税的依据。史载：“鱼鳞册为经，土田之讼质焉。黄册为纬，赋役之法定焉。凡质卖田土，备书税粮科则，官为籍记之，毋令产去税存以为民害。”③ 可见，鱼鳞图册的编制使田地产权明晰，不仅民间田地纠纷减少了，而且隐瞒田土、转嫁税粮、产去税存的现象也有所抑制。明政府通过建立户籍和田籍，将鱼鳞图册与赋税黄册互相配套，经纬结合，并行实施，实现了既控制全国户口，又掌握全国土地，赋役征纳也有据可依的目的④。

在编制鱼鳞图册，建立田籍制度中，朱元璋根据各地的不同情况，在田地分配与开发上实行不同的政策，较好地体现了原则性与灵活性的结合。朱元璋“以中原田多芜，命省臣议，计民授田。设司农司，开治河南，掌其事。临濠之田，验其丁力，计亩给之，毋许兼并。北方近城

① 《明史》卷77《食货一》。

② 《明史》卷78《食货二》。

③ 《明史》卷77《食货一》。

④ 龚贤：《明代管理思想》，经济管理出版社，2013年，第129页。

地多不治，召民耕，人给十五亩，蔬地二亩，免租三年。每岁中书省奏天下垦田数，少者亩以千计，多者至二十余万。官给牛及农具者，乃收其税，额外垦荒者永不起科”①。明政府在制定田籍制度中的灵活性主要体现在两个方面：一是针对地多人少、田地大片荒芜的地区，给予农民优惠政策，如“免租三年”“额外垦荒者永不起科”等，鼓励农民往这些地区开垦耕作。二是限制农民占田数量，禁止兼并土地，如“验其丁力，计亩给之，毋许兼并”，“人给十五亩，蔬地二亩”等。总之，明政府通过建立新的田籍制度，充分调动了农民的生产积极性，有利于加速土地的开发，耕地面积迅速增加。洪武二十六年（1393），核天下土田，“总八百五十万七千六百二十三顷，盖骎骎无弃土矣”②。另外通过编制田籍，清理出一些漏脱、欺隐的土地，并通过禁止兼并土地，打击了豪强地主，暂时局部地调整了生产关系，对缓解社会矛盾、稳定社会秩序和促进生产的发展，起了一定的积极作用。

明初的鱼鳞图籍制度在永乐之后开始遭到破坏。明初，朱元璋沿用元代的里社制度，原住民以社分里甲称为“社民”，后来移民屯田的新迁入者称“屯民”，屯民以屯分里甲。社民原占有的亩大，屯民新占有的亩小，故又称社地为大亩，屯地为小亩。大亩、小亩之制引发了土地不均的现象，并为地方基层官吏在赋税上营私舞弊、欺骗上级提供了条件。宣德年间，地方基层政府每次编制册籍，通常采取双重标准：以大亩上报朝廷，以此达到少向中央交纳赋税的目的；以小亩向百姓派粮，以达到向百姓多征派税粮的目的。明初朱元璋重典治吏，执法严猛，大小官员不敢以身试法，故一般还能如实申报、登记田亩纳粮；明中叶以后，法制松弛，吏治腐败，土地兼并之风盛行，大亩、小亩制使田地亩数随意性大，鱼鳞图册在北方成为一纸空文，田土不少被隐瞒漏报，见籍纳税者日趋减少。嘉靖八年（1529）六月，詹事霍韬等奏云：“臣等先于私

① 《明史》卷77《食货一》。

② 《明史》卷77《食货一》。

家将旧典各书翻阅，窃见洪武初年，天下田土八百四十九万六千顷有奇。弘治十五年（1502），存额四百二十二万八千顷有奇，失额四百二十六万八千顷有奇。是宇内额田，存者半，失者半也。则赋税何从出，国计何从足耶？……洪武初年，甫脱战争，人庶鲜少，田野多芜，田额宜少也，乃犹垦辟八百万顷。今奕世承平，人渐生聚，田野尽辟，田额宜多也，乃失额四百万顷。总国计者，可不究心乎？天下有司，受猾民赃利，为之欺隐额田，蠹国害民，弊无纪极。"①

面对这种田制弊端，嘉靖以后统治阶级中的一些有识之士纷纷上书请求核实田亩，江南、江西、河南等处的地方官员首先身体力行，履亩丈量，均平赋役，但由于"法未详具，人多疑惮"②。"其后，福建诸州县为经、纬二册，其法颇详。然率以地为主，田多者犹得上下其手。神宗初，建昌知府许孚远为归户册，则以田从人，法简而密矣"③。万历六年（1578），内阁首辅张居正针对豪强地主大量欺隐田地，致使国家田赋收入大量减少，坚决进行丈量田亩。这项工作首先在福建试点成功，之后进一步在全国推广。万历八年（1580）十一月，户部下令在全国通行丈量田亩，并具体规定8条丈量细则："一明清丈之例：谓额失者丈，全者免。一议应委之官：以各右布政使总领之分，守兵备分领之，府州县官则专管本境。一复坐派之额：谓田有官、民、屯数等，粮有上、中、下数则，宜逐一查勘，使不得诡混。一复本征之粮：如民种屯地者即纳屯粮，军种民地者即纳民粮。一严欺隐之律：有自首历年诡占及开垦未报者免罪，首报不实者连坐，豪右隐占者发遣重处。一行清丈之期。一行丈量磨算之法。一处纸札供应之费。"④ 从这8条丈量细则可以看出，朝廷对全国丈量田亩工作做了周密的部署：其一，制定了丈量工作的细则，作为丈量工作的统一依据，如丈量的对象是"额失者丈，全者免"，并把

① 《明世宗实录》卷102。

② 《明史》卷77《食货一》。

③ 《明史》卷77《食货一》。

④ 《明神宗实录》卷106。

丈量对象分为“田有官、民、屯数等，粮有上、中、下数则”。其二，明确了各级官员在丈量工作中的职责，“右布政使总领之分，守兵备分领之，府州县官则专管本境”。其三，规定了丈量工作的计算方法、纸张经费等。其四，规定了完成丈量工作的期限，“限三载竣事”①，即在3年内完成。其五，明确重申丈量后的田亩按“民种屯地者即纳屯粮，军种民地者即纳民粮”的交纳税粮规则。其六，规定了对欺骗、隐瞒田亩者的惩罚，“有自首历年诡占及开垦未报者免罪，首报不实者连坐，豪右隐占者发遣重处”。

对于8条丈量细则，明神宗全部允准实施，并“令各抚按官悉心查核，着实举行，毋得苟且了事，及滋劳扰”②。由于丈量工作事前做了周密的部署，全国绝大部分省份都在3年内按期完成了清丈任务，并基本上达到了预期的目标：“于是豪猾不得欺隐，里甲免赔累，而小民无虚粮。总计田数七百一万三千九百七十六顷，视弘治时赢三百万顷。”③ 随着为国家纳税田地的增加，税粮收入也随之增加。但是，这次全国丈量田亩工作也存在一些弊端：“然居正尚综核，颇以溢额为功。有司争改小弓以求田多，或掊克见田以充虚额。北直隶、湖广、大同、宣府，遂先后按溢额田增赋云。”④ 可见，其弊端的根本原因是张居正好大喜功，总希望多查出隐漏田地来增加税粮额数，从而显示自己功劳之大。地方政府官员为讨好张居正，就在清查丈量田地中采用小弓丈量，使田地亩数增多，从而再按增多的亩数加征田赋。这样使有些地方在这次丈量中的田亩数量有所失真，如北直隶、湖广、大同、宣府就是如此。总之，丈量田亩数量不准、失真，成为困扰明代皇朝的难题，虽然每隔一段时间就丈量一次田土，核实田亩和编造田籍，但田籍总是出现一些混乱，一些地方田亩数量还是不准，赋役最终还是难以做到均平负担。

---

① 《明史》卷77《食货一》。

② 《明神宗实录》卷106。

③ 《明史》卷77《食货一》。

④ 《明史》卷77《食货一》。

（二）屯田管理

屯田始于汉代，至明代，屯田的规模和重要性超越前代，成为农业生产的一个重要组成部分。明代“屯田之制，曰军屯，曰民屯”①。军屯，顾名思义即军队屯田。民屯，“其制，移民就宽乡，或召募或罪徙者为民屯，皆领之有司”②。民屯中又可分为商屯，“明初，募盐商于各边开中，谓之商屯”③。当时一些商人在开中过程中认为运粮到路途遥远的边境，费用巨大，且多危险，于是改变做法，直接招募劳力在边境开垦土地种植粮食，自设保伍，就地以收获粮食换取盐引。这就形成商屯，不仅对商人有利，获得开中利润，而且将商业资本引到边疆粮食生产领域，对开发边疆发挥了积极的作用。

在明代屯田中，军屯出现较早，并在屯田中占最重要的地位。朱元璋起兵以后，就高度留意军屯，尝云：“吾京师养兵百家，要令不废百姓一粒米。每以远田三亩，易城外民田一亩，为屯田不足，则移数卫于江北，今江浦六合诸屯是已。其法每一军拨田三十六亩，岁收一十八石为子粒，除与月粮岁十二石，闰加一石，余六石上仓，其分番宿卫上直并打差应役，一应军人于数内支给口粮，又余以充仓廒之费。行之数年，仓廒苫盖完备，而储偫丰足。”④ 元至正十八年（1358）十一月，他沿元代旧制建立民兵万户府专管军屯等事务，令军队在南京龙江（今南京下关一带）等地屯田。正如《明会典》卷18《屯田》所云：“国初兵荒之后，民无定居，耕稼尽废，粮饷匮乏，初命诸将分屯于龙江等处，后设各卫所，创制屯田，以都司统摄。”到至正二十三年（1363），龙江屯田仅康茂才所部就收获粮食15000余石，除军饷之外剩余7000余石，初见屯田成效。同年二月朱元璋在下令嘉奖的同时，再次申明军屯之令：“兴

---

① 《明史》卷77《食货一》。

② 《明史》卷77《食货一》。

③ 《明史》卷77《食货一》。

④ 陆深：《俨山外集》卷28《同异录上》，台湾商务印书馆影印文渊阁本《四库全书》。

国之本，在于强兵足食。昔汉武以屯田定西戎，魏武以务农足军食。定伯兴王，莫不由此。自兵兴以来，民无宁居，连年饥馑，田地荒芜。若兵食尽资于民，则民力重困。故令尔将士屯田，且耕且战。今各处大小将帅已有分定城镇，然随处地利未能尽垦，数年以来未见功绪。惟康茂才所屯得谷一万五千余石以给军饷，尚余七千石。以此较彼，地力均而入有多寡，其故何哉？盖人力有勤惰故耳。自今诸将宜督军士及时开垦，以收地利，庶几兵食充足，国有所赖。"[①] 此后，军屯在各地便迅速推广开来，并出现民屯。洪武六年（1373），"大仆丞梁埜仙贴木尔言：'宁夏境内及四川西南至船城，东北至塔滩，相去八百里，土膏沃，宜招集流亡屯田。'从之。是时，遣邓愈、汤和诸将屯陕西、彰德、汝宁、北平、永平，徙山西真定民屯凤阳。又因海运饷辽有溺死者，遂益讲屯政，天下卫所州县军民皆事垦辟矣"[②]。

明政府十分重视屯田，在中央工部下设屯田清吏司，置郎中一人、员外郎一人、主事二人"典屯种、抽分、薪炭、夫役、坟茔之事。凡军马守镇之处，其有转运不给，则设屯以益军储"[③]。地方在不同时期、不同地区设置各种不同官员管理屯田。如"永乐五年（1407），令浙江、江西、湖广、广西、广东、河南、云南、四川按察司增置佥事一员，陕西、福建、山东、山西按察司增置佥事二员，盘量屯粮。宣德二年（1427），令巡按陕西监察御史兼理屯田。正统二年（1437），添设浙江、福建、陕西等处按察司佥事各一员，提督屯田……七年（1442），添设湖广布政司参政一员、按察司副使一员，提督屯田……景泰二年（1451），增设山西屯田副使；三年（1452），令提督南京仓场并巡抚南直隶苏松等府及顺天、北直隶各府都御史，兼提督屯种……（嘉靖）八年（1529）题准，南京卫所屯田，地方广阔，巡屯御史周岁不能遍历，请给敕印，定限以三年为满……十九年（1540）令清军御史带管各省屯田事宜，各该管屯

① 《明太祖实录》卷12。
② 《明史》卷77《食货一》。
③ 《明史》卷72《职官一》。

副使佥事，并分守官，悉听节制”①。可见，地方各省屯田事务主要由各省按察司、监察御史、都御史、清军御史等兼职负责，有的地方还设专官负责，如屯田副使、巡屯御史等。值得注意的是负责监察的十三道监察御史在外巡按，其监察的重点之一就是屯田。如“嘉靖八年（1529）题准：在京并直隶各卫所屯种，照南直隶事例，差御史一员领敕清查，三年一替，其原设屯田佥事裁革”②。

省级之下府州县政府，设有专官管理屯田。如“北直隶、山东、山西、河南近边去处，宜令各卫所、府州县官专委一员提督。春农布种，仍与设法置买牛具、种子，俱从巡按御史管屯佥事比较。其有用心勤、得谷多者，指实具奏，量加褒赏，以劝其余”③。

明代民屯还在基层设有屯老、屯总、甲头等，负责管理屯田事务。如钦州屯田则例规定：“十人为一甲，甲为头；五甲为一屯，屯有总；一屯种田一十五顷，共田二十顷，该米二百五十五石。一屯设屯老一名，专理其事，给田四十亩，用酬其劳，不任其税。五屯之田，计一百顷八十亩。督责耕种，征收税粮，则屯老责之屯总，屯总责之甲头，甲头责之屯丁。以本州判官掌之，而总督于知州。”④

明代的军屯在各府州设都指挥统管屯田事务。洪武元年（1368），朱元璋下令诸将分军于直隶滁州、和州、庐州、凤阳等地开垦屯田，凡屯所均各设都指挥一员统管。建文四年（1402）九月，朱棣即位后，下令五军都督府移文各都司，命令各卫所遵洪武旧制，卫所长官专职负责提调，都指挥负责督察，年终奏报屯田收入数量以稽勤怠，有效地使军屯制度在永乐年间推行下去。当时军屯虽然由府州都指挥统管，但卫所是明代军队的基层单位，具体负责实施屯田。因此，《明史》卷77《食货一》称“军屯则领之卫所”。“洪武三十五年（1402），命各处卫所，每卫

① 《明会典》卷18《户部五·屯田》。

② 《明会典》卷210《都察院二·屯田》。

③ 《明经世文编》卷33《于忠肃公文集·议处边计疏》。

④ 《明经世文编》卷164《林次崖文集三·钦州复屯田疏》。

委指挥一员，每所委千户一员，提督屯种，年终以上仓并给军子粒数目，造册赴京比较。各该都司每岁仍委指挥一员督察，年终同赴京复奏。又令各处屯田卫所，每军岁征正粮一十二石，直隶差御史比较，各都司所属巡按御史同按察司掌印官比较，年终造册奏缴户部，不及数者，具奏降罚。所收子粒，行御史等官盘查。永乐二年（1404），令各处卫所，凡屯军一百名以上，委百户一员；三百名以上，委千户一员；五百名以上，委指挥一员提督；不及一百者，亦委百户一员提督。若官员军余家人自愿耕种者，不拘顷亩，任其开垦，子粒自收，官府不许比较。”① 可见，军队卫所基层组织依据屯军人数多少设有百户、千户、指挥等具体管理屯田事务，并在年终接受御史、巡按御史等官的盘查比较。

明代军队屯田主要集中在边疆地区，尤其是被称为“九边”的辽东、蓟州、宣府、大同、榆林、宁夏、甘肃、太原、固原 9 个边陲要地。九边既是军事重镇，也是军屯的重点地区。内地军屯相对少些。在边防重镇军队屯田的管理中，一个重要的工作是确定屯、守的兵员比例，因为屯、守比例关系到如何最佳地处理好士卒戍守和军队生产自给两者的有效配置。如戍守士卒人数太多，则影响到军队生产自给；如屯田士卒太多，则削弱戍守军队力量。通常情况下，屯、守兵员比例的确定主要根据地理险易、田土肥瘠、卫所军与王府护卫军的不同任务以及敌情等来决定。从总体上看，最基本的比例差别是按边地和内地来划分：“边地，三分守城，七分屯种。内地，二分守城，八分屯种。”② 《明会典》卷 18《户部五・屯田》则载：军屯的屯、守兵员比例更为多样化，即最常见的是“军士三分守城，七分屯种”，除此之外，“又有二八、四六、一九、中半等例，皆以田土肥瘠、地方冲缓为差。又令少壮者守城，老弱者屯种，余丁多者，亦许其征收则例，或增减殊数，本折互收，皆因时因地而异云”。至于卫所军与王府护卫军屯、守兵员的比例是在明太祖时就已

① 《明会典》卷 122《户部五・屯田》。

② 《明史》卷 77《食货一》。

做了规定。洪武二十一年（1388）十月，朱元璋命五军都督府更定屯田法：“凡卫所系冲要都会及王府护卫军士以十之五屯田，余卫所以五之四。”① 正统十四年（1449）土木堡之变后，“边方多事”，明代宗“令兵分为两番，六日操守，六日耕种”②。

在明代军屯管理中，另一个重要工作是确定屯田征折，即根据各地的不同情况、土地的肥瘠、政府是否提供牛种等因素征收不同的租税。如“洪武四年（1371）诏：河南、山东、陕西、山西、淮安等府屯田，三年后每亩收租一斗。二十年（1387），令陕西屯军五丁抽一，税粮照民田例。又令屯军种五百亩，岁纳粮五十石”③。洪武三十五年（1402），始定科则：“每军田一分，正粮十二石，收贮屯仓，听本军支用；余粮十二石，给本卫军官俸粮。每卫以指挥一员，每所以千户一员提督，都司不时委官督查，年终上仓，并给过子粒数目，造册赴京比较。”④ 弘治十七年（1504）议准：“成都右等卫所屯地，山冈瘠薄，难纳本色，每石折银三钱。”又议准：“山东登莱沿海瘠地，照轻科则例，每亩三升三合。”⑤

明初，由于长期战乱，许多农民一贫如洗，缺乏最起码的生产资料耕牛、种子、农具等，为了鼓励农民积极开垦，官府为屯田垦荒者提供牛种，并按官给牛种、自备牛种征收不同的租税。洪武四年（1371），中书省奏云：“河南、山东、北平、陕西、山西及直隶淮安诸府屯田，凡官给牛种者十税五，自备者十税三。”⑥

明朝廷为了让不同类型、肥瘠不同的土地缴纳租税更加符合实际情况，更加合理，还以不同类型、不同肥瘠土地的“样田”作为征收租税的依据。这就是“以田肥瘠不同，法宜有别，命官军各种样田，以其岁

---

① 《明太祖实录》卷194。

② 《明史》卷77《食货一》。

③ 《明会典》卷18《户部五·屯田》。

④ 《明会典》卷18《户部五·屯田》。

⑤ 《明会典》卷18《户部五·屯田》。

⑥ 《明史》卷77《食货一》。

收之数相考较。太原左卫千户陈淮所种样田，每军余粮二十三石，帝命重赏之”①。

据方日乾在《抚恤屯田官军疏》中称，嘉靖年间屯田曾实行三等纳税粮制度：“照得屯田之则有三，曰比较，曰改科，曰新增。比较之田，每亩纳粮一斗二升；改科则减其半，每亩五升三合五勺；新增每亩纳银一分六厘，盖又轻矣。”② 当时如遇灾荒屯田歉收，或久荒之田召人开垦，都可以将该田地原税粮等级降低。如当时“计算勘实各卫坍江田地四十五顷二十一亩一分，委实崩坍，合应除豁抛荒。比较田地四百七十亩，的系久荒，难于开垦，若非薄税改科，必无愿佃之人矣。合无照依都御史杭淮等官所议，将前项坍江田亩，悉为除豁，比较荒田，俱减作改科”③，即减轻税粮一半，从而鼓励军民积极屯种。

明代提倡屯田，其主要目的就是鼓励军民垦荒，以达到人尽其力而地无遗利。因此，在边疆土地大片荒芜的地区，鼓励军民尽力开垦荒地。有的地方还根据本地的具体情况，规定军士授田亩数：“每军种田五十亩为一分，又或百亩，或七十亩，或三十亩、二十亩不等。”④ 有的边地甚至出台十分优惠的政策，承认军民开垦荒地成为私人产业，并永不征收税粮。如嘉靖二十二年（1543）题准：“各边抛荒地土，不拘将帅军民开垦成业，即为己产，永不起科。其旧曾起科，积荒年久者，仍要用力开垦成业，应纳子粒，一体蠲免。成熟地土，递年纳粮，管业者照旧耕种征收，以足边饷。”⑤ 有的边陲地方，由于经常遭受敌方的骚扰抢劫，许多田地无人敢屯种。明朝廷就在这些地方修筑城堡、派遣军队保护屯田，给予牛种，缓缴税粮，以这些措施鼓励军民前往耕垦。如嘉靖十三年（1534）题准：“陕西、河西地方，多有可耕之田，限于境外无人敢种，

① 《明史》卷77《食货一》。

② 《明经世文编》卷210《方侍御奏疏·抚恤屯田官军疏》。

③ 《明经世文编》卷210《方侍御奏疏·抚恤屯田官军疏》。

④ 《明会典》卷18《户部五·屯田》。

⑤ 《明会典》卷202《屯田清吏司·开垦》。

通行巡抚等官查照，国初壕墙边界筑浚高深，可耕之田尽令开垦，给与牛种，拨人佃种。岁熟但收牛种原值，应纳税粮，缓以年岁，然后量地起科。”①

明代朝廷为鼓励军民垦荒屯种，不仅给予屯种者各种优惠，而且对领导管理组织屯田有政绩的官员予以奖赏激励。如永乐年间的奖惩措施是：“岁食米十二石外余六石为率，多者赏钞，缺者罚俸。又以田肥瘠不同，法宜有别，命官军各种样田，以其岁收之数相考较。太原左卫千户陈淮所种样田，每军余粮二十三石，帝（朱棣）命重赏之。宁夏总兵何福积谷尤多，赐敕褒美。”② 嘉靖八年（1529）题准：“其将领垦田百顷以上者，抚按奖励；三百顷以上者，奏请擢用。备御官军，每年正月初一日上班，愿垦田者，分拨永昌、左浪、甘肃、山丹等卫所，荒田尤多去处。查给牛种、犁铧，给与本色行粮。即委领班官员统率团种，领班官能垦田者，照前例奖励擢用。”③

永乐年间，明成祖“其于屯田，尤为注意，创置红牌事例，示以激劝良法”④。有关红牌事例的具体内容，《明会典》卷18《户部五·屯田》有一简要记载：“（永乐）三年（1405），更定《屯田则例》，令各屯置红牌一面写刊于上，每百户所管旗军一百一十二名或一百名、七八十名，千户所管十百户或七百户、五百户、三四百户，指挥所管五千户或三千户、二千户，总以提调屯田都指挥。所收子粒多寡不等，除下年种子外，俱照每军岁用十二石正粮为法比较，将剩余并不敷子粒数目通行计算，定为赏罚。令按察司、都司并本卫隔别委官点闸是实，然后准行。直隶卫所从巡按御史并各府委官及本卫隔别委官点闸，岁收子粒，如有稻谷、粟、薥、秫、大麦、荞麦等项粗粮，俱依数折算细粮。如各军名下除存种子并正粮及余粮外，又有余剩数，不分多寡，听各该旗军自收，不许

① 《明会典》卷202《屯田清史司·开垦》。

② 《明史》卷77《食货一》。

③ 《明会典》卷202《屯田清史司·开垦》。

④ 《明经世文编》卷63《马端肃公奏疏二·清屯田以复旧制疏》。

管屯官员人等巧立名目，因而分用。”① 从此可以看出，红牌事例的激励措施主要有两种：一是对军队屯田中生产粮食有剩余者实行奖励，不能自给者予以惩罚；二是剩余粮食不必上交，由该旗军自行支配。

明政府还规定屯田机构必须编置文册、簿籍等，记录田地位置、亩数以及生产粮食数量，作为稽查、考核的依据。如“正统十一年（1446），令各处卫所类造屯田坐落地方四至、顷亩、子粒数目文册，一本缴合干上司，一本发该管州县，以备查考。弘治十五年（1502）奏准：后湖并南京户部及各卫所俱无屯册，将今次清过屯田，行令管屯官，各造册送后湖交收”②。这里造屯田文册两本，一本上缴上级管理部门，一本交所在州县，其目的是通过日后互相核对，稽查是否有弄虚作假、营私舞弊行为。嘉靖二十四年（1545），“令各该管粮郎中主事严督监收委官，及仓攒人役，收受完日，填写循环文簿，季终送管粮官处，倒换稽考。如有插和情弊，事发从重问拟。亏折之数，就令监收委官及经该官攒人役均赔；其盘查官受贿容隐，一体究治”③。明政府还注意对这些屯田文册、簿籍的保存，后湖是明政府专门负责保管各种档案的地方，故上引管屯官对屯田情况造册后，“送后湖交收”。弘治年间，兵部尚书马文升在上《清屯田以复旧制疏》中就称：“卫所备造文册，户部及都、布、按三司并该卫所，各收一本，仍造黄册一本，赍送南京户部，转发后湖官库，如法收贮，每十年一次，照民册事例造缴，庶使册籍明白，将来有所持循，而祖宗旧制不致废坠矣！”④

如前所述，在管理明代屯田的事务中，御史充当着重要的角色，负责清查被卫所军官、地方豪强侵占、隐瞒的田地，或被屯田官员侵吞、贪污的税粮等。如弘治年间，“屯田政废，册籍无存，上下因循，无官查考，以致卫所官旗势豪军民侵占盗卖，十去其五六，屯田有名无实。所

① 《明会典》卷18《户部五·屯田》。
② 《明会典》卷18《户部五·屯田》。
③ 《明会典》卷18《户部五·屯田》。
④ 《明经世文编》卷63《马端肃公奏疏二·清屯田以复旧制疏》。

以各该卫所军士月粮，有一二年不得关支者”。鉴于这种情况，“廷臣会议奏准，差给事中、御史并户部官一员，请敕前去，清查各卫所屯田，随该户部郎中等官王勤等，将清查过在京并在外保定等卫所屯田顷亩及该子粒数目，奏行户部会官计议定夺。”通过这次清查，共“清出在京在外卫所屯田，被人侵占等项，共四万一千余顷，该征子粒四十万八千余石，中间尚有未能清出者”。这种对田地和税粮的侵占，已造成严重的后果：“军士月粮累岁不得关支，而归怨于朝廷。势官豪军，侵占屯田，而久享厚利，军士嗟怨，人心未平。若不再行查册，设法清理，则占地之家，终为己业，而屯田之制，终未得复。将来无所凭据，军士月粮，何从仰给？事之所重，莫先于此。”因此，兵部尚书马文升坚决主张“再差官请敕前去，设法清查”，“户部候各处清查完日，通行计算停当”，然后“备造文册，户部及都、布、按三司并该卫所各收一本，仍造黄册一本，赍送南京户部，转发后湖官库，如法收贮”，“庶使册籍明白，将来有所持循”，从而避免屯田被势官豪军侵占，使屯田之制能长期坚持下去[①]。

正德年间，“沿边屯田废弛尤甚，近便膏腴之田既侵夺于权豪，邻境堪种之地，复牵制于禁例，又兼租额太重，军士不堪，往往逃窜影射，抛弃厚业，遂使禾菽之地，尽为草莽之区。似此宿弊，难以枚举，子粒既缺，则仓廪必虚；仓廪既虚，则军饷自乏”。在此情况下，“户部请敕数道，付顺便公差人员，赍付各边总制巡抚大臣，会同各官，将原额并新增屯田，逐一清查，除见在军士领粮外，中间但系权豪恃强夺占年久，务要从公追究改正。其余空闲抛荒地土，设法处置。著令各该卫所军余，或附近人民，尽数开垦承种，宽限三年，待其成熟，然后起科，上纳子粒。如豪强之家，仍前霸占，不即退还者，即便指实参究，治以重罪。仍追每年花利入官，其或租额太重，量为递减，奏闻定夺”[②]。由此可见，正德年间的清查屯田，其针对的也是权豪侵占屯田和税粮、严重影响了

① 《明经世文编》卷63《马端肃公奏疏二·清屯田以复旧制疏》。

② 《明经世文编》卷85《韩忠定公奏疏·为缺乏银两库藏空虚等事》。

军饷供给这一现象，其目的是追回这些田地和税粮，并鼓励军民开垦承种，解决军饷供给问题。并在清查“事完之日，各将清查处置过事宜，造册奏缴，仍造青册，送部查考”①。

明朝廷之所以重视屯田管理，其原因是屯田在强兵足食、巩固边防以及调整全国人口布局，使人尽其力、地无遗利，发展农业生产上发挥了巨大的作用。早在明朝之初，朱元璋就看到了这一点。他说：“兴国之本，在于强兵足食。昔汉武以屯田定西戎，魏武以务农足军食。定伯兴王，莫不由此。”② 尔后，明代历朝都面临着北方、西北方游牧民族的军事威胁，不得不在九边屯驻重兵，因此，军粮供给成为一个亟待解决的问题。当时，虽然解决军粮供给问题有多种选择，但多数人认为屯田是一较好的选项。如明代宗时期名臣于谦就指出：“今之计边储者，或曰军运，或曰民运，或曰纳粟冠带，或曰开种盐粮，或曰银货杂买，言者纷纷，而皆不求其本。夫有播而后有获，春耕而后秋敛，奈之何不务其本，而惟末之图？古人屯金城、屯渭滨、屯塞下，具有成法。实边之道，无以逾此。”③ 又如明神宗时，大臣李廷机也指出：“夫边计最重且亟者，莫之屯政矣。国家九边之地，肥沃可种者，悉为屯田。甲盾之所栖，耒耜之所刺。绵亘数千里，于焉耕耨，于焉捍御，盖即古寓兵于农之遗，而汉赵充国、诸葛亮、晋羊祜，唐郭元振、韩重华诸臣之所尝收其利者。二百年来，圣明忧勤于上，耆硕擘画于下，将臣经略于外，谋士讲求于内，则惟屯政为孜孜顾其间，或举或废，或利或否，非壤地不同，则政之得失异也。”④

明初为了恢复社会生产，除了移民垦荒调整人口布局之外，另一个重大举措就是开展军队屯田，主要集中于东北、西北、西南等广大边陲荒芜地区，其中最为有名的就是辽东、蓟州、宣府、大同、榆林、宁夏、

① 《明经世文编》卷 85《韩忠定公奏疏·为缺乏银两库藏空虚等事》。

② 《明太祖实录》卷 12。

③ 《明经世文编》卷 33《于忠肃公文集一·议处边计疏》。

④ 《明经世文编》卷 460《李文节公文集·九边屯政考》。

甘肃、固原、太原“九边”地区。《明史》卷77《食货一》云：“临边险要，守多于屯。地僻处及输粮艰者，屯多于守，屯兵百名委百户，三百名委千户，五百名以上指挥提督之。屯设红牌，列则例于上。年六十与残疾及幼者，耕以自食，不限于例。屯军以公事妨农务者，免征子粒，且禁卫所差拨。于是，东自辽左，北抵宣、大，西至甘肃，南尽滇、蜀，极于交趾，中原则大河南北，在在兴屯矣。”洪武、永乐年间，天下卫所州县的军民屯田垦荒运动，对人口的布局调整，发挥了作用。这种屯田制度被明代后来的诸帝继承了下来：“宣宗之世，屡核各屯，以征戍罢耕及官豪势要占匿者，减余粮之半。迤北来归就屯之人，给车牛农器。分辽东各卫屯军为三等，丁牛兼者为上，丁牛有一为中，俱无者为下。英宗免军田正粮归仓，只征余粮六石。后又免沿边开田官军子粒，减各边屯田子粒有差。景帝时，边方多事，令兵分为两番，六日操守，六日耕种。成化初，宣府巡抚叶盛买官牛千八百，并置农具，遣军屯田，收粮易银，以补官马耗损，边人称便。”[①] 直至明末熹宗年间，御史左光斗认为，屯田对于改变“东南有可耕之人，而无其田；西北有可耕之田，而无其人”的局面起了一定的作用，这就是“小垦小利，大垦大利。小利在地辟而民聚，民聚则垦者愈多；大利在粟贱而民饶，民饶则垦者愈易，生聚渐烦（繁）”[②]。

明代屯田制度与思想，在洪武、永乐年间贯彻实施得较为成功。叶春及在《修军政疏》中评价说：“国初置卫四百九十一，所三百一十一，以军计之约三百一十万余。而是时口之登籍者六千五十四万，则是二十人乃一人为兵也。况乎守城者三，屯田者七；二八、一九、六四、中半之法，因地异焉，不耕者少矣。天下屯田八十九万九千余顷，官民田八百四十九万余（顷）。以八十九万九千余（顷）田，分隶三百一十万余之军，人得二十九亩……三百一十万余之军，岁食粮三千七百二十二万余

① 《明史》卷77《食货一》。

② 《明经世文编》卷495《左宫保奏疏·题为足饷无过屯田、屯田无过水利疏》。

石。屯田二十亩，除正粮，纳余粮六石。八十九万九千余顷，通得余粮二千七百万石。则是军之食军自给之，边储之所运，军需之所征，供于民者无几也。军多为农，故虽额设数百万而不见其冗；食出于军，故虽岁费数千万而不见其匮。”① 宣德年间，屯田制出现了一些弊端，但宣宗及时采取了措施：“宣宗之世，屡核各屯，以征戍罢耕及官豪势要占匿者，减余粮之半。迤北来归就屯之人，给车牛农器。分辽东各卫屯军为三等，丁牛兼者为上，丁牛有一为中，俱无者为下。”② 尔后，又经正统至成化年间调整，屯田制度基本维持较为正常的运作，仍然发挥着作用：“英宗免军田正粮归仓，只征余粮六石。后又免沿边开田官军子粒，减各边屯田子粒有差。景帝时，边方多事，令兵分为两番，六日操守，六日耕种。成化初，宣府巡抚叶盛买官牛千八百，并置农具，遣军屯田，收粮易银，以补官马耗损，边人称便。”③

明代屯田制度不受重视，逐渐遭到破坏，自英宗正统年间渐露端倪，到孝宗弘治年间已较严重，尔后每况愈下，屯丁逃亡日多，田地荒芜，屯田终于名存实亡。据《明史》卷77《食货一》载，“自正统后，屯政稍弛，而屯粮犹存三之二。其后屯田多为内监、军官占夺，法尽坏。宪宗之世颇议厘复，而视旧所入，不能什一矣。弘治间，屯粮愈轻，有亩止三升者。沿及正德，辽东屯田较永乐间田赢万八千余顷，而粮乃缩四万六千余石……及是，屯军多逃死，常操军止八万，皆仰给于仓。而边外数扰，弃不耕。刘瑾擅政，遣官分出丈田责逋。希瑾意者，伪增田数，搜括惨毒，户部侍郎韩福尤急刻。辽卒不堪，胁众为乱，抚之乃定”，“屯粮之轻，至弘、正而极，嘉靖中渐增，隆庆间复亩收一斗。然屯丁逃亡者益多。管粮郎中不问屯田有无，月粮止半给、沿边屯地，或变为斥卤、沙碛，粮额不得减。屯田御史又于额外增本折，屯军益不堪命。万

① 《明经世文编》卷366《叶绸斋集·修军政》。

② 《明史》卷77《食货一》。

③ 《明史》卷77《食货一》。

历时，计屯田之数六十四万四千余顷，视洪武时亏二十四万九千余顷，田日减而粮日增，其弊如此”①。

第二节　赋役管理思想

一、赋役征派思想

明代的赋役征派思想，《明史》卷78《食货二》有一概括性的介绍：

> 赋役之法，唐租庸调犹为近古。自杨炎作两税法，简而易行，历代相沿，至明不改。太祖为吴王，赋税十取一，役法计田出夫。县上、中、下三等，以赋十万、六万、三万石下为差。府三等，以赋二十万上下、十万石下为差。即位之初，定赋役法，一以黄册为准。册有丁有田，丁有役，田有租。租曰夏税，曰秋粮，凡二等。夏税无过八月，秋粮无过明年二月。丁曰成丁，曰未成丁，凡二等。民始生，籍其名曰不成丁，年十六曰成丁。成丁而役，六十而免。又有职役优免者，役曰里甲，曰均徭，曰杂泛，凡三等。以户计曰甲役，以丁计曰徭役，上命非时曰杂役，皆有力役，有雇役。府州县验册丁口多寡，事产厚薄，以均适其力。

从《明史》的这段记载，我们再结合其他一些史料，可以了解到明代征派赋役的一些思想：其一，赋役征派的最基本原则是“丁有役，田有租”，通过赋役黄册登记每户的人丁（如男子成丁、不成丁，妇女大、小口等）、事产（如田地、税粮与田土买卖推收事项以及房屋、资畜、车船等），以此作为征派租税调派徭役的依据。明代的“丁有役”具体指男子年满16岁就算成丁，开始服徭役，至60岁才能免除服役。为了防止民

① 《明史》卷77《食货一》。

户逃避徭役，明政府十分重视人口登记，每个人一出生就登记在黄册中，只有未满 16 岁称为不成丁，不必服徭役。“田有租”具体指征收租税以田地作为依据，由于黄册侧重于登记户口，对田地等产业的登记不够具体详细，容易导致隐瞒田产、逃避租税之弊，因此，洪武二十年（1387）二月，朱元璋派人到全国各州县进行土地大普查，“躬履田亩以量度之，图其田之方圆，次其字号，悉书主名及田之丈尺四至，编类为册。其法甚备，以图所绘状若鱼鳞然，故号‘鱼鳞图册’”①，作为征收租税的主要依据。其二，明代对赋役数额的划定。其中租税额的确定，基本上承袭唐代的两税法，为十税一，分夏、秋两季征收，即夏税、秋粮。具体而言，由于田地性质、肥瘠、区域的不同，其租额在实际征收中有较大的差别。如“洪武初，令官田起科，每亩五升三合五勺，民田每亩三升三合五勺，重租田每亩八升五合五勺，芦地每亩五合三勺四抄，草塌地每亩三合一勺，没官田每亩一斗二升”②。又如时人何瑭提出“丈地均粮法”，认为“田有上下，则粮有重轻，《禹贡》之田，分为九等，税粮之轻重，往往因之。天下之田，吾未能知。河内之田，上田岁收，亩不下两石，多或至三四石，下田岁收，亩不及一石，少或至三四斗，大抵上田一亩之收，抵下田五亩。国初定粮，失于分别，一概定作每亩粮八升五合……今不论田土上下而一概均之以粮，何以异此？往尝与巡抚徐公论之，徐公深以为然。故令丈量田地，分为三等，均粮之额，初则通以中田为准，下田则少损之，上田则少增之，以下田所损之数为上田所增之数，盖亦所谓称物平施之意也。若他县之田无甚上下，犹可言也，河内之田，果不分上下，一概均粮，此则名虽均粮，而实则不均，此利害之大者也”③。

明代确定每亩税粮是一项相当复杂的工作，除按田地性质、肥瘠、区域不同分等级外，还要综合考虑其他各种因素，这就是所谓的“八事

① 《明太祖实录》卷 180。

② 《明会典》卷 17《户部四·田土》。

③ 《明经世文编》卷 144《何柏斋先生文集·均粮私议》。

定税粮”。《明史》卷78《食货二》载：“履亩清丈，定为等则。所造经赋册，以八事定税粮：曰元额稽始，曰事故除虚，曰分项别异，曰归总正实，曰坐派起运，曰运余拨存，曰存余考积，曰征一定额。”也就是说，虽然征收税粮的主要依据是丈量田地面积，根据田地面积大小征收不同的租税，但还有其他各种因素：规定田地初始所收的税粮；如遇到天灾人祸等事故，必须免除一些无法缴纳的税粮；对一些税粮征收，既要分门别类，按不同田地情况征收不同数额的税粮，又要把某一区域税粮数额归总，落实好征收总量；征收税粮时还要考虑路途远近，运输费用、库存情况等；有的地区可先计算应征收税粮的总数，然后再平均分摊到每一亩田地上。

明代徭役虽然是“丁有役”，“以丁计曰徭役”，但也“计田出夫”，即考虑承担徭役人户的贫富，主要根据人户田土的多少，分为上中下三等，区分不同的徭役。如“洪武十七年（1384），令各处赋役，必验丁粮多寡、产业厚薄，以均其力，违者罪之。十八年（1385），令有司第民户上中下三等为赋役册，贮于厅、事，凡遇徭役，取验以革吏弊……二十六年（1393）定，凡各处有司，十年一造黄册，分豁上中下三等人户，仍开军、民、灶、匠等籍，除排年、里甲依次充当外，其大小杂泛差役，各照所分上中下三等人户点差”①。这就是祖宗之法：“人户有上中下三等，盖以其贫富不同也。贫富难明，田土多者必富，少者必贫，则照田土编差。盖法外意也，似无不可，曰户有上中下三等，盖通较其田宅、资畜而定之，非专指田土也。”“凡各处户口，每十年各布政司府州县攒造黄册，编排里甲，分豁上中下三等人户，遇有差役，以凭点差。”②

对于传统的以田宅、资畜定上中下三等户来摊派徭役的做法，时人何瑭提出了质疑，认为这种做法有它的盲点，不能覆盖“工商之家”和“放债居积者”，即以田宅、资畜为依据不适合于经营工商业和高利贷行

---

① 《明会典》卷20《户口七·赋役》。

② 《明经世文编》卷144《何柏斋先生文集·均徭私议》。

业的人。他说："户有上中下三等，盖通较其田宅、资畜而定之，非专指田土也。若专指田土，则施于农民可矣，工商之家及放债居积者，皆不及矣。古人立法，厚本抑末，今人立法，厚末抑本，岂知治道者哉！"①

一种制度实施时间长了，出现一些弊端，这是很正常的。明代的赋役制度也不例外，正如《明会典》卷20《赋役》所云："国初因赋定役，每十年大造黄册，户分上中下三等，差役照册签定。迨法久弊生，历朝每有厘正更创，如银差、力差、听差、十段锦、一条鞭及南北派田之异。"这种户分上中下三等摊派徭役的制度，其不足的地方是"稽册籍，则富商大贾免役，而土著困；核人户，则官吏里胥轻重其手，而小民益穷蹙。二者交病"。于是，正统年间，明政府对此进行改革，"令以旧编力差、银差之数当丁粮之数，难易轻重酌其中。役以应差，里甲除当复者，论丁粮多少编次先后，曰鼠尾册，按而征之。市民商贾家殷足而无田产者，听自占，以佐银差"②。可见，明政府实行银差制度，主要是解决徭役不均问题，尤其针对那些"商贾家殷足而无田产者"，让他们也承担相应的徭役问题。嘉靖九年（1530），"令各该司府州县审编徭役，先查岁额各项差役若干，该用银若干，黄册实在丁粮。除应免品官、监生、生员、吏典、贫难下户外，其应役丁粮若干，以所用役银，酌量每人一丁，田几亩，该出银若干，尽数分派。如有侵欺余剩听差银两入己者，事发查照律例，从重问拟"③。嘉靖十五年（1536），朝廷又题准："今后凡遇审编均徭，务要查照律例，申明禁约。如某州县银、力二差原额，各该若干，实该费银若干，从公查审，刊刻成册，颁布各府州县，候审编之时，就将实费之数，编作差银，分为三等九则，随其丁产，量差重轻，务使贫富适均，毋致偏累，违者纠察问罪。"④ 实施差银的具体做法，就是将某一州县该用役银的总数统计汇总，然后将其摊派在这一州县所

① 《明经世文编》卷144《何柏斋先生文集·均徭私议》。
② 《明史》卷78《食货二》。
③ 《明会典》卷20《户口七·赋役》。
④ 《明会典》卷20《户口七·赋役》。

辖的每户人丁身上。为了使每户人丁承担役银数额合理平均，各府州县将人户按财产多寡分为三大等九小等，各等缴纳不同数额的役银。

嘉靖四十四年（1565），明政府又议准在江南行十段锦册法："算该每年银力差各若干，总计十甲之田，派为定则。如一甲有余，则留二三甲用，不足，即提二甲补之。乡宦免田，十年之内，止免一年，一年之内，止于本户。寄庄田亩，不拘同府别府，但已经原籍优免者，不许再免。"① 可见，十段锦册法是调剂十里之内各甲之间银力差的征派，其遵循的原则是损有余补不足，并且，具体规定了乡宦免田，只能免于一小部分，即十年只能免一年，而且仅限于免本户，在原籍已享受优免的人，到其他地方不允许再享受优免。除此之外，十段锦法把均徭役从里甲轮当，改为通计一县丁粮，重新均分为十段，按段轮流服役，十年一次。

总之，明代赋役制度的制定和改革，其中心思想是"抚民之道，要在均其赋役；均赋役之道，尤在核其户口"②。

二、丘濬、海瑞和张居正的赋役思想

（一）丘濬的薄赋役和配丁田法思想

丘濬认为"治国者不能不取于民，亦不可过取于民。不取乎民，则难乎其为国；过取乎民，则难乎其为民"③。这就是说国家向民众征收赋税是必要的，因为如果没有赋税收入，一个国家是难以维持其运转的；但是国家又不能过分地向民众征收赋税，因为"财者，民之心，得其财则失其心"④，君主如"过取乎民"，就会失去民心。所以他主张君主如"不得已而取之，所取者皆合乎天理之公，而不咈乎人情之欲，如是而取之，则入之既以其义，而出之也，亦必以其道矣。如是，则是能与民同

① 《明会典》卷 20《户口七・赋役》。

② 《明经世文编》卷 134《胡端敏公奏疏二・为定籍册以均赋役疏》。

③ 《大学衍义补》卷 22《贡赋之常》。

④ 《大学衍义补》卷 22《贡赋之常》。

好恶，而以民心为己心”①。

在此基础上，丘浚进一步指出，君主要做到不过取于民，“所取者皆合乎天理之公”，关键的是必须“用之有节”。如果君主能节用，“则薄取而有余”；如果君主奢侈，“则尽取而不足”②。同时，他还认为“薄取”有利于发展生产，这就是“轻敛得财愈多”。他引用了唐代李翱在《平赋书》中的论述来说明这一点：“人皆知重敛之为可以得财，而不知轻敛之得财愈多也。何也？重敛则人贫，人贫则流者不归，而天下之人不来。由是，土地虽大，有荒而不耕者，虽耕之而地力有所遗，人日益困，财日益匮。”反之，如果“轻敛”，“则人乐其生，人乐其生，则居者不流，而流者日来，则土地无荒，桑柘日繁，尽力耕之，地有余利，人日益富，兵日益强”。因此，他认为李翱的这一论述，“其所谓人皆知重敛之可以得财，而不知轻敛之得财愈多，其言尤为警切”③。丘浚赞同李翱的“重敛则人贫，人贫则流者不归”的观点，是针对明朝当时的现实情况。由于一些地区赋税负担过重，迫使一部分农民逃亡，这就使这一地区纳税人减少了。为了保证税收不减，当地官府就将逃亡户应纳的税，摊到其他存留户上。这样，就造成逃亡的户愈多，存留户的负担愈重，促使存留户也相继逃亡。这就是丘浚所揭露的：

> 摊税之害尤毒，非徒一竭而已，且将竭之至再至三而无已焉，不至水脉枯而鱼种绝不止也。何则？中人一家之产仅足以供一户之税，遇有水旱疾厉不免举贷逋欠，况使代他人倍出乎？试以一里论之，一里百户，一岁之中一户惟出一户税可也，假令今年逃二十户，乃以二十户税摊于八十户中，是四户而出五户税也；明年逃三十户，又以三十户税摊于七十户中，是五户而出七户税也；又明年逃五十户，又以五十户税摊于五十户中，是一户而出二户税也。逃而去者

① 《大学衍义补》卷20《总论理财之道上》。

② 《大学衍义补》卷22《贡赋之常》。

③ 《大学衍义补》卷24《经制之义下》。

遗下之数日增，存而居者摊与之数日积，存者不堪，又相率以俱逃，一岁加一岁，积压日甚，小民何以堪哉？非但民不可以为生而国亦不可以为国矣。①

丘浚认为厚敛是造成社会动乱的一个重要根源："秦、汉之际，其所以兴亡者非止一端，大要在得民心与失民心而已。秦取民大半之赋，汉则十五而取一，其后乃尽除之焉。盖财者民之心，得其财则失其心，苟得民心，吾虽不得其财而其所得者乃万倍于财焉。"②

丘浚除反对政府通过摊税政策横征暴敛外，还反对政府通过重复征税来加重民众赋税负担。他说："民种五谷已纳租税，无可再赋之理，非他竹木牲畜比也。竹木牲畜之类，原无征算，故商贾货卖于关市也，官可税之。今民既纳租于官仓矣，而关市又征其税，岂非重哉？此不独非王政，亦非天理也……谷麦既已纳税，用谷以为酒又税之，造麦为曲以酝酒又税之，用米与糟以为醋又税之，是则谷麦一类，农耕以为食，官既取之，商籴于农以为酒、为曲、为醋，官又取之，此一物而三四出税也。"③

丘浚不仅痛斥政府通过摊税和重复征税对民众竭泽而渔式地征收税，而且也反对赋税征收的不平均、不合理。他举苏州府为例来说明各地区税负的严重不均："苏州一府七县，其垦田九万六千五百六顷而居天下八百四十九万六千余顷田数之中，而出二百八十万九千石税粮于天下二千九百四十余万石岁额之内，其科征之重、民力之竭可知也已。"④ 在此，丘浚做了统计，苏州府垦田占全国垦田数的约 1/90，但其交纳的税粮却占全国税粮的 1/10，这使苏州府税负过于沉重，导致民力衰竭，连简单再生产都难以维持，其后果是相当严重的。"盖以取税于民如取鱼于泽也，泽以养鱼必常有所养斯常有所生，苟取具目前，竭其所养之所，空

① 《大学衍义补》卷 22《贡赋之常》。

② 《大学衍义补》卷 22《贡赋之常》。

③ 《大学衍义补》卷 30《征榷之课》。

④ 《大学衍义补》卷 24《经制之义下》。

其所生之物则一取尽矣，后何所继乎？”①

从明中叶之后，土地兼并严重，大批农民失去土地逃离家园，致使政府征发徭役对象减少，既影响了国家徭役征发和财政收入，也给社会稳定带来严重的威胁。在此情况下，丘浚提出“配丁田法”，把土地兼并与征发徭役两者结合起来共同加以解决：

> 请断以一年为限，如自今年正月以前，其民家所有之田虽多至百顷，官府亦不之问。惟自今年正月以后，一丁惟许占田一顷（余数不许过五十亩），于是以丁配田，因而定为差役之法：丁多田少者许买足其数；丁田相当则不许再买，买者没入之；其丁少田多者，在吾未立限之前不复追咎，自立限以后惟许其鬻卖，有增买者并削其所有（民家生子将成丁者即许豫买以俟其成）。以田一顷配人一丁，当一夫差役，其田多丁少之家，以田配丁足数之外，以田二顷视人一丁，当一夫差役，量出雇役之钱（富者出财）；田少丁多之家，以丁配田足数之外，以人二丁视田一顷、当一夫差役，量应力役之征（贫者出力）。若乃田多人少之处，每丁或余三五十亩或至一二顷，人多田少之处，每丁或只四五十亩、七八十亩，随其多寡尽其数以分配之。此外又因而为仕宦优免之法，因官品崇卑量为优免，惟不配丁纳粮如故，其人已死，优及子孙，以寓世禄之意（如京官三品以上免四顷，五品以上三顷，七品以上二顷，九品以上一顷，外官则递减之。无田者准田免丁，惟不配丁纳粮如故）。立为一定之限，以为一代之制，名曰配丁田法。既不夺民之所有，则有田者惟恐子孙不多而无匿丁不报者矣。不惟民有常产而无甚贫甚富之不均，而官之差役亦有验丁验粮之可据矣。行之数十年，官有限制，富者不复买田，兴废无常而富室不无鬻产，田值日贱而民产日均，虽井田之制不可猝复，而兼并之患日以渐销矣。②

---

① 《大学衍义补》卷22《贡赋之常》。

② 《大学衍义补》卷14《制民之产》。

丘浚的配丁田法有以下几点值得注意：其一，明代征发徭役不仅依据人丁，而且也依据田地多寡，因此，丘浚把土地制度改革与徭役制度改革结合起来。他的土地制度改革方案是：确定一个期限，在此期限之前，不管私人占有多少土地，“虽多至百顷，官府亦不之问”。在此期限之后，以一丁占田一顷为限田标准，丁多田少，每丁不足一顷的，还许再买，直至每丁占田一顷为止。田多丁少，每丁占田已超过一顷，即不许再买，只可出卖，如果再买，不仅没收再买部分，而且对其原来超过部分也要“并削其所有”。如丁田已相匹配的户，即一丁已占田一顷，则也不许再买，如再买就要没收。

其次，在这种限田制度的基础上，丘浚提出了改革徭役的办法，即一丁占田一顷，出一夫差役（即每年对国家承担一个成丁应承担的徭役）。田多丁少人户，除以田配丁，每丁每顷出一夫差役外，多余的田，按二顷田合一丁，出雇役钱。田少丁多人户，以丁配田，一丁一顷出一夫差役，多余的丁，以二丁视田一顷，当一夫差役。

再次，这种土地制度和徭役制度，在某种程度上既限制了土地兼并的日益严重化，也使徭役负担相对合理公平，而且也保证了国家能够按规对民众征派徭役。同时，这种限田实行既往不咎，以往多占田的国家不予过问，而且又实行“仕宦优免之法”，一定程度上保护了权贵富豪阶层的既得利益，避免改革遭到激烈的反对，从而也缓和了社会矛盾。

（二）海瑞均赋役思想

海瑞（1514—1587），字汝贤，一字国开，号刚峰。嘉靖二十八年（1549）中举人，自嘉靖三十二年（1553）后历任福建南平县教谕、浙江淳安县知县、江西兴国县知县、户部云南主事等。四十四年（1565）因上疏批评嘉靖皇帝而下狱。穆宗继位后出狱，官复原职。隆庆三年（1569）升任右佥都御史总督粮储，巡抚应天十府，因打击豪强遭弹劾报复，告老还乡。万历十二年（1584）重被起用，任南京都察院右佥都御史、南京吏部侍郎、署吏部尚书。海瑞是著名清官，刚正不阿，敢于言事，为民请命，著有《海瑞集》。

海瑞主张均赋役，认为均赋役的原则应是百姓的赋役负担应与其贫富差别相匹配，如“均徭，富者宜当重差，当银差；贫者宜当轻差，当力差”①。这样，才算真正做到均赋役，而所谓贫富承担相同的赋役并不是均赋役。当时赋役不均的主要表现是富人有田不税，而贫民无田却当重税重差，因此导致百姓困苦逃亡。这就是“有田者无税，无田者反当重差”②，“富豪享三四百亩之产，而户无分厘之税；贫者户无一粒之收，虚出百十亩税差。不均之事，莫甚于此”③。

海瑞认为，当时之所以产生赋役严重不均的问题，主要原因是赋役按丁征派。对于有丁无田的贫民来说，让他们与有田富民一样按丁承担赋役，是极不合理的。海瑞主张“不许照丁均役”④，征派赋役的主要依据应是田产，丁、田在赋役中的权重是“田亩应其十，人丁应其一”⑤。赋役“仍照各贫富各田多少，贫者轻，富者重；田多者重，田少者轻，然后为均平也”⑥。

在古代农业社会里，田产的多少，是当时衡量贫富的主要标志。因此，要使贫富分担赋役均平，就要按田产均税，首先必须对土地进行清丈。海瑞认为清丈土地对均赋役十分重要，“一丈田而百弊清矣，士君子为部民久长之计，无过于此”⑦，“盖不得（徒）平差赋于今日，抑可以止争夺于将来，井田限田今不可得，法行而良，无过于此”⑧。“若丈量成事，则税与亩敌”⑨。他提出，要解决当时的社会问题，上策是实行井田，“井田不可得矣，而至于限田，限田又不可得，而均税行焉，下下策

① 《海瑞集·兴革条例·户属》，中华书局，1962年，第61页。
② 《海瑞集·量田申文》，第159页。
③ 《海瑞集·兴革条例·户属》，第73页。
④ 《海瑞集·兴革条例·户属》，第61页。
⑤ 《海瑞集·兴革条例·户属》，第119页。
⑥ 《海瑞集·兴革条例·户属》，第61页。
⑦ 《海瑞集·奉分巡道唐敬亭》，第45页。
⑧ 《海瑞集·复唐敬亭》，第462页。
⑨ 《海瑞集·兴革条例·户属》，第75页。

也”①。实行均税虽是下下策，但仍有井田遗意，可以减轻贫民负担，“是虽贫无立锥，犹自先日，而可以已一时飞诡之痛。千百而取其一，是亦井田之遗也”②，“反初日之不均者，与民均之，民之利也”③。

海瑞不仅提出清丈土地的思想，而且还在任地方官时身体力行。他在任淳安与兴国县令时，都把清丈土地作为头等大事来做。他在淳安县时向百姓发布告示：“今本县丈量田山，必有一亩收成者，方与一亩差税，无则除豁。”④ 他在兴国任知县时，主张“兴国地故单薄，岁税不入，民苦浮粮为患，公（海瑞）自为八事，上之中丞台，次第施行，而独急于清丈，以苏贫民而均其赋”⑤，“故自为县以至巡抚，所至力行清丈，颁一条鞭法”⑥。

海瑞的均赋役不仅主张在贫富之间要均平，而且还主张在一县之内或几县之间均平差役。他建议琼州一些县将棉花、槟榔之利编入差徭，这样既可以使该地区无田之民减轻负担，还可以“存有余，补不足”⑦，将少役之年所余钱粮作为备用，供多役之年使用。同时，可稳定百姓赋役负担，“小民输官，岁岁此数”⑧，又可杜绝胥吏向百姓额外勒索。海瑞还提出在各县之间通过调剂均平差粮，“今后当粮役之先，伏望批行司府查议，清查各县之丁粮虚实，各县之人户富贫，将各县实征丁粮并原赋役委官磨算，要见某县止当尽某县差粮，某县差粮当取某县津贴若干，又某县当津贴某县若干，上下四旁，均齐方正”，如差粮能在各县之间予以调剂，“而天下之情无不平矣”⑨。

---

① 《海瑞集·兴革条例·户属》，第 74 页。

② 《海瑞集·赠罗近云代丈安定田序》，第 397 页。

③ 《海瑞集·贺兵宪见庵陈公荣膺三朝锡命序》，第 365 页。

④ 《海瑞集·招抚逃民告示》，第 180 页。

⑤ 《海瑞集·海忠介公传》，第 531 页。

⑥ 《明史》卷 226《海瑞传》。

⑦ 《海瑞集·均徭册式》，第 268 页。

⑧ 《海瑞集·均徭册式》，第 268 页。

⑨ 《海瑞集·兴国八议》，第 206 页。

海瑞认为当时的赋役不均不仅是因为势豪隐瞒田地，而且势豪隐瞒丁口、拖欠钱粮也是造成赋役不均的重要原因。他指出，一甲一都一县的差徭总量是一定的，原来“丁多则散于众人而轻”，现在势豪隐瞒了丁口，则变成“丁少则积于数人而重……如户有二三百丁，只报五六丁；户有三四丁者报二三丁，户只一丁者尽报之。隐者五六十丁役一丁，不隐者丁丁着役。孤丁得重役，由多丁欺隐者使之。一甲隐丁则害及二三甲人，一都隐丁则害及二三都人”①。所以海瑞主张对于势豪隐丁的现象决不能姑息放纵。海瑞还指出，势豪拖欠官府钱粮，会加重贫民的赋役负担，也必须予以坚决惩治：“访得拖欠钱粮，其在小民无几，大抵包揽侵欺，势豪抗拒。包揽之人，府县得而治之。若势豪则袖手听之矣。本院法之所行，不知其为阁老尚书家也。”②

海瑞还认为，对官绅特权之家的赋役优免过滥，也是增加百姓赋役负担的一个因素。地方官违反朝廷优免赋役规定，擅自扩大官绅特权人家的优免范围，提高优免数量，而这些官绅特权人家被优免的赋役，最终统统转嫁到贫民身上。所以，海瑞主张严厉制止滥行优免现象：“其有数外编余银及优免不照则例，妄将人半丁粮一升作乡官生员人情，及先年优免，今再免者，官吏坐赃问罪。”③ 海瑞指出，如果官绅特权人家优免赋役过滥现象能得到制止，那么百姓就可得到实惠。这是因为官绅特权人家多承担了一些赋役，也就意味着贫民少承担了一些赋役，赋役负担得到减轻，从而使赋役严重不均的情况得到缓解。正如他所说的：“节制其优免一丁之数，则贫民受一丁之惠；节制其优免十丁之数，则贫民受十丁惠。与其滥免以滋富民之奸，孰若节制以苏贫民之困。”④

海瑞还指出：百姓所困苦的，主要不是国家正赋，因为正赋以什税一为定额，还不至于有很大的偏差；百姓所困苦的主要是各级官吏加在

---

① 《海瑞集·兴革条例·户属》，第 72 页。

② 《海瑞集·督抚条约》，第 246 页。

③ 《海瑞集·督抚条约》，第 249 页。

④ 《海瑞集·兴革条例·户属》，第 141—142 页。

百姓头上的额外征敛。他说："天下事都被秀才官做坏了……穷竭膏脂，博交延誉，乃辄归咎朝廷征赋烦不可为，何也？征赋即烦，各有定额，去什一未远。而额外无名，可省不省，朝廷为之，抑诸臣为之耶？"[①] 他认为，均徭里役之费，由于没有定额，故日甚一日，比国初增加十倍百倍，以致"富者破产，贫者逃亡"，"是以民间不苦朝廷正差，独苦均徭里役"[②]。因此，海瑞主张必须消除对百姓的各种额外征敛，禁止府县官任意"借口上司，科派里甲"[③]。

为了解决额外征敛的弊端，海瑞在为官期间身体力行，采取一些具体措施，以减轻百姓的额外负担。如为了杜绝催科吏胥以加耗名义搜刮百姓，海瑞对全县耗银征收数量做了统一规定，"凡各项钱粮尽是正数外别加二分作耗"[④]，并将其公布于众，任何人不得额外增加。他还针对府县官吏任意役使百姓的现象，在巡抚时明确规定，自今以后，府县再于规定之外，"私役一人，本院决不轻贷"[⑤]。

同时，海瑞针对当时吏多而贪的官场弊端，主张裁革冗员，整顿吏治，减少财政支出，从而减轻百姓的赋役负担。他指出，"今府县官日不暇给，非府县事诚多也，大概是送迎参谒，重复文移。若减去一衙门则省一衙门伺候，省了一衙门文移……事体归一，无十羊九牧之弊，且省民财"[⑥]，"夫有一官则有一官之费，若一官不安其分，则又有一官需索之扰。一官之费，分也，理也，于民不无所妨。一官需索之扰，时变然也，通弊也，于民则为大害。昔人谓宽一分民受赐一分，窃谓捕盗责之典史，主簿一员当革；清军并之管粮主簿，县丞一员当革；儒学当革训导一员，衣锦巡检司巡检一员，回龙巡检司巡检一员非要害，均当裁革"[⑦]。

---

① 《海瑞集·海忠介公行状》，第537页。
② 《海瑞集·均徭申文》，第161页。
③ 《海瑞集·督抚条约》，第247页。
④ 《海瑞集·定耗银告示》，第180页。
⑤ 《海瑞集·督抚条约》，第248页。
⑥ 《海瑞集·兴革条例·户属》，第60—61页。
⑦ 《海瑞集·兴国八议》，第209页。

明代，驿运役是百姓的又一项重负。当时各地的水、马站及驿递所、急递铺，负责飞报军务，递送使客、转运军需物资等，其所需的船、马、人夫及吃、住等，均由沿路地方官府摊派百姓负担。由于官场腐败，驿运中官吏假公济私现象严重，如：一些本非公差、属于官员个人的私物，也通过驿递运载；一些来往官员利用权势，乘机于沿途横加勒索；许多地方官员为了巴结往来官员，也尽力搜刮民财，奉迎过路官员。这些弊端使“民间百端苦费，皆为过往使客也……遂至私意沿袭，答应过往礼费，日增一日，小民困苦，亦日增一日”①。对此，海瑞提出了3条解决措施：其一，要求地方政府按朝廷规定标准供应往来官员，不得搜刮百姓，提高供应标准：“忠介（海瑞）在江南，一意澄清……如缙绅之升补及奉差者，藩臬之入贺万岁者，俱赍有勘合，而鼓吹旌旗八人者改为一人，舆夫扛夫二十四名改为四人。”② 其二，规定过往官吏路经其辖区内，地方官不得出城迎送，不得公款招待和馈赠送礼，“过客至驿，虽去城去关咫尺，道府州县官亦不得出见，各驿递不许遣人传报，送下程、送礼”，“纵出俸金，事当严禁”③。其三，对勒索下官和百姓的过往官员，海瑞号召驿递官吏予以控告，对违法乱纪的过往官员严加惩处，决不姑息：“若过客敢有凌虐，生端索取，先拿家人送府县监治，停应付，走申本院按临。有此，驿递击鼓禀。本院知惜民财，知有国法，不知其为京堂、为科道、为部属也！”④

海瑞还反对包税制，认为包税人旨在谋利，必然会利用手中的收税权，对百姓加倍征敛，使百姓横遭盘剥：“包当人指名倍取，厉阶不改，剥民为毒。”⑤ 他在批评江西“红站马船又编正户正名，募人自征取”时说：“夫募人为利而来，积年趋利人也。少有可投之隙，必生倍取之奸。”

---

① 《海瑞集·兴革条例·兵属》，第100页。

② 沈德符：《万历野获编·海忠介抚江南》。

③ 《海瑞集·督抚条约》，第245页。

④ 《海瑞集·督抚条约》，第244—245页。

⑤ 《海瑞集·均徭册式》，第268页。

因此，“禁募人私自征取”①，是减轻百姓额外负担的一个重要措施。

海瑞在当时赋役制度改革中坚持推行一条鞭法，认为一条鞭法对解决赋役制度中的各种弊端具有重要作用，“江西钱粮俱入一条鞭法，小民既知一定之数，官亦得通融缓急，应解两便”②，“江西均徭均平，尽以一条鞭法行之。银止总数，役无指名，以此小民得止输正数，较之他省有一倍再倍三倍十余倍输当者相远，便民良法也”③。

（三）张居正的赋役改革思想

张居正（1525—1582），字叔大，号太岳。嘉靖二十六年（1547）中进士，选庶吉士。尔后，历任翰林院编修、国子监司业、翰林院侍读学士、礼部右侍郎、吏部左侍郎兼东阁大学士、礼部尚书兼武英殿大学士、吏部尚书、建极殿大学士等官。隆庆六年（1572），明穆宗去世，子朱翊钧嗣位，是为明神宗。当时神宗仅10岁，张居正任首辅秉政。

张居正任首辅时，由于君主幼小，不能干预、掣肘，因此，在他掌握大权的10年中，大力进行改革，在政治、军事、经济、财政各方面改善了明王朝的统治。但是，他的改革触犯了权贵人物的既得利益，遭到了权贵人物的强烈抵制和攻击。在他去世后，改革成果遭到清算，几乎荡然无存。张居正的遗著，被编为《张太岳集》《张江陵集》等。

张居正生活的明中叶，土地兼并与赋役不均的情况已相当突出，并已对社会造成严重的后果。张居正清楚地意识到：

> 先是，高皇帝时天下土田八百五十万顷，岁久伪滋，编户之民，无所得衣食，其势必易常产，令豪民得以为奸。以故田赋之弊孔百出，而其大者曰飞诡，曰影射，曰养号，曰挂虚，曰过都，曰受献，久久相沿，引为故业。于是豪民有田无粮，而穷民特以力薄莫可如何，始受其病矣。及县官责收什一，贫民鬻子妻不能输纳，则其势

① 《海瑞集·兴国八议》，第206—207页。
② 《海瑞集·复淳安大尹郑》，第429页。
③ 《海瑞集·兴国八议》，第206—207页。

不得不行摊派。盖自浮粮所在多有，而天下尽受其病矣。然民愁无聊，亡逃山林，转为盗贼，则其势又不得不请减额……盖自所减额日以益多，而国家又受其病矣。①

由于张居正认识到土地兼并者隐匿土地和人口是赋役不均的根本原因，因此，他把清丈土地、计亩征税作为均赋的最重要措施。他指出，丈田“实均天下大政”②，“清丈事，极其妥当，粮不增加，而轻重适均，将来国赋既易办纳，小民如获更生”③。他于万历六年（1578）下令度田，将“天下田亩，通行丈量，限三载竣事，用开方法，以径围乘除，畸零截补”④。通过清丈，查出了大量隐匿的田地，“总计田数七百一万三千九百七十六顷，视弘治时赢三百万顷”⑤。虽然在清丈中，有些官员以田亩溢额为功，所增之田有不实之处，但从总体上看，查出大量隐田却是事实，并在均赋中取得效果，“于是豪猾不得欺隐，里甲免赔累，而小民无虚粮”⑥。

张居正之所以重视均赋役，因为他认为均赋役在治理国家中有重要的意义：其一，均赋役可以使国家财政收入增加。他指出，赋役不均是国家财政收入减少的重要原因。如吴中富豪之家有田至七万顷，粮至二万石者，却不依法向国家缴纳赋税：“吴中财赋之区，一向苦于赋役不均，豪右挠法，致使官民两困。”⑦ 如果富豪和平民一样，均按田产多少纳税，赋役均平，那国家财政收入自然会大量增加。

其二，均赋可减轻贫民负担，缓和矛盾，稳定社会秩序。他指出，权贵豪绅“恃顽不纳田粮，偏累小民”⑧，把赋役转嫁到平民百姓头上，

---

① 《张太岳集》卷47《太师张文忠公行实》。
② 《张太岳集》卷33《答江西巡抚王又池》。
③ 《张太岳集》卷33《答山东巡抚何来山言均田粮核吏治》。
④ 《明史》卷77《食货一》。
⑤ 《明史》卷77《食货一》。
⑥ 《明史》卷77《食货一》。
⑦ 《张太岳集》卷29《答应天巡抚胡雅斋言严治为善爱》。
⑧ 《张太岳集》卷36《陈六事疏》。

造成赋役负担严重不均，贫民不堪重负，逃亡山林，聚众反抗政府。“夫民之亡且乱者，咸以贪吏剥下而上不加恤，豪强兼并而民贫失所故也。”[①]如果能使赋役均平，让富豪承担他们本该承担的大量赋役，使贫民减轻沉重的赋役负担，得以维持生存，那他们就不会铤而走险，造反为乱的。

其三，均赋役同样可以保障富豪的根本利益。张居正指出：“夫富者，怨之府；利者，祸之胎也。而人所以能守其富而众莫之敢攘者，恃有朝廷之法故耳。彼不以法自检，乃怙其富势，而放利以敛怨，则人亦将不畏公法而挟怨以逞忿。是人也，在治世则王法之所不宥，在乱世则大盗之所先窥，乌能长有其富乎？今能奉公守法，出其百一之蓄，以完积年之逋，使追呼之吏，足绝于门巷；驯良之称，见旌于官府，由是秉礼以持其势，循法以守其富，虽有金粟如山，莫之敢窥，终身乘坚策肥，泽流苗裔，其为利也，不亦厚乎？”[②] 张居正的理由是富豪的财富之所以不会被人抢夺，关键的原因是得到国家法律的保护。如果富豪自己先不按照法律缴纳赋役，破坏了法律的尊严，那贫民也乘机不畏惧法律，抢夺富豪的财富。这样，富豪的财富也就得不到法律的保护了。因此，张居正主张富豪应依法纳税，使全社会都能遵纪守法，维护法律的尊严，那富豪的财富就能得到法律的保护，世代享受荣华富贵。

张居正在清丈土地的基础上，于万历九年（1581）又在全国推行一条鞭法：

> 总括一州县之赋役，量地计丁，丁粮毕输于官。一岁之役，官为佥募。力差，则计其工食之费，量为增减；银差，则计其交纳之费，加以增耗。凡额办、派办、京库岁需与存留、供亿诸费，以及土贡方物，悉并为一条，皆计亩征银，折办于官，故谓之一条鞭。[③]

一条鞭法在中国财政赋税管理思想史上具有重要的地位：其一，它将田赋、徭役合并，均按田亩征收，土地多的地主豪族要多纳税，无地

---

① 《张太岳集》卷 26《答应天巡抚宋阳山论均粮足民》。

② 《张太岳集》卷 29《答应天巡抚胡雅斋言严治为善爱》。

③ 《明史》卷 78《食货二》。

少地的农民可以少纳税，实现了赋役多少以田亩多少为依据的均平，不仅使纳税服役均为公平合理，减轻了农民负担，而且也增加了国家财政收入。其二，一条鞭法改变了以前赋与役分开征收的办法，使两者合而为一，并出现了“摊丁入亩”的趋势，简化了赋役的征收手续。其三，一条鞭法实行徭役征银的办法，使农民对封建国家的人身依附关系有所松弛，比较容易离开土地，为城镇手工业提供较多的劳动力。由于田赋征银，田赋中除政府需要征收的米麦外，其余所有实物都改为用银折纳。这对货币地租的产生和部分农作物的商品化起了一定的促进作用。徭役和田赋征银，都有利于商品经济的发展和资本主义生产关系的萌芽。

明代的一条鞭法并不首创于张居正，早在嘉靖九年（1530），大学士桂萼就已经提出。第二年，御史傅汉臣也上疏建议实行。当时，朝臣对一条鞭法的看法不一，有拥护者亦有反对者，因此，嘉靖、隆庆两朝，个别地区曾经“忽行忽止”。其中拥护者中执行比较有成效的是浙江、应天和江西的地方官庞尚鹏、海瑞、王宗沐等。如前所述，海瑞就认为一条鞭法对解决各种赋役弊端具有重大作用。又如万历年间，工科给事中张栋称：“条鞭之法虽概行于东南，而行之称善者，则莫过于江右。臣先任新建县知县，已亲行之，而亲见其宜民者也。乃若浙、直地方，民非不行，实未尝行。何以证之？夫条鞭之称善，正以其征银在官，凡百用费，皆取于官银。民间自本户粮差之外，别无徭役；自完本户粮差之外，别无差使，吏胥无所用其苛求，而民相安于无扰耳。”① 张栋以他亲身经历和亲眼所见，认为一条鞭法采取徭役征银的办法，简化了赋役征收手续，使吏胥难以营私舞弊、敲诈勒索，平民百姓少遭受侵扰。这是对平民有利的善法。

但是，一条鞭法在当时也遭到一些人的批评和反对。其中隆庆年间任户部尚书的葛守礼就三番五次撰文，提出废除一条鞭法。他的理由主要有两点：一是一条鞭法复杂多变，平民百姓难懂，容易使书手营私舞

---

① 《明经世文编》卷 438《张给谏集·国计民生交绌敬伸末议以仰裨万一疏》。

弊。“祖宗旧法，如田赋每亩起科五升三合三勺，定制也；夏税七月完，秋粮十月完，定限也；仓口有轻重，上户纳重，下户纳轻，定则也。行之二百年，俗既成，人相安也。十余年前，不知何故，偶变为一条鞭法，夏税、秋粮及杂派黄蜡等项，总在其中，无复仓口斗升之数，且岁岁不同。小民茫然不知所谓，该多与少，无从究诘，书手愚弄，出口为是。且一时兼并，人甚不堪。自此法行，穷民日见逃亡，土田日益荒芜……书手得以上下作弊，一条鞭则庶可以革弊，是见一面尔。”① 二是，一条鞭法使奸民、富商大贾得以逃税。“旧制，甲总不逾里，里总不通县，各里书手，自派一里。县官酌量贫富分粮，责令坐派，虽有神奸，无所用之。一条鞭乃阖县通流，漫无界限，其头绪之多，巧历不能遽算，而况乡间愚氓乎。于是埋没飞洒之弊，奸民可以全不纳，贫民又受加派之累矣。又黄蜡、柴炭、颜料之属，旧规皆派于均徭，逐末者亦应有分。今入田赋中，则惟农家独苦，而富商大贾乃得脱然无与焉。”②

三、减免赋役和防止逃避赋役思想

（一）减免赋役思想

明代一些皇帝在位时，曾实行一些减免赋役的措施，虽然其最终的效果均是达到减轻农民的赋役负担，但其出发点则有所不同，以下简要分析历朝减免赋役的不同出发点。

其一，通过减免赋役鼓励农民积极垦荒种田。明代一些皇帝以赋役作为政策杠杆，采取减免赋役的办法，鼓励农民踊跃垦荒种田，从而达到发展农业生产，繁荣社会经济的目的。如洪武三年（1370），“令北方府县近城荒地召人开垦，每户十五亩，又给地二亩种菜，有余力者不限顷亩，皆免三年租税。十三年（1380），令各处荒闲田地，许诸人开垦，永为己业，俱免杂泛差徭，三年后，并依民田起科。又诏陕西、河南、

① 《明经世文编》卷 278《葛端肃公文集·与沈对阳方岳论赋役》。

② 《明经世文编》卷 278《葛端肃公文集·与姜蒙泉中丞论田赋》。

山东、北平等布政司，及凤阳、淮安、扬州、庐州等府，民间田土，许尽力开垦，有司毋得起科”①。“天顺三年（1459），令各处军民，有新开无额田地，及愿佃种荒闲地土者，俱照减轻则例起科，每亩粮三升三合，草一斤，存留本处仓场交收，不许坐派远运。”② 嘉靖八年（1529），“令陕西抛荒田土最多州县，分为三等。第一等召募垦种，量免税粮三年；第二等许诸人承种，三年之后方纳轻粮，每石照例减纳五斗；第三等召民自种，不征税粮。抛荒不及三分，有附近及本里本甲本户人丁，堪以均派带种者，劝谕自相资借牛种，极贫无力者，官为措给，责令开垦，不必勘报。又令陕西抚按官，将查勘过西安、延庆等府田土，果系抛荒、无人承种者，即召人耕种，官给与牛具、种子，不征税粮。若有水崩沙压、不堪耕种者，即与除豁”③。明政府在减免赋役鼓励农民垦荒中，根据各地区田地抛荒面积的大小、程度的不同和时间的长短，采取不同的减免赋役措施；如照减轻则例起科，即按比通常规定的税额少征税粮；或免三年租税，然后再按规定起征；或免三年租税后，再按较轻的税额起征；或干脆任民自由垦荒，不征税粮。

其二，通过减免赋役较重地区百姓的负担，以防止他们不堪重负而逃亡。如“宣宗即位，广西布政使周干，巡视苏、常、嘉、湖诸府还，言：‘诸府民多逃亡，询之耆老，皆云重赋所致。如吴江、昆山民田租，旧亩五升，小民佃种富民田，亩输私租一石。后因事故入官，辄如私租例尽取之。十分取八，民犹不堪，况尽取乎。尽取，则民必冻馁，欲不逃亡，不可得也。仁和、海宁、昆山海水陷官、民田千九百余顷，逮今十有余年，犹征其租。田没于海，租从何出？请将没官田及公、侯还官田租，俱视彼处官田起科，亩税六斗。海水沦陷田，悉除其税，则田无荒芜之患，而细民获安生矣。’帝命部议行之。宣德五年（1430）二月诏：‘旧额官田租，亩一斗至四斗者各减十之二，四斗一升至一石以上者

① 《明会典》卷17《户部四·田土》。

② 《明会典》卷17《户部四·田土》。

③ 《明会典》卷17《户部四·田土》。

减十之三。著为令。’于是江南巡抚周忱与苏州知府况钟，曲计减苏粮七十余万，他府以为差，而东南民力少纾矣”①。

其三，免除新归附地区租税，以笼络人心，使这一地区百姓尽快归顺新政权。如朱元璋在西吴元年（1364）下令：“中原之民，流离颠沛，尚无所归。吾乃积粟控弦于江左，坐视民之涂炭而莫之救，岂不负上帝好生之德，而有愧古圣人爱民之心哉！今特命中书省：凡徐、宿、濠、泗、寿、邳、东海、安东、襄阳、安陆郡县，及今后新附土地，人民桑麻谷粟税粮徭役，令有司尽行蠲免三年。”② 洪武二年（1369），朱元璋下诏免除山东、北平、燕南、河东、山西、河南、潼关、唐、邓、光、息等新附地区人民的税粮：“朕本淮右布衣，因天下乱，率众渡江……齐鲁之民欢然来迎，馈粮给军不辞千里。朕思其民当元之末疲于供给，今既效顺，何忍复劳？已将山东洪武元年（1368）税粮免征。不期天旱，民尚未苏，再免今年夏秋税粮。近者大军平燕都、下晋冀，朕念北平、燕南、河东、山西之民久被兵残，困于征敛，尤甚齐鲁，今年税粮亦与蠲免。其河南诸郡自归附以来久欲济之，奈西北未平，出师所经拟资粮饷，是以未遑。今晋冀既平，理宜优恤，其北京、河南除徐、宿等州已免税粮外，西抵潼关，北界大河，南至唐、邓、光、息，洪武二年（1369）夏秋税粮一体蠲免。”③ 减免新附地区人民的税粮，除笼络该地区人民民心、使其尽快归顺新政权的政治目的之外，也有恢复发展该地区社会经济的目的。因为这些地区往往刚遭受战争蹂躏，民不聊生，经济遭到极大破坏，亟须新政权予以优恤，以便尽快恢复生产，稳定社会秩序，并巩固新建立的政权。正如洪武三年（1370），朱元璋在下诏免除“应天、徽州等十六府州，河南、北平、山东三省税粮”时说：“河南、北平近入版图，重念其民久罹兵革，疲困为甚，山东、河南壤地相接，宜优恤其

---

① 《明史》卷78《食货二》。

② 《明太祖实录》卷23。

③ 《明太祖实录》卷38。

民，使懋迁有无，相资为生，今年三处租税再行蠲免，以苏民力。”①

其四，对遭受天灾人祸严重地区的人民减免赋役。如元末明初，山东、河南等地是遭受战火最惨烈的地区，加上山东、河南又是黄河水患最严重的地区，因此，这些地区明初几成无人之地。据《明太祖实录》所载，明初期，朱元璋为恢复这些地区的农业生产，发展社会经济，多次下令减免山东、河南地区租税。如西吴元年（1364）下令，免安徽、河南一些地方三年税粮、徭役。洪武二年（1369）下诏免除山东、河南等干旱地区夏秋税粮。洪武三年（1370），免除应天、徽州等十六府州，河南、北平、山东三省税粮。洪武九年（1376），免河南税粮。洪武十五年（1382），免除山东税粮。洪武十七年（1384），全免除河南等省拖欠的赋税。洪武十八年（1385），免除河南税粮 237500 余石，山东、北平 2555900 余石。洪武二十二年（1389），免除山东受灾田租。洪武二十四年（1391），免除山东登、莱、青、兖、济南受水灾田租。洪武二十八年（1395），免除山东官民田秋粮，免除河南、山东自洪武二十六年（1393）以后栽种桑枣果树以及新垦田土租税。明初，因遭受自然灾害被减免赋役比较频繁的地区还有陕西、山西等地。据《明太祖实录》所载，洪武四年（1371），免除陕西等处遭受水灾地区的田租。洪武六年（1373）六月，免除陕西延安等受灾地区的田租。洪武七年（1374）二月，以旱蝗成灾免除山西太原租税；五月，免真定等四十二府州县受灾田租；六月，以陕西雨雹与山西、北平等处蝗灾免除这些地区的田租；八月，因河间、广平、顺德、真定等处饥荒免除这些地方租税，并给米赈济。洪武八年（1375）四月，免除陕西临洮、平凉、河州等受灾地区的田租。洪武九年（1376）三月，免除山西、陕西两省民间夏秋税粮。洪武十年（1377）十一月，免除陕西诸省田租。洪武十二年（1379）五月，免除北平遭受旱灾地区的夏秋二税等。

其五，对一些特定群体减免赋役。如各级官吏是明王朝统治的依靠

① 《明太祖实录》卷 50。

力量，皇帝为笼络各级官吏的人心，使他们效忠于朱姓王朝，分别给予各级官吏不同程度的减免赋役。如嘉靖二十四年（1545），议定优免则例："京官一品，免粮三十石，人丁三十丁；二品，免粮二十四石，人丁二十四丁；三品，免粮二十石，人丁二十丁；四品，免粮十六石，人丁十六丁；五品，免粮十四石，人丁十四丁；六品，免粮十二石，人丁十二丁；七品，免粮十石，人丁十丁；八品，免粮八石，人丁八丁；九品，免粮六石，人丁六丁。内官、内使亦如之；外官各减一半；教官、监生、举人、生员，各免粮二石，人丁二丁；杂职、省祭官、承差、知印吏典，各免粮一石，人丁一丁；以礼致仕者，免十分之七；闲住者，免一半；其犯赃革职者，不在优免之列。"①

古代儒家提倡尊老敬老，明王朝尊崇儒家、程朱理学为其统治思想，因此，在社会上广泛推崇尊老敬老思想，在减免赋役上也规定"民年七十之上者，许一丁侍养，免杂泛差役"，"凡民年八十之上，止有一子孙，若系有田产，应当差役者，许令雇人代替出官；无田差者，许存侍丁，与免杂役"②。程朱理学还提倡妇女贞节，因此，明王朝亦通过减免寡妇赋役来倡导妇女为亡夫守节："凡民间寡妇，三十以前夫亡守志，至五十以后，不改节者，旌表门闾，除免本家差役。"③ 明王朝尊崇程朱理学为其统治思想，使儒家创始人孔子的地位日益提高。为表达对孔子的崇敬，洪武四年（1371），明王朝规定："免阙里孔氏子孙二十六户徭役。"④ 正统元年（1436），"令先圣子孙流寓他处，及先贤周敦颐、程颢、程颐、司马光、朱熹之嫡派子孙，所在有司，俱免差役"⑤。

（二）防止逃避赋役思想

明代成化、弘治年间，"河南地方，虽系平原沃野，亦多冈阜沙瘠，

① 《明会典》卷20《户口二·赋役》。

② 《明会典》卷20《户口二·赋役》。

③ 《明会典》卷20《户口二·赋役》。

④ 《明会典》卷20《户口二·赋役》。

⑤ 《明会典》卷20《户口二·赋役》。

不堪耕种，所以民多告瘁，业无常主。或因水旱饥荒，及粮差繁并，或被势要相侵，及钱债驱迫，不得已将起科腴田，减其价值，典卖与王府人员，并所在有力之家。又被机心巧计，掯立契书，不曰退滩闲田，即曰水坡荒地，否则不肯承买。间有过割，亦不依数推收，遗下税粮，仍存本户，虽苟目前一时之安，实贻子孙无穷之害。因循积习，其来久矣。故富者田连阡陌，坐享兼并之利，无公家丝粒之需；贫者虽无立锥之地，而税额如故，未免缧绁追并之苦，尚冀买主悔念，行佣乞怜。直至尽力计穷，迫无所聊，方始挈家逃避，负累里甲，年年包赔。每遇催征，控诉不已。地方民情，莫此为急”①。

面对这种贫者卖田与富者，贫者无田仍要承担原来田地所要承担的赋役，而富者买了贫者田地，却无需承担原来田地所要承担的赋役的现象，弘治年间，右副都御史徐恪提出解决的办法：“天下司府州县卫所，及各王府长史司，但有典卖民间地土者，各照原额税粮，随即推收过割。若系王府人员及卫所别州县军民，悉照造册事例，寄庄纳粮，如仍倚势恃顽，挟制有司，不于今次册内明白过割，负累包赔，向后事发，断还原主耕种，惟复仍将卖绝地土，依律入官。倘遇亲王、郡王并镇国等将军，亦曾置买民地，该年税粮丝草，有司难于催办，亦宜查照徽府庄田包占，鲁山县民人苏泰等地土事例，准作本府禄米，永为定规。庶使典卖税粮，各有归着，困穷里甲，不致亏累，虽流移失业之民，亦将讴歌思归，不待委官招抚矣。”② 徐恪提出解决办法的关键是民间田地买卖时必须及时把卖主田地所应承担的赋役审核清楚并转到买主名下，由买主全部承担所买田地的赋役。如果买主不按此规定办理，一旦被发现，所买田地由官府没收，并由原卖主耕种。

从明王朝建立之初，因土地兼并而出现的逃避赋税徭役现象就已出现，并愈演愈烈。王府权贵、官僚缙绅不但例得优免特权，而且勾结地

---

① 《明经世文编》卷81《徐司空奏议·修政弭灾疏》。

② 《明经世文编》卷81《徐司空奏议·修政弭灾疏》。

方吏胥，用“诡寄”“投献”“飞洒”等手段，隐瞒优免额之外的田地，把赋税转嫁给穷苦农民。这不但引起社会矛盾的激化，而且也影响国家财政收入。对此，明代历朝颁布了一些法令，严厉禁止这类逃避赋役现象的发生。如洪武十五年（1382），“令各处奸顽之徒，将田地诡寄他人名下者，许受寄之家首告，就赏为业”①。洪武十八年（1385），又“令将自己田地，移丘换段，诡寄他人及洒派等项，事发到官，全家抄没。若不如此，靠损小民”②。弘治三年（1490），“出榜晓谕，禁约军民人等，敢有投托势要之家，充为家人，及通同旗校管庄人等，妄将民间地土投献者，事发，悉照天顺并成化十五年（1479）钦奉敕旨事例，问发边卫，永远充军”③。“隆庆二年（1568），令天下有王府去处，或有仪宾军校，诱引奸豪，投献田宅，及宗室公然借名置买，恃强不纳差粮者，有司验契查实，先将投献人依律究遣，田宅入官，另给军民管种输租，以补各宗禄粮之缺。中有宗室执留占吝，就照民间编纳差粮则例，尽数抵扣应得禄粮，方行补给。有司滥受馈遗，阿纵不举者，抚按纠劾重治。”④

明政府不仅通过没收诡寄田地、全家抄没、永远充军等严厉手段禁止诡寄、投献、飞洒等不法行为的发生，而且加强对买卖田地的管理监督，编制买卖田地田粮簿册，以便官府稽查。如嘉靖四十三年（1564），“令河南各王府、郡王而下，但有置买民田者，尽数查出，附与原卖各里甲项下，即以佃户的名，编立户籍，凡正杂差役，俱要与平民一体派编。先将查过田粮，造册二本，一本启亲王，一（本）留有司，以便稽查。民间有愿将田地卖与宗室者，先将田粮数目报官，以凭附册编差，违者以投献论”⑤。

明代弘治、正德年间，胡世宁指出：“抚民之道，要在均其赋役；均

---

① 《明会典》卷 17《户部四·田土》。
② 《明会典》卷 17《户部四·田土》。
③ 《明会典》卷 17《户部四·田土》。
④ 《明会典》卷 17《户部四·田土》。
⑤ 《明会典》卷 17《户部四·田土》。

赋役之道，尤在核其户口。然使籍册之造多弊，则户口之报不真，大户门多而巧于欺隐，小户丁绝而不与开除。以致田粮有宜付而不付，宜收而不收；里甲有偏大而偏小，有偏贫而偏富。以后十年照册编差，未免偏累贫民而逼其逃窜。弱者转而沟壑，致伤天地之和；强者聚为盗贼，致激地方之变。富民卖闲，贪吏作弊者，亦皆因以不得安生矣。"① 在此认识的基础上，胡世宁认为要做到"核其户口"，主要应落实两个方面的工作：一是"实丁口"，二是"清逃绝"。所谓"实丁口"，就是"令有司拘各里书，并各户长到官，各另实报本户门数"，然后将各户按贫富不同分为上丁、中丁、下丁、下下丁四等，并在"报册实在成丁项下，注明上门几丁，某人某人；中门几丁，某人某人；下门几丁，某人某人；下下门几丁，某人某人。以后编差，大约上门出三，中门出二，下门出一。下下门且弗编差，优养十年，以俟后册再定。其旧管人丁，委的死绝者，即与开除，不必责其报补，庶几不累贫民逃窜耳"。胡世宁认为，要做到各户人丁数目真正得到落实，杜绝隐瞒，就必须制订惩罚条例，对隐瞒者及相关管理者进行惩罚："其若隐瞒一门不报者，以后被人告发，或因事查出，所隐本户人丁，并本户长一门，俱责常当本州县民壮机兵，或附近驿递水夫一名，以替旧佥贫户之消乏者。其本门粮米，仍每年尽派边仓，以困辱之。其有隐瞒三门以上不报者，本管里长、书手亦罚如是。庶几法近人情之所宜，而令易行；罚垂土俗之所畏，而弊可革矣。"所谓"清逃绝"，就是"今次造册，合令各州县审册官，责令里老、书手，各将本里远年逃绝人户、事产、丁口，逐一清报"。地方官府清查逃亡、死绝人户的目的是把逃绝人户原耕种的田地转给其他人户耕种，这样就可防止"上司不知，照依户口，派出差料（粮），多累本州县里甲包赔；遗下田土，或久抛荒，或被有力之家占种理（埋）没，负累本乡里甲赔粮"。胡世宁主张："如逃亡，则称一户，某人某籍，原住地名某处，旧

① 《明经世文编》卷134《胡端敏公奏议二·为定籍册以均赋役疏》。这一自然段引文未注出处者，均见于此。

管人丁几丁，某人于某年月内见逃某处，官、民田地几亩，已卖与某里某人几亩，该付税粮若干，见存几亩，今拨与某人佃种，该办粮税若干；绝户则称一户，某人某籍，原住地名某处，旧管人丁几丁，于某年门故绝，官、民田地几亩，已卖与某里某人几亩，该付粮税若干，见存几亩，今拨与某人田种，该办粮税若干，逐一清查明白。已卖田粮，即行开付，其未卖者，通计本里逃绝人口田地，若够百亩上下，则召佃一人，立户当差，编作正管，五十亩以下，编作畸零。其人不拘本乡或附籍客民，如客民则于册内开称一户某人某籍，原系某府州县人，今佃种本户逃绝户某人某人田产，附籍当差。本乡则称一户，某人某籍，原系本州县某里某人户丁，令佃种本里逃绝户某人某人田产，另户当差。”胡世宁认为如能切实做到“实丁口”“清逃绝”，就能使“粮差有所归着，籍册不致虚报，而里甲无包赔之苦，民困亦少苏息矣”。

第三节　商业贸易管理思想

一、商业管理思想

自明代中叶以后，商品经济繁荣，在广度和深度上都有长足的发展。全国有较多的劳动力从农业转移到工商业，商人数量不断增加。时人吕坤就指出“（贫民）或给帖充斗秤牙行，或纳谷作粜籴经纪，皆投揣市井间，日求升合之利，以养妻孥”，“此等贫民天下不知几百万矣”①。当时，商人的活动范围遍及大江南北甚至海外，“燕赵秦晋齐梁江淮之货，日夜商贩而南，蛮海闽广豫章南楚瓯越新安之货，日夜商贩而北”②。

① 吕坤：《去伪斋集》卷 2，台湾商务印书馆影印文渊阁本《四库全书》。

② 李鼎《李长卿集》卷 2。

随着商人数量的大幅增加以及活动范围的扩展，一些地区性的商帮开始崛起，如徽州商帮、山陕商帮、广东商帮、福建商帮等。这些商帮以血缘、地缘为纽带，以会馆为联系场所，互帮互助，纵横商界，甚至操纵着某些地区、某些行业的商业贸易。

明代，商品种类增多。如景泰二年（1451），大兴、宛平二县曾召集各行商人制定“收税细则”，其中涉及的商品有230余种，包括罗棉绢布、巾帽衣服、陶瓷制品、矿冶产品、文具纸张、日用杂货、药材以及各类农副产品①。随着商品经济的发展，明代前期被禁用的白银在正统以后取代纸钞和铜币成为主币。一批工商业市镇也随着商业发展崛起，并具有很强的专业性，如著名的朱泾镇、枫泾镇、七宝镇等棉纺业市镇，盛泽镇、震泽镇、南浔镇等丝织业市镇。

随着商品经济在明代社会经济中地位的提高，明中叶以后，商税在国家财政收入中的权重与日俱增。如弘治十五年（1502），全国钞关收入折合白银约8万两；至万历六年（1578），增至32.5万两；万历二十五年（1597），达40.75万两②；天启五年（1625），高达480余万两。

明代在封建专制主义进一步强化的历史背景下，对商人的管理是较为严厉的，除了对他们进行经济剥削之外，还对他们进行严格的人身控制，实行超经济的强制。这在一定程度上阻碍了商品经济的发展，使资本主义萌芽成长缓慢。

1. 占籍和清审。

明政府无论对行商还是坐贾，都实行占籍制度，即对他们的户籍进行归类、登记，以掌握其个人、家庭人口及资产等情况，便于佥派徭役。坐贾又称铺户、行户或铺行，是在城镇开店设铺卖货者。政府对坐贾单独编排，注籍登记后，才允许他们取得合法的居住权和经营权。如明人沈榜云：“盖铺居之民，各行不同，因以名之。国初悉城内外居民，因其

① 《明会典》卷35《户部二十二·商税》。

② 何本方：《明代榷关浅析》，载《商鸿逵教授逝世十周年纪念论文集》，北京大学出版社，1995年。

里巷多少，编为排甲，而以其所业所货注之籍。遇各衙门有大典礼，则按籍给值役使，而互易之，其名曰行户。”① 行商由于流动性大，通过在其原籍贯地注籍登记，并承担相关的徭役和义务。明前期对行商的占籍制度并不十分严格，明中叶后逐渐加强管理，若行商定居某地年久，并置下房屋、产业后，政府就要强迫他们在新地或常居地附籍。

由于商人占籍费用高，且要接受政府佥派的庸役，因此，他们竭力逃避入籍，有的改名更姓，有的逃离占籍地，有的冒充其他职户等，使入籍商户的数目大大小于实际人数。大批商贾逃匿，沉重的负担被摊派到少数入籍商户身上，结果使少数入籍商户不堪重负，也只得逃匿，形成恶性循环。朝廷为制止这种情况，对未占籍的商贾，如隐、脱、漏、逃避市籍者，许其自首，而对不自首者，“令户部登记天下户口并发户帖，着有司点闸比对，有不合者发充军”②，或惩罚后再逐出城。铺户未占籍者过多，对政府税收、派役带来较大影响，于是永乐年间，明政府制定了定期清审制度：“铺行清审，十年一次，自成祖皇帝以来则已然矣。”③ 这就是每 10 年清查核对一次商贾的占籍情况，将亡故、破产者除名，重新登记注籍新开店铺或未占籍者，并编排在册。清审制度强化了官府对商贾的人身控制。进入明中叶后，随着商品经济的日趋发展，商贾队伍变得很不稳定，新开店铺者、暴发户、破产者、逃匿者、迁徙者、冒名顶替者层出不穷。原来制定的 10 年一审的制度已无法适应形势的变化，政府很难及时掌握商贾的变动情况，致使弊端丛生。嘉靖四十年（1561），明政府下令：“应天府各色商人清审编替五年一次，立为定例。如遇该审年分，该部预先一年题请。不分军民之家，一体编审。”④ 万历年间，两京之外的其他地方甚至边防重镇，亦都不同程度地实行清审制度。

2. 路引和店历。

---

① 王圻：《续文献通考》卷 20《户口考》，现代出版社，1986 年。

② 沈榜：《宛署杂记》卷 13《铺行》，北京出版社，1961 年。

③ 《宛署杂记》卷 13《铺行》。

④ 《明会典》卷 42《户部二十九·铺行》。

行商长途贩运，流动性大，给管理带来许多困难。明政府针对行商流动性大的特点，通过路引和店历制度，加强对行商的控制和盘剥。所谓路引制度，就是行商出外贩卖货物之前要向政府交纳一笔钱，申请路引（也称关券），取得政府批准并领到政府签发的凭证后，方可外出经商。这个凭证就叫“路引”，这笔交给政府申请路引的钱就是“路引钱”。正如时人丘濬所云：“凡商贾欲赍货贿于四方者，必先赴所司起关券。”①程春宇亦云：“凡出外，先告路引为凭。”②

政府发给行商路引不仅增加了财政收入，而且也有效地控制了行商贩运的路线和规模。路引上要注明行商的姓名、乡贯、去向、出行日期、资本数目、货物重轻、水运还是陆运等以及监运者的体貌特征，以便沿途关卡和旅店的查验。运货的客商每到一处码头、关卡或停靠地，都有专门负责的牙行查验路引，并登记行商及所带货物，这些登记簿册每月都要“赴官查照”，即与官府所掌握的路引核实，防止弄虚作假。行商每到一地出卖货物也要向当地政府呈上路引，无引或引目不符、持假引者，官府都要逮捕治罪。据明代刘辰《国初事迹》记载，洪武年间，南京检校高见贤与兵马指挥丁光眼等，“巡街生事，无引号者，拘拿充军”。成化年间，京师曾对商铺无引者进行大规模搜索，凡遇寄居无引的商户，“辄以为盗，悉送兵马司”惩罚。到了明朝中后期，随着经商的队伍日益庞大和官场腐败日盛一日，商人贿买官文及假充亲族势要、无引经商以及官员私出、伪卖路引的情况层出不穷，明廷对此制定了一系列措施，加重对不法官吏和商贾的惩罚。如规定：“凡不应给路引之人而给引，及军诈为民，民诈为军，若冒名告给引，及以所给引转与他人者，并杖八十；若于经过官司停止去处，倒给路引，及官豪势要之人，嘱托军民衙门，擅给批帖，影射出入者，各杖一百；当该官吏听从及知情给与者，并同罪……若巡检司越分给引者，罪亦如之。其不立文案，空押路引，

① 《大学衍义补》卷30《治国平天下之要》。

② 《士商类要》卷2，载《商家智谋全书》第29页。

私填与人者，杖一百，徒三年；受财者，计赃以枉法，及有所规避者，各从重论。若军民出百里之外，不给引者，军以逃军论，民以私度关津论。”①

行商贩卖货物，尤其是在陆路贩运中总要投店住宿，因此，旅店、客栈成为官府管理行商的一个重要可控环节。明政府规定，凡行商住店都必须备有官府署发的“店历”，“凡客店每月置店历一扇，在内赴兵马司，在外赴有司署押讫，逐日附写到店客商姓名、人数、起程月日，月终各赴有司查照”②，即客店要详细登记投宿的商人的相关情况，并按月上报所辖官衙进行查照。官府通过核查客店所上报的“店历”就可以全面掌握客商贩运路线和经营情况。与店历制度相似，明朝还规定在行商贮存货的塌房详细登记商人姓名、字号、货物品类、数量、货源等内容，并定期上报官府。塌房登记制度除了可掌握行商的相关情况外，还可通过塌房向行商代征商税。

二、海外贸易管理思想

明王朝建立后，前期由于朝廷严禁私人从事海外贸易，朝贡贸易成为当时对外贸易的唯一合法形式。明成祖时期，在郑和七次下西洋的推动下，这种朝贡贸易从永乐至宣德年间达到鼎盛，郑和所经各国纷纷与明王朝建立朝贡关系。但是这种朝贡贸易主要是服务于政治目的，严重背离经济规律，其贸易原则是厚往薄来，目的是怀柔远人，因此必须以强大的国力作为后盾。正统以后，朝贡贸易逐渐趋于衰微。弘治元年（1488）至弘治六年（1493），自广东入贡的仅占城、暹罗各1次。在朝贡贸易衰落的同时，私人海外贸易逐渐发展起来，中央政府在隆庆元年（1567）部分解除海禁，这样，一直被视为非法的私人海外贸易取得了合法地位并进入一个新的发展阶段。进口中国的商品以海外各国的自然特

---

① 《明会典》卷167《刑部九·关津》。

② 《明会典》卷35《户部二十二·商税》。

产和香料为主，也有暹罗红纱、番被、嘉文席、西洋布等少量手工业品。从中国出口的商品有生丝、丝绸、铜器、铁器、瓷器、食品、各种日常用具以及牲畜等，尤以生丝、丝织品、瓷器为大宗。

（一）禁止海外贸易思想

明代的海外贸易时禁时弛，使当时的一些官员就开展海外贸易的利弊得失进行讨论，从总体上看，大致分为禁止海外贸易派和有限制地开展海外贸易派。以下就其中比较有代表性的观点作一简要介绍。

嘉靖年间，冯璋针对都察院提出的“通海舶以资物货”的建议，认为通番舶有害无利，应予以禁止。其理由是：第一，福建等沿海水域辽阔，岛屿众多，难以管理。他指出：“本省（福建）四府沿海地方二千余里，汪洋无际，四散岛屿，尽可泊船，与荆州、芜湖江上关锁去处不同。”① 这种自然环境使番舶很容易逃避官府稽查、征税，官府很难对其实行有效的监控和管制。第二，从事海外贸易之人往往是不法亡命之徒，容易引发与官府对抗事件。这就是“通番之人，必是积年在海强徒恶少，舍命轻生，藐视官法。货船到岸，倘不赴官，四散湾泊，躲名匿税，官府不免拘拿，因而拒捕伤人，又须调兵征剿，恐其利未得而害先至也”。第三，海外商品对民间实用性不大，销路有限，加上奸猾商人逃税，使海外贸易征税收入徒有虚名。当时“商贩所来，不过胡椒、苏木等件，民间用之不多，食之有限，贩来既盛，价值必轻，二三年后，商人无利，势将自息，徒有开税之名，而未见开税之利。所可预料者也，又有奸猾商人将带中土丝绵、段布、磁铁贵货到彼番国，不换货物，止卖金银，回还之时，将船烧毁，潜地逃归，徒有开税之名，而终无可税之实，势所难禁者也”。第四，海外贸易走私军火，威胁明王朝安全。“其初番中，本无盐硝、火药，亦无铳炮器具，后因中国之人接济往来，私相教习，违犯严禁，将带出境，以济番人之用。如佛郎机大铳、鸟铳、手铳，为害最大，然犹惧有法网，交换未多，番人以为难得。若今明开通税之门，

① 以下冯璋言论均见于《明经世文编》卷280《冯养虚集·通番舶议》。

略同互市之法，火铳、火药公然交易，得番人无用之物，济番人有用之器，是持其柄而授之兵也。”第五，海外贸易使生人混淆、夷夏无别，结党成风，严重影响社会治安。冯璋认为：当时“漳泉恶俗，童男幼女，抵当番货，或受其值而径与其人，而赚得其货。或委身而甘为赘婿，或连姻而借以富家，番华交通，一至此甚。今若大开纳税之门，直启交通之路，生人混淆，夷夏无别，其害将不可收也。又况泉漳风俗，嗜利通番，今虽重以充军处死之条，尚犹结党成风，造舡出海，私相贸易，恬无畏忌，设使宽立科条，明许通税，顽民借口势宗擅权，出海者愈多，而私贸私易者，不过治以笞杖之罪而已。自此益无禁忌，恐其法坏于上，利归于下，无补国计之分毫也”。

基于这些理由，冯璋坚持明初海禁的做法：其一，加强沿海边防建设，于腹里军卫之外，增置边海卫所，增筑边海城垣，“所以重边计而防后患也”。其二，严防、重惩奸细，“凡缘边开塞，及腹里地面，但有奸细走透消息、探听事情者，盘获到官，须要鞫问接引起谋之人，得实皆斩。经过去处，守把之人，故纵隐匿者，与犯人同罪”。其三，严禁私人从事海外贸易，尤其是贩卖军器等军需物品。“凡将牛马、军需、铁货、铜钱、段匹、绸绢、丝棉私出外境货卖及下海者，杖一百，物货、船车并入官；若将人口、军器出境及下海者，绞；因而走漏事情者，斩。”“官员、军民人等，私将应禁军器，卖与夷人图利者，比依军器出境，因而走泄事情者，律各斩为首者，仍枭首示众。”其四，严禁建造违式大船并勾结海盗。“官民人等擅造二桅以上违式大船，将带违禁货物下海，往番买卖，潜通海贼，同谋结聚及为向导劫掠者，正犯处以极刑，全家发边远充军。”

明代自嘉靖年间起，东南沿海倭寇侵扰日益严重，因此，一些大臣提出，海禁应主要禁止与日本的贸易，而与东南亚各国仍然可以进行贸易往来。“维时当事，议以吕宋素不为中国患者，题奉钦依，许贩东西二洋。”而漳泉滨海居民，“往往多至越贩诸番，以窥厚利，一行严禁，辄

便勾倭内讧，嘉靖季年，地方曾受蹂躏之惨”。[①] 沈一贯甚至主张，不仅要严禁民间与日本的贸易，而且连国与国之间的朝贡贸易也要禁止。其理由是：第一，日本通过朝贡以窥探中国内地虚实，收买奸民为其所用。“自古倭奴无贡，贡亦不过数十年偶一来，不知吾土虚实，所以祸少。自永乐来有贡，贡辄数来，则限以十年一贡，又不遵约，或数年一来。涉吾土若故乡，识吾人如亲旧，收吾宝物诸货如取诸寄。尤嗜古今图籍，凡山川之险易，甲兵之朽利，人性之刚柔，国纪之张弛，无不熟知。而吾民之顽黠者，利其贿，负其债，反为之用。嘉靖中，两以非期拒还，因泊海岛经岁，奸阑出入，益生心焉。是时谋国者昧大计，以为贡可以示广大，明得意。其悠悠小民，又不恤远，以为贡可以利金钱得异物。虽倭之始贡，岂遽有他心而势之所渐，不祸不止。其病中人，如蠡蜮之食心而不觉。”[②] 第二，如对日本贡市将使朝廷对日政策处于客、防两难境地，引起动乱。沈一贯指出：“贡市，则吾之于倭，当客之也。苟吾方客之，而彼实以盗自为；吾推心以置其腹，彼剸刃以向吾腹。于斯时也，不防则有患，防之则示以疑，将防之乎，不防乎？丧乱以来，上下讲求，沿海数千里，用兵者四十年矣，士气始奋，民生始安。贡市成，则此兵直当撤去，将撤乎，不撤乎，又岂将增兵以卫贡市乎？海上之兵，非有他防，独防倭也。而今既客之矣，客之，则不当防；防之，则不当客。防之不已，则客之不诚，是召乱也。”第三，贡市将引狼入室，使倭寇在陆战中处于优势。当时，“大抵杀倭之术，于陆难，于海易，故须出海远哨，而扼之于门户之间，虽失无大患，众寡相当，即胜之矣。一登陆，则彼跳梁咆哮之势，非我兵所及，即吾之众，不能敌彼之寡也。贡市成，彼傥以选兵数百来，出吾不意，则吾数万兵，皆失势披靡无用。又况彼战于死地，吾战于生地，胜败之势悬可知矣”。第四，贡市将使内地反朝廷势力与倭勾结为乱。“向也，吾民与倭通，勾倭为乱。四十年来，民与

---

① 《明经世文编》卷433《徐、杨二公奏疏·报取回吕宋囚商疏》。

② 以下沈一贯言论均见于《明经世文编》卷435《沈蛟门文集·论倭贡市不可许疏》。

倭绝，乱本始拔。贡市成，则民复与倭合。宁独倭也，王直、徐海之流，草莽之戎且伏。从此言之，臣所谓数十年后，无宁波，犹远言之也，恐不待数十年之久也。”

有鉴于此，沈一贯提出，要坚持明太祖朱元璋洪武年间的对倭政策，禁止对倭贡市，而时刻防范倭寇的侵扰，“无岁无倭患，无岁不与倭战”。“况今海上法弥密，兵弥练，将士日索倭而奏功，何忧其来？若放析就绪，毁坏成策，而倒持太阿，以予狡夷，启无穷之患。”

胡宗宪则认为，当时倭患猖狂，主要是因为倭寇侵扰得到内地奸人的接济。“倭奴拥众而来，动以千万计，非能自至也，由内地奸人接济之也。济以米水，然后敢久延；济以货物，然后敢贸易；济以向导，然后敢深入。海洋之有接济，犹北陲之有奸细也。奸细除而后北虏可驱，接济严而后倭夷可靖。”① 具体而言，“接济严”就是加强稽查沿海“船式”和“装载”：“其一曰稽其船式。盖国朝明禁，寸板不许下海，法固严矣。然滨海之民，以海为生，采捕鱼虾，有不得禁者，则易以混焉。要之双桅尖底始可通番，各官司于采捕之船，定以平底单桅，别以记号，违者毁之，照例问拟。则船有定式，而接济无所施矣。其二曰稽其装载。盖有船虽小，亦分载出海，合之以通番者，各官司严加盘诘。如果采捕之船，则计其合带米水之外，有无违禁器物乎；其回也，鱼虾之外，有无贩载番货乎。有之，即照例问拟，则载有定限，而接济无所容矣。此须海道严行设法，如某寨责成某官，某地责成某哨，某处定以某号，某澳束以某甲。如此而谓通番之不可禁，吾未之信也。”在此，胡宗宪主张通过两个途径来禁止民间海外贸易：一是双桅尖底船抗御风浪能力强，适合于远洋航行，因此，禁止民间建造、使用双桅尖底船，就使民间失去了海外贸易的交通工具。同时，为了给沿海居民一条谋生之路，只允许他们建造、使用抗御风浪能力差的平底单桅船，用于近海采捕鱼虾。二

① 以下胡宗宪言论均见于《明经世文编》卷267《胡少保海防论·广福人通番当禁论》。

是严格稽查来往船只所运载的货物，严禁船只运载“番货”。为了使这两条措施能得到切实的执行，胡宗宪还建议，分区域将稽查责任落实到某官、某哨、某号、某甲等个人或机构。

（二）有限制地开展海外贸易思想

相对于禁止海外贸易派来说，明代主张有限制地开展海外贸易派的人数似乎更占多数，其观点显然也更符合当时的历史发展潮流。在明代，尤其是明中后期，封建商品经济空前发展，海外贸易呈现出不可阻挡的历史趋势，有识之士认识到这一点，因此对海外贸易只能采取因势利导的政策，而依靠政治权力予以严禁是行不通的。

如果对主张有限制地开展海外贸易派进行细分，大致可分为 3 种类型：一是主张与东、西二洋通商，但禁止与日本进行贸易；二是主张与东、西二洋通商，对日本只能进行政府间的朝贡，禁止民间贸易；三是主张对日本也可开展民间贸易。兹简要缕述如下：

其一，据许孚远《疏通海禁疏》载，“漳州府海防同知王应乾呈称，查得漳属龙溪、海澄二县，地临滨海、半系斥卤之区，多赖海市为业。先年官司虑其勾引，曾一禁之，民靡所措，渐生邪谋，遂致煽乱，贻祸地方。迨隆庆年间，奉军门涂右佥都御史议开禁例，题准通行，许贩东西诸番，惟日本倭奴，素为中国患者，仍旧禁绝。二十余载，民生安乐，岁征税饷二万有奇，漳南兵食，借以充裕”①。由此可见，隆庆年间，右佥都御史就提出，准许民间与东西二洋诸国进行贸易，但禁止与日本贸易。此政策实行二十余年之后，闽南沿海居民安居乐业，国家每年又能征得两万多的税饷，解决漳州南部驻军的粮食供给。但是，“近奉文禁绝番商，民心汹汹告扰”，许孚远“目击时事”，认为如再“禁绝番商”，会给漳州地区带来 4 个方面的祸患：一是如禁止海外贸易，沿海居民无以为生，将聚众为乱。“夫沿海居民，凭借海滨，易与为乱。往者商舶之

---

① 以下许孚远言论，均见于《明经世文编》卷 400《敬和堂集一·疏通海禁疏》。

开，正以安反侧杜乱萌也。乃今一禁，彼强悍之徒，俯仰无赖，势必私通，继以追捕，急则聚党遁海，据险流突，如昔日之吴曾、林何变且中起。此其患一。”二是如禁止海外贸易，会使一些商人滞留海外，勾引外夷入寇。“东西二洋，商人有因风涛不齐、压冬未回者，其在吕宋尤多。漳人以彼为市，父兄久住，子弟往返，见留吕宋者盖不下数千人。一旦舟楫不通，归身无所，无论弃众庶以资外夷，即如怀土之思既切，又焉保其不勾引而入寇也？此其患二。”三是如禁止海外贸易，朝廷就无法获得海外诸国情报。“迩者关白阴畜异谋，幸有商人陈申、朱均旺在番探知预报，盛为之防，不至失事。今既绝通商之路，非惟商船不敢下水，即如宣谕哨探之船，亦无由得达。设或夷酋有图不轨如关白者，胡由得而知之？此其患三。”四是如禁止海外贸易，朝廷失去关税，即使重敛于民也难解决军队供给。“漳南沿海一带，守汛兵众数千，年费粮赏五万八千有奇，内二万则取足于商税。若奉禁无征，军需缺乏，势必重敛于民，民穷财尽，势难取给。此其患四。”

许孚远认为，如允许民间进行海外贸易，不仅能使以上“四患”迎刃而解，而且有利于明朝联合暹罗、吕宋诸国对抗日本。“且使中国商货通于暹罗、吕宋诸国，则诸国之情尝联属于我，而日本之势自孤。日本动静虚实亦因吾往来诸国，侦得其情。可谓先事之备。”还有发展海外贸易，可促使商人建造坚固商船，供朝廷不时征用调遣，所征收关税可用于军需供给。“商船坚固数倍兵船，临事可资调遣之用。商税二万，不烦督责，军需亦免搜括之劳。”同时，许孚远清楚地看到，禁止民间海外贸易，很难达到阻止日本得到铅硝等军用物资的目的。“臣又访得铅硝等货，接济倭夷，其途非一。在广东香山澳佛郎机番装贩最多，又有奸商在长芦、兴济等处预行匿载，取便过倭，并宜一体设法严禁。若夷国之柬埔寨，多产铅硝，暹罗亦有之，倭奴每岁发船至交趾、吕宋地方买运而去，此又非禁令之所能及。”

基于以上理由，许孚远明确指出：“禁不便，复之便，急复之为尤便！”他认为对民间海外贸易只要管制得当，就能化害为利，反之，禁止

民间海外贸易是因噎废食的做法。既然接济倭奴者“不尽番舶，而番舶于通之之中寓禁之之法，岂得肆为接济乎？或者谓沿海商民假之利权，往来番国，异日将有尾大不掉之患。夫使处置得宜，制御有术，虽番夷不足虑，而况吾民。如其不然，事变无常，殆不知其所出。至虞倭奴一日狂逞，恐遂归咎市舶，则往事可鉴”。因此，“若缘此而禁绝商路，不几于因噎而废食乎?”所以，他主张“通之便，无已则于通之之中，申禁之之法。日本例不得往，无论已。凡走东西二洋者，制其船只之多寡，严其往来之程限，定其贸易之货物，峻其夹带之典刑，重官兵之督责，行保甲之连坐，慎出海之盘诘，禁番夷之留止，厚举首之赏格，蠲反诬之罪累，然而市舶诸人，不恬然就约束而顾身家者，未之有也”。他认为，只有“明开市舶之禁，收其权而归之上，有所予而有所夺，则民之冒死越贩者，固将不禁而自止。臣闻诸先民有言，市通则寇转而为商，市禁则商转而为寇，禁商犹易，禁寇实难，此诚不可不亟为之虑”。总之，在明代，许孚远比较系统、全面地分析了与东西二洋诸国通商，但禁止与日本贸易的利弊得失，并且其主张对东西二洋诸国的通商也予以严格的管制，即对通商贸易船只的数量、往返时间、所贸易的货物都有明确的限制，违反者必须受到严厉处罚。同时，督促官兵尽职尽责稽查，实行保甲连坐法，对出海贸易商人严加盘查，禁止番夷随意逗留，给举报者予以重赏，免除诬告之罪。这样，就能转害为利，转寇为商，从而使沿海经济发展，社会安定，巩固明王朝对沿海地区的统治。

其二，钱薇则主张明朝应保持对日本的朝贡贸易。只有维持中日的朝贡贸易，才有可能避免倭寇的侵扰。否则，要消除倭寇的侵扰是很难的。钱薇认为，倭奴“嗜中国物，犹西番之嗜茶也。西番不得茶，必寇掠；倭奴亦假寇通商，始得所欲。否则，沿海为寇，势所必至也”[1]。他还列举了历史上的事例，来说明只要维持与日本的朝贡，满足他们对中国一些物品的需要，就能使他们不来侵扰掠夺。“吾尝观史，唐宋以来但

---

[1] 以下钱薇言论，均见于《明经世文编》卷214《承启堂集一·海上事宜议》。

修贡而不闻寇抄，中国亦加优恤，不为防御。如汉赐以印绶，魏封亲魏倭王，晋使都督百济等六国，唐赐燕麟德殿，授使臣官左补阙或赐书籍、佛经，自宋雍熙至嘉定，贡使不绝。时或失风，诏给常平米钱赡养，何尝为寇而防之哉。”

因此，钱薇认为朝廷应允许倭奴来中国“贡而商焉，互市而两利焉，海儆消而夷祸息”。而且，他还进一步主张不必拘泥于让倭奴十年一贡的旧例，“盖倭既仰借化物，必资商为利，贡限十年，彼不能待也。谚谓闰月风便舶至，非闰月风便，三年一闰，彼适来，正其候耳。况华人亦利其货，交相觊觎，而时禁特严，则旁蹊曲径，潜相勾引，势在必然。奸人乃或从中梗之，官不达其利害，而搜治稍急，彼欲脱身以解，必至弄兵，沿海之忧方大耳”。因此，“若彼称贡而来，纵不合十年之期，挈重资，涉溟涛，无复回之理。况内地所需，亦有必仰之物。昔韩昌黎送海州刺史有曰：海外之国，驭得其道，处中其情，则夷贾之货，皆可为中华用。而海上之患，亦可潜消。今日之计，在巡抚大臣，知我知彼，识其机宜而善应之耳”。

钱薇还就当时人们担心的日本“各道争贡”和海上近舶之家“冒利启衅”两个问题提出解决办法。他分析当时发生“各道争贡”的原因是“倭国有七道，道各统郡数十，倭王政令行，则不敢擅求贡。自原义植主国，幼冲无道，势不能制，遂令各道强请勘合，争先求贡。及抵宁波，互相诋毁求胜，致屠戮衅开，而兵戈贻害”。所以他建议：“今当谕彼，照先年各道轮贡，不得交争。违者照洪武事例，却其贡物，安置其使于川陕，则祸端可息矣。”至于海上近舶之家“冒利启衅”的原因，他认为是“沿海之奸，嗜利无纪，必投势豪之家以为奥主。始则诱赊舶货，既而不偿，又谬托贵势，转辗相蒙，激其愤怒”。对此，钱薇主张：“严宪典辄擅通番之禁、督巡司下海捕缉之条，方番舶之至，必报官阅视，方得议估。既入其货，立限以偿。凡势要之家，不得投托，务选谨厚之人，自顾家身者，乃得与之交易。则狡猾失势，当自敛戢。且舶船不许入港，令彼不得觇我虚实。市易之际，差官检押，不得乘机亏负。如此，华夷

各获其利，衅何自生？”

钱薇很自信地认为，朝廷如能按他的设想与日本保持贡市，“则不惟杜祸萌，且各受益”。具体说来，益处有 3 个方面：“限以十年之贡，既不拒夷人向义之心，而彼国亦不数数劳费，一利也；抑其争贡之端，既以礼义治彼，又以尊严事我，二利也；仿国初市舶之意，而不绝其情，在我则以通夷方之百货，在彼又以慰仰借之贪心，三利也。”

其三，唐枢则认为，如朝廷允许日本前来贡市，就必然会引发中日民间的贸易。这种趋势是禁止不了的，朝廷应该顺势而为，化害为利。具体而言，主要有 3 个方面的原因：一是趋利是人的本性，互通有无的贸易对中日双方都有利，是禁止不了的。他指出：“华夷同体，有无相通，实理势之所必然。中国与夷，各擅土产，故贸易难绝，利之所在，人必趋之。本朝立法，许其贡而禁其为市，夫贡必持货与市兼行，盖非所以绝之。”① 而且，这种海外民间贸易成为一种无法禁止的趋势，成为沿海居民不可缺少的一种谋生手段。如禁止海外贸易，将使一些人无以为生，转而成为盗贼。“其私相商贩，又自来不绝。守臣不敢问，戍哨不能阻。盖因浩荡之区，势难力抑，一向蒙蔽公法，相延百数十年。然人情安于睹记之便，内外传袭，以为生理之常。嘉靖六七年后，守奉公严禁商道，不通商人，失其生理，于是转而为寇。嘉靖二十年（1541）后，海禁愈严，贼伙愈盛。许栋、李光头辈然后声势蔓衍，祸与岁积。今日之事，造端命意，实系于此。”

二是如允许与日本民间贸易，可增加国家关税收入，用于海防开支。唐枢认为：“开市，必有常税。向来海上市货暗通，而费归私室。若立官收料，倍于广福多甚。况今海上成额，即令事平，必欲如九边故事，定立年例，以充饷费。旧时两浙，北起乍浦，南迄蒲门，萦纡二千里卫所巡司，各衙门兵卒，约二十万有奇，岁费五十万有奇。各县征发旧额已

① 以下唐枢言论，均见于《明经世文编》卷 270《御倭杂著·复胡梅林论处王直》。

定，见今客兵大增，何以处给？且兵荒之余，百姓贫苦，不忍加赋。若得海上之税，以济海上年例之用，则一举两得。战守有赖，公私不困矣。”

三是如允许与日本民间贸易，使盗贼转而为商，消除社会不安定因素。“凡海上逐臭之夫，无处无之，恶少易动之情，亦无处无之。樵薪捕鱼、逞侠射利者，原无定守，不得安于其业。则随人碌碌，乃常情之所必至。使有力者，既已从商而无异心，则琐琐之辈，自能各安本业，无所效尤，以为适从。”

以今人的眼光来看，明代对海外贸易弛禁的不同思想和主张，其中主张开放海外贸易的思想是值得肯定的。其理由是：其一，明代商品经济比前代又有所发展，商业资本的发展促进了民间海外贸易的发展，开展海外贸易成为历史的必然趋势。尤其是明代中后期资本主义的萌芽，更需要同海外互通有无，发展商品经济。当时及后来，那些首先出现资本主义生产关系的国家，绝大多数都积极开展海外贸易，不断扩大商品市场，从而使资本主义迅速发展，经济实力增强而进入世界强国之列。其二，利之所在，人必趋之。对于沿海山多地少的居民来说，开展海外贸易是一项重要的谋生手段，尤其是从事海外贸易虽然有较大的风险，但却有巨额的利润，因此，沿海居民对此趋之若鹜。正如顾炎武在《天下郡国利病书》卷 93 中所指出的：“其去也，以一倍而博百倍之息；其来也，又以一倍而博百倍之息。愚民蹈利如鹜，其于凌风破浪，直偃息视之。违禁私通，日益且盛。”即使统治者制定了许多严刑峻法来禁止海外贸易，但还是有好多人越界犯禁，说明实际上是禁止不了的，而且政府还因此丧失了巨额的关税收入。因此，政府最理性的政策是因势利导，这样就能达到官民共利双赢。政府因海外贸易而获得关税收入，并能使社会稳定，其统治巩固；而百姓从海外贸易中获利，求得生存，少数人还能发财致富。其三，明代主张禁止海外贸易的人，最重要的理由是认为海外贸易会影响国家的安全，尤其是招致倭寇的侵扰。历史的规律告诉我们，落后弱小就要挨打，一个国家要捍卫自己的主权和安全的，最

重要的途径就是要使自己先进强大。闭关锁国是捍卫不了自己的主权和安全的，相反，只会使自己封闭，落后于时代而愈益弱小，其结局就是愈益容易遭受强国的侵略和掠夺，甚至走向亡国。

（三）市舶司管理海外贸易思想

明代朝廷上下由于对海外贸易禁弛看法不一，因此朝廷在对海外贸易政策上也表现出摇摆不定。朱元璋吴元年（1367）于江苏太仓黄渡镇设立市舶司。洪武三年（1370），朱元璋因考虑到此地与南京邻近，恐影响国家安全，遂将该市舶司撤销，并随即全面实施海禁政策，“不许寸板下海”，朝贡贸易成为唯一合法的对外贸易。洪武七年（1374），明朝廷为了管理朝贡贸易的需要，在朝贡船舶经常出入的口岸，设置了粤、闽、浙 3 个市舶司，并规定粤广州通占城（越南）、暹罗（泰国）和西洋诸国，闽泉州通琉球（冲绳），浙宁波通日本。不久，由于倭寇侵扰严重，明政府关闭了粤、闽、浙三市舶司。永乐元年（1403），朝廷重新恢复了粤、闽、浙三市舶提举司，积极推行朝贡贸易。永乐三年（1405），明政府在南京修建会同馆，又分别在三市舶提举司处修建了广东的怀远驿、福建的来远驿和浙江的安远驿，用以接待入贡使臣及其随从。永乐六年（1408），明成祖又设交趾云屯市舶提举司，“接西南诸国朝贡者”①。永乐年间，明政府还在安南先后设立 3 所市舶司，但不久即被废撤。嘉靖二年（1523），“日本使宗设、宋素卿分道入贡，互争真伪。市舶中官赖恩纳素卿贿，右素卿，宗设遂大掠宁波。给事中夏言言倭患起于市舶。遂罢之”②，“遂革福建、浙江二市舶司，惟存广东市舶司”③。嘉靖三十九年（1560），凤阳巡抚唐顺之议复三市舶司，部议从之。嘉靖四十四年（1565），浙江以巡抚刘畿上奏，罢停市舶司，福建开而复禁。万历年间，“复通福建互市，惟禁市硝黄。已而两市舶司悉复，以中官领职如故”④。

---

① 《明史》卷 81《食货五》。

② 《明史》卷 81《食货五》。

③ 《明史》卷 75《职官四》。

④ 《明史》卷 81《食货五》。

据《明史》卷75《职官四》记载，明代市舶提举司的官员配置是“提举一人，从五品；副提举二人，从六品；其属，吏目一人，从九品”。其职“掌海外诸番朝贡、市易之事，辨其使人、表文、勘合之真伪，禁通番，征私货，平交易，闲其出入而慎馆谷之”。具体而言，明代市舶司负责海外贸易的事务主要有以下3个方面：

一是管理朝贡事务。来华的外国贡船进港后，市舶司会同所在地的地方官员查验来者及表文，辨别真伪，确认无误后督令下属钉封船舱、货物，防止贡品、私货偷运上岸，随即将上述物品运进贡厂（即存放贡物的仓库）。当货物全部运进贡厂后，市舶司通知地方官员到场监督封仓。然后，市舶司会同当地驻军安排仓库周围的巡逻保卫，防止夷人擅自出入私拿货物售卖。同时，将贡使及其随从安排在驿馆住宿，并按规定设宴席招待。随后，市舶司将此事奏报朝廷，待接到朝廷命令后，再会同当地官员监督贡品装箱、封钉和起运，并负责造册，开列贡品详细清单，差人与贡使同行赴京交办。贡使朝贡完毕，市舶司在他们上船离港之日逐一检验，然后护送出港。

二是负责海外贸易的关税征收。明初确立的朝贡贸易主要是为政治服务的，因此其原则是厚往薄来，目的在于怀柔远人。当时虽然已有抽分之名，但明政府在抽分之后又“给价偿之”，即按高于时价的价格收买，故实际上并未征税。正如丘浚在《大学衍义补·市籴之令》所云：“本朝市舶司之名虽沿其旧，而无抽分之法，惟于浙、闽、广三处置司以待海外诸番之进贡者，盖用以怀柔远人，实无所利其入也。”

这种厚往薄来的朝贡贸易使来朝贡者有厚利可图，故朝贡货物剧增，次数增多，日益成为明政府的财政负担。景泰四年（1453）十二月，礼部奏云：“（入贡人、货）比旧俱增数十倍，盖缘旧日获利而去，故今数倍而来。若如前例给值，除折绢、布外，其铜钱总二十一万七千七百三十二贯一百文，时直银二十一万七千七百三十二两有奇。计其贡物，时值甚廉，给之太厚。虽曰厚往薄来，然民间供纳有限，况今北虏及各处

进贡者众，正宜撙节财用，议令有司估时值给之。”① 于是，到了弘治年间，明政府不得不对抽分作出具体规定：

凡番国进贡内，国王、王妃及使臣人等附至货物，以十分为率，五分抽分入官，五分给还价值。必以钱钞相兼，国王、王妃钱六分，钞四分；使臣人等钱四分，钞六分……如奉旨特免抽分者，不为例。凡番国进贡船内搜出私货，照例入官，俱不给价。其奉旨给与者，不为例。②

据史籍记载，明政府对海外贸易真正实施抽分政策当是在正德初年。如《明武宗实录》卷67载：“正德三年四年，抽过番货。除贵重若象牙、犀角、鹤顶之类解京，其余粗重如苏木等物估价，该银一万一千二百有奇。”

明政府推行抽分政策后，抽分收入成为地方政府一项重要的财政收入。嘉靖初年，由于倭寇猖獗，明政府再次实行海禁，这对广东地方财政收入影响很大，许多地方官员上疏陈述抽分之好处，要求重开海禁。如嘉靖八年（1529）七月，两广巡抚林富上《请通市舶疏》云：

旧规，番船朝贡之外，抽解俱有则例，足供御用，此其利之大者一也。番货抽分解京之外，悉充军饷。今两广用兵连年，库藏日耗，借此可以充羡，而备不虞，此其利之大者二也。广西一省，全仰给于广东，今小有征发，即措办不前，虽折俸椒木，久已缺乏，科扰于民，计所不免。查得旧番舶通时，公私饶给，在库番货，旬月可得银数万两，此其为利之大者三也。贸易旧例，有司择其良者，如价给之，其次恣民买卖。故小民持一钱之货，即得握椒，辗转交易，可以自肥。广东旧称富庶，良以此耳，此其为利之大者四也。助国给军，既有赖焉，而在官在民，又无不给，是因民之所利而利之者也，非所谓开利孔为民罪梯也。③

① 《明英宗实录》卷236。

② 《明会典》卷113《礼部七十一·给赐番夷通例》。

③ 林富：《两广疏略》。

可见，当时官员清楚地看到对海外贸易实行抽分的重大经济意义：一是抽解的货物可供皇室御用，二是关税可以充当军饷，三是广东所征关税可以资助贫瘠的广西省，四是平民百姓在海外贸易中获利，丰衣足食，甚至发家致富。

明政府在实行抽分征收关税中也出现一些问题，如官员办事拖拉，疏于管理，漏失关税；外商与内地奸民勾结，走私违禁货物，掠卖人口等。如广州“番舡到岸，非经抽分不得发卖。而抽分经抚巡海道行移委官，动逾两月，番人若必俟抽分，乃得易货，则饿死久矣！……广东隔海，不五里而近，乡名游鱼洲，其民专驾多橹船只，接济番货。每番船一到，则通同濠畔街外省富商搬瓷器、丝绵、私钱、火药违禁等物，满载而去，满载而还，追星趁月，习以为常。官兵无敢谁何，比抽分官到，则番舶中之货无几矣。番夷市易将毕，每于沿海大掠童男童女而去，游鱼洲人时亦拐略人口卖之，多得厚利。以此年久岁深，恐奸人嗜利无已，或诱为强横，而教猱以肆其奸，或投为爪牙，而假虎以煽其焰，则广州之民涂炭矣”①。

针对这种情况，霍与瑕提出了两点应对措施：一是令官员预先做好准备，番船一到就办理抽分，使番船来不及私贩。他说：“大约番舶每岁乘南风而来，七八个月到澳，此其常也。当道诚能于五月间，先委定广州廉能官员，遇夷船一到，即刻赴澳抽分，不许时刻违限。务使番舶到港，不俟申复都台，而抽分之官已定；番货在船，未及交通私贩，而抽分之事已完，所谓迅雷不及掩耳。”二是预先给商人澳票（赴澳与番夷交易通行证），到时商人随同抽分官一起前往，当场同番夷交易，可避免走私、贿赂等事发生。他指出：朝廷可“于六月间，先责令广州府出告示，召告给澳票商人，一一先行给与，候抽分官下澳，各商亲身同往，毋得留难，以设该房贿阱”。总之，霍与瑕认为：“抽分早则利多入官，澳票

① 以下霍与瑕言论，均见于《明经世文编》卷368《霍勉斋集一·上潘大巡广州事宜》。

先则人皆官货，私通接济之弊，不禁而自止矣。上益国课，下芟民奸，然赐苍生之福，潜消未形之祸，莫切于此。”

三是协助海禁、海防的职责。上引《明史》所云，市舶司“禁通番……闲其出入而慎馆谷之”就有协助海禁、海防的职责。在实行海禁、海防中，市舶司对于进行非法海外贸易的商人，有权予以追捕。

明代市舶司管理海外贸易的思想与实践在明代前、后两个时期有较大的变化。前期，主要是管理、监督朝贡贸易。明代朝贡贸易中抽分后剩余的货物是允许贡使及其随从交易的，但地点限制在京师会同馆和市舶司两个地方。会同馆隶属于礼部，不受市舶司管辖。而有关市舶司对海外贸易的管理，明代胡宗宪《筹海图编》卷 12 主要提及 3 个方面：一是海外贸易被严格限定在朝贡范围之内，“是有贡舶即有互市，非入贡即不许其互市”。二是海外诸国来华贸易规定由不同地点的市舶司对口负责：“凡外夷贡者，我朝皆设市舶司以领之。在广东专为占城、暹罗诸番而设，在福建专为琉球而设，在浙江专为日本而设。”三是相关贸易必须在政府的牙行组织下进行，“其来也，许带方物，官设牙行，与民贸易，谓之互市”。这里必须指出的是，随着海外贸易的兴盛，市舶司难以对其进行全面的管理，其原有的管理职能与经营职能逐渐分离，其检验进出口船舶与征收关税的管理职能被市舶司继续拥有，而“平交易”的经营职能则由行人执行。牙人经市舶司挑选，领有政府颁发的执照（牙帖），随贡而来的商品必须经过他们才能进入市场交易。牙人通过收取交易双方的佣金（牙钱）而赢利。而后，这些官牙逐渐取得了垄断海外贸易的特权，到了清代最终发展为行商制度，行商们完全垄断了海外贸易市场。

在明代前期的市舶司制度下，政府控制了朝贡商人的全部货物或大部分货物，使中国民间商人极少能直接与外国朝贡商人进行交易，而且相关交易必须在会同馆或市舶司的严格监督下进行。但是，随着抽分制的推行，勘合制遭到破坏，市舶司的官方贸易性质被削弱，被限制的民间贸易却逐渐兴起。按照抽分制度，海外商货只要经市舶司抽分后，即可与中国商人交易。从海外番国方面看，他们来华贸易并不仅限于定期

的贡舶，也不局限于官商，只要是经过市舶司抽分的商品，不管是官商还是私商，均可在华进行贸易。如万历年间，"番人既筑城，聚海外杂番，广通贸易，至万余人"①。从总体趋势来看，海外番国的朝贡贸易日益民间化。如日本来华贸易的商人虽然仍借朝贡贸易的名义按照勘合制度由日本政府派遣船舶，但至明后期，日本官方经营的商船却很少，勘合的船队多由有实力的商人垄断。

明王朝自土木堡之变后，北部边防和东南海防相继出现危机，国家财政愈加困难。于是，统治阶级内部的一些有识之士，不断提出对海外贸易政策进行改革，主张弛禁，从而征收关税，用于弥补财政空虚。隆庆元年（1567），明穆宗宣布解除海禁，允许民间商人从事海外贸易，史称"隆庆开关"。尔后，明政府准许民间商人与番商直接交易，并设立海防馆（后改为督饷馆），承担了市舶司的一部分管理职能：对商船进出港口的管理，包括发放商引，征收引税（后改为饷税），进出口商船的检查、监督等。这样，民间商人获得了海外贸易的合法地位，明政府海外贸易管理进入一个新的时期。

三、茶马贸易管理思想

明代，在西藏、青海、甘肃、新疆等广大西部地区居住着藏、回、羌、蒙等少数民族，主要从事畜牧业生产，明王朝将这一区域的诸少数民族各部统称为"番人"或"西番"，与北部的蒙古各部"北虏"相区别。番人以青稞、肉类和奶酪等乳制品为主食，故需要茶来助消化、解油腻。对于这些少数民族来说，茶成为他们不可或缺的生活必需品。但是，由于地理环境的限制，这一地区无法种植茶树，生产茶叶，只能依靠从明王朝统治区域内输入。明王朝幅员辽阔，北方边境线漫长，长期面临着游牧民族的侵扰、掠夺，加上北逃的元朝残余势力依然十分强大，因此，北方边患频仍。在与北方游牧民族的战争中，战马成为明朝军队

---

① 《明史》卷325《外国六》。

重要的装备，但以农耕为主的中原却不能出产大批的优质战马。而西番畜牧业发达，能够源源不断出产数量众多的优质战马。因此，明王朝以茶叶向西番交换战马，互通有无，茶马贸易成为双方最佳的选择。明代官营茶马贸易就是明政府运用国家权力，以官营垄断形式与西番进行交易活动。

与西番的茶马贸易从唐代就已开始，历时之久，影响之远，是中国古代贸易中重要的一种现象。为了保障茶马贸易的官营垄断地位，历代统治者想方设法，设置了机构，制订实施了相应的茶马贸易管理体系。明政府在继承唐宋旧制的基础上，对茶叶的种植、生产、收藏、运输、交易、检验等环节实施了更严密的管理。正如《明史》卷 80《食货四》所云："番人嗜乳酪，不得茶，则困以病。故唐宋以来，行以茶易马法，用制羌戎，而明制尤密。"《明会典》卷 37 更具体指出："凡中茶有引由，出茶地方有税，贮放有茶仓，巡茶有御史，分理有茶马司、茶课司，验茶有批验所。"

1. 明政府设置茶马司作为专门管理、经营茶马贸易的行政机构。据《明史》卷 75《职官四》载："茶马司：大使一人，正九品；副使一人，从九品，掌市马之事。洪武中，置洮州、秦州、河州三茶马司，设司令、司丞。（洪武）十五年（1382）改设大使、副使各一人。寻罢洮州茶马司，以河州茶马司兼领之。（洪武）三十年（1397），改秦州茶马司为西宁茶马司。又洪武中，置四川永宁茶马司，后革，复置雅州碉门茶马司。又于广西置庆远裕民司，洪武七年（1374）置，设大使一人，从八品；副使一人，正九品。市八番溪洞之马，后亦革。"

我们如结合其他一些史料记载可以了解到，明王朝对设置茶马司的思想和实践有以下 4 个方面值得注意：一是明政府重视茶马贸易，从其政权建立伊始，就着手设置茶马司，管理茶马贸易。洪武四年（1371），明政府"设茶马司于秦、洮、河、雅诸州"①。二是茶马司设置于漫长的

① 《明史》卷 80《食货四》。

茶马贸易线上："自碉门、黎、雅抵朵甘、乌思藏，行茶之地五千余里。山后归德诸州，西方诸部落，无不以马售者。"① 三是茶马司设置地点因茶马贸易情况的变化而有所变动。如"初制，长河西等番商以马入雅州易茶，由四川严州卫入黎州始达……严州卫以为言，请置茶马司于严州，而改贮碉门茶于其地，且验马高下以为茶数"②。四是茶马司长官级别不高，大使正九品，副使从九品，但职责重要，全权掌握茶马贸易中茶马交易比价、交易地点时间等。如徐彦登《历朝茶马奏议》记云，茶马司依据马之膘色定为三等，交换相应数量的茶叶。洪武初年，"茶马司定价，马一匹，茶千八百斤，于碉门茶课司给之。番商往复迂远，而给茶太多"③。于是洪武二十二年（1389）规定："茶易马：上等马，每匹一百二十斤。中等马，每匹七十斤。下等马，每匹五十斤。"④ 此外，茶马司还根据茶、马的供求关系而调整二者的比价。如永乐年间，茶禁稍弛，茶叶货源充足，碉门茶马司甚至用茶八万余斤，仅易马七十匹，而又多瘦损，于是严禁茶马走私贸易。弘治三年（1490），"以各边缺马，令招商报茶。西宁、河州，各四十万斤；洮州二十万斤，运赴原拨茶马司。以茶百斤易上马一匹，八十斤易中马一匹"⑤。《历朝茶马奏议》还记载，明代茶马司规定各地每年招番中马的时间各不相同："洮州茶马司定以五月，河州、甘州茶马司定以六月，西宁茶马司定以七月。""每岁至五六月间，行委各该兵备道及各副将、参将、监牧、通判招致熟番将茶易马"，"至期报中，各番历年遵守，自有茶马之制以来，未之或改者也"。

弘治年间，都御史杨一清督陕西茶马。他了解到："陕西禁茶地方，东自潼关，西极甘肃，南抵汉中，绵亘数千里。伏奸庋慝，无处无之……茶禁愈严，则茶利愈厚，利之所在，趋者澜倒，伺便而发，乘隙

---

① 《明史》卷80《食货四》。

② 《明史》卷80《食货四》。

③ 《明史》卷80《食货四》。

④ 《明会典》卷37《户部二十四·茶课》。

⑤ 《明会典》卷37《户部二十四·茶课》。

而动者，难保必无。其间多干碍官豪势要之人，非军卫有司之力所能钤制，禁防稍疏，则弦辙如故。”① 他刚到陕城，就“拿获积年交通进贡经过番夷，代买私茶犯人三十余名，比至巩昌，节次拿获百余名”。面对这种严重的缉私局面，地方军卫位卑权轻，无力控制，因此他建议：“巡禁私茶，必得按察司官一员专理，乃能济事……于各官内自择有风力才干一员，常川于临洮府住札，不许别项差占，专一往来巡视，严禁私茶，痛革通番积弊。一年满日，仍择委一员交代。”由此可见，杨一清认为，只有委托按察司这样级别较高并有能力的官员，专门负责巡视查禁私茶，并于一年任满时考核，才能制止陕西茶叶走私严重的情况。

2. 创制了“金牌信符”制度。据《明史》卷80《食货四》载：洪武年间，“制金牌信符，命曹国公李景隆赍入番，与诸番要约，篆文上曰‘皇帝圣旨’，左曰‘合当差发’，右曰‘不信者斩’。凡四十一面：洮州火把藏思曩日等族，牌四面，纳马三千五十匹；河州必里卫西番二十九族，牌二十一面，纳马七千七百五匹；西宁曲先、阿端、罕东、安定四卫，巴哇、申中、申藏等族，牌十六面，纳马三千五十匹。下号金牌降诸番，上号藏内府以为契，三岁一遣官合符。其通道有二，一出河州，一出碉门，运茶五十余万斤，获马万三千八百匹”②。可见，所谓的“金牌信符”制度，就是明初政府与番人各部约定的茶马交易，即明政府将“金牌”一式两面中的一面颁给了番人各部，番人各部则以此面金牌为符，按金牌规定的数额向明政府交纳马匹；明政府将一式两面中的另一面存于内府，也按金牌规定的相应数额给予番人茶叶。为了使这项制度落实，明政府“三岁一遣官合符”；“每三年一次钦遣近臣赍捧前来，公同镇守三司等官，统领官军深入番境扎营，调聚番夷，比对金牌字号，

① 此自然段引文均见于《明经世文编》卷115《杨石淙文集二·为修复茶马旧制以抚驭番夷安靖地方事》。

② 此记载又见于《明会典》卷37，文字略有不同。

收纳差发马匹，给与价茶”[①]。洪武年间，该制度得到有效施行，西番各部都能够如约纳马。永乐年间，茶禁松弛，该制度逐渐废弛。《明史》卷80《食货四》云：“宣德十年（1435），乃定三月一遣（御史巡督陕西茶马）。自永乐时停止金牌信符，至是复给。未几，番人为北狄所侵掠，徙居内地，金牌散失。而茶司亦以茶少，止以汉中茶易马，且不给金牌，听其以马入贡而已。”正统末年，该制度趋于废止，前后沿用60余年。至正德元年（1506），“（杨）一清又言金牌信符之制当复，且请复设巡茶御史兼理马政。乃复遣御史，而金牌以久废，卒不能复”[②]。金牌制度对于番族来说，带有一定的强制性。正如杨一清所云：“各番各赍原降下号金牌牵赶马匹，前来上纳，分别上中下三等，给与价茶，厚加赏劳，遣回本族。如不敷原数，听次年征收补还。以后三年一次举行，中间二年，仍照常差官，赍番字文书前去，各族晓谕，有情愿者，听其自来将马换茶，不愿者不拘。敢有不受约束，招调不来者，再三抚谕，量调汉番官兵问罪诛剿，以警其余。”[③] 金牌信符制度是明代中央王朝以武力为后盾与诸番约定的一成不变的茶叶、马匹交易比价，无视茶叶、马匹的供求关系和价格上的时间变化，违背了市场经济规律，因此是无法长久坚持下去的。但是，该制度在一定程度上维护了当时茶马的发展，加强了汉番民族间的经济联系，也巩固了明王朝对广大西部地区的统治。

3. 三番五次制定禁约，严格禁止私茶通番，以保障国家垄断茶马贸易。明王朝建立伊始，洪武初年议定：“若茶无由引，及茶引相离者，听人告捕。其有茶引不相当，或有余茶者，并听拿问……诸人但犯私茶，与私盐一体治罪。如将已批验截角退引、入山影射照茶者，同私茶论。出园茶主将茶卖与无引由客兴贩者，初犯笞三十，仍追原价没官；再犯

---

① 《明经世文编》卷115《杨石淙文集二·为修复茶马旧制以抚驭番夷安靖地方事》。

② 《明史》卷80《食货四》。

③ 《明经世文编》卷115《杨石淙文集二·为修复茶马旧制以抚驭番夷安靖地方事》。

笞五十，三犯杖八十，倍追原价没官……伪造茶引者，处死，籍没当房家产。告捉人赏银二十两。”① 明初的这一立法有4个特点值得注意：一是继承宋代蔡京茶法，注重通过茶引来控制、禁止私茶，即贩茶一定要有茶引相随，茶叶数量要与茶引所载相当，严禁重复使用茶引、伪造茶引。二是对违犯者的处罚，量刑相对适中。如在对无引私贩茶叶者的量刑中考虑到初犯、再犯、三犯的不同，而且仅处以笞三十、五十，杖八十，笞、杖在五刑中算最低的两级；经济上也仅处以“追原价没官”的惩罚。只有对“伪造茶引”性质严重者，才予以“处死”，并“籍没当房家产”。三是从“追原价没官”和“籍没当房家产”可以看出，明政府注意到采用经济惩罚手段来禁止经济上的违法乱纪行为。四是明政府通过赏银来鼓励告发和捉捕私贩茶叶者。但是，明初这一比较适中的禁律似乎没能有效制止私茶，私贩茶叶的高额利润使人甘冒笞、杖之刑而为之，甚至官民勾结私贩。因此，洪武三十年（1397），朱元璋试图通过惩罚失职或违法乱纪的缉私茶官军来制止茶叶走私。他下诏：“榜示通接西番经行关隘并偏僻处所，着拨官军严谨把守巡视，但有将私茶出境，即拿解赴官治罪，不许受财放过。仍究何处官军地方放过者，治以重罪。”明成祖永乐年间，这种通过严惩失职或违法乱纪的缉私茶官军而来制止茶叶走私的刑罚达到了极端。永乐六年（1408）下令：“各关把关头目军士务设法巡捕，不许透漏缎匹、布绢、私茶、青纸出境。若有仍前私贩，拿获到官，将犯人与把关头目各凌迟处死，家迁化外，货物入官。有能自首免罪。”将走私茶叶犯人与失于查获的把关头目都处于凌迟（凌迟在封建社会一般用于处罚谋反和大逆不道等严重的犯罪）酷刑，这在古代是罕见的。到了景泰、弘治年间，为使私茶无处藏身，朝廷又颁布新的刑罚，扩大了惩罚对象，对参与私茶运输的车船主人、挑夫，参与私茶交易的中介牙行、牙人以及停放、贮藏私茶的人家，都要给予处罚。如景泰五年（1454）下令：“各处军民人等，官民马快等船，并车辆头匹挑担

① 这一自然段引文未注出处者均见于《明会典》卷37《户部二十四·茶课》。

驮载私茶者，各该官司盘获，茶货、车船、头匹入官；引领牙行及停藏之家，俱依律治罪；巡捕人员受财纵放者，一体究问。”弘治十八年(1505)题准：“各处行茶地方，但有将私茶潜住边境兴贩交易，及在腹里贩卖与进贡回还夷人者，不拘斤数，事发，并知情歇家牙保，俱问发南方烟瘴地面卫所永远充军。”

综观明代历史，朝廷禁私茶法令还是得到了较好的执行。如洪武三十年(1397)，明太祖就处决了贩卖私茶的驸马都尉欧阳伦：“上(朱元璋)命秦蜀岁收巴茶，听西番商人以马易之，中国颇获其利。其后商旅多有私自贩鬻，至为夷人所贱，马价遂高，乃下令严禁之。有以巴茶私出境者，置以重法。(欧阳)伦尝遣家人往来陕西，贩茶出境货鬻，倚势横暴，所在不胜其扰，虽藩阃大臣皆畏威奉顺，略不敢违。时四月农方耕耨，伦适在陕西令布政使司移文所属，起车载茶往河州。伦家人有周保者尤纵暴，所至驱迫有司，索车五十辆。至兰县河桥巡检司，捶辱其吏，吏不能堪，以其事闻。上大怒，以布政使司官不言，并伦赐死，保等皆坐诛，茶货没入于官。”①

明代之所以在立法上严私茶之禁，主要有2个方面的原因：一是如前所述，明王朝面对北方游牧民族的长期侵扰、掠夺，在与北方游牧民族的军事对抗中，战马是一个十分重要的军事装备。而中原地区不产良马，明王朝得到良马的重要途径就是与西部诸番的茶马交易。而如果茶禁不严，私茶泛滥，将严重影响国家从西番获得良马，从而威胁到边境的安全。如永乐年间，明成祖朱棣“为怀柔远人，递增茶斤”，导致“市马者多，而茶不足。茶禁亦稍弛，多私出境。碉门茶马司至用茶八万余斤，仅易马七十匹，又多瘦损”②。不言而喻，国家如果每年获取数量既少、质量又差的马匹，将如何对抗那些兵强马壮、能征善战的游牧民族骑兵。二是明中央王朝通过西番不可或缺的茶叶来控制、羁縻西番诸部，

---

① 《明太祖实录》卷253。

② 《明史》卷80《食货四》。

把他们作为抵御北方游牧民族侵扰的屏障。正如时人梁材所云："祖宗好生之德，不嗜杀人之心，而私茶通番辄以极刑凌迟论罪，其意之所在可知已。盖西边之藩篱，莫切于诸番；诸番之饮食，莫切于吾茶，得之则生，不得则死。故严法以禁之，易马以酬之；禁之而使彼有所畏，酬之而使彼有所慕。此所以制番人之死命，壮中国之藩篱，断匈奴之右臂者。其所系诚重且大，而非可以寻常处之也。故在当时茶法通行，而无阻滞之患。"① 总之，2个方面的原因一言以蔽之，即茶马贸易事关明王朝的安危，而私茶严重损害茶马贸易，故必须通过严刑峻法加以禁止。

4. 在产茶区设置茶课司，专管征收茶课，收购茶叶，以保证政府有足够的存茶进行茶马贸易。《明史》卷80《食货四》载："（洪武）四年(1371)，户部言：'陕西汉中、金州、石泉、汉阴、平利、西乡诸县，茶园四十五顷，茶八十六万余株。四川巴茶三百十五户，茶二百三十八万余株。宜定令每十株官取其一。无主茶园，令军士薅采，十取其八，以易番马。'从之。于是诸产茶地设茶课司，定税额，陕西二万六千斤有奇，四川一百万斤。"

茶课司在对产茶区茶叶的征课中，会根据茶园的开辟或荒废，茶叶产量的增加或减少，适当调节茶课征收的数额。如都御史杨一清在督理陕西茶马时就指出："汉中府金州西乡、石泉、汉阴三县，俱系产茶地方。如汉阴一县，原设在廓、新安二里，后因招抚流民，增添九里，近因大造黄册，又添一里，今以十里之民，止纳二里之课。况自招抚之后，其延安、庆阳、西安等府人民，流移到彼不可胜纪，见今开垦日繁，栽种日盛，其沿江一带茶园，多不起课。乞行严督官员查理等因，看得汉中府前项产茶州县，国初人民户口不多，茶园亦少，所以额课止于如此。成化年间以来，各省逃移人民聚集栽植，茶株数多，已经节次编入版籍，州县里分，俱各增添，户口日繁，茶园加增不知几处，而茶课仍旧。"这使许多新开辟的茶园没有承担茶课，茶叶生产多有盈余，"致令各处奸顽

---

① 《明经世文编》卷106《梁端肃公奏议五·议茶马事宜疏》。

官舍军民，递年在山收买私茶，通番交易觅利。以此番人不乐官市，沮坏马政”。对这种因新茶园未承担茶课而引起私茶泛滥，损害国家茶马贸易的现象，杨一清建议：“行委陕西布、按二司，督同汉中府掌印官，亲诣前项州县，遍历园山界畔，再行踏勘丈量，斟酌地里远近、佃户多寡，不必拘定知州洪平前数，但要有益于官，不病于民，勘处停当，备开旧管、新收、开除、实在数目，造册奏缴，永为遵行。如此则茶课均平，其于茶马，不为无助。”①

明代历朝茶园新开辟或荒废导致茶课不均的现象，在陕西、四川地区普遍存在，因此，茶课司肩负着最基层适时调整课茶数额的任务，以便于各州县汇总课茶总数，有效保障茶税征收及进行贸易所需的充足茶源，为官营垄断茶马贸易提供了根本保证。《明会典》卷 37 载：

> 陕西茶课：初二万六千八百六十二斤一十五两五钱，弘治十八年（1505）新增二万四千一百六十四斤，共五万一千二十六斤一十五两五钱。见今茶课五万一千三百八十四斤一十三两四钱（系汉中府属金州、紫阳、石泉、汉阴、西乡五州县岁办，分解各茶马司）。四川茶课：初一百万斤，后减为八十四万三千六十斤，正统九年（1444）减半攒运，景泰二年（1451）停止，成化十九年（1483）奏准每岁运十万斤。见今茶课本色一十五万八千八百五十九斤零，存彼处衙门听候支用（系石泉、建始、长宁等县，并建昌、天全、乌蒙、镇雄、永宁九姓土司办纳）；折色三十三万六千九百六十三斤，共征银四千七百二两八分，内三千一百五两五钱五分存本省赏番。实解陕西巡茶衙门易马银一千五百九十六两五钱三分［系保宁府属巴州、通江、广元、南江四州县解纳。万历六年（1578）巡茶御史册报新收银一千六百九十四两六钱九分五厘］。

从“分解各茶马司”和“存本省赏番”可知，当时陕西、四川两省茶课主要是用于同西部诸番的茶马贸易。如果没有茶课司在产茶地区征

---

① 《明经世文编》卷 115《杨石淙文集二·为修复茶马旧制第二疏》。

收茶课，国家是很难掌握充足的茶源用于茶马交易。

但是，当时的茶马贸易单靠茶课司征收的茶课及没收的私茶是不够的。正如当时督理陕西茶马的杨一清所指出的："近年巡茶御史招番易马，止凭汉中府岁办课茶二万六千二百余斤，兼以巡获私茶，数亦不多。每岁约用不过茶四五万斤，以此易马，多不过数百匹，至千匹而止。补辏（凑）抑勒，往往良驽相参，招易未久，倒伤相继。番人既病于价亏，军士复不得实用，要其事势亦有由然……照得汉中府产茶州县，递年所出茶斤百数十万，官课岁用不过十之一二，其余俱为商贩私鬻之资。"①为了杜绝私茶，明洪武三十年（1397）规定："本地茶园人家，除约量本家岁用外，其余尽数官为收买，若卖与人者，茶园入官。"但是这种严禁的做法，会挫伤茶农的生产积极性，使茶叶产量锐减，政府茶课收入也大大减少，最终只能是两败俱伤："私茶严禁，在山茶斤无从售卖，茶园人户仰事俯育，何所资借？彼见茶园无利，不复葺理，将来茶课亦亏。夫在茶司则病于不足，既无以副番人之望，在茶园则积于无用，又恐终失小民之业。若不从宜处置，深为不便。"因此，杨一清建议："如欲官民两便，必须招商买运，给价相应……如是茶出于山而运于商，民不及知；以茶易茶，官不及知。不伤府库之财，不失商民之业，而我可以坐收茶马之利，长久利便之策，宜无出此。"

5. 明政府对茶叶的贩运环节进行严密的管制。在明代茶马贸易中，由于茶叶贩运流动性大，涉及地区很广，是政府最难以管理控制的环节。因此，政府采取了多项措施，加强对贩运环节的管制。

其一，明政府在运茶沿途设有茶运所，负责茶叶运送途中的具体事务。洪武年间在陕西境内设置了 4 处茶运所：巩昌府有骆驼巷梢子堡茶运所、高桥火钻峪茶运所，临洮府有伏羌茶运所、宁远茶运所②。各茶运所之下设有专职负责递送茶叶的茶夫。明代梁材在《议处茶运疏》中云：

---

① 这一自然段引文未注出处者，均见于《明经世文编》卷 115《杨石淙文集二·为修复茶马旧制第二疏》。

② 《明会典》卷 37《户部二十四·茶课》。

“自汉中府至徽州，过连云栈，俱由递运所转行。徽州至巩昌府，中间经过骆驼巷、高桥、伏羌、宁远，各地方偏僻，原无衙门，添设四茶运所官吏管领，通计一十一站，每处设茶夫一百名。巩昌府至三茶司，复由递运所三路分运，计三十站，每处设茶夫三十名。”① 这种庞大的官办运输体系虽然确保了茶叶运输过程的安全，但每次运茶达数百万斤，动用军夫数万名，耗费巨大。因此，明政府着手将茶叶运务逐渐由官运改为商运。如弘治三年（1490），“令陕西巡抚并布政司出榜招商报中，给引赴巡茶御史处挂号，于产茶地方收买茶斤，运赴原定茶马司，以十分为率，六分听其货卖，四分验收入官”②。

其二，明政府加强对茶叶贩运环节管制的一项重要措施是推行严格的茶引制度，防止私茶贩运。《明会典》卷 37 云：“凡引、由，洪武初议定：官给茶引，付产茶府州县。凡商人买茶，具数赴官纳钱给引，方许出境货卖。每引照茶一百斤，茶不及引者谓之畸零，别置由帖付之。仍量地远近，定以程限，于经过地方执照。若茶无由、引，及茶、引相离者，听人告捕。其有茶、引不相当，或有余茶者，并听拿问。卖茶毕，即以原给引、由赴住卖官司告缴。该府州县俱各委官一员管理。”商人向政府纳钱买引，“凡茶引一道，纳铜钱一千文，照茶一百斤。茶由一道，纳铜钱六百文，照茶六十斤”③。商人将茶“运至茶司，官商对分，官茶易马，商茶给卖”④。为了严格执行茶引制度，明政府专门设置了批验茶引所作为管理检验茶引、茶由的机构。洪武初年议定：“客商贩到茶货，经过批验所，须要依例批验。将引、由截角，别无夹带，方许放行。违越者笞二十。”明代的茶引制度是宋代蔡京茶引制度的继承与发展，根据茶叶贩运流动性大、涉及地区广、难以管理的特点，采取了一些针对性的措施：一是所有贩运的茶必须有引、由相随，如没有引、由相随，或

① 《明经世文编》卷 106《梁端肃公奏议五·议处茶运疏》。
② 《明会典》卷 37《户部二十四·茶课》。
③ 《明会典》卷 37《户部二十四·茶课》。
④ 《明会典》卷 37《户部二十四·茶课》。

贩运茶的数量超过引、由记载，那就是私贩茶叶，被查出就要遭到严厉的惩罚。二是政府实行茶引制度的目的就是迫使商人向政府纳钱买引或为官府免费运送茶叶。以“纳铜钱一千文，照茶一百斤”，“纳铜钱六百文，照茶六十斤”计算，商人每贩卖一斤茶就要纳铜钱十文。对政府来说这是一笔十分可观的财政收入。此外，政府通过茶引制度，将官运茶叶至西部遥远地区进行茶马贸易的巨大耗费转嫁给商人，这就是商人将茶运至茶司，官商对分，官茶易马，商茶给卖。三是为了防止茶商弄虚作假、重复使用茶引，以逃避向政府纳钱买引或为官府免费运送茶叶，明政府十分注意及时登记、回收、销毁已卖完茶的茶引。景泰五年(1454)规定：“(客商)将引、由照茶依例批验截角，卖毕，随赴住卖所在官司告缴，封送各该批验所，类解本部查销。若有过期不缴者，批验茶引所每季查出商名贯址、引由数目，开报合干上司，转行各该巡按监察御史、按察司提问追缴；仍行各府州查勘前项茶商原领未缴引、由，照例送销。其批验茶引所今后给散引、由，务籍记茶商姓名、籍贯、茶斤、引数，每引、由一道纳钞一贯，中夹纸一张送部，钞送库交收，纸存印引。”①

其三，派遣官吏到各地巡查，把隘关口，严禁私茶出境。洪武三十年(1397)，明太祖下诏：“榜示通接西番经行关隘并偏僻处所，着拨官军严谨把守巡视，但有将私茶出境，即拿解赴官治罪。”② 同年，又令：“自三月至九月，每月差行人一员于陕西河州、临洮，四川碉门、黎雅等处，省谕把隘关口头目，禁约私茶出境。”③ 由于贩茶路途遥远，涉及区域广，因此明政府稽查、关防的重点是通番的要道、关口。明代在巡查私茶中，御史、按察司等监察官和边防军官起了主要作用。如永乐十三年(1415)，明中央差御史三员巡督陕西茶马④。成化三年(1467)，明廷

---

① 《明会典》卷37《户部二十四·茶课》。
② 《明会典》卷37《户部二十四·茶课》。
③ 《明会典》卷37《户部二十四·茶课》。
④ 《明会典》卷37《户部二十四·茶课》。

令差御史一员于陕西巡茶，一年更代；成化七年（1471）停罢差行人四川巡茶，令按察司分巡官往来禁约；成化十一年（1475），又令取回陕西巡茶御史，仍差行人巡茶；成化十四年（1478），复差御史于陕西巡茶①。朝廷还专门设置了巡茶御史，负责监察茶马事宜。弘治九年（1496）下令："经该茶马司官吏遇有考满事故，申巡茶御史，委官盘点见数，方离职役。若有侵欺，及虽不侵欺，收置无法致有损折原数者，依律究治追赔。"②

在严禁私茶出境中，监察官主要是进行巡视督查，而在通番关口把守稽查私茶的则主要是边防官员。正如上引洪武三十年（1397）明太祖下诏，就命令防守通番关隘官军把守巡视私茶，把隘关口头目禁约私茶。明宪宗时大臣梁材也建议："通番道路，洮岷、河州责之边备道，临洮、兰州责之分巡陇右道，西宁责之兵备道，务要选委勤慎官员，昼夜严加防守，拿获私茶；通番之徒，及防守官员不行觉察者，仍照祖宗旧例，处以极刑。边备、分巡等道，不行严谨，致有私通者，事发听臣参劾，即以罢软罢黜，虽有他美不得论赎。"③

明政府之所以对私茶出境稽查如此之严，是因为朝廷上下均意识到，明王朝"西边之藩篱，莫切于诸番；诸番之饮食，莫切于吾茶；得之则生，不得则死。故严法以禁之，易马以酬之；禁之而使彼有所畏，酬之而使彼有所慕，此所以制番人之死命"④。梁材认为，如果明政府能做到"正茶之外，分毫不许夹带，如此则非惟通番者无所资而自止，将茶价涌贵，番人受制而良马亦有不可胜用者矣。"⑤

6. 利用私商经营来弥补官营茶马贸易的不足。明代的茶马贸易由官府垄断经营，必然产生官府垄断经营的固有弊端，如低效率，高损耗，

---

① 《明会典》卷 37《户部二十四·茶课》。

② 《明会典》卷 37《户部二十四·茶课》。

③ 《明经世文编》卷 106《梁端肃公奏议五·议茶马事宜疏》。

④ 《明经世文编》卷 106《梁端肃公奏议五·议茶马事宜疏》。

⑤ 《明经世文编》卷 106《梁端肃公奏议五·议茶马事宜疏》。

因此，就继承发展宋代的入中制，有限制地把茶马贸易纳之市场化的运作轨道，利用私商经营高效率低损耗的长处来弥补官府垄断经营茶马贸易的不足。终明一代，政府主要采取了纳米中茶（或纳粟中茶）、运茶支盐例、招商中茶和招商买茶 4 种方式。

其一，纳米中茶（或纳粟中茶）。《明史》卷 80《食货四》载："洪武末，置成都、重庆、保宁、播州茶仓四所，令商人纳米中茶。"所谓纳米中茶（或纳粟中茶），是在某一时期或某一地区发生自然灾害或兵荒马乱而造成饥荒时，政府为了救灾，招募商人运送粮食（大米或粟）到指定地点救灾，政府再根据商人运送粮食的多少、路途的远近给予商人一定数量的茶叶，并由商人运送至茶马司，其中除正茶交与茶马司进行茶马贸易外，商人可以将其余茶叶出卖而获得经济利益。但是纳米中茶（纳粟中茶）只是应急措施，并未形成制度化。如成化年间，"以岁饥待赈，复令商纳粟中茶，且令茶百斤折银五钱"①。弘治三年（1490），御史李鸾奏云："茶马司所积渐少，各边马耗，而陕西诸郡岁稔，无事易粟。请于西宁、河西、洮州三茶马司召商中茶，每引不过百斤，每商不过三十引，官收其十之四，余者始令货卖，可得茶四十万斤，易马四千匹，数足而止。"② 从此记载可以看出，由于当时边防战马紧缺，而茶马司却缺少茶叶进行茶马贸易，但是所幸陕西诸郡丰收，不需要纳粟中茶，以茶叶换取商人运送小米。因此，明孝宗批准御史李鸾所奏，开始招商中茶。可见，纳米中茶（纳粟中茶）主要是明政府救灾的一种措施，其目的不是为了茶马贸易，而是因为商人用茶叶来换取救灾的大米、小米，会减少茶马贸易中所需的茶叶。

从宣德年间开始，明政府实行运茶支盐例，即商人向官府纳钱后，领到一定数量的茶引、由，然后依据这些引、由运送相应的茶叶到指定的茶马司。官府验收商人运来的茶斤后，根据商人运茶路途的远近给予

① 《明史》卷 80《食货四》。

② 《明史》卷 80《食货四》。

他们一定量的盐引，商人再持盐引赴产盐的浙、淮地区领取相应的盐作为运茶的报酬。实行运茶支盐例的主要原因是当时大量川茶要运往西北地界的茶马司，路途遥远，行走艰难。如果采取官运，运用军夫数万名，耗费巨大，成本很高，于是明政府采取运茶支盐例的措施，以支盐为报酬，招募商人运茶。“宣德十年（1435）题准：开中茶、盐，许于四川成都、保宁等处官仓关支，官茶每百斤，与折耗茶十斤，自备脚力运赴甘州，支与淮浙官盐八引；运赴西宁，与盐六引。”① 但是，运茶支盐例并没有改变长途运输茶叶的难题，因为商人费尽周折行茶五千余里，所得报酬不高，利小事大，往往导致“官课数年不完”，因此，渐渐失去运茶支盐的积极性。而一些不法商人则借为官府运茶的名义，暗中乘机贩卖私茶，损害了政府对茶马贸易的垄断经营，于是朝廷“罢运茶支盐，令官运如故”。

如前所引，弘治三年（1490），御史李鸾奏请“于西宁、河西、洮州三茶马司召商中茶”。明孝宗批准李鸾所奏，“令陕西巡抚并布政司出榜召商报中，给引赴巡茶御史处挂号，于产茶地方收买茶斤，运赴原定茶马司：以十分为率，六分听其货卖，四分验收入官”②。这成为明代招商中茶的开始。明政府之所以在废除运茶支盐例外又实行招商中茶：一方面是在民间私茶贩运的有力冲击下，政府营运茶叶、垄断茶马贸易已处于窘境，政府只能通过向商人适当让利，即官商四六分成，来提高商人中茶的积极性，解决政府长途运茶的难题，使西部边境茶马司有充足的茶叶储备用于茶马贸易；另一方面也不能让商人随意中茶导致运送茶叶数量过剩，因而采取限制运茶总数的办法，即“数足而止”③。

但是，明政府招商中茶的措施并没有取得预期的效果，反而使私茶泛滥，再次影响官营茶马贸易的茶源。弘治十二年（1499），御史王宪奏称：“自中茶禁开，遂令私茶莫遏，而易马不利。请停粮茶之例，异时或

① 《明会典》卷37《户部二十四·茶课》。

② 《明会典》卷37《户部二十四·茶课》。

③ 《明史》卷80《食货四》。

兵荒，乃更图之。”① 这就是在招商中茶中，当政府将商人资本引入茶马贸易体系中后，商人资本在逐利的本性驱动下，便冲破了政府的限制，即“私茶莫遏，而易马不利”，冲击了官营垄断茶马贸易体系，而不可能像李鸾所预料的政府在招商中茶中可以即收即放，顺利管控。事实上，随着明中后期商品经济的日益发展，政府已不可能完全压制商人势力的崛起。在此背景下，都御史杨一清提出了招商买茶。

杨一清的招商买茶主张，主要见于《为修复茶马旧制第二疏》②。他首先分析了明政府原有茶政的两个偏差：一是洪武三十年（1397）规定的“本地茶园人家，除约量本家岁用外，其余尽数官为收买，若卖与人者，茶园入官”。但是，这种严禁的做法，使茶农生产茶叶无利可图，就会放弃生产，使茶叶产量大大减少，政府无从征收茶课，自然导致茶马贸易的茶源不足，这就是“私茶严禁，在山茶斤无从售卖，茶园人户仰事俯育，何以资借？彼见茶园无利，不复葺理，将来茶课亦亏。夫在茶司则病于不足，既无以副番人之望，在茶园则积于无用，又恐终失小民之业”。二是弘治三年（1490）开始的招商中茶，却使园户和商人掌握了绝大部分的茶叶用于私相贸易，而政府运用国家权力垄断的茶叶只占园户茶产量的很小部分。如“汉中府产茶州县递年所出茶斤百数十万，官课岁用不过十之一二，其余俱为商贩私鬻之资”。不言而喻，招商中茶中的私茶泛滥，同样也使政府失去了茶马贸易中的茶源。而且，招商中茶并没有解决官方运茶的难题，官运几乎停止，“欲查照旧例征运，四州课茶缘川陕军民兵荒之后，创残已甚，宁能增此运茶之役？”总之，无论是明初洪武、永乐年间的严禁私茶，还是弘治年间的招商中茶，其措施虽然不同，但后果一样，即明政府不但没有取得预期的效果，反而使官营茶马贸易的茶源更加不足。为了解决这一难题，使政府主导的茶马贸易

① 《明史》卷80《食货四》。

② 《明经世文编》卷115《杨石淙文集二·为修复茶马旧制第二疏》。以下这一自然段引文未注出处者，均见于此。

能正常进行下去，督理马政都御史杨一清提出招商买茶法：

臣今年正月间，量发官银一千五百七十余两，委官前去收买茶七万八千八百二十斤，计易过儿扇骒马九百余匹。若用银买，须得七千余两，其利如此。但犹未免用官夫运送。止如前数，固可支持，必欲广为收易。汉中、巩昌、河西一带人民，将不胜其劳扰。又恐行之既久，官司处置乖方，亏价损民，似非经常之计。如欲官民两便，必须招商买运，给价相应。臣于今年闰四月内，又经出给告示，招谕陕西等处商人买官茶五十万斤，以备明年招番之用。凭众议定，每茶一千斤，用价银二十五两，连蒸、晒、装篦、雇脚等项，从宽共计，价银五十两。令其自出资本，前去收买，自行运送各茶司交收明白，听给价银去后。且官银一万两，买战马不过一千匹。如前所拟，买茶二十万斤，分别三等马匹，勘（斟）酌收买，可得马几三千匹。买一马者，将买三马；给一军者，可给三军。但所给茶价，出自公家，岁岁支给，亦非可继之道。若运到官茶，量将三分之一，官为发卖，以偿商价，尤为便益。此与开中商茶不同，开中商茶，其利在商，未免阻坏茶马；招商买茶，其利在官，专为易马之资。借曰官卖，不过十之二三，较之商茶，岁百余万，以通番境者何如？合无自弘治十八年（1505）为始，听臣出榜招谕山陕等处富实商人，收买官茶五六十万斤，其价依原定每一千斤给银五十两之数，每商所买不得过一万斤。给与批文，每一千斤给小票一纸，挂号定限，听其自出资本，收买真细茶斤，自行雇脚转运。照商茶事例，行令沿途官司，秤盘截角。如有多余夹带茶斤，照私茶拟断。运至各该茶马司，取获实收，赴臣查验明白，听给价银。仍行委廉干官员，分投于西宁、河州二卫，官为发卖，每处七八万斤至十万斤为止。价银官库收候，尽匀给商，如有赢余，下年辏给。行之数年，茶可不卖。夫如是，茶出于山而运于商。民不及知，以茶易茶；官不及知，不伤府库之财，不失商民之业。而我可以坐收茶马之利，长久利便之策，宜无出此。

从这段引文，我们可以得出以下4点认识：一是杨一清的招商买茶思想是从其督理马政的实践中逐步摸索出来的。他的第一步实践是派官员用官银1570余两向商人买茶78820斤，然后再用这些茶向番人换得骒马900余匹。当时若直接用官银向番人购买，须费官银7000余两。可见，他为朝廷节省了5000多两的官银。但是，从茶商手里买茶易马也有缺陷，就是必须调动大量官夫运送，并给汉中、巩昌、河西一带人民带来沉重负担。如果长期实行这种措施，官吏如经营处置不当，会发生亏损害民。因此，这种从茶商手里买茶易马的做法不是长久之策。第二步实践是招谕陕西等处商人自出资本，前往产茶地收买官茶，然后自行运送到边地各茶马司，卖给茶马司作为茶马交易的茶源。这种做法是政府将收买茶叶、远程运输交给商人，从而使政府原来只能买1000匹马的官银现在能买3000匹马。但是，官府付给商人买茶的钱毕竟是一笔不小的开支，如年年如此支出，很难长期持续。杨一清从实践中得出：最理想的办法是“以茶易茶”，即商人自出资本收买、运送茶叶，政府待商人运茶到各茶马司后，只将商人运来茶叶总数的1/3投入市场发卖，用这笔所卖茶叶的收入来偿还商人买茶、运茶的全部费用，其余2/3茶叶收到茶马司用于与番人易马。这种“以茶易茶”的招商买茶措施，既“不伤府库之财”（即不增加政府的财政支出），又“不失商民之业”（即使商人亦可得到一定的商业利润），可谓是“长久利便之策”。但是，商人只得到1/3茶价的分配使他们没有获得什么商业利润，无利可图，因此出现了“商人有不愿领价”的现象。对此，杨一清代表政府对商人作出让步，与商人对半分成，并直接给予商人茶叶，让他们自己出卖，增加了商人的利润和经营自主性。据《明史》卷80《食货四》载：“正德元年（1506），一清又建议：商人不愿领价者，以半与商，令自卖。遂著为例永行焉。”

二是在招商买茶中，政府利用市场性政策工具，与茶商基本上处于较为平等的双赢互利关系。明政府基本上没有使用国家权力强迫商人在茶马贸易中承担收买、运送茶叶的任务，而是通过价格杠杆，让商人有利可图，招募商人自愿买运。这就是“招商买运，给价相应”。如果政府

所出价格让商人觉得无利、少利，商人就会退出与政府的合作，“不愿领价”，直至政府作出让步，从政府占有2/3茶叶调整到“以半与商”，使商人重新与政府合作。

三是政府之所以通过让利的形式让商人参与原国家垄断经营的茶马贸易，其原因是国家垄断经营必然会带来高投入、低效率的弊端，因此，政府被迫利用私商经营的低投入、高效率来克服官府垄断经营的弊端。明代，随着商品经济的日益发展，私营经济自由竞争日益凸显出它的优越性和活力，这为明代有识之士所认识。所以在官府垄断茶马贸易中，朝廷注入私商经营的活力，改变原官府全部垄断经营为部分垄断经营，将其中收买、运送茶叶让私商经营，并由商人自卖其拥有的那部分茶叶，从而达到政府与私商的共利双赢。政府因此节省了购买马匹的费用，如：原来要用7000余两官银买900余匹骒马，现只用1570余两官银就可买到；原来用官银10000两，买战马不过1000匹，现用官银10000两买商人茶叶，然后再用茶叶与番人易马，可得战马3000多匹。而对于商人来说，他们在参与政府茶马贸易中也有赢利，少数人还能发家致富，这就是所谓“不失商民之业”。

四是明代官员在管理茶马贸易中，已有很清晰的成本、核算观念。如督理马政都御史杨一清在招谕陕西等处商人买官茶及制定价格时，就进行了经济核算：其中茶本身市价是1000斤用价银25两，再加上蒸、晒、装篦、雇脚等加工、包装、运送费用，“从宽共计银五十两”。所以1000斤茶价银50两是政府付给商人运到茶马司茶叶最起码的价银。

7. 明政府在茶马贸易中为了掌握交易的主动权，除了严禁私茶出境外，也严禁境内民间与西番私下交易番马，以确保其国家垄断经营权。这就是“严贩马之禁，以便招易，今后通番道路，如前所开者，责令各道防守等官，但有兴贩番马入境，拿获马匹入官，犯人以通番论，亦照前例问罪。如此则番汉不得交通，番马不得私贩，息生既蕃，招易自广，

云锦成群之盛，庶乎其可致矣”①。

当时兴贩番马牟利的大多是将官或富商，他们利用职权或雄厚的资金私贩马匹。因此，明朝廷特别下禁令：“凡夷马尽数官买之，将官、富商不得私买一马。有私买者，即以私出境外、走泄事情论。凡军马尽数官给之，将官、富商亦不得私卖一马，有私卖者，即以私卖战马论。”侯先春认为：“此法行而后弊可革，弊革而利在其中矣。私买既禁，收马自良，利一；价无高抬，马价自省，利二；马少疲驽，操马充实，利三；马由官给，军免稍银，利四；倒死渐少，军不赔偿，利五；马无私收，军不受累，利六；收马愈多，子银愈积，利七。”总之，将官、富商不得私自买卖马匹，是“官与民两利”的事情②。

四、商税管理思想

明代，尤其是明中叶以后，随着商品经济的繁荣和资本主义的萌芽，商税在国家财政收入中的权重越来越大。为了保证国家这一重要财源的收入，政府建立了专门的征收商税机构，制定了比较完善的商税征收和管理制度。

明代商税的征收机构比较繁杂，如税课司、竹木抽分局、钞关河泊所、茶课司、盐课司等，分门别类就不同的税种进行征收，简而言之，税课司“征商估物货”，竹木抽分局“科竹木柴薪”，钞关主要收“船料钞”，河泊所“取鱼课”，茶课司收茶税，盐课司收盐税等。以下简要介绍前三者。

其一，税课司、局。早在元至正二十四年（1364），朱元璋就在其辖区内建立宣课司、通课司作为商税征收机构。明朝建立之后把宣课司、通课司统一改称税课司，州县称税课局，都隶属于户部管理。同时，明政府还在一些大的市镇及交通要道、桥梁、渡口等客商云集之地设立分

---

① 《明经世文编》卷106，《梁端肃公奏议五·议茶马事宜疏》。

② 《明经世文编》卷429，《侯给谏奏疏二·清马政以裨边疆重务事》。

司、分局征税。税课司、局的职责是“以司市廛”，就是制定各类商品的纳税细则并收取商税，“其办课衙门所办钱钞、金银、布绢等物，不动原封，年终具印信文解明白，分豁存留，起解数目，解赴所管州县，其州县转解于府，府解布政司，布政司通类委官起解，于次年三月以里到京”①。各税课司、局主管官员称大使、副使。洪武年间，大使、副使多由儒士担任，归属地方州县政府管辖。永乐以后，逐渐改由朝廷直接派御史、主事、监生等到各处税务机构“闸办课程”②，从而加强了中央对地方商税的征管。大使、副使之下还设有攒典、巡栏等征税人员。明朝规定，各税课司、局的巡拦“止取市民殷实户应当，不许佥防农民”③，即巡栏等税务人员必须由市镇中富裕商民担任，他们不仅具体负责收税，还协助管理市场。如“洪武二十三年（1390），榜谕各处税课司、局，巡栏令计所办额课，日逐巡办，收于司、局，按季交与官攒，出给印信收票，不许官攒侵欺，致令巡栏陪纳，违者重罪”④。

其二，竹木抽分局（厂、场）。洪武初年，朝廷在通往竹木柴薪盛产区的关卡处设立竹木抽分局，从商人贩运的竹木等货物中抽取若干实物供朝廷土木营造之需。抽分起初为抽取实物，之后渐转化为缴纳所抽取实物的等值货币，实际上就是商税。抽分局、厂起初也设大使、副使处理日常行政事务，后来在一些比较重要的地方由朝廷直接委派中央官员，如工部主事、给事中、御史等官监办抽分。竹木抽分局、厂之下还设吏役人员攒典、巡军、老人、书手等，从事具体的抽分征税工作。竹木抽分局、厂大抵隶属于工部，故有“明世竹木之税属工部”⑤ 之说。宣德年间，钞关普遍设立后，竹木抽分局有时又被称为工部钞关。如“成化七年（1471）增置芜湖、荆州、杭州三处工部官。初抽分竹木，止取钞，

---

① 《大明诸司职掌·户科》，上海古籍出版社影印《续修四库全书》，2002 年。

② 《明会典》卷 35《商税》。

③ 王圻：《续文献通考》卷 16《职役考》。

④ 《明会典》卷 35《商税》。

⑤ 刘洪谟：《芜关榷志》卷上，黄山书社，2006 年。

其后易以银，至是渐益至数万两。寻遣御史榷税。孝宗初，御史陈瑶言：‘崇文门监税官以掊克为能，非国体。’乃命客货外，车辆毋得搜阻。又从给事中王敞言，取回芜湖、荆州、杭州抽分御史，以府州佐贰官监收其税”①。

其三，钞关。据《明史》卷81《食货五》载：“宣德四年（1429），以钞法不通，由商居货不税，由是于京省商贾凑集地、市镇店肆门摊税课，增旧凡五倍。两京蔬果园不论官私种而鬻者，塌房、库房、店舍居商货者，骡驴车受雇装载者，悉令纳钞。委御史、户部、锦衣卫、兵马司官各一，于城门察收。舟船受雇装载者，计所载料多寡、路近远纳钞。钞关之设自此始。其倚势隐匿不报者，物尽没官，仍罪之。于是有漷县、济宁、徐州、淮安、扬州、上新河、浒墅、九江、金沙洲、临清、北新诸钞关，量舟大小修广而差其额，谓之船料，不税其货。惟临清、北新则兼收货税，各差御史及户部主事监收。自南京至通州，经淮安、济宁、徐州、临清，每船百料，纳钞百贯。”根据《明史》的这一记载，再结合其他一些史料，我们大致可以了解到，宣德初年，由于朝廷滥发纸币而造成宝钞大肆泛滥和大幅贬值，为挽救宝钞，朝廷采取措施疏通钞法，其一就是在一些道路、关津处设立关卡对过往客商征收宝钞以强令宝钞流通，同时也缓解国家财政之急。钞关主要向行商所雇舟船征收税钞，按其舟船的大小、长短、宽窄征收不同数量的税钞，不按船中货物的多少征税，所以称为“船料”。除此之外，有的地方也对作为货物存放地的塌房、库房、店舍，运送货物的骡驴车以及货物等征税钞。由于钞关所收之税归户部，主要由户部官员和御史负责征收，因此，钞关是户部的分司，故又称户部钞关。钞关也置有众多吏役人员，如嘉靖年间浒墅钞关有府吏、老人、阴阳生、库夫、门子、馆夫、银匠、船埠头等106人②。他们在户部官员或御史统管下，从事开放关口、丈量船只、登录簿

① 《明史》卷81《食货五》。

② 李龙潜：《明代钞关制度评述——明代商税研究之一》，载《明史研究》第4辑，黄山书社，1994年。

册、收兑钞银、解送饷银等有关工作。如嘉靖九年（1530）议准："各处钞关巡按御史，按季选委属内佐贰官一员，每日赴厂，听钞关主事，督同公平秤收，倾煎银两，以候类解。各该府县于均徭内编审门子二名、库子四名、皂隶八名，每年更替。该府岁拨吏一名，该县月拨吏二名应用。"①

明代中央和地方政府都制定过许多商税"则例""事例"，如《起条纳税例》《户部议定船料则例》《竹木征收则例》《折收商税事例》等，规定了当时商税的税种、税率、征课对象、征取办法等。明代商税税种主要可分为买卖交易税（即营业税）、关税、门摊税、储藏税等。交易税为从价税，明初规定民众日常用品、纤小之物及书籍、农具免税，买卖其他货物要纳交易税。如"永乐元年（1403）奏准：凡军民之家，嫁娶丧祭，时节追送礼物，染练自织布帛及买已税之物，或船只车辆，运自己物货，并农用之器，各处小民挑担蔬菜，各处溪河小民货卖杂鱼，民间家园池塘采用杂果非兴贩者，及民间常用竹木蒲草器物并常用杂物、铜锡器物、日用食物，俱免税。"② 据景泰二年（1451）收税则例载：顺天府及大兴、宛平二县征税商品有罗、缎、绫、绵、布匹、肉类、蔬菜、水果、毛皮、糖、铜铁、盘、碗、竹帚、药材、各种海产、水产等300余种，"其余估计未尽物货，俱照价值相等则例收纳"③。明政府规定，税及百姓日常各种必需品，税率概为三十税一。洪武二十三年（1390），"令各处税课司、局商税，俱三十分税一，不得多收"④。

所谓门摊税，就是政府向坐贾或摊贩征收门面或摊位税。据《明史》卷81《食货五》记载，"洪熙元年（1425）增市肆门摊课钞。宣德四年（1429），以钞法不通，由商居货不税，由是于京省商贾凑集地、市镇店肆门摊税课，增旧凡五倍……正统初，诏凡课程门摊，俱遵洪武旧额，

① 《明会典》卷35《户部二十二·钞关》。
② 《明会典》卷35《户部二十二·商税》。
③ 《明会典》卷35《户部二十二·商税》。
④ 《明会典》卷35《户部二十二·商税》。

不得借口钞法妄增”①。

明代的商税，虽然总体上说是“三十分税一”，但也不是一成不变的，其根据不同征税对象、地点、时间而有所不同，有的相差还很大。如洪武二十六年（1393），朱元璋就要求刚复设的龙江、大胜港两处竹木抽分局对客商贩卖的竹木柴炭等项照例抽分，并制定出一份较为具体详细的“抽分则例”：“三（十）分取一：芦柴、茅草、稻草、茭苗草、藁草。三十分取二：杉木、软篾（篾）、棕毛、黄藤、白藤。十分取二：松木、松板、杉篙、杉板、檀木、黄杨、梨木、杂木、檐杌、锄头柄、竹扫帚、茭苗苕帚、毛竹、水竹、杂竹、木炭、煤炭、竹交椅、筀竹、黄藤鞭杆、木柴、箭竹。”② 永乐十三年（1415），通州、白河等抽分局规定，松木、杉木板、水竹等“三十分取六”，蒿柴、豆秸等“三十分取三”，杉木、白藤等“三十分取二”，稻草、茅草“三十分取一”，芦苇“三十分取五”③。

明代钞关征税则主要依据装载货物舟船的“大小修广”，“载料多寡，路近远纳钞”④，即以货船大小、长短、宽窄、所载货物多少及贩运路程远近作为收税依据。宣德年间，由于“钞法不通”，财政困难，所征收的钞关税还是相当重的。当时“自南京至淮安，淮安至徐州，徐州至济宁，济宁至临清，临清至通州，俱每一百料纳钞一百贯；其北京直抵南京，南京直抵北京者，每百料纳钞五百贯”⑤。

由于宣德初年钞关征税太重，因此，至宣德后期及正统、景泰年间，明朝廷曾下令减轻钞关征税。据《明史》卷81《食货五》载：宣德后期，“及钞法通，减北京蔬地课钞之半，船料百贯者减至六十贯”。正统初，“罢济宁、徐州及南京上新河船料钞，移漷县钞关于河西务；船料当输六

① 《明史》卷81《食货五》。
② 《大明诸司职掌·抽分》。
③ 光绪《荆州府志》卷10。
④ 《明史》卷81《食货五》。
⑤ 《明宣宗实录》卷55。

十贯者减为二十贯。商民称便”。“景泰元年（1450），于谦柄国，船料减至十五贯，减张家湾及辽阳课税之半”。由此可见，从宣德四年（1429）至景泰元年（1450）的20余年之间，船料从百贯减至十五贯，其减幅是相当大的。

明代在商税征收、管理方面确立了不少制度，其中比较重要的有以下几个方面。

一是明政府规定，所有商贾都要向税务机构如实申报其出售、贩运的物货及其数量，向国家税务机构交纳税收，然后才能售卖货物。如洪武年间，“令天下府州县镇店去处，不许有官牙私牙，一切客商应有货物，照例投税之后，听从发卖”①。坐贾在申请占籍时，须向当地官府或税课司局自报所货所业。行商持货出发前，在向当地申办填写路引时必须将其资本、货物等“明于引间”。途经水陆关卡，在钞关设置前须在广济、长淮等关填写商船物货，并送税课司征税；建立钞关后，须填写船单，船单中须开列船户籍贯、姓名、货物名称、数量、起止地点以及船只式样、梁头尺寸和该纳钞银若干等。船户报单后，钞关据报单征税后放行。行商住店时，必须在店历上填清经销货物名称，牙店主人及船埠头还要对过关的报单进行核查并上报，税课司局照报单所填商品数量、品种，与本部门纳税登记互为参照确定税银。客商交税后，持司局开出的税票才能进入市场进行交易。

明政府为了保证商贾能如实缴纳税收，制定了一些惩罚商贾匿税、逃税的规定。如规定“凡客商匿税及卖酒醋之家不纳课程者，笞五十；物货酒醋，一半入官，于入官物内，以十分为率，三分付告人充赏”，“凡泛海客商舶船到岸，即将货物尽实报官抽分。若停塌沿港土商牙侩之家，不报者，杖一百；虽供报而不尽者，罪亦如之，货物并入官，停藏之人同罪；告获者，官给赏银二十两”，“凡民间周岁额办茶盐商税、诸色课程，年终不纳齐足者，计不足之数，以十分为率，一分笞四十，每

---

① 《明会典》卷35《商税》。

一分加一等，罪止杖八十，追课纳官。若茶盐运司，盐场茶局及税务河泊所等官，不行用心办课，年终比附上年课额亏兑者，亦以十分论，一分笞五十，每一分加一等，罪止杖一百，所亏课程着落追补还官”①。

二是时估制。明代所谓时估制最初是应用于政府购买民间商品时与商人共同确定商品的价格。“洪武二年（1369），令凡内外军民官司并不得指以和雇和买，扰害于民。如果官司缺用之物，照依时值对物，两平收买。或客商到来中买货物，并仰随即给价，如或减驳价值及不即给价者，从监察御史、按察司体察，或赴上司陈告犯人以不应治罪。又定时估，仰府州县行属，务要每月初旬取勘诸物时估，逐一复实，依时开报，毋致高抬少估，亏官损民，上司收买一应物料，仰本府州县照依按月时估，两平收买，随即给价，毋致亏损于民，及纵令吏胥里甲铺户人等因而克落作弊。”② 永乐六年（1408），朱棣下令顺天府及宛平、大兴二县集中铺户估定各商品时价，然后按时价收取1/30的交易税③，这就将原官府购买民间商品的时估制与征税法结合起来。景泰二年（1451），朝廷重申了这一规定，令顺天府及宛平、大兴二县“俱集各行，依时估计物货价值，照旧折收钞贯”④，各种商品由官府召集各行会估定商品价格，然后进行征税。明中叶以后，政府为支付庞大的军费支出，对商贾实行重征政策，以官商合作对商品估价再征税的时估制与征税相结合的办法已不合时宜，加之朝廷召商买办大宗货物的会估制也逐渐名存实存。因此，税前的时估制终究被弃置而消亡。

三是起条预税制。明中期后，朝廷为防止商人偷漏税，强制推行预先征收部分税款的起条预税制。弘治元年（1488），朝廷下令：“客商贩到诸货，若系张家湾发卖者，省令赴局投税。若系京城发卖者，以十分

---

① 《明会典》卷164《刑部六·课程》。

② 《明会典》卷37《户部二十四·时估》。

③ 《古今图书集成》卷223《杂税部》。

④ 《明会典》卷35《户部二十二·商税》。

为率，张家湾起条三分，崇文门收税七分；如张家湾不曾起条，崇文门全收。”① 这就是张家湾的货物若要发往京师出卖，则先在张家湾交3/10的商税，并由张家湾税课司开具税票（起条），商货到京城崇文门税课司，凭张家湾税票再交剩余的7/10。万历十一年（1583），朝廷进一步扩大了起条预税制的实施范围，在临清也实行这一收税制度：“一应商货，如在临清发卖者，要纳全税。在四外各地方发卖者，临清先税六分，至卖处补税四分。其赴河西务、崇文门卸卖者，临清先税二分，然后印发红单，明注某处发卖，给商执至河西务、崇文门，补税八分，共足十分之数。仍刻示关前，示谕各商遵守。”② 按规定，预税并不会增加纳税数额，只是预先缴纳部分税款，但在具体实施中，往往增加一次纳税就多一道搜刮，故嘉靖十年（1531），朝廷特别颁布例令强调：凡经“崇文门客货，例该二百五十贯以上起条，赴店者止照分司原税之数送纳，不许加收”。③ 从“不许加收”可知，当时起条预税制加收税款曾是较普遍出现的，所以朝廷才会颁布例令予以禁止。

四是监察稽考制。监察稽考制主要是明政府为保证商税能及时如数征收到位、上缴国库而对征税机构税务官吏进行监督考核的一种制度。尤其是明中叶以后，各级官吏腐败成风，税官横征暴敛、中饱私囊成为影响国家商税收入的最主要问题，因此，朝廷不得不加强对各级税务机关、官员的规范和督察，其主要措施是采取簿籍稽考制和遣官制。

在财政监督中，簿籍始终是进行稽查考核的重要依据，税务工作也不例外。嘉靖七年（1528）奏准：“各钞关主事，将户部原发稽考簿三扇，一扇发府州县委官，与钞关检钞人役，将收过钱钞，眼同登载；二扇主事收执，候委官呈报到日查见实数，即于簿内亲注明白。钱钞照常发府州县收贮，季终解部类进。差满，将前簿三扇，二存留备照，一解

---

① 《明会典》卷35《户部二十二·商税》。
② 《明会典》卷35《户部二十二·商税》。
③ 《明会典》卷35《户部二十二·商税》。

部查考。若有贪鄙不惜行检，户部即参送吏部，不待考察，就行罢黜。其门皂、书算，听各该有司审编送役，不许收取更换。”① 由此记载可知，稽考簿三扇的功能是，其中一扇发给州县委官和具体负责征税的吏员，共同将所征收的钱钞税款记录在这一扇簿籍上。剩余两扇由钞关主事负责保管使用，亲自将州县委官报送上来的征收钱钞税款登记在剩余两扇簿籍内。等到钞关主事任满时，将其中一扇上报户部查考，自己保存一扇，连同府州县委官报送的一扇，两扇存留在钞关主事那里以备随时对照查核。

在簿籍稽考制中与稽考簿相配合使用的还有号簿：嘉靖九年（1530）题准：“各钞关丈量船只，止照旧例以成尺为限，此外零数不许逐寸科取，仍置立号簿，与户部原发稽考簿，互相稽查。”② 嘉靖四十一年（1562）奏准：“荆州、芜湖、九江、两浙、浒墅、扬州、淮安、临清、河西务各关主事，岁额定数外，务将余饶悉入公帑，巡按仍给号簿一册，与佐贰官日赴各厂听主事督同收受，逐月缴报。如登记有遗，或所委府佐通同干没，该部指实参究，仍令各该巡按御史查访论劾。”③ 从“日赴各厂听主事督同收受，逐月缴报”可知，“号簿”是每日记录所收税款，一个月上报一次，与稽考簿互相核对稽查。

嘉靖年间，户部尚书梁材针对税务机关官吏渎职腐败严重的现象，设计了挂号文簿与稽考文簿配合使用的监督稽考制度。其中挂号文簿类似现在的存根发票册，一式两扇，编有号码，用印钤记后才能交委官使用。其中一扇由钞关委官收执，“遇有船户纳料，就将船梁丈尺并料银分两，明开票内，仍照票数目填写在簿，挂号对同无差，将票给付船户收照”；另一扇送地方官收掌以备查核。稽考文簿则共设三扇，由户部加盖印章后逐级发给各钞关。其中一扇规定必须转发给选委的地方佐贰官，令他们在每天闭关时负责“将收过钱粮登记印信文簿”，呈报户部主事查

① 《明会典》卷35《户部二十二·钞关》。

② 《明会典》卷35《户部二十二·钞关》。

③ 《明会典》卷35《户部二十二·钞关》。

核实数后，再在另外两扇文簿上“亲笔于前件项下照款填注明白”①。待主事任满之日将这三扇文簿中的一扇留本关备照，一扇由所委地方佐贰官收执，一扇送部查考。每天商人缴纳税款时，钞关长官要根据挂号簿存根所记将船梁阔狭、料银多寡等累计后，逐一登记在稽考文簿中，并定期将与存根相对应的另一扇挂号簿送钞关所在官府收贮。每逢钞关按季起解税银，户部主事要根据稽考文簿，地方委官则根据挂号文簿，分别开列船梁丈尺和料银分两等项数目呈报户部；钞关所在的地方官府则将收贮的一扇原填挂号文簿钤封后，交付解银官员赍送户部，由其逐一查对核算相符后，方准缴销解进。明代商税征收中的簿籍稽考制是较为严密的，通过户部主事、地方委官和钞关长官各收掌一扇文簿登记所收税银，互相监督制约，在每季起解税银时，再分别交付户部查对核算。这种较严密细致的制度设计，对防止贪官污吏中饱私囊发挥了一定的作用。但是，在明朝中后期，由于官场腐败成风，各级官吏互相勾结，贪赃枉法，“所司玩视成风，往往入多报少；委用府佐徒相比为奸，致亏国课”②。这就是再好的制度，也要靠人去执行，一旦执行者腐败，再好的制度也难以发挥作用。

遣官制是朝廷或地方政府派遣特定官员对税课机关进行监察的一种制度。遣官制又可分为两种，一种是朝廷直接派员对税课机构进行监察、稽考，另一种是朝廷责令地方政府遣官监察。朝廷直接派员对税课机构进行督察较早见于永乐十年（1412）。朱棣下令“各处巡按御史及按察司官体察闸办课程，凡有以该税钞数倍增收及将琐碎之物一概勒税者，治以重罪”③。弘治六年（1493），朝廷专门派遣官员到“江西、浙江、苏州、扬州、淮安、临清税课司局照旧定则收税，按月稽考”，且“不许再委隔别衙门官员侵管、重复扰民，仍各照额办岁办之数，年终通照钞关

① 《西园闻见录》卷40《户部九》。

② 《明世宗实录》卷534。

③ 《明会典》卷35《户部二十二·商税》。

事例造册奏缴”①。朝廷责令地方政府遣官监察的较早记载见于弘治元年（1488），朝廷下令：“顺天府委官二员，分给印信簿籍，于草桥、卢沟桥宣课司监收商税。”② 嘉靖元年（1522），朝廷下令：“广东、江西巡按衙门委南雄、南安二府知府督同税课司官吏，综理商税。”③

五是立法惩处制。明代还制定了许多法规，对负责征税的官员、权豪利用职权勒索、侵占税款、亏损税款、破坏税法的行为进行惩处。如《明律》规定，负责税务的“茶盐运司、盐场、茶局及税务河泊所等官，不行用心办课，年终比附上年课额亏兑者，亦以十分论，一分笞五十，每一分加一等，罪止杖一百。所亏课程，着落追补还官。若有隐瞒侵欺借用者，并计赃，以监守自盗论”④。弘治十三年（1500）奏准：“在京在外税课司局，批验茶引所，但一应税纳钱钞去处，省令客商人等自纳。若权豪无籍之徒结党把持，拦截生事，及将烂钞低钱搪塞，搅扰商税者，问罪。”⑤ 正德七年（1512），“令正阳门等七门门官，凡日收大小车辆、驴骡驼驮钱钞，眼同户部官吏监生，照依则例收受，即时附簿，钱钞簿籍，俱封贮库。不许纵容门军家人伴当，出城罗织客商，阻截车辆，索取小门茶果起筹等项铜钱”⑥。明代法律不仅禁止官吏勒索、侵吞、亏损税款，而且也不允许官吏超出规定数额多征税款。如朱元璋为吴王时就曾令中书省：“凡商税三十税一，过取者以违令论。”⑦ 正德十六年（1521）诏：“凡桥梁道路、关津有利处所，私自添设抽分害民者，巡按御史及按察司分巡官，通行查革。”⑧

---

① 《明会典》卷 35《户部二十二·商税》。

② 《明会典》卷 35《户部二十二·商税》。

③ 《明会典》卷 35《户部二十二·商税》。

④ 黄彰健：《明代律例汇编》卷 8《户律》，台北历史语言研究所，1983 年。

⑤ 《明会典》卷 35《户部二十二·商税》。

⑥ 《明会典》卷 35《户部二十二·商税》。

⑦ 《明太祖实录》卷 14。

⑧ 《明会典》卷 35《户部二十二·商税》。

第四节　重农助商重教兴学思想

一、重农助商思想

（一）重农劝农思想

从总体趋势看，明代前期重农劝农，积极鼓励农民耕作，垦荒种田，发展农业生产。到了明中后期，随着社会经济尤其是商业的发展，政府已很难限制工商业的发展，甚至还从政策上给予商人某些优惠，一些有识之士时有恤商、惠商、助商的言论。中国作为传统的农业大国，重农思想根深蒂固，明中后期虽然有不少重商助商思想，但重农思想仍然占主导地位。

明代开国君主朱元璋就十分重视农业生产，其思想对明朝推行重农劝农政策影响深远。早在元至正二十六年（1366）四月，朱元璋就指出："今日之计，当定赋以节用，则民力可以不困；崇本而祛末，则国计可以恒舒。"① 基本上确定了明朝薄赋重农的治国方略。洪武十八年（1385）九月，朱元璋对其重农政策做了进一步阐发："人皆言农桑衣食之本。然弃本逐末，鲜有救其弊者。先王之世，野无不耕之民，室无不蚕之女，水旱无虞，饥寒不至。自什一之途开，奇巧之技作，而后农桑之业废。一农执耒而百家待食，一女事织而百夫待衣，欲人无贫，得乎？朕思足食在于禁末作，足衣在于禁华靡。"② 由此可见，朱元璋的重农思想仍然沿袭主流的重农抑商思想，即通过抑商达到重农兴农。

明人林俊在《务政本以足国用疏》中对"本"提出自己的见解："地

① 《明太祖实录》卷 20。

② 《明太祖实录》卷 175。

有余利，应垦而不垦；民有余力，宜务而不务，此其本之失也。”① 用今天的话来说，就是土地和劳动力资源不能有效地配置，农业这一根本就丧失了。他具体指出，当时“本之失”的具体表现是济兖之地“荒沙漠漠，弥望丘墟，间有树蓺，亦多卤莽而不精，缓怠而不时。至于京畿之间，亦复如是。往往为之伤心饮泣，抚掌深叹。计此度之，虽边郡应屯之地，目所不击、足所不到之处，夫亦是耳”。造成这一现象的原因是：“大抵官非其人，理非其要。膏腴之区，贪并于巨室；硗确之地，荒失于小民；而屯田坏矣，务贪多者失于卤莽，困赋税者一切抛荒，而农业隳矣。所谓地有遗利，民有余力，此之谓也。”

针对这种情况，林俊提出治国之策应“务政本以足国用疏”。他说：“臣闻国犹家也，理家犹理国也。理家之道，力农者安，专商者危。入不逮所出者，贫；剥人以肥己者，亡。有人于此，千金之产置弃不理，顾乃逐商贾之微赢，渔闾阎以取息，日出其筐箧以御外侮，不待知者亦决，知其不可矣。是故政本之说，力农之谓也；盐铁之说，专商之谓也；发帑藏之说，入不足而日出之之谓也；巧取之说，剥人以肥己之谓也。即此论之得失利害，固有不较而自明者。今日之事，臣愚以为，莫若取一于农，务力其本，大为一劳永逸之图。”由此可见，林俊的“务政本以足国用”说也是重农，但他并不抑商。他根据当时各个地区地理环境的不同，提出各种不同的“取一于农，务力其本”的具体治理方案：

> 沿边诸郡，则仿赵充国屯田故事，兼以晁错募民耕塞下之议，参酌损益，选大臣通兵农之务，兼军民之情者，总专其事；选京官之识见明达，干理精密者，分督其事。段界丘画，区析亩分，阅其强壮，优其食给，随地所宜，务力于农。乘所余闲，课以骑射，而又教以礼义忠信之道，兼之坐作击刺之法。视攻农之勤怠，校蓺习之工拙，会岁收之赢缩，以为刑赏……至于腹内西北诸路，所系甚

① 以下林俊言论均见于《明经世文编》卷 86《林贞肃公集一·务政本以足国用疏》。

大。井田之法，虽难卒行，宜以东南之法，权宜治之。必得如汉之赵过、召信臣，国初之陈修其人者，分方经理，相原隰之宜，立旱涝之备，定肥瘠之区，宽税赋之额。居止而作者，使循其旧；流亡而复者，各归之田。湖荡之间，可以水耕者，则引水凿渠，募水耕者耕之；高衍之地，可以陆种者，则分疆定界，募陆种者种之。贫民则给以食力之值，田成之后，依官田以起科；富民则计以庸食之费，田成之后，依民田以出税。务使人各归农，农各力田，地各树蓺，蓺各得利。如是，则东南之赋如故，而西北之利当日兴矣。至于京畿之地，尤在当急。白茅黄苇，悉皆沃壤。昔者虞集尝议，濒海之地，筑堤募耕，十年之后，可省海运数百万。此则直沽一带，濒海之地悉可耕也。脱脱尝于近畿之地，募人耕蓺，一岁之收，可得刍粮百余万。此则西山四面近畿之地，悉可耕也。是宜依仿井田之制，畿甸之法，经纬区画，精密整齐，计亩为区为屯，度之以里，缭之以垣，环屯星列，周庐棋布，使天下晓然，知皇都之尊，根本之固，守之以恭俭，明之以赏罚，十年之后，国用渐赢，于是宽赋税以舒民困，厚禄秩以礼贤士，兴学校以明礼义，如此，而国势不尊，天下不治，未之有也。

林俊在此根据各个地区地理环境的不同，提出 4 种方案来发展农业，达到地尽其利，民尽其力：其一是沿边诸郡实行军屯，组织将士务农习武；其二是内地西北诸路，召民垦荒耕种，减免一定的赋税，待田地收成提高后，再恢复正常的赋税；其三是濒海之地，筑堤募耕，使其逐渐自给，一年可省去海运粮食数百万石；其四是京城四面土地，可划分为区或屯，募人耕种。

林俊最后在《务政本以足国用疏》中谨慎建议皇帝：“请举一隅之地，小小试之，或要而边关之地，或近而京畿之外，如臣所陈者，经画区分，而又益求众议以润泽之，数年之内，所得若何，所失若何，则其是非利害，居然可见矣。”这就是先划一块小地方，将其所提方案予以试行，然后再广泛征求意见予以改进，最后才予以大范围推广。

明代中期，大臣桂萼就当时农业中的流民、商业屯田和城郭、河边的荒地开垦问题提出具体应对措施。其思想比较切合当时的实际情况，具有一定的可操作性，而这 3 个方面的问题较有普遍性，曾长期困扰明政府。

其一，农民不堪政府的沉重赋税，纷纷逃亡流徙，这不仅影响农业生产，而且给社会稳定带来隐患。对此，桂萼主张“恤逋逃”，使农民返乡恢复农业生产。他说：“臣按天下小民，历年拖欠钱粮，已经蠲免，而又重追者，因州县有司畏忌稽缓之罪，先期虚报完数所误，故又行查追，谓之逋租，宜一切蠲免。其已纳收头，捏作未征者，许小民首出，粮坐原收之人，追补小民下年该纳之数。若有纳过而产已变卖者，亦随产追给。又按天下小民，为正德以来粮差重大，因避里甲，抛弃妻子，荒芜田土者，谓之逃民。必劝之归农，宜预为量，免六年分钱粮，则小民始沾实惠矣……免六年之租，则逃民来归，固足以劝农矣。”①

其二，明代自弘治以后，“边地不耕，廒仓尽废，军士被剥削之苦，商人被加价之累，灶户受抑勒之冤，其苦万状”。对此，桂萼提出恢复沿边屯田：“特以边方买粟者众，故农夫就边耕种者亦众耳，此边方劝农之始。国家令商人就边上粮，其意正以此也。我朝自成化以前，未闻有解运司年例之银也。是时商人岁复一岁，相继在边买上粮料，以致耕者趋利，边地尽垦。上纳者不敢有折色之请，收散者无以施剥削之奸，城堡仓廒，增至数万。弘治初，户部尚书某，因与盐商亲议，遂建议以为就边上料，价少而商人有远涉之虞，不若就运司纳银，价多而商人得易办之便。朝廷误从，遂更旧法，一时运司年例之银充满太仓银库，举朝皆以为利，不知坐是而少耕种之人，道路无买卖之积，城堡为之不守，廒仓为之日倾。其年例之银，经历衙门，以至散及军士，剥削十已六七，而粮料之贵，数倍于旧，困苦边士，四十年矣。”桂萼通过比较成化以前

---

① 以下桂萼言论均见于《明经世文编》卷 179《桂文襄公奏议一·应制条陈十事疏》。

与弘治之后两种不同政策所导致的不同后果，即前者要求“商人就边上粮”，刺激边地粮价上涨，“以致耕者趋利，边地尽垦”，“城堡仓廒，增至数万”；相反，后者要求商人“就运司纳银”，使边地粮价下跌，耕者无利可图，故边地“少耕种之人，道路无买卖之积，城堡为之不守，仓廒为之日倾”。因此，他主张“复边粮”，“夫边粮目前之急，既移民壮之资助之矣。但敕户部令六年以后，商人必上本色边粮实收到部，方付盐引，则亦不出三年，兵食举足，灶户、商人均受其惠，岂但边方之利而已乎”。

其三，当时“京城之下，御河之内及天下府州县沿城隙地，古所谓堧地也。弃而不种，地有遗利”，“堧地荒芜不种，深为可惜”。对此，桂萼提出“立法收游手、丁壮优养而开种之，则天下游手、乞食者永受宽恤之恩……收游手之民，令土著者给养而督率之，授以耒耜、畚锸，因责之以除粪秽，洁街衢，聚土涂，治潦水，埋弃尸，掩流胔。堧地所收，秸稿作贡，谷粟归民，古人生财之道，此固其一事也……皇上若遣五城御史，刻日行之，始于京师，达之天下，将使海内无游手饥冻之人”。

（二）通商助商思想

明代中后期，随着商品经济的发展，商业在人们日常生活中日益显得重要，人们对商业及商人的看法越来越趋于客观。如嘉靖初年，国子祭酒陆深就指出，通商程度与获利大小成正比，通商程度越高，获取的利益越大。他说：“祖宗时，设立各处转运、提举等司，佥灶以办税，置仓以收盐，建官以莅政，设法以开中，其要在于通商而已。大抵商益通则利益厚，此立法之本意也。且穷边绝塞，输转极难之地，而能使商贾挟货负重以往，随令而足……商通课足而盐法不行者，未之有也。”① 浙江巡按庞尚鹏则提出通商可以互通有无，彼此兼济，交易双方可以两利俱全：“辽东地当濒海，土人以力农为本业。自嘉靖三十六七年，灾虏相仍，米价腾涌，人且相食，盖舟楫不通，商贩鲜至。丰年积粟之家既不

① 《明经世文编》卷155，陆深《陆文裕公文集·拟处置盐法事宜状》。

能贸易以规利，一遇荒歉又不能称贷于他方，此生计萧条，闾里丘墟，职此故也。查得山东海运，自登莱达金州旅顺口，仅一昼夜，往迹具存，可按也……夫海道通行，不独商贾辏集（辽东一镇附山东省，圣祖创制，本欲其相通，故时行海运以赡给之），一如通都。且辽东饥则以移粟望山东，山东饥则以移粟望辽东，彼此兼济，岂独辽人之利耶……今惟开其禁，使商贾通行……庶乎官不劳而民不扰，辽东、山东两利俱全矣。"①

随着人们对商业、商人活动重要性的认识有所提高，各级官吏提出了一些助商、惠商、恤商的具体政策和措施，旨在使商业得到正常健康的发展，在社会经济中发挥应有的作用，商人能够受到更公正、公平的待遇。如隆庆四年（1570）四月，大臣高拱提出对商业进行改革："先朝公用钱粮俱是招商买办，有所上纳，即与价值，是以国用既不匮乏而商又得利。今价照时估，曾未亏小民之一钱，比之先朝固非节缩加少也，而民不沾惠，乃反凋敝若此。虽屡经题奏议，处宽恤目前，然弊源所在，未行剔刷，终无救于困厄，恐凋敝日甚一日。辇毂之下，所宜深虑，必不可谓其无所处而任之也。臣愿陛下特敕各该衙门备查先朝官民如何两便，其法安在，题请而行。其商人上纳钱粮，便当给与价值。即使银两不敷，亦须挪移处给，不得迟延。更须痛厘夙弊，不得仍有使用打点之费，此为体恤人情。就中尚有隐情亦须明言，一切惩革不得复尔含糊，则庶乎商人无苦，而京邑之民可有宁居之望也。"② 他认为，要恢复发展京城的商业，必须痛革陈规陋习，保护商人应有的权益：借鉴前朝，切实具体地推行便民便商的措施；政府各部门招商买办必须及时付给商人钱款，不得拖欠；严禁刁难、勒索商人，收受打点之费；进一步查清当前的弊端，坚决予以惩革，不得有半点含糊。

同年六月，户部条议恤商"六事"："——定时估。言物价，与时低昂，而钱粮因时办纳。若先期估计，则贵贱无凭；或仓场远近、僦费多

---

① 《明经世文编》卷 358，庞尚鹏《庞中丞摘稿二·清理辽东屯田疏》。

② 《明经世文编》卷 301《高文襄公文集一·议处商人钱法以苏京邑民困疏》。

寡，遥度悬断，岂尽合宜？此后，九门盐法委官与十三司掌印官及巡青科道估价，上半年定于五月，下半年定于八月，俱以十六日为期，务在随时估价，不得执一。其内库监局召买物料价亦仿此。——议给价。将御马、三仓坝上等马房钱粮原属山东、河南，督理京粮道者，俱改于太仓关领；各仓场料草，原派数少者给以全价，数多者预给三分之一，完日补给，皆以时估为率。其两省督粮官既无关领之扰，则催督宜严，如有怠玩者，劾治。——严禁革。各库监局，及牛、羊、象、马房等仓，西安等门典守官吏，有需求抑勒者，悉治其罪。——裁冗费。量减各仓场草束斤数，及脚夫库秤之冗食者。——酌坐买。凡料草数多，一时难以卒办者，量于秋冬二孟收成之月坐买，不得仍前全坐，致费高价，陈草悉令发买，或如数补放，未给价者，速给之。——公佥报。各商果贫困不能供役者，具通状告部，转行巡青衙门，验实方许举报。富户更代输入。"[①]"六事"中对商人有利的是由于商品经济发展，物价容易波动，定时估价，合理调整物价，对稳定市场有益。政府在召商买办中，对数量少的交易"给以全价"，一次性付清钱款，而对于数量大的交易，则"预给三分之一"，待交易完成后，再全部付清钱款。价格均以"时估为率"，这么做保护了商人的权益。朝廷严厉禁止管仓库和城门的官吏勒索商人钱财，不得高价发买多余草料。贫困商户不能供役的，政府查证属实，寻找富户代替供役。对于户部上奏"六事"，穆宗都批准实施。同月，工部答复高拱所陈恤商之事云："贫商困累，惟多给预支银，可以拯之。乞将年例钱粮办纳之数以难易定其多寡，以迟速定其先后，多者预支十分之四，递减至一分。半年之内全给，一年以外先给其半。"穆宗也诏准施行[②]。隆庆五年（1571）四月，"免林衡署果户房号税。初，永乐时有果户三千余，后渐逃窜，仅存七百余户。嘉靖间复征其房号。至是，果户奏诉贫难，帝亦悯之，故有是命"[③]。明代政府通过富户替代贫困商

---

① 《明穆宗实录》卷46。

② 《明穆宗实录》卷46。

③ 《续文献通考》卷24《征榷考》。

户供役、免果户房号税，减轻了贫困商户的赋役负担，并采取“惟多给预支银”来挽救因资金短缺而将破产的贫商。这种恤商、助商的思想和实践，在历史上是罕见的，相当难能可贵。这种政策措施使许多商户免于破产，改善了商人的生存和发展空间，对明代商业乃至社会经济的发展具有相当的积极作用。

当时，政府之所以自觉地实施惠商、助商政策，是因为有识之士抛弃了传统的把农商对立起来的重农抑商思想，认识到惠商助商有利于兴商，商兴则足国。万历年间，湖广巡抚郭惟贤上《申明职掌疏》，就提出：“足国莫先于惠商。所谓惠商者，岂必蠲其常课，而可取之利，尽置之于不取哉？兴一利，莫若除一害；而省一分，则商受一分之赐。惟去其所以害商者，而其所以利商者自在也。”因此，他主张应当革除损害商人利益的各种弊端，“如此，则宿垢尽剔而实惠暨沾，富商辐辏而赴挈恐后”①。

当时，一些有识之士不仅主张积极扶持、发展内地商业贸易，而且也大力提倡边境民间贸易，认为这对于国家来说是“两利之道”。如隆庆年间高拱就极力促成“俺答封贡”，推行与鞑靼的边境贸易，促进了北部边境经济的发展。明末梅国祯对此作了中肯的评价，充分肯定了内地汉族与边境鞑靼的边境贸易：“自隆庆五年（1571），北虏款贡以来，始立市场。每年互市，缎布买自江南，皮张易之湖广。”② 此王鉴川所定通夷而不费国，兼收其税，两利之道。彼时督抚以各部夷人众多，互市钱粮有限，乃为广召四方商贩，使之自相贸易，是为民市之始。间有商税，即以充在市文武将吏一切廪饩、军丁犒赏之费。

明代中后期以后，随着商业在社会经济中的作用日益凸显，商人的地位也得到很大的提高。明初，朱元璋曾规定：“商贾之家止许穿布，农民之家但有一人为商贾者，亦不许穿绸纱。”③ 显然明代最高统治者通过

① 《明经世文编》卷 406《郭中丞三台疏草·申明职掌疏》。

② 《明经世文编》卷 452《梅客生奏疏·请罢榷税疏》。

③ 《农政全书》卷 3《国朝重农考》。

对商贾的歧视达到重农抑商的目的。但是，到了明中后期，这种规定已成为一纸空文，许多商贾生活奢华，逾礼而无所顾忌，不必担心受到处罚。商人的政治地位也逐步上升，官商合流的趋势进一步发展。一方面，商人可以通过科举入仕，甚至可以通过多纳钱粮进入国子监，或者纳货得官，以此提高自己的社会地位。如"成化中，太监张敏卒，侄太常寺丞苗，倾资上献，乞侍郎。上曰：'苗本由承差，若侍郎，六部执政不可，可授南京三品。'左右急持官制请，竟得南京通政使。是时四方白丁、钱虏、商贩、技艺、革职之流，以及士夫子弟，率夤缘近侍内臣，进献珍玩，辄得赐太常少卿、通政、寺丞、郎署、中书、司务、序班，不复由吏部，谓之传奉官"①。另一方面，在高额商业利润的诱惑下，明朝的皇亲国戚、高官权贵也纷纷放下身段，加入经商的队伍。他们凭借权势，或"行商中盐"，或自开店铺，或从事边境贸易和海外贸易，从而获取暴利，发家致富。正德年间，南京给事中陈江说，通州张家湾"密切京畿，当商贾之辏，而皇亲贵戚之家列肆其间，尽笼天下货物，令商贾无所牟利"②。嘉靖、万历年间的严嵩、徐阶、张居正、张四维等多位首辅，都因经商而成一时之富。而一般的各级官吏，也纷纷凭借自己手中的权力，经营工商业而致富。正如明末清初顾炎武所指出的："自万历以后，水利、碾硙、场渡、市集无不属之豪绅，相沿为常事矣。"③

明代中后期官商合流的趋势使明初歧视商人的社会风气彻底发生变化。明初的清贫士子也能得到人们的钦羡，而富有的商人却会遭到人们的鄙视。但到明中后期，那些以才学自高的士子们也对商人的社会作用刮目相看，许多文士为富商巨贾撰写传记、寿序、碑铭，一些进步的思想家也公开提出"工商皆本"的观点，批判传统的重农抑商、重农轻商观念。

---

① 郑晓：《今言》卷 2，中华书局，1984 年。

② 《明世宗实录》卷 4。

③ 《日知录》卷 13《贵廉》。

二、重教兴学思想

明朝开国君主朱元璋不仅重农，而且重视教育。洪武二年（1369）十一月，他敕谕中书省官吏，确立了“重教兴学”的治国方略：“治国之要，教化为先；教化之道，学校为本。今京师虽有太学，而天下学校未兴。宜令郡县皆立学，礼延师儒，教授生徒，以讲论圣道，使人日渐月化，以复先王之旧，以革污染之习，此最急务，当速行之。”① 朱元璋清楚意识到教育对人的素质、社会风气起潜移默化的作用，对巩固封建王朝的统治意义重大。而且要搞好教育，关键在于兴办学校，因此，不仅在京城要办太学，而且应该在全国各郡县创办学校，礼聘精通儒学的老师，教授学生，以培养人才，扭转社会风气。为此，明政府制定并推行一系列的政策措施，设立管理教育的机构，加强对学校教育的指导和监管，劝学兴学，大力发展教育事业，为提高国民的文化水平，形成良好的社会风气，维护明王朝的统治，发挥了积极的作用。

（一）教育机构和学校设置思想

明代，主管全国教育的最高行政机构是礼部。礼部尚书掌管“天下礼仪、祭祀、宴飨、贡举之政令”，其下属仪制司郎中具体负责“贡举、学校之事”②。正统元年（1436），各省又设置提学官，南北两京设提学御史，专门负责地方学政。随着明代教育的普及和发展，学校管理也逐渐系统化、制度化。

在中央，礼部掌管全国的教育行政，其主要职能有以下 4 个方面：一是主持全国的科举考试并实施监督。每逢乡试年（农历子、午、卯、酉年）和会试年（农历辰、戌、丑、未年），礼部尚书要会同翰林院奏请皇帝择定主考、同考、监考、读卷官员，并完成出题、录取、公榜、赐宴等一系列事宜，在考试期间对考官和考生实施严密的监督。二是审查

① 《明太祖实录》卷 46。

② 《明史》卷 72《职官一》。

各地官员的上报请求，奏请皇帝批准创建或恢复各级各类学校。三是考选教官，提出国子监祭酒和各省提学人选。明代教官的选用由礼部提名，吏部考察，然后报请皇帝钦定；对国子监祭酒和分管各省教育行政的提学，由礼部会同吏部提出候选人，然后报请皇帝钦定。四是对全国知识分子的思想进行监控、钳制，限制、禁止不符合明朝统治需要的文化活动和言论。

在地方，明政府在各承宣布政司设“提学官，每省各一员，或副使，或佥事，无定衔”[①]，掌管地方教育事务。提学官直接对中央负责，不受地方政府干预，总督、巡抚、都指挥使、布政使等地方领导，不许干扰侵夺提学事权。提学官奉中央政府的政令行事，其主要职责有 3 个方面：一是巡察属地考选生员，考定教官。明代规定提学官“考选应贡者，于岁考之时即行详定”，“平时巡历地方，将教官考定等第以备科举聘取。若有不堪，即从彼处提学官，于等第内别举，不许徇私”[②]。正统十年(1445)，“令提学官遍诣所属学校，严加考试，提督生徒学业，务见实效。有不职者，礼部、都察院堂上官询察，具奏罢黜”[③]。二是组织举行地方岁考和科岁：“每岁预将次年应贡生员通行考定，给领朱卷起文，通限次年三月十五日以前到部。”[④] 万历三年（1575）题准：“各处岁贡生员，该府州县提调官俱要查其节年屡考一等、二等、曾经科举及年在六十以下三十以上者，照依食粮前后选取六人送考，提举官择其最优者起贡。”[⑤] 三是督察地方办学，黜退违纪生员。“正统六年（1441）令：提调官置簿，列生员姓名，又立为签，公暇揭取，稽其所业。提学官所至，察提调勤怠，以书其称否。其生员有奸诈顽僻、藐视师长、龃龉教法者，

---

① 《明会典》卷 4。

② 《明会典》卷 77《礼部三十五・乡试》。

③ 《明会典》卷 78《礼部三十六・风宪官提督事例》。

④ 俞汝楫：《礼部志稿》卷 23《仪制司职掌・岁贡》，台湾商务印书馆影印文渊阁本《四库全书》。

⑤ 《明会典》卷 77《礼部三十五・岁贡》。

悉斥退为民。成化三年（1467）令：提学官躬历各学督率教官化导诸生，仍置簿考验。其德行优、文艺赡、治事长者，列上等簿；或有德行而劣于经义，或有经义而短于治事者，列二等簿；经义虽优、治事虽长而德行或缺者，列三等簿。岁课月考，循序而上，非上等不许科贡。"①

明朝监察机构都察院对监察教育负总的责任。明初，中央选派巡按御史和省监察官按察使共同负责监察地方教育。如御史"出巡事宜"规定："学校，仰提调官，凡遇庙学损坏，即为修理完备；敦请明师教训生徒，务要作养成材，以备擢用。毋致因循弛废，仍将见在师生员名缴报。"②"巡按御史满日造报册式"规定：巡按御史"提督过学校生员，要将作养过人材，后日堪为世用者，若干名开报"③。"出巡事宜"甚至规定："府州县儒学教官、生员初见行拜礼，御史、按察司官出位中立答拜，教官、生员相见之后，不许每日伺候作揖，有妨肄业。"④ 由于对生员的考课、各省的乡试关系到对人才的选拔，朝廷更是赋予御史亲临府、州、县学，当场考课生员的学业，甚至代表皇帝会同按察使巡视各省乡试考场，对考场全面监察的权力，史载：每逢乡试"监试官，在内监察御史二员，在外按察司官二员；供给官，在内应天府官一员，在外府官一员；收掌试卷官一员，弥封官一员，誊录官一员，书写于府州县生员人吏内选用；对读官四员，受卷官二员，以上皆选居官清慎者充之。巡绰监门搜检怀挟官四员，在内从都督府委官，在外从守御官委官"⑤。

明代学校分为官学和私学两大类。官学有京城的国子监、宗学、武学、医学，郡县的府学、州学、县学、卫学；私学有书院。社学介于官学与私学之间，属官督民办。

明代国子监又称太学，是全国的最高学府，洪武元年（1368）创立。

---

①《明会典》卷78《礼部三十六·学规》。

②《明会典》卷210《都察院二·出巡事宜》。

③《明会典》卷211《都察院三·回道考察》。

④《明会典》卷210《都察院二·出巡事宜》。

⑤《明会典》卷77《礼部三十五·乡试》。

"国子学之设自明初乙巳始……初，改应天府学为国子学，后改建于鸡鸣山下。既而改学为监，设祭酒、司业及监丞、博士、助教、学正、学录、典籍、掌馔、典簿等官。"① 其人员配备及品级是"祭酒一人，从四品。司业一人，正六品。其属，绳愆厅，监丞一人，正八品。博士厅，《五经》博士五人，从八品。率性、修道、诚心、正义、崇志、广业六堂，助教十五人，从八品。学正十人，正九品。学录七人，从九品。典簿厅，典簿一人，从八品。典籍厅，典籍一人，从九品。掌馔厅，掌馔二人，未入流"②。国子监祭酒主要负责国子监内部教学行政事务的管理，国子监司业是祭酒的副官。监丞具体分管纪律，对有过错的师生进行处罚。博士、助教、学正、学录负责具体教学，典簿管理财务收支，典籍管理书籍，掌馔管理膳食。详而言之，"祭酒、司业，掌国学诸生训导之政令。凡举人、贡生、官生、恩生、功生、例生、土官、外国生、幼勋臣及勋戚大臣子弟之入监者，奉监规而训课之，造以明体达用之学，以孝悌、礼义、忠信、廉耻为之本，以六经、诸史为之业，务各期以敦伦善行，敬业乐群，以修举古乐正、成均之师道。有不率者，扑以夏楚，不悛，徙谪之。其率教者，有升堂积分超格叙用之法。课业仿书，季呈翰林院考校，文册岁终奏上。每岁仲春秋上丁，遣大臣祀先师，则总其礼仪。车驾幸学，则执经坐讲。新进士释褐，则坐而受拜。监丞掌绳愆厅之事，以参领监务，坚明其约束，诸师生有过及廪膳不洁，并纠惩之，而书之于集愆册。博士掌分经讲授，而时其考课。凡经，以《易》《诗》《书》《春秋》《礼记》，人专一经，《大学》《中庸》《论语》《孟子》兼习之。助教、学正、学录掌六堂之训诲，士子肄业本堂，则为讲说经义文字，导约之以规矩。典簿，典文移金钱出纳支受。典籍，典书籍。掌馔，掌饮馔"③。

宗学是明代为宗室贵族子弟设立的学校。《明史》卷69《选举一》

① 《明史》卷69《选举一》。

② 《明史》卷73《职官二》。

③ 《明史》卷73《职官二》。

载："宗学之设，世子、长子、众子、将军、中尉年未弱冠者俱与焉。其师，于王府长史、纪善、伴读、教授等官择学行优长者除授。万历中，定宗室子十岁以上，俱入宗学。若宗子众多，分置数师，或于宗室中推举一人为宗正，领其事……寻复增宗副二人。子弟入学者，每岁就提学官考试，衣冠一如生员。"由此可见，宗学由宗正、宗副负责管理教育行政，由长史、纪善、伴读、教授等官员挑选才学、品行优秀者作为教师负责教学。每年由提学官负责对入学子弟进行考试。

武学相当于明代国家的高等军事院校。建文元年（1399）始置"京卫武学"。英宗正统年间，边境战事多发，成国公朱勇"奏选骁勇都指挥等官五十一员，熟娴骑射幼官一百员，始命两京建武学以训诲之"，英宗不久即"命都司、卫所应袭子弟年十岁以上者，提学官选送武学读书，无武学者送卫学或附近儒学"①。"万历中，兵部言，武库司专设主事一员管理武学，近者裁去，请复专设。教官升堂，都指挥执弟子礼，请遵《会典》例，立为程式。诏皆如议。"② 思宗重视武学，于"崇祯十年（1637），令天下府、州、县学皆设武学生员，提学官一体考取。已又申《会典》事例，簿记功能，有不次擢用、黜退、送操、奖罚、激厉之法"③。可见，武学一般由武库司下主事一员管理。崇祯时边患严重，后金虎视眈眈，崇祯帝甚至在地方府、州、县学也设武学生员，但不另立机构，其用意是为了节省办学经费。正如明末名臣左光斗所言："每府创立武学，即武学猝不能立，姑以儒学兼其名，以收目前习射之士，即有武学，亦不能另设职官，姑以儒学代其官，以省俸薪、衙舍之费。其与首善之人材，帝畿之神气，未必无少补焉……如是无武学之名，而有武学之实。非儒士之质，而有儒士之用，诚一时之便计，而千载之良规也。合应比照大名府议，附武生于儒学，而以教官董之，月有试，岁有程，一切优免礼待，得比京武学诸生例，庶人人奋吞胡之志，而国家收登坛

① 《明史》卷 69《选举一》。

② 《明史》卷 69《选举一》。

③ 《明史》卷 69《选举一》。

之实效矣。”①

明代府学、州学、县学、卫学属于地方学校。洪武二年（1369），朱元璋下令大建学校。在地方，“府设教授，州设学正，县设教谕，各一。俱设训导，府四，州三，县二。生员之数，府学四十人，州、县以次减十……生员专治一经，以礼、乐、射、御、书、数设科分教。务求实才，顽不率者黜之”②。可见，地方学校的管理，府学由教授负责，州学由学正负责，县学由教谕负责。学校设有专职教师，分科教学。其对教官的考核主要以学生科举成绩为标准。洪武二十六年（1393），朝廷颁布《学官考课法》：“以科举生员多寡为殿最。县生员二十名，教谕九年任内有举人三名，又考通经者为称职，升用；举人二名，虽考通经为平常，本等用；举人不及二名，又考不通经者为不称职，黜降别用。州学生员三十名，学正九年任内举人六名，又考通经者，升用；举人三名，虽考通经，本等用；举人不及三名，又考不通经者，黜降别用。府学生员四十名，教授九年任内举人九名，又考通经者，升用；举人四名，虽考通经，本等用；举人不及四名，又考不通经者，黜降别用。府、州、县学训导分教生员九年，任内举人三名，又考通经者，升用；举人二名，或一名，虽考通经，本等用；举人全无，又考不通经者，黜退别用。先是，教官考满，兼核其岁贡生员之数。至是上以岁贡为学校常例，故专以科举为其殿最。”③ 可见，对教官考核的内容主要包括两个方面：一是在规定的9年时间内教官所教学生考取举人的数量；二是教官本人的学养。但是，由于这两条考核标准过高，宣德五年（1430）重定9年内教官所教学生考取举人的数量：“教授五名为称职，三名为平常，不及三名为不称；学正三名为称职，二名为平常，不及二名为不称；教谕二名为称职，一名为平常；训导一名为称职，不及者皆为不称。称职者升，平常者本等用，

---

① 《明经世文编》卷495《左宫保奏疏·题为比例建立武学疏》。

② 《明史》卷69《选举一》。

③ 《明太祖实录》卷227。

不称者降。”①

社学是明代地方官奉朝廷诏令在乡村设立的“教童蒙始学”的学校，大致可分为普通型社学和特殊型社学两种。明代社学中最常见的是普通型社学，其中大多数为普及教育性质的社学，少数为培养科举人才的社学。社学作为普及教育性质的最基层学校，特别注重少年儿童的伦理道德教育，以敦厚风俗，保持社会生活的稳定有序，巩固明王朝的统治基础。所以明朝廷曾要求各地官员晓谕百姓，凡子弟到学龄之年，都要送入社学。为了普及社学教育，社学往往收费低，对贫穷学生有所照顾，甚至可免交学费，因此收录的学生较多。少数为科举而建立的社学，则重视对入学生徒的选择，目的是为府、州、县学输送人才，生徒学习优秀者可选入府、州、县学，教学内容也完全为科举考试而制定。

明代社学没设专官负责管理，一般由提学官及司府州县官兼管。正统元年（1436）令：“各处提学官及司府州县官严督社学，不许废弛，其有俊秀向学者，许补儒学生员。”② 社学设社师教育学生：“每处选社师一人，月给饩粮一石，以教贫民子弟之堪教者。”③ 总的说来，明代的社学虽然遍布全国各地，但并未形成一种稳定、完备的教育体制。究其原因，主要有3个方面：一是办学经费难以保证，中央和地方都没有专门财政支出来创建和维持社学。如社学的校舍就难以得到解决，地方多利用没官的寺庙和废弃的官廨，有的则是将取缔的淫祠改建成社学。二是朝廷未将社学兴废列入对地方的考核，因此，一些地方官员并不认真督办社学，使社学疏于管理。正如吕坤所指出的：“近日社学不以童蒙为重，虽设有社学社田，专听无行衣巾生员乞请，以为糊口之资，不拘童子有无，不问曾否教训，遂令居官舍而冒官谷，掌印官如醉梦人，全不照管。”因此，他建议：“凡社学废而不修，与夫有社学而拥虚器者，有司以不职参

① 《明会典》卷12《吏部十一·教官》。

② 《明会典》卷78《礼部三十六·社学》。

③ 万历《项城县志》卷2《建置志·社学》。

罢。”① 三是明代社学大多属于普及性教育，以淳厚社会风尚为目的，因而偏重道德教育，不以科举考试为目的。这对于希望子弟读书入仕的家长来说，往往不愿选择子弟入社学，而多愿意花费钱财送子弟到传授科举知识的村塾、家塾学习。

明代书院相当于私立的高等学校。明初朱元璋重视官方教育，全国只有洙泗、尼山两座书院。明代中叶，随着官学的衰败，以书院为代表的私学兴起，到嘉靖、万历年间达到鼎盛。书院由于是私立学校，政府一般不插手管理，而由知名儒学学者兴办主持，讲学授徒。

（二）教育方法、内容、考核和师资思想

《明史》卷 69《选举一》载：“其（国子监）教之之法，每旦，祭酒、司业坐堂上，属官自监丞以下，首领则典簿，以次序立。诸生揖毕，质问经史，拱立听命。惟朔望给假，余日升堂会馔，乃会讲、复讲、背书，轮课以为常。所习自《四子》本经外，兼及刘向《说苑》及律令、书、数、《御制大诰》。每月试经、书义各一道，诏、诰、表、策论、判、内科二道。每日习书二百余字，以二王、智永、欧、虞、颜、柳诸帖为法……司教之官，必选耆宿。宋讷、吴颙等由儒士擢祭酒，讷尤推名师。历科进士多出太学，而戊辰任亨泰廷对第一，太祖召讷褒赏，撰题名记，立石监门。辛未许观，亦如之。进士题名碑由此相继不绝。每岁天下按察司选生员年二十以上、厚重端秀者，送监考留。会试下第举人，入监卒业。又因谏官关贤奏，设为定例。府、州、县学岁贡生员各一人，翰林考试经、书义各一道，判语一条，中式者一等入国子监，二等送中都，不中者遣还，提调教官罚停廪禄。于是直省诸士子云集辇下。云南、四川皆有土官生，日本、琉球、暹罗诸国亦皆有官生入监读书，辄加厚赐，并给其从人。”

由此可见，国子监采取的教学方法是多样的，有质问、会讲、复讲、背书、习字、作文等各种形式，其中教师讲解应该还是主要形式，如会

① 吕坤：《实政录》卷 3《兴复社学》，齐鲁书社，1995 年。

讲、复讲都是教师以讲解为主，质问则是学生提出问题，教师进行解答。而且学术有专攻，教师所讲解的课程分得很细，如五经中每个教师分讲一经。“博士掌分经讲授，而时其考课。凡经，以《易》《诗》《书》《春秋》《礼记》，人专一经，《大学》《中庸》《论语》《孟子》兼习之。助教、学正、学录掌六堂之训诲，士子肄业本堂，则为讲说经义文字，导约之以规矩。”① 明代的教学方法保持古代教学方法的传统，重视背书、习字、作文等基本功的训练。当时的教学内容不仅有《四书》《五经》等儒家经典，而且还有法律、数学、道德、历史等方面的内容，如上述引文中提及的律令、书、数、《御制大诰》、《说苑》等，此外，明朝宗学“令学生诵习《皇明祖训》《孝顺事实》《为善阴骘》诸书，而《四书》、《五经》、《通鉴》、性理亦相兼诵读”②。

明代对国子监学生的考核是相当严格的：“每月试经、书义各一道，诏、诰、表、策论、判、内科二道。”其考核次数每月一次，内容包括经、书义，诏、诰、表、策论、判、内科等。据《明会典》卷220记载，国子监通过考核对监生学业分等级进行管理：“正官严立学规，定六堂（率性、修道、诚心、正义、崇志、广业六堂）师范高下。六堂讲诵课业，定生员三等高下。”然后“以二司业分为左右，各提调三堂”，“博士五员，虽分五经，共于彝伦堂西设座教训，六堂依本经考课”。“凡生员通《四书》，未通经者，居正义、崇志、广业堂。一年半之上，文理条畅者，许升修道、诚心堂。坐堂一年半之上，经史兼通、文理俱优者，升率性堂。”“生员坐堂，各堂置立勘合文簿，于上横列生员姓名，于下界画作十方，一月通作三十日，坐堂一日，印红圈一个。如有事故，用黑圈记。每名须至坐堂圈七百之上，方许升率性堂。”“凡生员日讲，务置讲诵簿，每日须于本名下书写所讲所诵所习，以凭稽考。”“凡生员遇有事故者，须置文簿。但遇生员请假，须至祭酒处呈禀批限，不许于本堂

---

① 《明史》卷73《职官二》。

② 《明史》卷69《选举一》。

擅请离堂。”“凡生员升率性堂方许积分。积分之法，孟月试本经义一道，仲月试论一道、诏诰表章内科一道；季月试经史策一道、判语二条。每试文理俱优与一分，理优文劣者半分，文理纰缪者无分。岁内积至八分者为及格，与出身，不及分者仍坐堂肄业。试法一如科举之制。果有才学超越异常者，取自上裁。”从此可知，国子监对生员的考核，既注重考试，又注重平时的诵习、出勤情况，将两者结合起来加以考查。然后依据综合考查结果评出3种等级。只有达到最高等级“率性堂”，并且积分达到8分者才算及格，给与“出身”。如分数达不到8分者，则必须继续“坐堂肄业”。

国子监除举行监内考试外，每年还进行入监选拔考试。如上文所引：“每岁天下按察司选生员年二十以上、厚重端秀者，送监考留。会试下第举人，入监卒业。又因谏官关贤奏，设为定例。府、州、县学岁贡生员各一人，翰林考试经、书义各一道，判语一条，中式者一等入国子监，二等送中都，不中者遣还，提调教官罚停廪禄。”明朝初期名臣解缙提出新学校之政：“每县学生员三十人，府学百人，每岁春秋二季，县之儒士试于学，试中曰俊士，始入县学，县设公宴迎榜至其家，县官亲送；二年，各县之生员试于府，以八月试，中曰选士，始入府学，宴请之礼亦如之；三年，乡试、会试、殿试如今制，始曰进士。每岁，府学贡十人于国学，曰贡士。试中，县官传榜名至其家。”①

明初曾对各级学校招生数量予以规定，但以后随着地方府州县学的普及以及考生的增加，“未几，即命增广，不拘额数”。之后屡次增加，至“宣德中，定增广之额：在京府学六十人，在外府学四十人，州、县以次减十。成化中，定卫学之例：四卫以上军生八十人，三卫以上军生六十人，二卫、一卫军生四十人，有司儒学军生二十人；土官子弟，许入附近儒学，无定额。增广既多，于是初设食廪者谓之廪膳生员，增广者谓之增广生员。及其既久，人才愈多，又于额外增取，附于诸生之末，

---

① 《明经世文编》卷11《解学士文集·献太平十策》。

谓之附学生员。凡初入学者，止谓之附学，而廪膳、增广，以岁科两试等第高者补充之。非廪生久次者，不得充岁贡也。士子未入学者，通谓之童生”①。明政府还通过考试从地方府、州、县学选拔优异者为“举人”，奖励成绩优秀的学生，淘汰成绩不合格者。“当大比之年，间收一二异敏，三场并通者，俾与诸生一体入场，谓之充场儒士。中式即为举人，不中式仍候提学官岁试，合格，乃准入学。提学官在任三岁，两试诸生。先以六等试诸生优劣，谓之岁考。一等前列者，视廪膳生有缺，依次充补，其次补增广生。一二等皆给赏，三等如常，四等挞责，五等则廪、增递降一等，附生降为青衣，六等黜革。继取一二等为科举生员，俾应乡试，谓之科考。其充补廪、增给赏，悉如岁试。其等第仍分为六，而大抵多置三等。三等不得应乡试，挞黜者仅百一，亦可绝无也。生儒应试，每举人一名，以科举三十名为率。举人屡广额，科举之数亦日增。及求举者益众，又往往于定额之外加取，以收士心。凡督学者类然。”②

明代政府重视选拔各级学校中的师资，要求必须德才兼备，能为人师表。“其师，于王府长史、纪善、伴读、教授等官择学行优长者除授。”③“司教之官，必选耆宿。宋讷、吴颙等由儒士擢祭酒，讷尤推名师。”④而且，如某老师所教的学生在科举中取得好成绩，那其师将得到奖赏。明初，“历科进士多出太学，而戊辰任亨泰廷对第一，太祖召（宋）讷褒赏，撰题名记，立石监门。辛未许观，亦如之”⑤。

明政府不仅注重对教师的选任，而且还注重对他们进行考核。“太祖时，教官考满，兼核其岁贡生员之数。后以岁贡为学校常例。（洪武）二十六年（1393），定学官考课法，专以科举为殿最。九年任满，核其中式举人，府九人、州六人、县三人者为最。其教官又考通经，即与升迁。

① 《明史》卷69《选举一》。
② 《明史》卷69《选举一》。
③ 《明史》卷69《选举一》。
④ 《明史》卷69《选举一》。
⑤ 《明史》卷69《选举一》。

举人少者为平等，即考通经亦不迁。举人至少及全无者为殿，又考不通经，则黜降。其待教官之严如此。”① 可见，明政府对教师的考核主要以学生科举成绩为标准，即其所教学生的中举人数，此外，也考核教师的学养，即是否通经。

明代的武学有其特殊性，其在培养目标上是：“设太学以崇文，设武学以训武；文以致太平，武以戡祸乱；文武兼资，长久之术也。”② 因此，武学在教学方法、内容、考核、师资方面都有自己的特点。

正统年间，朱鉴在《请开设京卫武学疏》中指出：“在京亦合开设武学，颁降印信，立学规之典，兴武举之科，议官制，定员名。访保学问渊源者，以总其纲；学术醇正者，以分其目。自公、侯、伯、都督以下等官，应袭儿男及敦敏英俊幼官，趁其年少不妨操备，选送武学习读历代臣鉴等书，讲明武经、孙吴等法，每年一小比，三年一大比。如有弓马惯熟、兵法精通、智谋宏远、文武双全者，量加升赏，录名听用。一长可取者，亦与录名，再比二次三次，不中者黜退，别项差用。非应袭儿男，自愿入学习举业者，听；其考试照例出身。及照今选年老不能记诵官员，合无俱与幼官一处会同，听讲用兵方略、并武经等书，然后回斋习读。则讲解归一，劝课有方，亦无时过后学之患，而大小武职皆得人矣。仍行各处都、布、按三司、卫所、府州县文武学校一体训教，著令提调学校佥事，并监察御史等官，照依考试，如式者具其名实奏闻，以备取用；其不中式者，亦如之。如此则建武学，教之于未用之初；立武举，试之于将用之际。殆见学制以备，教法以立，武举以设，而公侯伯等官之子孙，他日必无骄奢误事之失，将来俱得实才，为国之用矣。”③ 从此我们可以知道，明代武学亦重视师资的选用，聘用那些学有渊源、学术醇正者为师；其学习的内容是历代名臣的有关借鉴，武经，孙子、吴起兵法，射箭、骑马技术等；并且每年一小考核，三年一大考核，其

① 《明史》卷69《选举一》。

② 《明经世文编》卷30《陈文定公澹然全书·新建武学夫子庙碑记》。

③ 《明经世文编》卷35《朱简斋先生奏议·请开设京卫武学疏》。

中射箭、骑马熟练，兵法精通的文武双全之才，将得到录用。武学所招收的学生以公、侯、伯、都督等贵族官僚的子孙为主，但对于那些“非应袭儿男”“年老不能记诵官员”，也允许他们入学学习。其教学方法是课堂“听讲”与课后“习读”相结合。无论是那些正式学生还是非正式的“自愿入学”的学生，只要能通过考试，朝廷都将予以任用。左光斗甚至建议，武学考试“如诸生进学之例，台使岁试之，监司季试之，郡邑月试之，每试必有差等，量行赏罚，如诸生考试之例。遇乡大比，武即于其中汇送应试，如诸生科举之例。其殊彩异能、屡试优等者，奖赏外仍得咨送委用，其惰窳不振者，时汰斥之，如诸生优劣之例。遇学台按临，愿改就儒试者，准径送院，免其汇考，如乐舞生例，而稍为优之。其肄业，令各就教场射圃，不必增舍；其督训属在郡邑，不必增官。大率辟其登进之途，使有所向慕而思奋；重其提调之权，使有所诡窃而不敢，又不为一切束缚文具，致妨其业而滋之扰，法至便也。行之无斁，将见决拾之俦，与缨弁之伦，齐驱并驾，皆得以自树于功名，而武不为绌矣。人知有武，则凡倜傥骁捷负俗使气之辈，不难俯首于上所磨励，以鸣剑登坛自喜，以跃治触藩自愧，而武不为厉矣。事平生聚教训，可武可文，事急有勇，知方可战可守，武且不俟张皇而自备矣。所谓率子弟以卫父兄，实户垣以固堂奥，视彼驱役号召，功政相万耳”①。可见，左光斗认为，“建立武学，以修武备”，通过考试能发现“殊彩异能”的优等者，如再加以任用，既能激发这些善武者的才能，使他们不至于被埋没，或因怀才不遇而为非，又能使他们在保家卫国中发挥巨大作用，建功立业。因此，建立武学、选拔善武人才，对其个人和国家都是大有好处的。

明代武学的一个明显特点是，其设置的初衷，主要是为教习功臣子孙而建立的。刑部右侍郎江渊题：“伏惟国家隆古崇德报功之典，凡勋臣之家，前代既加褒银，后世子孙得以承袭爵禄，或遇蒙任使、管理军务，

---

① 《明经世文编》卷495《左宫保奏疏·题为比例建立武学疏》。

然彼皆出自膏梁，素享富贵，惟务安佚，不习劳苦，贤智者少，荒怠者多。当有事之际，辄欲委以机务，莫不张皇失措，一筹莫展。不但有负朝廷恩遇之隆，抑且恐误天下要切之事。详其所自，皆由平日养成骄惰，不学无术之所致也。”① 针对这种情况，于谦提出：“将近年袭替过公侯伯等官，及未袭替其余子弟，各家除与学识正大教官一员，专教其习读经典、武经等书，讲明君臣父子纲常之道，仍令随各营总兵官日逐操练，观用兵进退、奇正之法。如此实为有资于朝廷任用，且使各官皆得展效才力，不致坐享厚禄，始终保全，与国咸休矣。”于谦在此主张那些公侯伯等官子弟除各在家学习经典、武经等书外，还要每日随各营总兵官进行操练，演练武艺，练习阵法，这样，今后才能担负起“将臣之任”。因此，如不学习经典、武经等，“不博于古典，无以达事理之宜”；如果不参加操练，“不练习于平时，无以应仓卒之变”②。

明末，魏时亮针对勋旧世臣子弟“武经之不习，则毫发之韬略无闻；礼教之不闲，则素性之骄惰难化”的情况，提出：“责限公侯伯见袭未任事者，及应袭年十六以上三十五以下者，除曾经教习保荐外，其余俱限半月以里，尽数查出送营，遵依祖制，一一教习。凡教习中有才行实可录用，年终会同科道特荐独推，兵部于特荐者，见袭即推任事。应袭授勋卫，后并宜推用，慎勿遗弃，致懈人心，其原经科道官会荐，有授勋卫未推用者，并应查出酌用。”③

（三）学规思想

明朝建立者朱元璋十分重视各级学校中的道德教育和纪律约束：“太祖高皇帝，以天纵之圣，膺君师之任，深知其弊，故于建学立师，凡若此者，一切禁戒而痛绝之，本道德以为之训，通典礼以为之法，严教条以示之约束，品节防范，周至详密，俾过不及者，一归于中正。故为师

---

① 《明经世文编》卷34《于忠肃公文集二·复教习功臣子孙疏》。

② 《明经世文编》卷34《于忠肃公文集二·复教习功臣子孙疏》。

③ 《明经世文编》卷371《魏敬吾文集二·为勋裔失教、缓急乏人，乞赐申饬旧制，务敦预养以责成世臣报效疏》。

者，得以振其纪纲；为弟子者，得以安其礼分。”① 明初的统治者之所以重视学生的道德教育和纪律上的约束，是因为看到这不仅关系到教育的成败，而且会影响社会风尚美恶甚至国家的安危。如李贤就认为：“太学者，天下贡士所萃，乃育贤成材之地，故天下之士所以贤、所以才，胥此焉出？所以盛、所以衰，胥此焉系？然则生民之休戚，风俗之美恶，国家之安危，岂不皆关于此哉？”②

在此认识的基础上，洪武十五年（1382），朝廷颁学规 12 条于天下，镌立卧碑，置明伦堂之左。其不遵者，以违制论。其具体内容如下：

一、今后府州县生员若有大事干于己家者，许父兄弟侄具状入官辩诉。若非大事，含情忍性，毋轻至于公门。

一、生员之家父母贤智者少，愚痴者多。其父母贤智者，子自外入，必有家教之方，子当受而无违，斯孝行矣，何愁不贤者哉。其父母愚痴者作为多非，子既读书，得圣贤知觉，虽不精通，实愚痴父母之幸。独生是子，若父母欲行非为，子自外入，或就内知，则当再三恳告，虽父母不从，致身将及死地，必欲告之，使不陷父母于危亡，斯孝行矣。

一、军民一切利病，并不许生员建言；果有一切军民利病之事，许当该有司、在野贤人、有志壮士、质朴农夫、商贾技艺皆可言之，诸人毋得阻当，惟生员不许。

一、生员内有学优才赡、深明治体、果治何经、精通透彻、年及三十愿出仕者，许敷陈王道，讲论治化，述作文词，呈禀本学教官，考其所作，果通性理，连佥其名，具呈提调正官，然后亲赍赴京奏闻，再行面试。如果真才实学，不待选举，即行录用。

一、为学之道，自当尊敬先生。凡有疑问及听讲说，皆须诚心听受。若先生讲解未明，亦当从容再问。毋恃己长，妄行辩难，或

① 《明经世文编》卷 19《二胡文集·送赵季通调北京国子司业序》。

② 《明经世文编》卷 36《李文达文集·论太学疏》。

置之不问，有如此者，终世不成。

一、为师长者，当体先贤之道，竭忠教训，以导愚蒙，勤考其课，抚善惩恶，毋致懈惰。

一、提调正官务在常加考较，其有敦厚勤敏，抚以进学。懈怠不律、愚顽狡诈，以罪斥去，使在学者皆为良善，斯为称职矣。

一、在野贤人君子，果能练达治体，敷陈王道，有关政治得失、军民利病者，许赴所在有司告给文引，亲赍赴京面奏。如果可采，即便施行，不许坐家实封入递。

一、民间凡有冤抑干于自己，及官吏卖富差贫、重科厚敛、巧取民财等事，许受害之人将实情自下而上陈告，毋得越诉。非干己事者，不许。及假以建言为由，坐家实封者，前件如已依法陈告，当该府、州、县、布政司、按察司不为受理、听断不公、仍前冤枉者，然后许赴京申诉。

一、江西、两浙、江东人民多有不干己事、代人陈告者，今后如有此等之人，治以重罪。若果邻近亲戚，全家被人残害，无人申诉者，方许。

一、各处断发充军及安置人数，不许进言。其所管卫所官员，毋得容许。

一、若十恶之事有干朝政、实绩可验者，许诸人密切赴京面奏。①

洪武学规 12 条有 3 点值得注意：其一，这 12 条禁例不仅约束在学的生员，而且也约束不在学的知识分子。其二，劝诫知识分子不要惹是生非，服服帖帖遵从封建礼教。尤其禁止在学生员就治国方针大政等发表言论，甚至禁止在学生员帮人打官司，只允许生员为自己或全家被人残害、无人申诉的邻近亲戚打官司。当生员年龄到了 30 岁，并想出仕当官，才允许其作文谈论治国方针大政，呈禀教官、提调正官，所论果有

① 《明会典》卷 78《礼部三十六·学规》。

可取之处，允许其赴京奏闻、面试。其三，要求学生要尊敬教师，虚心努力学习；教师要勤勉教导学生，通过考核抚善惩恶；管理学校的官员要对师生常加考核，奖励敦厚勤敏者，淘汰愚顽狡诈者。

除了12条禁例之外，明朝对于各层次的学生还有许多具体要求。如规定“师生每日清晨升堂，行恭揖礼毕方退，晚亦如之。生员会食肄业，毋得出外游荡”①。国子监学生“衣冠、步履、饮食，必严饬中节。夜必宿监，有故而出必告本班教官，令斋长帅之以白祭酒。监丞置集衍簿，有不遵者书之，再三犯者决责，四犯者至发遣安置。其学规条目，屡次更定，宽严得其中。堂宇宿舍，饮馔澡浴，俱有禁例。省亲、毕姻回籍，限期以道里远近为差。违限者谪选远方典史，有罚充吏者”②。“生员入学十年，学无所成者，及有大过者，俱送部充吏，追夺廪粮。至正统十四年（1449）申明其制而稍更之。受赃、奸盗、冒籍、宿娼、居丧娶妻妾，所犯事理重者，直隶发充国子监膳夫，各省发充附近儒学膳夫、斋夫，满日为民，俱追廪米。犯轻充吏者，不追廪米。其待诸生之严又如此。”③“生员不拘廪增附学，敢有傲慢师长、挟制官府、败伦伤化、结党害人者，本学教官具呈该管官员查究得实，依律问罪，合充吏者发本布政司衙门充吏，役满为民当差”；“生员内有刁泼无耻之徒号称学霸，恣意非为，及被提学考校，或访察黜退，妄行讪毁，赴京奏扰者，奏词立案不行，仍行巡按御史拿问”；“士子文字敢有肆为怪诞、不遵旧式者，提学官即行革退”④。

明朝廷在严格管理各级学校学生的同时，给予国子监等学生优厚的待遇，以此来笼络他们，通过软硬兼施使知识分子为朱姓王朝效劳。“洪武元年（1368）令品官子弟及民俊秀通文义者，并充学生……天下既定，诏择府、州、县学诸生入国子学。又择年少举人赵惟一等及贡生董昶等

---

① 《明会典》卷78《礼部三十六·学规》。

② 《明史》卷69《选举一》。

③ 《明史》卷69《选举一》。

④ 《明会典》卷78《礼部三十六·学规》。

入学读书，赐以衣帐，命于诸司先习吏事，谓之历事监生。取其中尤英敏者李扩等入文华、武英堂说书，谓之小秀才。其才学优赡、聪明俊伟之士，使之博极群书，讲明道德经济之学，以期大用，谓之老秀才……学旁以宿诸生，谓之号房。厚给廪饩，岁时赐布帛文绮、袭衣巾靴。正旦、元宵诸令节，俱赏节钱。孝慈皇后积粮监中，置红仓二十余舍，养诸生之妻子。历事生未娶者，赐钱婚聘，及女衣二袭，月米二石。诸生在京师岁久，父母存，或父母亡而大父母、伯叔父母存，皆遣归省，人赐衣一袭，钞五锭，为道里费。其优恤如此。"① 地方府州县学"师生月廪食米，人六斗，有司给以鱼肉。学官月俸有差"②。由此可见，从明初开始，明政府就注意选拔优秀人才入国子监学习，并提供良好的学习条件，其中优秀者还可以边读书边到六部诸司任职实习，特别优异者还给予文华、武英堂说书的高规格待遇。在生活上给予生员优裕的食、衣、住条件，甚至还资助学生婚娶、省亲等。

从总体上看，明代的学规虽然严厉，但在具体实施中，并未在各朝得到严格、切实的贯彻。"然其后教官之黜降，生员之充发，皆废格不行，即卧碑亦具文矣。"③ 如对生员的考核选拔就未能持之以恒，长期推行："诸生，上者中式，次者廪生，年久充贡，或选拔为贡生。其累试不第、年逾五十、愿告退闲者，给与冠带，仍复其身。其后有纳粟马捐监之例，则诸生又有援例而出学者矣。提学官岁试校文之外，令教官举诸生行优劣者一二人，赏黜之以为劝惩。此其大较也。"④"卧碑"是明朝钦定最具权威的学规，但有时"亦具文矣"，可见，其约束力有时也是很有限的。如："洪熙、宣德以来，因仍未举。至其教戒居养之道，颓然废弛，不遑介意。师儒之职，率皆庸常，学行荒疏，无从矜式。虽有遗规，不过承虚名，为文具，踵因循，应故事而已。于是天下之士，入太学者，

① 《明史》卷 69《选举一》。

② 《明史》卷 69《选举一》。

③ 《明史》卷 69《选举一》。

④ 《明史》卷 69《选举一》。

蔑教戒之严，无居养之正，置礼义为外物，轻廉耻如锱铢。杂处于军民之家，浑住于营巷之地，与市井之人为伍，与无籍之徒相接，同其室而共其食，啖其夫而私其妇。易君子之操，为鄙夫之行，改士夫之节，为穿窬之心。所习如此，一旦居官，不过志于富贵而已，尚何望其尊主庇民，建功立业乎？夫近朱者赤，近墨者黑，居处所致，无怪其然也。”①

总之，明代的重教兴学思想在继承宋元的基础上略有变化：其一，其重教兴学的出发点和落脚点，不仅是为了提高广大民众的文化水准，更是为了大量培养忠心耿耿为封建王朝效劳的知识分子，使国家长治久安。其二，提出建立比较系统完备的教育行政管理体制的思想，并将其付诸实践。中央由礼部、地方由提学官具体负责教育行政管理。在学校的设置上，以公办为主，中央有国子学、宗学、武学等，地方有府学、州学、县学、社学，以及府亦曾设武学；私学有书院、家塾、私塾等。这说明明政府是相当重视教育，使学校教育在全国相当普及兴盛。史载：明代学校全盛之时，“盖无地而不设之学，无人而不纳之教。庠声序音，重规叠矩，无间于下邑荒徼，山陬海涯。此明代学校之盛，唐宋以来所不及也。生员虽定数于国初，未几即命增广，不拘额数”②，“天下府、州、县、卫所，皆建儒学，教官四千二百余员，弟子无算，教养之法备矣”③。其三，在教学方法、内容、考核和师资选任等方面的思想基本遵循唐宋以来的传统，以教师讲授方法为主，学习内容主要为《四书》《五经》，并增加当朝的《御制大诰》《皇明祖训》等，实行国子学、府、州、县学自下而上逐级考核选拔制度，重视选任德才兼备的人作为各级学校的教师，并定期进行严格的考核。其四，明王朝对各级学校学生的管制是相当严密的，尤其是能针对知识分子的特点，从思想、言论上对他们进行控制，其典型代表就是明初 12 条禁例卧碑的颁布。但是，其效果还是有限的，“即卧碑亦具文矣”。一方面“其教戒居养之道，颓然废弛”，

---

① 《明经世文编》卷 36《李文达文集·论太学疏》。

② 《明史》卷 69《选举一》。

③ 《明史》卷 69《选举一》。

学生的封建道德规范缺失，“置礼义为外物”，“改士夫之节”；另一方面，知识分子并未都服服帖帖地成为朱姓王朝的统治工具，学生也未都如卧碑所规定的对军民一切利病，不许建言，明末东林党人和太学生对朝政的品评、干预，是卧碑制定者始料未及的。

第五节　公共事业思想

一、公共工程建设思想

明代政府所进行的公共工程建设还是较多的，其中较著名的公共工程建筑有万里长城及北方的军事重镇、城堡体系，南京、北京城市建设，水利、河防、河道建设及改造，从京城到全国各地的驿道、驿站建设，地方府州县衙署、仓库、府州县学、道路桥梁建设等。

（一）设置公共工程建设机构思想

明代中央政府中掌管公共工程建设的机构主要是工部，“掌天下百工营作”。其下属有 4 个司，其中营缮清吏司“分掌宫府器仗、城垣坛庙、经营兴造之事”①。如“永乐二年（1404）奏准：今后大小衙门，小有损坏，许令隶兵人等随即修葺；果房屋倒塌，用工浩大，务要委官相料，计用夫工物料数目，官吏人等保勘申部，定夺修理”②。“嘉靖二十三年（1544）题准：各衙门应修理者，小修用银一百两以下，大修五百两以下，估计到部动支节慎库官银，上紧修理。以工完日为始，小修以三年为限，大修以五年为限，不得先期辄便议修。又议定：各有钱粮衙门损坏，工部委官估计物料，转行动支，无碍银两，径自修理。惟原无钱粮

---

① 《明会典》卷 181《工部一・工部》。

② 《明会典》卷 187《工部七・营造五・公廨》。

者，工部议估兴工。”①

明代中央政府在南京设有南京工部及下属机构营缮清吏司。“凡南京大小衙门损坏，俱申达本部（南京工部），工程大者，具奏修理，委官监督。工完将用过物料、工程数目开报，以备查考。”②“隆庆四年（1570）题准：南京各衙门公宇墙垣损坏坍塌，系小修者，听以本衙门，无碍银两，自行修理。如满百两，照例题知。若衙门原无公费，及应该大修者，径自题行工部覆行。南京工部会计兴工修完，造册奏缴。”③

从以上记载可知，中央政府下属工部（或南京工部）对全国公共建设工程的管理主要有 3 个方面：一是规模较大的工程或需要朝廷拨款的工程一般在动工前必须申报工部（或南京工部）议估，同意后才能动工兴建。二是工程兴建期间，工部派官监督。三是工程完工之后，必须将用过的物料、工程数目开报工部，以备审核稽查。

明代，地方府州县政府担负着修建、维护公共工程的职责。据《明史》卷 75《职官四》记载：“知府，掌一府之政……若籍账、军匠、驿递、马牧、盗贼、仓库、河渠、沟防、道路之事，虽有专官，皆总领而稽核之。同知，通判分掌清军、巡捕、管粮、治农、水利、屯田、牧马等事。”可见，明代府级地方行政机构负责修建、维护和管理驿递、仓库、河渠、沟防、道路、治农、水利、屯田等。《明史》卷 75《职官四》并未明载县级政府在相关公共工程建设方面的职责，但《大明律》《明会典》则常将府州县在修建、维护公共工程方面的职责和管理权力放在一起论列。如《大明律集解附例》卷 30《河防》规定“凡桥梁、道路，府州县佐贰官提调于农隙之时常加点视修理，务要坚完平坦。若损坏失于修理，阻碍经行者，提调官吏笞三十。若津渡之处，应造桥梁而不造，应置渡船而不置者，笞四十”，“凡不修河防，及修而失时者，提调官吏，

① 《明会典》卷 187《工部七·营造五·公廨》。

② 《明会典》卷 208《工部二十八·南京工部·营缮清吏司》。

③ 《明会典》卷 208《工部二十八·南京工部·营缮清吏司》。

各笞五十。若毁害人家、漂失财物者，杖六十。因而致伤人命者，杖八十。若不修圩岸，及修而失时者，笞三十。因而淹没田禾者，笞五十。其暴水连雨损坏堤防，非人力所致者，勿论”。由此可见，明政府对河防等公共工程建设是相当重视的，因为其关系到人民生命、财产的安危，因此，朝廷要求府州县官员必须认真负责，如果该修不修、修而失时以及因此而造成人民生命财产损失的，那就要处以各种不同程度的惩罚。

由于公共工程往往关乎国家和人民生命财产安危，而且建筑规模浩大，需要耗费巨大的财力、物力、人力，因此，明政府重视派遣御史、六科等官员予以监督，以保证工程质量，并防止不法官吏贪污舞弊、中饱私囊。如《明会典》卷210《出巡事宜》规定，御史出巡地方，必须监察的对象就有“圩岸坝堰陂塘，仰行府县提调官吏，查勘该管地面应有圩岸坝堰坍缺，陂塘沟渠涌塞，务要趁时修筑坚完，疏洗流通，以备旱潦，毋致失时及因而扰害于民，先具依准回报”，“桥梁道路，仰令提调官常加点视。但有损坏去处，即于农闲时月并工修理，务要坚完，毋致阻碍经行，具依准回报”，“仓库房屋，仰行本府提调官常川点视。若有损坏，即便修理，及设法关防斗级人等作弊。仍将见在钱粮等物分豁上年旧管，今岁收除实在备细数目，同官吏结罪文状缴报”。同书卷211《巡按御史满日造报册式》也规定，巡按御史巡按地方结束时必须报告的事项中有：“督修过城濠、圩岸、塘坝共若干所，要将某官于何年月日修过某处塘圩等项，明白开报。”《按察司官造报册式》则规定，按察司官“每年终将所属地方疏通过水利缘由造册申报”。

明代六科中工科则对口监督工部，“凡营建监工，本科与各科官轮差”，“凡工部各项料，每年上下半年，本科差官一员，同巡视科道四司掌印官，会估时价一次，造册奏报”，“凡京通二仓，每年工部修理仓廒。工完，开具手本送科，本科官一员查验有无冒破，年终造册奏缴”①。南京工科则对口监督南京工部，“凡南京内府衙门及皇城门铺等处损坏，合

① 《明会典》卷213《六科·工科》。

该修理工程大者，本科官与南京工部等官，会勘具奏修理”，“凡南京工部营缮等四司钱粮，每三年一次，差本科官及南京该道御史，同本部堂上官查盘，具造本册奏缴”①。

（二）河防、水利工程修建、维护和管理思想

明代的公共工程建设，从总体上看，大致可分为4种类型：一是对城墙、道路、街道、桥梁、河防、津渡等的修建、维护和管理；二是对诸祠、神庙的修建、维护；三是对政府办理衙舍、公廨的修建、维护、管理；四是对仓库、营房的修建、维护和管理。查阅《明经世文编》，明代对河防、水利工程修建、维护和管理的议论较多，其思想较为丰富。兹就明代河防、水利工程修建、维护和管理思想做一简要介绍。

1. 吕光洵的水利思想。

吕光洵在治理苏、松地区水利中，提出了5条措施，其中前3条是有关治水的具体措施，后2条阐述治水工程管理的关键问题。其一，“广疏浚以备潴泄”②。吕光洵针对三吴之地低洼，“近年以来，纵浦横塘，多湮塞不治，惟二江颇通，一曰黄浦，二曰刘家河。然太湖诸水源多而势盛，二江不足以泄之，而冈陇支河，又多壅绝，无以资灌溉，于是上下俱病，而岁常告灾”的情况，提出疏浚的方法是“当自要害者始，宜先治淀山等处一带茭芦之地，导引太湖之水，散入阳城、昆承、三泖等湖；又开吴淞江并大石、赵屯等浦，泄淀山之水以达于海，浚白泖港并鲇鱼口等处，泄昆承之水以注于江；开七浦、盐铁等塘，泄阳城之水以达于江；又导田间之水，悉入于小浦；小浦之水，悉入于大浦。使流者皆有所归，而潴皆有所泄，则下流之地治，而涝无所忧矣”。

其二，“修圩岸以固横流”。苏松之地居东南最下流，“其水易潴而难泄，虽导河浚浦，引注于江海，而每遇秋淋泛涨，风涛相薄，则河浦之水，逆行田间，冲啮为患……近年空乏勤苦，救死不赡，不暇修缮，故

① 《明会典》卷213《南京六科·南京工科》。

② 以下吕光洵言论均见于《明经世文编》卷211《吕龚二公奏疏·修水利以保财赋重地疏》。

田圩渐坏，而岁多水灾。是吴下之田，以圩岸为存亡也。失今不治，则坍没日甚，而农业日蹙矣”。吕光洵认为，苏松之地居东南最下流，单靠疏浚还不行，还要筑起圩岸，才能使田不被江湖之水淹没，并且能提高江湖水位，有利于引水灌溉高地农田。“每岁农隙，各出其力，以治圩岸。圩岸高而田自固，虽有霖涝，不能为害。且足以制诸湖之水不得漫行，而咸归于河浦，则河浦之水自高于江，江之水自高于海，不待决泄，自然湍流，而冈陇之地亦因江水稍高，又得亩引以资灌溉，盖不但利于低田而已。”

其三，“复板闸以防淤淀”。吕光洵指出：“河浦之水，皆自平原流入江海，水漫而潮急，沙随浪涌，其势易淤，不数年即菹茹成陆，岁修之则不胜其费。昔人权其便宜，去江海十余里或七八里，夹流而为闸，平时随潮启闭，以御淤沙。岁旱则闭而不启，以蓄其流；岁涝则启而不闭，以宣其溢。”于是，他建议：“以是推之，凡河浦入海之地，皆宜置闸，然后可以久而不壅，盖不独数处为然也。”

其四，“量缓急以处工费”。水利工程，如果规模稍大，往往需要耗费大量的财力、人力、物力。对此，吕光洵提出了多种解决办法。一是把多项水利工程综合考量，分出轻重缓急，先修较急较重的工程，后修较缓较轻的工程，分批分期兴修。他说：“夫经略得宜，则事易集；施为有渐，则民不烦。往岁凡有兴作，皆并役于一时，是以功未成而财食告匮。为今之计，宜令所在有司检勘，某水利害大，某水利害小，某水最急，某水差缓。其最大而急者，则今岁修之，次者明年修之，次者又明年修之，则兴作有序，民不知劳，而其工费之资亦可以先时而集矣。”二是经费可取于清追粮解大户侵欺和赃款，然后通过以工代赈的方式募饥民兴修。这样一举两利，既节省财政支出，又不增加民众徭役负担。他主张：“今岁时荒歉，公私俱绌……将见查节年未完钱粮，系粮解大户侵欺者，督令有司设法清追。自嘉靖二十四年（1545）以后者照旧起解，（嘉靖）二十三年（1544）以前者量支数十余万两，存留在官。略仿宋臣范仲淹以官粮募饥民修水利之法，行令有司查审应赈人数，籍其老病无

力者为一等，壮健有力者为一等。无力者日给米一升，听其自便；有力者日给米三升，就令开浚，通将前项官银及赈济钱粮，一体通融给散，各另造册查考，则官不徒费，民不徒劳，所谓一举而两利者也。以后年分每于冬月募民兴作，至次年二月而罢，其费用皆取于侵欺，不足则继之以赃赎。大约三四年而止，通计所费不过三四万，而水利大治矣。”

其五，“专委任以责成功”。吕光洵考察了明代先朝治理吴中水利的大臣数十人，其中“有功于水者殆不过数人”，其一个重要原因是成功者往往是因为“先朝委任特专而历年又久”。因此，他建议朝廷委任治水大臣应“务为长久之计，凡一应钱粮夫役，与夫疏治经略之宜，工成缓急之序，听其以便宜从事，而责成功焉。其府州县有司官员，凡遇升迁行取给由者，皆必考其水利有效，方许离任。其迁延玩愒，及处置乖方，费财而偾事，仍听臣等随事纠治，以惩不恪。如是，则事有定规，人有定志，而成功可期矣”。

2. 潘季驯的河防思想。

潘季驯是明代著名的水利专家，在治理黄河、淮河的实践中，提出了一系列河防思想。其河防思想大致可分为修建和维护两个方面。

其一，“议塞决以挽正河之水”①。当时，潘季驯等“查得淮以东则有高家堰、朱家口、黄浦口三决，此淮水旁决处也；桃源上下，则有崔镇口等大小二十九决，此黄水旁决处也，俱当筑塞”。但是，由于“伏秋之水，相继而至，非惟地为水占，无处取土，抑且波涛汹涌，为工不坚”，因此，他建议：“除将决口稍窄者，见在分投兴筑外，其决至数十丈以上者，一面鸠集工料，相时兴举。”

其二，“议筑堤防，以杜溃决之虞”。潘季驯指出，在河防建设中，堤防是十分重要的：“堤以防决，堤弗筑则决不已。故堤欲坚，坚则可守，而水不能攻；堤欲远，远则有容，而水不能溢。”但是，当时筑堤却

---

① 以下其一至其四潘季驯言论均见于《明经世文编》卷375《宸断大工录一·题为陈愚见议两河经略宜疏》。

违反了“坚”“容”的原则，“累年事堤防者，既无真土，类多卑薄，已非制矣。且夹河束水，窄狭尤甚，是速之使决耳”。因此，潘季驯主张，在筑堤中必须坚持“坚”“容”的原则：“凡堤必寻老土，凡基必从高厚，又必绎贾让不与争地之旨，仿河南远堤之制，除丰沛、太黄堤原址，查有迫近去处，量行展筑月堤，仍于两岸相度地形最洼、易以夺河者，另筑遥堤……如此则诸堤悉固，全河可恃矣。”

其三，“议复闸坝，以防外河之冲”。潘季驯指出：淮河以南运道，为防“外水内侵，特建五闸”，但“法久渐弛，五闸已废，其一仅存，四闸亦且坍塌殆尽，漫无启闭，是以黄、淮二水，悉由此倒灌，致伤运道”。对此，他主张：“议复旧制，将见存四闸，俱加修理，严司启闭。俟二月前后，粮运过完，即行封闭。惟遇鲜贡船只，方许启放。仍行查复五坝，以便官民船只。”

其四，“议并建滚水坝以固堤岸”。潘季驯了解到：“黄河水浊，固不可分。然伏秋之间，淫潦相仍，势必暴涨，西岸为堤所固，水不能泄，则奔溃之患，有所不免。”因此，他提出：“古城镇下之崔镇口、桃源之陵城、清河之安娘城，土性坚实，合无各建滚水石坝一座，比堤稍卑二三尺，阔三十余丈，万一水与堤平，任其从坝滚出，则归漕者，常盈而无淤塞之患。出漕者得泄而无他溃之虞，全河不分而堤自固矣。”

其五，“甃石堰以固要冲”①。潘季驯认为，黄、淮河防完工后，在重点河段，如将土堤用石包砌，将会大大增加堤防的坚固性。如“高家堰西当淮泗冲流，东护淮扬沃土，即今筑塞已固，要将当中大涧口二十余里，用石包砌”，可使完工的河防“一劳永逸”。

其六，“浚闸河以利运艘”。潘季驯认为：“因往年黄河久注，淤沙久填，水溢沙上，舟因水浮，去岁头铺、二铺，便觉浅涩。”因此，他主张：“自今岁冬初，查将应浚里河，并乌沙河淤浅去处，筑坝断流，多募

---

① 以下其五至其七潘季驯言论均见于《明经世文编》卷376《宸断大工录二·复议善后疏》。

夫役，大加挑浚，不得苟且了事。工完之日，听南河分司核实，造册奏缴，以后河深利涉，姑免挑浚。如有浅涩，即照南旺事例，三年两浚。其扬仪河道，去岁挑浚之后，目前尚自深广，以后如有浅阻，小则量浚，大则加挑，临时酌拟施行，务求漕舟通利，不致虚费工力。”

其七，“防徐北以固上流”。潘季驯认为，治河应有全局观念，“下流安则徐以南无浅阻之患，上流顺则徐以北无改徙之虞”，当时黄河“独徐北未可忘备”。因此，“其徐北、丰沛、砀山一带，宜大修堤工，以防上流决徙；邵家等坝，宜并力厚筑，以断秦沟旧路，及缕堤有水扫根去处，俱要帮筑；守堤夫役，每里补足十名”。只有这样，才堪称“诚为慎重上源至计”。

其八，潘季驯还就完工的河防工程提出“四防”“二守”① 的维护措施。所谓“四防”：“一曰昼防堤岸。每遇黄水大发，急溜扫湾处所，未免刷损，若不即行修补，则扫湾之堤，愈渐坍塌，必致溃决。宜督守堤人夫，每日卷土牛小埽听用。但有刷损者，随刷随补，毋使崩卸。少暇，则督令取土堆积堤上，若子堤然，以备不时之需。是为昼防。二曰夜防。守堤人夫，每遇水发之时，修补刷损堤工，尽日无暇，夜则劳倦，未免熟睡。若不设法巡视，恐寅夜无防，未免失事。须置立五更牌面，分发南北两岸协守官，并管工委官，照更挨发各铺传递，如天字铺发一更牌，至二更时前牌未到，日字铺即差人挨查系何铺稽迟，即时拿究，余铺仿此。堤岸不断人行，庶可无误巡守。是为夜防。三曰风防。水发之时，多有大风猛浪，堤岸难免撞损，若不防之于微，久则坍薄溃决矣。须督堤夫捆扎龙尾小埽，摆列堤面，如遇风浪大作，将前埽用绳桩悬系附堤水面，纵有风浪，随起随落，足以护卫。是为风防。四曰雨防。守堤人夫，每遇骤雨淋漓，若无雨具，必难存立，未免各投人家，或铺舍暂避。堤岸倘有刷扫，何人看视？须督各铺夫役，每名各置斗笠蓑衣，遇有大

① “四防”“二守”均见于《明经世文编》卷378《宸断大工录四·四防》《宸断大工录四·二守》。

雨，各夫穿带，堤面摆立，时时巡视，乃无疏虞。是为雨防。”所谓“二守”：“一曰官守。黄河盛涨，管河官一人，不能周巡两岸，须添委一协守职官，分岸巡督。每堤三里，原设铺一座，每铺夫三十名，计每夫分守堤一十八丈。宜责每夫二名共一段，于堤面之上，共搭一窝铺，仍置灯笼一个，遇夜在彼栖止，以便传递更牌巡视。仍画地分委省义等官，日则督夫修补，夜则稽查更牌，管河官并协守职官，时尝催督巡视，庶防守无顷刻懈弛，而堤岸可保无事。二曰民守。每铺三里，虽已派夫三十名，足以修守。恐各夫调用无常，仍须预备，宜照往年旧规，于附近临堤乡村，每铺各添派乡夫十名，水发上堤，与同铺夫并力协守。水一落，即省放回家，量时去留不妨农业。不惟堤岸有赖，而附堤之民，亦得各保田庐矣。”

潘季驯在主持治理黄河、淮河中，不仅积累了丰富的修建河防工程的经验，而且也总结了不少管理修建河防工程的思想。兹缕述如下。

其一，“议支放”①。潘季驯认识到，修建河防工程，“鸠工聚材，出纳甚琐，收掌销算，头绪颇多，稽核不严，必滋破冒”。因此，他主张加强支前审核和事后核算制度：“将请发银两，俱解淮安府贮库，各工应给工食，应买物料，府佐等官，开数赴各该分督司道官核实给票，赴两淮巡盐衙门复核挂号，方许开支。每季终，该府将票类送巡盐衙门比对，号印数目相同，发回附卷，通候工完类核，造册奏缴。”

其二，“议分督”。潘季驯指出：“照得河工浩繁，道里遥远，若非多官分理，不免顾此失彼。分工之后，钱粮出入，工程次第，皆其首尾。遇有升调等项，若听其离任，则本官所分之工，又须另委补替。文移往来，便至逾月。及到工所，茫然无措，何以望其竣事而底绩也?”鉴于河防建设工程中，钱粮出入、工程次第管理的复杂性，潘季驯主张：“俯念河工重大，如遇前项，相应离任官员，容臣等暂留完工，稽其勤惰，别

---

① 以下其一至其七潘季驯言论均见于《明经世文编》卷375《宸断大工录一·题为条列河工事宜疏》。

其功罪，请旨处分，方得离任。庶人心专定，觊觎不萌，而事易责成矣。”

其三，“议责成”。明代，州县长官大多“视河患如秦越，视管河官如赘疣，既以分司部属临之，蔑如也。妨工偾事，实由于此”。鉴于这种情况，潘季驯提出：“目今大工肇兴，诸务丛挫，若非责成各掌印官，鲜克有济。合无兴工之后，一应派拨夫役，买办物料，俱以责之各掌印正官，躬亲料理。仍选委贤能佐贰，管押夫役赴工，不许将阴医等官搪塞。如有仍前玩愒，派办失宜，以致夫役逃散，物料稽迟，该司道官实时参呈，以凭奏治。事完之日，仍与管理河工诸臣，一体分别题请施行。”

其四，“议激劝”。潘季驯认为，负责河防工程建设的官吏，工作十分艰苦，而且责任十分重大，但是对他们的赏罚并不合理：“各工委官出入泥淖，栉沐风雨，艰辛毕萃，殊可矜悯；有功而薄其赏，误事独重其罚，此人心之所以懈弛，而事功之所以隳堕也。”对此，他主张：“完工之后，容臣等逐一精核，如有实心任事、劳苦倍常者，俯赐破格超擢，庶人心争奋，而百事易集矣。”

其五，“议优恤”。同样，潘季驯认为，参与河防工程建设的广大民工，其劳作更是艰辛无比：“贫民自食其力，冲寒冒暑，暴风露日，艰苦万状。”因此，对他们也应予以优恤：“各工夫役，计工者，每方给银四分，计日者，每日给银三分，而本籍本户帮贴安家银两，有无听从其便，兹亦不为薄矣……纵使稍从优厚，亦不为过。合无每夫一名，于工食之外，再行量免丁石一年，容臣等出给印信票帖，审编之时，许令执票赴官告免，州县官抗违，许其赴臣告治。如此，则惠足使民，民忘其劳矣。”

其六，“议蠲免”。潘季驯看到，淮扬河患频仍，民遭昏垫，称最苦者，有11州县，“一望沮洳，寸草不长，凋敝极矣”。但是，现在此地大兴河防工程，役使大量当地贫苦民夫，因此，潘季驯建议应对这些民夫蠲免一半赋税，以提高他们服役的积极性：“适今大工兴举，用夫颇多，舍近取远，邻封未免有词。而此中流移贫民，亦赖做工得食，少延残喘。

应派夫役，既不容已应输赋税，复加责办，实为繁苦。合无轸念灾极民穷，姑将前十一州县，本年见征夏秋起运钱粮，特蠲一半。行臣等揭示通知，俾催科少宽，人乐趋役。”

其七，“议改折”。当时黄淮河防工程浩大，“大工肇兴，费用不赀，帑藏空虚，既难搜括，闾阎穷困，又难加派”，广大修河防民夫粮食供给遇到困难。对此，潘季驯提出“改折”的办法加以解决，即动用军队储备粮：“太仓之粟，可备八九年之食，积愈久，而粟愈朽。故官军之情，有不愿本色而愿折色者，稍加变通，未为不可。合无暂将今岁漕粮，除淮北及河南、山东照旧兑运外，其淮南并浙江等省，姑准改折。照例正兑每石，连耗米轻赍折银七钱；改兑每石，连耗米折银六钱。即以五钱给军，正兑尚余银二钱，改兑余银一钱。兑运停止，官军应得行月粮，俱可免给。以正额解京，而以余银并行月粮，留发河工支用，总计可得九十余万两。以运军应得之数而济国家大工之需，在内帑无支发之烦，在闾阎无征派之苦，在朝廷为不费之惠，在河工免缺乏之虞，所谓两利而俱全者也。”

其八，“备积贮以裕经费”①。潘季驯指出：“河道起自丰沛，至于淮扬，延袤千有余里，以葺修则工料浩费，以防守则用度巨艰，乃徒恃岁额不满数百之银，而支持千里之河道，坐视大坏极敝，而后请发内帑，似为失计。”“照得防河之法，全在固守堤岸，而堤岸止是土筑……能保其不损乎？岁修之工，必不可缺，则工料之费，必不可少，故积贮实治河第一义也。”因此，潘季驯主张：治河维护经费“宜多方措处，约每岁三万两，积贮淮安，以便支费”。尤其通过“带盐征银，以济工用”，“计每岁止带征银一万八千两，解淮安府贮库，听两河岁修之用”。

其九，“重久任以便责成”。潘季驯十分赞成给事中尹瑾的提议：“河道关系最重，类非可以穿凿于聪明，勾干于仓卒者。全在得人任久，乃

① 以下其八、其九潘季驯言论均见于《明经世文编》卷376《宸断大工录二·复议善后疏》。

可责成，及要大小官员，俱令久任。或考满加升，或积劳超叙，与夫就近遴补，交代亲承，最为治河先务。”

3. 曹时聘河防管理思想。

曹时聘在泇河工程完工之后，提出了善后维护管理事宜，其一些思想值得提及。

其一，“画地分管以便责成”①。河防工程的一个特点是随着河流漫长而延绵许多府州县地区，这就给维护、管理带来困难。对此，曹时聘提出应科学划分地区管理，明确各地区的责任。如他指出：泇河“自刘昌庄至黄林庄，量长一万九千一百六十二丈，约百有十里。其中有岁修之工，须得府官料理；有出没之盗，须得府官弹压；有岁运之舟，须得府官催攒。将归之徐沛同知，则虑隔属之难行；将归之运河同知，则虞遥制之难遍。合于万家庄建驿处所，专设管河通判一员为便”。

其二，“增设官夫，以司闸务”。曹时聘指出：“看得泇河之内，建有韩庄、台庄、顿庄石闸三座，节宣水利，则启闭官夫，委不可少。合将已废之闸，如所谓黄家、留城、马家桥遗下员役，即补前项新闸之缺，专司启闭……斯闸座之启闭有人，而水利之节宣无误矣。”

其三，“添一驿递以便应付”。曹时聘提出：“看得泇河告成，安澜利涉，趋夷避险，舟楫通行。自去岁至今，贡舫使舟，无不由此出入。据议赵村为邳宿适中之地，宜设一驿，令邳州驿厂分拨人夫、钱粮在彼应付。”

其四，“设立巡司以备捍撖”。曹时聘指出：“看得泇河行运最称重地，且东南财赋捆载而北者，悉出其途。非复昔日荒凉景象，但长途旷野，村疃稀疏，距县颇遥。捕官难顾盗窃之警，委应预防。据议于峄县台家庄添设巡检一员，弓兵四十名，专在新河巡缉盗贼，防护粮艘。”

其五，“申严闸禁以节水利”。曹时聘同意各司道对泇河水闸严加禁

---

① 以下曹时聘言论，均见于《明经世文编》卷432《曹侍郎奏疏·泇河善后事宜疏》。

约的 3 项管制：一是“直口为泇、黄交会之处，即今黄归故道，全河东下，直口之外，清黄交接，倒灌可虞。业于直口议建闸座，倘遇黄水暴发，即下板以遏浊流之入，而闸以内，无灌淤之患。黄水消落，则启板以纵泉水之出，而闸以外有冲涤之功。是此闸乃泇河门户，启闭最宜严谨”。二是“王市闸居沂河之上游，系全泇之命脉。每岁粮船由直口而入，全借闭闸积水以浮舟。官民船只，由沂河而进，却擅启板，泄水以误运。是此闸乃泇河权舆，启闭亦应严谨”。三是“其他顿庄、台庄、韩庄等闸启闭之例，自有定规。但河渠新创，闸禁未严，每被势要座船擅启闸板，有将锁钥击碎者，有将闸板带去者，有将管闸官牌横加嗔责者。不思漕河关系国计，乃以一人之私图而阻四百万石之重务，可不可也？合无请照淮安镇口闸座禁例，严行申饬……必须以时启闭，方得利济漕舟”。

其六，“议加裁展以收全功”。曹时聘指出：“照得泇河草创，行运三年，鱼贯往来，已睹成绪。第此河之通，原因水冲旧迹，广狭不等，高下不齐，有残缺应筑之堤，有弯曲应裁之岸，有淤浅应浚之沙。虽连岁开挑，而渠长工剧，未得深广如式，且大泛口湍溜未平，独须力挽而上，与夫钜梁、直河等处，旧议闸座未建，吴冲、猫窝二处，新议闸座应增，皆未竟工程……以上（工程）钱粮，分毫无措。”对此，他建议酌量缓急，分为两期，“分作两岁鸠工。先将一等最急者，趁今秋防事竣，檄行司道督令管河府佐州县掌印佐贰等官，补筑残堤，裁削湾嘴，展辟狭岸，疏浚浅沙。与夫新旧闸座，势不可缓者，刻期建造，自十一月初筑坝兴工，限至次年正月尽开坝放水，漕舟一至，务令鼓楫而前。其二等工程，候至来年运毕再举，合用工价，移咨工部，将河工事例，尽数解发，以抵其费，不敷即再开二三年佐之，工完之日，核实奏报”。

曹时聘对泇河工程的维护管理主要是为了保障漕运的畅通，其措施可归纳为 3 个方面：一是“画地分管”以明确各河段的责任；二是“增设官吏以司闸务”“申严闸禁以节水利”“议加裁展以收全功”等，是为了防止河道淤积，提高河道水位，以便于漕船通行无阻；三是“添一驿

递，以便应付”“设立巡司以备捍御”等，为了保障漕船通行的安全。总之，“漕河关系国计”，一年承担着“四百万石之重务”，因此，必须引起高度重视，认真予以维护、管理。

4. 徐恪的兴水利以备旱荒思想。

上文曹时聘的河防思想主要着眼于漕运，而徐恪的兴水利以备旱荒思想主要着眼于农业生产。首先，徐恪认为兴修水利是以备旱荒的最有力措施：“岁事无常稔，旱荒居多；荒政非一端，水利为急。”① 他通过列举历史上的水利工程和著名历史人物的水利思想来说明水利在抗旱中的重要性：“先王疆理井田沟洫之制，遍及中国，虽有旱溢，不能为患，其利博矣。下至战国，魏用史起凿漳河，秦用郑国引泾水，亦皆富国强兵，卓有成效。此宋儒朱熹水利之说，胡瑗水利之教，所由起也。”他从历史的经验中深刻地总结出，旱灾是人力不能左右的，但人可以通过兴修水利来抗击旱灾：“窃照河南郡县，自去秋八月不雨，至于今夏闰五月，赤地相望，流移载道，和气乖隔，祷祈罔应，所谓旱荒，无大于此。伏念天意所在，固非人力可回，而水利之兴，乃吾人所能致力者。”

其次，徐恪提出对历史上一些荒废的水利设施进行修建，使它们在抗旱中发挥作用：“与其徒悔于已往，不若预图于方来。访得河南府有伊、洛二渠，彰德府有高平、万金二渠，怀庆府有广济渠、方口堰，许州有枣祇河渠，南阳府有召公等渠，汝宁府有桃坡等堰。自此之外，故渠废堰，在在有之，浚治之功，灌溉之利，故老相传。旧志所载，不可诬也。但岁久堙芜，难于疏导。间有谈者，率多视为迂阔。臣尝以为当此大旱时月，若得一处之水，可济数顷之田，不致袖手待毙，如是之无策也，岂可惮其难而不为乎？比虽行令分守分巡官提督修举，然百责攸归，未免顾此失彼，况中间经行去处，多被王府屯营侵塞，及势要之家，占作碾磨。非专委任，而止付之守巡，更代不一，臣恐难以责成也。看

① 以下所引徐恪言论，均见于《明经世文编》卷82《徐司空巡抚河南奏议·地方五事疏》。

得河南布政司抚民右参政朱瑄，素有才谋，不避艰险，委之专理其事，臣愚窃以为可。合无请敕朱瑄，不妨抚民，亲诣前项渠堰，再行相度，寻古之迹，酌今之宜，量起得利，并附近居民，次第兴举。原置闸处，仍旧置立，以时启闭。各道缺官，不许辄委分守，俾得从容往来，展尽心力，期以三年，必能就绪。”

最后，徐恪主张平时加强水利管理和维护：“将得利之家地土顷亩，逐一勘明，籍记在官。遇旱则官为斟酌，验亩分水，以杜纷争。其豪强军民，敢有仍前截水，安置碾磨，占作稻田者，依律究问，枷号示众。以后堙塞，就二得利军民，并工开浚。有溃决处，亦就培筑堤防，务图经久。如此虽不泥于井田沟洫之制，将见远近闻风，争求密利，而旱荒不足忧矣。”

（三）公共工程建设经费筹措思想

公共工程建设往往规模浩大，需要大量的财力、物力和人力的支持，因此在公共工程建设中，经费的筹措经常成为公共工程建设面临的难题。一般说来，明代的公共工程建设，其经费主要来源是中央和地方的财政支出，除此之外，由于中央和地方政府常常面临着财政困窘的情况，因此就通过劝募、摊派、罚赎、权宜等途径来筹集公共工程建设经费。如傅泽洪在《行水金鉴》卷 124《运河水》中云：“明神宗万历十四年（1586）正月己酉，工部覆直隶巡按苏酂题少卿徐贞明奉命，经略水患，穷源溯委，遍历周咨，惜处财用，一一列款，于畿甸水患大有裨益。——疏浚深州、霸州等处河道，共该夫役银一万九千三百一十三两一钱，除霸州道属现有堪动官银三千七百八十余两，于真定府存留赃罚银内动支二千两，保定府五千两，河间府八千五百三十三两一钱，凑足前数，委官及时兴举，务要挑浚如法，河流通利。——疏浚安州、雄县、保定等处河身及挑筑束鹿、深州河堤，所用人夫随便役民，其工食之费要于各府州县积谷内酌量动支，仍劝谕富民有能慕义，偶众捐资助役者，酌量旌异，以示劝率。”此处直隶单疏浚河道就从 3 个方面筹措经费：一是官银 3780 余两及州县积谷，二是赃罚银是“2000 两＋5000 两＋

8533.1 两＝15533.1 两”，三是富民捐货。从此可以看出，此次直隶疏浚河道，在所开支的役银 19313.1 两中，运用官银 3780 余两，仅占总数的近 20％，其余 80％则是由地方官府掌握的赃罚银内支出。除此之外，民夫工食之费也由地方府州县积谷中酌量动支。总之，万历十四年（1586）直隶疏浚河道经费主要依靠地方政府的赃罚银和积谷。

据嘉靖《夏津县志》卷 5 记载，当时公共工程建设经费由地方府州县自行筹措的渠道主要有：“或剖词讼而罚赎，或权事宜而裁取，或删收粮之积余，或劝尚义之资助。”以下缕述其中比较重要的 5 种途径。

1. 政府财政支出，即“官钱”“官为支给”等。

如“凡修理营房，洪武二十六年（1393）定：凡在京各卫军人营房，及驼、马、象房，如有起盖修理，所用物料，官为支给。若合用人工，隶各卫者，各卫自行定夺差军；隶有司者，定夺差拨囚徒，或用人夫修造；果有系干动众，奏闻施行”①。正统八年（1443）敕：“凡岳镇海渎祠庙屋宇墙垣或有损坏，及府州县社稷、山川、文庙、城隍，一应祀典神祇、坛庙颓废者，即令各该官司修理，合用物料酌量所在官钱内支给收买，或分派所属殷实人户备办，于秋成时月，起倩夫匠修理。”②

由政府财政支出的公共工程建设经费又可分为中央和地方两种，如嘉靖二十三年（1544）议定：“各有钱粮衙门损坏，工部委官估计物料，转行动支无碍银两，径自修理。惟原无钱粮者，工部议估兴工。”③ 从此规定可知，修理地方钱粮衙门，如系地方政府自出经费，可径自修理；如地方政府无力承担经费，需申报工部议估后兴工。

明政府对财政支出的管理是相当严格的，其支出必须符合有关规定，如制造军品、赈济饥民等，并经过审批，年终必须结算审核。如有不符合规定的支出以及挪用者，有关官吏必须受到处罚。成化十七年（1481）令：“各处司府卫所大小衙门，如遇修理等项，只许设法措置。其在官钱

① 《明会典》卷 187《工部七·南京工部·营房》。

② 《明会典》卷 187《工部七·南京工部·庙宇》。

③ 《明会典》卷 187《工部七·南京工部·公廨》。

粮，必须军器重务、赈济饥民及奉勘合应该支给者，方许会官照卷挨次支给，年终查算明白，造册缴部。若不应支给，并那移出纳者，经该官员降黜边远叙用，侵欺者从重归结。”①

2. 劝募与摊派。

古代劝募与摊派的主要对象是地方的富户和士绅，一般由地方府州县长官知府、知州、知县等以身作则，“捐己俸为倡”，号召富户、士绅捐钱捐物，有的也涉及一般民众根据自己的能力出钱、出物、出力。这种形式多见于水利、河防、城墙、社（庙）学、书院等公共工程建设，因为这些工程直接涉及民众的生命财产安全和子弟教育，因此劝募和摊派对象也愿意出钱、出物、出力。如张宁《海宁县障海塘碑》载：

海宁古盐官县，濒海南上，有山名赭。赭南远有山对峙如门，是为浙江受潮之口。岁久沂洄停滀，赭涘出滩若渚，则口隘潮束，仄击于盐官隈岸。宋嘉定中，潮汐冲盐官平野二十余里，史谓海失故道有由也。成化十三年（1477）二月，海宁县潮水横溢冲圮堤塘，逼荡城邑，转眄曳趾顷一决数仞，祠庙庐舍器物沦陷略尽，郛不及者半里。军民翘惴奔吁，皆重足以待……公乃躬履原隰，量材庶（度）宜，命杭湖嘉兴官属因地顺民……失次者徙寓空舍，惠以薪米；大集医药，以疗病者。作副堤十里，卫灌河以防泄卤之害。义声倡道，富人争自赈施，民至是始忘死徙之念。岁八月塘成，适沙涂壅障其外，公因增高倍厚，覆实捣虚，使腹抗背负，屹成巨防而海复故道矣。是冬举羡余之财，修葺文庙，增广学地。重建按察分司，致祭告成，公乃复。②

明成化十三年（1477），海宁县突遭海潮的袭击，县城受灾严重。地方长官身体力行，率众人奋战在抗灾第一线，对受灾群众“惠以薪米，大集医药，以疗病者”，同时察看地形，“量材度宜”，“作副堤十里”，

---

① 《明会典》卷30《户部十七·内府库·在外诸司库》。

② 张宁：《方洲集》卷18《海宁县障海塘碑》，台湾商务印书馆影印文渊阁本《四库全书》。

“增高倍厚”海塘。其表率作用使“义声倡道，富人争自赈施”，捐资修建海防工程。

又如乾隆《畿辅通志》中的“蠡县城”条云：

旧土城，相传汉封蠡吾侯所筑。明天顺中重修，周围八里有奇，高二丈五尺，广一丈，南北二门，池深一丈八尺，阔二丈……隆庆中知县王元宾相继重修。崇祯十二年（1639），兵备副使钱天锡、知府王师夔、知县连元捐俸倡助，甃以砖石，高三丈五尺，濠广三丈。又筑护城堤二道。①

明代崇祯年间，蠡县在兵部副使、知府、知县捐俸倡助之下，民众出资出力，共同修建了城墙高3丈5尺、濠沟宽3丈的砖石城墙，比天顺时城墙高2丈5尺、城池（即濠沟）阔2丈，扩大了1/3的规模。

明代，理学被尊奉为统治者的正统思想。地方各级长官为了弘扬儒学思想，标榜文治，都较为重视兴办地方的教育事业，乐于倡导捐资兴建地方儒学、庙学等。如成化《顺德府志·重修文庙志》载：

唐山县为顺德府属邑，旧有庙学，在县治西数十步许。元至正三年（1343）所建，累阅兵燹，无复存者。国朝洪武初，知县刘安礼建学于故基，寻坏。正统间，典史潘誉募富室捐金帛修之，复坏。成化壬寅，夏雨连日倾剥殆尽。山阴祁侠司员以进士来知县事，曰兹学敝且陋，不足为教育地，盍更图之。乃请于巡按御史阎公仲宇、知府范公英，皆报许。而兵部郎中杨公绛奉命赈灾，亦以官货助之。而平定守御千兵吕公俊辈，及邑中义士、耆老诸人何原等或乐相助金帛。②

一般说来，所谓劝募是自愿性质的，如果劝募超出了一定的限度，带有某种的强迫性，就成为摊派了。如章懋《枫山集》卷4《兰溪县新迁预备仓记》记云：

---

① 乾隆《畿辅通志》卷25《蠡县城》，台湾商务印书馆影印文渊阁本《四库全书》。

② 成化《顺德府志》卷8《重修文庙志》。

> 宣正以来，岁或不收，而生灵嗷嗷，无所仰给。朝廷始用大臣之议，令天下郡县劝募富人入粟于官，以为荒备，其输粟至千石者赐以玺书，旌为义民。时无锡薛侯理常乃作大仓于县城之南数里仓岭之下，储谷以数万计。又谓之义民仓，固有获其利者……弘治壬子之春，昆山王侯倬以才进士两载，剧县皆著能声……侯（倬）于是以义劝富人之堪事者，授之规画，分其程度，俾各以力自占，撤其旧以即于新……然公不费官，私不扰民，经之营之，在侯一心。而义以感人，其应如响，凡富室之任其役者，运财效力如治其私，趋事赴工争先恐后……仓虽既成，人犹惧其储蓄之弗广，侯以是岁当重造版籍，推割产税，而受田之家皆物力富强者也，随其所收多寡，计亩而劝之，得白金二千七百余两，易谷万有千石，自足当前亏损之数而仓储不虚，非复向之名存实亡者矣。仓廪既成而储蓄不虚，备荒有具而困穷是赖，邑之父老欣然而来告。

这里，“劝募富人入粟于官”“以义劝富人”“以义感人，其应如响”等皆属于自愿性的劝募，而“计亩而劝之”则已属于带有强制性的“重造版籍，推割产税”，以“物力富强”之家所占有的田亩数目来摊派其该捐出的“白金”。

在一般情况下，地方府州县政府如能筹措到足够的经费，就不会向当地民众劝募，尤其不会进行摊派。但是，由于公共建设工程大多数规模浩大，所用经费数额巨大，而地方政府财政又十分有限，因此劝募、摊派就变成不得已而为之，当公共建设工程经费不足时，官府只得向当地富室、士绅劝募、摊派钱粮，向平民百姓征派夫役了。但是，当地政府的劝募、摊派通常必须事前向上级申报，获得上级有关官员的批准后才能进行。如明代著名清官海瑞知淳安县时，在谋划修筑淳安县城墙时，就先向道员、巡按、总督逐级申请，然后按各里甲、贫富分别摊派城墙修筑的工程量。在申文上报得到批准后，淳安县才开始按计划实施。上级主管在批复中尤其强调即使是摊派各里甲，也必须慎重考虑“民情财力”，“通县粮里果愿筑城，才能动工：该县先议筑土墙，行催一年之上

未见完报，今始改议筑城，何也？且筑城大事，未知民情财力若何。仰县再审通县粮里，果愿筑城，还须区划周当，通详上司具批词由缴”。海瑞又根据上级指示及担心，再上申议解释说：“今蒙前因，清审粮耆里老黄叔亮等，众称原议筑城，各情允服……八十里中，好甲分计费出银五两，丑甲分计费出银三两二两。淳民喜讼，本县于词讼中酌处帮助，通以二年中为之，似或可以使民不觉劳费。”① 海瑞此处以“各情允服”“于词讼中酌处帮助……可以使民不觉劳费”，消除了上级对“民情财力若何”的担心，使筑城墙工程顺利动工。

3. 罚赎。

罚赎就是政府运用司法权力，允许罪犯通过向政府交纳罚金来免去刑罚。明代除犯死罪外，其余罪行皆可以赎代刑。《明史》卷93《刑法一》云：“明律颇严，凡朝廷有所矜恤、限于律而不得伸者，一寓之于赎例，所以济法之太重也。又国家得时借其入，以佐缓急。而实边、足储、赈荒，官府颁给诸大费，往往取给于赃赎二者，故赎法比历代特详。凡赎法有二，有律得收赎者，有例得纳赎者。律赎无敢损益，而纳赎之例则因时权宜，先后互异，其端实开于太祖云。律凡文武官以公事犯笞罪者，官照等收赎钱，吏每季类决之，各还职役，不附过……（洪武）三十年（1397），命部院议定赎罪事例，凡内外官吏，犯笞杖者记过，徒流迁徙者俸赎之，三犯罪之如律。”明代法律规定，赃、赎都必须登记上报，而罚可不入册籍，可以不上缴而为地方所用②。因此，地方官对于罪轻者常以罚代刑，一般是春夏罚银，秋冬罚谷。明代中后期，地方府州县的赎金数额较为可观，因此，引起朝廷的注意，遂派官员到地方搜刮。万历年间内阁首辅王锡爵在《劝请赈济疏》中说：“先时各布政司府州县，各有赃罚等项余积，今取解一空，有急尽靠内帑。”③ 此后，

① 《海瑞集》，第157—158页。

② 赃、赎、罚三者严格说来是有区别的：赃是对非法钱物所得的没收；赎是令罪犯出钱，来代替其被判的刑罚；罚是为惩戒，令犯过罪的人出钱谷所得。但古文献往往将三者不做严格区分，经常混称。

③ 《明经世文编》卷395《王文肃公文集二·劝请赈济疏》。

赃赎在中央与地方的分配大致形成八分上缴中央政府二分留存地方支用。

明代的罚赎收入除用在上文所引《明史·刑法一》中所提到的“实边、足储、赈荒”等方面外，也大量地用于府州县公共工程建设中。如上文所述吕光洵在“量缓急以处工费”中就主张通过清追粮解大户侵欺和赃赎来解决水利工程经费困难。傅泽洪在《运河水》中所载直隶疏浚河道的经费有80%来自地方官府掌握的赃罚银。嘉靖《隆庆志·永宁县重修庙学记》云：“嘉靖戊子（1528）……是年夏四月，巡抚大中丞东平刘公按部到县，庙谒之余，伫立环视，愀然不宁，谓学舍之坏何以栖士，庙庭之坏何以妥神，邑小民贫，修复之任当在我。于是发赃罚银若干镒，米若干石，委万全右卫知事杜锐、永宁卫指挥康琥、永宁县知县种云龙行修复之事，三人者承命惟谨。”①

4. 权宜。

所谓权宜，大致是指政府根据实际情况，审时度势，因地制宜，灵活运用各种方法，筹措公共工程建设所需的经费、劳力和物资等，而不使民众感觉到增加了钱粮和劳役负担。如上文所引清官海瑞在修建淳安县城墙时，通过“于词讼中酌处帮助，通以二年中为之，似或可以使民不觉劳费”，即以诉讼费来弥补修建城墙经费的不足，从而使民众不觉得增加了劳役和钱粮经费负担。又如潘季驯在主持黄淮河防工程中，提出“改折”的办法，即动用军队储备粮来解决河工的口粮，从而使“在内帑无支发之烦，在闾阎无征派之苦，在朝廷为不费之惠，在河工免缺乏之虞”，从而取得了“两利而俱全者”的圆满效果。

由于权宜筹措经费的方法、途径灵活多样，除上文所引海瑞与潘季驯权宜筹措公共工程建设经费外，以下再举两例以窥一斑：如弘治年间，霸州修浚河堤和营缮城池。此时，“东鲁刘君珩来治是邦，巡抚使洪公察其才，首属以河事，既复以城役委之……堤既成，水用无患……而堤与城俱成，城既成而水益以无患。凡二役所费薪蒿、楗、瓦木、石砖之类，为钱以巨万计，皆官自经纪，不以烦民。既讫工，又以其余力作大桥于

① 嘉靖《隆庆志》卷10《永宁县重修庙学记》。

州东苑家口，以济往来；新州学、祭器、诸生会食器，作顺天行府、太仆分寺、马神祠暨诸藏庾廨舍、坛壝衢路以次一新，而民不知费”①。这里，知州刘君具体采取什么权宜办法，文中没有明说，但从“为钱以巨万计，皆官自经纪，不以烦民……而民不知费”可知，其当不是通过一般地方官员通常采用的增派民众劳役和钱粮的办法。而且更让人惊奇的是，堤与城墙建成之后，竟然经费还有较多剩余，又用这些余款修建了大桥，将州学、藏庾廨舍、街道等修葺一新。又如嘉靖《应山县志》卷上记述了湖广应山知县王朝璲用租赁官地的办法来筹集修理城墙的经费：“修城即备，以为日久不无损坏，修补之费无所于出。除内外马道外，因有余剩空地若干，行令地方报拘近民，审各自愿造屋赁住，递年认纳租银，送官贮库，听候修补支用。”从而在不增加民众任何劳役和钱粮负担的情况下，利用官府掌握的“余剩空地”资源，轻松顺利地解决了“修补之费无所于出”的难题。

二、生态环境保护思想

明代最高统治者尊奉儒家思想，将其作为正统的统治思想。朝廷依据儒家宣扬的“天地好生”“帝王育物”的思想，延礼入法，继承和弘扬了自先秦以来的保护动植物的思想。《明史》卷 72《职官一》云：“水课禽十八、兽十二，陆课兽十八、禽十二，皆以其时。冬春之交，罝罛不施川泽；春夏之交，毒药不施原野。苗盛禁蹂躏，谷登禁焚燎。若害兽，听为陷阱获之，赏有差。凡诸陵山麓，不得入斧斤、开窑冶、置墓坟。凡帝王、圣贤、忠义、名山、岳镇、陵墓、祠庙有功德于民者，禁樵牧。”

（一）植树造林、保护森林资源思想

明朝开国之君朱元璋十分重视发展农业生产，坚持“农为国本”的

① 顾清：《东江家藏集》卷 21《霸州修河缮城记》。台湾商务印书馆影印文渊阁本《四库全书》。

信条。同时在发展农业生产中，充分认识到必须多种经营，不仅要栽种稻谷、麦子、小米等粮食作物，还要重视栽种桑枣柿栗等经济林木，以满足人民穿衣、果蔬和薪柴等方面的需求。据《明会典》卷17记载，朱元璋在位期间，多次下令要求百姓种植桑枣等经济林木，并以减免赋税作为奖励，而对不种、少种者予以惩罚：

> 国初农桑之政，劝课耕植，具有成法。初皆责成有司，岁久政弛，乃稍添官专理。其例具后。凡课种：国初令天下农民凡有田五亩至十亩者，栽桑、麻、木棉各半亩，十亩以上者倍之，田多者以是为差。有司亲临督视，惰者有罚，不种桑者使出绢一匹，不种麻者使出麻布一匹，不种木棉者使出棉布一匹。洪武元年（1368）奏准桑麻科征之额，麻每亩八两，木棉每亩四两，栽桑者四年以后有成始征其租。（洪武）四年（1371）令：各府州县行移提调官，常用心劝谕农民趁时种植，仍将种过桑麻等项田亩，计科丝绵等项，分豁旧有、新收数目开报。（洪武）十八年（1385）议：农桑起科太重，百姓艰难，令今后以定数为额听从种植，不必起科。（洪武）二十一年（1388）令：河南、山东农民中有等懒惰不肯勤务农业，朝廷已尝差人督并耕种。今出号令，此后止是各该里分老人勤督……若是老人不肯勤督，农民穷窘为非，犯法到官，本乡老人有罪。（洪武）二十五年（1392）令：凤阳、滁州、庐州、和州，每户种桑二百株、枣二百株、柿二百株……（洪武）二十七年（1394）令：天下百姓务要多栽桑枣，每一里种二亩秧，每一百户内共出人力挑运柴草烧地，耕过再烧，耕烧三遍下种，待秧高三尺然后分栽。每五尺阔一垄，每一户初年二百株，次年四百株，三年六百株。栽种过数目造册回奏，违者发云南金齿充军。

由此可见，朱元璋不仅通过赏罚的手段劝谕农民栽种桑、枣、木棉等，而且还派专门的官吏到地方督促，并在最基层的地方组织里分指定“老人”具体负责督促。为了提高桑、枣、柿树苗的成活率，朱元璋在诏令中还指导农民栽种树苗时应烧柴草灰作为肥料，并待树苗长到高3尺

时再从苗圃移种到各个地方。

朱元璋还将各地方栽种粮食、桑枣情况作为考核地方官员政绩的重要依据。洪武五年（1372）十二月，朱元璋下诏曰："农桑，衣食之本；学校，理道之原。朕尝设置有司，颁降条章，敦笃教化，务欲使民丰衣足食，理顺畅焉……有司今后考课必书农桑、学校之绩，违者降罚。民有不奉天时，负地利，及师不教导，生徒惰学者，皆论如律。"① 洪武二十八年（1395），朝廷曾对全国各省植树情况进行统计考核；全国13个布政司总计植树应在10亿株以上，其中"湖广布政司上所属郡县果树之数：计栽过桑、枣、柿、栗、胡桃等树，凡八千四百三十九万株"②。

在开国君主朱元璋的大力倡导下，朝廷上下重视农桑思想深入人心。叶伯巨在《万言书》中指出："农桑学校，王政之本。"③ 范济在《诣阙上书》中对"农桑，衣食之本"思想做了进一步阐发："夫农桑，衣食之本。尝闻神农之教，有云虽石城十仞，汤池百步，带甲百万而无粟，弗能守也。由是言之，兵者，城之守也；食者，兵之给也。非兵无以守城，非食无以给兵。兵足而城安，食足而兵勇。兵食二者。有国之先务也。"④ 换言之，衣食是治理国家最根本的基础，如没有衣食就不可能拥有军队，没有军队就不可能守住城墙保卫国家。大臣解缙在《献太平十策》中把发展农业、种植桑枣树木、兴修水利等作为长治久安的基本国策。他建议将《农桑辑要》《齐民要术》及树蓺水利等书，"类聚考订，颁行天下，令各家通晓"⑤。

明朝廷除了大力倡导、督促百姓种植桑、枣等经济树木外，还重视保护当时的森林资源。当时，西北地区由于滥砍滥伐滥牧和气候的变化，植被破坏严重。为了防止这一地区植被进一步恶化，朝廷颁布了禁止砍

① 《明太祖实录》卷77。

② 《明太祖实录》卷243。

③ 《明经世文编》卷8《叶居升奏疏·万言书》。

④ 《明经世文编》卷29《范司训奏疏·诣阙上书》。

⑤ 《明经世文编》卷11《解学士文集·献太平十策》。

伐贩卖这一地区林木的规定："大同、山西、宣府、延绥、宁夏、辽东、蓟州、紫荆、密云等边，分守、守备、备御并府州县官员禁约该管官旗军民人等，不许擅自入山将应禁林木砍伐贩卖，违者问发南方烟瘴卫所充军。若前项官员有犯，文官革职为民，武官革职差操。镇守及副参等官有犯，指实参奏。其经过关隘河道，守把官军容情纵放者，究问治罪。"①

明初，政府制造、发行纸币"宝钞，需要砍伐大量桑树作为造纸原料"，"以造钞，岁买浙江、河南、北平、山东及直隶凤阳诸府桑穰为钞料，民间不免伐桑以供科索"，对桑树资源破坏严重。对此，洪武二十五年（1392），朱元璋为保护桑树资源，下诏"有司免输明年桑穰"②。

明王朝极为重视保护皇家陵园的树木，其主观上是为了保护朱姓皇朝的风水，但客观上对保护皇家陵园周围的林木起了积极的作用。《明会典》卷170规定："若于山陵兆域内失火者，杖八十，徒二年。延烧林木者，杖一百，流二千里。"正统二年（1437）谕："天寿山，祖宗陵寝所在，敢有剪伐树木者，治以重罪，家属发边远充军。"③ 成化十五年（1479），明宪宗下令："凤阳皇陵皇城并泗州祖陵所在，应禁山场地土，巡山官军务要用心巡视，不许诸色人等伐木、取土石、开窑烧造、烧山，及于皇城内外耕种牧放作践，有犯者正犯处死，家口俱发边远充军。"④ 嘉靖二十七年（1548）世宗下令："于天寿山前后龙脉相关处所，大书禁地界石，有违禁偷砍树木者，照例问拟斩绞等罪，若止是潜行拾柴拔草，比照家属事例问发辽东地方充军。"⑤

（二）保护动物资源思想

明代，随着植被的破坏，动物的栖身之地逐渐缩小，数量减少。并

---

① 《明会典》卷163《刑部五·盗卖田宅》。
② 《明太祖实录》卷234。
③ 《明会典》卷90《礼部四十八·陵寝》。
④ 《明会典》卷90《礼部四十八·陵寝》。
⑤ 《明会典》卷90《礼部四十八·陵寝》。

且，上自皇室贵族、官僚，下至平民百姓，盛行食用野生动物，这更是严重威胁野生动物的生存。对此，明代最高统治者有所觉察，不少皇帝做出表率，或下达禁令，或停止进贡野生动物，采取了一些保护野生动物资源的措施。兹简要缕述数例。

洪武二十六年（1393）定：“凡每岁祭祀，及供御并岁时筵宴合用野味，预先行移各司府州着落所属，于山林去处多办走兽，湖泊去处多办飞禽，照依坐定岁办数目，令各处猎户除春夏孕字之时不采外，当于秋间采捕。”① 这表明，明初皇室每年因祭祀、食用必须消耗不少野生飞禽走兽，但毕竟也意识到必须有节制地消耗，这就是每年按规定数目采捕，而且遵循先秦以来的好传统，即春夏是动物生育繁殖季节，禁止采捕，有利于保持其种群数量。“仁宗初，光禄卿井泉奏，岁例遣正官往南京采玉面狸。帝叱之曰：‘小人不达政体。朕方下诏，尽罢不急之务以息民，岂以口腹细故，失大信耶！’宣宗时，罢永乐中河州官买乳牛造上供酥油者，以其牛给屯军，命御史二人察视光禄寺，凡内外官多支需索者，执奏。英宗初政，三杨当轴，减南畿孳牧黄牛四万，糖蜜、果品、腒脯、酥油、茶芽、粳糯、粟米、药材皆减省有差，撤诸处捕鱼官。即位数月，多所撙节……景帝时，从于谦言，罢真定、河间采野味、直沽、海口造干鱼内使。”② 从《明史》卷 82《食货六》这一记载可知，明代历朝皇帝采取了一些保护动物资源的措施。从主观上看，明代历朝皇帝的这些行为其初衷、本意并不是为了保护野生动物，而是为了削减皇室开支，减轻民众负担，但客观上却起了保护动物资源的作用。又如英宗即位初下令：“岁进野味，及买办追赔胖袄裤鞋……悉皆蠲免。”③ 弘治十七年（1504），孝宗下令停止采贡“鹧鸪、竹鸡、白画眉、紫山鹏等禽鸟”④。

① 《明会典》卷 191《工部十一·野味》。

② 《明史》卷 82《食货六》。

③ 《明英宗实录》卷 1。

④ 《明孝宗实录》卷 207。

世宗即位便“纵内苑禽兽，令天下毋得进献”[①]。穆宗即位之初亦下令“禁属国毋献珍禽异兽”[②]。很显然，英宗、世宗、穆宗即位之初的诏令，都是为了显示即位的新皇帝的仁德节俭，但其客观上为保护野生动物资源带来福音。

明皇室和官府还设有御苑、苑地等，作为禁猎区，并设有养地、栽地饲养家畜家禽，以供祭祀、宴请宾客、宫府饮食之用。尤其是禁猎区的设置，对保护野生动物是十分有利的措施。如《明史》卷74《职官三》云：“（上林苑）监正掌苑囿、园池、牧畜、树种之事。凡禽兽、草木、蔬果，率其属督其养户、栽户，以时经理其养地、栽地而畜植之，以供祭祀、宾客、宫府之膳羞。凡苑地，东至白河，西至西山，南至武清，北至居庸关，西南至浑河，并禁围猎。良牧，牧牛羊豕，蕃育，育鹅鸭鸡，皆籍其牝牡之数，而课孳卵焉。”当时，朝廷御苑“南海子”经多次修葺，禁猎区扩大到“周垣百二十里”，苑内置有专职守园的“海户”[③]。

（三）保护水利资源思想

明代随着人口的增长和植被的破坏，人们已感觉到在某些情况下水利资源的紧张。例如：其一，农业上灌溉用水，尤其是在干旱时为了争夺水源，常常引起纷争。因此，徐恪曾提出干旱季节官府必须加强对水源的管理，“验亩分水，以杜纷争”[④]。其二，碾磨用水，即利用水的冲力作为碾磨动力。对此，徐恪也主张应依据法律予以严禁，“豪强军民，敢有仍前截水，安置碾磨，占作稻田者，依律究问，枷号示众”[⑤]。其三，漕运用水，即要使河道保持一定的水位，使漕船不至于因河道水位过浅而无法航行搁浅。如曹时聘在治理泇河时就提出，“王市闸居沂河上游，

---

① 《明史》卷17《世宗一》。

② 《明史》卷19《穆宗》。

③ 于敏中：《日下旧闻考》卷74，北京古籍出版社，1983年，第1231页。

④ 《明经世文编》卷82《徐司空巡抚河南奏议·地方五事疏》。

⑤ 《明经世文编》卷82《徐司空巡抚河南奏议·地方五事疏》。

系全迦之命脉。每岁粮船由直口而入，全借闭闸积水以浮舟”①。

在水利资源渐趋紧张的情况下，明政府重视保护、合理利用水利资源，制定颁布了一系列法规制度，大致有以下 3 个方面。

其一，严禁盗决河防等水利工程。《明会典》卷 172 规定：

> 凡盗决河防者，杖一百。盗决圩岸、陂塘者，杖八十。若毁害人家，及漂失财物、淹没田禾，计物价重者，坐赃论。因而杀伤人者，各减斗杀伤罪一等。若故决河防者，杖一百，徒三年。故决圩岸、陂塘，减二等。漂失赃重者，准窃盗论，免刺。因而杀伤人者，以故杀伤论。凡故决盗决山东南旺湖，沛县昭阳湖、属山湖、安山积水湖、扬州高宝湖、淮安高家堰、柳浦湾，及徐邳上下滨河一带各堤岸，并阻绝山东泰山等处泉源，有干漕河禁例，为首之人发附近卫所；系军，调发边卫，各充军。其闸官人等用草卷阁闸板，盗泄水利，串同取财，犯该徒罪以上，亦照前问遣。河南等处地方盗决及故决堤防，毁害人家，漂失财物，淹没田禾，犯该徒罪以上，为首者，若系旗舍余丁民人，俱发附近充军；系军，调发边卫。

以上法规有 3 个方面值得注意：一是对于盗决、故决河防等水利工程的犯罪，处以杖八十、一百，徒三年等徒刑；二是如盗决、故决造成人民生命财产损失的，就要按犯赃罪加重处罚；三是为了保证漕运，对盗决山东、沛县、安山、扬州、淮安等湖堰、堤岸的犯罪，处以充军的处罚。

其二，禁止无节制地扩大圩田，以保护江河湖泊调节水利资源的功能。所谓圩田就是人们筑土堤围垦湖泊、河湾或湿地，如人们无节制地扩大圩田，就不同程度地破坏了江河、湖泊、湿地等调节水利资源的功能，使干旱无水灌溉，洪涝无处蓄水。对此，明代历朝颁布了一些相关禁令。如正统十一年（1446），巡抚周忱奏言：“应天、镇江、太平、宁国诸府，旧有石臼等湖。其中沟港，岁办鱼课。其外平圩浅滩，听民牧

① 《明经世文编》卷 432《曹侍郎奏疏·迦河善后事宜疏》。

放孳畜、采掘菱藕，不许种耕。故山溪水涨，有所宣泄。近者富豪筑圩田，遏湖水，每遇泛溢，害即及民，宜悉禁革。”明英宗从其奏，下令禁止继续筑圩田①。

其三，督促各地官吏重视兴修河防、水利工程，合理利用水利资源，对不修、修而失时者予以惩罚。“明初，太祖诏所在有司，民以水利条上者，即陈奏。越二十七年，特谕工部，陂塘湖堰可蓄泄以备旱潦者，皆因其地势修治之。乃分遣国子生及人材，遍诣天下，督修水利。明年冬，郡邑交奏。凡开塘堰四万九百八十七处，其恤民者至矣。嗣后有所兴筑，或役本境，或资邻封，或支官料，或采山场，或农隙鸠工，或随时集事，或遣大臣董成。”②《明会典》卷172则制定了法规条文，对不修河防、圩岸及修而失时者予以惩罚：

> 凡不修河防，及修而失时者，提调官吏，各笞五十。若毁害人家、漂失财物者，杖六十。因而致伤人命者，杖八十。若不修圩岸，及修而失时者，笞三十。因而淹没田禾者，笞五十。其暴水连雨损坏堤防，非人力所致者，勿论。凡运河一带用强包揽闸夫、溜夫二名之上，捞浅、铺夫三名之上，俱问罪。旗军发边卫，民并军丁人等发附近，各充军；揽当一名，不曾用强生事者，问罪，枷号一个月发落。

明代在合理利用水利资源方面定有一个总的原则，就是最先保证漕粮用水，其次是灌溉农田用水，最后才是一般舟楫、硙碾者用水，并派遣专官进行管理：“舟楫、硙碾者不得与灌田争利，灌田者不得与转漕争利。凡诸水要会，遣京朝官专理，以督有司。”③

三、城市管理思想

明代随着工商业的繁荣和人口的增加，全国出现了不少商品经济发

① 《明史》卷88《河渠六》。
② 《明史》卷88《河渠六》。
③ 《明史》卷72《职官一》。

达、人口众多和规模大的城市，如长城沿岸的南京、九江、武昌、荆州，京杭大运河沿岸的杭州、苏州、扬州、淮安、济宁以及北京、广州等。明代较大城市的人口已达数十万甚至上百万，城周长达数十里。城市中除了长期开设的店铺外，还有不计其数、分布四处的摊贩及一些定期的市集、庙会。大量手工业作坊也聚集在城市之中，并组成各种手工业行会。城市的发展要求政府对此要进行更加有效的管理，以保障城市社会秩序的稳定和社会经济活动的有序进行。

（一）坊厢管理思想

明政府为了对日益扩大的城市进行更有条理的管理，把城市划分为坊厢两大部分。所谓坊，就是城墙之内的部分；所谓厢，就是城墙之外，围绕着城墙，与广大乡村相连接的部分。如“国初徙浙、直人户，填实京师，凡置之都城之内曰‘坊’，附城郭之外者曰‘厢’。而原额图籍，编户于郊外者曰‘乡’。坊、厢分有图，乡辖有里。上元之坊曰十八坊，十三坊，十二坊，织锦坊，九坊，技艺坊，贫民坊，六坊，木匠坊。东南隅、西南隅厢曰太平门厢，三山门厢，金川门厢，江东门厢，石城关厢……江宁之坊曰人匠一坊，人匠二坊，人匠三坊，人匠四坊，人匠五坊，正西旧一坊，正西旧二坊，贫民一坊，贫民二坊，正南旧二坊，正东新坊，铁猫局坊（凤凰台下），正南旧一坊，正西新坊，正西技艺坊。厢曰城南技艺一厢，城南技艺二厢，仪凤门一厢，仪凤门二厢，城南人匠厢，瓦屑坝厢，江东旧厢，城南脚夫厢（东城下），江东新厢，清凉门厢，安德门厢，三山旧一厢，三山旧二厢，三山技艺厢，三山富户厢，石城关厢，刘公庙厢，神策门厢，毛公渡厢”①。从此记载可以看出，明代城市中坊、厢的划分虽然是按区域为依据，但由于同一职业、同一阶层的人往往聚居在一个区域内，因此其职业、阶层就成为划分坊厢的依据，这就是所谓的按职业划分的织锦坊、技艺坊、木匠坊、人匠坊、技艺一厢、技艺二厢、人匠厢、脚夫厢等，以及按阶层划分的贫民坊、贫

① 顾起元：《客座赘语》，中华书局，1987年，第58－59页。

民一坊、贫民二坊、富户厢等。并且从“人匠一坊、人匠二坊、人匠三坊、人匠四坊、人匠五坊”和“城南技艺一厢，城南技艺二厢”等可以推测，当时城市化进程很快，不断有新的、相同的坊厢产生，所以用一、二、三等序号给这些新产生的相同坊厢命名。在按职业划分的坊厢中，按手工业不同行业划分的最为常见，如织锦、木匠等，可见，明代南京手工业者人数之多。

在明代城市中，厢设厢长管理一厢之事，坊设坊长管理一坊之事。《明会典》卷20《黄册》载：

> 洪武十四年（1381）诏：天下府州县编赋役黄册，以一百一十户为里，推丁多者，十人为长，余百户为十甲，甲凡十人，岁役里长一人，管摄一里之事。城中曰坊，近城曰厢，乡都曰里。凡十年一周，先后则各以丁数多寡为次。每里编为一册，册首总为一图，鳏寡孤独不任役者则带管于百一十户之外而列于图后，名曰畸零。册成，一本进户部，布政司及府州县各存一本。（洪武）二十四年（1391）奏准：攒造黄册格式，有司先将一户定式誊刻印板，给与坊长、厢长、里长并各甲首，令人户自将本户人丁事产，依式开写，付该管甲首，其甲首将本户并十户造到文册，送各该坊厢里长，坊厢里长各将甲首所造文册，攒造一处，送赴本县。

从此可知，坊长、厢长主要负责管理最基层城市居民的户口，通常情况下，明代以10户为1甲，10甲为1坊。《客座赘语》云：“正统二年（1437），府尹邝公埜奏革乡头，并上江坊厢。坊有十甲，甲有十户，视其饶乏，审编柜银，每季约三百两，析坊厢之应办者任之，以均里甲之不足。”① 坊长、厢长除管理本坊、本厢的户口外，还负责征收商税、看守商货等，并得到相应的报酬。如洪武二十四年（1391）令：“三山门外塌房许停积各处客商货物，分定各坊厢长看守。其货物以三十分为率，

① 《客座赘语》，第64页。

内除一分，官收税钱。再出免牙钱一分、房钱一分，与看守者收用。”① 弘治五年（1492）题准：“顺天府在逃富户，各省不必起解，每户每年征银三两，总类进表官顺赍到部，转发宛、大二县帮贴见在厢长当差。”② 嘉靖二十四年（1545）议准：“福德宝源等七店每货一船，征银五两。行令顺天府督同批验茶引所官吏及厢长人等照数征收，按季解部，转发太仓银库收贮。”③

（二）排水防火管理思想

明代，随着城市人口的增加，规模的扩大，排水、防火问题日益突显。排水关系到城市的卫生环境，防火则更是关系到广大居民的生命财产安全。明代，京城的排水、防火工作由五城兵马司指挥负责，具有军事管理的色彩，可见，政府对排水、防火工作的重视。《明史》卷74《职官三》载：“中、东、西、南、北五城兵马指挥司，各指挥一人，正六品；副指挥四人，正七品。吏目一人。指挥，巡捕盗贼，疏理街道、沟渠及囚犯、火禁之事。凡京城内外，各画境而分领之，境内有游民、奸民则逮治。”可见，明代五城兵马指挥既负责维护京城治安，巡捕盗贼，逮治游民、奸民，也负责京城的排水设施沟渠以及防火工作等。

明代，特务机构锦衣卫竟然也配合五城兵马指挥司巡视京城街道沟渠。如成化二年（1466）令：“京城街道沟渠，锦衣卫官校并五城兵马时常巡视，如有怠慢，许巡街御史参奏拿问。若御史不言，一体治罪。”④ 他们在巡视过程中，若发现街道沟渠淤塞、桥梁损坏，必须责成相关负责人员修理。成化六年（1470）令：“皇城周围及东西长安街并京城内外大小街道沟渠，不许官民人等作践掘坑及侵占淤塞，如街道低洼、桥梁损坏，即督地方火甲人等并力填修。”⑤ 为了保证京城水道能及时得到疏

① 《明会典》卷42《户部二十九·内库课钞》。
② 《明会典》卷19《户部六·富户》。
③ 《明会典》卷35《户部二十二·商税》。
④ 《明会典》卷200《工部二十·桥道》。
⑤ 《明会典》卷200《工部二十·桥道》。

通，成化十年（1474）规定："京城水关去处，每座盖火铺一，设立通水器具，于该衙门拨军二名看守，遇雨过，即令打捞疏通。其各厂大小沟渠、水塘、河漕，每年二月令地方兵马通行疏浚，看厂官员不许阻当。"① 同时，为了保障京城街道、沟渠的畅通，朝廷对淤塞沟渠、影响街道通行、破坏公共设施的人予以惩罚。如弘治十三年（1500）奏准："京城内外街道若有作践、掘成坑坎、淤塞沟渠、盖房侵占，或傍城行车、纵放牲口、损坏城脚，及大明门前御道、棋盘街并护门栅栏，正阳门外御桥南北，本门月城将军楼、观音堂、关王庙等处作践损坏者，俱问罪，枷号一个月发落。"② 嘉靖十年（1531）规定，即使权贵阶层也必须遵守相关规定："京城内外势豪军民之家侵占官街、堵塞沟渠者，听各巡视街道官员勘实究治。"③

中国古代房屋以木结构为主，容易引起火灾，因此，历代政府都重视城市防火工作。如政府要求城市居民平时做好防火工作："昼则互相谨省，夜则提铃坐更，各要谨慎火烛。但遇大风，不许夤夜张灯烧纸，纵狂饮酒。"④ 京城官员军民之家都要设置水缸、水桶储水以备不测，店铺内要置有水桶、麻搭、钩索等取水器具供灭火时使用。明代地方政府都极重视城市防火工作，有的城市针对城市木结构房屋鳞次栉比、连绵不断容易引起大范围火灾的特点，专门修建了便于施救或隔离的防火街巷。如江西九江府德化县，"郡城内外于大街之旁开设巷道，广约寻仞，以便救护（火灾）"⑤；又如九江府东乡县城，"街阔一丈八尺，巷阔一丈二尺左右，左右渠各一尺五寸，令民居疏阔，以远火灾"⑥。

对于已发生的火灾，明政府要求应迅速报该城兵马司及时扑灭；若

① 《明会典》卷200《工部二十·桥道》。

② 《明会典》卷200《工部二十·桥道》。

③ 《明会典》卷200《工部二十·桥道》。

④ 戴金：《皇明条法事类纂》，科学出版社，1994年，第418页。

⑤ 嘉靖《九江府志》卷2。

⑥ 嘉靖《东乡县志》卷上。

火势较大，则各城兵马司督领弓兵、火甲人等并力扑救，不准推脱坐视，违者治罪①。

由于火灾造成的损失是惨重的，因此，明政府制定了许多法律条文，对失火者，尤其是故意放火者，予以严惩。《明会典》卷170规定："凡失火烧自己房屋者，笞四十；延烧官民房屋者，笞五十；因而致伤人命者，杖一百；罪坐失火之人。若延烧宗庙及宫阙者，绞；社，减一等……若于官府公廨及仓库内失火者，亦杖八十，徒二年。主守之人因而侵欺财物者，计赃以监守自盗论。其在外失火而延烧者，各减三等。若于库藏及仓廒内燃火者，杖八十……凡放火故烧自己房屋者，杖一百；若延烧官民房屋及积聚之物者，杖一百，徒三年；因而盗取财物者，斩；杀伤人者，以故杀伤论。若放火故烧官民房屋及公廨仓库系官积聚之物者，皆斩（须于放火处捕获，有显迹证验明白者，乃坐）。"而且，明政府还特别规定，对放火者与犯十恶、杀人等罪，"会赦并不原宥"②。可见，当时官方是把犯放火罪与犯谋反、大逆不道等十恶之罪和杀人罪等视为最严重的犯罪。

明朝政府不仅对放火罪进行严厉的刑事惩罚，而且也强迫放火罪犯在经济上予以赔偿。法律规定："其故烧人空闲房屋及田场积聚之物者，各减一等。并计所烧之物减价，尽犯人财产折挫赔偿，还官给主。"③ 成化八年（1472），宪宗下旨："各边仓场若有故烧系官钱粮草束者，拿问明白，将正犯枭首示众。烧毁之物，先尽犯人财产折挫赔偿。不敷之数着落经收看守之人，照数均赔。"④

四、漕运管理思想

明朝自永乐皇帝明成祖开始便定都北京。北京成为全国的政治、军

---

① 《皇明条法事类纂》，第418页。

② 《明会典》卷161《刑部三・常赦所不原》。

③ 《明会典》卷170《刑部十二・放火故烧人房屋》。

④ 《明会典》卷170《刑部十二・放火故烧人房屋》。

事、文化、经济中心之后，人口激增，其居民口粮主要依靠江南地区通过漕运供给。因此，漕运成为事关京城安危，乃至全国长治久安的重要问题。明代漕运由于路途遥远、黄淮决徙、河道淤塞、吏治腐败等因素，成为一个颇为棘手的问题，对此，大臣们有较多的议论，此缕述其中较为重要的 4 个问题。

其一，造漕船。明人认识到要保证京城的粮食供应，必须有足够的质量好的船只用于漕运，因此，必须有管理良好、技术精湛的造船业，才能造出又多又好的漕船。马卿一针见血地指出："造船皆漕运之急务，事当画一。"① 他了解到"近来各掌印征料官员，多不以运务为重，任意因循，不惟拖欠，或遂侵挪，致误造船"。因此提出："惟漕运必资于造船，而造船必先于办料……合无通行各该巡抚都御史，无巡抚处者，行巡按御史，严督各该司府州县卫所，各将年例军民料价，预为派征，务在上年九月以里给发。若征收未完，听将在库别项官银借给，候征完补还。如有违慢，十二月终不完给者，将府州县卫所收料官住俸；正月终不完给者，府州县卫所各掌印官住俸，收料官仍革去冠带，首领官吏提解漕运衙门问罪；延至四月终不完给者，都、布二司并府州县卫所各掌印并催料收料官，一体参奏提问，府州县卫所官降级，文职起送吏部别用，军职发回原卫带俸差操。中间若有侵挪等项情弊，从重究问，比照迟粮事例，载在议单，永为遵守。庶法例严明而料价早完，船造及期而粮运不误矣。"

明朝供给京城粮食，不仅依靠运河漕运，也通过海运缓解漕运压力。但是"天津相距通州河道约有二百五六十里，内多淤浅难行，军船到彼俱雇民船起剥。每米百石，远者要银三四两，近者二两八九钱。近年民船稀少，虽加水脚亦难雇觅"②。针对这种情况，马卿主张，在"通惠闸河置造剥船，设立经纪，甚为漕运大便。臣等查得淮安府库收，有上年

① 这一自然段马卿言论均见于《明经世文编》卷 169《漕抚奏议一·攒运粮储疏》。

② 这一自然段引文均见于《明经世文编》卷 170《漕抚奏议二·攒运粮储疏》。

扣还打造剥船余盐等项银两，合无借支三万两。大约每五十两造船一只，并随船桅蓬（篷）等件，共造剥船六百只。每只约装粮二百余石”，基本就能解决海运粮食到天津后转运北京的问题。

其二，设闸蓄水行舟。马卿看到运河“河道水势消长无期，沙淤浅阻不一，每因盘剥，遂致耽延，为害实深。若设置闸座，蓄水行舟，为利甚大。但地势水势，犹须详勘”。因此，他主张：“择委习知水利官员，亲诣彼处督同管河等官，逐一踏勘。如果事体相应，公论允合，就便估计工料，修建闸座，亦利运之一端也。”①

明代“南北运河，止是汶水分流接济，春夏旱干，水源微细，必借各闸积水，以时启闭，庶可行船。往往官员随到随开，以致粮运阻滞”。对此，刘大夏建议“申明列圣诏旨，严加榜示”，不得随意开启闸门，使水流泄，这样就可蓄积足够的水量，用于漕船航运，而不至于搁浅②。

其三，用囊盛米。明代，由于河床淤塞严重，漕粮“长运于窄浅之漕河者，何以能无溺哉？况今所兑，浮于所运之半，而岁岁有所损溺，官军赔偿，举债鬻产，无有已时。所以然者，正坐剥浅之费广，挨次之日多，不幸而沉溺，颗粒无余也”。对此，大臣丘浚建议：“为今之计，宜如刘晏之法，所运之米，皆以囊盛。遇河浅涩，暂舁岸上，过浅而复舁归舟，或分载小船以过浅；亦有包封不致散失，不幸而沉溺，捞而出之，不致全失，纵有浥烂，亦可他用也。说者若谓囊米恐舟浅不能受，夫既实满艎中，加之艎板上护以竹簟芦席，以蔽雨水。其后船毁再造，量加大之可也。然则米皆用囊，如费将益多何？夫囊以布为之，可用数年；有山处可用竹篾，近江处可用蒲苇，其所费比所失散，亦为省矣。”③丘浚认为，以囊盛米有两个好处：一是如遇河水浅涩，漕船通不过时，以囊盛米便于将米搬到小船，通过浅涩河道后，再搬到大漕船继续航运；二是万一漕船沉溺，以囊盛米便于打捞，不至于全部散失。当然，以囊

① 《明经世文编》卷169《漕抚奏议一·攒运粮储疏》。

② 《明经世文编》卷79《刘忠宣集·河防粮运疏》。

③ 《明经世文编》卷71《丘文庄公集一·漕挽之宜一》。

盛米会增加运送成本，但其所增加费用比起万一沉溺、全部散失的损失，前者还是节省了许多。

其四，对负责漕运的官吏进行考核和监督。马卿建议："自嘉靖十五年（1536）为始，通行各处抚按官，合同监兑部官，将运粮把总、卫总、所总官员贤否，俱一年一次体察实迹，明白开具揭帖，送户、兵二部，积候首尾三年之期，漕运都御史、总兵官，将各官贤否，三年得失事迹，开具揭帖，送部照例会考以定去留。中间若有贪残实迹，或被劾事发者，亦听不次黜罚，不在此限。如此，庶考察得真，人有定志，各思自励，而运政可修矣。"①

当时，湖广、浙江、江南、江西各处负责造船官员，"无所钤束，全不畏惮，往往作弊误事。如今岁镇江卫委官指挥张儒、千户李希贤，侵费料价，耽误造船，稽迟粮运"。因此，马卿主张："将湖、浙、江西、江南等五总，但系考定，或委管造船官员，自指挥以下，有犯照依江北清江厂事例，径自提问，补入议单，庶漕规振举，人心畏服，而造船不误矣。"②

第六节　政府救助思想

一、抚恤贫病、老寡和阵亡将士家属思想

明代与古代其他朝代一样，贫富悬殊巨大是社会普遍的问题，成为无法治愈的痼疾。明政府为了稳定社会秩序，巩固封建统治，在一定程度上采取了一些抚恤贫病、老寡和阵亡将士家属的措施，给予这些弱势

① 《明经世文编》卷170《漕抚奏议二·攒运粮储疏》。
② 《明经世文编》卷169《漕抚奏议一·攒运粮储疏》。

群体起码的生存条件，以缓和社会矛盾。

（一）抚恤孤贫残病思想

明太祖朱元璋出身贫寒，深知社会底层民众生活之艰辛困苦，因此，在明王朝建立之初，就采取了一些恤养贫病弱势群体的政策措施。“洪武初，令天下置养济院，以处孤贫残疾无依者。”① 洪武二十六年（1393）定：“鳏寡孤独，仰本府将所属养济院合支衣粮依期按月关给，存恤养赡，毋致失所，仍具孤贫名数，同依准状呈。”② 在朱元璋的倡导下，尔后明朝多位皇帝都遵循太祖之训，重视养济院恤养孤贫残病的作用，不断增设养济院，以收养贫病无家可归者。天顺元年（1457），英宗下令：“收养贫民于大兴、宛平二县，每县设养济院一所于顺便寺观。从京仓支米煮饭，日给二餐。器皿柴薪蔬菜之属从府县设法措办，有疾者拨医调治，死者给与棺木。”③ 嘉靖六年（1527），世宗下诏：“在京养济院只收宛、大二县孤老。各处流来男妇笃废残疾之人，工部量出官钱于五城地方各修盖养济院一区，尽数收养，户部于在官仓库每人日给米一升。巡城御史稽考，毋得虚应故事。”④ 世宗还专门指派巡城御史负责安置流离失所者到养济院或寺院收养、给济：“巡城御史行各城地方，有在街啼号乞丐者，审属民籍，送顺天府发养济院；属军卫，送幡竿、蜡烛二寺给济；外处流来三百里内者，验发本贯官司收养；三百里外及不能行走者，一体送二寺给济。每季轮差兵马副指挥一员看验饭食、有无弊端，随同内官给散，十日一次开报查考，并行南京礼部一体施行。”⑤ 万历元年（1573），神宗题准：“宛、大二县鳏寡孤独及笃废残疾无依倚贫民，共五百六十一名口，照例收入养济院存恤，按月每名口支给粮米三斗，岁给

---

① 《明会典》卷80《礼部三十八·恤孤贫》。

② 《明会典》卷210《都察院二·出巡事宜》。

③ 《明会典》卷80《礼部三十八·恤孤贫》。

④ 《明会典》卷80《礼部三十八·恤孤贫》。

⑤ 《明会典》卷80《礼部三十八·恤孤贫》。

绵布一匹，造册呈部放支。”① 由此可见，养济院恤养孤贫残病的制度终明一代基本上还是坚持实行的。

但是，明代设立的养济院毕竟十分有限，全国大部分府州县的孤贫残病之人必须另有措施予以抚恤。朱元璋对此也十分重视，屡次下诏，通过当地政府或由孤贫残病之人的亲戚、邻里负责收养，政府予以补助等方法解决。如洪武元年（1368），朱元璋下诏：“鳏寡孤独废疾不能自养者，官为存恤。”② 洪武七年（1374），他又下诏：“各处鳏寡孤独并笃疾之人，贫穷无依不能自存，所司官给衣粮养赡。”③ 而且，朱元璋把收养孤贫残病之人作为地方政府应尽的职责，如不切实执行将受到处罚：“凡鳏寡孤独及笃废之人，贫穷无亲属依倚，不能自存，所在官司应收养而不收养者，杖六十。若应给衣粮而官吏克减者，以监守自盗论。”④ 对于一些鳏寡孤独之人，政府给予一定补助，然后由其亲戚、邻里收养：“所在鳏寡孤独，取勘明白，田粮未曾除去差拨者，即与除去；若不能自养，官岁给米六石；其孤儿有田，不能自立，既免差役，责令亲戚收养；无亲戚，邻里养之；其无田者，一体给米六石。”⑤ 继朱元璋之后，明代历朝皇帝继续推行完善抚恤孤贫病残的措施，如解决贫困人口医药、穿衣问题等。宣德三年（1428），宣宗下令：“天下军民贫病者，惠民药局给与医药。”⑥ 嘉靖十一年（1532），世宗下诏：“顺天府发银二百七十五两，于五城市故衣，给民无衣者。”⑦

（二）养老思想

尊老养老是中华民族优良的传统，明代也不例外，在儒家思想的指导下，明代朝廷制定并实施了一些养老政策，主要有以下 3 个方面。

---

① 《明会典》卷 41《户部二十八·杂支》。

② 《明太祖实录》卷 34。

③ 《明太祖实录》卷 92。

④ 《明会典》卷 163《刑部五·户役》。

⑤ 《明会典》卷 80《礼部三十八·恤孤贫》。

⑥ 《明会典》卷 80《礼部三十八·恤孤贫》。

⑦ 《明会典》卷 80《礼部三十八·恤孤贫》。

一是免除老年人及其部分亲属的徭役。明政府规定“民始生，籍其名曰不成丁，年十六曰成丁。成丁而役，六十而免”①，“凡优免差役，洪武元年（1368）诏：民年七十之上者，许一丁侍养，免杂泛差役。（洪武）二年（1369）令：凡民年八十之上，只有一子，若系有田产应当差役者，许令雇人代替出官；无田产者，许存侍丁，与免杂役”②。男子年满16岁成丁，开始服役。至60岁年老体衰，免除徭役。如年龄达到70岁，不仅老人本身免役，还可免除一个儿子的杂泛差役，使其能服侍70岁以上的老年人。如年龄达到80岁，只有一个儿子，有田产的人家可雇人代替服役，无田产的人家可免除这个儿子的杂役，让其服侍80岁以上的老年人。明代，手工业工匠地位低下，编有匠籍，不仅工匠本身一辈子要服役，而且匠籍还世代相袭。宣宗时还特别下令，对年老有疾病的工匠免除劳役：“老疾之人所宜优恤，其悉免之。若诸色工匠有老疾者，即勘实，一体放免。”③ 给所有年老有疾病的工匠免除劳役，在一定程度上使年老有疾病的工匠生活条件有所改善，社会地位有所提高。

明代朝廷提倡妇女守节，因此对“民间寡妇三十以前夫亡守志，至五十以后不改节者，旌表门间，除免本家差役”④。妇女虽然不必服差役，但寡妇如守节30年，年龄在50岁以上，其家庭中的男性成员可免除差役。

二是在物质上优恤老年人。明历朝皇帝都颁布诏书，给予70、80、90岁不同年龄段的老人米、肉、酒和帛、絮、绢、布等，甚至给予90岁以上老人冠带、宴饮、棺具等；特别是对那些退休的清廉而家贫的老年官员，更是给予优恤和慰劳。《明会典》卷80载：“（洪武）十九年（1386）诏：所在有司审耆老不系隶卒倡优年八十、九十，邻里称善者，备其年甲行实，具状奏闻。贫无产业者，八十以上，月给米五斗、肉五

① 《明史》卷78《食货二》。

② 《明会典》卷20《户部七·赋役》。

③ 《明宣宗实录》卷2。

④ 《明会典》卷20《户部七·赋役》。

斤、酒三斗。九十以上，岁加给帛一匹、絮五斤。虽有田产仅足自赡者，所给酒肉絮帛亦如之。其应天、凤阳二府富民年八十以上赐爵里士，九十以上赐爵社士，皆与县官平礼，并免杂差，正官岁一存问，著为令。永乐十九年（1421）诏：民年八十以上有司给与绢二匹、布二匹、酒一斗、肉十斤，时加存恤。（永乐）二十二年（1424）令：民年七十以上及笃废残疾者，许一丁侍养，不能自存者有司赈给。八十以上者仍给绢二匹、绵二斤、酒一斗，时加存问。天顺二年（1458）诏：军民有年八十以上者，不分男妇，有司给绢一匹、绵一斤、米一石，肉十斤。年九十以上者倍之。男子百岁加与冠带荣身……八年诏：凡民年七十以上者，免一丁差役，有司每岁给酒十瓶、肉十斤。八十以上者加与绵二斤、布二匹。九十以上者给予冠带，每岁设宴待一次。百岁以上给予棺具。”“（天顺二年）又诏四品以上官，年七十，以礼致仕，不能自存者，有司岁给米五石……成化二十三年（1487）诏：在京文职以礼致仕，五品以上，年及七十者，进散官一阶。其中廉贫不能自存众所共知者，有司仍每岁给与食米四石。不许徇情滥给。弘治十八年（1505）诏：文职官员五品以上，以礼致仕在家者，各进阶一级。其二品以上大臣年及八十者，有司备采币羊酒问劳；年九十以上者，具奏遣使存问。嘉靖元年（1522）诏：文职致仕，一品未受恩典者，有司月给食米二石，岁拨人夫二名应用。二品以上年及八十者，备采币羊酒问劳；九十以上者具实奏来，遣使存问。五品以上以礼致仕，年七十以上者，进散官一阶，其中廉贫不能自存众所共知者，岁给米四石，以资养赡。又诏内外大小文武官员人等，死于忠谏、老亲寡妻、无人侍养者，有司量加优恤。”

三是继承乡饮酒礼的敬老习俗。乡饮酒礼是先秦以来的一种敬老尊老的民间习俗，明代由各级政府出面主持，以期达到敦化乡俗、敬老尊老的社会效果。开国君主朱元璋对此特别重视，屡下诏书强调。洪武五年（1372）定：“在内应天府及直隶府州县，每岁孟春正月、孟冬十月，有司与学官率士大夫之老者行于学校。在外行省所属府州县亦皆取法于京师。其民间里社以百家为一会，粮长或里长主之，百人内以年最长者

为正宾，余以齿序坐，每季行之于里中。”① 洪武十六年（1383），颁行图式：“各处府州县每岁正月十五日、十月初一日，于儒学行乡饮酒礼……里社每岁春秋社祭会饮毕，行乡饮酒礼……乡饮之设，所以尊高年、尚有德、兴礼让。”② 洪武十八年（1385），朱元璋大诰天下，再次强调：“乡饮酒礼，叙长幼，论贤良，别奸顽，异罪人。其坐席间，高年有德者居于上，高年淳笃者并之，以次序齿而列。”③

四是对犯罪的老年人适当减免刑罚。《明会典》卷161规定：“凡年七十以上、十五以下及废疾、犯流罪以下，收赎……八十以上、十岁以下及笃疾，犯杀人应死者，议拟奏闻，取自上裁；盗及伤人者亦收赎（谓既侵损于人，故不许全免，亦令其收赎）。余皆勿论……九十以上、七岁以下，虽有死罪，不加刑……凡军职犯该杂犯死罪，若年七十以上、十五以下及废疾并例该革职者，俱运炭纳米等项发落，免发立功；年七十以上、十五以下及废疾，犯该充军者，准收赎，免其发遣……凡老幼及废疾犯罪律得收赎者，若例该枷号，一体放免，照常发落。”④

（三）抚恤阵亡将士家属思想

明代是一个战争较多的朝代，明初开国战争，从洪武到正统年间与瓦剌鞑靼的战争，抗葡、抗倭战争，与后金的战争，终明一代，战争不断。连绵不断的战争造成明军将士大量伤亡，对阵亡将士家属的抚恤，不仅关系到社会的稳定，而且对军队士气和战斗力也会产生影响。因此，抚恤军队阵亡将士的家属成为明政府社会救助的一项重要工作。虽然明代各朝抚恤阵亡将士家属的具体措施有所不同，但其所体现的思想理念却是基本一致的，即给予阵亡将士家属生活上的保障、阵亡将士子弟继承父兄的职位与俸禄。如洪武元年（1368）九月，朱元璋下令“优给将士之家”。洪武四年（1371）规定：“军职阵亡，无子弟而有父母若妻者，

① 《明会典》卷79《礼部三十七·乡饮酒礼》。

② 《明会典》卷79《礼部三十七·乡饮酒礼》。

③ 《明会典》卷79《礼部三十七·乡饮酒礼》。

④ 《明会典》卷161《刑部三·名例下》。

给全俸，三年后给半俸；有子弟而年幼者亦同，候袭职，给半俸，有特旨令其子孙参随历练及未授职者，给半俸。其病故，无子弟而有父母若妻者，给半俸终身；有子弟年幼者，初年给半俸；次年又半之，俟袭职，给本俸，特旨参随及未授职者亦给半俸。军士阵亡，有妻者月粮全给，三年后守节无依者，月给米六斗终身；病故，有妻者初年全给，次年总小旗月给米六斗，军士给月粮一半，守节者给终身。将士守御城池、战没病故，妻子无依者，守御官计其家属，有司给行粮送至京优给，愿还乡者亦给粮送回，愿留见处者依例优给。"① 洪武七年（1374）八月朱元璋又下诏："军士阵没，父母妻子不能自存者，官为存养。"洪武十九年（1386）六月再一次下诏："将校阵亡，其子世袭加一秩。"十月又命令"官军已亡，子女幼或父母老，皆给全俸。著为令。"②

永乐、嘉靖年间，明政府还就阵亡将士年幼儿子的抚养做出规定。永乐元年（1403）令："奉天征讨阵亡官员幼男送锦衣卫优给，总小旗幼男，锦衣卫食粮；出幼，原卫补役。其杂犯为事亡故并典刑之子，俱照祖职，与全俸优给。"③ 嘉靖三十年（1551）议准："调卫病故子孙年幼，许令原卫暂与优给，候出幼袭职，仍去原调卫所。又议准各边阵亡，特旨荫子而年幼者，照所荫官与全俸优给，加以冠带。候出幼，呈详抚按，就彼授职，免其赴京。"④

明政府还对虽未阵亡，但已残疾的将士进行抚恤。如"洪武六年（1373）令：武官残疾者月给米三石优养十年，有子准承袭，无子为民。（洪武）二十年（1387）令：京卫官老疾无子孙者全俸优养，已袭替而故、再无承袭者亦同"⑤。

此外，明政府还在民间设立义冢或漏泽园，安葬因战争、自然灾害、

---

① 《明会典》卷122《兵部五·优给》。
② 龙文彬：《明会要》，中华书局，1956年，第307—308页。
③ 《明会典》卷122《兵部五·优给》。
④ 《明会典》卷122《兵部五·优给》。
⑤ 《明会典》卷122《兵部五·优给》。

疾病等亡故而无力安葬的人。“国初，立养济院以处无告，立义冢以瘗枯骨，累朝推广恩泽，又有惠民药局、漏泽园、旛竿、蜡烛二寺，其余随时给米给棺之惠，不一而足。”[①] “（洪武）三年（1370）令：民间立义冢，仍禁焚尸，若贫无地者，所在官司择近城宽闲之地立为义冢……（天顺）四年（1460）令：京城崇文、宣武、安定、东直、西直、阜城门外各置漏泽园，仍令通州、临清、沿河有遗胔暴露者，一体掩藏。”[②]

二、备灾、防灾思想

（一）明代自然灾害的影响

明代是一个自然灾害发生比较频繁的朝代。据鞠明库从《明史》《明实录》《古今图书集成》统计，明代水灾、旱灾、地震、雹灾、蝗灾、风沙、疫灾、霜雪灾8种自然灾害共发生5614次。[③] 如果加上各府州县方志的记载，去掉重复，上述8种自然灾害的总数当超过这一数字。如按5614次计算，终明一代277年，平均每年约发生20次。

其一，自然灾害对农业生产破坏严重。古代中国是农业社会，农业是最重要的生产，而在当时的科技条件下，农业对自然条件的依赖度很强，因此，自然灾害对农业的破坏是相当直接、严重的。在各种自然灾害中，对农业破坏最严重的是水灾、旱灾，其次是蝗灾、雹灾、霜雪灾等。据鞠明库统计，明代5614次自然灾害中，水灾最多，达1875次；旱灾居第三位，946次；蝗灾居第五位，323次；雹灾居第四位，446次；霜雪灾居第八位，90次。

在明代，水灾集中发生在黄河中下游地区、长江流域及珠江流域。如洪熙元年（1425），“镇江府金坛县水灾，官民田二千二百顷八十二亩皆无收”[④]；常州府奏武进、宜兴、江阴、无锡四县“去岁水涝，田谷无

① 《明会典》卷80《礼部三十八·恤孤贫》。
② 《明会典》卷80《礼部三十八·恤孤贫》。
③ 鞠明库：《明代灾害与政治》，华中师范大学，2008年博士论文，第39页。
④ 《明宣宗实录》卷7。

收，民缺食者二万九千五百五十余户"①。宣德六年（1431），顺天府固安县"六月淫雨，浑河水涨，冲决堤岸，淹没民田一千三百五顷有奇，禾稼无收"②；湖广石首县"旧有三堤长一千九百四十余丈，比因江水泛涨，风浪冲激颓圮其半，近堤之内连岁被涝，禾稼无收"③。

同样，旱灾对农业的破坏也会造成粮食无收。如宣德三年（1428），直隶真定府赵、定、冀三州，真定、平山、获鹿、井陉、阜平、栾城、藁城、灵寿、无极、元氏、曲阳、行唐、新河、隆平、高邑、赞皇、临城、新乐十八县，顺德府平乡、内丘、唐山、沙河、钜鹿五县，广平府肥乡、邯郸、永平三县各奏"自去年十月至今年夏不雨，麦苗枯死无收"④。如此大面积的干旱，使农作物无收，不言而喻，其破坏性是很大的。而且，有的旱灾是接二连三地袭来。如宣德四年（1429），陕西延安府绥德、肤施等中部十二州县"去岁春夏亢旱及秋霜，旱田皆无收。今当耕种之时，民多缺食"⑤。宣德五年（1430），山西平阳府"吉州、临汾等十一州县春忧亢旱、秋旱霜，民田地五万二千九百三顷九十七亩皆无收"⑥；山东布政司奏济南府高唐等州县"去年旱，田禾无收，民多饥窘"⑦。

蝗灾、雹灾不仅会损害农作物的生产，有时甚至会给农作物带来灾难性的打击。如永乐元年（1403），陕西岷州卫"地蝗，田稼无收"，只得请求"以麦豆代输"⑧；河南、陕西"连岁蝗旱，人民饥困，所亏秋粮二万七千余石"⑨。永乐二年（1404），山东临清县会通税课局上奏："比

---

① 《明宣宗实录》卷 8。
② 《明宣宗实录》卷 84。
③ 《明宣宗实录》卷 84。
④ 《明宣宗实录》卷 43。
⑤ 《明宣宗实录》卷 53。
⑥ 《明宣宗实录》卷 65。
⑦ 《明宣宗实录》卷 65。
⑧ 《明太宗实录》卷 17。
⑨ 《明太宗实录》卷 26。

岁市镇经兵，民皆流移，兼连年蝗旱，商旅不至。”① 由于旱灾会引起蝗虫的大量繁殖，因此，旱灾与蝗灾往往会相伴发生，更加重灾情，给农作物以毁灭性的打击，使农民颗粒无收。

其二，自然灾害使大批民众流离失所，甚至死亡。自然灾害往往使受灾地区民众缺乏最起码的生存条件，缺衣少吃，房屋坍塌，所以被迫逃离家乡，外出乞讨谋生。如正统十二年（1447），山东、山西并直隶、淮安等府，百姓因旱伤逃往河南“将及二十万”，“尚有行勘未尽之数”，造成河南“食不足以给，地不足以容”②。天顺元年（1457），山东、河南、浙江等布政司，并应天、顺天、直隶河间，苏、松等府，“连年灾伤，人民逃亡者多遗下田地未曾耕种，及见在人户田地亦有无力不能遍耕者”③。

更为严重的是，大量的流民在迁徙路途中风餐露宿，因饥寒疾病而死亡。如成化二年（1466）“凤阳等四府、滁和徐三州水旱相仍，道殣相望，继以瘟疫，死者愈众”④；“河南诸郡频年水旱，民流移饿死者不可胜计，其未流者仓廪空虚，无所仰给”⑤。一些灾民，即使不迁徙，但留在灾区，也照样难逃因饥寒疾病而死的厄运。如成化十二年（1476），福建、江西“水旱疠疫，民物凋耗已极，死者不可胜计”⑥。成化十三年（1477），湖广左副都御史刘敷奏：“去岁夏秋亢旱，田禾损伤，人染疠疫，死者甚众。今春大雨冰雹，牛死什八九。”⑦ 成化十四年（1478）南北直隶、山东、河南等众，“今年四月以前亢阳不雨，五月以后骤雨连绵，水势泛滥，平陆成川，禾稼淹没，人畜漂流，庐舍沉于深渊，桴筏栖于木杪，老弱流离，妻奴分散，覆溺而死者不可胜纪，人心惊惶，皆

① 《明太宗实录》卷27。
② 《明英宗实录》卷154。
③ 《明英宗实录》卷276。
④ 《明宪宗实录》卷30。
⑤ 《明宪宗实录》卷30。
⑥ 《明宪宗实录》卷150。
⑦ 《明宪宗实录》卷165。

谓数十年来未尝有此况”①。成化二十一年（1485），广东番禺、南海二县，“风雷大作，飞雹交下，坏民居庐舍万余间，死者千余人”②。正德五年（1510），太平、宁国、安庆等府大水，“溺死者二万三千余人”③。嘉靖三十四年（1555），山西、陕西、河南同时地震，“官吏、军民压死八十三万有奇”④。

自然灾害使农业生产遭到严重破坏，大批灾民流离失所，因饥寒疾病而死亡，从而给社会稳定带来巨大的威胁，诱发大批饥民铤而走险，终于酿成大大小小的农民起义。尤其是从万历初年开始，陕西地区连年灾荒，严重的自然灾害使大量饥民出现。他们无以为生，加之明政府救灾措施不到位，终于使社会矛盾激化，爆发了李自成、张献忠等领导的明末农民大起义。

其三，自然灾害使国家赋税收入减少，财政开支增多。每当自然灾害，尤其是重大自然灾害发生，使农业减产甚至无产，人口大批迁徙脱离原籍或死亡，都直接减少了国家的赋税收入。与此同时，国家还要增加财政支出，用于赈灾、救灾。

当自然灾害发生，政府最常见的一种措施就是减免受灾地区的赋税征收。如：“成化十九年（1483）奏准：凤阳等府被灾，秋田粮以十分为率减免三分，其余七分除存留外，起运者照江南折银则例，每石征银二钱五分送太仓银库，另项收贮备边。以后事体相类者，俱照此例。弘治三年（1490）议准灾伤应免粮草事例：全灾者免七分，九分者免六分，八分者免五分，七分者免四分，六分者免三分，五分者免二分，四分者免一分。只于存留内除豁，不许将起运之数一概混免。若起运不足，通融拨补……（嘉靖）七年（1528）奏准：北直隶八府灾伤，将本年分夏税不分起运存留尽数蠲免，其秋粮视被灾分数仍照旧例行……万历十二

① 《明宪宗实录》卷180。
② 《明宪宗实录》卷263。
③ 《明武宗实录》卷67。
④ 《明史》卷30《五行三》。

年（1584）议准：以后地方灾伤，抚按从实勘奏，不论有田无田之民通行议恤，如有田者免其税粮，无粮免者免其丁口盐钞，务使贫富一体并蒙蠲恤。”①

当自然灾害发生时，政府不仅减免受灾地区赋税的征收，而且还要给饥民发放或借贷米粮，出钱赎还灾民典卖的子女，掩埋死去的灾民。如《明会典》卷17云：“凡赈济，洪武十八年（1385）令：天下有司凡遇岁饥，先发仓廪赈贷，然后具奏。（洪武）二十七年（1394）定：灾伤去处散粮则例：大口六斗，小口三斗，五岁以下不与。永乐二年（1404）定：苏、松等府水淹去处给米则例：每大口米一斗，六岁至十四岁六升，五岁以下不与；每户有大口十口以上者只与一石。其不系全灾、内有缺食者。原定借米则例：一口借米一斗，二口至五口二斗，六口至八口三斗，九口至十口以上者四斗，候秋成抵斗还官……（永乐）八年（1410）令：被灾去处人民典卖子女者，官为给钞赎还……（正统）九年（1444）令：扬州府江潮泛涨淹死人民，量给钞锭收瘗。”这些赈灾支出，就灾民每个人来看，数额是微小的，但就赈灾范围和灾民总数来看，则往往是一笔不小的财政开支。如永乐十一年（1413），赈济浙江乌程等五县饥民，“计户万二千八百一十三，给粟三万七千六百石”②。永乐二十一年（1423），赈济河间之吴桥、安庆之桐城二县饥民，计“五千八百五十八户”，“给粮万五千五百九十二石”③。宣德十年（1435），广东肇庆、雷州二府，“去年春旱，田苗枯槁，秋田又被飓风涌潮淹没，禾稼无收，人民饥窘”，验实并“开仓赈济”④；“先是诏天下贫民缺食，有司量为赈济。直隶扬州府、徐州、滁州并属邑旱伤尤甚，人民乏食者亿万计，巡抚侍郎曹弘等督有司赈之”⑤。

---

① 《明会典》卷17《户部四·灾伤》。

② 《明太宗实录》卷138。

③ 《明太宗实录》卷257。

④ 《明英宗实录》卷3。

⑤ 《明英宗实录》卷5。

总之，自然灾害，尤其是严重的自然灾害，对农业生产的破坏是巨大的，并且引发大量灾民流离失所，甚至死亡。这大大影响了社会秩序的稳定，进而威胁到明王朝的统治。因此，明王朝与古代其他多数王朝一样，比较重视备荒、救灾工作。加上中国古代自汉朝以来，最高统治者都信奉“天人感应”“灾异天谴”的思想，因此，每遇到较大的自然灾害，皇帝就要下诏采取一些赈灾措施，以及求言、避殿、减膳、恤刑、祭神等，以示得到上天的宽恕，祈求灾害不再发生，朱姓王朝长治久安。

（二）仓储备灾思想

中国古代建立仓储备灾思想来源甚早，至迟从周代开始已经形成了较为系统的防灾救灾仓储制度。明代的备灾仓储制度较为完备，有预备仓、常平仓、社仓、义仓、济农仓等，其中，预备仓为明代才出现的仓储。

1. 预备仓。

预备仓始建于明太祖洪武年间，有关其记载，各种文献详略不一，兹举 4 例有代表性的记载。

> 预备仓之设也，太祖选耆民运钞籴米，以备赈济，即令掌之。①
>
> 洪武初，令天下县分各立预备四仓，官为籴谷收贮，以备赈济，就择本地年高笃实民人管理。②
>
> 明洪武初，命户部运钞二百万贯往各府州县预备粮储，每县于境内定为四所，于居民丛集处置仓，民家有余粟愿易钞者许运赴仓交纳，依时价偿其值，官储粟而扃钥之，令富民守视，凶岁赈给。③
>
> 太祖高皇帝惓惓以生民为心，凡于预备，皆有定制。洪武年间，每县于四境设立四仓，用官钞籴谷，储贮其中。又在近仓之处，签点大户看守，以备荒年赈贷。官籍其数，敛散皆有定规。④

从上述记载，我们大致可以了解到，明代创立的预备仓主要特点是：

---

① 《明史》卷 79《食货三》。

② 《明会典》卷 22《户部九·预备仓》。

③ 俞森辑：《荒政丛书》卷 9，台湾商务印书馆影印文渊阁本《四库全书》。

④ 《明经世文编》卷 15《杨文贞公文集一·论荒政》。

其一，预备仓存贮的粮食主要源于政府出钞购买，即“爰命所司，出官钞以易谷”①。其二，预备仓的粮食主要用于赈济、赈贷灾民，既用于无偿赈灾又用于低息、无息借贷。其三，预备仓设立于州县四境，一般在人口比较集中的地方，即“于居民丛集处置仓”，“而储之乡社，以备凶荒，以恤艰厄”②，便于就近赈灾。由年老、诚实、家庭富裕的人负责看守管理。其四，预备仓的籴粜敛散有严格的规定，并“严立簿籍，以凭稽考”③，即“官籍其数，敛散皆有定规”。

预备仓作为备灾性质的仓储，其能否发挥赈济功能，最重要的一个因素是平时要有足够的粮食存储。明政府主要通过3个途径，为预备仓囤积粮食：一是由政府直接出钱籴粮收贮，或将官仓粮食支作预备仓粮。如前所引，预备仓在洪武年间建立之初，其仓粮来源就是“官为籴谷收贮，以备赈济”。而且从《明太祖实录》可以知道，朱元璋相当重视出钞购买预备仓存粮以备灾荒，其购买预备仓存粮的钱钞主要由中央财政支出。如洪武二十一年（1388），朱元璋命户部“运钞二百万贯往各府州县预备粮储”。洪武二十三年（1390），他多次派遣老人运钞到全国各地，“收籴备荒粮储”；“遣老人运钞七十九万一千九百余锭，往湖广籴谷置仓收贮，以备荒歉”；“遣老人往江西诸郡收籴备荒粮储，凡钞一百五十五万三千九百二十四锭”；“遣老人往青州所属州县收籴备荒粮储，凡钞二十一万四千六百八十锭”④；“遣老人往山东济南府所属州县收籴备荒粮储，凡钞二十万六千三百九十四锭”；“遣老人往直隶淮安等十二府所属州县收籴备荒粮储，凡钞三十八万一百四十九锭”⑤；“遣老人往福建诸郡县收籴备荒粮储，凡钞四十万八千四百五十五锭”；“遣老人往苏州府长州等县收籴备荒粮储，凡钞二十四万五千七百四十七锭”；“遣老人往徐

① 《明经世文编》卷95《章枫山文集·兰溪县新迁预备仓记》。
② 《明经世文编》卷95《章枫山文集·兰溪县新迁预备仓记》。
③ 《明经世文编》卷98《乔庄简公文集·陈愚见以广圣聪疏》。
④ 《明太祖实录》卷202。
⑤ 《明太祖实录》卷203。

州及丰沛等县收籴备荒粮储，凡钞一万一千三百六十三锭”①。由此可见，洪武年间中央出钱钞收籴预备仓备荒粮储次数之多史所罕见，而且金额巨大，每次均数十上百万锭。

洪武之后，中央政府减少预备仓储粮投入，主要改由地方政府存留的库藏钱银用于预备仓粮储的购买。如成化六年（1470）下令：“顺天府河西务、山东临清、直隶淮扬等关钞贯暂且折收粳粟粮米，俱以十分为率，各存留三分；其余七分，河西务运至天津卫沧州等处，临清运至东昌府德州等处，淮安运至济宁州徐州等处，扬州运至邳州桃源县等处，俱各收贮预备官仓赈济。”② 嘉靖六年（1527）下令：“抚、按二司督责有司设法多积米谷以备救荒……如见在米谷数少，各将贮库官钱并问过赎罪折抵银两，趁秋成时委贤能官一员籴买，比时估量添二三文，府以一万石、州以四五千石，县以二三千石为率。明立簿籍查考，岁荒减价粜与穷民。”③

二是富民捐谷入仓是明代预备仓粮的主要来源之一。明政府通过给予富民褒奖、免役、给冠带办事、授予散官、免其考试直接充吏等奖励、优待，鼓励富民积极捐谷给预备仓，作为备灾储粮。如《明会典》卷 22《预备仓》载，“凡民愿纳谷者，或赐奖敕为义民，或充吏，或给冠带散官”。正统五年（1440）议准：“凡民人纳谷一千五百石，请敕奖为义民，仍免本户杂泛差役；三百石以上，立石题名，免本户杂泛差役二年……又令各处预备仓，凡民人自愿纳米麦细粮一千石之上，杂粮二千石之上，请敕奖谕。”成化六年（1470）奏准：“预备救荒，凡一应听考吏典纳米五十石，免其考试，给与冠带办事。在外两考起送到部未拨办事吏典，纳米一百石；在京各衙门见办事吏典一年以下纳米八十石，二年以下纳米六十石，三年以下纳米五十石，免其考试，就便实拨，当该满日俱冠

① 《明太祖实录》卷 205。

② 《明会典》卷 22《户部九·预备仓》。

③ 《明会典》卷 22《户部九·预备仓》。

带办事，各照资格挨次选用。又令在外军民子弟愿充吏者纳米六十石，定拨原告衙门遇缺收参。又令凤阳、淮安、扬州三府军民舍余人等纳米预备赈济者，二百石给与正九品散官，二百五十石正八品，三百石正七品。”《明史》卷78《食货二》则云：“捐纳事例，自宪宗始。生员纳米百石以上，入国子监；军民纳二百五十石，为正九品散官，加五十石，增二级，至正七品止。武宗时，富民纳粟赈济，千石以上者表其门，九百石至二三百石者，授散官，得至从六品。世宗令义民出谷二十石者，给冠带，多者授官正七品，至五百石者，有司为立坊。”

三是赃赎所得粮食作为预备仓储粮，也是明代预备仓粮的主要来源之一。宣德二年（1427），为了解决预备仓的粮食储备，宣宗敕谕南京刑部、都察院、大理寺：“凡官员军民人等有犯除恶逆、不孝、人命、强盗、诈伪等项真犯死罪，及故烧仓库钱粮、衙门文卷依律外，其监守自盗及杂犯死罪以下悉依定去条例：令各犯自备米于南京仓输纳赎罪，纳毕仍依运砖罚钞例发落，内有该追钱粮赃物者依例追征。纳米之例：死罪官吏米一百石，军民人等米八十石；流罪米六十石；徒罪三年米五十石，二年半米四十石，二年米三十五石，一年半米三十石，一年米二十五石；杖罪一百米二十石，九十米十五石，八十米十二石，七十米十石，六十米八石；笞罪五十米六石，四十米五石，三十米四石，二十米三石，一十米二石。”① 尔后历朝皇帝都承袭了这一做法，只是在具体纳粮的规定上有所不同。如正统五年（1440），“以大兴、宛平二县缺粮赈济，命法司见问罪囚俱纳米赎罪于二县预备仓收贮，杂犯死罪七十石，流罪五十五石，五徒各以五石递减，杖每一十二石，笞每一十一石五斗”②。弘治十八年（1505）议准：“在外司府州县问刑应该赎罪等项、赃罚等物尽行折纳，籴买稻谷上仓以备赈济。并不许折收银两，及指称别项花销。”③ 在通常情况下，赃赎所得只一部分用于预备仓储，还有一部分要供给边

① 《明宣宗实录》卷29。

② 《明英宗实录》卷73。

③ 《明会典》卷22《户部九·预备仓》。

关军需。如成化四年（1468）定议："陕西附近山西、河南问拟囚犯，除真犯及官吏受财枉法例该充军外，其杂犯死罪纳米八十石，三流五十石，五徒自三十五石递减五石至十五石，杖笞每一十纳一石，俱照时值折银送布政司收用，以调兵征剿，满四预积粮储，给军故也。"①

明预备仓储粮除上述3种主要来源外，还有其他一些途径供给仓储，如将官田地租转入预备仓，或召商中盐、中茶所得存入预备仓等。如正德二年（1507）令："云南抚按同三司掌印等官查勘各库藏所积，除军前支用银物外，其余堪以变卖及官地湖池等项可以召人佃种收租者，尽数设法籴买米谷上仓，专备赈济。又议准：各司府州县卫所问刑衙门，凡有例该纳米者，每石折谷一石五斗收贮各预备仓。"②

明政府为保证预备仓有合理的储积用于赈灾，逐渐将预备仓储粮定额化、合理化，其依据标准是以里分多寡来确定各个预备仓的储粮数量。如弘治三年（1490）下令："天下州县预备仓积粮以里分多寡为差，十里以下积粮至万五千石者为及数，二十里以下者二万石，三十里以下二万五千石，五十里以下三万石，百里以下五万石，二百里以下七万石，三百里以下九万石，四百里以下十一万石，五百里以下十三万石，六百里以下十五万石，七百里以下十七万石，八百里以下十九万石，及数者斯为积职，过额者奏请旌擢，不及者罚之。各府州正官亦视其所属粮数足否以为黜陟，其军卫亦略仿此数，以量示劝惩。"③ 其后实践证明，这一标准定得太高，各地方政府难以达到。如要勉强达到这一标准，地方政府势必在平时加重对农民的征敛，结果事与愿违："本欲济民，而反病民；本欲弭变，而反致变。"④ 于是，弘治六年（1493），朝廷作出调整，"敕户部依洪武间例：凡州县预备仓粮仍给官钱籴贮，其数目照成化七年（1471），州县小者每里三百石，大者每里五百石为准，若有不足，以存

① 《明宪宗实录》卷57。

② 《明会典》卷22《户部九·预备仓》。

③ 《明孝宗实录》卷36。

④ 《明经世文编》卷143《刘清惠公文集·积谷预备仓粮以赈民疏》。

留、赃罚及坛场、湖荡所入充之”①。万历五年（1577）议准：“行各抚按详查地方难易，酌定上中下三等为积谷等差，如上州县，每岁以千石为准，多或至三二千石；下州县以数百石为准，少或至百石。务求官民两便，经久可行。自本年为始，著为定额。”②

明朝预备仓粮在赈灾中采取赈贷、赈粜、赈济3种形式发放。其中最常见的是采取赈贷的方式，即“荒年赈贷”，“俟丰年偿之”。而且这种荒年赈贷往往是低息或免息借贷。如嘉靖六年令：“抚按二司督责有司设法多积米谷以备救荒，仍仿古人平籴常平之法，春间放赈贫民，秋成抵斗还官，不取其息。”③ 而赈粜则是在荒年平价或低价卖粮食给灾民。如嘉靖六年令：“如见在米谷数少，各将贮库官钱并问过赎罪折纸银两，趁秋成时委贤能官一员籴买，比时估量添二三文，府以一万石，州以四五千石，县以二三千石为率，明立簿籍查考，岁荒减价粜与穷民。”④ 第三赈济则是在灾荒时无偿发放粮食给灾民。如上引“洪武初，令天下县分各立预备四仓，官为籴谷收贮，以备赈济”。

明代的预备仓有一套系统的管理制度，并刻印成书，分发有关部门，作为管理依据。如嘉靖四年（1525）令：“各处抚按官通查积谷、备荒前后议处过事宜，翻刊成册，分发所属，着落掌印等官时常检阅，永远遵守。”⑤ 明代初年，政府将预备仓委托“本地年高笃实民人管理”。至正德年间，预备仓改由州县及管粮仓官直接管理。“初，预备仓皆设仓官，至是革，（正德中）令州县官及管粮仓官领其事”⑥。按抚及府州县官员负责巡查监督，“查勘预备仓粮内有借用未还并亏折等项，着落经手人户供报追赔”⑦。“抚按清军官每年春季，各将所属上年收过谷石实数奏报户部，

① 《明孝宗实录》卷75。
② 《明会典》卷22《户部九·预备仓》。
③ 《明会典》卷22《户部九·预备仓》。
④ 《明会典》卷22《户部九·预备仓》。
⑤ 《明会典》卷22《户部九·预备仓》。
⑥ 《明史》卷79《食货三》。
⑦ 《明会典》卷22《户部九·预备仓》。

时常稽考，以凭赏罚。”① 在稽考中，会计簿籍是重要审计对象：“各纳米上彼处预备仓，严立簿籍，以凭稽考。年复一年，仓廪所积者渐自充足，遇有荒歉，随宜赈给，黎民免逃移冻馁之患矣。”② 明代在预备仓管理中还重视新旧官员的交接盘查，以防止官员在其任内贪污、侵吞仓粮，并明确前后任官员的责任。万历七年（1579）议准：“各省直抚按酌量所属知府地方繁简贫富，定拟积谷分数，其积不及数者与州县一体查参，其升迁离任者照在任一体参究。”③ 万历八年（1580）题准：“各抚按官查盘积谷实数，分别府州县总撒填注主守职名，每年终奏报；其更代官候交盘明白，方准离任。”④ 古代由于保鲜技术的限制，仓储粮食时间太久就会霉变糜烂，因此，必须坚持不断以新易陈：“如年久谷多，酌量出陈易新，以免浥烂。”⑤

2. 常平仓。

明代常平仓始建于何时，笔者未见明确记载。但至迟在正统八年（1443）之前，常平仓已建立一段时间，所以才会出现常平仓粮食积久陈腐情况。《明英宗实录》卷108记载：正统八年（1443），“广东南雄府常平仓粮积久陈腐，陆续放支耗折四千九百余石”，并请求“每一石折收钞一百贯”，得到英宗批准。

明代常平仓的功能仍然以灾荒时平抑粮价为主。如成化十八年（1482），明中央“命南京粜常平仓粮。时岁饥，米价踊贵，而常平所储粮八万六千余石，南京户部请减价粜以济民，候秋成平粜还仓，其粜于民多不过五斗，务使贫民得蒙实惠”⑥。成化二十二年（1486），旱灾造成“江北诸处流民四集”，南京守备成国公朱仪、兵部尚书王恕等奏请，将

① 《明会典》卷22《户部九·预备仓》。

② 《明经世文编》卷98《乔庄简公文集·陈愚见以广圣聪疏》。

③ 《明会典》卷22《户部九·预备仓》。

④ 《明会典》卷22《户部九·预备仓》。

⑤ 《明会典》卷22《户部九·预备仓》。

⑥ 《明宪宗实录》卷223。

“南京常平仓见有粮五万六千余石，及各处每年起运，其数亦不下数百万石，若暂行平粜预支”，以平米价①。

常平仓不仅在灾荒年份平抑飞涨的粮价，而且在丰收之年也能提升过于低迷的粮价。正如明人倪岳所指出的：常平仓“遇岁凶米贵，减价粜卖银钱，收贮官库；岁丰米贱，增价籴买粮米，收贮本仓。良法美意，与古实同……且往年米价腾贵，至八九钱一石，民皆缺食，盗窃纷起，若使官廒有米，能粜数十万于市，则米不踊贵，民饥可疗矣。如今年米价极贱，至二三钱一石，民卖轻赍，亏损至极，若使官库有银，能籴数十万于仓，则米不狼籍，农力可苏矣。奈何坐视米价贵贱之机，莫救农末交病之苦，岂宜然也?”因此，倪岳认为，常平仓平抑粮价的功能不仅在灾荒之年发挥作用，也在丰收之年发挥作用：“使新旧相更，贵贱相济。仓有余粮，岁荒无缺食之忧；市有平价，年丰无伤农之虑，实为便益。”②

常平仓不仅通过赈粜在灾荒年份平抑粮价，而且有时候可对那些连赈粜粮也买不起的饥民给予赈济。如“弘治十四、十五、十六三年，放过饥民稻谷，量追一半。如借一石者，追五斗，另廒收受。审实极贫，倍加贱粜，如时一钱四斗，则与六斗。果甚孤独无归，委难自籴，方与赈济，不必追还”③。

3. 社仓。

社仓的设置最初始于宋代。明代社仓当在明初就已设置。据《明孝宗实录》卷158记载：弘治十三年（1500）正月，巡按福建监察御史胡华言六事，其第二事即“实仓库。迩来各处仓库空虚，乞照洪武、永乐事例置立四门社仓。如宋朱熹领米赈贷，每石量收息米二斗，积至数千，每石只收耗米三升。岁歉则散，岁丰则敛，县仓以十万为率，府仓以二十万为率，验粮储之多寡为给由之升降，则人知劝惩，而仓库实矣”。由

① 《明宪宗实录》卷274。

② 《明经世文编》卷78《青溪漫稿二·会议》。

③ 《明经世文编》卷87《林贞肃公集二·请复常平疏》。

此可见，据胡华所言，明初洪武年间，地方州县就设有社仓，于丰收之年囤积粮食，灾荒之年时发放赈灾。

明代社仓一般采取官督民办的形式，储粮主要由民众筹集。如“嘉靖八年（1529），乃令各抚、按设社仓。令民二三十家为一社，择家殷实而有行义者一人为社首，处事公平者一人为社正，能书算者一人为社副。每朔望会集，别户上中下，出米四斗至一斗有差，斗加耗五合，上户主其事。年饥，上户不足者量贷，稔岁还仓。中下户酌量赈给，不还仓。有司造册送抚、按，岁一察核。仓虚，罚社首出一岁之米”①。由此可见，社仓最重要的特点是具有扶贫助弱的性质，即将民户二三十家组织成一社，并将民户按贫富分为上中下三等。富民为上户，平时向社仓多交米，在饥荒之年向社仓借贷后，要在丰收之年偿还。贫民为中下户，平时向社仓少交米，在饥荒之年向社仓借贷后，可不必偿还②。

由于社仓仓粮主要来源于民间，因此，其管理一般由社众具体负责，管理人的产生有两种途径：一是由抚、按等地方政府官员指派，如上文所引“择家殷实而有行义者一人为社首，处事公平者一人为社正，能书算者一人为社副”。二是由社众推选，如时人沈鲤所云：“今拟各里先推举好善而公正、老诚而精敏者绅衿士民十余人，立为社正二人，社副四人，社直二人，社干八人。”③

社仓从其仓粮主要来源及管理者来看，基本上属于民办性质，但是，它必须受到官方的监督。一是如上所引，社仓的设置由抚、按确定，其管理者由官府选择：“嘉靖八年（1529）乃令各抚、按设社仓。令民二三十家为一社，择家殷实而有行义者一人为社首，处事公平者一人为社正，

---

① 《明史》卷79《食货三》。

② 据成化九年（1473）都察院司务顾祥所奏：“社仓之法，编定上、中、下三等人户，每于丰年征收之余，劝令小户出粟五斗，中户一石，大户二石，收贮官仓。如遇荒歉，足可赈济事。”（《明宪宗实录》卷116）

③ 俞森：《社仓考》，载《中国荒政全书》（第2辑第1卷），北京古籍出版社，2004年，第116－117页。

能书算者一人为社副。”二是社仓必须受到官府的查核、监督，其负责人失职、侵欺等必须受到官府处罚。如上所引，社仓储粮收支，必须由“有司造册送抚、按，岁一察核。仓虚，罚社首出一岁之米”。《社仓条议》亦规定：“社仓虽听民间措置，有司并不干预抑勒，但事成之日，必须呈明上台。设有侵欺等弊，或暗败公事者，许诸人直陈其奸，官司立行处分，务使惩一而警百，以杜乱法之萌可也。”①

社仓由当地社众推选社正、社副等人负责日常管理，因此，易于受到世家大族、乡绅等控制、操纵，从而给仓粮的筹集、发放带来消极影响，产生诸多弊端。鉴于这一原因，社仓的官督是必要的，正如隆庆四年（1570）二月，巡抚山西都御史靳学颜所指出的：“社仓盖收民谷以充者，此虽中岁皆可以行，此二仓者社仓举之甚易，然非官府主持于上，则其事终不能成。”②

社仓粮储虽然主要源于民众筹集，但也有少数官为籴买，以罚赎买谷充之，或由富民捐纳劝借。加上社仓如在灾荒之年赈贷给富民，而到丰收之年要加息偿还所借粮食，所以通常情况下社仓的储备都比较充足。万历十八年（1590）十一月，吏部主事邹元标条陈四事，其第四事云：“积荒之苦，凶荒流离饿殍赈贷莫及，宜多建社仓，将抚按所留罚赎为买谷，张本或冠带尚义并生员、监生、吏典、富民欲进荣祖父者，各听纳谷预为贮积。”③ 尔后，吏部同意了邹元标的建议。

由于社仓储粮较充足，因此在备灾、赈灾中发挥了重要的作用。如万历十五年（1587），“户部议：山西连岁荒旱，预备仓积谷甚少，其鬻粥赈济率多取助于仓社，以此见社仓有益于民，欲要将原有者照旧存积，数少及原无者亦要添设谷石，欲用纸赎籴买或劝借富民，及有情愿输粟者给与冠带、牌匾，在仓谷石春放秋收，加一出息以备亏折。”④

① 俞森：《社仓考》，载《中国荒政全书》（第2辑第1卷），第121页。

② 《明穆宗实录》卷42。

③ 《明神宗实录》卷229。

④ 《明神宗实录》卷185。

4．义仓。

明代义仓的设置最早见于永乐二十一年（1423），当时湖广“大旱，饥殍相望”，石首人程必达“捐谷一万八千石赈活邑人。次岁入稔，蒙赈者来偿，勿受。复捐材木为仓，以备后赈，名曰义仓”①。尔后，明政府官员多有提议建立义仓的。如洪熙元年（1425）九月，“四川按察司使陈琏言五事：曰明礼制，一风俗，修武备，慎刑罚，兴义仓”②。明代在全国各州县普遍设立义仓，当始于宣德十年（1435）。据《明英宗实录》记载，宣德十年（1435）九月，“攒运粮储总兵官及各处巡抚侍郎与廷臣会议军民利益，及正统元年（1436）合行事宜……各处置立济农义仓，收贮赈济米及诸色种子，令州县正官提督，遇有凶札依旧制及时给散，秋成偿官。每季具数申部，不许侵欺及他用，违者治罪”③。

义仓如按其设置地点来划分，大致可分为两类：一是设置于州县的义仓，二是设置于里社的义仓。嘉靖八年（1529）之前，义仓主要设置于州县，但当时的交通条件，对于赈济偏僻农村的灾民来说不是十分便捷，因此，在兵部侍郎王廷相的建议下，改在里社多设义仓。《明世宗实录》卷 99 载：嘉靖八年（1529），兵部左侍郎王廷相言：“迩来各省岁饥民且相食，皇上命虚郡国仓庤以赈之，犹不能足，所以然者以备之不豫故也。备之之政，莫过于故之义仓。臣尝仿其遗意参较之，若立仓于州县，则穷乡下壤，百里就粮，旬日侍毙，非政之善者。臣以为宜贮之里社，定为规式，一村之间约二三百家为一会，每月一举，第上中下户捐粟多寡各贮于仓，而推有德者为社长，善处事能会计者副之。若遭荒岁则计户而散，先中下者后及上户，上户责之偿，中下者免之。凡给贷悉听于民，第令登记册籍以备有司稽考。则既无官府编审之繁，亦无奔走道路之苦，乃是可寓保甲以弭盗，寓乡约以敦俗，一法立而三善具矣!”

① 雍正《湖广通志》卷 64，台湾商务印书馆影印文渊阁本《四库全书》。

② 《明宣宗实录》卷 9。

③ 《明英宗实录》卷 1。

这些设于里社的义仓，其功能已与社仓无异，故有“社仓即义仓”之说[①]。《明会典》卷3所载嘉靖八年（1529）题准“各处抚、按官设立义仓”与上文“社仓”所引“嘉靖八年（1529），乃令各抚、按设社仓”，不仅所述义仓、社仓功能与具体措施完全一样，甚至连在文字表述上也基本相同。兹引《荒政丛书》卷9所载：

> （嘉靖）八年（1529）题准：各处抚按官设立义仓，令本土人民每二三十家约为一会，每会共推家道殷实、素有德行一人为社首，处事公平一人为社正，会书算一人为社副。每朔望一会，分别等第，上等之家出米四斗，中等二斗，下等一斗，每斗加耗五合入仓，上等之家主之。但遇荒年，上户不足者量贷，丰年照数还仓；中下户酌量赈给，不复还仓。各府州县造册送抚按查考，一年查算仓米一次。若虚，即罚会首出一年之米。

明代除上述比较普遍设置的预备仓、常平仓、社仓、义仓外，还有个别官员在其任内特别创立的仓储，如比较有名的是周忱设立的“济农仓”。其仓不仅在灾荒之年起赈灾的作用，而且对平时的一些突发事件、水利工程建设等，也予以赈贷或赈济。史载：“周忱抚南畿，别立济农仓。他人不能也。”[②]“时宣宗屡下诏减官田租，忱乃与知府况钟曲算累月，减至七十二万余石，他府以次减，民始少苏。（宣德）七年（1432），江南大稔，诏令诸府县以官钞平籴备赈贷，苏州遂得米二十九万石。故时公侯禄米、军官月俸皆支于南户部。苏、松民转输南京者，石加费六斗。忱奏令就各府支给，与船价米一斗，所余五斗，通计米四十万石有奇，并官钞所籴，共得米七十万余石，遂置仓贮之，名曰‘济农’。赈贷之外，岁有余羡。凡纲运、风漂、盗夺者，皆借给于此，秋成，抵数还官。其修圩、筑岸、开河、浚湖所支口粮，不责偿。耕者借贷，必验中下事力及田多寡给之，秋与粮并赋，凶岁再赈。其奸顽不偿者，后不复

① 《明穆宗实录》卷42。

② 《明史》卷79《食货三》。

给。定为条约以闻。帝嘉奖之。终忱在任，江南数大郡，小民不知凶荒，两税未尝逋负，忱之力也。”①

（三）水利防灾思想

中国古代自然灾害频发，尤其以水旱之灾最为常见，破坏也最严重，明代也不例外。因此，政府高度重视通过兴修水利防范水旱之灾。

在水旱之灾中，破坏最为严重，对人民生命财产威胁最大的一般是江河之水泛滥，淹没田地，使庄稼颗粒无收。更为严重的是堤岸决口，千里一片泽国，大量百姓溺死，房屋倒塌。因此，政府在兴修水利工程时，重视疏浚河道，使洪水能顺畅排泄；重视修筑加固堤防，使洪水不横流泛滥。洪武二十六年（1393）定：“凡各处闸坝、陂池引水可灌田亩以利农民者，务要时常整理疏浚，如有河水横流泛滥损坏房屋田地禾稼者，须要设法堤防止遏。或所司呈禀，或人民告诉，即便定夺奏闻。若隶各布政司者，照会各司；直隶者，札付各府州。或差官直抵处所踏勘丈尺阔狭，度量用工多寡。若本处人民足完其事，就便差遣。倘有不敷，著令邻近县分添助人力。所用木石等项于官见有去处支用，或发遣人夫于附近山场采取，务在农隙之时兴工，毋妨民业。如水患急于害民、其功可卒成者，随时修筑以御其患。”②

在水利工程防灾中，陂塘湖堰也十分重要。它们在平时可以储水，用于旱灾时农田灌溉和生活用水；当发生水灾时，可起宣泄洪水的作用。洪武二十七年（1394）敕谕：“凡天下陂塘、湖堰可潴畜以备旱熯、宣泄以防霖潦者，皆因其地势修治之。勿妄兴工役，掊克吾民。又遣监生及人才分诣天下，督吏民修治水利。”③

自明中期开始，明初修建的堤防因江河之水侵蚀而损坏、坍塌，陂塘因泥沙淤积而堙塞，有的还被当地豪强地主开垦为田，占为己有。针对这种情况，正统六年（1441）十一月，英宗向全国颁布诏书，强调水

① 《明史》卷153《周忱传》。

② 《明会典》卷199《工部十九·水利》。

③ 《明会典》卷199《工部十九·水利》。

利工程的重要性，对全国水利工程进行整顿、修复："农作以水利为要，各处堤防、闸坝或年久坍塌，不能蓄泄，陂塘淤塞及旧为豪强占据，小民不得灌溉，已令修复。或有未修复者，该管官司仍即依例整理，应修筑者悉令修筑，不许怠慢。敢有倚恃豪强占据水利者，以土豪论罪。布政司、按察司官、巡按御史、巡历提督务见实效，若苟具文书，虚应故事，一体论罪。"①

正统年间，在整顿、修复水利工程中，朝廷特别强调不要滥用劳力，影响农业生产，严格把住水利工程质量关，使所修工程坚固持久，并把兴修水利工程作为考核地方官政绩的重要内容。正统五年（1440），英宗专门发布敕谕："凡各处闸坝，陂堰、圩田、滨江近河堤岸有损坏当修筑者，先计工程多寡，于农隙之时量起人夫用工，工程多者先修紧要之处，其余以次，用工不许迫急，其起集人夫务在受利之处验其丁力，均平差遣，毋容徇私作弊。凡所作工程务要坚固经久，不许苟且。府县正佐官时常巡视，毋致损坏。各处陂塘、圩岸果有实利，及众比先有司失于开报，许令开陈，利民之实踏勘明白，画图贴说，具申工部定夺。如利不及众，不许虚费人力……所过州县仓廪谷粟充实，陂塘、堤岸完整者，必其正佐之官得人；若有空虚废坏等项，其正佐之官必不得人。悉具名奏闻，如或贪酷虐民，验有实迹，就便拿问。今后府州县官考满赴吏部者，并须开报预备官仓所储实数，及修筑过陂塘、堤岸等项，吏部行该部查考虚实，以凭黜陟。"②

由于明英宗重视水利工程的防灾作用，加上兴修水利工程措施得当，正统年间，全国水利工程兴修取得了很大的成绩。据《明史》卷88《河渠六》所载，全国各地对决口河堤、湖堤的修复，对淤塞河道的疏浚，其数量是相当可观的：

正统元年（1436），修吉安沿江堤。筑海阳、登云、都云、步村

---

① 《明英宗实录》卷85。

② 《明英宗实录》卷69。

等决堤。浚陕西西安灞桥河。(正统)二年(1437)筑蠡县王家等决口。修新会鸾台山至瓦塘浦颓岸,江陵、松滋、公安、石首、潜江、监利近江决堤。又修湖广老龙堤,以为汉水所溃也。(正统)三年(1438)疏泰兴顺德乡三渠,引湖溉田;潞州永禄等沟渠二十八道,通于漳河。(正统)四年(1439)修容城杜村口堤。设正阳门外减水河,并疏城内沟渠……(正统)五年(1440),修太湖堤,海盐海岸,南京上中下新河及济川卫新江口防水堤,鄚县、南宫诸堤。筑顺天、河间及容城杜村口、郎家口决堤。塞海宁蛎岩决堤口。浚盐城伍祐、新兴二场运河……(正统)六年(1441),造宣武门东城河南岸桥。修江米巷玉河桥及堤,并浚京城西南河。筑丰城沙月诸河堤、芜湖陶辛圩新埂。浚海宁官河及花塘河、硖石桥塘河,筑瓦石堰二所。疏南京江洲,杀其水势,以便修筑塌岸……(正统)七年(1442),修江西广昌江岸、萧山长山浦海塘、彭山通济堰。筑南京浦子口、大胜关堤,九江及武昌临江塌岸。浚江陵、荆门、潜江淤沙三十余里。(正统)八年(1443)修兰溪卸桥浦口堤,弋阳官陂三所。浚南京城河。(正统)九年(1444),修德州耿家湾等堤岸、杞县离沟堤。筑容城杜村堤决口……(正统)十一年(1446),修洞庭湖堤。筑登州河岸。浚通州金沙场八里河,以通运渠。

此后的成化、弘治、正德、嘉靖皇帝也都重视水利工程建设,并且仍然把疏浚河道,修筑堤防、陂塘和湖堰作为防范水旱之灾的主要手段。如嘉靖六年(1527),詹事霍韬奏曰:“诸司职掌所载,各处闸坝、陂池可引水灌田利农者,务不时修浚。如有河水横流为害者,须设法堤防。洪武敕谕又言陂塘、湖堰可蓄可泄者,皆因其地势修之。此令宜行于陕西、河南、山东地方,凡河水所经之处,相其机宜,开凿沟渠,引为陂堰,不惟可兴水利以灌农亩,亦可分杀河患不致横溢。”① 在明代中央政府的重视和领导下,一些官员如夏原吉、周忱、崔恭、徐贯、何鉴、李

① 《明世宗实录》卷83。

充嗣、海瑞等人积极开展水利工程建设，使苏、松、常、嘉、杭等江南重要农业区的防灾水利工程建设取得较大成效。但是，明代后期，随着国家财政危机和吏治的日益腐败，防灾水利工程建设逐渐荒废，并对农业生产产生极大影响，农民困饿流离。正如时人吕光洵所指出的："苏松等府地方不过数百里，岁计其财赋所入，乃略当天下三分之一……近岁水路渐湮，有司者既不以时奏闻，而民间又不肯自出其力随处修治，遂至于大坏。而潴泄之法，皆失其常……虽素称沃壤之田，皆荒落不治，而耕稼之民困饿流离，无以为命。"①

三、救灾思想

（一）减免赋税思想

1. 蠲免。

在明代的救灾措施中，减免赋税是最常见的一种。一旦民众遇到灾害，政府往往首先就是减免赋税。如灾情严重，减免赋税不能帮助灾民渡过灾荒，那就根据灾情程度分别再予以赈粜、赋贷、赈济等。减免赋税大致又可采取蠲免、折征、缓征、停征等多种方式。

蠲免就是免除赋税。如洪武元年（1368）令："水旱去处，不拘时限，从实踏勘。实灾，税粮即与蠲免。"② 洪武七年（1374），卫辉府汲县久不雨，麦苗枯槁，朱元璋下令："今年夏税并所给种麦，俱宜蠲免。"③ 洪武十二年（1379），"广平所属郡邑天久不雨，致民艰于树蓺，衣食不给。"朱元璋下令："北平今年夏秋税粮，悉行蠲免。"④

明初的灾年蠲免并未形成一种较系统的制度，尤其是没有明确规定依据灾情程度的不同其蠲免的数额也有所不同。据笔者所见，至迟从成化年间开始，明政府对蠲免数额依据灾情程度做了量化规定。成化十九

① 《明经世文编》卷211《吕司马奏疏·修水利以保财赋重地疏》。

② 《明会典》卷17《户部四·灾伤》。

③ 《明太祖实录》卷87。

④ 《明太祖实录》卷127。

年（1483）奏准："凤阳等府被灾，秋田粮以十分为率减免三分，其余七分除存留外，起运者照江南折银则例，每石征银二钱五分送太仓银库，另项收贮备边。以后事体相类者，俱照此例。"① 成化二十一年（1485），实行受灾八分以上者全免赋税的措施，已初步开始依据受灾程度不同予以不同数额的蠲免：保定等府卫州县因"去岁夏旱被灾"，户部请令实行"灾至八分以上者全免，七分以下者仍征二分"②；湖广襄阳等府卫所州县因"去岁旱伤"，亦推行"灾至八分以上者蠲其常税，七分以下者仍征其十之二"③；真定、大名、广平、顺德等府州县卫所"去岁旱灾，应免税粮二十万八千余石"，亦是"灾至八分以上者"全免，"其七分以下者仍征其十之二"④。成化年间虽然对蠲免数额依据灾情程度不同做了量化规定，但依然显得粗略，因为只划分为两个等级，即八分以上者全免，七分以下者仍征二分（即十之二）。

至弘治年间，朝廷正式颁布了灾伤蠲免例则，对蠲免数额依据灾情程度不同做了更合理的量化规定："弘治三年（1490）议准灾伤应免粮草事例：全灾者免七分，九分者免六分，八分者免五分，七分者免四分，六分者免三分，五分者免二分，四分者免一分，只于存留内除豁，不许将起运之数一概混免。若起运不足，通融拨补。"⑤ 这一规定有3个特点：一是赋税蠲免的最高额度是七分，换言之，也就是没有全免的，且只能从存留内"除豁"，起运朝廷的部分是不能蠲免的。二是不管受灾程度如何，统一交纳三分，其余免除，因此，按其原则计算，受全灾（十分）者免七分，交三分；九分者免六分，亦交三分，以此类推，至受灾四分免一分，也交三分。三是这一蠲免例则从受灾十分到四分做了7个等级的划分，比成化年间只划分为两个等级显然合理细致多了。

---

① 《明会典》卷17《户部四·灾伤》。
② 《明宪宗实录》卷261。
③ 《明宪宗实录》卷262。
④ 《明宪宗实录》卷262。
⑤ 《明会典》卷17《户部四·灾伤》。

嘉靖十六年（1537），明中央对弘治三年（1490）的事例作出调整："今后凡遇地方夏秋灾伤，遵照勘灾体例定拟成灾应免分数，先尽存留，次及起运；其起运不敷之数，听抚按官将各司府州县官库银两、钱帛等项通融处补，及听折纳轻赍；存留不足之数从宜区处。不许征迫小民，有孤实惠。"① 弘治三年事例规定，起运朝廷的部分是不能蠲免的，若因蠲免而导致起运部分不足，地方政府须要想办法补足。嘉靖十六年的调整则将起运部分也纳入了蠲免，要求"先尽存留，次及起运"，即若存留免完，可以再从起运部分内进行蠲免，且起运不敷之数，抚按官可于"通融处补"，并不许通过征迫小民来弥补不敷之数。这不仅增加了政策的灵活性，而且进一步减轻了灾民的赋税负担。

直至嘉靖、隆庆年间，明政府的灾年蠲免只针对有田之家，而对无田商户、灶户并未进行蠲免。正如时人庞尚鹏所指出的："其贫弱灶户业无片田，荡无寸沙，既无别项规利，不免照丁纳课，催征之急，不至卖鬻逃亡未已也……有丁无田者，徒有纳课之苦，不受优免之赐。"② 万历十二年（1584），明中央对蠲免例则又进行改革："以后地方灾伤，抚按从实勘奏，不论有田无田之民通行议恤。如有田者，免其税粮；无粮免者，免其丁口盐钞。务使贫富一体并蒙蠲恤。"③ 这从政策层面上明确规定了对无田地灾民进行相应的蠲免，在中国救灾史上具有重要意义④。

2. 折征、缓征、停征。

明代所谓折征就是政府在征收赋税时，根据需要将税粮、布帛及其他实物等折成钞、银等，其中以灾荒时折收税粮最为常见。如洪武二十一年（1388）春，青州旱蝗民饥，朱元璋"诏免贫民夏税麦一万六千四百七十余石，又令本年秋粮许以绵布代输，凡折粮三万六千四百九十五

---

① 《明会典》卷17《户部四·灾伤》。

② 《明经世文编》卷357《庞中丞摘稿一·题为厘宿弊以均赋役事》。

③ 《明会典》卷17《户部四·灾伤》。

④ 龚贤：《明代管理思想》，经济管理出版社，2013年，第256页。

石"[①]。永乐元年（1403）十二月，河南、陕西"连岁蝗旱，人民饥困"，朱棣准许地方府州将"所亏秋粮二万七千余石"折输钞[②]。永乐十年（1412）正月，山西平陆县奏"连年旱涝，民食不充，乞以八年、九年粮折输钞帛"，得到了批准[③]。宣德年间，随着宝钞的贬值，开始税粮折银。到了正统年间，赋税折银已比较普遍。正统四年（1439）二月，户部右侍郎王瀹奏："去年浙江秋粮，户部定拟存留本处者征米，南京仓收者折银。缘亢旱无收，人民艰食，乞将存留粮亦折银贮官，以俟腹里。"得到英宗批准[④]。

当时在折征中税粮与银之间折算，通常是"每米四石折银一两"，即"每米一石折银二钱五分"，即使在受灾地区，粮价飞涨的情况，其税粮与银的折算仍然与平时一样。如正统八年（1443）三月，朝廷批准湖广布政使所请："州县每年秋粮除存留本处足用外，每米四石折银一两，以备官军缺粮支用。"[⑤] 正统九年（1444）十二月，朝廷批准广东布政使所请：广州等府州县"将下年实征并上年逋负之数，每米四石折银一两，解送甘肃、宁夏、辽东等处备用"[⑥]。这是正统年间平时税粮与银的折算比例。至正统十一年（1446）江西新昌、高安、上高三县发生旱蝗之灾。正统十二年（1447）四月，朝廷批准江西布政司所请：新昌、高安、上高三县"去年旱蝗灾伤，人民缺食"，"将本处起运南京、淮安二处粮米折银"，"每米一石折银二钱五分"[⑦]。可见，税粮与银折算比例与平时一样。这从侧面说明了折征的赈灾性质。

明代中后期，海外贸易迅速发展，外国白银大量输入中国，使国内白银贬值，正统年间折征中税粮与银的比例才被调整。弘治、嘉靖年间，

---

① 《明太宗实录》卷188。
② 《明太宗实录》卷26。
③ 《明太宗实录》卷124。
④ 《明英宗实录》卷51。
⑤ 《明英宗实录》卷102。
⑥ 《明英宗实录》卷124。
⑦ 《明英宗实录》卷165。

折银标准从每一石米折银二钱五分提高到每一石米折银六至八钱。《明会典》卷17载：

> （弘治）十七年（1504）议准：苏松灾伤，起运不前，暂将一年在京各衙门官员月粮米每石折银八钱；该在南京本色禄俸，每石照旧折银七钱；其南京各衙门官员俸粮，每月除米一石折银八钱，其余并南京各卫仓粮俱每石折银七钱。漕运粮米折银二十万石，每石兑运七钱改兑六钱，各解交纳。
>
> 嘉靖二十三年（1544）题准：各处灾伤，漕运正改兑粮米四百万石，除原额折银并蓟州天津仓本色照旧外，其余本色以十分为率，七分照旧征运粮米，三分折征价银。每正兑米一石连席耗共征银七钱，改兑米一石连席耗共征银六钱。

弘治、嘉靖年间所定的税粮与银折算标准基本一直维持到明末。隆庆五年（1571）十一月，朝廷下令“不得轻议改折”①。天启年间，仍然数次下令“不得轻议改折”②。税粮与银折算标准维持不变有利于物价和币值的稳定。

税粮之外的其他实税物，灾年也可折征，但较少见。正德五年（1510）十一月诏：“以苏、常、松江三府水灾，凡起运京库及南京各仓税粮、丝绢、绵布，俱量改折色，存留者本色折色中半征收，仍存省脚价以补应兑之数，各卫所屯田子粒俱视灾之轻重除免。”③

明代的因灾折征是公私两利的事情，尤其是税粮、棉布折征后实质上就是将税粮、棉布留在受灾地区以帮助遭受饥寒的灾民渡过难关，并免除了受灾地方政府、百姓运输税粮的负担及运输税粮途中的损耗，而对于政府来说，可以使税收不会因为灾害而大幅减少。正如嘉靖年间唐顺之所指出的：“盖米自江南而输于京师，率二三石而致一石，则是国有一石之入，而民有二三石之输。若是以银折米，则是民止须一石之输而

---

① 《明穆宗实录》卷63。

② 《明光宗实录》卷5、卷6，台北历史语言研究所1962年校印本。

③ 《明武宗实录》卷69。

国已不失一石之入。其在国也，以米而易银，一石犹一石也，于故额一无所损；其在民也，以轻而易重，今之输一石者昔之输二三石者也，于故额则大有所减矣。国家立为此法，盖于不可减免之中而寓可以通融之意……一无损于国而万有利于民，此其法之尽善而可久者也。”①

与折征相比，缓征尤其是停征更能减轻灾民的负担。缓征是指暂缓正在征收或即将征收的税粮。景泰三年（1452）闰九月，山东兖州府灾伤，百姓请求所欠马匹“悉为优免或俟次年赔偿”，兵部认为“先追十分之三，余俟来年麦熟买补”，得到代宗批准；后军都督府都督同知孙安奏“独石马营等处田禾霜灾，军士艰窘，其给过银两，应还子粒乞缓其征”，代宗则同意“减半征之，余俟丰年”②。停征一般是指暂时停止征收，而缓征往往有较明确的补征期限，如“余俟来年麦熟买补”“余俟丰年”，而停征则仅暂时停止征收，什么时候补征没有明确。如宣德十年（1435）正月，直隶真定、大名、保定三府所属州县“各奏去年旱旸水涝，田禾薄收，逃移人户负欠粮草乞暂停征”，得到英宗批准③。正统二年（1437）八月，巡按河南监察御史薛希琏奏：“近因天雨连绵，河水泛涨，开封府所属祥符等县民居、学舍、田禾、头畜多被淹没。”英宗下令受灾地方“一应买办并未纳钱粮、勾军等项，悉暂停止”④。正德十一年（1516）十二月，侍郎赵璜奏：“河间府所属沧州、盐山、兴济、南皮、静海诸县灾伤，请发本府贮库银二千一百余两赈之，仍暂免今年应拨寄养马三千匹，停征备用马一千五百匹，及查拖欠倒失马匹之不能追赔者。”得到武宗批准⑤。

（二）赈粮、赈钱思想

在灾荒之年，当灾情严重，减免赋税无法使灾民维持最起码的生存

---

① 《明经世文编》卷 261《唐荆川家藏集三·与李龙冈论改折书》。

② 《明英宗实录》卷 221。

③ 《明英宗实录》卷 1。

④ 《明英宗实录》卷 33。

⑤ 《明武宗实录》卷 144。

条件时，政府就必须通过赈粮、赈钱，甚至直接施粥等让灾民能够生存下去。

1. 赈粮。

赈粮是灾荒之年最重要、最常见的赈灾方式。灾荒之年对灾民最严重的威胁就是粮食短缺，灾民最迫切的需要就是获取粮食，因此赈粮是最直接、及时、有效的。如洪武五年（1372）六月，山东登、莱二州旱灾，朱元璋下令“勿征（灾民）今年夏麦，其递年逋租及一切徭役，悉蠲之，又命以米六万六千余石赈莱州及东昌二府饥民”①。洪武十八年（1385），朱元璋下令天下有司“凡遇岁饥，先发仓廪赈贷，然后具奏”②。由此可见，朱元璋对饥荒之时赈粮的重视，给予有关部门先赈后奏的特权。古代通信手段有限，如先奏准再赈粮，对于离京城较远的地方，往返要数日甚至一二十日，如没及时发放救灾粮食，将使大批灾民因饥饿死亡。

当大灾发生时，大批灾民为了解决温饱问题，常选择离开灾区，流向粮食丰足的地方。在这种大规模的人口流动中，灾民长途跋涉，饥寒交迫，很可能会造成大批死亡；而对于粮食丰足的地方，如短时间内涌入大量灾民，也会引起当地食物供给紧张。总之，大规模灾民流动会严重威胁社会的稳定，甚至危及明王朝的统治。因此，政府在某地方发生灾荒而本地储粮又不足供给时，必须运用行政权力从邻近地区尽快调运粮食到灾区赈济灾民，以防止灾民盲目大批流徙。如永乐元年（1403）三月，北京、山东、河南、直隶、徐州、凤阳、淮安民饥，“命户部遣官赈济，本处无储粟者，于旁近军卫有司所储给赈之”③。正统十年（1445）十一月，镇守陕西右都御史陈镒奏“陕西连年荒旱、蝗潦，赈济饥民，支粮尽绝”，户部命与之临近的“河南府并潼关仓粮运至泾阳等处，将怀

① 《明太祖实录》卷74。

② 《明会典》卷17《户部四·灾伤》。

③ 《明太宗实录》卷18。

庆府仓粮运至华阴等处，以备赈济”①。在必要的情况下，朝廷甚至让地方截留运往京师的漕粮，以解决灾区燃眉之急。如正德十五年（1520）四月，“淮、扬等府大饥，人相食”，户部“请于苏、松截留运米五十二万石内拨十万石，及轻赍银七万二千余两，凤阳、扬州贮库事例银六千一百五十两”赈济灾民，“诏从其议”②。万历十六年（1588）四月，“准截留漕粮二万石，发凤、淮、扬、滁四府州平粜赈饥，从漕臣舒应龙请也”③。

在中国古代，灾荒之年一些地方官员为了保证本地的粮食储备和供给，禁止将本地仓粮供给邻近受灾州县，此即遏籴，又称闭籴。这种地方本位主义会阻止粮食流向受灾地区，加剧灾区粮价的上涨，因此历代遭到有识之士的反对和禁止。明代也不例外，一些大臣对此指出其危害并予以禁止。如万历九年（1581），淮、凤告灾，张居正上疏云：“皇上大发帑银，遣使分赈，恩至渥矣。然赈银有限，饥民无穷，惟是邻近协助市籴通行，乃可延旦夕之命。近闻所在往往闭籴，灾民既缺食于本土，又绝望于他乡，是激之为变也。宜禁止遏籴之令，讲求平籴之法，听商民从宜籴买，江南则籴于江淮，山陕则籴于河南，各抚按互相关白，接递转运，不许闭遏。其籴本，或于各布政司，或于南京户部权宜措处。河南直隶四府县以临德二仓之米平价发粜，则各处皆可接济。”④ 禁止各地遏籴、闭籴，可以通过价格杠杆，使丰足地区价格相对较低的粮食流入价格相对较高的受灾地区，从而使受灾地区缓解粮食供给的紧张，粮价也因此有所回落。

明代另一种闭籴是一些积粮之家乘灾荒之时囤积居奇，以抬高粮价，牟取暴利。对此，明政府不仅予以禁止，而且采取一些措施缓解粮食供

---

① 《明英宗实录》卷135。

② 《明武宗实录》卷185。

③ 《明神宗实录》卷197。

④ 陆曾禹、倪国琏：《钦定康济录》卷3上《临事之政计二十》，台湾商务印书馆影印文渊阁本《四库全书》。

给紧张，平抑粮价。成化六年（1470）九月，太子少保兵部尚书兼文渊阁大学士彭时等奏："京城米价高贵，莫甚此时，实由今年畿甸水荒无收，军船运数欠少，皆来京城粜买，而商贾米船亦恐河冻，少有至者，所以米价日贵一日。军民所仰者惟官粮而已，近日户部奏请预支两月军粮，是固救急之术。但粮在水次，猝急难至，在京蓄积之家，因而闭粜，以要厚利者自如也。乞命户部再将文武官员月俸预放三月，如又不足，将东西太仓米平价发粜四五十万石，收贮价银，待丰年支与官军准折。俸粮亦宜量数发粜以济河间之急。此令一下，或者人不闭粜，米价可平。"宪宗采纳了上述建议①。成化二十年（1484）九月，山西、陕西灾荒严重，朝廷下令"山、陕大户积粮之家"，"以十分为率，官粜七分，本家留三分，其价比之丰年量为增添，不许抑勒亏人，亦不许固藏闭粜"②。弘治十七年（1504）十二月，再次"申严富豪大贾闭粜专利之禁"③。

政府在赈灾中不但禁止富商大贾"闭粜专利"，而且还要劝谕他们平粜其积蓄的粮食，并适当给予褒奖。正统十二年（1447）五月，山东济宁以南至直隶淮安、扬州府"频岁不登，人民缺食"，英宗命大理寺左少卿张骥"往同府州县官发官仓粮赈济，缺粮者于附近处出给，或劝富民赒恤"④。嘉靖十年（1531）十月，命侍郎叶相赈陕西饥："令支太仓银三十万两往赈。又以灾伤重大，令各州县戒谕富室，将所积粟麦照依时价粜与饥民。若每石减价一钱，至五百石以上者，给与冠带；一千石以上，表为义门。被灾人民逃出外境者招集复业，倍与赈济银两，官给牛种。"⑤而对不顾禁令，囤积居奇、牟取暴利的富户，朝廷则给予惩罚。宣德年间，山西、河南灾荒，于谦受命巡抚二省，他到任后，"首行平粜之法"，

① 《明宪宗实录》卷 83。

② 《明宪宗实录》卷 256。

③ 《明孝宗实录》卷 219。

④ 《明英宗实录》卷 154。

⑤ 《续文献通考》卷 32《国用考》。

“劝谕豪富之家将所积米谷扣起本家食用之外，余者皆要粜与饥民。若仗义者，每石肯减价二钱，减至一百石以上者，免其数年差役；一二千以上者，奏请建坊旌表；有不愿减者，勿强”。但是，“若有奸民擅富要利，坐视饥民，不与平粜者，里老从实具呈，重罚不恕”。“一时富民乐捐而尚义者甚众。”①

明朝在灾荒赈粮中，向灾民发放粮食主要按人头发放。起初，发放粮食规定比较粗略。洪武二十七年（1394），制定《灾伤去处散粮则例》，规定赈粮的发放是：“大口六斗，小口三斗，五岁以下不与。”② “大口”即成年人，“小口”指五岁以上未成年的人。可见，只分为两个等级发放。永乐二年（1404），制定《苏松等府水淹去处给米则例》，规定：“每大口米一斗，六岁至十四岁六升，五岁以下不与。每户有大口十口以上者，只与一石。其不系全灾、内有缺食者，原定借米则例：一口借米一斗，二口至五口二斗，六口至八口三斗，九口至十口以上者四斗。候秋成抵斗还官。”③ 可见，永乐年间的规定比洪武年间又细致了些，赈粮时不仅考虑是否为成年人，也考虑到给予人口多的家庭一定的发放限制。成化、弘治年间在赈粮规定上一个比较明显的进步是赈粮的数量主要依据受灾轻重来定。成化六年（1470）六月，“赈恤京城内外被水军民”，依吏部尚书姚夔奏请：“房舍冲倒者与米一石，损伤人口者与米二石。”④弘治二年（1489）议准：“顺天、河间、永平等府水灾淹死人口之家，量给米二石；漂流房屋头畜之家，给与米一石。”⑤

2. 赈钱。

赈钱就是由政府发放救助金给灾民，以帮助灾民渡过难关。钱钞是一般等价物，能满足灾民各种不同的生活需求，如：购买粮食，解决食

---

① 《钦定康济录》卷3上《临事之政计二十》。

② 《明会典》卷17《户部四·灾伤》。

③ 《明会典》卷17《户部四·灾伤》。

④ 《续文献通考》卷32《国用考》。

⑤ 《明会典》卷17《户部四·灾伤》。

物匮乏问题；房屋因灾害坍塌，解决修缮问题；帮助灾民购买牛种，解决灾后恢复农业生产问题。其中，赈钱最主要的还是解决灾民购买粮食问题。如景泰四年（1453）十一月，朝廷批准提督宣府军务右佥都御史李秉的请求，“给直隶隆庆州被灾人民，大口银二钱，小口银一钱，籴粮食用”①。此外，再用于一些特殊灾情下的专用开支。如嘉靖三十八年（1559），“令发太仓银六万两赈蓟辽饥荒，另发银五万两以给牛种”②。隆庆元年（1567）六月，“以霖雨坏民庐舍，令五城御史以房号钱、巡按御史以赃罚银分赈之，贫者户给银五钱，次三钱”③。

明代的赈给货币，随着国家通用货币的变更而变更。明初通行宝钞，赈钱一般就是赈钞。如洪武十年（1377）五月，“赈济黄州、常德、武昌三府并岳州、沔阳二州去岁被水灾，户六千二百五十，户给钞一锭”④。洪武三十五年（1402）冬十月，山东青州诸郡蝗灾，“命户部给钞二十万锭赈民，凡赈三万九千三百余户，仍令有司免其徭役”⑤。明代中期，随着宝钞的衰落，白银成为主要流通货币，赈钱主要为赈银两。如上引景泰四年（1453）十一月，朝廷就赈给直隶隆庆州被灾人民银两购买粮食。嘉靖十五年（1536）二月，湖广灾伤，“诏发该省事例银两及预备仓银谷，相兼赈济”⑥。

由于灾荒之时，往往物资极度匮乏，出现有钱也买不到东西的情况，因此，赈钱有时解决不了问题。所以，政府在赈灾时主要还是赈粮，或赈粮与赈钱兼用。如洪武十年（1377）正月，赈济苏、松、嘉、湖等府民“去岁被水灾者，户米一石，凡一十三万一千二百五十五户”，“先是以苏、湖等府被水，常以钞赈济之，继闻其米价翔踊，民业未振，复命

---

① 《明英宗实录》卷235。
② 《明会典》卷17《户部四·灾伤》。
③ 《明穆宗实录》卷9。
④ 《明太祖实录》卷112。
⑤ 《明太宗实录》卷13。
⑥ 《明世宗实录》卷184。

通以米赡之”[①]。嘉靖二十年（1541）六月，“以顺天府所属州县灾伤，诏免税粮有差，仍发太仓银二万两、通仓米二万石及州县等预备仓粮银，相兼赈济；复出太仓米一万石减值发粜，以平米价。又以永平大饥，发太仓库银六千两，通仓米六千石赈之”[②]。此外，政府还根据灾民的具体生活需求，赈给布帛等其他物品。如洪武九年（1376）七月，滦州、昌黎、卢龙、迁安、抚宁等县旱灾，“诏免田租，仍以布赈之”[③]。宣德二年（1427）十二月，宣宗下令户部：“今年陕西亢旱，秋田无收，其军屯子粒、民间秋粮，俱已蠲免，比闻军民之中多因缺食流离，岂可不恤！其令有司开仓赈济。仍于南京运绢五万匹，绵布十万匹，令隆平侯等用心拯救，勿令失所。”[④]

（三）施粥思想

施粥又称煮赈，即政府出粮食，组织人员煮粥供饥民无偿限量食用。施粥在灾情严重之时，对拯救因饥饿而处于死亡边缘的灾民来说，是一种应急且见效快的较简便的赈灾手段。正如明人席书所指出的：“考古荒政，可行于今者，唯作粥一法，不烦审户，不待防奸，至简至要，可以举行……未致太糜，赈恤有等，不致虚费，简直而奸欺难作，平易而有司可举……穷饿垂死之人，晨得而暮即起，其效甚速，其功甚大，扶颠起毙未有急于此者。窃谓此法非特宜于南畿，实可推于天下。”[⑤]

《明史》卷78《食货二》云：“赈粥之法，自世宗始。”即施粥作为国家层面的赈灾措施在嘉靖年间开始施行。嘉靖二年（1523）十二月，南京兵部右侍郎席书上《南畿赈济疏》，阐述了施粥赈济的优点，并请求在全国推行这一赈济措施。世宗命席书“从便宜行于江北，仍谕江南巡抚

① 《明太祖实录》卷111。

② 《明世宗实录》卷250。

③ 《明太祖实录》卷107。

④ 《明宣宗实录》卷34。

⑤ 《明经世文编》卷183《席文襄公奏疏·南畿赈济书》。

一体施行"[①]。嘉靖十年（1531）七月，陕西大旱，朝廷派户部左侍郎兼右副都御史叶相赴陕西主赈，并发大仓银30万两，令叶相随宜赈济所处灾民银两。叶相不仅积极组织赈贷，还下令"州县官各于养济院支预备仓粮设一粥厂，就食者朝暮各一次，至麦熟而止"[②]。此后，设厂施粥成为明政府赈灾的主要措施之一。而且随着施粥实践的积累，明代逐渐形成了一套包括粥厂设立、施粥管理人员的设置和施粥程序的安排等在内的管理制度和思想。

其一，粥厂的设立。明人在施粥实践中已总结出粥厂的设立必须遵循两个原则：一是要注意选择合适的地点。为便于灾民接受救济，粥厂必须设置在离灾民最近的地方，尤其必须考虑到离最需要救济的、人数最集中的饥民最近的地方。如耿橘条云："荒年煮粥，全在官司处置有法，就村落散设粥厂。若尽聚之城郭，少壮弃家就食，老弱道路难堪，一不便也。"[③] 二是每个粥厂接济的饥民不宜太多，一般不超过二百人。每逢灾荒尤其是重大灾荒，受灾的饥民人数众多，分布也不均匀，如在饥民众多的地方所设粥厂太少，一个粥厂难以接纳太多的饥民，或粥厂设立太集中，使过多饥民聚在一起，就很容易因饥民争抢而发生挤踏、斗殴甚至变乱。陕西巡按毕懋康就指出："多设粥厂，众聚则乱，散处易治。昔富郑公设公私庐舍十余万区而安处其民，又多设粥厂。今议州县之大者设粥厂数百处，小者亦不下百余处，多不过百人，少则六七十人，庶釜鬵便而米粥洁。"[④] 万历二十二年（1594）九月，钟化民在河南赈灾时，就命"各府州县正官遍历乡村集保甲、里老，举善良以司粥厂，就便多立厂所，每厂收养饥民二百，不拘土著流移"[⑤]。

其二，粥厂管理人员的设置。当遇到重大灾害时，饥民众多，政府

① 《明世宗实录》卷34。

② 《陕西通志》卷84《德音二》，台湾商务印书馆影印文渊阁本《四库全书》。

③ 《农政全书》卷44《荒政》。

④ 《钦定康济录》卷4《陕西毕巡按发刻张司农救荒十二议》。

⑤ 《荒政丛书》卷5《钟忠惠公赈豫纪略》。

往往要设立较多的粥厂。如由政府一揽子全面管理这些粥厂，不仅人手不够，管理成本高，而且管理效果也不见得好。通常情况下，政府主要负责统筹、巡视、监督等工作，而粥厂的具体运作，则由政府选任地方基层组织中保甲、里耆、富户等较富有、具有善心、办事公正、有一定威信的人负责。这些人让饥民信服，有号召力，体现了以民治厂的理念，既节省管理成本，又能收到较好的管理效果。如毕懋康在陕西赈济时，"择百姓中殷实好善者三四人为正副而主之"，因为"数百贫民之命悬于粥长之手，不得其人弊窦丛生"①。钟化民也主张："司厂不用在官人，各本地方保甲、里耆、公举富而好义者，州县正官以乡宾礼往请……以实心任事，厂内利弊陈请，即行月给官俸，司一厂者能使一厂饥民得所。"②山西巡抚吕坤则认为："择煮粥之人，旧日监督主管多委里甲老人，嗟夫难言之矣，无迫切之心则痛痒不关而事必苟，无综理之才则点察失当而事恒不详，无镇压之力则强者多暴者先而惠不均，故定煮粥之法当选煮粥之人。先令之讲求，讲求既明，正印官亲与问难，如于立法之外另有良法者即行奖赏，则人人各奏其能而仁术益精详矣"③。除了谨慎精择粥长外，吕坤还主张粥长的助手也要选好："分管粥之役，大粥场立总管一人，掌簿二人，司积二人管米豆，俱以廉干者为之。每锅灶头一人，炊手一人，壮妇人更好；柴夫一人，水夫十人，皆以食粥中之壮者为之。但有惰慢及作弊者，即时杖逐。"④

其三，施粥程序的安排。明代施粥程序通常是：第一步审户，即审查灾民的贫困饥饿程度，尽量做到越贫困饥饿的人越能优先得到赈救。虽然嘉靖年间席书曾言"唯作粥一法，不烦审户，不待防奸"，但现实中国家用于施粥的粮食总是有限的，而需要施粥的饥民数量却是众多的，因此，不可能满足所有人的需求。审户能使真正贫困饥饿的人得到赈济，

---

① 《钦定康济录》卷4《陕西毕巡按发刻张司农救荒十二议》。

② 《荒政丛书》卷5《钟忠惠公赈豫纪略》。

③ 《钦定康济录》卷4《山西巡按吕坤赈粥法》。

④ 《钦定康济录》卷4《山西巡按吕坤赈粥法》。

防止一些并不贫困饥饿的人通过欺骗、弄虚作假反而先得到施粥。林希元就指出："审户难者，盖赈济本以活穷民，夫何人情狡诈，奸欺百出，乃有颇过之家，滥支米食；而穷饿之夫，反待毙茅薝……廷臣建议赈粥，其说以为穷饿不得已者始来食，不须审户，可得饥民。臣始是其议。用意推行，不知岁既大饥，民多鲜耻，饥饱并进，真伪莫分，甚至富豪伴仆报名食粥，穷乡富人遣人关支。臣因痛加沙汰，追罚还官者无数，是赈粥之法亦难任也。"① 鉴于这种情况，毕懋康提出具体的审户措施是："亲审贫民，先令里长报明贫户，正印官亲自逐都逐图验其贫窘，给与吃粥小票一张，填写里甲姓名，许执票入厂，仍登簿。万不可令民就官，往返等候。先有所费，要耐劳耐久，细心查审。"② 第二步标识，即将入粥厂食粥的凭证"粥票"发给饥民。凭票入厂食粥，既可以杜绝不符合条件之人冒领，也有利于食粥之人编排顺序入厂，有序顺利地散粥，使粥厂食粥之人井然有序。第三步排序，即编排饥民食粥的先后顺序。山西巡抚吕坤主张把食粥之人分为三等六班，然后再按等先后给粥："别食粥之人，凡来食粥者，报名在官立簿，一扇分为三等六班：老者不耐饿另为一等，粥先给；稍加稠病者，不可群，另为一等，粥先给；少壮另为一等，最后给，此谓三等。造次颠沛之时，男女不可无辨，男三等在一边，女三等在一边，是为六班。"③ 毕懋康则采取另一种方法排序赈粥："择地聚人赈粥法，城四门择空旷处为粥场，盖以雨棚，坐以矮凳，绳列数十行，每行两头竖木橛系绳作界，饥民至，令入行中，挨次坐定，男女异行，有病者另入一行，乞丐者另入一行。"④ 虽然吕、毕排序方法各有不同，但思想是一致的，即一是通过排序达到井然有序地散粥，二是老病群体为先。第四步散粥，即将粥分发给饥民。散粥一般一天两次，各人做法也不尽相同。如毕懋康的散粥做法是："预谕饥民各携一器，粥

① 《明经世文编》卷162《林次崖文集一·荒政丛言疏》。

② 《钦定康济录》卷4《陕西毕巡按发刻张司农救荒十二议》。

③ 《钦定康济录》卷4《山西巡按吕坤赈粥法》。

④ 《钦定康济录》卷4《陕西毕巡按发刻张司农救荒十二议》。

熟鸣锣，行中不得动移。每粥一桶，两人舁之而行，见人一口分粥一杓贮器中，须臾而尽。分毕，再鸣锣一声，听民自便。分者不患杂蹂，食者不苦见遗，限定辰申二时，亦无守候之劳。庶法便而泽周也。”① 王士性的做法是：“夫煮粥之难，难在分散，待哺既众，彼我相挤，随手授之，不得人人均其多寡。当令饥民至者随其先后来一人则坐一人，后至者坐先至肩下，但坐下者即不许起。一行坐尽又坐一行，以面相对，以背相倚，空其中街可用走动。坐者令直其双足，不许蹲踞盘辟、转身附耳，人头一乱，查数为难。有起便手者，毕则仍回本处坐。至正午，官击梆一声，唱给一次食，即令两人抬粥桶，两人执瓢杓、令饥民各持碗坐给之。其有速食先毕者或不得再与，再与则乱生，须将头碗散遍，然后击二梆，高唱给二次食，从头又散。亦如之又遍。然后击三梆，高唱给三次食，从头分散，亦如之三食已毕。纵头食者不得过多，但求免死而已。然后再查簿中，谁系有父母、妻子饥病在家不能自行者，以其所执瓶罐再给一人之食与之携归，如是处分俱讫，方令饥民起行。其有流民欲去东西南北，从此方过者，亦照此坐食。”② 毕、王两种散粥法相比，王氏散粥法更显严谨有序，令饥民按先来后到顺序坐定后，即不许随意移动。散粥时按先后顺序分食三遍，以做到无人遗漏，也无人多给。最后再当场补发因饥病不能来现场领粥的人。整个散粥过程公开透明、井然有序、公平合理。

（四）帮助灾民生产自救思想

以工代赈是指政府组织灾民劳动而发给他们报酬，来解决其因遭受灾害而受影响的生计问题，从而实现救灾的目的。以工代赈是一种公私两利的赈灾方式：一方面，对于政府来说，通过组织灾民参与农田水利、公共设施的建设，无形中节省了财政开支，又达到了赈灾的目的，而且把灾民组织起来参与劳动，可以消除因灾害造成大批灾民流徙而带来的

---

① 《钦定康济录》卷4《陕西毕巡按发刻张司农救荒十二议》。

② 《农政全书》卷44《荒政》。

社会不稳定因素；另一方面，对于灾民来说，可以通过参与劳动获得相应的报酬来解决生计问题。因此，明政府高度重视以工代赈，经常采用这种赈灾方式。如正统五年（1440）二月，“以畿内灾，民食不赡”，“给京城畿民饭三月，造奉天、华盖、谨身三殿，乾清、坤宁二宫”，“以畿内饥复民二年，家有父母者人赐二石米”①。弘治年间，河决汴城，灾民流离失所，时任河南巡抚孙需“乃役以筑堤，而予以佣钱，趋者万计。堤成而饥民饱，公私便之”②。万历年间，御史钟化民在河南救灾，“令各府州县查勘该动工役，如修学、修城、浚河、筑堤之类，计工招募，以兴工作，每人日给米三升。借急需之工，养枵腹之众，公私两利”③。万历十七年（1589）八月，朝廷批准南京工部尚书李辅所奏：“请兴工作，以寓救荒……请修神乐观、报恩寺，各役肇举匠作千人，所赈亦及千人。”④

在自然灾害过后，政府的一个重要工作是帮助灾民恢复农业生产，向灾民贷放种子、耕牛、农具等生产资料。如洪武七年（1374）五月，苏州府诸县民饥，“命户部遣官赈贷，计户二十九万八千六百九十九，计给米麦谷三十九万二千一百余石，并以谷种、农具等贷之”⑤。正统五年（1440）二月，英宗批准兵部尚书兼大理寺卿王骥等所奏：“太仆寺孳生牛计三万二千九百有奇，俱直隶凤阳等府州县人民牧养……且凤阳等府州县比因岁歉民贫，牛且缺少，田地荒芜，乞命太仆寺官同各府委官取勘无牛小民，就于原数内选取一万给与收牧耕种。”⑥ 成化（七年）（1471）八月，山东七府并浙江嘉、湖、杭、绍四府“自夏苦雨骤降，海潮大发，淹没禾稼，损坏屋舍，漂溺人畜，不可数计”，宪宗诏准“若所

① 杨景仁：《筹济篇》，载《中国荒政全书》（第2辑第4卷），北京古籍出版社，2004年，第202页。

② 《筹济篇》，载《中国荒政全书》（第2辑第4卷），第202页。

③ 《筹济篇》，载《中国荒政全书》（第2辑第4卷），第202页。

④ 《明神宗实录》卷214。

⑤ 《明太祖实录》卷89。

⑥ 《明英宗实录》卷64。

在无粮则借拨于有粮之处，凡牛具种子亦措置赈贷”①。明代历朝皇帝均十分重视灾后帮助灾民恢复农业生产，重建家园，有关各朝事例，就不一一列举了。

（五）抚恤灾民思想

当自然灾害发生后，灾民不仅饥寒交迫、流离失所，而且还会因此引发一些严重的后果。如灾民因身体健康水平下降染上疾病，甚至由于灾民聚集在一起，卫生条件恶化，引起传染病流行。一些灾害如地震、雹灾会直接致灾民伤亡。灾民无以为生，有的被迫卖妻鬻子，遗弃老幼。若瘟疾流行就会造成大量人口死亡，死者枕藉，饿殍遍野。对此，政府采取救治伤病、收养遗弃、赎还妻小、掩埋遗体等措施来解决这些社会问题。

1. 救治伤病。

灾伤之年，救治伤病是十分必要的。洪武三年（1370）六月，朱元璋下令：“置惠民药局，府设提领，州县曰官医，凡军民之贫病者，给之医药。”② 成化七年（1471）四月，户部奏：“近日饥民行乞于道，多有疲不能支，或相仆藉，已令顺天府二县委官收恤矣……病者，官为给药者、饲粥。”③ 这一时期，朝廷比较重视医务人员的培养。成化十七年（1481）十月议准：“今陕西、甘肃等十余卫所医药俱缺，疾疫无所疗冶，请敕所司各立医学一所，选精通医术者教军余子弟习业。”④ 万历年间，朝廷灾年救治伤病制度已较系统化，设有专门医疗机构惠民药局，内有医生为灾民病患者免费诊治，然后根据病情给药，而不是泛泛地散发药品。政府对灾年救治伤病的投入是相当大的，可见其重视程度。政府灾年救治伤病的措施取得了较好的效果，控制了疫情的传播，挽救了许多伤病者的生命。正如万历十五年（1587）六月，礼部所奏报的：“施药救京师灾

---

① 《明宪宗实录》卷 94。

② 《明太祖实录》卷 53。

③ 《明宪宗实录》卷 90。

④ 《明宪宗实录》卷 220。

疫，即于五城开局，按病依方散药。复差委祠祭司署员外郎高桂等五员分城监督，设法给散。随于五月三十日据中城等兵马司造册呈报：五城地方给散银钱，共散过患病男妇李爱等一万六百九十九名口，共用银六百四十一两九钱四分，钱十万六千九百九十文，五城会齐俱于五月二十一日给散。一切病民，委沾实惠。太医院委官御医张一龙等造册呈报：自五月十五日开局以来，抱病就医，问病给药者，日计千百，旬月之外，疫气已解，五城共医过男妇孟景云等十万九千五百九十名口，共用过药料一万四千六百六十八斤八两，相应住止。仰惟皇上仁无不覆，施有所先，遂使疲癃之民悉蒙再造之赐，即今疫渐消减，人遂安宁，化愁叹为讴歌，易札瘥为仁寿，不惟病惫瞻依，实是蒸黎感悦。至于给散银钱虽只一次，而领药无算，计其所费，实数倍之，不但贫民得生，且于平民之家更益普济，此天地生成之仁也。”①

2. 收养遗弃。

自然灾害使一些人无以为生，遗弃幼小子女；或使父母双亡，遗下幼小子女。两者结果一样，即出现许多孤儿。对此，明政府通常采用旌表、提供钱粮等方式，鼓励民间收养。宣德年间，山西、河南灾荒，于谦受命巡抚二省。他到任后，“首行平粜之法”，并通过旌表的方式鼓励民间收养被遗弃的子女：“若有遗弃子女，里老可即报与州县，着官设法收养，候岁熟访其父母而还之。如里内有贤良之民能收养四五口者，官犒以羊酒，给其匾额；十口以上者，加彩缎，免其终身差役；二十口以上者，冠带荣身。一时富民乐捐而尚义者甚众。”② 成化二十年（1484）七月，陕西秦州知州傅鼐奏陈救荒事宜：“民间小儿遗弃道路者，乞令所司给与民家收养，月给官粮三斗，赎者还之，不许留为奴仆，或附籍当差，亦听其便。”户部议准推行③。嘉靖八年（1529）朝廷定赈恤之令：“令灾伤地方凡军民等有能收养小儿者，每名日给米一升，埋葬一躯者给

① 《明神宗实录》卷187。

② 《钦定康济录》卷3《临事之政计》。

③ 《明宪宗实录》卷254。

银四分，邻近州县不得闭粜。”① 官府提供钱粮让民间收养虽然使百姓乐于收养，但也产生一些欺诈问题，百姓为得到官府提供的扶养钱粮，谎称自己亲生的子女是抱来的孤儿。正如正德、嘉靖时期的林希元就指出：“凡收养遗弃小儿者，日给米一升，一支五日，每月抱赴局官看验。饥民支米之外，又得小儿一口之粮，远近闻风，争趋收养。此欲其收养，不必责其挟诈也，甚至亲生之子亦诈称收抱以希米食。”② 因此，朝廷采取官府直接收养和官府资助民间收养两者兼行的方式来收养遗弃孤儿。如嘉靖十年（1531）七月，命侍郎叶相赈陕西饥，“（叶相）动支官银收买遗弃子女，州县设法收养。若民间有能自收养至二十口以上者，给与冠带”③。

3. 赎还妻小。

明代与古代其他朝代一样，灾民在无以为生的境况下，卖妻鬻子也是常见的社会现象。据此，朝廷多次下令由政府出资赎还贫民因灾典卖的妻小。洪武十九年（1386）正月，朱元璋下诏：“河南府州县民，因水患而典卖男女者，官为收赎。”④ 八月，河南布政使司奏“收赎开封等府民间典卖男女，凡二百七十四口，计钞一千九百六十余锭”⑤。永乐八年（1410）正月，“以去年江北水患”，朝廷下令“军民有迫于艰难典卖子女者，官为赎还”⑥。永乐十一年（1413）五月，徐州水灾乏食，“有鬻男女以图活者，人至父子相弃，其穷已极”，朱棣“即遣人驰驿发廪赈之”，且下令“所鬻男女官为赎还”⑦。

明朝廷之所以多次下令由政府出资赎还贫民因灾典卖的妻小，是因为其深受传统儒家重骨肉之情、家庭团圆思想的影响，而采取了这种极

① 《续文献通考》卷32《国用考》。

② 《明经世文编》卷162《林次崖文集一·荒政丛言疏》。

③ 《续文献通考》卷32《国用考》。

④ 《明太祖实录》卷177。

⑤ 《明太祖实录》卷179。

⑥ 《明太宗实录》卷100。

⑦ 《明太宗实录》卷140。

重人情味的措施，因此深得人心，化解了社会矛盾。正统二年（1437）六月，英宗批准四川马湖府同知杨礼所奏："湖广黄州等府连年亢旱，人民流移，其子女或为人奴，或被略卖，深为可悯。今年已丰稔，而向之为奴被卖者如故，宜命有司赎还，令得完聚。"① 成化二十三年（1487），宪宗下诏："陕西、山西、河南等处军民先因饥荒逃移，将妻妾子女典卖与人者，许典买之家首告，准给原价赎取归宗；其无主及愿留者，听；隐匿者罪同。"②

4. 掩埋遗体。

自然灾害，尤其是那些重大的自然灾害，往往会引起大批灾民的死亡，如因暴发瘟疫而病死，因地震房屋倒塌而压死，因水灾而被淹死等。而这些灾民的遗体如不及时掩埋，腐烂后会加剧传染病的流行。而且，传统的儒家思想认为死者入土为安，忌讳暴尸于野。基于这些原因，明政府十分重视及时掩埋灾民遗体，或鼓励民间掩埋，或政府出资掩埋。如景泰七年（1456）十月，湖广黄梅县奏："境内今年春夏瘟疫大作，有一家死至三十九口，计三千四百余口。有全家灭绝者，计七百余户。有父母俱亡而子女出逃。人惧为所染，丐食则无门，假息则无所，悲哭恸地，实可哀怜。死亡者已令里老亲邻人等掩埋，缺食者设法劝借赈恤。"③ 天顺元年（1457）七月，英宗下诏："水旱灾伤去处……各处地方有因饥疫身死无人收葬者，所在军民有司即与掩埋，毋使暴露。"④ 弘治二年（1489）七月，孝宗批准户部尚书李敏所奏："河间、永平二府近被水灾，请分遣郎中陈瑗等往赈之，户给米一石……其溺死者加一石，无主者官为掩埋。"⑤ 嘉靖八年（1529）题准："灾伤地方军民人等有能收养小儿

① 《明英宗实录》卷31。
② 《明会典》卷19《户部六·逃户》。
③ 《明英宗实录》卷271。
④ 《明英宗实录》卷280。
⑤ 《明孝宗实录》卷28。

者，每名日给米一升；埋尸一躯者，给银四分。”①

四、林希元的荒政思想

林希元（1482—1567），字茂贞，福建人。正德十二年（1517）进士，授大理寺评事。嘉靖初，条上新政，切中时弊。寻谪泗州判官，竟以抗节不屈当路，弃官归。凡三年以荐累迁大理寺丞。寻以言事落职。知钦州，“兴利除弊，约身裕用，严正不挠，豪猾屏迹”。累升兵备佥事，世称次崖先生，著作颇丰，世传《林次崖先生文集》。

林希元撰《荒政丛言疏》，集中阐述了自己的荒政思想②。据他自己总结，其荒政思想主要包括：“救荒有二难：曰得人难，曰审户难；救荒有三便：曰极贫之民便赈米，曰次贫之民便赈钱，曰稍贫之民便转贷；救荒有六急：曰垂死贫民急馕粥，曰疾病贫民急医药，曰病起贫民急汤米，曰既死贫民急募瘗，曰遗弃小儿急收养，曰轻重囚系急宽恤；救荒有三权：曰借官钱以籴粜，曰兴工役以助赈，曰借牛种以通变；救荒有六禁：曰禁侵渔，曰禁攘盗，曰禁遏籴，曰禁抑价，曰禁宰牛，曰禁度僧；救荒有三戒：曰戒迟缓，曰戒拘文，曰戒遣使。”林希元总结的荒政思想，是明代较为系统的荒政思想。

（一）“二难”思想

林希元认为救荒得人难，如救荒“不得人以行之”，那将“措置无方，奸弊四出，饥者不必食，食者不必饥。府库之财，徒为奸雄之资，百万之费，不救数人之命。”他提出欲使救荒得人，必须“令抚按、监司精择府州县正官廉能者，使主赈济。正官如不堪用，可别择廉能府佐，或无灾州县廉能正官用之。盖荒事处变，难以常拘也。至于分赈官员，可令主赈官，盖就所属学职等官，及待选举人、监生等人员，择素有行

---

① 《明会典》卷17《户部四·灾伤》。

② 以下有关林希元的言论，均见于《明经世文编》卷162《林次崖文集一·荒政丛言疏》。

义者，每厂一员为主赈。又择民间有行义者一人为耆正，数人为耆副，使监司巡行督察各厂，所至考其职业，书其殿最，并开具揭帖。事完，官上之吏部：府县学职等官，视此为黜陟；举人、监生等人员，视此为除授。民上之抚按：有功者，以礼奖劳，仍免徭役；有过者，分别轻重，惩治不恕。如此，则人人有所激劝，而荒政之行，或庶几矣”。在此，林希元认为荒政与其他行政工作的最大不同是常常处于不断变化中，难以用一种固定的制度约束。因此，选择主持荒政工作的官员一定要廉洁能干，才能胜任这一工作。并且上级官员要加强对救荒工作的督察、考核，有功者提拔任用，有过者降级免职。这样，就能把荒政工作做好。

林希元认为救荒第二难是审户难。“土著之民，饥饱杂进，真伪莫分，此其所以难也。迩时官司审户，有委之里正者矣，有亲自抄札者矣，有行赈粥之策者矣，然皆不能厘革奸弊。”他主张：“分民为六等：富民之等三，极富、次富、稍富；贫民之等三，极贫、次贫、稍贫。稍富不劝分，稍贫不赈济。极富之民，使自检其乡之稍贫者而贷之银；次富之民，使自检其乡之次贫者而贷之种。非特欲借其银、种也，欲于劝分之中而寓审户之法也。何者？盖使极富之民，出银以贷稍贫，彼必度其能偿者方借，而不借者，即次贫也；使次富之民，出种以贷次贫，彼必度其能偿者方借，而不借者，即极贫也。不用耳目，而民为吾耳目；不费吾心，而民为吾尽心。法之简要，似莫有过于此者。责委官耆，逐都推勘，随户品题，既皆的实，然后随等处分赈济，则府库之财，不为奸雄之资，而民蒙实惠矣。或曰：贫分三等，流民何居？臣曰：流移之民，虽有健弱不一，然皆生计穷尽，不得已弃乡土而仰食于外，与鳏寡孤独穷乏不能自存者，何以异？虽谓之极贫，可也。臣故曰不须审户，即当赈济者此也。”林希元认为审户最简便有效的办法就是把受灾地区的民众分为富三等、贫三等，通过让富户借贷给贫民银、种的办法分辨出极贫户，然后政府就可有针对性地赈济极贫的受灾户。因为同一地区百姓之间最彼此了解各家各户的贫富状况，那些谁也不愿向其放贷的贫户就是最贫困的受灾户，这是因为知道他们还不起借贷而不愿借贷给他们。至

于那些因灾荒流离失所的人，以及鳏寡孤独的人，都可视为是极贫的受灾户，政府都可将他们列入赈济的对象。

（二）“三便”思想

林希元认为，“三便”中第一便是“极贫之民，便赈米”。这是因为“极贫之民，室如悬磬，命在朝夕，给之以米，则免彼此交易之艰、抑勒亏折之患，可济目前死亡之急，此其所以便也。其法：大口日支一升，小口半之。八口之家，四口给米；四口之家，二口给米。并不欲尽给之也，民无穷而米有限，穷饿之民，日得米半升，亦可以存活矣”。

“三便”中第二便是“次贫之民，便赈钱”。这是因为“次贫之民，自身既有可赖，而不甚急，得钱复可营运，以继将来，此其所以便也。其法：八口之家，四口支钱；四口之家二口支钱。每口所支，折银二钱”。

“三便”中第三便是“稍贫之民，便转贷”。这是因为“稍贫之民，较之次贫，生理已觉优裕，似不待赈济。然昔时荒歉，资用不无少欠，不可全不加念，是故不之济而之贷也。然欲官自借之，则二贫之给钱谷，亦或不敷，若使富民借之，则民度其能偿，必无不可。故使极富之民，出财以借，官为立券，丰岁使偿，只收其本，不责其息。贫民得财而有济，富民捐财而有归，官府无施而有惠，一举而三得备焉，此其所以便也。其法：八口之家，四口借银，每口二钱。自正月至四月，总四月之银，一次尽给之，待其展转营运，亦可以资其不足，而免于匮乏矣”。

（三）“六急”思想

林希元认为，“六急”之中第一急是“垂死贫民，急饘粥”。这是因为“垂死之民，生计狼狈，命悬顷刻。若与极贫一般给米，则有举火之艰，将有不得食而立毙者矣。惟与之粥，则不待举火而可得食，涓勺之施，遂济须臾之命，此粥所以当急也。必于通都太衢，量搭小厂，亦设官耆，令其领米作粥。流莩所过，并听就食”。

“六急”之中第二急是“疾病贫民，急医药”。这是因为“盖时际凶荒，民作疫疠，极贫之民，一食尚艰，求药问医，于何取给?”因此，林

希元主张："令郡县博选名医，多领药物，随乡开局，临证裁方。郡县印刷花阑小票，发各厂赈济官，令多出榜文，播告远近，但是饥民疾病，并听就厂领票，赴局支药……如是，则病者有药，而民免于夭札矣。"

"六急"之中第三急是"病起贫民，急汤米"。这是因为"盖疾病饥民，或不能与赈济，或与赈济而中罹疾病。逮疾病新起，元气初复，正当将息之时也。而筋力颓惫，不能赴厂支米。若非官为之所，则呻吟床箦之上，有枵腹待毙者矣"。对此，林希元建议："令各厂赈济官，遣人沿门搜访，但是患病新起贫民，俱日给米五合，一支五日，使其旦夕烧汤，不时餐饮。待元气既复，肤体既壮，方发饥民厂，照旧支米。则病起有养，而民免于横死矣。"

"六急"之中第四急是"既死贫民，急募瘗"。这是因为"大荒之岁，必有疾疫，流移之民，多死道路。不为埋瘗，则形骸暴露，腐臭熏蒸，仁者所不忍也"。对此，林希元主张："乃择地势高广去处，为大冢，榜示四方军民，但有能埋尸一躯者，官给银四分，或三分。每乡择有物力、行义者一人，领银开局，专司给散。各厂赈济官给与花阑小票，凡埋尸之人，每日将埋过尸数呈报该厂，领票赴局，验票支银。事完造报，以便查考。埋过尸骸，逐日表志，以待官府差人看验。此令一出，远近军民趋者如市，数日之间，野无遗骸。官不费力，而死者有归，至简至便。"

"六急"之中第五急是"遗弃小儿，急收养"。"盖大饥之年，民父子不相保，遄遄弃子而不顾。"林希元"为之恻然，因思宋刘彝知处州，尝给米令民收弃子。乃仿而行之，置局委官，专司收养。令曰：凡收养遗弃小儿者，日给米一升，一支五日，每月抱赴局官看验。饥民支米之外，又得小儿一口之粮，远近闻风，争趋收养"。

"六急"之中第六急是"轻重囚系，急宽恤"。林希元认为，"《周礼》荒政十有二，三曰缓刑，盖民迫于饥寒，不幸有过失，缓其刑罚，所以哀矜之也。况年当荒歉，疫疠盛行，狱囚聚蒸，厥害尤甚，若不量为宽恤，则轻重罪囚，未免罹灾横死"。所以，他主张："充军徒罪，追赃不

完，久幽囹圄者，必量情轻重，暂为释放；绞、斩重罪，有碍释放者，必疏其枷杻，给以汤药。如此则轻重罪囚，各获其生，无夭札之患矣。”

（四）“三权”思想

林希元认为，“三权”之中第一权是“借官钱以籴粜”。“盖年岁凶歉，则米谷涌贵，富民因之射利，贫民益以艰食。”因此，林希元主张：“借官帑钱银，令商贾散往各处籴买米谷归本处。依原价量增一分为搬运脚力，一分给商贾工食。粜尽复籴，事完之日，籴本还官。官无失则之费，民有足食之利。非特他方之粟毕集于我，而富民亦恐后时失利，争出粟以粜矣。然籴粜之法专为济贫，商贾转贩所当禁革。又当遍及乡村，不得只及坊郭，则贫民方沾实惠。”

“三权”之中第二权是“兴工役以助赈”。“盖凶年饥岁，人民缺食，而城池、水利之当修，在在有之。穷饿垂死之夫，固难责以力役之事，次贫、稍贫人户，力任兴作者，虽官府量品赈贷，安能满其仰事俯育之需。”因此，林希元建议：“凡圯坏之当修，湮塞之当浚者，召民为之，日受其直。则民出力以趋事，而因可以赈饥；官出财以兴事，而因可以赈民。是谓一举而两得，于工役之中而有赈济之助者。”

“三权”之中第三权是“借牛种以通变”。“盖饥馑之后，赈济之余，官府左支右吾，府库之财亦竭矣。民方艰食之际，只苟给目前，固不暇为后图。幸而残冬得度，东作方兴，若不预为之所，将来岁计，复何所望？故牛、种一事，尤当处置。”由此可见，林希元认为灾后恢复农业生产是十分重要的，关系到灾后百姓的生计。而且在农业生产中，解决农民缺牛少种是关键，所以他提出，要切切实实解决每家每户牛、种问题。“逐都逐图差人查勘，有牛有种者几家，有牛无种者几家，有种无牛者几家，牛种俱无者几家，有牛者要见有几具，有种者要见有多寡，通行造报，乃为处分。除有牛无种、有种无牛人户，听自为计外，无牛人户令有牛一具，带耕二家，用牛则与之共养，失牛则与之均赔；无种人户，令次富人户一人借与十人，或二十人，每人所借杂种三斗或二斗。耕种之时，令债主监其下种，不许因而食用；收成之时，许债主就田扣取，

不许因而拖负。官为立契，付债主收执。此法一立，有牛、种者皆乐于借，而不患其无偿；缺牛、种者皆利于借，而不患其乏用。”

（五）“六禁”思想

林希元认为，“六禁”中第一禁是“禁侵渔”。“盖人心有欲，见利则动。朝廷发百万之银以济苍生，而财经人手，不才官吏，不免垂涎，官耆正副，类多染指。是故银或换以低假，钱或换以新破，米或插和沙土，或大入小出，或诡名盗支，或冒名关领，情弊多端，弗可尽举。朝廷有实费而民无实惠者，皆侵渔之患也。”对此，林希元主张通过严刑峻法予以禁止：“赈济钱粮，人民生死所系，若有侵盗，其罪较之盗宣大沿边等处钱粮者，为尤大，其情尤为可恶。合无分别等第，严立条禁：凡侵盗赈济钱粮，至一两以上者，问罪刺字，发附近充军；十两以上者，刺字发边卫永远充军；至二十两以上者，处绞。按律：杀人者死，侵盗赈济钱粮，至二十两以上，致死饥民不知其数，处之以死，岂为过乎？重禁如此，庶侵渔知警，饥民庶乎有济矣。”

“六禁”中第二禁是“禁攘盗”。“盖人有恒言，饥寒起盗心，荒年盗贼难保必无，纵非为盗之人，当其缺食之时，借于富民而不得，相率而肆劫夺者，遄遄有之于此。不禁，祸乱或由以起。”因此，林希元建议：“各处灾伤重大，盗贼攘夺，难保必无。若官府赈济未及，必作急区处赈济，俾不至攘夺。若赈济已及而犹犯，是真乱法之民也，决要惩治。然不预先禁革，待其既犯，遂从而治之，是不教而杀，谓之虐也。必也严加禁革，攘盗者问罪枷号，为盗者依律科断。如有过犯，不得轻宥。如此，则人知警惧而不敢犯，祸乱因可以弭矣。”

“六禁”中第三禁是“禁闭籴”。林希元曾见到“往时州县官司，各专其民，擅造闭籴之令。一郡饥则邻郡为之闭籴，一县饥则邻县为之闭籴”。对此，他提出：“今后灾伤去处，邻界州县不得辄便闭籴。敢有违者，以违制论。如此，则尔我一体，有无相济，非惟彼之缺食，可资于我，而己之缺食，亦可资于人矣。”

“六禁”中第四禁是“禁抑价”。林希元指出：“盖年岁凶荒，则米谷

涌贵。尝见为政者每严为禁革，使富民米谷皆平价出粜。不知富民悭吝，见其无价，必闭谷深藏；他方商贾见其无利，亦必惮入吾境。是欲利小民而适病小民也。”因此，他建议学习宋代范仲淹知杭州时，两浙阻饥，他不抑价反增米价以吸引商贾争先恐后运米至杭的做法，实行“抑价有禁”，“则谷价不患于腾涌，小民不患于艰食矣”。

“六禁”中第五禁是“禁宰牛”。“盖年岁凶荒，则人民艰食，多变鬻耕牛以苟给目前，不知方春失耕，将来岁计亦旋无望。臣按问刑条例，私宰耕牛，再犯累犯者，俱发边卫充军……然徒为之禁，而不为之处，彼民迫于死亡，有不顾死而苟延旦夕之命者，况充军乎？有同类之人，父子相食而不顾者，况牛乎？”因此，林希元认为单靠刑禁是不够的，还必须辅以解决饥民最起码的存活问题，才能使其不宰杀耕牛：“凡民间耕牛，不许鬻卖宰杀，卖者价银入官，杀者充军发遣。如果贫民不能存活，欲变卖易谷，听其赴官陈告，官令富民为之收买，仍付牛主收养。待丰年贩买，或牛主取赎。如此，则牛可不杀而春耕有赖，民获全济而官本不亏。”

“六禁”中第六禁是“禁度僧”。林希元指出：当时岁饥，“多议度僧赈济。不知一僧之度，只得十金之入。一僧之利，遂免一丁之差。十年免差，已勾其本，终身游手，利不可言。况又坐享田租，动以千百。富僧淫逸，多玷清规，污人妻女，大伤王化。是谓害多于利，得不偿失，事不可行，理宜深戒”。因此，林希元提出：“度僧之事，决不可行。今各处灾伤重大，恐有偶因费广，复建此议者，所当禁也。”

（六）“三戒”思想

林希元认为“三戒”之中第一戒是“戒迟缓”。林希元指出：“救荒如救焚，惟速乃济。民迫饥馁，其命已在旦夕，官司乃迟缓而不速为之计，彼待哺之民，岂有及乎？此迟缓所当戒也。”对此，他建议：应当“严立约束，申戒抚按二司、府州县，各该大小赈济官，凡申报灾伤，务在急速给散钱粮，务要及时申报灾伤，与走报军机同限，失误饥民与失误军机同罚。如此，则人人知警，待哺之民，庶乎有济矣”。

“三戒”之中第二戒是“戒拘文”。林希文指出：“往时州县赈济，动以文法为拘，后患为虑。部院之命未下，则抚按不敢行；监司之命一行，则府县不敢拂。不知救荒如救焚，随便有功，惟速乃济。民命悬于旦夕，顾乃文法之拘，欲民之无死亡，不可得也。”因此，他主张：“各灾伤去处，宜告诫抚按、司府州县官，凡事有便于民，或上司隔远，未便得请，事有妨碍者，并听便宜处置。先发后闻，惟以济事为功，不得拘牵文法，致误饥民，有孤朝廷优恤元元之意。则大小官员得以自遂，而饥民庶乎有济矣。”

“三戒”之中第三戒是“戒遣使”。林希元指出：“往时各处灾伤重大，朝廷必差遣使臣分投赈济，此固轸念元元之意，然民方饥饿，财方匮乏，而王人之来，迎送供亿，不胜劳费，赈济反妨，实惠未必及民，而受其病者多矣。”对此，林希元认为：“各处抚按监司，未必无可用之人，顾委任之何如耳？莫若专敕抚按官员，令其照依朝廷议拟成法，仍随所在民情土俗，参酌得中，督责各道守巡等官分督州县，着实举行。事完之日，年稍丰稔，分遣科道各处查勘。王命所在，谁敢不尽心；黜陟所关，谁敢不用命。较之凶歉之际，差官往还，徒为纷扰者，万不侔矣。”

综观林希元的荒政思想，有 3 个方面的特征值得注意：一是他的荒政思想主要来自救荒实践。他在任泗州判官时，“适江北大饥，民父子相食，盗贼蜂起之际，臣之官适当其任，盖尝精意讲求，于民情吏弊，救荒事宜，颇闻详悉”。因此，他的许多救荒思想均是从实践中探索总结出来的，往往切实可行，富有成效。如他的“借牛、种以通变”思想和措施，受到当时灾民的欢迎，“半月之间，凡处过牛千九百六十五具，种八百四十七石，银一百七十五两，处给一州缺牛、种人户，计四千八百五十六家。此于财匮之时，得通变之术”。正是由于这一措施帮助许多无牛、种的灾民恢复了农业生产，因此，“江北州县多有仿行者”。他的“禁攘盗”思想和措施，也在“江北大饥，盗贼蜂起”之时在泗州尝试，“先赈济，次招抚，次斩捕，凡赈过饥民三千四百口，抚过饥民四百五十

口，捕过抚而复叛饥民六十口，而盗始大靖”。二是他的荒政思想是在学习继承前代荒政思想基础上的进一步发扬光大。他自称：其《荒政丛言》“是皆往哲成规、昔贤遗论，臣尝斟酌损益，或已行而有效，或欲行而未得，或得行而未及，谓可施于今日者也”。他尤其推崇《周礼》中的“荒政十二”和宋代董煟的《救荒活民书》，认为前者以“先时预备”和“临时处置”二者并行，“然后为圣王之政”；后者是古代荒政思想“可谓兼备矣，元张光大取而续增之，本朝朱熊又被其遗，世称为完书”。但是，他又不盲目崇拜，而且根据明代现实情况加以批判性继承与创新。如前代的“恐惧修省、降诏求言、蠲租税以舒民困、散居积以厚黎元，皆人主救荒所当行，则陛下已先得之，不容臣言也。至于卖军职、卖监生、卖吏典，乃不得已救急之弊事，非盛世所当行，则大臣已先言之，不待臣言也”。即使他推崇的董煟《救荒活民书》，也有许多不足之处，“以臣观之，编次无伦，观阅不便，其间缺略不备，窒碍难行，盖亦有之”。如“董煟《救荒活民书》谓，支米最不便，弊病又多，不系沿流及产米去处，搬运脚费甚大，不如支钱最省便，更无伪滥之弊。小民将钱可以抽赎，典过斛斗，或一斗米钱可买二三斗杂料，以二三升伴和野菜煮食，则是二斗杂料可供一家五七口数日之费。其说是矣……然以臣观之，极贫之民，室如悬罄，命在朝夕，若与之钱银，未免求籴于富家，抑勒亏折，皆所必有。又交易往还，动稽时日，将有不得食而立毙者矣，可谓便乎?”又如度僧救灾，“宋人之策，不可复用，度僧之事，决不可行”。三是林希元的个别救荒思想和措施显得过于烦琐，在实践中不具有可操作性。如他在审户中提出将灾民分为六等，其中富民三等（极富、次富、稍富）、贫民三等（极贫、次贫、稍贫），并进行富、贫对应贷银、贷种赈灾。其实在各地灾荒中，政府是很难制定出一个标准来划分富贫等级，也没有人力、精力和时间来从事这项工作，即使划分出富贫六个等级，要按林希元设想的民间富贫对应贷银、贷种也是很难普遍推行的。

第七节 选任、监察、考核官吏思想

中国古代对官吏的管理主要包含选拔、任用、监察、考核四个环节，此外还有薪俸和退休制度。明代对官吏的选拔、任用、监察、考核基本上承袭了唐宋以来的制度和理念，而稍有变化。本节对此作简要的阐述。

一、通过考试、荐举、杂途对官吏选拔思想

明代对官吏的选拔制度，《明史》有概括性的记述：

选举之法，大略有四：曰学校，曰科目，曰荐举，曰铨选。学校以教育之，科目以登进之，荐举以旁招之，铨选以布列之，天下人才尽于是矣。明制，科目为盛，卿相皆由此出，学校则储才以应科目者也。其径由学校通籍者，亦科目之亚也，外此则杂流矣。然进士、举贡、杂流三途并用，虽有畸重，无偏废也。荐举盛于国初，后因专用科目而罢。铨选则入官之始，舍此蔑由焉。①

选人自进士、举人、贡生外，有官生、恩生、功生、监生、儒士，又有吏员、承差、知印、书算、篆书、译字、通事诸杂流。进士为一途，举贡等为一途，吏员等为一途，所谓三途并用也。京官六部主事、中书、行人、评事、博士，外官知州、推官、知县，由进士选。外官推官、知县及学官，由举人、贡生选。京官五府、六部首领官，通政司、太常、光禄寺、詹事府属官，由官荫生选。州、县佐贰，都、布、按三司首领官，由监生选。外府、外卫、盐运司首领官，中外杂职、入流未入流官，由吏员、承差等选。此其大凡

① 《明史》卷69《选举一》。

也。其参差互异者，可推而知也。①

从传统的划分看，明代从中央到地方的各级官吏基本上通过3种途径进行选拔，即一是进士监生之途，通过考试选拔；二是举贡之途，通过官员荐举；三是杂流，选择各类吏员。此外，还有征辟、任子、捐纳等选官途径。正如明末清初顾炎武所指出的："国初之制，谓之三途并用。荐举，一途也［天顺二年（1458）十二月庚辰，诏罢举保经明行修及贤良方正，以言者谓其奔竞冗滥，无稗实用也］；进士、监生，一途也；吏员，一途也。或以科与贡为二途，非也。"② 现在，如以选拔后所任职位的性质不同划分，大致可分为正途和杂途两大类：正途以科举为核心，包括进士、举人、监生、贡生、荐举、任子等，其选拔后的任职为官员；杂途以选拔各类吏员为核心，还包括捐纳、承差、知印、通事、书算等。

从明代选拔官吏的总体制度可以看出，其反映的当时朝野人才选拔思想观念有4个方面值得注意：一是重视考试选拔，尤其重视科举考试选拔。因为在当时，科举考试虽然有种种的弊端，但总的说来，还是相对最公正、公平的人才选拔考试，其选拔出来的人才总体上说是比较优秀的。二是重视人才的文化水准。科举考试之所以普遍受到朝野的重视，一个很重要的原因就是其主要考查的是应试者的文化水准。从总体上看，文化水准高的人一般各方面的能力相对强些。三是非通过考试竞争的选拔方式逐渐不被人们重视或接受。正由于通过考试竞争的选拔方式为人们普遍重视和接受，那些没通过考试竞争的选拔方式，如荐举、捐纳、任子等就不被重视，甚至逐渐消亡。如荐举在明初是重要的选拔官员的途径，但是，随着明代科举制度的日趋完备，"自后科举日重，荐举日益轻，能文之士率由场屋进以为荣；有司虽数奉求贤之诏，而人才既衰，

① 《明史》卷71《选举三》。

② 《日知录》卷17《通经为吏》。

第应故事而已”①。四是重官轻吏思想。中国古代重官轻吏思想根深蒂固，明代也不例外。当时选拔官员的途径被称为正途，而选拔吏员的途径被称为杂途、杂流，可见其重官轻吏思想之严重。

（一）考试选拔思想

明代，最重要的选官途径是通过考试选拔，其中最重要的是科举考试，其次是通过国子监考试选拔，此外还有武学、医学选拔考试等。

1. 科举考试选拔。

明代科举考试承袭唐宋，仍然为最重要的官员选拔制度。有关其概况，《明史》卷70《选举二》有一简要的记述：

> 科目者，沿唐、宋之旧，而稍变其试士之法，专取四子书及《易》《书》《诗》《春秋》《礼记》五经命题试士。盖太祖与刘基所定。其文略仿宋经义，然代古人语气为之，体用排偶，谓之八股，通谓之制义。三年大比，以诸生试之直省，曰乡试。中式者为举人。次年，以举人试之京师，曰会试。中式者，天子亲策于廷，曰廷试，亦曰殿试。分一、二、三甲以为名第之次。一甲止三人，曰状元、榜眼、探花，赐进士及第。二甲若干人，赐进士出身。三甲若干人，赐同进士出身。状元、榜眼、探花之名，制所定也。而士大夫又通以乡试第一为解元，会试第一为会元，二、三甲第一为传胪云。子、午、卯、酉年乡试，辰、戌、丑、未年会试。乡试以八月，会试以二月，皆初九日为第一场，又三日为第二场，又三日为第三场。初设科举时，初场试经义二道，《四书》义一道；二场，论一道；三场，策一道。中式后十日，复以骑、射、书、算、律五事试之。

如果我们再结合其他一些史料，明代的科举考试所体现的思想有以下3个方面值得提及。一是明代明确规定科举考试的内容以儒家经义为主，并主要以宋代程朱理学的注释为权威依据。并且，乡试与会试内容相同。这集中体现了明朝统治者以程朱理学作为治国的指导思想：

① 《明史》卷71《选举三》。

> 乡试，八月初九日第一场，试《四书》义三道，每道二百字以上；经义四道，每道三百字以上。未能者许各减一道。《四书》义主朱子《集注》，经义、《诗》主朱子《集传》，《易》主程朱《传》《义》，《书》主蔡氏传及古注疏，《春秋》主左氏、公羊、谷梁、胡氏、张洽《传》，《礼记》主古注疏。十二日第二场，试论一道，三百字以上；判语五条，诏诰章表内科一道。十五日第三场，试经史策五道，未能者许减其二，俱三百字以上。次年礼部会试，以二月初九日、十二日、十五日为三场，所考文字与乡试同。①

> 科目者，沿唐、宋之旧，而稍变其试士之法，专取四子书及《易》《书》《诗》《春秋》《礼记》五经命题试士。盖太祖与刘基所定……后颁科举定式，初场试《四书》义三道，经义四道。《四书》主朱子《集注》，《易》主程《传》、朱子《本义》，《书》主蔡氏《传》及古注疏，《诗》主朱子《集传》，《春秋》主左氏、公羊、谷梁三传及胡安国、张洽《传》，《礼记》主古注疏。②

从以上记载可知，科举第一场考试就是直接考儒家经典《四书》《五经》的内容；第二场所试的诏、诰、表、判虽属公文写作，但也不能违逆儒家经义；第三场所试的策论，要求结合儒家经义对时政提出自己的见解、观点。

明代科举考试内容限在儒家《四书》《五经》等经义的范围之内，考生答题受到严格限制，不许自由发挥个人的思想见解。如弘治七年(1494) 令："答策不许引用谬误杂书。其陈及时务，须斟酌得宜，便于实用，不许泛为夸大及偏执私见，有乖醇厚之风。"③ 加上自成化之后，自生员考试至殿试，几乎每一次考试都以八股文写作来决定去取，形式僵化，因此，对明代思想学说的发展带来了相当消极的影响，并助长了弄虚作假、投机钻营、沽名钓誉的不良风气。正如顾炎武所指出的："今

① 《明太祖实录》卷 160。

② 《明史》卷 70《选举二》。

③ 《明会典》卷 77《礼部三十五·科举》。

日科场之病，莫甚乎拟题。且以经文言之，初场试所习本经义四道，而本经之中，场屋可出之题不过数十。富家巨族延请名士馆于家塾，将此数十题各撰一篇，计篇酬价，令其子弟及僮奴之俊慧者记诵熟习。入场命题，十符八九，即以所记之文抄誊上卷，较之风檐结构，难易迥殊，《四书》亦然。发榜之后，此曹便为贵人，年少貌美者多得馆选，天下之士靡然从风，而本经亦可以不读矣。予闻昔年《五经》之中，惟《春秋》只记题目，然亦须兼读四传。又闻嘉靖以前，学臣命《礼记》题，有出《丧服》以试士子之能记否者，百年以来，《丧服》等篇皆删去不读，今则并《檀弓》不读矣。《书》则删去《五子之歌》《汤誓》《盘庚》《西伯勘黎》《微子》《金胺》《顾命》《康王之诰》《文侯之命》等篇不读，《诗》则删去淫风变雅不读，《易》则删去《讼》《否》《剥》《豚》《明夷》《睽》《蹇》《困》《旅》等卦不读，只记其可以出题之篇，及此数十题之文而已。读《论》惟取一篇，披《庄》不过盈尺。因陋就寡，赴速邀时。昔人所须十年而成者，以一年毕之。昔人所待一年而习者，以一月毕之。成于剿袭，得于假倩，卒而间其所未读之经，有茫然不知为何书者，故愚以为八股之害等于焚书，而败坏人材有甚于咸阳之郊所坑者。”①

二是明政府为保证科举考试的公平公正，防止舞弊，在唐宋的基础上，制定了一套严密的科举考试管理制度：

（乡试）凡入场官员，洪武十七年（1384）定：

——提调官，在内应天府官一员，在外布政司官一员；监试官，在内监察御史二员，在外按察司官二员；供给官，在内应天府官一员，在外府官一员；收掌试卷官一员；弥封官一员；誊录官一员；书写，于府州县生员人吏内选用；对读官四员；受卷官二员；以上皆选居官清慎者充之。巡绰、监门、搜检、怀挟官四员，在内从都督府委官，在外从守御官委官。

——考试官及帘内、帘外官，许各将不识字从人一名，不许纵

① 《日知录》卷16《拟题》。

令出入。

——试官入院之后，提调官、监试官封钥内外门户，不许私自出入，如送试卷或供给物料，提调、监试官眼同开门点检，送入即便封钥。举人作文毕，送受卷官收受，类送弥封官撰字号封记，送誊录所誊录毕，送对读官对读毕，送内帘看，提调、监试官不得干预。

——搜检、怀挟官，凡遇每场举人入院，一一搜检，除印过试卷及笔墨砚外，不得将片纸只字。搜检得出，即记姓名扶出，仍行本贯，不许再试。一、巡绰官，凡遇举人入院，并须禁约喧哄，如已入席舍，常川巡绰，不得私相谈论，及觉察帘内外不得泄露事务。

——受卷所置立文簿，凡遇举人投卷，就于簿上附名交纳，以凭稽数，毋得遗失。

——弥封所，先将试卷密封举人姓名，用印关防，仍置簿编次三合成字号，照样于试卷上附书，毋致漏泄。誊录所，务依举人原卷字数语句誊录相同。于上附书某人誊录无差，毋致脱漏添换。

——对读所，一人对红卷，一人对墨卷，须一字一句用心对同，于后附书某人对读无差，毋致脱漏。

——举人试卷用墨笔，誊录对读受卷皆用红笔，考试官用青笔，其用墨笔处不许用红，用红处不用墨，毋致混同。

成化二年（1466）定：

——巡绰、搜检、看守官军只于在营差拨，曾差者不许再差，若他人冒顶正军入场者，罪之。提调、监试官公同往来巡视，不许私自入号。其巡绰官、止于号门外看察，不许入内与举人交接，违者听提调、监试官举问。试场外，照例五城兵马率领火夫弓兵严加防守，不得违误。

——每场誊录红卷送入内帘考试，候三场考试已定，方许吊取墨卷于公堂比对字号，毋致疏漏。

——誊录、对读等官，取吏部听选官年四十上下、五品至七品

有行止者充之。

——誊录、对读所，须真正誊录，明白对读，若誊录字样差失潦草及对读不出者，罪之。

（成化）六年（1470）令：监临等官不许侵夺考官职掌，若场中有弊，照例举问。

（成化）十年（1474）定：

——受卷、供给、巡绰等官入院，监试官、搜检铺陈衣箱等物，不许夹带文字朱红墨笔，厨役皂隶人等审实正身供事，不许久惯之徒私替出入。

——搜检、巡绰，取在外都司轮班京操官军，三场调用，把门人等时加更换，不许军人故带文字，装诬生员，勒取财物。弘治四年（1491）令：各处乡试，帘内事不许帘外干预，考官务以礼待，不许二司并御史欺凌斥辱。文章纯驳，悉听去取，不得帘外巧立五经官以夺其权。如考官不能胜任而取士弗当，刊文有差，连举主坐罪。①

明代严密的科举考试管理制度体现了以下3个方面的管理思想：一是明政府之所以在科举考试中设立如此繁多的官吏，其目的是使整个科举考试过程每个环节都有专人负责，而且不许相互之间越权、串联，以达到互相监督制约。如提调官、监试官封钥内外门户，监视考场内外出入，但不得干预考场内的考试事宜。又如巡绰官只负责考场外的巡察，不允许进入考场内与举人交谈接触，如有违反，听从提调、监试官举问。再如监临官不许侵夺考官职掌，若场中有弊，照例举问。从总的说来，具体负责相关考务的官吏按职责分为内、外帘官系统，其中主考官、同考官为贡院的内帘官，居住在考场警戒之内；监临、提调、监试、巡绰、搜检、弥封、誊录、对读等官为外帘官，居住在考场之外。内、外帘官按其职责在考场特定的区域内活动，不得擅自超越活动范围，帘内事不

① 《明会典》卷77《礼部三十五·科举》。

许帘外干预。二是各个考试环节环环相扣，交接严密，以防作弊者有机可乘。如举人入考场时，由搜检、怀挟官一一检查是否有挟带舞弊。如举人已入席舍，巡绰在外巡察，不许应试者互相谈论。当举人作文完成，送受卷官收受，于簿上附名交纳，以凭稽数，毋致遗失。然后再由弥封官撰字号封记，密封举人姓名，用印关防，送誊录所誊录。为防止誊录官篡改试卷，明代规定试卷用墨笔，誊录对卷用红笔，考试官改卷用青笔。誊录后由对读官校对无误后，再送回内帘由考官评卷。明朝廷还特别强调不许任何人干预考官评卷，考官如评卷取士不当，则要受到处罚，并连坐荐举人。三是明朝科举考试中对参与管理的官吏严格选用。如提调官、监试官、供给官、收掌试卷官、弥封官、誊录官、对读官、受卷官等均要“选居官清慎者充之”，其中还特别强调“誊录、对读等官，取吏部听选年四十上下、五品至七品有行止者充之”。即使是考场内外的杂役人员，也有选用的规定。如考试官及帘内、帘外官，许各带随从人一名，但必须是不识字的，并不许随意出入。那些厨役、皂隶等勤杂人员，则必须严格审查是否其本人，严防其他人冒名顶替。那些巡绰、搜检人员，从外都司轮班京操官军选用，三场调用，即只各负责一场考试，不许其负责两场或两场以上，把门人也要时加更换。明政府之所以对科举考试管理如此严密，其目的是使应试者在考试期间处于与外界隔绝的状态，使其独立完成考试内容，才能客观、准确地测试出应试者的实际能力和水平。同时使考试官不得泄漏任何考试信息，考官在评卷时完全处于“盲评”，不知道应试者的任何信息，使评卷做到客观、公平，所评成绩符合试卷实际水准，准确公正地选拔出优秀人才。

三是科举考试成为最重要的选官途径，尤其是级别较高官员均由进士中选出。明朝规定，通过乡试的举人就可以为官，多限于地方基层的吏员；通过会试的贡士任官，也以基层的地方官为主，且上升为高级官员的概率甚小。而通过殿试的进士，则往往授以级别较高的官职，并有可能升迁为朝廷重臣。早在洪武三年（1370），朱元璋就下诏称：“汉、唐及宋，取士各有定制，然但贵文学而不求德艺之全。前元待士甚优，

而权豪势要，每纳奔竞之人，夤缘阿附，辄窃仕禄。其怀材抱道者，耻与并进，甘隐山林而不出。风俗之弊，一至于此。自今年八月始，特设科举，务取经明行修、博通古今、名实相称者。朕将亲策于廷，第其高下而任之以官。使中外文臣皆由科举而进，非科举者毋得与官。"① 永乐年间，观政进士（庶吉士）开始专从翰林院选拔，进士授官级别提高。《明史》卷70《选举二》云："庶吉士之选，自洪武乙丑择进士为之，不专属于翰林也。永乐二年（1404），既授一甲三人曾棨、周述、周孟简等官，复命于第二甲择文学优等杨相等五十人，及善书者汤流等十人，俱为翰林院庶吉士，庶吉士遂专属翰林矣。复命学士解缙等选才资英敏者，就学文渊阁。缙等选修撰，（曾）棨编修，（周）述、（周）孟简、庶吉士（杨）相等，共二十八人，以应二十八宿之数。""状元授修撰，榜眼、探花授编修，二、三甲考选庶吉士者，皆为翰林官。其它或授给事、御史、主事、中书、行人、评事、太常、国子博士，或授府推官、知州、知县等官……成祖初年，内阁七人，非翰林者居其半。翰林纂修，亦诸色参用。自天顺二年（1458），李贤奏定纂修专选进士。由是非进士不入翰林，非翰林不入内阁，南、北礼部尚书、侍郎及吏部右侍郎，非翰林不任。而庶吉士始进之时，已群目为储相。通计明一代宰辅一百七十余人，由翰林者十九。盖科举视前代为盛，翰林之盛，则前代所绝无也。"明代修撰、编修、翰林官均为清要之职，极有可能入阁参与国家机务，部分人也由此而成为朝廷重臣，其余则充作御史、太常、国子博士等京官，做地方官最小的也任知县。正如明人黄尊素所说的："宋之御试第一人，不过佥书判官；第六人以下，司户簿尉而已。今则第一甲三人，即为清要官，最下者，亦不失守令。总而论之，宋之出身易而入官难，今之出身难而入官易。"②

2. 国子监选拔。

---

① 《明史》卷70《选举二》。

② 《明会要》卷47《选举一》。

国子监在明代官吏选拔中所占的地位仅次于科举考试。洪武年间曾直接从国子监中录取进士，尔后，国子监教育在明代历朝不断得到发展。凡在国子监学习的学生，通称为“监生”或“太学生”，根据其来源又可分为举监、贡监、荫监和例监4种。其中，举监即入监肄业的落第举人。“凡应试，洪武十八年（1385）令：会试下第举人，愿回读书以俟后举者，听。”① “嘉靖中，南北国学皆空虚，议尽发下第举人入监，且立限期以趣之。”② 贡监即府、州、县学贡入国子监肄业的生员，根据其选拔的方式和途径又可分为岁贡、选贡、恩贡、纳贡4类：岁贡又称常贡，是每年由地方学校选拔贡入国子监的生员；选贡是岁贡之外，令提学、宪臣到教育发达、人才较多的地方直接选拔生员进入国子监；恩贡是根据皇帝特旨恩准，临时选拔入国子监的生员；纳贡是通过交纳规定数量的粟、马、银、钞等而进入国子监的生员。荫监即因为父祖官品或功劳而进入国子监的生员，其又分官生和恩生两类：官生是因父祖官品而入国子监的肄业者，恩生是由皇帝特旨恩准而不受父祖官品限制的入监肄业者。例监即民间通过捐纳粮、马等而进入国子监的肄业者。

明代监生要获得被选拔为官员的资格，还要通过学业考试，在规定的时间内积累到足够的积分。国子监监生首先要经过一系列的学习和考核，依次通过3个等级，进入率性堂；然后相关的考试才开始积分，一年之内积至八分者才获得“出身”，即取得出任官吏的资格。《明会典》卷220载：

> 凡生员通《四书》，未通经者，居正义、崇志、广业堂。一年半之上，文理条畅者，许升修道、诚心堂。坐堂一年半之上、经史兼通、文理俱优者，升率性堂。
>
> ……
>
> 凡生员升率性堂方许积分。积分之法，孟月试本经义一道，仲

① 《明会典》卷77《礼部三十五·科举》。

② 《明史》卷69《选举一》。

月试论一道、诏诰表章内科一道；季月试经史策一道、判语二条。每试文理俱优与一分，理优文劣者半分，文理纰缪者无分。岁内积至八分者为及格，与出身，不及分者仍坐堂肄业。试法一如科举之制。果有材学超越异常者，取自上裁。

监生取得“出身”后，还要被分派到政府各部门“历事”，即历练政事，也就是现在所谓的实习。若刚好碰上相关职位缺员，可以直接授予职务。明代各朝皇帝对监生历事的规定不尽相同，《明史》卷69《选举一》有较详细的记述：

监生历事，始于洪武五年（1372）。建文时，定考核法上、中、下三等。上等选用，中、下等仍历一年再考。上等者依上等用，中等者不拘品级，随才任用，下等者回监读书。永乐五年（1407），选监生三十八人隶翰林院，习四夷译书。（永乐）九年（1411）辛卯，钟英等五人成进士，俱改庶吉士。壬辰、乙未以后，译书中会试者甚多，皆改庶吉士，以为常。历事生成名，其蒙恩遇如此。仁宗初政，中军都督府奏监生七人吏事勤慎，请注选授官。帝不许，仍令入学，由科举以进。他历事者，多不愿还监。于是通政司引奏，六科办事监生二十人满日，例应还监，仍愿就科办事。帝复召二十人者，谕令进学。盖是时，六科给事中多缺，诸生觊得之。帝察知其意，故不授官也。宣宗以教官多缺，选用监生三百八十人，而程富等以都御史顾佐之荐，使于各道历政三月，选择任之，所谓试御史也……（崇祯年间）历事不分正杂，惟以考定等第为历期多寡。诸司教之政事，勿与猥杂差遣。满日，校其勤惰，开报吏部。不率者，回监教习。时监规颓废已久，不能振作也。凡监生历事，吏部四十一名，户部五十三名，礼部十三名，大理寺二十八名，通政司五名，行人司四名，五军都督府五十名，谓之正历。三月上选，满日增减不定。又有诸司写本，户部十名，礼部十八名，兵部二十名，刑部十四名，工部八名，都察院十四名，大理寺、通政司俱四名，随御史出巡四十二名，谓之杂历。一年满日上选。又有诸色办事，清黄

一百名，写诰四十名，续黄五十名，清军四十名，天财库十名，初以三年谓之长差，后改一年上选；承运库十五名，司礼监十六名，尚宝司六名，六科四十名，初作短差，后亦定一年上选。又有随御史刷卷一百七十八名，工部清匠六十名，俱事完日上选。又有礼部写民情条例七十二名，光禄寺刷卷四名，修斋八名，参表二十名，报讣二十名，赍俸十二名，锦衣卫四名，兵部查马册三十名，工部大木厂二十名，后府磨算十名，御马监四名，天财库四名，正阳门四名，崇文、宣武、朝阳、东直俱三名，阜城、西直、安定、德胜俱二名，以半年满日回监。

从以上记载我们大致可以了解明政府还是较为重视监生的实习，其实习的范围很广，包括中央各部门，如吏户礼兵刑工六部、都察院、六科、通政司、大理寺、五军都督府、行人司、光禄寺、锦衣卫、天财库、承运库、司礼监、尚宝司、正阳门、崇文门、宣武门、朝阳门、东直门、阜城门、西直门、安定门、德胜门等；其实习所从事的工作有到诸司教之政事、诸司写本以及诸色办事等，换言之，就是各种行政工作、文书工作以及各种勤杂工作等；其实习的时间从 3 个月至半年、一年不等，在各部门实习的人数也较多，一般有三五十人，最少有数人，最多达 178 人。一般情况下，实习后要进行考核，分为上中下三等或及格、不及格，上中等和及格者随才任用，下等或不及格者回国子监继续学习。但明代有些皇帝规定，监生实习后无论优劣都要回国子监继续学习，然后再通过科举考核后选拔任用。但是，绝大多数监生都希望实习后即被朝廷选任，不愿意再回国子监继续学习，然后参加科举考试。明代，随着国子监规模的扩大，生员人数的增多，“其后，以监生积滞者多，频减拨历岁月以疏通之。每岁拣选，优者辄与拨历，有未及一年者。弘治八年(1495)，监生在监者少，而吏部听选至万余人，有十余年不得官者……及至嘉靖十年（1531)，监生在监者不及四百人，诸司历事岁额以千

计”[①]。可见，监生实习后，要在官府中谋个职位已是相当困难的了。

（二）荐举思想

元末明初，由于长期战乱，各地的官吏不是死于战火，就是流离他乡、隐居山林，各级政府部门严重缺乏管理人才。面对这种局面，朱元璋采用扩大征辟、荐举规模的办法来网罗各种人才。吴元年（1367）十月，朱元璋“遣起居注吴林、魏观等以币帛求遗贤于四方”[②]。洪武元年（1368），他又“征天下贤才至京，授以守令。其年冬，又遣文原吉、詹同、魏观、吴辅、赵寿等分行天下，访求贤才，各赐白金而遣之”[③]。洪武三年（1370），他谕廷臣曰：“六部总领天下之务，非学问博洽、才德兼美之士，不足以居之。虑有隐居山林，或屈在下僚者，其令有司悉心推访。”[④] 洪武三年五月，朱元璋正式下诏“设科取士”[⑤]。这一年，京师及各行省举行了乡试。但是，由于考试内容的原因，这些通过科举选拔的人才，“多后生少年，观其文词，若可与有为，及试用之，能以所学措诸行事者甚寡”。朱元璋叹曰：“朕以实心求贤，而天下以虚文应朕，非朕责实求贤之意也。”[⑥] 于是，洪武六年（1373）二月，“遂罢科举，别令有司察举贤才，以德行为本，而文艺次之。其目：曰聪明正直，曰贤良方正，曰孝悌力田，曰儒士，曰孝廉，曰秀才，曰人才，曰耆民。皆礼送京师，不次擢用。而各省贡生亦由太学以进”[⑦]。“时中外大小臣工皆得推举，下至仓库、司局诸杂流，亦令举文学才干之士。其被荐而至者，又令转荐。以故山林岩穴、草茅穷居，无不获自达于上，由布衣而登大僚者不可胜数。”[⑧] 由于荐举的发动广泛深入，洪武十五年（1382）九月，

---

① 《明史》卷69《选举一》。
② 《明太祖实录》卷26。
③ 《明史》卷71《选举三》。
④ 《明史》卷71《选举三》。
⑤ 《明太祖实录》卷52。
⑥ 《明太祖实录》卷79。
⑦ 《明史》卷71《选举三》。
⑧ 《明史》卷71《选举三》。

吏部曾一次安排经明行修之士“三千七百余人入见”①。但是，这种偏重德行、急于求成的荐举使选拔的许多人也缺乏实际治理国家的才干，朝廷经过一番尝试和努力，采取了更加切实的措施，注重对荐举人才实际才干的考察。洪武十五年八月，朱元璋对刑部尚书开济等说：“设官分职，所以安民，官不得人，民受其害。今征至秀才不下数千，宜试其能否，考其优劣，然后任之以职。尔等定议以闻。”② 于是开济等议为七条：

> 其一，宜选文武之臣有才识者，于公事暇时以所取秀才一一延问，以经明行修为一科，工习文词为一科，通晓四书为一科，人品俊秀为一科，言有条理为一科，晓达治道为一科。六科备者为上，三（科）以上为中，三科以下为下，六科俱无为不堪。其二，观其言貌只知大略，观其行事乃见实能。宜令京官于秀才内各举所知，举中者量加升擢，不当者罚及举主。其三，往者犯罪官员皆以怠惰无能，遂致废事。今宜精选可用者留之，老疾不堪者遣还，仍命布政使司、按察司具其善恶实迹，参其所言得失，以为黜陟。其四，秀才，多郡县一时起送，其堪录用者犹虑未尝练习政务，况又用非其才，则非但速于获戾，民亦被其害矣。今堪用者只宜量才授职，未可遽迁重任；其不堪任、遣还乡里者，可令为社师，明经老疾者，授以教官。其五，见任官员其间岂无才学之士、廉慎之人？初用秀才远不可及，今宜核之果，文学之士历任老成、有绩可称而无过者存用之，或加升擢，与初任秀才参署政务。所谓孝悌力田、聪明正直者多非其人，宜悉罢举。其六，刑罚未省，赋役未均，皆由所司不得其人。今以秀才任之，必能兴学校，教民有方，均平赋役，使民无讼矣。其七，内六部察院，外布政使司、按察司及府县守令任亦重矣，得其人则政举，非其人则职废，必选通儒达吏、练事老成、

---

① 《明太祖实录》卷148。

② 《明太祖实录》卷147。

明于治体可以任重者使居之，不可泛用非人。①

从明洪武年间朝廷积极推行荐举以选拔人才可以看出，其反映的荐举思想有以下 3 个方面值得注意：一是对所荐举的人才既重视其德行，也重视其实际才干。刚开始时偏重德行，但后来发现"所谓孝悌力田、聪明正直者多非其人"，于是转而"必选通儒达吏、练事老成、明于治体可以任重者使居之"。二是荐举人才不拘一格。不管是"隐居山林，或屈在下僚者"，还是"山林岩穴、草茅穷居"之人，只要是人才，朝廷都予以选拔任用。朝廷还特别重视留用前朝有才学、廉慎、老成、有绩可称的官吏。而且，朝廷对治国人才的评价是多标准的，既可以是有德行的，如经明行修、人品俊秀，又可以是文化水准高的，如工习文词、通晓四书，也可以是有实际管理能力的，如言有条理、晓达治道。正是由于在荐举人才中不拘一格，所以其荐举范围广泛深入，在洪武时期的确选拔任用了不少治国人才，史称通过荐举"由布衣而登大僚者不可胜数"。据王圻《续文献通考》卷 48《选举考》统计，洪武年间由征荐任尚书的有 60 余人，侍郎 90 余人，御史中丞 2 人，左都御史、副都御史、佥都御史 30 余人，大理寺卿、少卿、寺丞 10 人，学士、大学士 10 余人。三是对荐举的人才实行试用考察，然后再根据试用考察结果量才授职。如对征至秀才"试其能否，考其优劣，然后任之以职"，"堪用者只宜量才授职，未可遽迁重任；其不堪任、遣还乡里者，可令为社师，明经老疾者，授以教官"。而对于一些优秀的人才，则"不次擢用"。这样，对荐举的人才，真正做到人尽其才而不浪费。

如前所述，洪武之后，虽然"科举日重，荐举日益轻"，但荐举依然作为国家选拔人才的一种途径，不断有人对其提出改进、完善，并弥补科举选拔人才的不足。正如陆粲所指出的：

本朝以经术取士，其名最正。然士专一经，不暇他及，一得科第，弃不复省。间有从事古学者，力分于簿书，志夺于进取，自不

① 《明太祖实录》卷 147。

能专攻。不惟文辞之陋，而议论识见亦不逮前人远甚。盖科举之法，行之百六十年，而人才终有愧千古者如此。且天下固有高明倜傥之才，不能应有司之绳墨者，是科举所得之外，未尝无遗才也。前代取人，不专一途，明经进士之外，未有制科，虽其途似杂，而得以鼓舞豪俊，网罗遗逸。祖宗朝亦有贤良方正、怀才抱德、经明行修诸科。臣愚乞仿此意，特设一科，以待非常之才，必博通经史，兼工文词，晓畅治道者，有官无官皆得应之。间数岁一举，每举不过数人，高者储之禁近，其次分置诸曹，先有官者则递进焉。如此，则天下之士争自奋起，虽已仕者，亦不废学，无复专经之陋矣。

臣又闻之，人各有能有不能，今天下固有学习兵书、谙晓术数而案牍、文墨非其所长者，又有沉鸷、勇敢之人，胸中了了，而不能笔之于书者。此等仕既无阶，心常自负，每有风尘之警，辄思攘臂其间，纵无所成，亦能始祸。唐之黄巢、王仙芝，宋之张元、吴昊，皆以流落不遇，遂陷凶逆，其事可鉴。大抵人有才气而不得逞，其末流何所不至，若御得其道，则狙诈咸可作使。乞令所在官司，凡诸色人有不习举业而才艺可称者，听其荐闻，量才试用。其有知边情谙武略，膂力骑射过人者，或隶京营，或送各边随军效用。既以收拾遗才，用备缓急，又可阴窒祸变，销沮奸雄。至于荐举之途，近亦稍狭，请令文武官，凡到任后各举一人自代……正统年间，方面知府有缺，在京三品以上保荐事例，斟酌举行。庶得以广朝廷之耳目，助铨衡之明扬，是或补偏救弊之一道也。①

陆粲在此认为荐举至少可补救科举两个方面的不足：一是科举使士人专攻一经，一旦科举成功入仕，就不再继续学习。因此往往知识面狭窄，见识差。如在科举之外荐举一些高明倜傥而又在科举中落第的人才，不仅使天下无遗才，又能激励士人在科举入仕后继续努力学习，克服知识面窄、见识差的不足。二是荐举能使一些习武人才得到施展才能和抱

① 《明经世文编》卷289《陆贞山集一·去积弊以振作人才疏》。

负的机会，消除了这些人“流落不遇，遂陷凶逆”，以谋不轨的风险。因此，陆粲建议朝廷应扩大荐举范围，令文武官凡到任后，各荐举所知一人。

由于洪武之后，科举制逐渐取代荐举制，洪熙元年（1425）八月，仁宗下诏重申荐举制不可废而不行，有关官员应积极向朝廷荐举贤才：“即位之初，首诏求贤。今既数月矣，荐者无几，贤才之生，何地无之。惟贤知贤，各以其类，宁有不知者乎？荐贤为国，事君之义。其令在京五品以上，及监察御史、给事中，在外布政司、按察司、正佐官及府州县正官，各举所知，除见任府州县正佐官及犯赃罪者，不许荐举，其余见任及屈在下僚官员，并军中有廉洁公正、才堪抚字者，悉以名闻。务合至公，以资实用，不许徇私滥举。如所举之人受赃，有犯赃罪者，并举者连坐。蔽贤不举，国有明宪。”① 仁宗在此把荐举贤才提高到国家立法的高度，官员如蔽贤不举，是一种失职的行为，必须受到法律的惩罚。同时特别提及严禁荐举犯赃罪的官吏，如所举之人犯赃罪，必须连坐举者。且对所举之人的要求，首先是廉洁。由此可见，明朝廷对官吏赃罪的严厉惩治，以及对官吏廉政的重视。

如前所述，早在洪武十五年（1382）八月，刑部尚书开济等议为七条中就提出，在荐举中如所举之人“不当者罚及举主”。尔后，荐举中徇私滥举之事时有发生，至弘治年间，朝廷对连坐举主的惩罚做了更加仔细、明确的规定。弘治十三年（1500），吏部奏准：“今后各处贤能官员，历任三年之上，方许抚按官旌举。以后有犯贪淫事发，听各问刑衙门，照出某人任内，曾该某人荐举，径自奏参。该申呈者备抄招由转达部院参奏，坐以风宪失职，降调外任；其有隐匿不报，吏部查出作缺缘由，即将原问官吏参问，治以重罪。”弘治十四年（1501）又该本部会官议准：“今后抚按官举保官员，俱以旌举日月为主。若所举之官，后有微疵小过，有碍公议者，本部自行黜陟，举主勿论。若犯该贪淫革职重罪，

① 《明经世文编》卷15《杨文贞公文集一·敕谕吏部申明荐举》。

仍查所犯在旌举日月以前，而发在后者，不拘升迁改调别任，仍改外任；犯在旌举后者，俱不连坐；其有循私作弊受嘱等项，故违妄举者，事发从重治罪。”① 嘉靖五年（1526）七月，该给事中林士元奏：“本部议得，今后抚按官举保官员，职务不修及赃私败露者，听本部及科道查参举主。职务不修者，量为罚俸；赃私败露者，量为降级；因此推避，不行荐举者，以故违宪纲论罪。”② 弘治、嘉靖年间对连坐举主的惩罚主要明确了3个方面的问题：一是所举之人犯罪的性质，如系“微疵小过”，就不连坐举主；但系贪淫重罪，就有可能连坐举主。二是所举之人犯贪淫重罪的时间节点。如在旌举时间之前，就要连坐举主；如在旌举时间之后，就不连坐举主。三是对举主的惩罚大致分两个等级，轻者罚俸，重者改外任或降级。除此之外，为督促官员积极举荐人才，对因逃避连坐而不行荐举者，也以故违宪纲论罪。

朝廷规定所举之人如有才能、政绩，对举主则予以奖励：“若举能其官，显有卓异政绩者，三年朝觐后，本部一次类查，奏请特旨褒谕，或增秩赐金以宠之。如此，则自公卿以至百执事，人人劳心，求贤见善，惟恐不举，举惟恐不先。”③

明末，吏治腐败，“荐举之弊甚矣。每抚按荐章，名称其实者固多，纰缪滥溢者不少。揆厥所由，有巡抚明知其不肖，以巡按庇护而不得不荐；有巡按明知其不肖，以巡抚推毂而不得不荐；有前官已举，而受代者不欲异同；有未履地方，而养交者已多延誉。种种弊窦，不可胜举。大抵抚按虽独任其权，而未尝不遍咨其实；司道亦阴操其柄，而又阳得以辞其名，故两相负也。”④ 对此，万历年间“巡抚李桢欲明开所举之人，深得集思布公之意。合无抚按荐疏，即明开系某官举，与臣某咨访相同。夫司道言之，而抚按即用其言。脱有不当，抚按固不得诿，然达视其所

① 《明经世文编》卷197《潘简肃公文集一·申明守令条格疏》。

② 《明经世文编》卷197《潘简肃公文集一·申明守令条格疏》。

③ 《明经世文编》卷197《潘简肃公文集一·申明守令条格疏》。

④ 《明经世文编》卷374《陆庄简公集·复湖广巡抚李桢肃吏治以奠民生疏》。

举，则因以甄别主人者之优劣得失，亦未必非激扬吏治之一机也”①。在此，李桢与陆光祖均主张在荐举人才时，抚按与司道官员均要在荐疏中载明所举之人是由某官荐举，某官对所举之人做过调查核实，以明确各自所承担的荐举责任，杜绝当时荐举中的因人情关系而缪纰滥溢。

古代许多朝代，均重视地方州县长官的选择。明代也不例外，在荐举中尤其重视地方郡守县令的选任。“宣德七年（1432），知府有缺，令在京三品以上官举保，量授以职，犯赃并坐。正统元年（1436），知县有缺，令在京四品及国子监、翰林院堂上官，各部郎中、员外郎，掌科给事中，掌道御史各举一员，但犯贪淫暴刻及罢软不胜任，并坐举者。正统十四年（1449），方面郡守，令在京三品以上官举保任用。又查得嘉靖五年（1526）八月，该御史朱豹奏：本部复题，节奉圣旨，在京在外有堪任知府的，着两京文职三品以上官，各举所知，疏名上荐。”②

明末，吏治腐败，贪腐之风盛行。万历年间，陆光祖提出通过举清吏，树立廉洁奉公官员典型，来改变官场风气。他上疏云：“臣望陛下无举卓异，而举清吏，特诏臣等行抚按诸臣，廉访公论。以若节独行，饮冰茹蘗，如昔海瑞、丘橓、孟秋其人者，列为一等；以公廉寡欲，暗修实履，如昔袁洪愈、严清、宋纁其人者，列为一等。抚按同五花文册，揭报本部，臣等参酌佥同，于大察毕日，列名上请。如得其真，虽数十人不为多；如不得其真，虽数人不为少。皇上特赐宴赏，或敕本部纪录，举后如有改节，以负特恩，较贪之吏，诛戮倍之。夫举卓异，天下将矫虔骛诡而骛于名；举清吏，天下必刻意厉行而修其实。化贪为廉，在此一举。愿陛下力行，无忽臣之言。”③

（三）杂途选拔思想

明代杂途选拔主要是针对从中央到地方各级政府机构中经办具体事

---

① 《明经世文编》卷374《陆庄简公集·复湖广巡抚李桢肃吏治以奠民生疏》。

② 《明经世文编》卷197《潘简肃公文集一·申明守令条格疏》。

③ 《明经世文编》卷374《陆庄简公集·计吏届期敬陈饬治要务以重大典疏》。

情的低级办事人员即吏员的选用。其主要有 3 种方式：佥充、罚充和求充（告纳）。明初以佥充为主；景泰以后求充逐渐替代佥充成为主要的选用方式；罚充则作为佥充的主要补充形式，成化以后逐渐停止。从严格意义上说，罚充不能算作一种选拔方式。

1. 佥充。

佥充就是相关政府部门选取民人充当吏役。朱元璋出身贫寒，早年亲身经历前元基层吏员的盘剥欺压。因此，明朝建立后，他比较注意清理前元不合格的旧吏，并制定一些政策进行吏员选拔，以提高吏员队伍的整体素质。如明初规定："凡佥充吏役，例于农民身家无过、年三十以下能书者选用。但曾经各衙门主写文案、攒造文册，及充隶兵与市民，并不许滥充。"① 可见，选吏的首要条件是"身家无过"，并不许滥选前元盘剥欺压百姓的旧吏。朱元璋还不允许市民充作吏员。他在《御制大诰续编》"市民不许为吏卒第七十五"云："今后诸处有司衙门皂隶、吏员、狱卒，不许用市井之民。其市井之民多无田产，不知农业艰难。其良善者将本求利，或开铺面于市中，或作行商出入，此市中之良者也。有等无籍之徒，村无恒产，市无铺面，绝无本作行商。其心不善，日生奸诈，岂只一端，惟务勾结官府，妄言民之是非。此等之徒，设若官府差为吏卒，其害民之心哪有厌足。"② 可见，朱元璋是担心那些不务正业、凶恶奸诈的市民通过为吏，与官员勾结，共同残害平民百姓。

从佥充方式看，明代佥充吏员以政府选取为主，即政府相关部门依照选吏标准和条件，从户口册中挑选适合的人户进行佥派。通常先由府、县选拔佥取，然后上报至布政司审批，批准后发文至府、县备案参充。明代吏员可以获得许多利益，尤其是掌握国家重要资源的管理、支配、使用等权力部门的吏员更是如此，因此出现了一些营求充吏的情况。对此，政府明文予以禁止，并严格规定各部门吏员的名额，擅自增加吏员

① 《明会典》卷 8《吏部七·吏役参拔》。

② 《御制大诰续编》卷 78，上海古籍出版社影印《续修四库全书》，2002 年。

必须受到处罚。如《大明律集解附例》云："若吏典、知印、承差、祇候、禁子、弓兵人等额外滥充者，杖一百，迁徙；容留一人，正官笞二十，首领官笞三十，吏笞四十，每三人各加一等并罪，只杖一百。"① 所谓"额外滥充者"，通常是指相关官员收取贿赂后收留营求充作吏员的人。

2. 求充。

求充也称为告纳，即军民子弟向政府相关部门交纳一定的钱物以求充吏。如上所述，由于某些部门的吏员掌握一定的政府资源，有一定的权力，可以为自己谋取利益。加上吏员可享受优免，又有薪俸，因此逐渐成为一些人追逐的职位。洪武年间，吏员由政府选用，禁止个人通过不正当手段谋求。

永乐年间，明政府就已下令准许逃户"纳粮当差"②，即纳粮充作吏员。正统年间，因边境多事，灾荒频发，为缓解财政危机，政府推行军民人等可纳钱、粮、物充吏的政策。如当时规定："祖宗设仓贮谷以备饥荒，其法甚详。凡民愿纳谷者，或赐奖敕为义民，或充吏，或给冠带散官。"③ 成化六年（1470）奏准："预备救荒，凡一应听考吏典纳米五十石，免其考试，给与冠带办事……又令在外军民子弟愿充吏者，纳米六十石，定拨原告衙门，遇缺收参。"④ 明代嘉靖、万历年间，在纳充吏例推广之后，告纳逐渐取代佥充成为最主要的选拔吏员方式。当时，为了解决财政困难和对战马的需求，政府甚至对各种吏役明码标价。嘉靖三十一年（1552）七月，朝廷下诏："在外卫所、军余、舍余，有愿充承差、知印、吏役者，布政司知印纳银一百两，马以四匹外贴银八两；都司知印及布、按二司承差银八十两，马以三匹外贴银十两；都司承差银七十两，马以三匹；布、按二司吏银六十两，马以二匹外贴银十两；都

① 《大明律附例注解》卷2《吏律》。

② 《明会典》卷19《户部六·逃户》。

③ 《明会典》卷22《户部九·预备仓》。

④ 《明会典》卷22《户部九·预备仓》。

司及各府苑马寺、行太仆寺、盐运司吏典银四十两，马以一匹外贴银十四两；各司、府首领并州县吏典银二十两；卫所吏典十五两，供于本省府纳，免其考选，候缺参补。”①

这一时期，告纳为吏之所以愈趋普遍的另一方面原因是人户为了免除徭役、力役，脱免军役，而宁愿纳钱粮而谋求为吏。如时人吕坤就指出：“（往昔）凡一切粮长、里长、水马夫、仓斗、库役重差，皆属编派，不准蠲除矣。而今也则不然，他无论，即如吏员上纳候缺，最下者十五两行头耳。本身虽系万金之家，既不坐以重差，而外免一丁，亦无分毫力役。如免大户、库役、斗级，一岁所省不减百金。彼家有银十五两者，奈何不为吏?”② 纳银15两候缺，就可以免除徭役、力役，这是十分划算的事情，对于有能力出银15两的人家，何乐而不为？又如王宗沐在谈论“漕政利弊”时，则提及另一部分人户告纳充吏，以图逃免军役的现象：“迩来有等富家畏惧漕运繁难。神庙初年，卫所旗甲已畏避漕运之役，至于迩来又复不堪，旗甲愈贫而漕事愈坏矣。营求卫所，或掣改别差，或援纳吏承，或别籍归宗，或投托影射，躲避之奸，无所不至。以致在运，率多贫窘之人，漕政由此而坏。”③ 还有一些富家子弟为入仕途而告纳充吏，以求升迁、谋利。景泰以后，一些掌握国家重要资源部门吏役的营求者日增，而少数权力者又垄断了吏职授予，导致谋求这些部门的吏役愈加困难，成本大为提高。

明代告纳求充为吏政策的推行，虽然使得政府增加一些财政收入，暂时解决了一些财政困难，但却给吏治带来严重的危害。许多素质低劣的人员通过纳银钱进入吏员队伍，严重降低了政府行政管理效率；更为严重的是那些告纳者花费钱银成为吏员后，便大肆利用职位之便盘剥搜刮、敲诈勒索以偿其本，使吏治愈加败坏。正如弘治元年（1488）六月，吏科给事中林廷玉上奏云：“在京诸司参补吏役当交承之际，新者出钱物

---

① 《明世宗实录》卷387。

② 《明经世文编》卷416《吕新吾先生文集二·摘陈边计民艰疏》。

③ 《明经世文编》卷344《王敬所集二·条为议单款目永为遵守疏》。

偿送旧者，名曰顶头钱，多或至百余两，往往称贷于人以足其数。补役之后，便欲取偿于官，所司官口虽禁制，心实听容，甚者反为追索，以致纪纲废坠，苞苴公行。”① 另一方面，许多民人纳钱银获得吏员资格后，享受优免一丁的权利，其赋役负担转嫁给那些贫穷无力告纳者，加深了贫富鸿沟，加剧了社会矛盾。对此，一些有识之士提出应予以禁止或限制。如宣德十年（1435）八月，浙江布政司右参政俞士悦上奏“民情六事”，其一云：“在外各衙门吏典多系无籍之徒，用财谋充。及着役之后，营求差使，于所属需索财物以偿谋充之费。乞行巡按御史考察，但有前项谋充者，编发北京为民。”② 弘治五年（1492）十月，刑科给事中王钦上奏云：“各处农民近来往往营求知印、承差、吏典等役，在官以图脱免差役，益重民困。乞敕各处都、布、按三司及所属衙门，如遇知印、承差、吏典名缺，预于三月以里，扣数拣选民间子弟能书算者，量使出银贮库以备赈济。不许似前滥收，违者罪之。”③

3. 罚充。

罚充指官员、进士、举人、监生、生员等地位高于吏员的人，因过错、违犯律令、考试不合格等原因谪充为吏员。这种罚充为吏不属于选拔吏员的范畴，故兹省略，不予论述。

二、官吏任用中的集权、资格、内外、久任、汰处和回避思想

通过荐举、科举、吏员升迁等途径获得任何资格（出身）的人，要得到实际职位还须经过任用程序。当然，已有实职的官员升迁或调动也要经过这样的程序。这一任用程序称为“铨任”或“铨选”。明代，吏部总管文职官员的铨选，其下的文选司具体负责相关铨任事务。一般而言，重要职位由中央高级官员讨论推选，中级和低级职位由吏部直接铨任，

① 《明孝宗实录》卷15。

② 《明英宗实录》卷8。

③ 《明孝宗实录》卷68。

然后经过皇帝批准即可。为了减少官员营私舞弊现象，明中央还建立了官员任职回避制度。

（一）**高度集权的任官思想**

明代官员都由吏部统一任用、管理，皇帝最终裁决任命，体现了高度集权的任官思想。嘉靖年间，文学家归有光《送福建按察司王知事序》云："今天下之官，一命皆总于吏部。"① 一般而言，吏员由具体所在部门选拔，报送吏部通过备案即可，官员则必须经过吏部铨任。明代吏部铨选权力超越唐宋。时人于慎行曾对唐、明两代铨选之法进行比较："唐之选法，五品以上，宰相商议可否，以制敕行之，六品以下，吏部铨才奏拟，诏于告身上画闻，而无所可否。其后，宰相权日起，拾、补以下，皆不由吏部，非正法也。本朝卿贰开府、五军都督及各边大将，吏、兵二部会九卿推补；方面及将领，吏、兵二部各推二人名，诏用其一；守令以下，则径拟一人，诏旨报可，无所可否矣。法与唐略相似，而就中主持，皆由本部，九卿与会议，无所从违，视古之吏部，不啻重矣。"② 可见，明代吏部铨任官员的权力远高于唐代。具体而言，明代废除宰相制度，吏部铨选实权主要为吏部尚书及其所属文选司郎中掌握，而唐代宰相则有很大的任官权力，吏部权力甚小。于慎行《谷山笔麈》将明代与宋代对比："宋时，宰相省阅进奏文书，同列多不与闻。熙宁初，唐介参政，谓首相曾公亮曰：'身在政府而事不与知，上或有问，何辞以对?'乃与同视。后遂为常。介之请，公亮之从，皆政体也。朝廷防宰相之专，设参知以为陪贰，而不与省阅，职守安在？势之所归，不免专擅，有自来矣。本朝六部奏疏，例皆三堂同署，而谋画源委，左右二卿往往不得与闻，惟奏牍已成，吏衔纸尾请署，二卿以形迹顾避，亦不问所从，至于铨曹进退人才，颇关要秘，甚或在廷已闻，而两堂不知，惟太宰一人与选郎决之，此非与众共之之义也。正卿与郎吏为密，视同列为外人，

---

① 《震川文集》卷10《送福建按察司王知事序》。

② 于慎行：《谷山笔麈》卷1《制典下》，中华书局，1997年。

及有不当上心，奉旨对状，左右二卿又难以不知为解，是不使之与其谋而使之同其谴也。”① 宋代的宰相们可以相与省阅“进奏文书”；明代则不然，铨任官员“惟太宰一人与选郎决之”，“正卿与郎吏为密，视同列为外人”，吏部左右侍郎及本部他司郎中俱被排除在外。

当然，皇帝握有高级官吏的终任权。明代丘濬《公铨选之法》云：“今制：四品以上及在京堂上五品官，在外方面官，皆具职名，取自上裁。五品以下及在外四品非方面者，则先定其职任，然后奏闻。”② 即四品以上京官和地方首领官由皇帝任命，五品以下和地方副职由吏部任命后奏闻即可，在权限上有明确规定。

总之，在明代官员铨任权力分配上，吏部文选司郎中握有基本决定权；吏部尚书握有部内最高决定权；皇帝握有高级官员的终任权。当然，低级必须服从高级，这是基本前提。可见，吏部文选司郎中和吏部尚书掌握着明代文官铨任关键环节。

全国众多官员的铨任权力都高度集中到吏部和皇帝，必然滋生不少弊端。首先，掌选者难以做到知人善任。归有光《送福建按察司王知事序》云：“今天下之官，一命皆总于吏部。以数人之耳目，欲周知天下士人之众，则人才不能自达者有矣；其侥冒而莫之觉，遭诬而莫为之理者有矣。”③ 其次，难以做到对铨任对象全面、客观的考核。这样，只能采用循出身、资历任官。正统八年（1443）五月，翰林院侍读周叙就上奏云：“掌铨选者贤否，未广于咨询，升黜每循于资格。”④ 因此，于慎行《谷山笔麈》评价明代铨选时说：“岂但政体有失，亦非人情矣，而积重难返，至于成习，不亦异哉！内阁本揭署名，体亦类此，往往复有密揭，则更无从与闻矣。台衡之地，遂树荆榛，可慨矣！”⑤

---

① 《谷山笔麈》卷4《相鉴》。

② 《大学衍义补》卷10《公铨选之法》。

③ 《震川文集》卷10《送福建按察司王知事序》。

④ 《明英宗实录》卷104。

⑤ 《谷山笔麈》卷4《相鉴》。

明代仁宣时期，铨任高级官员采用了宋代就已形成的“敕推”[①]“廷推”[②]，铨任中下级官员的“吏部单推”[③]等模式，目的是保证皇帝对选任官员拥有最高决定权，维护了铨选公平，防范选任弊端发生。但全国所有官员的选任都须经过皇帝最终裁定或批准，一旦皇帝怠政，就可能出现铨选停止的现象。如万历三十五年（1607）十一月，叶向高入朝为相，“当是时，帝在位日久，倦勤，朝事多废弛，大僚或空署，士大夫推择迁转之命往往不下，上下乖隔甚”。叶向高上奏云：“自阁臣至九卿台省，曹署皆空，南都九卿亦只存其二。天下方面大吏，去秋至今，未尝用一人。陛下万事不理，以为天下长如此，臣恐祸端一发，不可收也……臣进退可置不问，而百僚必不可尽空，台谏必不可尽废，诸方巡按必不可不代。中外离心，辇毂肘腋间，怨声愤盈，祸机不测，而陛下务与臣下隔绝。帷幄不得关其忠，六曹不得举其职，举天下无一可信之人，而自以为神明之妙用，臣恐自古圣帝明王无此法也……大臣者，小臣之纲。今六卿只赵焕一人，而都御史十年不补，弹压无人，人心何由戢？”[④]

（二）不拘资格与遵资循格思想

明初选拔人才的方式主要是荐举，没有明确的制度规定如何任用这些荐举上来的人才，一般由皇帝根据职缺随机因材授任。“盖是时，仕进无他途，故往往多骤贵者。而吏部奏荐举当除官者，多至三千七百余人，其少者亦至一千九百余人。又俾富户耆民皆得进见，奏对称旨，辄予美官。而会稽僧郭传，由宋濂荐擢为翰林应奉，此皆可得而考者也。”[⑤]当时，对通过学校、科举选拔上来的人才的任用也基本如此，可谓不拘一格。“洎科举复设，两途并用，亦未尝畸重轻。建文、永乐间，荐举起家

① 杨士奇：《东里集续集》卷35，台湾商务印书馆影印文渊阁本《四库全书》。

② 谷应泰编：《明史纪事本末》卷46，台湾商务印书馆影印文渊阁本《四库全书》。

③ 孙承泽：《春明梦余录》卷34，台湾商务印书馆影印文渊阁本《四库全书》。

④ 《明史》卷240《叶向高传》。

⑤ 《明史》卷71《选举三》。

犹有内授翰林、外授藩司者。而杨士奇以处士，陈济以布衣，遽命为《太祖实录》总裁官，其不拘资格又如此。”①

明代天顺年间之后，进士一途受到特别的重视，不同途径选拔上来的官员不仅始授官职高下有别，而且升迁高下迟速也不一样。《明史》云：“自后科举日重，荐举日益轻，能文之士率由场屋进以为荣；有司虽数奉求贤之诏，而人才既衰，第应故事而已。”② 对此，大臣丘浚在《公铨选之法》中，较早讨论了资格任官问题：“资格以用人，说者谓此法既立之后，庸碌者便于历级而升，不致沉废，挺特者不能脱颖而出，遂至邅迴，则是资格不可有也。然未有此法之前，选司注官，有老于下士，三十年出身，不得禄者，则又是资格不可无也。夫群千百人之才品，而决于一二人之耳目，苟无簿籍之稽考，法制之禁限，资次之循历，而欲一一记忆之，人人抡选之，吾恐其智有所不周，力有所不逮，日有所不给矣。而况夫伪妄诈冒，请托干求，挪移蒙蔽，奸计百出者哉。由是观之，人固不可以不任，而法亦不可以不定，守一定之法，而任通变之人，使其因资历之所宜，随才器之所能，而量加任使。用资格亦不纯用资格，不用资格，所以待非常之才，任要重之职，厘繁剧之务；用资格，所以待才器之小者，任资历之浅者，厘职务之冗杂者。其立为法一定如此，而又得公明之人以掌铨衡，随才受任，因时制宜，而调停消息之，于常调之中，而有不常之调，调虽若不常，而实不出乎常调范围之外。我祖宗立法之善，文职四品及在京堂上官，在外方面官五品以上，员缺皆具名以闻；自五品以下，吏部始得铨注，此所谓用资格而有不用者也。自尚书侍郎以下，惟才是用，虽若不分流品，然翰林院、国子监非通经能文者，不授之，其余流品，又未尝不分焉。臣僚之在任也，则虽推举不次用之，既秩满到部，则必考其功绩，按常调以用焉。祖宗良法美意，有如此者。”③ 在此，丘浚认为朝廷任用人才必须定有一套制度对官吏进

---

① 《明史》卷 71《选举三》。

② 《明史》卷 71《选举三》。

③ 《明经世文编》卷 71《丘文庄公集一·公铨选之法》。

行稽查、考核、记录资历等，作为任用的依据。如没有制度、规则，就会助长弄虚作假、请托干求之风。任用人才既要讲求资格，又不能都讲资格，对于杰出的人才，则可不讲资格，破格任用；对于一般人才，则要讲资格，使他们按资历深浅、才能大小加以任用。他认为，当时朝廷的任官制度已体现了这一精神，五品以上重要官职由皇帝唯才是用，就是不讲资格；五品以下一般官职由吏部铨注，就基本上讲资格，两者的配合是较完美的。

嘉靖、万历年间，官场任官重进士出身走向极端，产生了一些弊端，对此，一些有识之士提出了批评。如嘉靖名臣高拱《议处科目人才以兴治道疏》对此叙论颇详："今布列中外自州县正官而上，大较皆科目之人。而科目分数，进士居其三，举人居其七。所谓进士、举人者，亦惟假此为网罗之具，以观其它日之何如而非谓此必贤于彼也。国初进士、举人并用，其以举人登八座为名臣者，难以一二计。乃后进士偏重而举人甚轻，至于今则极矣。其系进士出身者，则众向之，此皆沿习已深，无可如何，甚至以罪为功；其系举人出身者，则众薄之，甚至以功为罪。上司之相临，同列之相与，炎凉盈面，可鄙可羞之甚，而皆不自顾也。至于保荐，则进士未必皆贤，而十有其九；举人未必皆不贤，而十曾无其一也。至于升迁，则进士治绩之最下者，犹胜于举人治绩之最上者也。即幸有一二与进士同升，然要其后日则进士之俸少而升官又高，举人之俸多而升官又劣也。若夫京堂之选，则惟进士得之，而举人不复有矣。其偏如此。"① 万历十一年（1583），左副都御史丘橓上奏吏治积弊八事，其六云："荐举纠劾，所以劝儆有司也。今荐则先进士而举监，非有凭借者不与焉。劾则先举监而进士，纵有訾议者罕及焉。晋接差委，专计出身之途。于是同一官也，不敢接席而坐，比肩而行。诸人自分低昂，吏民观瞻顿异。助成骄纵之风，大丧贤豪之气。"② 反映了任官独重进士出

① 《明经世文编》卷301《高文襄公文集一·议处科目人才以兴治道疏》。
② 《明史》卷226《丘橓传》。

身所带来的弊端。

明代任官重视进士出身，重视资格。《明史》云："嘉、隆以后，资格既重甲科，县令多以廉卓被征，梯取台省，而龚、黄之治，或未之觏焉。"① 万历初年吏部尚书张瀚《铨部纪》云："迨我祖宗朝，官多积岁累功，民亦乐生向化。承平日久，士习渐靡，竞进之心炽，苟且之习成，递转频烦，资格拘泥，民生未受实惠，举坐此也。"因此，张瀚提出具体授任官员的办法："盖治道民生污隆休戚，惟视守令得人，比于他官更为紧要。今后但以两考为期，知县历俸六年得升，知府、知州亦限六年方为升转。如历三考，知府得升布政、宪使，政绩尤异者，照先朝旧例，超升在京堂上官。不及九年者，升参政、副使。知州升佥事、郎中、员外。知县升科道、部属、同知、知州。其有才不宜于地者，年资未及，则互转一二，以更易之。浅于前必令深于后，超于后必其淹于前。庶在外有位，不萌幸进之心也。内如科道、部属，往年历俸至八九年，今才稍优者，不过四五年即升京职，稍劣者数数外迁，人无固志。若能不拘一岁两升，听吏部随时抡选，才优藩屏者，升参政、参议，谙习法比者，升副使、佥事，加志牧养者，升知府，器识宜内者，升少卿、寺丞。大约六年上下，升寺卿、参、副，三年上下升议、佥、府、运。间有才不足以称其官，官不足以展其才者，虽年浅亦量处一二，以儆动之。庶在内官司，不薄外任之职也……余以资格不可废，废之则簿籍可置，限制无禁，法不画一，何以遵守？况以群千百人之才品，取决于一二人之耳目，吾恐智虑难周，日且不给，启觊觎侥幸之心，务诈伪贪求之术，弊将如猬纷出，可胜道哉！然其间自有不泥于资格者，谓宜量才授任。以要重之任，宏巨之务，待非常之才，使得以见所长。以责任之轻，闲散之局，待才器之小，使循资叙迁。则用资格而不纯用资格，何至法之弊也。若夫守一定之法，须任变通之人。有治法而无治人，即成周纤悉具

---

① 《明史》卷281《循吏传》。

备之法，不能无弊，仅一铨曹资格云乎哉！”① 张瀚在此完全承袭了丘浚的任官思想，即朝廷任用官吏必须要有制度规则，否则将助长官场觊觎侥幸、诈伪贪求之风；在任用人才上“资格不可废”“用资格而不纯用资格”“量才授任”相结合，即铨任官员应重视资格出身，但又不应唯出身是从。因为人才各具所长，不同岗位也需要不同人才，若唯资格出身是依，可能使那些不具资格出身而有真正才干的人无法被任用，也可能任用了具有资格出身却没有相应才能的人。张瀚正是以丘浚的任官思想为指导，提出了上述具体的授任官员办法，较为合理，具有可操作性。

（三）内外兼重与内重外轻的任官思想

从整体上看，明代铨任官员经历了一个从“内外并重”到“内重外轻”的过程。内外并重即铨任官员皆不拘资格，京官和地方官都可以升任重要岗位，无轻重之分。《明史》云：“明初重监司守牧之任。尚书有出为布政使，而侍郎为参政者，监司之入为卿贰者，比比者。守牧称职，增秩或至二品。”② 这是因为朱元璋出身民间，对元末官贪吏横、民苦无告的现实有着切身体验，从建立政权开始就高度重视对官员的选任，尤其重视对地方官员的任用。《明史》云：“吴元年（1367），定县三等……凡新授郡县官，给道里费。洪武元年（1368），征天下贤才为府州县职，敕命厚赐，以励其廉耻，又敕谕之至于再。（洪武）十七年（1384），定府州县条例八事，颁示天下，永为遵守。是时，天下府州县官廉能正直者，必遣行人赍敕往劳，增秩赐金。”③ 朱元璋给新授郡县官“道里费”及厚赐府州县职，以至于“天下府州县官廉能正直者，必遣行人赍敕往劳，增秩赐金”，目的是鼓励官员廉洁自律，勤政为民。

仁、宣之时，依然内外兼重。《明史》云：“仁、宣之际犹然，英、宪而下日罕。自后益重内轻外，此风绝矣。”④ 即英宗、宪宗以后，逐渐

---

① 《松窗梦语》卷 8。

② 《明史》卷 161《列传第四十九赞》。

③ 《明史》卷 75《职官四》。

④ 《明史》卷 75《职官四》。

重内轻外，士大夫们重视京官而轻视外官，待任者尤其是前三甲进士躲避外任。弘治年间，吏部尚书王恕就指出："将（成化）二十三年（1487）第三甲新进士除在外知县、推官并在内行人，待旧进士选尽，却将第二甲新进士于内外相应员缺内相兼选用，所据旧进士除已到外，其行取不到者，似有躲避外选情弊。"① 万历年间，陈于陛《披陈时政之要乞采纳以光治理疏》亦云："国初，进士授官倅贰。今甫释韦褐，即俨然州县之长，且趑趄不乐就此。或以不习为吏，犹有说也。知府荷千里专城之责，体貌优崇。今台省以为劣转，而科且不升矣。至各部郎，雍容积资，亦越知府而径升藩臬，何也？参政三品巨僚，封章及于再世。都谏以七品官骤得之而不悦，甚或有所避就其间，又何也？布政为一方师帅，军民安危所系，今或淹久不调，问之则曰此不堪节钺者，宁有不堪节钺而又可堪方岳者耶？此等积习，相沿已久。"②

官员不以担任地方官为荣，尽力避免外任，这也是明代中后期吏治败坏的原因之一。究其缘由：一方面，明朝高度集权中央，中央各部垄断了全国资源的管理、分配、使用等权力，即使是品秩较低的京官也比地方官占有优势，突出表现为京官比外官仕途通达，且职任相对轻松。陈于陛指出："当其尚有鄙州郡为徒劳，美内召如登仙者。盖人情于利之中，争取大焉；于害之中，争取小焉。计迁擢，则内捷而外多滞；算忧责，则外剧而内常宽。故慕此厌彼，亦势所必至耳。"③ 因此，他认为："当今要务，非重外吏则治平之象不睹；而非专责抚按，则廉循之效不兴，外吏终为术重也。考之汉世，良吏有治理效，辄以玺书褒励，增秩赐金，或爵至关内侯，公卿缺则选诸所表以次用之。唐制，不历刺史不得任侍郎列卿，不历县令不得任台郎给舍，又诏选京官有才望者除刺史，刺史有政绩者除京官，使出入常均，永为恒式。宋宰相罢政，犹领方州，

① 王恕：《王端毅奏议》卷7《选用新旧进士兼惩规避奏状》，台湾商务印书馆影印文渊阁本《四库全书》。

② 《明经世文编》卷426《陈玉垒奏疏·披陈时政之要乞采纳以光治理疏》。

③ 《明经世文编》卷426《陈玉垒奏疏·披陈时政之要乞采纳以光治理疏》。

其宠重外吏如此。”[①] 另一方面，天顺年间之后，督抚巡按等上位官员成为地方权力的核心，府州县官属于下位官员，处于被控制的局面。《明史》云：“天顺而后，巡抚之寄专，而监司守牧不得自展布，重内轻外之势成矣。”[②] 如督抚巡按拥有对府州县官的监察、考核权力，对后者常常授意属吏索要贿赂，甚至“任意作威，折挫凌辱”[③] 等等。在这样的背景下，必然形成内重外轻的局面。

对于明代中后期重内轻外的任官弊端，一些大臣纷纷提出批评，呼吁朝廷要重视地方官，尤其是地方守令的任命。因为地方守令是百姓的父母官，直接关系到老百姓的福害治乱。如乔宇就提出谨守令：“伏以亲民之职，系于郡县得人，得其人则百姓蒙其福，不得其人则百姓受其害。今天下守令中间，履行洁白、才识优长者，固有其人，然亦有贪黩害政者，有巧饰诈伪以邀名誉者，有懵然不知民情、委法令于胥吏者，有暗懦不能制豪猾、使良善无所区别者，有严峻刑罚、视人命如草芥者。若上之人无鼓舞惩劝之道，则中人之资，何所勉进，而苍生利病，谁为兴革？况山陕地方，连年兵荒，牧民者尤当慎择……仍将官员分为三等：廉而有为者，为上；慎于守己不能害民、而干才颇欠者，为中；守为俱欠、于干办虽优、巧于剥削者，为下。上等者必在旌举之列，中等者略加劳勉，下等者必行斥罢，如此庶人心知所劝惩，可以挽士风趋于正，百姓亦得沾实惠矣。”[④] 尔后，范珠也提出重守令以施教养：“（地方守令）每三年朝觐到部拣选之际，而部院二三大臣，岂能悉知天下之贤否？其去取进退，每徇于方面府正之一言。其间善于奉承者，贪墨指为公清，暴虐称为平恕；失于阿附者，发须微白，即目为老疾，钱谷少负，遂排为罢软。部院既云拣选，若不因以去人，又无从以塞责，致使薰莸莫辨，玉石俱焚……臣伏望陛下，痛惩此弊，特敕部院，今后拣选不宜泛，去

① 《明经世文编》卷426《陈玉垒奏疏·披陈时政之要乞采纳以光治理疏》。

② 《明史》卷161《列传第四十九赞》。

③ 《明经世文编》卷197《潘简肃公文集一·申明守令条格疏》。

④ 《明经世文编》卷98《乔庄简公文集·陈愚见以广圣聪疏》。

其贪暴柔懦之尤著闻者，以示激劝。博访有司任内人和俗美，虽科征少缓，不害为良牧，则褒旌之恐后；若民穷盗聚，虽钱谷办集，未免为酷吏，则黜逐之必先。其方面府正，非宿德重望者不推；州县正官，非科目出身者不与。申风宪之职，严赃滥罚，使上下相维，革去俗弊，免去更代之频，冀收教养之绩。”①

（四）官员久任思想

古代各级官吏尤其是地方长官，如升迁、转岗太快，将会助长官吏短期行为，不重视甚至无视任期中所产生的长期效益。明代大致在弘治朝开始，出现官吏“迁徙不常矣，是故春为知府或佥事于南，秋升副使或参议于北，来春则又升参政或副使于东西矣。甚者初升右布政，惮远不行，在家稍候三二月，即改左而三迁矣。到任未及三二月，即望转而京堂矣。由是一岁之间，往来道路如织，日月过半，其能在任几何？至于进士为知县者，亦惟持守三年有荐即行取，事在承上而不在恤下也。故今藩臬守令，皆过客也。其视地方之凋弊，若见驿舍之损漏，谁为之修也？视生民之饥困，若见驿马疲瘠，谁为之恤也？旧时责之以兴水利、劝农桑者，不屑为也；责之以积谷备荒者，不屑为也；至凡核户口、均赋役、除盗贼、抑豪强等事，皆不屑为也。乃惟巡按批问词状，或委勘事情，则禀其意而亟为之。虚实轻重，惟视彼所欲闻而报上耳，诬枉固不恤也……彼为布政者，则曰我姑卑巽数月，则有京堂之升矣；既为都御史巡抚，则又曰我姑谦逊数年，则有部堂之擢矣。不然，则刻随之，能得此乎？由是内外大小官员，皆以持循保位为贤，而慷慨任事者为不谨，忠正之人因是而黜者多矣，孰肯体国忧民，而为之兴利备患耶？今日致民饥困所由也”②。针对这种弊端，陆粲提出官员与其逐级快速升迁，倒不如在一个职位久任，如其的确优秀卓越，就破格跳级升迁。而一般官员尤其是地方官员的升迁，至少要恢复弘治之前的 6 年一个任期。有

① 《明经世文编》卷 122《姜范二公奏疏·修政弭灾疏略》。

② 《明经世文编》卷 136《胡端敏公奏议四·守令定例疏》。

担任过地方州县官的京官，可从优任用。他说："知府、知州应久任似也，彼布、按二司及府州佐贰，独何功而岁岁递升乎？且官至布政、按察亦尊矣，其志亦可行矣。稍令岁月稍久不为甚屈，何必未满辄迁，以滋侥幸，劳逸不均，迟速迥异，人心不服，窒碍难行。今欲行此，必内自部院监司，外自藩司郡县，一概施之，纵不能尽复九年之制，亦必如弘治以前，实历六年。其贤能卓异者，与其逐级而亟升，不若久任而殊擢。如知府径升布政，副使或升四品京堂，按察使径升副都御史、侍郎，布政使径升侍郎或尚书。凡京官任内，曾历过知州、知县者，从优叙用。庶几彼此适均，小大竞劝，人各奋于事功，不敢希冀幸进，民生安而士习厚矣。"①

尔后，陈以勤在《披哀献议少裨圣政疏》中提出两种使官吏尤其是地方长官久任的方法。一是通过增秩加俸，让地方抚按等官久任；二是让政绩一般的官员按规定照常迁转，而对政绩优异的地方官则树立一些典型，予以久任，然后在任满后予以跳级升迁。他说："臣惟久任之法，其来已远。在今日凡内外臣工，均宜仿而行之，而施于郡县守令，尤为至切。盖守令者，亲民之官，其职专，其务剧，不可仓卒而效功者也。今之仕者，各偷为一切，因循觊迁，孰肯尽心于政教科条，为数世利者。故每视官职如传舍，视其民如胡越，循良善治，卒不可复，势使然也。左雄谓吏数变易，则下不安业，久于其事，则民服教化。以臣观之，实为至论。盖自隆庆元年（1567）以来，建议之臣，多及于此。比见吏部于抚按保留官，往往增秩加俸，仍令任郡县如故，是久任之法，亦略已修举矣。"② 陈以勤认为，这种久任法如普遍实施于府州县，并且使"天下府州县官，无论进士、贡举，一体待遇"，那就比较完备了。他提出另一种久任法是树立一些优秀官员典型，予以久任，并跳级升迁，从而来带动广大官员："所谓久任者，非必人尽久也。第举其声名藉甚者，以风

① 《明经世文编》卷289《陆贞山集一·去积弊以振作人才疏》。

② 以下这一自然段陈以勤言论，均见于《明经世文编》卷310《陈文端公奏疏·披哀献议少裨圣政疏》。

其余而已。假如一时郡县有刁常慢令、黩货残民者，即数月觉露，亦必以峻法处之；其官箴不失，而未尝有卓越之誉者，仍照常三年迁转。惟择其约己爱民，有异政在人耳目，课为一方最者，比及大计群吏之期，各抚按官疏名以闻。本部又按采舆论、综核名实，如果不谬所举，请玺书褒励，谕令久任，勿更转徙其任，亦不必限之九年也。大率以六年为则，知府即升内寺少卿，各省参政、知州即升郎中佥事，知县即取为左右给事中，实授御史，即左右缺少，仍补给事中，随授以应得敕命。其佐贰官，果有廉谨敏干、治行殊常者，俱候六年，一体超升。如此则为吏者，皆安官乐职，计虑长远，不屑屑于旦暮可称之功，且其劳之虽久，擢之亦异，人孰不愿竭忠尽力，务治其业，以蒙上之知遇也哉！臣见所拔用者，不过数十人，而天下郡吏，莫不争自洗濯，精白乃心，以承休德矣。行之不过数十年，而天下之贤守令，蒸蒸然布满郡邑矣。夫守令称职，则主德宣，恩泽流，百姓皆乐其所，而无愁叹怨恨之声，当今治平第一义，恐无以易此。”

（五）汰冗官、处赃吏思想

明代中后期，官僚机构膨胀，冗官现象严重。对于这种现象，大臣陆粲在《去积弊以振作人才疏》中予以揭露：“臣惟官之冗，未有如今日者也。一事而置一官，数人而理一事，且台省藩司，布列充满，而国家每行一事，辄议别为设官，然则彼在位者，徒坐食而已乎……今天下额外剩员，所在充溢，愈近民者，则其害愈甚。至于布、按二司，设官尤为过多……由今观之，二司官紧要者，布政司则管粮，按察司则提学兵备而已。然兵备之设，亦似过多，特有可诿者曰，为保障地方计耳。若夫词讼，既有分巡，钱粮有官督理，则分守之官，殆为虚设。其他一官之事，分属数人者有之。至于京官，尤为过冗。大率在部者过于闲逸，专管者无所建明。”针对这种弊端，他主张：“夫为政以人，不在多寡，如其贤能，自可兼理。不然，虽多亦奚以为。大抵添设一官，止为吏胥人等，开一骗钱局，其实于民无分毫之益……臣谓京官省，则俸禄可减，以纾国用；外官省，则供亿可减，以厚民生。乞敕吏部通行查考，凡不

系紧要者，量为裁革，省一分则有一分之益。不然，十羊九牧，徒为烦扰，官愈多而事愈紊，欲天下之治，难矣！”①

明初，朱元璋重典以惩贪赃之吏，使官场贪墨之风有所收敛。但是“嗣后稍从姑息，人心怠玩，遂至廉隅磨缺，名检堕失，浸以成风，不可禁制……比来仕路虽稍稍改易流习，而穷乡下邑，吏之纵恣自若，其行如盗跖，其欲如饕餮，剥民之财，罄于锱铢。各抚按官耳目，委诸下僚，多为所欺蒙，不即擿发。即有败露者，又以宽纾容隐为良，曲意回护以树私恩，其载在考语及奏效（劾）疏中，未尽其什一。吏部据其词而议惩创之，轻者改调，或升王府官属，重者褫其职任，如此而已。其有赃私狼籍，众所共愤者，乃请旨提问，所司竟羁縻日月，照常归结，刓法以容奸”②。陈以勤认为造成这种局面的主要原因是朝廷惩处贪官污吏没有对他们严行追赃，籍没其资产。因为贪官污吏贪污受贿的根本原因是为了发财致富，拥有良田美宅以享乐，如对其只降级罢官、囚禁一段时间是远远不够的，因为他们一旦出狱，还会扬扬得意，逍遥享乐。因此，他认为“先臣何瑭谓受赇满贯以上，宜籍没其资产；近日大学士张居正亦谓将赃私严行追并，其言皆深切时务之要”。这是因为“赃吏之愿，非在于为名也。其始也，以井市狙狯之行，冒膺名秩，即垂涎民之所有，欲以自润。及其囊橐既充，溪壑已满，不幸而致败罢官，乃其所甘心者。方且觅良田美宅，扬扬自谓得计，而人亦以其居官致富，目为雄杰矣。今欲禁赃吏而止于罢官，是徒辱之以区区之名控之以不足揣之爵禄，而其非道所获者，不能损其毫毛，安得不掉臂而乐去也。夫以贪残之徒，漏网圣朝者，不知其几，即败露褫职，又竟堕其策中。至其甚者，得从吏讯，可谓尽法矣，乃复夤缘以脱。然则百姓之愤，何为而泄，国之纪纲，何为而振，无惑乎宠赂日章，而清白不著也。”鉴于以上理由，陈以勤主张：“申饬抚按官，凡所属有司，悉心廉访，果有不自砥砺、侵害下

① 《明经世文编》卷289《陆贞山集一·去积弊以振作人材疏》。

② 以下这一自然段陈以勤言论，均见于《明经世文编》卷310《陈文端公奏疏·披哀献议少裨圣政疏》。

民者，或径自拿问，或参奏处治，吏部更加裁酌。如系昏庸无知、利归旁侧者，姑照常罢官，但是入己赃私，不徒论罢，必如数追出助边。轻者追完放归，重者仍依律问断，即攖木索、受笞辱，亦不足惜。或谓是举颇伤操切，非所以明厚。臣切思此辈贪婪，多以暴虐济之，自常俸外，皆是朘削膏血，民之贫羸孤弱者，往往捐妻卖子，殒命棰械，以应其求。盖切齿腐心，欲剸刃其腹中久矣。此之重处，所谓今而后得反之也。宋臣范仲淹尝言，一家哭何如一路哭，意亦如此。臣谓此法果行，则人皆恐恐然畏刑之及，而敛其手足，不敢辄犯。天下疲民，得以湔洗疮痏，沐浴膏润，太平之美，可日月异矣。”

（六）任官回避思想

1. 地理回避。

明代任官的地理回避主要是籍贯回避。大明王朝建立伊始，就开始推行籍贯回避制度。洪武元年（1368）颁布的《大明令》云：“凡流官注拟，并须回避本贯。”① 到洪武四年（1371），“南北更调，已定为常例”，当时“有厌远喜近者往往以南籍改冒北籍，以北籍冒南籍”，朱元璋听说后“谕吏部禁绝之”。② 到洪武十三年（1380），正式颁布了南北更调的实施细则：“以北平、山西、陕西、河南、四川之人，于浙江、江西、湖广、直隶有司用之；浙江、江西、湖广、直隶之人，于北平、山东、山西、陕西、河南、四川、广东、广西、福建有司用之；广西、广东、福建之人，亦于山东、山西、陕西、河南、四川有司用之。考核不称职及为事解降者，不分南北，悉于广东、广西、福建汀漳、江西龙南安远、湖广郴州之地迁用，以示劝惩。”③ 实行官员南北更调任职的回避制度，使得相关官员为了做官远离故土，在交通极端困难的条件下要经过长时间颠簸才能到达任职的地方，而且长期与亲人戚友分离，有悖于人道主

① 《明会典》卷2《吏部一·大明令》，台湾商务印书馆影印文渊阁本《四库全书》。

② 《明太祖实录》卷70。

③ 《明太祖实录》卷129。

义精神。于是洪武十八年（1385），朱元璋批准实施针对吏员的籍贯回避制度，原则是相邻的两省之间相互对调任职，“吏部言天下役满吏员凡千八十人，宜避贯用之，如湖广人用于江西、四川，江西、四川人用于湖广。其福建与浙江，广东与广西，直隶与山东，河南与陕西，北平与山西，皆互相迁用。从之”①。

地理回避制度主要适用于交通比较方便或人口集中的地区，而对于云南、贵州等边远府县，除首领官外，可以选用本地人。《明会典》云：“凡选除本处地方，旧例监生、吏员系广西人，除州县正官外，不拘本地，皆许选补；教官系云南人，许选本省。正德七年（1512）奏准：广西除方面知府外，其余大小职事，许本省别府州县人员相兼选用。嘉靖七年（1528）奏准：四川边远地方东川等处首领属官，许以本省别府人相兼选用。（嘉靖）八年（1529）题准：湖广永顺等宣慰司、施毛等宣抚司、南渭等安抚司、镇南等长官司经历吏目等官，以本省别府与邻省人员相兼铨补。”② 另外，一些不容易舞弊的职位也可以在本省任职。隆庆五年（1571）七月，以内阁兼领吏部的高拱上奏云：“国家用人，不得官于本省。盖为族间所在，难于行法；身家相关，易于为奸，故必隔省而后可焉，然此惟有民社之寄者宜然。若夫学官司教，仓民守支，驿递官典应付，闸坝官管开闭，则非有民社之寄者也，而又其官甚小，其家多贫，一除远地，遂有弃官而不复之任者，焉有去任而不得归家者焉？其情亦良苦矣，而欲使在官者安心以修职亦难矣。查得近例学官系边远人者，得除（授）本省地方，皆甚以为便。夫使于法果有不可，则安得以远方之故而遂碍于法乎？使于法果无不可，则虽近地固亦无碍于法也，而何独远方？学官既无不可，则仓官及驿递、闸坝等官又何独不可乎？相应酌量议处，合无今后学、仓、驿递、闸坝等官，俱得除（授）本省隔府地方，不必定在异省，彼其道途易达，妻子易携，必重其官而安心

① 《明太祖实录》卷 174。

② 《明会典》卷 5《吏部四・选官》。

于所职。如有败于职者即重惩之，彼亦且甘心也。”① 穆宗批准推行。这样，学官、仓官、驿递官、闸坝官等非关“民社之寄者”的职位，均可以在“本省隔府地方”任职。

2. 亲属回避。

明代任命官员的亲属回避主要有以下三类。

首先，不允许具有亲属关系的官员之间构成管理与被管理的上下级关系。洪武元年（1368）规定：“内外管属衙门官吏有系父子、兄弟、叔侄者，皆从卑回避。”②《大明令》亦云：“凡内外管属衙门官吏有系父子、兄弟、叔侄者，皆须从卑回避。”③ 因为具有亲属关系的官员若构成管理与被管理的关系，可能对相关的政策、措施、法令的执行产生消极影响，甚至可能结党营私、包庇纵容，不利于官员之间监督制约和保持平衡。一般而言，这类亲属回避的原则是“依伦序，以卑避尊”，即辈分、排行低的回避辈分、排行高的。《大明律附例注解》云：“万历五年（1577），该吏部题称：从卑回避，一向依伦序，以卑避尊。”④ 但是，若排行低的担任的职位较高，则排行高而职位低的回避。如隆庆六年（1572）十一月，广东巡按杨一桂奏称有兄杨文明任本省参议，请求回避，吏部议论认为“卑临为重”，杨一桂职任高于兄杨文明，御史杨一桂照旧任广东巡按，杨文明候改；⑤ 又如，右参政庄国祯以堂兄庄浍担任思恩知县，请求回避，朝廷将庄浍改补其他县知县，庄国祯照旧，并且规定今后该回避的都照此例执行。⑥

其次，不允许在京高级官员的亲属担任职掌法度的御史等官。洪武元年（1368）规定：“凡父兄伯叔任两京堂上官，其弟男子侄有任科道官

① 高拱：《高文襄公集》卷9《议处卑官地方以顺人情疏》，齐鲁书社影印《四库全书存目丛书》，1997年。

② 《明会典》卷5《吏部四·改调》。

③ 《大明律附例注解》卷2《吏律》。

④ 《大明律附例注解》卷2《吏律》。

⑤ 《大明律附例注解》卷2《吏律》。

⑥ 《大明律附例注解》卷2《吏律》。

者，对品改调。”[①] 科道官即负责监察的六科给事中和各道监察御史，“给事中、御史，皆有言责，上而君身朝政缺失，下而臣僚是非邪正，皆唯其所言是听。使非其人，人主误听其言，则聪明惑乱，是非邪正不明”[②]。若父、兄、伯、叔在京担任高级官员，而子、弟、侄担任科道官，则后者很难秉公执法。《明史》云：“凡王官不外调，王姻不内除，大臣之族不得任科道。”[③] 这一规定一直得到严格执行，唯“对品改调”逐渐演变为“不拘对品”[④]。

其三，不允许王府姻亲担任京官，也不准他们在王府所在地担任文武要职。这项规定是为了防止藩王与京官或地方要员结为朋党，对皇权构成威胁。宣德年间宣宗朱瞻基痛恨汉王朱高煦谋反，下令“汉府亲戚不许选京官”，但仅为特例。到弘治十三年（1500），正式推行不允许王府姻亲担任京官的规定，也不准他们在王府所在地担任文武要职。《明会典》明确记载：“凡京官以王亲外调。弘治十三年奏准：京官与王府结亲者俱改调外任。若王府官不拘军民职，但与王同城居住者俱改调。”[⑤] 因为此项规定限制范围较宽，于是后来逐渐缩小。《明会典》云：“凡文职本身并族属有女为王妃，或夫、淑、恭、宜、安人，男为仪宾，各见在，及有子孙者，不许升除京职；如已故，及无子孙者，一体升除。隆庆五年（1571）议准：文职系王亲同祖亲支，妃与仪宾、郡县主未故者照例应禁外，其不系同祖，与夫人以下之亲，一体升除京职；其男为郡县乡君仪宾者，系将军以下之亲，照依夫人以下事例开豁，一体升除。”[⑥]

三、以科道、督抚、按察司对官吏多重监察思想

（一）监察机构设置思想

---

① 《明会典》卷5《吏部四·改调》。

② 《明经世文编》卷133《胡端敏公奏疏一·知人官人疏》。

③ 《明史》卷72《职官一》。

④ 《明会典》卷5《吏部四·改调》。

⑤ 《明会典》卷5《吏部四·改调》。

⑥ 《明会典》卷5《吏部四·选官》。

明代监察的组织机构是指行使监察权的机关及其工作人员，包括：中央的都察院、六科，这些机构的属员即各类御史和六科给事中；地方有巡按御史、督抚，以及按察司等。从总体上看，明代的监察机构设置十分严密。中央有都御史总负责；监察御史既分管十三道，又带管中央各部门；六科给事中则作为一个独立机构，与监察御史配合，对六部等进行科道双重监察；各省按察使则常驻地方监察；在重要地区或部门还设有总督或巡抚进行督察，有事则随时派御史巡按。这样，御史可以随时随地对内外各个部门进行监察。

1. 都察院。

明初，御史台即是都察院的前身。“（洪武）十四年（1381），改都察院，正七品衙门，只设监察御史，分设浙江、江西、福建、北平、广西、四川、山东、广东、河南、陕西、湖广、山西十二道，铸监察御史印，文曰绳愆纠缪。（洪武）十六年（1383），升正三品衙门，设司务。（洪武）十七年（1384），始定为正二品衙门，设左右都御史、左右副都御史、左右佥都御史、经历、都事、十二道监察御史。（洪武）二十九年（1396），置照磨所照磨、检校。”①

明代定制后的都察院，其职官设置更加完备。《明史》云：“都察院，左、右都御史，正二品；左、右副都御史，正三品；左、右佥都御史，正四品。其属，经历司，经历一人，正六品；都事一人，正七品。司务厅，司务二人，从九品。初设四人，后革二人。照磨所，照磨，正八品；检校，正九品；司狱司，司狱，从九品。初设六人，后革五人，各一人。十三道监察御史一百十人，正七品，浙江、江西、河南、山东各十人，福建、广东、广西、四川、贵州各七人，陕西、湖广、山西各八人，云南十一人。其在外加都御史或副、佥都御史衔者，有总督，有提督，有巡抚，有总督兼巡抚，提督兼巡抚，及经略、总理、赞理、巡视、抚治等员……都御史职专纠劾百司，辩明冤枉，提督各道，为天子耳目风纪

① 《明会典》卷208《都察院一·都察院》。

之司……十三道监察御史，主察纠内外百司之官邪，或露章面劾，或封章奏劾。在内两京刷卷，巡视京营，监临乡、会试及武举，巡视光禄，巡视仓场，巡视内库、皇城、五城，轮值登闻鼓，后改科员。在外巡按，北直隶二人，南直隶三人，宣大一人，辽东一人，甘肃一人，十三省各一人……十三道各协管两京、直隶衙门；而都察院衙门分属河南道，独专诸内外考察。"① 大致而言，上述都察院官员可分为三大类。第一类，都御史、副都御史、佥都御史为都察院正官，是都察院主管官员，一般在本院任事，谓之坐堂官。其中，都御史为都察院的正长官，相当于唐代的御史大夫，亦称堂上官，品秩与六部首领官相同，故左、右都御史与六部尚书并称七卿。副都御史为都察院副长官，相当于唐代的御史中丞。佥都御史相当于都御史的助理。第二类，都察院正官的属官，包括经历、都事、司务、照磨、检校、司狱等。在都察院直属机构中负责相关院务工作。第三类，十三道监察御史，是监察院负责相关方面监察权的官员，他们虽然在组织上隶属于都察院，但具有相当的独立性，可以不受都察院约束而独立行事，甚至有权单独上奏皇帝。监察御史与都御史同为皇帝耳目，他们之间互相纠绳和监察。

2. 六科。

为了加强对中央六部的监察，明代设立了六科，其正长官明初为六科给事中，之后官名多有变更，六科员额亦有变化。洪武十三年(1380)，朱元璋废除丞相制，分相权于吏、户、礼、兵、刑、工六部，六部升格为直接对皇帝负责的独立部门，六部尚书也升格为正二品。但是，朱元璋又担心六部权力过大会威胁皇权，于是洪武十五年（1382）裁革谏议大夫，以六科给事中监察六部及百官，六科给事中成为直接对皇帝负责的独立监察机关。

据《明史》记载，六科给事中职掌："六科，掌侍从、规谏、补阙、拾遗、稽察六部百司之事。凡制敕宣行，大事覆奏，小事署而颁之；有

---

① 《明史》卷73《职官二》。

失，封还执奏。凡内外所上章疏下，分类抄出，参署付部，驳正其违误。吏科，凡吏部引选，则掌科（即都给事中，以掌本科印，故名，六科同）同至御前请旨。外官领文凭，皆先赴科画字。内外官考察自陈后，则与各科具奏。拾遗纠其不职者。户科，监光禄寺岁入金谷，甲字等十库钱钞杂物，与各科兼莅之，皆三月而代。内外有陈乞田土、隐占侵夺者，纠之。礼科，监订礼部仪制，凡大臣曾经纠劾削夺、有玷士论者纪录之，以核赠谥之典。兵科，凡武臣贴黄诰敕，本科一人监视。其引选画凭之制，如吏科。刑科，每岁二月下旬，上前一年南北罪囚之数，岁终类上一岁蔽狱之数，阅十日一上实在罪囚之数，皆凭法司移报而奏御焉。工科，阅试军器局，同御史巡视节慎库，与各科稽查宝源局。而主德阙违，朝政失得，百官贤佞，各科或单疏专达，或公疏联署奏闻（虽分隶六科，其事属重大者，各科皆得通奏。但事属某科，则列其（某）科为首）。凡日朝，六科轮一人立殿左右，珥笔记旨。凡题奏，日附科籍，五日一送内阁，备编纂。其诸司奉旨处分事目，五日一注销，核稽缓。内官传旨必覆奏，复得旨而后行。乡试充考试官，会试充同考官，殿试充受卷官。册封宗室、诸蕃或告谕外国，充正、副使。朝参门籍，六科流掌之。登闻鼓楼，日一人，皆锦衣卫官监莅［洪武元年（1368），以监察御史一人监登闻鼓，后令六科与锦衣卫轮直］。受牒，则具题本封上。遇决囚，有投牒讼冤者，则判停刑请旨。凡大事廷议，大臣廷推，大狱廷鞫，六掌科皆预焉。"① 可见，明代六科不仅掌谏诤规诲、封驳制敕，还可以纠举官吏的违法失职，拥有对百官的弹劾权，与御史的弹劾无本质区别。明代政治家于慎行云："本朝六科给事中沿门下旧僚，主于封驳，各道御史沿台官之旧，主于弹击，今皆以纠劾为事，亦非设官之意也。"②

3. 按察司。

按察司，全称提刑按察使司，是明代省级地方监察的主体。《明史》

① 《明史》卷74《职官三》。

② 《谷山笔麈》卷10《谨礼》。

云："明初，置提刑按察司。吴元年，置各道按察司，设按察使，正三品；副使，正四品；佥事，正五品。（洪武）十三年（1380），改使秩正四品，寻罢。（洪武）十四年（1381）复置，并置各道按察分司。（洪武）十五年（1382），又置天下府州县按察分司。以儒士王存中等五百三十一人为试佥事，人按二县。凡官吏贤否、军民利病，皆得廉问纠举。（洪武）十六年（1383），尽罢试佥事，改按察使为从三品，副使二人，从四品，佥事从五品，多寡从其分道之数。（洪武）二十二年（1389），复定按察使为正三品。"① 自洪武二十二年（1389）将按察司重新定为正三品衙门，这一级别设置至明末都未改变。

按察司的职责，《明史》云："按察使，掌一省刑名按劾之事。纠官邪，戢奸暴，平狱讼，雪冤抑，以振扬风纪，而澄清其吏治。大者暨都、布二司会议，告抚、按，以听于部、院。凡朝觐庆吊之礼，具如布政司。副使、佥事，分道巡察，其兵备、提学、抚民、巡海、清军、驿传、水利、屯田、招练、监军，各专事置，并分员巡备京畿。"② 按察使品级虽低于布政使，但不隶属于布政使管辖，二者之间是相互配合、互相制约、分工负责的关系。

明初，包括按察司在内的三司地位显荣，权力较重。《明史》云："初置藩司，与六部均重。布政使入为尚书、侍郎，副都御史每出为布政使。宣德、正统间犹然。"③《明伦汇编》亦云："明初置提刑按察司，谓之外台，与都察院并重。故大明按察司、都察院并列，不视之为外官也。"④ 但是，从明代中叶开始，按察司的权势逐渐下降。究其原因有四。一是明代建立了多重管理、监察的体制，削弱了按察司的事权。根据明朝的管理体制，各府州县由布政司负责行政管理，按察司负责监察，分

---

① 《明史》卷 75《职官四》。

② 《明史》卷 75《职官四》。

③ 《明史》卷 75《职官四》。

④ 陈梦雷：《明伦汇编》卷 600《臬司部艺文一》，《古今图书集成》，中华书局、巴蜀书社，1985 年。

守道、分巡道负责定期监临。但是，巡按御史每年都要监临相应的府州县，巡按虽品位不及藩臬二司，但其代天子巡狩，“所按藩服大臣，府州县官诸考察，举劾尤专，大事奏裁，小事立断”①，其权势自然压倒布、按二司。二是总督、巡抚对按察司权力的抑制。总督、巡抚均为高级官吏，有的还加都察院正官职衔，可以“节制三司”。宣德以后，各省皆设巡抚，使得巡抚实际上成为省级行政首脑，凡中央指令须先达巡抚，再由巡抚转令三司，三司重大决议须先请示督抚，然后转呈中央。这样，布、按二司承宣布政、监察司法的职能很大程度上被巡抚取代。三是原先一些临时性的差遣逐渐固定化，分割了按察司的权力。由于明朝中叶以后社会矛盾日趋激化，镇守总兵官、镇守太监等临时性的差遣趋于固定化，逐渐削夺了地方都司所掌管的军政权力。从明朝中叶开始，地方军政首脑为总督或巡抚、镇守总兵官、镇守太监，三者并称“三节帅”。三节帅各居一府，有时还组成三府会议——议事堂，发号施令。这样，地方三司在众多上级的管制下逐渐丧失了自主权。四是重内轻外的官场风气也逐渐使按察司失去了曾有的尊荣。从明代中叶开始，高级官员们皆以内调为荣，外任为耻，甚至由品秩低的京官提升为品秩高的地方官也是这样，作为地方三司之一的按察司也就不再拥有往日的尊荣了。虽然如此，按察司毕竟是地方省级最高组织机构之一，其监察作用依然不可忽视。万历年间，大学士叶向高《禹门丁公领藩奏绩序》云：“藩伯在国初号称行省，权任与六曹埒，其后乃压于台使者不得行其意。然而藩臬诸大夫奉以为督，郡邑诸守令视以为仪，地重位尊，为一方所瞻注。故其职事，虽若仅止于钱谷簿书，而其精神丰采常足以默摄吏民而纲纪其治。”②

4. 督抚。

总督、巡抚正式成为官名，形成一种职官制度，是从明代开始的。

---

① 《明会要》卷34《职官六》。

② 《明伦汇编》卷598《藩司部艺文一》。

明初承袭元制，在地方上设置行中书省。元代各行省长官为该省丞相，其权力很大且集中。这对欲强化皇权专制的朱元璋来说，是不能不改革的。因此，洪武九年（1376）他废除行中书省，改置承宣布政使司（其辖区范围基本未变，习惯仍称之为行省或省），并将原来行省丞相权力一分为三，设置布政使管民政、财政，按察使管司法、刑狱，都指挥使管军事，三者均为封疆大吏，合称“三司”。三司互不统属，相互制约，凡省内重大军政事务，均须由三司会议讨论确定后，上报中央有关部院审核批准，方可施行。① 虽然朱元璋这一改革确实强化了中央对地方的控制，但地方上三司分权制度存在着自身的缺陷：在一省之中缺乏权力集中的强力领导，地方上的不少政务尤其是一些紧急事务，多因三司之间相互扯皮推诿而不能及时妥善处理，日益成为明代行省废除后地方管理体制的突出问题。地方上总督巡抚制度的建立，正是为了弥补上述缺陷。

明代总督、巡抚原是中央政府为了处理地方事务而派遣到地方临时办事的官员，并兼职执行监察任务。这种临时性的差遣逐渐制度化，到宣德以后，督抚由临时派遣逐渐改为专设、定设，成为明代地方管理的一项重要制度，督抚也逐渐向地方大吏过渡。虽然如此，朱元璋向地方派遣总督、巡抚的主要目的，并不是让他们去总领一方，成为凌驾在地方三司之上的首领，而是为了监察地方三司对相关政策措施的施行。因此，明代的地方长官地位终明一代没有得到朝廷的正式承认，督抚按同负监督地方的职责，督抚都带宪衔。《明史》也将督抚列入都察院系统介绍：“都察院……其在外加都御史或副、佥都御史衔者，有总督，有提督，有巡抚，有总督兼巡抚，提督兼巡抚，及经略、总理、赞理、巡视、抚治等员［巡抚之名，起于懿文太子巡抚陕西。永乐十九年（1421），遣尚书蹇义等二十六人巡行天下，安抚军民。以后不拘尚书、侍郎、都御史、少卿等官。事毕复命，即或停遣。初名巡抚，或名镇守，后以镇守侍郎与巡按御史不相统属，文移窒碍，定为都御史。巡抚兼军务者加提

① 《明史》卷75《职官四》。

督，有总兵地方加赞理或参赞，所辖多、事重者加总督。他如整饬、抚治、巡治、总理等项，皆因事特设。其以尚书、侍郎任总督军务者，皆兼都御史，以便行事]。”①

明代总督、巡抚属于中央派遣的监察大臣，其产生初期并不是地方首领官。但是，从总督、巡抚的权责看，他们逐渐从代表中央监察地方的官员发展为总领一方、节制三司的地方首领，从而突破了明初地方三司分立的体制格局，与都察院所派出的巡按御史明显区别开来，以至于发展到巡按御史反过来对督抚也如同对待其他地方官员那样进行监控。因此，这一制度发展到各地普遍设置巡抚后，虽然他们都挂带宪衔，但其职能已由中央官向地方首领官转化。也就是说，明代督抚在其设立初期，主要目的是对地方官吏监察，随着督抚制度的建立和完善，这一目的也基本得到实现。虽然明代自始至终都将督抚官列入中央都察院序列，均带宪衔，但到了明代中后期，督抚逐渐发展成稳定掌握地方军政大权的首领官。

督抚制度的建立改变了明代监察体制的格局，并对明代官员监察产生了重要影响。一方面，随着明代督抚制度的确立，不仅地方政治体制产生了新的制衡关系，而且中央和地方之间也产生了新的制衡关系。督抚不仅事实上作为地方首领官发挥作用，而且他们名义上还继续保留着中央官职衔（如带宪衔、部衔）以及受差遣这一形式，这就自然受到来自上下左右诸方面的有效制约。部院、督抚之间，巡按御史，乃至地方三司均对督抚具有不同的制衡。这种新的制衡关系不仅极为严密，而且相当有效，其结果是督抚虽然监察三司、节制总兵，统领一方，却始终服从中央调派差遣，没有发展成能抗衡中央的地方势力。事实上，督抚在地方和中央均可以发挥作用。《明伦汇编》云：“督抚带风宪之衔，不独地方利弊可言，即朝廷大政无不可入告。万历中，晋抚魏允贞、淮抚

① 《明史》卷73《职官二》。

李三才皆极论天下事，读其奏疏，即科道亦不多见。”[①] 有的督抚甚至直接调京掌院，成为中央要员。另一方面，明代督抚制度的建立加强了对军事的监察。《明会典》云：“国初，兵事专任武臣，后常以文臣监督，文臣重者曰总督，次曰巡抚。总督旧称军门，而巡抚近皆赞理军务，或提督。”[②]《明史》亦云：“巡抚兼军务者加提督，有总兵地方加赞理或参赞，所辖多、事重者加总督。”明代许多督抚肩负“提督军务”职责，总督更偏重于军务，这样就能有效地推行“以文制武”，防止地方武官专权。因此，督抚制度是明王朝皇权专制必然出现的现象，这一制度的建立进一步强化了皇权专制。

（二）监察机制思想

明代监察的范围，包括国家的各种决策行动、政策措施的实施、官员的选任与考核、司法活动、经济活动、军事活动、礼仪活动、教育与文化学术活动，甚至官员的家庭生活等，举凡国家各级公务人员参与的各项活动，都受到相应的监察。监察机构和官员拥有弹劾、谏诤、封驳、检查、审计、司法、调查、纠举、监试、监军等多项重要权力，这在世界监察史上都属罕见。明代最高统治者赋予监察机构如此广泛的监察权，目的是巩固和强化皇权专制，监察机构的监察权实质是专制皇权的扩展延伸。明代监察制度作为大明帝国政治法律制度的重要组成部分，能否正常运行和有效发挥作用，不仅同明王朝吏治的清明与否、监察官员素质的高低有关，还同明代政治体制特别是监察体制本身密切关联。明代的监察机制在其产生和发展的过程中，形成了自身的一些特点。

1. 组织独立。

为了实现对百官的有效监督，明代监察机构实行独立建制，不依附其他任何政府部门，与其他独立的政府部门平行。监察机构只对皇帝负责，独立行使监察权。因此，明代监察机构较好地实现了作为皇帝个人

---

① 《春明梦余录》卷48《都察院》。

② 《明会典》卷128《兵部十一·督抚兵备》。

耳目工具的作用，有效地维护了皇权专制，限制了官权。明代中央和地方监察组织的独立性是明代监察的一个重要特征。

首先，明代中央监察组织具有独立性。明代监察机构继承了宋元时代的特点，中央监察机构实行独立建制。都察院长官左、右都御史，与六部尚书同为正二品。都察院监察官对在京各机构独立监察，直接对皇帝负责，不受其他行政部门干预。此点与前代相同，不同的是宋元时期分察六部的监察官员一般由御史台派遣，而明代除都察院监察御史可以监察六部，还专设六科给事中专门负责监察六部。明代的六科为专门监察六部的机构，其地位虽然较低，六科给事中品级最高时仅正五品，但是完全独立建制，不附属于任何机关，直接对皇帝负责。“凡制敕宣行，大事覆奏，小事署而颁之；有失，封还执奏。凡内外所上章疏下，分类抄出，参署付部，驳正其违误”①，位卑而权重。

其次，明代地方监察组织具有独立性。明代地方的最高监察长官是总督和巡抚，这一监察制度是明代首创。督抚一般都有节制一省乃至数省的行政、司法、军事等方面的权力，明代后期发展为地方行政上的实际负责人。但从其组织隶属上，督抚都领有副都御史、佥都御史等御史职衔，隶属都察院，而不作为地方行政机构建制。明代省级地方监察机构还设立十三道巡按御史和提刑按察司。巡按御史属于都察院派出监察地方的官员，与地方行政属于平行关系。《明伦汇编》云：“明初置提刑按察司，谓之外台，与都察院并重。故大明按察司、都察院并列，不视之为外官也。”② 提刑按察司（掌监察）是与承宣布政司（掌行政）、都指挥司（掌军事）并立的省级三司之一，他们之间各不统属，亦属于平行关系。提刑按察司作为都察院派驻地方的监察机构，对所在省进行监察，只对都察院和皇帝负责，不受其他部门的干预。明代地方监察机构代表中央对地方进行垂直监察，在组织上直隶中央，在地方上独立建制，与

---

① 《明史》卷 74《职官三》。

② 《明伦汇编》卷 600《臬司部艺文一》。

地方政府无隶属关系。这种组织独立、垂直领导、自成系统的地方监察体制，有利于保障监察权的独立行使，增强其威慑力，提高监察效率。

2. 垂直领导。

中国古代的封建专制至明代达到极端。在监察机构的设置和管理方面，皇帝直接对监察组织进行垂直领导。

首先，监察机构由皇帝下令设置，监察官员由皇帝亲自任免。一是选任监察官员的条件由皇帝亲自制定。吴元年（1367），朱元璋置御史台，任命邓愈、汤和为御史大夫时就说，监察官员应当是“正己以率下，忠勤以事上”者①。永乐七年（1409），“（明成祖）召御史张循理等二十八人至，问其出身，皆由进士及监生，惟洪秉等四人由吏。帝曰：‘用人虽不专一途，然御史为朝廷耳目之寄，宜用有学识、通达治体者。’黜秉等为序班，诏自今勿复用吏。明年冬，申谕吏部，着为令。”② 朱棣明确规定吏员出身的士人不能担任监察官员，须用“有学识、通达治体者”。洪熙元年（1425），仁宗谕尚书蹇义曰，“御史耳目之官，惟老成识治体者可任”，“都御史十三道之表”，必须廉清公正。③ 正统六年（1441），明英宗下诏：“中外风宪系纲领之司，须慎选识量端宏，才行老成任之。其有不谙大体，用心酷刻者，并从都察院堂上官考察降黜。”④ 这里强调了选用识量端宏、才行老成的官员担任监察官。二是监察官员最终须由皇帝任命。明代法规规定，监察官员通过“廷推”或考选程序产生后，再由考选机关提出具体建议，最后上呈皇帝，由皇帝决定是否任用。都察院是与六部平级的监察机构，都御史、副都御史和佥都御史的补选一般通过“廷推”产生，但最后必须上报皇帝定夺。科道官一般由六部尚书、通政使、大理寺卿、都御史及现任的科道官员依照相关条件先期察访，

① 《明史》卷73《职官二》。

② 《明会要》卷33《职官五》。

③ 《明会要》卷33《职官五》。

④ 《明会要》卷33《职官五》。

确定候补人选，接着由“吏部会同都察院考选”①，“或策以时务，或试以章疏，议论正大，见识宏远者”②，然后由吏部和都察院共同商议拟定名单，最后上呈皇帝批准，方算完成选任。监察官的升黜，也须由皇帝决定。洪武二十六年（1393）定：“监察御史系耳目风纪之司，任满黜陟，取自上裁。”③

其次，明代皇帝直接领导全国的监察机构和监察官员。朱元璋在吴元年（1367）置御史台，到洪武十五年（1382）更置都察院，及之后六科等监察机构都不附属于任何机构，独立建制，直接由皇帝领导，对皇帝负责。如六科给事中在皇帝直接领导下监察六部，“六科给事中以掌封驳之任，旨必下科。其有不便，给事中驳正到部，谓之科参。六部之官无敢抗科察而自行者，故给事中之品卑而权特重”④。又如各道监察御史，他们在行政上属于都察院统管，任用由吏部会同都察院审核；旧的巡按御史考满，需任用新的巡按御史，由都察院“引御史二员，御前点差一员”⑤；监察御史巡察回京后都要向都察院述职，“都察院堂上官考其称否”⑥；监察御史升黜、复任等由都察院考察。但是，各道监察御史在实际监察工作中不受都察院掌控。他们“主察纠内外百司之官邪，或露章面劾，或封章奏劾”，“巡按（御史）则代天子巡狩，所按藩服大臣、府州县官诸考察，举劾尤专，大事奏裁，小事立断”⑦，实际工作直接对皇帝负责。明代丘浚《重台谏之任》云：“六部官属皆书其部，如吏部属，则曰吏部文选清吏司；兵部属，则曰兵部武选清吏司之类是也。惟都察

① 《明会典》卷5《吏部四·选官》。

② 吴亮辑：《万历疏钞》卷1，上海古籍出版社影印《续修四库全书》，2002年。

③ 《明会典》卷12《吏部十一·官员》。

④ 《明伦汇编》卷404《官常典》。

⑤ 《明会典》卷210《都察院二·奏请点差》。

⑥ 《明会典》卷211《都察院三·回道考察》。

⑦ 《明史》卷73《职官二》。

院则书其道，而不系于都察院焉。”① 明代监察法规规定，都察院堂上官都御史、副都御史与各道监察御史同为天子耳目，比肩事主，他们不仅可以各自独立行使其监察权，还可以互相纠察。“正统四年（1439）定：凡风宪任纪纲之重，为耳目之司，内外大小衙门官员，但有不公不法等事，在内从监察御史，在外从按察司纠举。其纠举之事，须要明著年月，指陈实迹，明白具奏。若系机密重事，实封御前开拆，并不许虚文泛言。若挟私搜求细事及纠言不实者，抵罪。凡纠举官员，生杀予夺，悉听上命。若已有旨发落，不许再劾。凡都察院、按察司堂上官及首领官，各道监察御史吏典，但有不公不法及旷职废事、贪淫暴横者，许互相纠举，毋得徇私容蔽。其所纠举，并要明具实迹，奏请按问明白，核奏区处。其有挟私妄奏者，抵罪。”② 明代监察官员也反复强调其相互纠察之职。正德初年，南京御史陆昆曾上疏云：“御史与都御史，例得互相纠绳，行事不宜牵制。”③ 嘉靖年间，礼科给事中李学曾亦云：“太祖之设六科都给事中及诸给事中，关联六部诸司，出纳命令，封驳章奏，举正欺弊，以警畏百官。外列十三道监察御史，出则巡视方岳，入则弹压百僚，虽与都御史相涉而非其属官，直名某道，不系之都察院，事得专达，都御史不得预知也。此皆圣祖建官制事，防奸保治之初意。所以崇耳目之司，广聪明之德，其任六科、十三道者，亦非细也。”④ 明代监察官员互相纠察的职权，其根源在于他们都直接受皇帝领导，直接对皇帝负责。

第三，明代皇帝拥有最高的监察权和领导权。虽然明代相关法规规定，监察官员“自皇太子以下无所不纠”，但其职权的行使必须在皇帝的领导和监察之下。明代监察官员行使职权不仅要遵守相关监察法规，而且必须遵照皇帝谕旨。明人叶盛《水东日记》云，“初，凡有弹纠，必六

① 《大学衍义补》卷8《重台谏之任》。

② 《明会典》卷209《都察院一·纠劾官邪》。

③ 《明史》卷188《陆昆传》。

④ 《西园闻见录》卷93《前言》。

科先承密旨，十三道则因之”①，“天顺中，科道纠劾多出上旨，或召对面谕，且戒以勿泄，赐酒馔而退，亦或赐果核焉”②。明代御史巡按，所按藩服大臣、府州县官的所有违纪违规行为都在其监察的范围内，处理时可以“小事立断”，常规工作报送吏部，但若遇重大事项则必须“奏裁”。《明会典》云：“天顺元年（1457）奏准：每年巡按御史将司府州县见任官员从公诘察，除贪污不法者，就便拿问。其老疾罢软等项起送吏部，查例定夺……（嘉靖）二十一年（1542）奏准：御史论劾三司方面及有司五品以上，指实参纠；六品以下贪酷显著者，即便拿问。其才宜烦简者，疏请调用。”③

明代监察组织在皇权的绝对控制之下，皇帝直接领导监察机构，这种垂直型的监察体制有利有弊。一是这种监察体制增强了监察官的权威。明代绝大部分时间，六科给事中和各道监察御史品秩不过正七品，但是，他们却常常能够制衡当朝二三品权贵大臣，这毫无疑问是皇权赋予他们的权力。这样，监察官员权威的强弱就与皇权紧密联系在一起。如果皇权强势，并遵守相关法规，就能保障监察官员的权威，也就可以起到震慑不法、整饬吏治的作用，明代前期基本如此。反之，若朝纲败坏，权臣当道，皇权旁落时，监察官员们就失去了依靠，也就难以履行其职能，甚至名存实亡，或沦为权臣乱政的工具，宦官刘瑾、魏忠贤专权时期就是如此。二是这种监察体制职能的发挥在很大程度上取决于君主的态度，而不仅仅是监察官员的职业操守。如果皇帝无心理政，甚至为一己之私包庇被纠弹者，监察官员无论怎样恪尽职守，都可能无济于事，甚或反遭打击迫害。明代监察体制的这一特点说明，皇帝依然是监察权力的主体，监察机构只是这一权力主体的具体实施者。

3. 立体网络，多重监察。

---

① 叶盛：《水东日记》卷 1，中华书局，1980 年。

② 《水东日记》卷 27。

③ 《明会典》卷 210《都察院二·出巡事宜》。

明代是中国古代帝制极端集权的时代，其集权程度超过了以往任何朝代。为了巩固和强化君权，明代进一步发展完善了监察制度，不仅皇帝亲自掌握最高监察权，还建立了多元、多层次的严密的监察网络，对各级官吏实行科道多重监察。

明代中央设置了都察院和六科两个监察机构，对中央各部门实行双重监察。明代创设了六科负责监察六部，强化了对因宰相制废除后权力获得提升的六部的监察。六科各自对接六部中的一部，专门监察该部。吏科主要负责监察官吏的选任、考核等事项，具体包括监督吏部引选，签发外官文凭，监督官吏考核、任命、调用及升降等，凡吏部主要事务均属其监察范围；户科主要负责监督编制清查黄册，国家钱粮的收入、支出及盘查仓库等事项，具体包括监督钱粮收支、配给，盘查仓库，监督俸禄、赏赐的发放等，凡户部主要事务均属其监察范围；礼科主要负责监督奏本封进、大臣封赠、官员朝参，监督科举考试、特使出国，监督庆典及礼部填发勘合等，凡礼部主要活动均属其监察范围；兵科的主要职责是监督武官的考选、任命，监视武职帖黄，清点京城各城门守军，稽考武官功次、贤否等事项，凡兵部主要活动均属其监察范围；刑科的主要职责为复奏死刑，上报罪囚数目，监督审判等事项，凡刑部主要活动均属其监察范围；工科的主要职责是监督工部工程营建及工料使用，监督兵部制造，阅视有关局库，估价工部料价，查对各省解纳钱粮，凡工部主要活动均属其监察范围。① 六部同时还须接受都察院的监察，都察院都御史及其下属的十三道监察御史都有监察六部官员的权力。明代监察法规规定，十三道监察御史“各理本布政司及带管内府监局、在京各衙门、直隶府州卫所刑名等事”，户部归福建道监察，工部归四川道监察，礼部归河南道监察，刑部归广东道监察，兵部归山东道监察，吏部归贵州道监察。② 都察院还设有吏、户、礼、兵、刑、工六房照刷吏，负

① 《明会典》卷213《六科》。

② 《明会典》卷209《都察院一·各道分隶》。

责审查六部各衙门的各种文卷往来，适时有效地监察六部工作①。这样，六部始终都受到都察院和六科两个中央监察机构监察。

科道双重监察的做法是遇事一般科道共同派人监临审查。如明代编制清查黄册、钱粮奏销等事关国计大事，往往由科道官共同参加，以保证其真实无误。如“凡清查后湖黄册，洪武二十四年（1391）差御史二员，同户科给事中一员、户部主事四员，督率监生比对。如有户口、田粮、军匠埋没差错等项，造册参奏问罪改正。事完复命”②。又如库藏仓廪关系到封建国家的经济命脉，明代对库藏仓廪也实行科道双重监督，以杜绝奸欺。如嘉靖三十一年（1552）奏准：“差科道各一员，会同太仓管库员外郎等官，验日收放，同进同出，以后不必更委陪库主事。”③

明代的地方监察继承了宋元时期多层次、多轨道交叉的特点，建立了空前庞大复杂的地方监察机制。一是明代创立了督抚这一新型的地方监察机制。明代省级地方实行都、布、按三司制度，三司互不统属而各自对中央负责，其结果是在一省之内没有一个能够全面负责的组织机构。其弊端是一旦有紧急情况或重大的事务时，三司之间会互相推诿，贻误处理时机，或因权力所限，不能调动有效资源应对。鉴于此，明代中央派遣都察院的都御史、副都御史、佥都御史或其他监察官员到地方担任总督或巡抚，给他们一定便宜行事的权力。最初只在少数地区设置了总督或巡抚，且多为临时性的机构。随着时代的发展，总督、巡抚的职权逐渐扩大，派遣地区也逐渐增多。虽然明代各朝督抚的称谓并不统一，有总督、提督、巡抚，或总督兼巡抚，或提督兼巡抚，或经略、总理、巡视、赞理、抚治等，但明代督抚都加有都御史、副都御史或佥都御史衔，在组织上隶属都察院，对地方担负着组织、协调、监察的权力，后来逐渐发展而具有一定的领导权。二是明代十三道监察御史是对地方监

① 《明会典》卷210《都察院二・照刷文卷》。

② 《明会典》卷211《都察院三・抚按通例》。

③ 《明会典》卷30《户部十七・太仓库》。

察的主要力量。十三道监察御史除监察在京各衙门之外，主要任务是巡按地方，御史代表天子出巡，是皇权的延伸。监察御史监察地方的主要方式是照刷磨勘文卷，为了保证照刷磨勘文卷制度的规范化、制度化和实效性，专门颁布照刷文卷的实施办法，对照刷的时间、范围、程序、专门用语以及违规处理等方面都做出详细规定。这一制度的实施起到了有效监控各级政府部门及维护政令畅达和社会稳定的作用。三是除上述两类中央派出监察地方的机构外，明代还在省级地方设立了按察司，作为主管一省监察、司法的机构。明代按察司之下还设有许多派出机构，后来改为分巡道，总计四十一道，并逐渐发展为六十九道。每省之下还按事分设兵备道、提督学道、清军道、驿传道等，按察司副使、佥事分管各道事务，或驻省城，或驻地方。可见，明代地方监察至少由三层网络组成，即督抚、十三道监察御史和各省按察司及其分司，他们之间组成严密的地方监察网络，互不统领，根据需要监察有关事务。

明代这种多元、多层次、全方位的严密监察网络机制，能够发挥内外相维、左右相制、全面监察的作用，有效防止失监。在这样的监察机制下，内外百官无时无刻不处在严密监察之中，即使是监察官本人也如此。这不仅有利于皇权控制百官，也有利于皇帝控制监察机构。其不足之处主要是监察机构功能重叠，人事重复，容易产生互相推诿、纷争内耗之弊，这在明代后期吏治败坏、宦官厂卫当权的情况下更为严重。

4. 交叉分工，互为补充。

明代不专设言事御史，论事谏正成为御史的当然职责，明初也鼓励御史行使言谏权力。洪武元年（1368）二月，朱元璋对侍御史文原吉等说："比来台臣久无谏诤，岂朝廷庶务皆尽善？抑朕不能听受故尔，嘿嘿乎？尔等以言为职，所贵者忠言日闻，有益于天下国家。若君有过举而臣不言，是臣负君；臣能直言而君不纳，是君负臣。朕每思一介之士于万乘之尊，其势悬绝，平居能言，临对之际，或畏避不能尽其词，或仓卒不能达其意，故尝霁色以纳之，惟恐其不尽言也。至于言无实者，亦

略而不究。”[①]《大明律》明确规定：“凡国家政令得失、军民利病，一切兴利除害等事，并从五军都督府、六部官面奏区处，及听监察御史、提刑按察司官各陈所见，直言无隐。若内外大小官员但有本衙门不便事件，许令明白条陈，实封进呈，取自上裁。若知而不言、苟延岁月者，在内从监察御史、在外从按察司纠察。”[②]可见，朝廷以法律的形式将御史的言谏权力确定下来，使御史获得了与给事中均等的言谏权。《明史》云：“御史为朝廷耳目，而给事中典章奏，得争是非于廷陛间，皆号称‘言路’。天顺以后居其职者，振风裁而耻缄默。自天子、大臣、左右近习无不指斥极言。南北交章，连名列署。或遭谴谪，则大臣抗疏论救，以为美谈。顾其时门户未开，名节自励，未尝有承意指于政府，效搏噬于权珰，如末季所为者。故其言有当有不当，而其心则公。”[③]明代监察御史“自天子、大臣、左右近习无不指斥极言”，还有权参决军国大事的“廷议”。《明史》云：“十三道监察御史，主察纠内外百司之官邪……凡朝会纠仪，祭祀监礼。凡政事得失，军民利病，皆得直言无避。有大政，集阙廷预议焉。”[④]在参决国家高级官员选拔时，御史有权参与“廷推”。朱元璋废除丞相制，之后明成祖朱棣设立内阁。内阁不掌官员铨选，铨选权主要在吏部，故吏部尚书被称为“六卿之长”。为制约吏部权力，明廷规定凡任用三品以上高级官员，必须经过有御史（主要是都御史或掌道御史）参与的廷推，其余参与廷推的官员因事而定，有六部尚书、六科给事中、通政使、大理卿等。

明代在都察院之外另设六科，六科给事中有部分言谏、封驳之权。这是因为朱元璋认识到“宰相专权，宪台报怨”是元代御史制度败亡的一个重要原因，他企图部分采用唐宋旧制来改变这种状况。虽然明代从表面上看分设监察机关和言谏机关，但事实上却进一步推进了台谏合一，

---

① 《明太祖实录》卷30。

② 《明会典》卷165《律例六·上书陈言》。

③ 《明史》卷180《列传第六十八赞》。

④ 《明史》卷73《职官二》。

专设的监察机构有言谏之权，言谏部门也承担监察职责。这样，明代六科给事中将议政、封驳、监察诸权集于一身，百司之事、百官之行皆受其监督，其纠察范围涉及明代官僚体系的所有组织，监察对象以六部官员为重点，包括上至皇帝，下至百姓的整个政治体系中的所有人员，监督内容涉及政治、经济、军事、司法、道德、文化等所有领域，甚至还在一定程度上监督、制约皇权。对于皇帝，给事中可以直言极谏，据理力争，而不算犯上。可见，明代六科给事中的监督权力最为彻底，也达到了其权力的巅峰。

虽然都察院与六科是各自独立的两个监察系统，但他们的职责却互有交叉，监察御史有言谏权，给事中也有相当大的纠弹之权，使得明代监察网络更为严密。这不仅强化了监察系统内部的监察功能，而且也使得这两个监察机构之间的相互监察更加严密。一方面，十三道监察御史虽然在组织上受都察院节制，但在履行职责时却不受都察院掌控，而且监察御史和都御史同为天子耳目，比肩事主，有权互相纠察。据《明会典》记载，都察院分隶于河南道管辖，这样，都察院都御史等高级监察官都必须接受河南道监察御史的监控，都察院所有官员平常考察归河南道监察御史负责。① 六科给事中之间相对独立，但也相互监督。六科虽分别负责监察吏、户、礼、兵、刑、工六部，“虽分隶六科，其事属重大者，各科皆得通奏。但事属某科，则列其（某）科为首”②，这样，其中某一科在遇到重大事项时，其余五科都有权参与发表意见。同科之都给事中、左右给事中、给事中之中，都给事中为正长官，他们之间虽然品秩高低不同，但遇事都可以单独上疏，不需请示，甚至可以互相纠弹。另一方面，都察院与六科这两个监察组织之间的相互监察也更为严密。都察院虽然在名义上是国家的最高监察机关，但无权领导六科。六科完全独立且只对皇帝负责，六科各自有自己的衙署。其六科在工作中与都

① 《明会典》卷209《都察院一·各道分隶》。

② 《明史》卷74《职官三》。

察院发生矛盾，都察院无权指令六科，“礼仪司并内府、六科，俱系近侍官员，与内外衙门并无行移”①，这种情况就只有皇帝才能充当仲裁人和协调人，“科道疏互驳，皆控御前”②。明代法律规定监察官员之间有权相互纠弹。如六科有封驳之责，诸司所上章疏发下，若其中有不正之处，“如六科不封驳，诸司失检察者，许御史纠弹”③。又如巡抚、巡按、监察御史皆有权举荐人才：“凡内外衙门及巡抚、巡按等官保举官员未当，或交通嘱托、徇私滥保者……及有举无劾，或将已致仕官员混劾充数者，各差御史于本等职业之外滥保市恩者，俱听本科参出，请旨究处。”④ 如此，都察院与六科交叉分工，相互补充。都察院及各类御史以监察为主，兼责谏议；六科给事中以规谏、封驳为主，兼理监察，他们之间既分工负责，相互协作，相辅相成，又相互制衡，相互纠察。这种严密的监察体制，形成双重乃至多重的监察网络，可以有效避免监察盲点，防止因分工过细而相互推诿，也可以防止某一部门因权责独揽而专断横行。明代多重监察机构组成的监察体制，使得皇帝可以总统其纲，督理协调国家机器有效运转，有效维护、巩固、强化专制皇权。

（三）明代监察官职责和纪律

明代最高统治者为强化封建专制皇权，重视对官吏的监督控制，制定了特别详尽具体的监察官职责和纪律条例，使监察官明确自己的工作对象及行为准则，从而充分发挥监察百官的职能。

据《明会典》卷210《都察院二·奏请点差》记载⑤，御史出巡所涉及的监察工作主要包括提学、巡京营、印马、屯田、清军、巡盐、攒运、巡仓、巡茶马、巡关、巡光禄寺、巡青、巡库、巡视皇城、巡视五城、盐课、监试、杂差等18项。其中提学即监察学校教育，“凡提学御史进

---

① 《明会典》卷76《礼部三十四·行移署押体式》。

② 李清：《三垣笔记》卷中，中华书局，1982年。

③ 《明史》卷215《骆问礼传》。

④ 《明会典》卷213《六科》。

⑤ 本自然段引文均见于《明会典》卷210《都察院二·奏请点差》。

退人才奉有专敕，抚按官毋得干预，其师生廪馔及修理学校等项，提学御史止是督行有司转申抚按施行，不得擅支及挪移仓库钱粮”。巡京营即“令给事中、御史巡察各营奸弊，凡有私役卖放，及不行如法操练等项，指实劾奏”。印马则是“民间孳牧种马，南直隶差御史一员，北直隶及山东、河南地方共一员，同该管寺丞印俵（查点印烙马匹）”。屯田即巡视各地方屯田事宜，如“嘉靖八年（1529）题准，在京并直隶各卫所屯种，照南直隶事例，差御史一员领敕清查，三年一替”。清军即清理军伍、军役，如嘉靖二十九年（1550）题：“差南北道御史一十四员往直隶各省清理军伍，兼照刷文卷，定以五年一次差遣。”巡盐就是御史监督禁革私盐、催督盐课，如“宣德十年（1435），选差御史一员，于直隶、扬州府、通州狼山镇、提督军卫巡司官、旗弓兵人等，巡捕禁革私盐”。“正统三年（1438），令两淮、两浙、长芦等运司，每岁各差御史一员领敕巡视禁约，催督盐课。”攒运即监督漕运，如“隆庆元年（1567）题准，差监察御史一员前往浙江，并南直隶苏、松、常、镇四府监兑粮米，催攒运船，兼理济宁迤南一带河道”。巡仓即巡视仓廪，如“宣德九年（1434），差御史一员巡视在京仓，一员巡视通州仓”。巡茶马即巡督茶马贸易，“永乐十三年（1415），差御史三员巡督陕西洮州、河州，西宁茶马司三处，收贮官茶易换番马”。巡关即巡视关口，“宣德七年（1432），令居庸关直抵龙泉关一带，山海关直抵古北口一带，每年各差监察御史一员请敕前去，公同各该分守守备等项内外官员，巡视关口，点闸军士，整饬器械，操演武艺，并受理守关人等一应词讼，就彼发落，不许军卫有司擅便拘提，有误守把。如守备等官有罢软疾弱、不堪任事之人，指实具奏替换”。巡视光禄寺，监收钱粮，查刷一切供应物资，如“宣德四年（1429），差监察御史一员同给事中会同光禄寺堂上官，验收牲口、果品、厨料等物，并监收白粮”。“正统二年（1437），令巡视光禄寺御史同户部主事监收钱粮。嘉靖三十七年（1558），差御史一员查刷大官等四署，一切供应各项品物，每月具揭帖进览，一年更替。”巡青即巡视草场收草和象、牛、羊等房钱粮，如“宣德九年（1434），差监察御史一员巡

视各处收草，一员提督象、牛、羊等房钱粮”。巡库，“即差御史一员会同给事中巡视甲字等十库”。巡视皇城，“凡皇城四门官军，轮差掌道御史一员同给事中查点”。巡视五城，即“五城巡视御史，凡事有奸弊，听其依法受理送问”。盐课，即御史巡视提督盐课。监试，即会试、乡试、武举，差御史监试。杂差，凡恤军、捕盗、盘粮、监军纪功、监斩等，御史前往监督。总之，国家主要的政治、经济、文化教育、军事等各项活动，均在御史、给事中等监察官的监督控制之中。

为了督促御史等监察官认真监察，以恪尽职守，朝廷要求御史巡察工作完成后，必须非常具体地报告其所从事的各项工作。兹举《明会典》卷211《都察院三·回道考察》中《巡按御史满日造报册式》部分条文以窥一斑。如要求巡按御史必须报告其“荐举过文武职官若干员，如各官廉勤公谨，俱要指摘所行实事若干件开报，不得用笼通考语塞责”，“纠劾过文武职官若干员，如各官污滥奸佞罢软等项，俱要指摘所行实事若干件开报”，“戒饬过文武职官若干员，将各官误事等项件数明白开报”，“问革过文武职官若干员，凡各官所犯情罪，俱要开具略节招由”，“查理过仓库钱粮若干数，旧管、新收、开除、实在，逐项明白开报”，“提督过学校生员，要将作养过人才后日堪为世用者，若干名开报”，“兴革过军民利病共若干事，如某处兴某利，某处除某害，逐一开报”，“存恤过孤老若干名口，要将各府州县收入养济院见在人数各废疾并无依缘由开报”，“会审过罪囚若干起，如审允转详、处决，及办理过原拟罪名，俱将各犯略节招由开报”，“追过赃罚若干数，如还官入官赎罪，给主等项，逐一明白开报”，“督捕过境内盗贼若干名，凡各府州县官，于某年月日获过强窃盗名数，具实开报”，“督修过城濠、圩岸、塘坝共若干所，要将某官于何年月日修过某处塘圩等项，明白开报”，“禁约过嘱托公事若干起，凡按属地方有无拿获权豪势要、本土刁民挟制嘱托者，具实开报”，“禁约过克害军士若干起，凡拿问过所属管军官旗人等，克减月粮索纳月钱等项情弊，逐项开报”，“禁约过仓粮奸弊若干起，凡各府州县仓廒处所，曾经拿获包揽侵盗之徒，具实开报”，“禁约过科害里甲若干

起，凡所属州县等衙门官员，不体小民贫苦，专务奢侈行事，浪费民财，不知节省，甚至科取侵用，除拿问外，仍指实开报”，“禁约过淹禁罪囚若干起，凡司府州县卫所，如有不才，官吏受贿，听嘱及庸暗不能讯决，将轻重囚犯淹禁日久，除参问外，仍指实开报”，“禁约过科差奸弊若干起，凡各府州县掌印官派科点差，或有任用奸邪、听受贿嘱、偏私不均者，除参问外，仍指实开报”，“禁约过土豪凶徒害人若干起，凡所属地方曾经拿获凶恶土豪倚恃族大，或假仕宦势力，聚众执持凶器，围绕房屋，欺打良善，或至抢检家财，奸淫妇女者，逐事逐名开报”，“完销过勘合共若干起，要将接管并自奉各项勘合，已未完数目缘由，明白开报”，“每季终将所属州县驿递等衙门，各应付过关文夫马船只廪给，并钱粮数目备细造报”，“每季终将巡按御史并布按二司官巡历地方，有无导从兵快、人马众多及随带官员人等，盛设饮食供帐之具以劳州县等项开报”，“每季终将巡按御史并布按二司官，各巡历地方及回省日期开报”，“每年终将本司官行过事迹，除举荐、礼待、纠劾、戒饬文武职官及举明孝义完销勘合外，其余与巡按御史同者，共二十一件，备细开报”，“每年终将奉到府部院一应勘合，已未完数目开报”，“每年终将各衙门见役吏典备细脚色，并问革过吏役招由，造册备考”，“每年终将所属府州县卫所等衙门，查盘过各仓积贮稻谷多寡数目造报”，“每年终将所属地方已未获盗贼数目开报”，“每年终将问过充军犯人姓名、乡贯要紧略节招由、编发过卫分，起程日期，造册奏缴”，“每年终将所属地方疏通过水利缘由，造册申报”，“每年终将追解过赃物数目，备造奏报。”

从《巡按御史满日造报册式》可知，御史的工作范围大大超过《奏请点差》中所规定的，不单只负责监督、纠劾不法官员和相关事宜，还参与荐举官员、提督学校生员、存恤孤老、审理罪囚、追取赃罚、督捕盗贼、兴修城濠水利、查理钱粮等事务。

监察官的主要职责是监察、纠劾各级官吏的不法违纪行为，这就要求监察官本身首先要遵纪守法，正身守道。有守者乃能执宪，无瑕者方可律人，己之不正，而欲正人，自古及今未之能行。为此，明政府对监

察官特别制定了一系列的纪律和工作要求。如要求监察官必须持身端正、严肃、廉洁，注意避嫌："风宪须持身端肃、公勤谨慎，毋得亵慢怠惰，凡饮食供帐，只宜从俭，不得逾分"①，"风宪之任至重，行止语默，须循理守法，若纤毫有违，则人人得而非议之。故所至州县取假分毫之物，即自玷涠，在我无瑕，方可律人"，"所至之处，须用防闲，未行事之先，不得接见闲杂人。凡官吏禀事除公务外，不得问此地出产何物，以防下人窥伺作弊"，"分巡所至，不许令有司和买物货，及盛张筵宴邀请亲识，并私役夫匠、多用导从，以张声势，自招罪愆"。监察官必须正直，办事守法公正，不徇私情，注意广泛听取民众意见："风宪存心须要明白正大，不可任一己之私，昧众人之公。凡考察官吏廉贪贤否，必于民间广询密访，务循公议以协众情，毋得偏听，及辄凭里老吏胥人等之言，颠倒是非，亦毋得搜求细事，罗织人过，使奸人得志，善人遭屈"，"巡按之处，不得令亲戚人等于各所属衙门嘱托公事及管充勾当"，"凡都察院官及监察御史、按察司官吏人等，不许于各衙门嘱托公事，违者比常人加三等，有赃者从重论"②，"凡都察院并监察御史、按察司纲纪所系，其任非轻，行事之际，一应诸衙门官员人等，不许挟私沮坏，违者杖八十，若有干碍合问人数，敢无故占吝不发者，与犯人同罪"，"风宪为朝廷耳目，宣上德达下情，乃其职任。所至之处，须访问军民休戚及利所当兴、害所当革者，随即举行。"监察官在监察工作中必须尽职尽责，秉公直言："凡监察御史行过文卷，从都察院磨勘，按察分司行过文卷，听总司磨勘。如有迟错，即便举正。中间果有枉问事理，应请旨者，具实奏闻"，"凡告有司官吏人等，取受或出首赃私等事，直隶赴巡按监察御史，在外赴按察司并分司及巡按、监察御史处陈告，追问明白，依律施行。其应请旨者，奏闻拿问，若军官有犯，在京从都察院，在外从巡按、监察御史，按察司并分司密切奏请施行。其各都司及卫所首领官有犯，即

① 《明会典》卷210《都察院二·出巡事宜》。这一自然段引文未注出处者，均见于此。

② 《明会典》卷209《都察院一·风宪总例》。

便拿问”，“凡监察御史、按察司官巡历去处，所闻有司等官守法奉公、廉能昭著，随即举闻；若奸贪废事、蠹政害民者，即便拿问；其应请旨者，具实奏闻。若知善不举，见恶不拿，杖一百，发烟瘴地面安置，有赃从重论”，“凡国家政令得失，军民利病，一切兴利除害等事，并听监察御史、按察司官各陈所见，直言无隐。若建言创行事理，必须公同评议，互相可否，务在得宜，方许实封陈奏。”

四、以考满、考察对官吏进行考核思想

明朝建立后，朱元璋高度重视官吏考核，着手建设相关考核制度。《明会典》云：“凡内外官考核，洪武二十六年（1393）定：内外入流并杂职应考官员任满给由赴京，本部从实考校才能优劣，依例黜陟。果有殊功异能、超迈等伦者，取自上裁。”① 明代官员的考核制度，主要有考满与考察两个系统。

（一）考核方式思想

明代官员分九品，一十八级，四品以上为高级官员，五品以下为中下级官员；又有京官与外官之分，在京中央机构任职的官吏为京官，在各省地方机构中任职的为外官；另外，依其职责又有正官、首领官及属官之分。明代官吏考核由吏部和都察院共同负责。吏部设考功清吏司，设郎中一员、员外郎一员、主事二员。② “郎中、员外郎、主事掌文职官吏之考课，及内外官之考察。凡旌别访举及诸事故，皆得稽之。”③ 都察院都御史“遇朝觐、考察，同吏部司贤否黜陟”④。

1. 考满制度。

考满是按照官吏任职职责和任职期限对其工作情况的全面考核，是

① 《明会典》卷12《吏部十一・考核一》。
② 《明会典》卷2《吏部一・官制一》。
③ 《明会典》卷12《吏部十一・考功清吏司》。
④ 《明史》卷73《职官二》。

明代官吏最重要的考核方式，考满“论一身所历之俸”①，目的在于“旌别贤否，以示劝惩”②，作为升、留、降、免的依据。考满制度有严格的任职期限。洪武九年（1376）规定：“自今诸司正、佐、首领、杂职官，俱以九年为满。”③ 且在这九年的任期内每年都须考核：“每岁一考，岁终布政使司呈中书省，监察御史、按察司呈御史台，俱送吏部纪录。”④ 同时又规定：“各处有司知府以实历俸月日为始，每年一朝觐，其佐二官及知州、知县每三年一朝觐。”⑤ 洪武十三年（1380）朱元璋废除丞相制之后，对官吏考核制度进行了相应调整。《明史》云：“（洪武）十四年（1381），其法稍定。在京六部五品以下，听本衙门正官察其行能，验其勤怠。其四品以上，及一切近侍官与御史为耳目风纪之司，及太医院、钦天监、王府官不在常选者，任满黜陟，取自上裁。直隶有司首领官及属官，从本司正官考核，任满从监察御史覆考。各布政使司首领官，俱从按察司考核。其茶马、盐马、盐运、盐课提举司、军职首领官，俱从布政司考核，仍送按察司覆考。其布政司四品以上，按察司、盐运司五品以上，任满黜陟，取自上裁。内外入流并杂职官，九年任满，给由赴吏部考核，依例黜陟。果有殊勋异能、超迈等伦者，取自上裁。又以事之繁简，与历官之殿最，相参互核，为等第之升降。其繁简之例，在外府以田粮十五万石以上，州以七万石以上，县以三万石以上，或亲临王府都、布政、按察三司，并有军马守御，路当驿道，边方冲要供给处，俱为事繁。府粮不及十五万石，州不及七万石，县不及三万石，及僻静处，俱为事简。在京诸司，俱从繁例。（洪武）十六年（1383），京官考核之制稍有裁酌，俱由其长开具送部核考。”⑥ 洪武十七年（1384），吏部

---

① 《明史》卷71《选举三》。
② 《明太祖实录》卷117。
③ 《明太祖实录》卷110。
④ 《明太祖实录》卷110。
⑤ 《明太祖实录》卷110。
⑥ 《明史》卷71《选举三》。

尚书俞炏主持制定了官员考绩法，具体规定五品以下官员依考绩等第升降的办法[①]。之后在实践过程中根据考核实情逐步微调，到洪武二十六年(1393)，在对各类考核条例进行全面清理和统一规范后，考满制度最终确定下来。其后的明代各朝虽有更改，但幅度很小，其基本框架一直延续到明代灭亡。

明代官吏考满大致可以分为京官、外官、教官、杂职官、吏员等系统，每个系统内部又有比较细致的规定和区别，任何一名官吏在考满时都必须经历必要的程序，履行相应的手续。但是，由于种种原因，如官吏品秩高低及工作性质相异等，考满官吏所享受的待遇及考核的严格程度都有许多差异。通常而言，品秩、职位越高以及与皇帝关系越近的官员，考满程序就越简单；反之，品秩、职位越低以及与皇帝关系较疏远的官吏，考满程序就比较严格。按照《明会典》对各类官员考满制度记录的顺序，兹详析如下。

(1) 京官考满。

京官指包括在北京、南京各衙门以及顺天府、应天府任职的官员。《明会典》云："凡在京堂上正佐官考满，三年、六年俱不停俸，在任给由，不考核，不拘员数，引至御前，奏请复职。洪武间定，四品以上官员，九年任满，黜陟取自上裁。"[②]"给由"即考核的证明文件。明代在京各机构、部门官员主要分为正官、属官、首领官三类，正官是一个部门或机构中担负主要责任的官员，属官是在正官领导下分理政务的官员以及子机构中的官员，首领官是在各机构、部门中负责本署内部政务以及文移的官员。在设有首领官的机构、部门中，其正官又称堂上官。凡各机构、部门的堂上正、佐官，包括六部、都察院四品以上官员，太仆寺、光禄寺、大理寺、鸿胪寺、通政司、国子监、翰林院五品以上官员，太

① 《明太祖实录》卷164。

② 《明会典》卷12《吏部十一·考核一》。以下5个自然段引文未注出处者，均见于此。

常寺、詹事府六品以上官员，顺天府尹、府丞，每逢三、六年考满，“俱不停俸，在任给由，不考核，不拘员数，引至御前，奏请复职”。到九年任满时，奏请皇帝决定其黜陟。由皇帝派往各地的总督、巡抚、提督等官，因其同时带有都察院官衔（部分还带有兵部官衔），亦属京官范围，这类官员三、六年考满时，不必离任赴京，只需“移咨到部，具奏复职”。

在京各机构、部门属官考满。凡科道官考满，洪武二十六年（1393）规定：“监察御史，从都御史考核；给事中，从都给事中考核，都给事中从本衙门将行过事迹并应有过犯，备细开写送本部考核（六科不咨都察院、都察院首领官与御史同）。”又规定：“监察御史系耳目风纪之司，任满黜陟，取自上裁。”同时，尚宝司、中书舍人都是皇帝身边的近侍官员，其“任满黜陟，取自上裁”。洪武二十六年规定：“六部、太常司、光禄司、通政司、大理寺、国子监、太仆寺、钦天监、翰林院、太医院、仪礼司属官，五军都督府、各卫军职文官，应天府首领官并所属上元、江宁二县官，俱从本衙门正官考核。又定：六部五品以下官，太常司、光禄司、通政司、大理寺、国子监、太仆寺、钦天监、翰林院、太医院、礼仪司属官，历任三年，听于本衙门正官察其行能，验其勤惰，从公考核明白，开写称职、平常、不称职词语，送监察御史考核，本部覆考。其在京军职文官，俱从监察御史考核，各以九年通考。”凡京府治中通判推官考满，洪武二十六年规定“应天府五品以下官，从都御史考核”，后改为俱从本府正官考核，呈送吏部，再咨都察院堂上官考核，咨回再由吏部考核。南京京官考满，须在俸满之日停俸赴京给由，其余考满办法与北京相同。

（2）外官考满。

外官指地方布政司、按察司、府、州、县等行政机构和行太仆寺、苑马寺、盐课提举司、都转运盐使司等专务机构的官员。他们每次考核时限与京官相同，一般都要在规定的期限赴京接受考核，特殊情况可以奏请在任考核。此外，云南、贵州、广西、广东等边远地区三、六年考

满赴本布政司给由，九年任满通考。布政司和按察司的官员可分为正官、佐贰官、首领官、属官四类，正官和佐贰官统称堂上官。布政司四品以上、按察司五品以上的堂上官考满时由都察院考核，再经吏部复考，考核结果上奏，皇帝依据考核结果亲自黜陟；首领官和属官先由本衙门正官考核，然后将结果送都察院由河南道御史考核，最后送吏部考功司复考。《明会典》云："凡府州县官考满，府正官，从布、按二司考核；府、州佐贰、首领官，及所属州县大小官、卫所首领官，从府州正官考核；县佐贰、首领官及属官，从县正官考核，俱经布按二司考核，功司覆考……如县官给由到州，州官当面察其言行，办事勤惰，从实考核，称职、平常、不称职词语。州官给由到府，府官给由到布政司，考核如之。以上俱从按察司官覆考，仍将考核、覆考词语呈部考核。平常、称职者于对品内别用，不称职正官、佐贰官黜降，首领官充吏。"行太仆寺、苑马寺卿丞考满，最初无考核衙门。永乐三年（1405）令："行太仆寺从都察院考核，吏部覆考。"永乐八年（1410）奏准："北京、辽东、陕西、甘肃等处苑马寺卿丞等官，依行太仆寺官例考核，主簿从本寺考，仍送都察院河南道考核，吏部覆考；其属官监正、监副、录事只于各寺考，圉长从本监本寺官考核，俱吏部覆考，仍行兵部稽其所养马数升降。其九年考满者先以缺申部，候代官至方许给由。"对盐课提举司、都转运盐使司等专务机构官员的考满，洪武二十六年（1393）规定："（凡盐运司官考满）盐运司首领官、属官从本衙门正官考核。盐课提举司正官至首领官任满，俱送本处布政司正官考核，仍送本处按察司覆考。盐运司五品以上正佐官别无考核衙门，从都察院考核，吏部覆考。"

（3）教官考满。

教官是地方各级各类学校中负责教学与管理的官员。教官与其他行政官员的工作性质有别，这就决定了对教官的考核办法与其他官员有较大差异，教官考核重点是业务素质和执教业绩。《明会典》云："凡教官考核，洪武二十六年（1393）定：各处府、州、县学训导与教官，一体历俸九年，考满给由，其训导给由到部，出题考试，将所试文字送翰林

院批考，通经者于县学教谕内叙用，若不通经者本处复充训导，自来不通经者量才别用；教官考核称职升一等，平常者本等用，不称职者黜降，不通经者别用。又奏准：以九年之内科举取中生员名数为则定拟升降，县学额设生员二十名。教谕九年之内，科举取中生员三名，又考通经者为称职，升用；若取中二名，又考通经者为平常，本等用；若取中不及二名，又考不通经者为不称职，降黜别用。州学额设生员三十名。学正九年之内，科举取中生员六名，又考通经者为称职，升用；若取中三名，又考通经者为平常，本等用；若取中不及三名，又考不通经者为不称职，降黜别用。府学额设生员四十名。教授九年之内，科举取中生员九名，又考通经者为称职，升用；若取中四名，又考通经者为平常，本等用；若取中不及四名，又考不通经者为不称职，降黜别用。府州县学训导，分教生员一十名。九年之内科举取中生员三名，又考通经者，升教谕；若取中二名或一名，又考通经，仍充训导；若科举全无取中，又考不通经，降黜别用。又奏准：教谕科举及数，考不通经，有司内用；科举不及数，通经，降训导。”可见，按照洪武年间的规定，对教官的考核要求比较高。但是，要求过高就难以执行，加之在整个官吏体系中教官是最无特权的，考核要求过高、难以达到，就会影响士子担任教官的积极性。所以，明代后来诸朝对教官的考核标准逐渐降低。《明会典》云：“嘉靖四年（1525）题准：府州县学教官考不通经，有举人者，仍照原职选用。凡行都司儒学及外卫儒学教官考满，嘉靖四年题准：除考通经，有举人及数，照例升用外；无举人，考通经查无过者，俱本等选用。”

（4）杂职官考满。

明代杂职官是指仓库、税课司局、河泊所、茶盐批验所、抽分竹木局、巡检、驿递等各类低级专务机构的官员。洪武二十六年（1393）定：“内外杂职官，三年给由，无私过者，未入流升从九品，从九品升正九品。税课司局，及河泊所、仓库官，先于户部查理岁课；军器、织染、杂造等局官，先于工部查理造作，花销明白，送部类奏。”正统三年（1438）又规定：“在外河泊、库官、盐税局、盐仓、茶盐批验所等官，

三年、六年考满。系北直隶者赴吏部考核，引奏复职，系南京者赴南京吏部，系布政司者赴各布政司，查理明白，就令复职。各布政司仍将各官牌册具本差人类缴，候九年通考，以凭查考，多历、少历、违限、错历俱送问。九年无过升一级，有过本等用。”正统五年（1440）规定：“司、府、州、县、卫、所（官）考满，丁忧起复。仓库、税课司、河泊所官，将任内收过课程等项备开纳获通关字号，及仓库钱粮支销明白，余剩物件交与见任官攒收掌，取具各该府、州、县、卫、所官吏保结，转达布政司、都司，就令考满官员亲赍赴京，丁忧回籍者将首尾交盘明白，亦具缘由，申报本部，候各官起复，以凭查考。”《明会典》中还记载了对草场官、内府库官、铁冶局官、柴炭司大使副使、内外收粮经历、州判官、在京各卫仓经历、驿递闸坝官等各类杂职官员的考核办法。如驿递闸坝官考核，《明会典》云：“正统元年（1436）奏准：各处水马驿丞及递运所大使，九年将满，吏部预选官交代，住俸管事，新官至日方许给由。（正统）三年奏准：驿递闸坝官，直隶府州县所辖，三年赴部；其有布政司所辖，三年赴布政司并按察司考察，称职、平常复职，仍将各官牌册年终类进。九年赴部通考。”可见，明代各类杂职官的考核程序也非常完备。

（5）吏员、承差、知印考满。

明代吏员、承差、知印都是政府机构中的基层办事人员，名目较多。明代实行对吏员三考满的制度。凡吏员三年一考满，洪武二十六年（1393）规定：“在京大小衙门，及在外布政司并直隶府、州、县吏典，各以三年考满给由。其仓攒典，以周岁为满。税课司、库局攒典，考满之日随即交割明白给由。府、州、县仓攒典将经收粮斛支销尽绝，方许给由。府、州、县吏典考满，当即给由。如布政司、府、州、县过违一年，直隶并在京过违半年，给由到部，俱送法司取问。如不过违者随付司封，照依资格拨用。”① 到宣德年间，增加了对吏员任职年龄的考核规

① 《明会典》卷12《吏部十一·考核二》。

定。《明会典》云："宣德三年（1428）奏准：吏役满，择其年五十以下堪用者存留，五十以上不堪用者，俱罢为民。"①

承差、知印考满，与吏员考满基本相同，只比吏员考满略为减省。《明会典》云："凡承差、知印考满，洪武二十六年（1393）奏准：在外承差三年考满，役内无私过，杂职内用；有私过，充吏役。正统元年（1436）奏准：在外三司承差有缺，于民间丁粮相应殷实之家选其才貌可用者，县申州、州申府，府申布政司，覆勘相同，方许收参。有私过者充吏役，保举官员坐罪。弘治间定：凡承差役满到部，本司审实付文选司分拨各衙门办事；知印役满，查明参充年月日期收考，奏请冠带，付文选司分拨办事。但犯笞罪以上，俱发充吏。考满不给由，丁忧不起复，为事在逃遇赦者仍发重历。若役满到部违限，隐匿过名，多历少历，增减年岁，及咨批内洗改紧关字样者，俱查问。"②

2. 考察制度。

《明史》云："考察，通天下内外官计之，其目有八：曰贪，曰酷，曰浮躁，曰不及，曰老，曰病，曰罢，曰不谨……明初行之，相沿不废，谓之大计。计处者，不复叙用，定为永制。"③ 明代官员考察大致可分为京察和外察两个系统，外察又包括朝觐考察和巡视考察。此外，还有"因事考察"，即因发生某些事情如日食、星变、灾异等，皇帝敕令考察全体或部分官员，故也称"闰察"。考察与考满不同，考满多迁升，降黜者较少，考察则多罢黜。如年老有疾者致仕，贪者革职为民，不谨者冠带闲住，浮躁浅露才力不及者，降一级调外任。明代考察对罢黜不称职、不法官吏，肃清吏治起了一定的作用。如洪武十八年（1385），"吏部言天下布、按、府、州、县朝觐官，凡四千一百一十七人，称职者十之一，平常者十之七，不称职者十之一，而贪污阘茸者亦共得十之一。帝令称

① 《明会典》卷12《吏部十一·考核二》。

② 《明会典》卷12《吏部十一·考核二》。

③ 《明史》卷71《选举三》。

职者升，平常者复职，不称职者降，贪污者付法司罪之，阘茸者免为民”①。宣德五年（1430），“吏部考察天下朝觐官，黜无能者五十五人，罢归为民；贪污者二十五人，发戍边”②。

（1）朝觐考察。

朝觐考察是地方文官亲赴中央接受吏部和都察院的考核。明代皇帝极端集权，各级官员名义上都由皇帝任命，他们每逢皇帝诞辰、正旦、冬至、万寿节、千秋节等重要节日都要到京师朝贺，或直接到京师汇报政务，吏部和都察院就乘此机会对他们进行考核，故称为朝觐考察。洪武十一年（1378）正月，朱元璋“征天下布政使司官及各府知府来朝”。他对大臣们说：“古者帝王治天下，必广聪明以防壅蔽。今布政使司官即古方伯之职，各府知府即古刺史之职，所以承流宣化抚安吾民者也。然得人则治，否则瘝官旷职病吾民多矣。朕今令之来朝，使识朝廷治体，以警其玩愒之心，且以询察言行，考其治绩，以观其能否。苟治效有成，即为贤才，天下何忧不治？”③ 此次考核，朱元璋“命吏部课朝觐官殿最，称职而无过者为上，赐坐而宴。有过而称职者为中，宴而不坐。有过而不称职者为下，不预宴，序立于门，宴者出，然后退”④。从这次开始，正式推行朝觐考核制度。

但是，洪武初年，考察“外官每年一朝”，古代由于交通工具的限制，如过于频繁，地方官员舟车劳顿，甚至数月奔波于考察途中，不利于履职为政。只有云南、广西等少数极为边远地方例外：“凡边远及有事地方，免朝觐。洪武十七年（1384），令云南远在边鄙，特免来朝。”⑤ 于是，洪武二十九年（1396）正式确立外官三年一朝觐的制度：“始定以

---

① 《明史》卷 71《选举三》。

② 《明会要》卷 46。

③ 《明太祖实录》卷 117。

④ 《明史》卷 71《选举三》。

⑤ 《明会典》卷 13《吏部十二·朝觐考察》。本卷又云：“正统九年（1444），令广西临边县分系裁减衙门，免来朝。其须知文册，府、州、县类进。”

辰、戌、丑、未年为朝觐之期。朝毕，吏部会同都察院考察，奏请定夺。其存留者，引至御前，刑部及科道官各露章弹劾，责以怠职。来朝官皆免冠，伏候上命，既宥还任，各赐敕一道，以申戒饬。若廉能卓异，贪酷异常，则又有旌别之典，以示劝惩。"[①] 正统年间，朝觐考察进一步完备。正统四年（1439）正月，吏部奉命考察朝觐官员，"在任官，老疾、茸懦、酗酒、贪污者二百二十员"，依照前例处理："老疾者冠带致仕，茸懦者罢为民，酗酒、贪污者置之法。"[②] 将老疾官员致仕，无能官员削职为民，惩办酗酒、贪污官员。朝觐考察建立在地方上的"月计""岁计"基础之上："州县以月计，上之府；府上下其考，以岁计，上之布政司。至三岁，抚、按通核其属事状，造册具报，丽以八法。"[③] 各级地方长官不仅要将自己每月、每年的政务记录情况上报到吏部，还要将其属下应察官员每月、每年的政务记录情况一同上报，作为朝觐考察的依据。显然，这样的规定过于烦琐严苛，必然导致月计、岁计流于形式。而且朝觐官员必须在规定的日程之内回到岗位，否则就要受到罪罚。《明会典》云："凡朝觐官员回任，各查照水程，定立限期，如违限一月之上者问罪，两月之上者送部别用，三月之上者罢职不叙，监司容隐不举者同罪。"[④] 这些极为严苛的考察制度，实际上非常不利于官员履行职责。

（2）巡视考察。

巡视考察是皇帝派专人对地方官员进行考核。洪武时期就确立了巡视考察制。洪武六年（1373），"令御史台御史及各道按察司举有司官有无过犯，奏报黜陟，此考察之始也"[⑤]。明代巡视考察制度与监察制度密切关联，负责巡视考察的官员通常都是巡按、巡抚等负有监察职责的官员。其中，巡按由监察御史专任，他们"代天子巡狩，近按藩服大臣、

① 《明会典》卷13《吏部十二·朝觐考察》。

② 《明英宗实录》卷50。

③ 《明史》卷71《选举三》。

④ 《明会典》卷13《吏部十二·朝觐考察》。

⑤ 《明史》卷71《选举三》。

府州县官诸考察，举劾尤专，大事奏裁，小事立断”①，具有重要的考核、处理权力。《明会典》云：“国初，监察御史及按察司分巡官，巡历所属各府州县，颉颃行事。”② 明代前期，按察司分派巡察官员分巡所属州县，具有与巡按御史同等的权力。但是，从明代中期开始，“按察司官听御史举劾，而御史始专行出巡之事”③，按察司监察权严重被削弱。明代从宣德年间开始，在某些重要的地方设置巡抚，他们都带都御史、副都御史或佥都御史衔。一般而言，巡按在巡视中属于配角，但其官品高于巡抚御史，因此就有了与巡抚御史平齐的考核官员的权力。在实际工作中，常由抚、按共同协作，主持对地方官员的考核。按照明代考察法规，巡按任满时和巡抚年终时，都要对所属大小官员开具考语揭帖并送交吏部，遇朝觐考察之年还要为所属大小官员开具考语并先期密封送交吏部，在巡察过程中也可以随时举劾官员，“监察御史、按察司官巡历去处，但有守法奉公、廉能昭著者，随即举闻”，复命时可以依例举劾官员，甚至还要奉敕对所属官员做总的考察。④ 明代巡按、巡抚在考察官员的过程中，其作用和影响日益重要。嘉靖、万历年间的叶春及《审举劾》云：“近日京朝保任，久未见行，科道封弹，亦惟其巨。天下司府州县官吏贤否，独在抚按。”⑤

明代前期，巡视考察具有良好的效果。洪熙年间，“命御史考察在外官，以奉命者不能无私，谕吏部尚书蹇义严加戒饬，务矢至公”⑥。蹇义与给事中马俊分巡应天诸府，降黜了部分扰民官员。景泰二年（1451），吏部、都察院考察，察出应当黜退者 730 余人，“帝虑其未当，仍集诸大

① 《明史》卷 73《职官二》。
② 《明会典》卷 210《都察院二·出巡事宜》。
③ 《明会典》卷 210《都察院二·出巡事宜》。
④ 《明会典》卷 13《吏部十二·举劾》。
⑤ 《明经世文编》卷 366《叶䌹斋集·审举劾》。
⑥ 《明史》卷 71《选举三》。

臣更考，存留者三之一”①。

（3）京官考察。

京官考察又称京察，是对在京官员的考察，包括南、北两京官员。《明史》云：“京官六年，以巳、亥之岁，四品以上自陈以取上裁，五品以下分别致仕、降调、闲住为民者有差，具册奏请，谓之京察。”② 即京官每六年考察一次，四品以上京官考察时上书自陈，由皇帝裁定其升迁或降黜；五品以下京官须按规定的程序进行，视其过失情况分别给予致仕、降调、革职为民等处分。这种六年一考的京察制度实际上到弘治年间才形成。《明史》又云：“京察之岁，大臣自陈。去留既定，而居官有遗行者，给事、御史纠劾，谓之拾遗。拾遗所攻击，无获免者。”③ 四品以上官员若品行不端，科道官员有权纠劾。

与地方官员不同，皇帝较容易了解到京官的情况，故明代京察制度经过长期发展，到弘治年间才基本定型。洪武年间，朱元璋重视对官员的监督、考核，对于京官，除了他本人之外，还有科道官员纠劾，故并未建立相应的考察制度。永乐四年（1406），朱棣下令考察包括京官在内的天下文武官员。宣德三年（1428），宣宗“以（段）民廉介端谨，特赐敕，令考察南京百官”④。段民会同南京都察院左副都御史邵玘，考察得“御史沈善、刘兟、王懋等三人皆贪淫无耻，萧全、郑道宁、杨昭、萧升、曾泉、木讷等六人皆不达政体，王恭、栾凤、潘纲三人皆不谙文移，陶圭一人曾犯赃罪，请悉如例降黜”；又会同六部堂上官考察得“户部郎中黄玘等十七人贪污，户部郎中陈懋等一十四人奸懒，户部郎中周砥等四十六人不谙文理，刑部郎中徐昕等九人才力不及，亦宜黜降”⑤。此次考察，宣宗亲自降黜不合格官员，南京官场风气为之一改。天顺八年

① 《明史》卷71《选举三》。

② 《明史》卷71《选举三》。

③ 《明史》卷71《选举三》。

④ 《明史》卷158《段民传》。

⑤ 《明宣宗实录》卷51。

（1464）奏准：“（凡京官考察）每十年一次举行，不拘见任、带俸、丁忧、公差、养病、省祭等项，俱公同本衙门堂上官考察。”① 十年一考察，因为间隔时间太长而没有执行。直到弘治十四年（1501），南京吏部尚书林瀚奏云“两京五品以下官，十年始一考察，法大阔略”，请求将京官改为六年一考察，“吏部覆请如瀚言，而京官六年一察之例定矣”②。这样，终于确定了京官六年一考察的制度。嘉靖年间，又对京察制度进一步明细化。《明会典》云：“嘉靖二十四年（1545）奏准：各衙门所属官员六年之内未经考察者，不拘升迁、见任，行各堂上官开注事迹揭帖，亲携赴部，以凭参酌去留。如有遗漏，听科道连名纠劾。（嘉靖）三十年（1551）题准：例该考察年，著以二月内举行，将堂上五品及所属五品以下见任、住俸、公差、丁忧、养病、侍亲、给假，及行查未报并六年内升任未经考察等项官员，备开脚色，务在三月以内先送本部查收，约会考察。”③

明代考察制度是吏治廉洁的重要保证。《明史》云：“弘、正、嘉、隆间，士大夫廉耻自重，以挂察典为终身之玷。”④

（二）考核内容思想

1.《到任须知》与《诸司职掌》。

朱元璋重视对官员实际政绩的考核。洪武元年（1368），他颁布考核地方官员的规定：“各处府州县官以任内户口增、田野辟为上，所行事迹从监察御史、按察司考核，明白开坐实迹申闻，以凭黜陟。”⑤ 为了考核官员任内各项政务事迹，朱元璋“御制”《到任须知》，作为地方官员考核的纲领性文件：第一部分《到任须知一》，明确规定了新官到任后首先必须上报的内容清单，详细列举了地方官到任须当推行的 31 款事务：

---

① 《明会典》卷 13《吏部十二・京官考察》。
② 《明史》卷 71《选举三》。
③ 《明会典》卷 13《吏部十二・京官考察》。
④ 《明史》卷 71《选举三》。
⑤ 《明会典》卷 12《吏部十一・考核一》。

“祀神有几”；“养济院孤老若干”；“见在狱囚若干，已、未完”；“入版籍官民田地若干，官粮民粮若干”；“节次圣旨制书及奉旨榜文谕官民者若干”；“本衙门吏典若干”；“各房吏典不许挪移管事，违者处斩”；“承行事务已完若干，已施行未完若干，未施行若干”；“在城印信衙门若干”；“仓库若干”；“所属境内仓场库务若干”；“系官头匹若干”；“会计粮储，每岁所收官民税粮若干，支用若干”；“各色课程若干”；“鱼湖几处，岁课若干，备开各湖多少”；“金银场分若干，坐落何山川，所在若干”；“窑冶各开是何技器及砖瓦名色”；“近海郡邑煮海场分若干”；“公廨间数及公用器皿裀褥之类若干”；“邑内及乡村系官房舍，有正有厢若干”；“书生员数若干；耆宿几何，贤否若干”；“孝子顺孙、义夫节妇，境内若干，各开”；“境内士君子在朝为官者几户”；“境内有学无学儒者若干”；“境内把持公私，起灭词讼者有几，明注姓氏”；“好闲不务生理、异先贤之教者有几”；“本衙门及所属该设祗禁弓兵人等若干，各报数目”；“境内士人在朝为官，作非犯法，黜罢在闲几人，至死罪者几人”；“境内民人犯法被诛者几户”；“境内警迹人若干”①。朱元璋认为以上所列的都是“为官之要机”，是官员为官的纲领性事务，“若提此纲领，举是大意以推之，诸事无有不知办与不办。若人懒于观是纲领，虽是聪敏过人，官为之事，亦不能成。若能善读勤观，则永保禄位，事不劳而疾办”②。他要求官员们“凡到任那一日，便问先任官、首领官、六房吏典，要诸物诸事明白件数须知”，“凡除授官员皆于吏部关领赴任，务一一遵行，毋得视为文具”，甚至还要求“学生及野人辈皆可预先讲读，以待任用”。③《到任须知》颁布后，并未达到朱元璋所期望的效果，当时“所用布政司、府州县、按察司官，多系民间起取秀才、人才、孝廉，各人授职到任之后，略不以《到任须知》为重，公事不谋，体统不行”④。为此，洪

---

① 《明会典》卷9《吏部八·关给须知》。

② 《明会典》卷9《吏部八·关给须知》。

③ 《明会典》卷9《吏部八·关给须知》。

④ 《明会典》卷12《吏部十一·考核二》。

武二十三年（1390），朱元璋特别在颁布的《责任条例》中申明："布政司治理亲属临府，岁月稽求所行事务，察其勤惰，辩其廉能，纲举《到任须知》内事目一一务必施行。稍有顽慢，及贪污、坐视恬忍害民者，验其实迹，奏闻提问。"规定："此令一出，诸司置立文籍，将行过事迹逐一开写，每季轮差吏典一名赍送本管上司查考。布政司考府、府考州、州考县，务从实效，毋得诳惑繁文，因而生事科扰。每岁进课之时，布政司将本司事迹并府州县各赍考过事迹文簿赴京通考。敢有坐视不理，有违责任者，罪以重刑。"[①] 从此，《到任须知》文册（后来简称《须知文册》）所列事项不仅成为官员们季考、岁考的基本内容，他们考满、考察时也必须按照该文册所列内容呈交材料，攒造功业册也以这些内容为依据。未完成《须知文册》所规定内容的官员会受到相应处罚。洪武时期，"九年通考"，在外布政司、府州县官须"填写纸牌，攒造功迹、功业、须知文册三本，亲赍给由"。但到建文时期，简化为"只令造进功业文册一本、纸牌一面"，其他考核也多有减省。朱棣靖难之役后，下令重新恢复洪武旧制，功业、功迹等文册与《须知文册》并行，考满以前者为主，考察以后者为主[②]。从景泰年间开始，朝觐考察主要依照《须知文册》，地方官员因为战乱、灾异等事故请求免除朝觐时，多言"将《须知文册》付首领官赍进"[③]，"将布政司各属县所进《须知文册》付文府州官，通类类送部稽考"[④]，"将《须知文册》送部，以凭考究"[⑤]，将"《须知文册》付布按二司首领官赍赴本部，以凭考究"[⑥]，未再提及功业、功迹文册。

对居于辇毂之下的京官，皇帝容易了解他们为政的情况，可以随时

① 《明会典》卷12《吏部十一・考核二》。

② 《明太宗实录》卷10。

③ 《明英宗实录》卷76。

④ 《明英宗实录》卷188。

⑤ 《明英宗实录》卷263。

⑥ 《明英宗实录》卷265。

予以黜陟，故较晚才出台对他们的考核措施。在中央各部门中，洪武四年（1371）朱元璋“亲加删定”，最先制定了考核御史台官员的宪纲①。洪武五年（1372），明中央制定了六部职掌，依据其职掌每年年终考课京官，“以行黜陟”②。这应当是明代以规定中央各部门的职掌，来作为考核官员常规内容的做法的开始。洪武二十六年（1393），朱元璋命令吏部和翰林院在已修订的职掌的基础上系统整理并规定了京官及外官的考满之法，“仿《唐六典》之制，自五府、六部、都察院以下诸司，凡其设官分职之务，类编为书”，取名为《诸司职掌》，颁布中外刊行。③ 弘治年间，阁臣徐溥等人奉敕“发中秘所藏《诸司职掌》等诸书，参以有司之籍册，凡事关礼度者，悉分馆编辑之，百司庶府以序而列，官各领其属而事皆归于职”，修纂成《大明会典》④。之后，随着朝代的更迭，各司题准新例也随之增加，嘉靖、万历年间又分别两次重修《大明会典》。《诸司职掌》《大明会典》内容繁多，不仅详细规定了明中央各部门的职责，可以作为考核官员的依据，而且更重要的是它作为明代完备的行政法典，规定了各类官员务必履行的各种事项，既是政府各部门推行相关工作的法律依据，也是检验各类官员履职情况的法定标准。

2. 地方守令，责以六事。

洪武年间，朱元璋推行“养民者务其本”的政务，制定《须知文册》作为地方官员为政的指导和考核依据。《须知文册》详细列举了地方官到任须当推行的31款事务，内容很多，如按照《须知文册》的规定全面考核地方官员，在实际操作中是很难全面做到的。这样，被朱元璋认为徒具虚文的“以六事责守令”在地方官员的考核中实际通行起来。正德、嘉靖年间的林希元总结云：“世道随时而迁变，帝王因时而制，治今之郡守即古之诸侯……廉以持身，仁以爱民，公以存心，勤以莅事，其大纲

① 《明太祖实录》卷60。
② 《明太祖实录》卷74。
③ 《明太祖实录》卷226。
④ 《明会典·御制明会典序》。

已举矣。至于学校、田野、户口、赋役、讼狱、盗贼之六事者，乃国朝督察守令之令典。”① 学校、田野、户口、赋役、讼狱、盗贼等六事是对当时地方官员职责最简明的概括，抓住了考核官吏最重要的一些指标。

洪武初年，朱元璋规定考核地方守令，以“户口增、田野辟为上”②，适应明初发展生产的要求。后又增加学校之政，将之与农桑并举。永乐初年，朱棣与吏部尚书蹇义等谈论到考察守令之法：“如入其境，田野辟，人民安，礼让兴，风俗厚，境无盗贼，吏无奸欺，即守令贤能可知。无是数者，即守令无所可取矣。”③ 朱棣所列基本是循吏的标准。明代以六事考核官吏，至迟当在成化年间。成化七年（1471），左都御史李宾在奏疏中就提到考核地方守令的六事：“天下守令有才有德者少，不敬不惧者多，本等六事未见其行，荒亦无其策救荒。”④ 生于成化年间的林希元《送惠安陈蛟池邑侯入觐序》亦云：“国朝分天下为郡县，而领于监司，以学校、赋役、讼狱等六事责郡县而督察于监司，岁遣御史巡察之，课其殿最，上之天官，三岁监司郡县并朝于京师。”⑤ 可见当时地方守令考核已经比较普遍地采用六事，官员们对该六事的内容也非常清楚。虽然林希元以学校一项居“郡邑六事之首”，但事实上地方官在实际工作中主要将精力集中在赋税、刑狱等最棘手的事项上。弘治、正德年间，大臣王鏊丁忧回苏州，沿途“历数十郡县，入其疆，其六事举者盖少也，独得三四人焉耳”，“三四人外，盖有环数城而不闻善政者，何其难也”，即使是“三四人者，其政赫然有闻，刑狱减，赋税集，斯已矣”⑥。嘉靖年

① 林希元：《林次崖先生文集》卷9《赠郡侯西川方公朝觐序》。清乾隆十八年陈胪声诒燕堂刻本。

② 《明会典》卷12《吏部十一・考核一》。

③ 雷礼：《皇明大政记》卷6，上海古籍出版社影印《续修四库全书》，2002年。

④ 戴金：《皇明条法事类纂》卷8《贡举非其人》，《中国珍稀法律典籍集成》，科学出版社，1994年。

⑤ 《林次崖文集》卷9《送惠安陈蛟池邑侯入觐序》。

⑥ 王鏊：《震泽集》卷10《送姜太守改任宁波序》。

间，权臣严嵩《赠严明府序》亦云："予闻今之最吏也，曰其赋集也，其讼理也，其役均也，其豪右戢而善良者植也。"① 考核守令，只需"审罪囚，理词讼，检钱谷，如斯而已"，余者已难以顾全。万历年间，张居正推行新政，提出将地方守令最重要的四项任务作为考核的基本内容："夫均徭、赋役、里甲、驿递，乃有司第一议，余皆非其所急也。四事举则百姓安，百姓安则邦本固，外侮可无患矣。"② 可见，随着时代的发展出现了新的社会问题，地方守令的考核内容也随着主要问题的转移而有所调整。

3. 考核评语，考语访单。

考语是用简明的语言对所考核官员为政事迹的鉴定。明代考核官员的考语模仿唐代，且考核类别和程序更加繁复，考语使用的范围更广泛，作用也更大。除在京堂上官、正官、佐官考满，由皇帝直接考核，不开具考语。其余官员，"听于本衙门正官察其行能，验其勤惰，从公考核明白，开写称职、平常、不称职词语，送监察御史考核"，即一律由本管上司开写考语，并按程序规定层层覆考。弘治年间，对考满评语进一步做出更具体的规定。《明会典》云："弘治元年（1488）令：各衙门属官考满，堂上官出与考语，送都察院并本部覆考。如原来考语得当，续出考语不嫌雷同；不当，听覆考官从公考核。平常者，引奏复职；有赃者，罢黜为民；其有前考平常，后能惩艾，勉于为善者，亦宜书称；前考称职，后或放肆改节者，亦书平常，以凭黜陟。"③

据《明会典》记载：明代凡京官考察，四品以上官员自陈，五品以下堂上官由吏部和都察院考核，其余各衙门属官由堂上掌印官考核并开注考语；朝觐考察开始由布、按二司共同负责开具考语，弘治年间则皆先期行文抚、按，命他们对所属官员一一开注考语，再经吏部、都察院在复核这些考语的基础上做出或留职或黜降的决定，最后奏请皇帝批准。

① 严嵩：《钤山堂集》卷19《赠严明府序》。

② 《张太岳集》卷25。

③ 《明会典》卷12《吏部十一·考核一》。

由于考语事关每个官员职位升降大事，朝廷要求各级官员开具的考语必须准确恰当，不得徇情偏私或马虎了事，如所开考语不当，有关出具考语之官将受到劾奏和惩罚。《明会典》云："弘治六年（1493）令：朝觐之年先期行文布、按二司考合属，巡抚、巡按考方面，年终具奏，行各该衙门立案，待来朝之日，详审考察。如有不公，许其申理。其科道官，必待吏部考察后，有失当，方许指名纠劾。（弘治）八年（1495）奏准：各处巡抚官当朝觐之年，具所属不职官员揭帖密报吏部，只据见任不谨事迹，不许追论素行。其开报官员若爱憎任情议拟不当，吏部、都察院并科道官指实劾奏，罪坐所由。"① 嘉靖十三年（1534），又进一步详细规定了"每年开报考语"的制度："每遇年终，各府州县将佐贰、首领、属官并卫所首领官，守巡道将本道属官，布、按二司掌印官，将各佐贰首领并府堂上官、州县正官，填注贤否考语揭帖，印封送本布政司，类齐严限送部查考。若二司官进表，各该守巡司府照前查造揭帖，印封送进表官，亲递进表官，不必将通省官概报考语。巡按任满，巡抚年终，将所属大小官填注考语揭帖送部。其考语俱要自行体访，如有雷同含糊，作恶偏私，本部参奏治罪。"②

明初，考语不是考核官员的唯一依据，它必须与《须知文册》等记载官员实政事迹的文件相结合。考语是在全面了解官员实政事迹的基础上所作的简明的概括性结论，是配合实政册的，在考核中处于从属地位。但是，由于官僚体制不可避免地造成文牍丛生，攒造实政册所需查勘了解的案牍有增无减，形成了"案牍填委，往往淹积不行"③ 的局面，考语在考核官员过程中的作用和地位逐渐上升。到成化年间，"为因选调积滞，设法以疏通之，辄凭巡按御史开具揭帖以进退天下官僚，不复稽其实迹"④。这种情况到弘治年间更加严重，凭考语考核官员已是普遍现象，

① 《明会典》卷 13《吏部十二・朝觐考察》。

② 《明会典》卷 13《吏部十二・朝觐考察》。

③ 朱睦㮮辑：《圣典》卷 9，齐鲁书社影印《四库全书存目丛书》，1997 年。

④ 《大学衍义补》卷 11《严考课之法》。

及至于“天下所造《须知文册》，只是空文，部、院虽或行查，亦不过虚应故事”①。事实上，考语多侧重于官员某一方面，或品行素质，或学识，或德性，或才智，大多以偏概全，以点代面，不能详列官员的政绩、过失，甚至浮华成风，模棱两可，是非颠倒，贤愚莫辨。考语脱离实政册，单凭考语自然无法了解官员的实政事迹。因此，一旦以考语为依据，明初朱元璋建立的考核官员重视实政的原则也彻底被抛弃了。之后，虽然部分有识之士提出一些改革之策，如海瑞、吕坤等，但考语“率为浮词”之弊积重难返，他们的努力并未取得明显成效。

考察，尤其是京察的依据还有“访单”。访单是考核时通过走访相关官员（主要是熟悉被考核者的官员，或有工作关系的官员），或相关官员主动提出意见而对被考核者所下的评语，由主管考核的官员出具。《明史》云：“访单者，吏部当察时，咨公论以定贤否，廷臣因得书所闻以投掌察者。事率核实，然间有因以中所恶者。”② 明代陆光祖《计吏届期敬陈饬治要务以重大典疏》指出：“今部、院所据以考察者有二，曰考语，曰咨访。为重考语之说者曰：抚、按日与群有司相习，其才品耳而目之，甚核也，一夫之颣不可为凭矣；为重咨访之说者曰：抚、按之势尊，而下饬貌以为工，故名实易淆也，非集思广益，其道靡由矣。”③ 在考语与访单二者之中，哪一个应该是考核时的主要依据，在明代是有过争议的。客观地说，考语与访单各有长处，也有短处。考语出自主考官，有案可查，主考官相对还比较慎重，对某官的评价一般还不敢太离谱，但对于那些善于阿谀奉承、媚上欺下的官员来说，往往容易得到主考官较好的评价。访单出自同仁的评价，而且不必实名，因此容易遭人毁谤和陷害，特别是那些正直、秉公办事的人更容易受到不白之冤，但访单也有可能代表着同事对某人的客观真实的看法，尤其可使主考官了解到那些善于在领导面前伪装的两面派官员。但是，从总体上看，与考语相比，访单

① 《明经世文编》卷289《陆贞山集一·去积弊以振作人才疏》。

② 《明史》卷229《沈思孝传》。

③ 《明经世文编》卷374《陆庄简公集·计吏届期敬陈饬治要务以重大典疏》。

的主观性更强，甚至是非莫辨，毁誉杂出。陆光祖《计吏届期敬陈饬治要务以重大典疏》又云："今咨访诸臣，平时漫不加意，时至事迫，道听一言，信若符契，虽私揭倾人，法之所禁，犹或借以塞责，尚暇计真赝耶？此其过在讲求之不豫。众好众恶，未可为据则必断之于独，人品未尝变更，而可否初无定论，此其过在折衷之不断。"① 明代沈德符《考察访单》亦云："唯内外大计，吏部发出访单，比填注缴纳各不著姓名，虽开列秽状满纸，莫知出于谁氏。"② 其结果是："议论纷纭，毁誉杂出，虽孔圣复生，耻为乡愿之行，难必其满于人之口矣，当事者非有洞世高见，千古定力，鲜不为所眩。"③ 到了明代后期，由于党派斗争，咨访甚至沦为打击对手的手段。沈德符《考察访单》还记载："浙江参政丁此吕以不谨罢，会有人言其枉，吏部竟以访单进呈，此吕遂追赃遣戍，人虽冤之，竟不晓单自何人。"④ 因此明人邹元标认为"京察年分，不必分单咨访"⑤。说明官员考核必须以实政事迹为主。

4. 入八察例，降黜有别。

表面上，明代考察是在实政册、考语及访单等的基础上对被考官员进行全面评定，既要论功，也要计过，但事实上却带有深层的监察意味，每次考察除极少数特别优异的官员得到褒奖、赏赐、升迁外，绝大多数官员即便考察合格也不会得到奖励和提拔。与考满不同，考察的主要目的之一是检查各级官员是否有过误。《明史》云："考察，通天下内外官计之，其目有八：曰贪，曰酷，曰浮躁，曰不及，曰老，曰病，曰罢，曰不谨。"⑥ 此八察例即贪污纳贿、严酷残暴、浮躁浅薄、才力不及、年老力衰、疾病缠身、疲软懒惰、素行不谨。对入此八项察例的官员，处

---

① 《明经世文编》卷374《陆庄简公集·计吏届期敬陈饬治要务以重大典疏》。

② 《万历野获编》卷11。

③ 《明经世文编》卷446《邹忠宪公奏疏二·敷陈吏治民瘼恳乞及时修举疏》。

④ 《万历野获编》卷11。

⑤ 《明经世文编》卷446《邹忠宪公奏疏二·敷陈吏治民瘼恳乞及时修举疏》。

⑥ 《明史》卷71《选举三》。

分有所区别，前后也略有不同。《明会典》云：“凡考察降黜等第，宣德五年（1430）令：贪污者发边卫充军，老疾鄙猥者为民。天顺四年（1460）令：老疾者致仕，罢软者冠带闲住，有赃者发原籍为民。后分为四等，年老有疾者致仕，罢软无为、素行不谨者冠带闲住，贪酷并在逃者为民，才力不及者斟酌对品改调。”①

八项察例从洪武初年开始逐步形成。朱元璋痛恨元末贪风大炽，洪武二年（1369）他明谕群臣：“今严法禁，但遇官吏贪污蠹害吾民者，罪之不恕，卿等当体朕言。若守己廉而奉法公，犹人行坦途，从容自适；苟贪贿罹法，犹行荆棘中，寸步不可移。纵得出体无完肤矣，可不戒哉！”② 洪武十五年（1382），朝廷为监察官吏，“特置天下府州县提刑按察分司”。朱元璋训谕将赴各地的531名试佥事云：“吏治之弊，莫甚于贪墨，而庸鄙者次之，今天下府州县官于斯二者往往有之，是以弊政日滋，民受其害，故命尔等按治其地。凡官吏贤否，军民利病，皆得廉问纠举，勿蹈因循。”③ 特举贪墨、庸鄙两类不合格官员，实际要求从德、才两方面考核官员。洪武十八年（1385），朝廷考察朝觐官员，分称职、平常、不称职、贪污、阘茸五等④，临时将考满采用的三等分类与朱元璋所指出的两类合并起来，用阘茸（无能、卑贱）取代庸鄙。永乐年间，在上述基础上又增加了暴虐、老、病等项。永乐三年（1405），朱棣谕天下文臣“毋为贪墨，毋肆暴虐”⑤。永乐十三年（1415），朱棣“遣监察御史吴文等分行天下询察吏治得失及民间疾苦”，并谕之曰：“凡朝廷所差人及郡县官有贪刻不律者执之，郡县官有阘茸不职及老病者悉送京师。”⑥明初虽然有致仕条例，但为官可以通过手中掌握的资源获得实惠，致使

---

① 《明会典》卷13《吏部十二·朝觐考察》。

② 《明太祖实录》卷39。

③ 《明太祖实录》卷148。

④ 《明太祖实录》卷170。

⑤ 涂山：《明政统宗》卷7，学识斋，1868年。

⑥ 《明太宗实录》卷160。

一些官员年老力衰，或疾病缠身也不主动申请退职，无力为政却还占据着职位不肯退休，故有必要将老、病列入考察范围。宣德四年（1429），南京都察院左副都御史邵玘奏："会同六部堂上官考察，得户部郎中黄玘等十七人贪污，户部郎中陈懋等一十四人奸懒，户部郎中周砥等四十六人不谙文理，刑部郎中徐昕等九人才力不及，亦宜黜降。"①察例中出现了对才力不及官员的黜降。正统元年（1436），右都御史顾佐考察得监察御史傅诚、毛宗等"素行不立"②，吏部尚书郭琎考察各部属官得张斌等"行检不饬"③，后来统一为"素行不谨"。弘治元年（1488），吏部尚书王恕上《严考察以励庶官疏》提出吏部、都察院会同各衙门堂上掌印官将五品以下官员"从公逐一考察，除廉干公勤、才行超卓者遇有内外相应员缺另行具奏擢用，职业颇修、操履不失者存留办事外，其贪淫、酷暴、罢软、老疾、素行不谨、浮躁浅露者开具职名，奏请定夺"④，从而增加了浮躁浅露一项。

从上述演变过程看，察例是考察过程中逐步成为固定条例的。但是，八项察例在具体实施中也产生了一些弊端。如成化年间，丘濬在《治国平天下之要·严考课之法》中对八项察例过于严苛之处提出了批评："本朝三年一朝觐，天下布政、按察诸司，府州县官吏各赍《须知文册》来朝，六部、都察院行查，其所行事件有未完报者，当廷劾奏之，以行黜陟。近岁为因选调积滞，设法以疏通之，辄凭巡按御史开具揭帖以进退天下官僚，不复稽其实迹、录其罪状，立为老疾、罢软、贪暴、素行不谨等名以黜退之。殊非祖宗初意……彼哉何人，立为此等名目，其所谓素行不谨者尤为无谓，则是不复容人改过迁善。凡经书所谓改过不吝，过则勿惮改，皆非矣！夫人自幼至壮，自壮至老，其所存所行安能事事

① 《明宣宗实录》卷51。

② 《明英宗实录》卷17。

③ 《明英宗实录》卷18。

④ 张瀚：《皇明疏议辑略》卷11，上海古籍出版社影印《续修四库全书》，2002年。

尽善而无过举哉？不仕则已，一履外任，稍为人所憎疾，则虽有颜闵之行有所不免矣！”[①] 还有一些官员认为，这八项察例中，有的察例看似明晰，但实际上带有较强的主观性，如才力不及、罢软、素行不谨、浮躁浅露等项，就为考察时随意定性留下空间。隆庆阁臣高拱《详议调用条约以便遵守疏》云：“若原非繁剧亦不堪以原职调用者，就注拟于才力不及，调闲散衙门项下；其迹涉瑕疵尚未太著者，姑注拟于才力不及降级项下。”[②] 可见，才力不及不一定与被考察官员的才干有关。如县令刘绍恤“平日招致门生，出入公衙，私相宴叙，既有以启钻刺之径，亦有以开嫌隙之门”，虽系遭人诬告，刘绍恤“亦照不及事例量调简僻，以示惩创，以为守令私受门徒之戒”[③]。又如江西右布政使刘岕“性特暴戾，行更贪淫，库官为腹心，克扣靡厌，驿丞拔胡须，残虐有声”，副使冯叔吉“志在肥家，癖于好货、盐船、挂号，大肆诛求”，“俱照才力不及例内”。刘岕“从重降用”，冯叔吉“量行降用”。[④] 这些官员不法行为的情节差别较大，但都按同一察例处罚，可见其随意性。

（三）税粮完欠，以为殿最

财政收入是维系政府正常运行的基本条件。到明代中后期，豪强地主隐瞒户口日增，加之灾荒、逃户、流民等问题，导致赋税征收愈加困难，地方守令“本等六事”中的赋役一项在官员考核中所占的位置愈加重要，直至上升为考核的首要事项和地方官能否参加考核的先决条件。

洪武年间规定，地方有司须上报税粮的起运、存留，供户部核查。《明会典》云：“洪武二十六年（1393）定：凡所在有司仓廪储积粮斛，除存留彼处卫所三年官军俸粮外，务要会计周岁关支数目，分豁见在若干、不敷若干、余剩若干，每岁开报合干上司转达户部定夺施行。仍将

---

① 《大学衍义补》卷11《严考课之法》。

② 《高文襄公集》卷9《详议调用条约以便遵守疏》。

③ 《高文襄公集》卷17《覆南京科道交论江西科场事变参提学副使陈万言等疏》。

④ 《高文襄公集》卷14《覆科道拾遗方面官疏》。

次年实在粮米及该收该用之数，一体分豁旧管、新收、开除、实在开报。”① 这些上缴税粮文册一般只供户部查勘之用，税粮完欠虽属考核范围，但官员是否称职是综合考核了各项指标的最终结论，税粮完欠不影响是否有资格参加考核。随着地方拖欠中央的逋赋逐渐增加，中央提高了税粮完欠在考核中的地位，加大对税粮的追查力度。《明会典》云：“宣德五年（1430）奏准：天下官员三、六年考满者，所欠税粮立限追征；九年考满，任内钱粮完足，方许给由。”② 也就是说九年任满，若有拖欠税粮，即无资格参与考核。这样，税粮上升为地方官员能否参加考核的先决条件，直接影响官员的前途。到弘治年间，又规定三、六年考满，钱粮未完者亦不许参加考核：“（弘治）十六年（1503）奏准：凡天下官员三、六年考满，务要司考府，府考州，州考县，但有钱粮未完者，不许给由。”③ 嘉靖年间，进一步规定朝觐考察也要查核钱粮完欠。嘉靖五年（1526）正月，户部上奏：“有司催征无法，经赋不办，国用告竭，请督比天下来朝正佐官，凡征解未完者，籍记多寡，著为限程，限内皆停俸，以完日支给，过限者并下巡按逮问，送吏部降用，则人心知警，国储自充。”得到世宗批准。④ 这样，未完成税粮征收的官员不仅不能参加考察，还要停发薪俸；超过期限者要受到巡按审问，甚至降职。随着明代后期赋税的增加，税粮征足的难度也在增加。隆庆五年（1571），改令“征赋不及八分者，停有司俸”⑤。万历元年（1573），正式以能否征及八分作为地方官员考满的条件：“今后外官考满到部，行户部查勘钱粮，完过八分以上者，方准考满；不及分数者，不准。”⑥ 万历二年（1574），户部议定“于逋欠七分中，每年带征二分”，但百姓依然难以缴足。⑦ 万

---

① 《明会典》卷 24《户部十一・会计一》。

② 《明会典》卷 12《吏部十一・考核一》。

③ 《明会典》卷 12《吏部十一・考核一》。

④ 《明世宗实录》卷 60。

⑤ 《明史》卷 227《萧彦传》。

⑥ 《明会典》卷 12《吏部十一・考核一》。

⑦ 谈迁：《国榷》卷 55，古籍出版社，1958 年。

历四年（1576），“又以九分为及格，仍令带征宿负二分，是民岁输十分以上也”①。地方官员为了完成税粮征收以应付考核，科催日紧，“考选将及，先核税粮，不问抚字，专于催科”②。明末清初王夫之《噩梦》云：“今百姓之困敝，殆无孑遗，皆自守令之考成为始祸之本……府县印官给由，皆行户部，比较任内完欠，遂使牧民者唯鞭笞赤子为务而究之，逋负山积，激成大变。”官员考核独重税粮征收，以税粮完欠为殿最，不但未能缓解明朝后期国家财政的困难，众多民众反因赋税逼压成为逃户、流民，反而增加了赋税征收的难度，进一步加深了明代社会的危机，最终引发明末农民大起义。

（四）明人对官吏考核制度的批评

明代对官吏的考核在澄清吏治，优化官吏队伍，激励各级官吏廉政、勤政方面发挥了应用的作用。但由于时代的局限性和封建社会制度的痼疾，这一制度也不可避免地存在着一些弊端，尤其在明代中后期随着政治腐败日趋严重，其中一些弊端也日益凸显。对此，明代一些有识之士对此提出批评，以下简要阐述其中比较有代表性的一些观点。

1. 考核不公，甚至人为操作，善恶混淆颠倒。

景泰年间，大臣林聪就指出：“各处巡抚大臣，考察官员，将罢软阘茸等项官员，起送赴部，中间或有善于守分而短于治才，作罢软者；或到任未久而以政绩无闻，为阘茸者，俱照例罢黜。及百官朝觐到京，而吏部又令布、按二司府州县官员，报其所属；南北直隶府州县官，并令报其同僚，一如前例黜罢。其间多有不公，往往下民保留，及自行申辩，不伏究厥所由。盖因察考之过烦，采纳之失实故也。臣等以为人才之长短不同，有长于才而短于德，有优于德而劣于才，有通敏而见事速者，有鲁钝而成功迟者。古人任人，各因其才，未尝求全责备，黜陟之典，必俟三考，未尝责其速成。今者各处考察官员，不论久近，不察实情，

① 《明史》卷227《萧彦传》。

② 《明史纪事本末》卷72。

上官止凭各属长官及同僚开报者，或宿有仇嫌，甚者有以依稀阘茸之名为言，殊无妨政病治之实，即行罢黜。以致更代不时，去取不公，人心生怨，愈加烦乱，诚为不便。”在此，林聪认为在考察中由于程序过于烦琐、采纳考核意见失实，或由于与人关系不好，再加上人无完人，每个官员多多少少都有不足之处，因此容易造成不足或缺点被人为放大，最终造成考核不公，一些比较优秀的官员则反而被罢黜或降级。这使考核不仅起不了激励官员勤政、廉政的作用，反而使一些受到不公正待遇的官员心生怨恨，官场混乱。对此，林聪主张：“乞敕该部，今后各处大臣考察官员，除贪酷显著，不拘久近，即时黜退外，其余阘茸等项，俱要实迹。果有守分爱民而干才或短，及到任未及一考，而莅事未熟者，并不得以罢软、阘茸等名黜退，其曾经巡抚、巡按官员考过存留在任者，后彼朝觐官报作罢软等名，并须行移巡抚、巡按官员体勘回报定夺，不许辄便信凭，一概黜退，有伤公论。如此则黜陟以公，人心畏服，而居官者知所劝矣。”① 可见，他认为考核后黜退官员要慎重，对罢软、阘茸的评价要有真凭实据，不要轻易黜退那些守分爱民或刚上任不久能力上还欠缺的官员。对官员的考核要公平公正，使人畏服，并对官员能起激励的作用。

明朝后期，大臣高拱也指出，当时对官吏的考核，也出现主考官不凭事实，动辄给被考者加上八项察例中的某项评价，其原因主要有两个方面：一是主考官不做认真的调查，对被考者没有真正了解；二是有意弄虚作假，以达到私意中伤被考者。这样考核是难以使众人心服的。他说：朝廷考核官吏之法，“可谓密矣！乃行事者不体朝廷之意，而皆袭为含糊暧昧不明之说。曰贪而已，更不列其贪之状；曰酷而已，更不列其酷之状；曰不谨而已，更不列其不谨之状；余皆然，徒加之名，不指其实。不止罔者无以压服其心，即当其罪者，亦无以压服其心。何者，未有以明之也。然此有二弊焉：访之不的（得），知之不真，若明指其实，

① 《明经世文编》卷45《林庄敏奏疏·修德弭灾二十事疏》。

则不符者多矣，此其一也；内阁部院之臣，于内有所私意中伤，若明指其实，则必将以无作有，以轻作重，私害昭然在人矣，此又其一也。夫是以止加空名，而不指实事，使天下徒有骇疑，而不得其故，言官纵欲指谪而不得其端，遂苟且了事之图，泯权奸倾陷之迹，便己以残人，假公以威众，莫甚于此也。而朝廷法度可如是举行，天下人才可如是摧折乎?”针对这种情况，他建议：“今诚宜于考察时，令部院官务核名实，某也贪必列其贪之事，某也酷必列其酷之事，某也不谨必列其不谨之事，余皆然。明言直指，与天下共罪之，而又申饬先朝有不公者，科道指实劾奏之例，则庶乎私意中伤者，不敢公然肆其所为，而其平日体访，亦必务详慎的确，不敢卤莽塞责，以自取罪戾。斯不惟于惩汰不肖之中，存爱惜人才之意，而公道昭彰，人知劝惩，治理其可兴矣。”①

2. 考课拘于成规，不能实事求是，流于形式。

明代，对官吏的考核，尤其是对高级官吏的考核，易流于形式。正如万历时左副都御史丘橓所说的：“京官考满，河南道例书称职，外吏给由，抚按官概与保留，此考绩之积弊也。”② 但是，明朝对于官吏考核又制定了许多条条框框，如硬性规定每次考核必须调黜一定数量的官吏，这使主考官不得不做表面文章，只求达到硬性规定就算完成任务，而不实实在在地对每个官员进行认真细致的考核，以达到奖优汰劣的目的。更有甚之，一些大奸大恶者，在考核中反而得到好评，而一些没有过失的官员，反而为了充数而被黜退。这种做法使众人心中不服。正如高拱所指出的：“查得历年考察调黜官员，多循以往定数，甚至掇拾暧昧之事，以充之，且虑数有不足，乃将半载以前被劾官员，不行题覆，候临期凑补，此皆本部累年之积弊也。臣等窃惟人才之在天下，贤与不肖岂有一定之数，而国家用人，见贤即进，见不肖即退，亦岂有明知不肖，留以备斥之理。至其所谓不肖，必是大奸大恶、残民害政者，乃可当之，

① 《明经世文编》卷302《高文襄公文集二·再论考察》。

② 《明通鉴》卷68。

而细微之过，人所皆有，隐昧之事，人所难明，固不必网罗乎此也。况考察之典，所以惩汰官邪，风示有位，所关至为重大。而数十年来每遇考察，其惩汰之数，大较前后不相上下，以是袭为故常。其数既足，虽有不肖者，姑置勿论；其数不足，虽无不肖者，强索以充，可谓谬矣！乃其称为不肖者，又多苛求隐细，苟应故事。而所谓大奸大恶者，或有所不敢问，而佯若不知，或有所不能识，而反称高品。纵豺狼于当路，觅狐鼠以塞责，此人心所为不服也。又于考察半载之先，抚按论劾者俱不题覆，留作明春之数。夫不善之人，面目未露，犹或有侥幸之心，少存顾忌；若面目已露，明知必去，则将无所不至矣。而乃留之，在位半载之间，民何以堪，此尤不通之甚也。”针对上述现象，高拱建议：“自今以始，凡有纠劾官员，具本之日，即先革任听处，候有命下，本部即行题覆。其所去者，照依考察事例，不得他日朦胧复用。其所留者，待文书到日，方许管事。至于考察惩汰者，必是大奸大恶真正不肖之人，一切隐细，俱不必论。果不肖者多，不妨多去；果不肖少，不妨少去。惟求至当，不得仍袭故常。如此，则官不得逞其且去未去之恶，民不至被其已甚更甚之残。恶者不得幸免，既皆有以自惧；善者不至滥及，亦皆有以自安。惩汰风示之道，庶乎有得矣。”①

3. 考核受到人员、时间的限制，难以反映被考者的真实情况，有的甚至出现考满与考察自相矛盾的评价。

高拱指出：“自今言之，以六年之官而考于三二人，以六年之事，而核于三二日，则岂能得其善恶之真，所以毁誉肆出，飞语中伤，而行事者遂以为据。大奸任其弥缝，小过取其塞责，十分曾无一二之实，此一弊也。六年之间，其考满者率加以美辞，又数升迁有至二三品者，而考察之时，乃又以原官指摘，而黜谪之。夫使其不肖，固当处也，乃何以加以美辞，又数升迁？既加美辞数升迁，乃何又以原官黜谪之？先后不一，自相矛盾，非所以示劝惩于天下，此又一弊也。”对此，高拱主张，

① 《明经世文编》卷301《高文襄公文集一·公考察以励众职疏》。

对官吏的考核必须做细致的调查、审核工作，必须由吏部考功司、河南道监察御史以及被考查长官等共同配合。他指出：“彼一人也，考功一司官考之，又总之于堂上；河南一道官考之，又总之于堂上。耳目既多，实自难掩，又非一日而了，乃得以从容体访审核，是以众人而考一人，以数时而完一事，复者复，升者升，黜者黜，谪者谪，事自精确，必不至于亏人，而是非大相远也。”①

4. 考语过于简略，或华而不实，没有事实依据，难以反映被考者的实际情况，使考核失去最基本的依据。

陆粲指出：“所谓考语者，大抵骈四俪六、两可难辨之词。夫古之圣贤，犹不能以一言尽一人，今区区数语，欲尽夫人之情状，难矣，况未必尽公乎。若谓官吏贤否，吏部所知有限，不得不属诸巡按，亦当使明著其迹，如昔人所谓某人廉吏也，有某事以知其廉，某人能吏也，有某事以知其能。仍计其所开报之虚实多寡，以为巡按之殿最。则皆知所警惧，不敢以喜怒之私，上下其手，使公道昭明，黜陟惟允，贤者不至于失职，而不肖者亦无所苟容，其为国家之益大矣。”② 由此可见，陆粲认为，如果考核官吏的评语能以事实为依据得出廉能等各项的评价，就能使对官吏的黜降、升迁公平，贤者能得到任用，不肖者不会得到苟容，这对治国是大有益处的。

明代后期，陆光祖也指出：“考语者，所以状其人之臧否、淑慝、才不才，贵于实录，岂以丽词蔓语，而竞藻以为工、谀词以为媚哉？如前贪后廉，犹曰改行自新，乃前考已称衰老，复注强壮，则悖之甚矣。又人臣报政，期于正直，是曰是，非曰非。古人用意忠厚，虽稍讳其词，曰簠簋不饬，曰帷薄不修，然未尝饬非以为是也。今摹拟无能，则曰长厚；摹拟衰迈，则曰老成。夫长厚、老成，岂所以为贬辞哉，而令人读之如射覆然。合无行各抚按官转行各司道及府县官，务要直书年貌才守，

---

① 《明经世文编》卷302《高文襄公文集二·论考察》。

② 《明经世文编》卷289《陆贞山集一·去积弊以振作人才疏》。

俾简明数语，洞悉平生。其有支蔓不切、谀媚不情，县以报府，府官即行驳回；府以报司道，司道即行驳回；司道以报抚按，抚按即行驳回，各令改正另注。抚按若不驳回，致荐剡并贤否册内，有仍前浮冗，听臣等及科道官参究，务使向来靡词陋习为之一变。”① 在此，陆光祖认为，当时考语存在着华而不实、模棱两可甚至前后矛盾的问题。他主张府、司道、抚按对考语必须逐级严格把关，如不符合简明真实反映被考者的要求，就驳回令其改正重写。

5. 官场腐败之风对官吏考核的消极影响，尤其是明后期的党争使考核成为消除异己、争权夺利的手段。

各朋党争夺主持“典察”大权，通过咨访等来打击对手、陷害政敌。如《明史·王图传》载：“（王图）适将京察，恶东林及李三才、王元翰者，设词惑（孙）丕扬，令发单咨是非，将阴为钩党计。图急言于丕扬，止之，群小大恨。”这种情况至明后期甚至成为一种很恶劣的风气，其中最为典型、涉及面甚广的是万历四十五年（1617）的丁巳大计和天启三年（1623）的癸亥大计。如前者由吏部尚书郑继之主持，“一时与党人异趣者，贬黜殆尽”②。这种通过考核官吏排除异己的恶劣之风，不是单靠改革考核制度所能解决的。

还有，明代中后期官场贪污受贿盛行，这种风气也侵蚀着考课制度。如每当地方官入京朝觐，均需带许多金银绸缎分送京官。“王振时，每朝觐官来见者，以百金为率，千金者始得醉饱而出。是时贿赂初开，千金已为厚礼。”③ “刘瑾时，天下三司官入觐，例索千金，甚有四五千金者。”④ 不言而喻，在这种地方官贿赂权贵成为一种不成文的规定时，要维护考核制度的公正、公平是不可想象的。朝觐考察已异化为地方官向朝廷权臣的公开行贿。

---

① 《明经世文编》卷374《陆庄简公集·覆湖广巡抚李桢肃吏治以奠民生疏》。

② 《明史》卷225《郑继之传》。

③ 赵翼：《廿二史札记校证》卷35，中华书局，1984年。

④ 《廿二史札记校证》卷35。

第六章 明代军事管理思想

第一节 军队建制思想

明朝建立后，开国君主朱元璋及其继任者为强化封建专制主义中央集权的统治，进一步加强皇权对军队的绝对控制，对军队建制进行了一系列的改革，其主要有以下 5 个方面。

一、中央设五军都督府和兵部思想

明初仿照宋元的枢密院制度，在中央设立大都督府，作为全国最高的军队管理机构，节制内外诸军。“凡天下将士兵马大数、荫授迁除与征讨进止机宜皆属之。”① 洪武十三年（1380），为了防止大都督府军权太专，威胁皇帝对军队的绝对掌握，明太祖下令将大都督府分为中、左、右、前、后五军都督府，分领在京和在外各都司卫所。此外，明朝继承隋唐以来在朝廷设六部的做法，仍设兵部作为六部之一。这样，在中央、全国的军队就由五军都督府和兵部共同负责管理。但是五军都督府和兵部在管理全国军队时又有所分工，互相制衡、监督、牵制，以便于皇帝

① 《弇山堂别集》卷 53《大都督府左右都督同知佥事表》。

操纵和控制。朝廷明确规定，五军都督府负责军籍和军旅之事，而人事、军队调遣和政令发布则由兵部负责。“凡武职、世官、流官、土官袭替、优养、优给”，各府移文兵部请选，都司、卫所“首领官听吏部选授”①；如遇到战事，天子命将充总兵官，兵部签发“出兵之令”，调卫所军领之，“既旋则将上所佩印，官军各回卫所”②。这样，就形成了“兵部有出兵之令，而无统兵之权，五军有统兵之权，而无出兵之令”。两个机构“合之则呼吸相通，分之则犬牙相制”③。

到了永乐年间，明成祖朱棣将五军都督府管理军队军籍和军旅之权“尽归之兵部。所谓五都督者，不过守空名与虚数而已”④。明朝中后期，兵部尚书或侍郎有时可提督或协理京营戎政，直接掌握京营训练，五府官实际上变成一种虚衔。

二、地方设总督、巡抚和都指挥使司思想

明代于尚书、侍郎、少卿等官，加都御史或副、佥都御史衔者，到地方处理事务、执行监察或临时办事，其称号有总督、巡抚、提督、总理、巡视、抚治等，其中最为常见的是总督和巡抚，称为督抚制度。督抚原属于临时性的差遣，到明中叶以后成为常设的职务。终明一代，督抚的地方长官地位没有得到朝廷的正式承认，一直是都察院和兵部的“兼衔两属”之职。督抚参与地方军队管理较早见于明仁宗时期。洪熙元年（1425），朝廷为加强对武臣的节制，派文臣“于各总兵官处整理文书，商榷机密，于是有参赞参谋军务，总督边储”⑤。宣德、景泰之后，朝廷派往地方的总督和巡抚逐渐成为定设的官员。巡抚往往加有提督军务或赞理军务、参赞军务的头衔，总督更有总督文武，自总兵、巡抚以

---

① 《明史》卷76《职官五》。

② 《明史》卷89《兵一》。

③ 《春明梦余录》卷30《五军都督府》。

④ 《弇山堂别集》卷53《大都督府左右都督同知佥事表》。

⑤ 《今言》卷2。

下皆听其节制的大权。这样，地方的布政使、提刑按察使、都指挥使都归其管辖，连总兵官也要听其指挥，督抚实际上成为地方的最高军事长官。正如大臣曾铣所指出的："国朝设官分职，各有所守。如各边镇去处，必设总兵一员以镇守其地。恐其不敢专也，则设巡抚一员，以赞理军务。又以各镇权无统设，难以调遣，近年特设总督一员，以总理军务。查得敕谕各官所载，如总督，则云经略边务，随宜调度，各镇将官相机战守，临阵不用命者，悉以军法从事。此总督之职守也。如巡抚，则云整饬边备，训练军马，督理粮草，抚恤士卒。此巡抚之职守也。如总兵，则云整饬兵备，申严号令，振作军威，相机战守。此总兵之职守也。职守既定，无事则各相遵承，无敢侵越，有事则各相分任，无敢推避。如此，则战守分明，而功罪各有所归。人思自勉，而边事亦无不济矣。"①

明朝初年，地方各省设立都卫管理军队。洪武八年（1375），明太祖改地方都卫为都指挥使司。各都指挥使司设都指挥使 1 人，作为地方各省的最高军事长官，掌一方之军政，各率其卫所隶属于中央五军都督府，同时听命于兵部。明初各省都指挥使与布政使、按察使"并称三司，为封疆大吏"②，且品级、地位比布政使、按察使还高，威权甚重。但在对内外的战争中，朝廷往往照例指派都督府官或公、侯、伯出为总兵官，指挥军队作战。战争结束后，总兵官还任交出兵权。"后因边境多事，遂留镇守。"③ 这样，逐渐使临时派遣的总兵官变为固定设置的地方军事官，形成了镇戍制。后来，在内地的军事要害地区也派总兵官镇守，独任一方之军务。各省都指挥使的地位日益下降，逐渐变成总兵官的下属④。

在中国古代封建专制主义制度下，皇帝为防止将领拥兵自重，威胁其统治，往往通过各种分权来制约、牵制领兵将帅。明代是古代封建专制皇权空前强化的王朝，其从中央到地方的军事指挥系统也是过分强调

---

① 《明经世文编》卷 240《曾襄愍公复套条议四・复套条议》。

② 《明史》卷 90《兵二》。

③ 《春明梦余录》卷 30《五军都督府》

④ 高锐：《中国军事史略》，军事科学出版社，1992 年，第 320 页。

制约、牵制，使领兵将领在战争中无法根据瞬息万变的战场情况及时调兵遣将。正如明朝大臣吴时来所指出的："凡天下要害去处，专设官统兵戍守，俱于公、侯、伯都指挥等官内推举充任，是镇守事权，专在总兵官矣。以后因各边设置未备，器械未精，军伍不足，乃兵部三年一次具题，差文武大臣一员阅实，又差御史二员分行巡视，是都御史添设之由也。当其时阅实而已，此后未知何因起巡抚地方之文，又不知何因起赞理军务之文。于是，巡抚得以制总兵，而事权在巡抚矣。又因巡抚事权轻，而各镇军马难于调遣，又设总督、都御史，如蓟辽总督，则嘉靖二十九年（1550）添设也。此皆一时权宜之计，因事而起，然自是总督得以制巡抚，而事权在总督矣。至于失事之后，查勘功罪，必行巡按，乃巡按不行自勘，必委兵备道，该道委府县官。又巡按有随营纪功监军之文，乃不自行随营，必委该道，该道转委府县官。是事权又在巡按矣。臣每思之，以为巡抚事权不如巡按，而本兵行事不如知府，何者行勘纪功之文一至，则兵备、府县官得以制巡抚矣。事有最难，莫难于九边巡抚，以其上下有制之者也。臣愚以凡督抚相近之地，既有总督，则巡抚徒拥虚名，无益地方，不如革去巡抚，其以地方事专属总督。至于总兵，则上自总督，下至通判、知县，无不制之。至于贼至，调度掣肘更多。臣前任松江推官，正遇倭寇曾经战阵，备知其详。如总督调度之文，必两设也。既而巡抚檄之东，巡按檄之西；又或机当战，檄之守，机当守，檄之战；机当预布堵截于前，檄之合力追剿于后，此中制也。又报至兵部，兵部具请，兵科亦题请，或兵已东而调之西援，或兵既西而调之东守，此中制也。夫总兵官兵力既薄，事权又轻，又有中制之患，至于失事罪独归之将官，所由解体也。夫督抚职掌，不过调度，原无提兵杀贼之文也。巡按职掌，不过监军纪功，原无调遣之文也。兵部调遣，虚文也，缓不及事。兵机倏忽，一刻万变，乃欲以遥度之智、中制之权，纷乱听闻，使将官口实于此，诚非事体。古者军在外，君命有所不受，即今但宜选择总兵官一员，重其事权，假以礼貌，久其责任，督其练兵。兵部、总督临时调遣，但责其战不责其守。巡按不许调遣，勘事纪功，

俱要亲自查勘，不许转委兵备及府县官，展转支吾，以虚委任之意。如此，则兵既厚集，而事权又明，为总兵者，必当勤操演、恤军士，以战为归，以死为生，以破虏为命。其有欲敌不战，则以逗留观望罪罪之。如临阵三次不能胜，又不能以身赴敌者，则总督径取其首，以献阙下，是重事权，乃鼓舞将官之术，亦旧制也。”①

三、京军编制思想

明朝的军队，分为京军和地方军。京军的主要部分是京营，它由全国卫所军队中的精锐部队挑选组成，平时宿卫京师，战时为征战的主力。地方军的主力则是卫所军队。明朝京军与地方军的这种布局，其用意十分明显，即强干弱枝，得臂指权使之势。正如时人许国所指出的：“古之王者尊居九重而控四海，薄海内外、靡不环向而归令者，此无他故焉，惟其有以握天下之重，而天下之令，制之在我。今夫猛兽在山，藜藿为之不采，故王者收天下之精兵，萃之京师，此所以蓄威而握天下之重也。今京营兵制是已……既得臂指权使之势，而又不失其轻重之宜，今卫所之兵，星罗棋布于天下，而独以三营握其威重于中，盖控弦者数十万焉，固亦唐人制府遗意。”②

明代的京营制度，屡有更易。明末大臣叶向高在《京营兵制考》一文中有较全面系统的阐述，兹录如下：

> 我国家置兵，监酌往代二百年来，京师无肘腋之虞，强臣无专制之患，为谋臧矣……盖明兴制兵，有五军营，五军营变而为三大营，三大营又变而为团营，团营又弊，而戎政府之名始立矣。其沿革之由，盛衰之故，大概有可考焉。
>
> 五军营者，高皇帝所定也，籍留守等四十八卫之众，而训练之。有中军，有左哨，有右哨，有左掖，有右掖，而总之曰五军。无事

---

① 《明经世文编》卷384《悟斋文集一·目击时艰，乞破常格责实效，以安边御虏，保大业疏》。

② 《明经世文编》卷392《许文穆公集·论京营兵制议》。

则戒弓马，习技击，环卫都城；有事则简师命率，分统以出，事已而休，制至善也。

文皇帝时，仍五府之旧，增七十二卫，又以龙旗宝纛等物，下三千胡骑，立三千营。后征交趾，得神枪、火箭之法，立神机营。是为三大营。三大营之训练，如高皇帝时。而河南、山东、大宁、中都四都司之军，又岁以班操至，春秋番练，如三大营，益详备矣。

洪宣之世，海宇升平，兵革不试，将偷士窳，日以废坏。至于正统，嬉恬益甚。京营之兵，几不能受甲，此己巳之变，所由兴焉。于肃愍逢多难之秋，深惟良策，乃于三大营之中，拔其骁锐，分为十营，营万人。其统之之官，则队长统五十人，队官统百人，把总统千人，都指挥统五千人。训练之方，则有八阵，八阵分而为六十四阵。纤微委曲，咸有条理，虽未能尽如祖宗之旧，要以救弊举废，振弱为强，斯亦有足观者矣。大抵法久则蠹，人久则玩，以二祖之尽制曲防，势禁形格，不三传而遂坏。其坏也，以肃愍之忠勤，景帝之责任，日夜焦劳，而仅仅得十万之师，为国家用，亦足以明兵政之易坏而难修已。

天顺初年，务反景泰之所为，遂革团营，八年而复。成化初再革，二年而复。又增为十二营，曰奋武、耀武、练武、显武，曰敢勇、果勇、效勇、鼓勇，曰立威、伸威、扬威、振威。营万人，京兵八万，益以外兵八万，分两班隶之，期年一报代。初，十二营之选也，其任者名曰选锋，不任者归本营，名曰老家。老家固已孱弱，而所谓选锋者，岁久而浸失其初。供役于私门，掊克于主帅，上下相蒙，苟岁月无事，愈益脆懦，斯其与老家何异也。

庚戌之役，虏叩郊关，而无能以一矢相加遗。都门昼闭，烽燧烛天，肃皇帝震怒，责令廷臣博谋所以强兵御虏之略。诸臣乃请复三大营，改三千为神枢，统以勋臣，督以枢臣，巡以台臣、省臣，

其大指俱如洪永时，而规制为备。上是其议，著为令，及今数十年矣。①

我们如再结合其他一些史料记载，大致可以廓清明代京营制度的变易脉络。洪武年间，明太祖就开始建五军营之制，将京营分为中军、左右腋（掖）、左右哨。“当是时，五军之士皆百战之余，内卫京府，外备征讨，桓桓趯趯，不待征发调募于郡国，而此五军足矣。”② 可见，当时京师的五军营将士皆是身经百战的精锐部队，对内承担着保卫京城的任务，对外负责征讨，所向无敌。仅京城五军营，就足以保障全国安定无事。

明成祖时，仍然继承太祖时的五军营之制，并将太祖时的48卫增加至72卫。后来，收编边外少数民族骑兵3000人，独立建三千营；征讨交趾时，得神枪、火箭等火器，建立了一支火器部队，称为神机营。三千营、神机营与原来的五军营合称三大营，隶属于五军都督府，称五府兵。与此同时，朝廷每年调河南、山东、大宁（今内蒙古宁城西）、中都（今安徽凤阳）卫军至京师操练，称为班军，隶五军营。除了隶属于五军都督府的京营外，京军中还有两支不隶五府的亲军。一支是侍卫上直军，武洪时有锦衣、旗手、金吾、虎贲等12卫，后增至22卫，专门侍卫皇帝，归亲军都指挥使司统辖。另一支是宣德八年（1433）建立的腾骧、武骧等四卫军，专职供养马役，“听御马监官提调”③。

正统十八年（1453），土木之变，标志着京营已今非昔比，往日的精锐已丧失殆尽。景帝时，兵部尚书于谦进行改革。他认为三大营各有总兵官，互不统辖，号令不一，“临期调发，兵将不相习”④，是一大弊端。景泰二年（1451），朝廷从三大营中选出精壮骁勇军士10万人，分为10营。10营共设总兵1人，受兵部尚书节制。总兵之下设都指挥，每都指

① 《明经世文编》卷461《苍霞正续集·京营兵制考》。

② 《明经世文编》卷392《许文穆公集·论京营兵制议》。

③ 《明史》卷89《兵一》。

④ 《明史》卷89《兵一》。

挥统5000人；都指挥之下设把总，每把总统1000人；把总之下设队官，每队官统100人；队官之下设队长，每队长统50人。于谦还编设8阵，细分为64阵，用于编制训练京营之兵。嘉靖二十八年（1549）题准："行巡视京营科道会同提督听征等官，将营军简选精锐强壮，以备出战。在十二团营者选作八阵，以四阵为正兵，四阵为奇兵，专备紧急防卫京城。在东西二官厅者，分作十二枝，六枝出征，六枝休息，更番节力。"①由此可见，至嘉靖年间，8阵已成为京营中的精锐部队，担任着保卫京城的重任。

成化年间，朝廷选精壮军士12万人，分12营团练，命12侯掌之，称为选锋。选为选锋的军士，给予优惠的待遇，并在平时加强训练。如"万历五年（1577）题准：革去家丁名色，通将各营精壮军丁选验，改为选锋。六副将各与三百名；十战兵营，每营增设三百名；车兵十营，每营各增二百名。每月给双粮，各统以把总。时常训练，总协、科道，不时简阅"②。未编入团营的军士，仍旧归三大营训练，称为老家或老营。但是，由于当时长期边境太平无事，即使原精锐的选锋，只充当供役私门，被主帅掊克，逐渐也变得懦脆，与老家没有什么区别。

明代选精锐强壮勇敢军士为选锋，其主要目的就是在战斗中以选锋作为冲锋陷阵的先锋，以此来激励广大军士英勇杀敌。如大臣王忬就指出，朝廷应收募奇勇为选锋，给予他们优厚的待遇，并选名将教习他们行阵击刺等战斗技法，在战斗中冲锋在前，率领三军奋勇冲杀，挫败敌人的嚣张气焰，以取得战斗的胜利。他说："臣闻三军之气，必有勇敢之士以为之倡。《诗》云'元戎十乘，以先启行'，《军志》所谓选锋也……合无特敕山西、河南、陕西、淮扬等处巡抚官，重悬募格，招集各地骁勇绝伦之人，如王邦直者，厚给衣粮，致之阙下，仍选边地名将统领，教以行阵击刺之法。遇有危急，鼓率而前，随以大军继之，则虏气自挫

① 《明会典》卷134《京营》。

② 《明会典》卷134《京营》。

矣。此等人，非重赏不足以结其死力，非驾驭不足以驯其雄心，全在将领得人耳。”①

大臣侯先春则就选锋在战斗中具体如何有效发挥冲锋陷阵英勇杀敌的作用提出了自己的主张：“虏人入犯，各自为战，不计功、不程卤，不取首级，奔腾蹂躏，纵横杀略，风卷雨骤，其锋不可当。中国人力，固已不敌矣，偶或幸胜，可以追逐，而一心系恋首级。群然争夺，自相戕害，遂至虏人乘机反击，而大败者十八九也。合令大小将官各择选锋若干名，五人为伍，二十五人为队，队有长。时加训练，记籍在官，凡遇虏人，即当前锋，若能败虏，齐力追杀，不许先割首级。收兵之后，公同割取，就于前锋内审系某队某人所杀，照例报功给赏，或二十五人分赏，庶无误事，且绝冒功之弊矣。”② 侯先春在此吸取明朝军队在战斗中如打了胜仗，将士在战斗未结束就争先恐后割取敌人首级请功时，敌人乘机反击，致使明朝军队转胜为败的教训，建议将官选择若干名选锋，按 5 人、25 人编成伍、队，在战斗中冲锋陷阵、打败敌人。在即将胜利之时，禁止割取敌人首级请功，应乘胜追击，在取得彻底胜利之后，共同割取，认定系由某人所杀，再报功给赏，或者也可按 25 人 1 队，集体给赏。从而发挥选锋在战斗中的冲锋陷阵作用，并防止其他人冒功争赏的弊端。

嘉靖年间，明世宗怒于京营军士在御敌中的怯弱无能，重新恢复三大营的建制，并将三千营改称神枢营，设总督京营戎政（武臣）和协理京营戎政（文臣）统辖，并募兵 4 万，“分隶神枢、神机”③。此后，募兵数量不断增加，逐渐取代京营担负起征战的重任。

四、卫所制与营伍制思想

元末，在朱元璋建立明朝之前，其领导的农民起义军采取部伍法编

---

① 《明经世文编》卷 283《王司马奏疏·条陈末议以赞修攘疏》。

② 《明经世文编》卷 428《侯给谏奏疏一·安边二十四议疏》。

③ 《明史》卷 89《兵一》。

制，规定“有兵五千者为指挥，满千者为千户，百人为百户，五十人为总旗，十人为小旗”①。明朝建立后，刘基奏立军卫法。一郡者设所，连郡者设卫。大抵以 5600 人为 1 卫，1120 人为 1 千户所，112 人为 1 百户所。百户所下设 2 个总旗，每个总旗下设 5 个小旗，每个小旗有军士 10 人，“大小联比以成军”②。全国的军队基本上按照小旗、总旗、百户、千户、编入所、卫。每个所卫驻地固定，军士皆有定数，将官设置也有定例。每个所卫官兵分别隶属于所在地方的都指挥使司，再上辖于中央的五军都督府。

明代地方军的主要部分是地方的卫所军队，卫所的军队皆统于都司而上隶于五军都督府。洪武、永乐年间组建的数百个卫所，主要分别驻守在北方的九边、东南的海防要地和内地的军事重镇。后来，江南军士多用于漕运，江北军士多作为班军，进京操备。卫所军士驻守九边的人数虽多，但分路把守，势分力单，“一旦有警，全借京兵”③。募兵制广泛推行后，各地如有战事，募兵组成的营伍成为明军战斗的主力，“兵御敌而军坐守”④，卫所军主守或主屯，而由募兵负责征战。

此外，洪武、永乐年间，周边少数民族地区归附中央朝廷后，明政府又陆续在当地设立羁縻性质的番夷卫所，“其官长，为都督、都指挥、指挥、千百户、镇抚等官，赐以敕书印记”⑤。计有“番夷都指挥使司三，卫指挥使司三百八十五，宣慰司三，招讨司六，万户府四，千户所四十一，站七，地面七，寨一”⑥。番夷卫所不隶于五军都督府，而归兵部的职方清吏司管辖。

据《明史·兵二》所载，洪武二十六年（1393），全国共设有 17 个

---

① 《明太祖实录》卷 14。

② 《明史》卷 90《兵二》。

③ 《西园闻见录》卷 63《京营》。

④ 万历《绍兴府志》卷 23《武备志》。

⑤ 《明史》卷 90《兵二》。

⑥ 《明史》卷 76《职官五》。

都司、1个留守司，有内外卫所329个和守御千户所65个，军队兵额约有180余万。永乐年间，都司、卫所、守御千户编制有所增改。都司增为21个，留守司2个，内外卫所增至493个，守御千户所359个，兵额增至270余万。

为了保证卫所的兵源，明朝实行世兵制，规定卫所军士和武官全部世袭，编入军籍，称为军户，属都督府管辖。只有五府军及都司官为流官，由世职卫所官及武举选授。但是，明中叶以后，作为卫所经济基础的军屯遭到破坏，军卒因粮食供给不足生活艰辛，不时大批逃亡，世兵制兵额严重不足。到万历末年，全国兵额只剩下“一百一十六万有余”①，还不到永乐年间的1/2。明中叶以后，边境形势紧张，更显兵力单薄不敷应对，于是朝廷大规模募兵。嘉靖以前，朝廷所募的士兵，一部分由卫所代管，一部分归地方官府管辖。嘉靖以后，在原来镇戍制的基础上，逐渐形成营伍制，募兵实行统一的独立编制。招募来的士兵，一般都编入营伍，按伍、什、队、哨、总、营的形式自下而上归统，由伍长、什长、队长、哨官、把总、守备、都司、游击、参将、副总兵、总兵逐级统辖指挥，最后上辖于兵部。营伍制在营官和士兵的人数编制上比较灵活，没有统一的规制，视战事的需要而定。一般从总兵到把总，所领之兵皆可独立为营。营兵一般都是临时性的，战时招募入伍，战事结束就解除兵役，因此，服役期限都较短。营伍由于是应对战争的需要，所以一般没有固定的营地驻扎，皆随战事的需要调发，流动性较大。这种营伍制只在战事时募兵，在一定程度上减轻了明政府的军费负担。其作为一种临时性应急性的新的军事组织形式，与常备性的世兵制下的卫所同时并存，相互补充，不乏有其合理之处。

五、民兵制思想

明朝的地方还有名目繁多的民兵。民兵平时农闲操练，战时征调为

① 《明神宗实录》卷577。

兵，战后恢复为民。如“洪武初，立民兵万户府，简民间武勇之人编成队伍，以时操练，有事用以征战，事平复还为民，有功者一体升赏。正统十四年（1449），令各处召募民壮，就令本地官司，率领操练，遇警调用，事定，仍复为民”①。民兵不入军籍，其来源有的是通过佥派，有的是通过招募。内地各府县的民兵一般称为民壮、乡兵，边地少数民族地区的民兵称为土兵、土司兵、达军、狼兵等。还有，各地的盐场、矿场甚至大的寺院也有盐徒、矿徒、僧徒等各种兵勇。明朝的各种民兵在抵御外敌、维护社会治安方面发挥了应有的作用，“边省凡有攻剿”，朝廷往往“就近调用民兵、土兵，故饷省而易兵集”②。明朝大臣张衮就指出，乡兵保卫乡土是出于热爱自己的家人和田舍，因此比起国家的正规军队，更会奋勇杀敌，并可节省大量军费。他说：“团结训练，谓之乡兵……纠之以长，统之以官，时其训练，暇则归之于农，有事则召集营堡，籍其名，不终身用以为兵。给其口食，使各同团，空间稍有力人户，量为津贴，拒贼之日，糇粮兵械，有功赏赐，官府厚为之处。人既知战，见贼不畏，亲上死长之心，孰不爱其父母妻子，爱其田畴庐舍，出死力与乡土捍哉。近日犁锄小民，遇零贼在野，奋力与敌，每杀贼数人，概可见也。使各郡邑尽为团结，不务虚名，务求实用，何至贼势滋大，仓皇告急。征七省之兵，重压三吴，坐食县官，大费公帑，若是不赀之可虑哉。先民有言，乡各为兵，人自为战，可以省召募之钱，可以省客兵之费，可以垂永久之利。臣愚故谓团结乡兵，便也。”③

鉴于民兵在保家卫国中的巨大作用，明代一些有识之士就如何组织、训练民兵，有效发挥民兵作用提出自己的主张。如大臣赵炳然就主张，应挑选精壮、强健之民为民兵，平时定期操练，使之精通武艺，就能在日后擒捕盗贼、抵御外寇中发挥作用。他指出：“兹者盗贼横行，不止外寇，合将民壮弓兵，务选精健应役，责成该掌印巡捕等官，以时操练，

① 《明会典》卷137《佥充民壮》。

② 《廿二史札记校证》卷34《明边省攻剿兵数最多》。

③ 《明经世文编》卷195《张水南集·题为献末议靖丑夷疏》。

习熟武艺，遇警协助军兵，并力战守。有功之日，各该官司，并行奖劝，各役重加犒赏。如有纵盗殃民，通行惩戒。果能练成，非但擒捕盗贼，即使大寇突来，而捍御有具，一役之练，一役之利也，郡邑不有所赖耶。”① 大臣杨博则进一步指出，不仅对民兵要进行选拔、训练，还要将民兵按正规军队予以编制组织，并派官员进行管理，就能更好地发挥其作用。他说：“合候命下并行南北直隶并十三省巡抚、都御史，转行兵备、守巡该道，着落各府州县掌印官，照依弘治二年（1489）事例，即查本州县原额守城民壮若干，见在若干，逃亡未补若干，中间守边抽军折银各若干。即今应该作何处置，或将本处见有快手机兵等项改补，只要查复原额之数，不必多增一人，以致劳民伤财。文书到日，通限两个月以里，开款奏闻。稍俟规画事定，编立队伍。每五十人为一队，设队长一名；一百五十人为一总，设总管一名，专理责之。州县巡捕官兼理责之，州县掌印官总理责之。该府掌印官各查空闲官地一区，立为民壮教场。春夏秋三季，月操六次，至冬操三、歇三。务使武艺精熟，器械修整。如遇草寇生发，即便督率剿捕。有兵备官处，听兵备官；无兵备官处，听守巡该道官。不时教阅，抚按官巡历至处，与同卫所官军一体操练。如果人强艺精，卓有成效，许其特为奏荐，重加奖赏；怠玩废弛者，指名参究。岁终，巡抚官将该管守巡、兵备、掌印、巡捕官开注勤惰送部查考。如敢占役，查照私役军人事例，重加降罚，一整饬之间，既无增饷之劳，立见足兵之利。”② 与此相反，大臣许赞则认为，民兵可自由结合，采取比较灵活的形式，与入侵敌人进行战斗，从而更有效地打击敌人。他指出：“臣闻前岁虏众之寇山西也，联络四五百里，精强者厚集为阵，老弱者分布抢掳，不过数十成群，三五为队，抱原隰，依水草，以为固耳。使吾中国之人，昼或设伏以袭之，夜或潜出以击之。揆之理势，必见奇功……臣愚以为，莫若使各处乡民之有胆略谋勇者，自

① 《明经世文编》卷 252《赵恭襄文集一·海防兵粮疏》。

② 《明经世文编》卷 277《杨襄毅公奏疏五·议选练州县民壮疏》。

相团结，勿拘众寡，如十人即推一人为小甲，五十人则推一人为总甲，百人则推一人为保正之类。有司止许计名造册备照，不必时常查点，妨其生业。贼至之时，使得便宜相机审势。除得首级，仍照近日题准事例赏给外，但有所得马匹牛羊衣服银两之属，不拘多少，尽数犒赏，不必官为变卖，纵有隐瞒，亦不许追求禁治……如是，则人自为战，家自为备矣。岂能长驱而入，整旅而归，如蹈无人之境也。”①

第二节　兵役、军籍思想

一、世兵制思想

明代卫所军士和武官，实行世兵制，即全部世袭。明政府将军民严格分籍，卫所军及武官皆入军籍，称为军户，属都督府管辖，不受地方政府的约束。军户优免一丁差徭，但需固定承担兵役，父死子继，世代为军，并随军屯戍，住在指定的卫所。若军户逃亡或全家死绝，由政府派员到原籍勾补亲族或贴户顶替，称为“勾军”或“清军”，以此来保证国家有充足的兵员。朝廷设有专门的清军御史和清军官，来负责勾军和清军事务。《明会典》卷155《清理》载：“国家承平以来，军士多逃亡故绝，及脱漏隐蔽，行伍益耗，乃遣御史分行天下，清理军役。各司府州县，仍设清军官，以修废行赏罚。”② 如“正统元年（1436）奏准，清军御史按行所至司府州县，各委官一员，将应勾军丁，分投清解。御史往来巡督，除军政外，一应词讼，发该管衙门问理。每岁八月终，照巡抚官事例，具清解过军数回京。如有窒碍事理，会议奏请”。清军一般3

① 《明经世文编》卷137《许文简公奏疏·议防虏事宜疏》。

② 《明会典》卷155《清理》。本自然段引文未注出处者，均见于此。

年、5年、7年定期进行，清查完毕，清军官必须分别造册申报兵科和兵部，互相对照，以防差错或作假。成化七年（1471）题准："差委清军官，先清卫所，后清有司，彼此互查分豁回报。事完各造册二本奏缴，一送兵科，一送兵部。清理之后，新有逃亡事故者，各取卫所呈报。依例行该有司作急清解完卷，或五年或七年一次清理，本部申明举行。"成化八年（1472），"令在京军，每三年一清理，各营军士，仍分豁差遣等项名目，造册备照"。

明政府虽然不断实行清军、勾军，但由于世兵制下的卫所军卒，具有很强的人身依附关系，一人为军，全家便世代不能脱离军籍，而且与罪徒为伍，社会地位低下。他们需自备弓甲"胖袄"和入伍路费，"月粮"又十分低微，加上军官的克扣、虐待和役使，生活十分困苦。因此轮替、匿籍、自残等逃避军役现象屡有发生。明政府为制止逃避军役现象，制定了一系列惩处逃避军役的条文，兹略举较有代表性的条文数条：

其一，军士服役不得私自轮替。"宣德三年（1428）奏准，凡山西等处，抽丁等军有贿赂官吏，将幼弱私自轮替者，许原籍究补。同伍指陈，本军并事内作弊之人，依律论罪。"①

其二，不得隐匿丁口逃避军役。"凡因充及调卫军问招更调，有更易名贯、隐匿丁口者，其后逃故，卫所行勾有司回无名籍，似此迷失者，并许自首免罪。若他人发觉，军调烟瘴卫分，仍选户丁补充原伍。"

其三，不得自残肢体逃避军役。宣德四年（1429），"令凡应继壮丁，故自伤残肢体者，许邻里拿首全家，发烟瘴卫所充军"。

其四，不得过继作赘冒籍逃避军役。"正统元年（1436）奏准：凡逃军及已解军在家潜住者，父祖充军，子孙畏继，于别州县过继作赘冒籍，而以丁尽户绝回申，或充军在役，而原户人私开作民户者，并限两个月，具首免罪。如违，军杖一百，发烟瘴卫分，里邻窝家长解人等发附近充军。"

---

① 《明会典》卷155《禁令》。以下条文引文均见于此。

其五，不得隐瞒壮丁以躲避军役。“正德十年（1515）题准：凡有军户通同里书，及官旗人等隐瞒壮丁，故将幼丁纪录躲避军役者，许自首免罪。如不自首事发，属有司者，比照逃军榜例问断，属军卫调边卫，官旗从重参问。”

在防止明逃兵的对策中，大臣唐顺之提出“清弊源以收逃卒”的主张较有特色，即他认为逃卒现象发生的根本原因是士卒由于受到各方的侵克、剥削，生计十分艰辛，甚至无法维持基本生活条件，所以导致大量逃亡。因此，防止逃卒现象发生的根本措施是解决士卒的生计问题，朝廷应保障士卒一家最起码的生计，士卒自然就不会逃亡了。他指出：“臣阅军蓟镇，究军所以多逃亡之故，皆曰边墙之工，卒岁不休，转石颠崖，伐树深涧，力办不及，贷钱赔赎，加之各关夷人，乞讨无时，旬抚月赏，悉出穷军。将官侵克，毫厘剥削，文吏盘点，番增渔扰，穷军生计。止是月粮，斗割升除，而月粮得入军腹者几何矣。至如召募之军，多非土著，不缘身迫穷窘，谁肯自同罪谪。衣粮既不满望，工作又尽其力，势如鸟徙，亦何足怪。兼以石塘古北，本号苦寒，地既虏冲，土尤硗确，哨守之劳已甚，资生之计尽无。原与逸肥之军，一切衣粮不异，是以募军之逃，已甚于他军。而石塘古北之逃，又甚于他处也。窃惟国家岁出筑边，银数十万两，而又令穷军赔赎，岁给抚夷银三万两，而又以累穷军。臣不知其说也，今欲抽军操练，则一身不能两役，墙工自须别议。至于抚夷之费，合令督抚诸臣仔细计算，如国家岁给够用则已，不够则请于朝廷，别为区处，一毫不以累穷军。其将官文吏贪饕之辈，重法禁治。但使穷军全得一石月粮，长孤畜妻，自然不走。至于苦寒之辈，缘军士衣粮普天同例，纵欲加厚，其道无由。臣思得一说，京边折银给军，皆是六钱五分，蓟镇独是四钱五分，始者盖因本镇米贱，权为节减，原非经制。且夫籴之贵贱，因地瘦瘠，假如腹里籴价五钱六钱，则穷边断是八钱九钱，奈何使苦寒与逸肥一样同折，非称物平施之义也。合令户部量地均算，自蓟镇苦寒米贵之处，照例给与折色银六钱五分。

在国计则本分之外，毫末不加，在穷边则同辈之中，已稍优厚，其逸肥米贱去处，自不得援此为例。若谓银不可增，则如前时总制杨博所题镇边横岭事例，每年十二个月，悉与本色，亦无不可。如此百方体悉，庶足系属其心，不然，虽终日攖以徽缠，犹难保其不掊锁而夜走也。”①

二、募兵制思想

明代开国君主朱元璋在起兵反元时，就采取募兵制来作为扩大自己军队的重要途径。明朝建立后，主要实行世兵制，但也断断续续采用过募兵制，只是募兵数量都不多。明中叶以后，由于北方战事不断，朝廷深感兵力不足，故开始大规模募兵。正统十四年（1449）土木之变后，朝廷“令各处召募民壮，就令本地官司统领操练，遇警调用”②。京师也“募四方丁壮，隶勇敢营”③。到了嘉靖年间，为了应对日益加剧的边患，明政府将募兵制推广到全国。嘉靖三年（1524）奏准：“各卫所官军舍人余丁，三丁以上，及京城在外原无身役壮丁，准抽选招收二万四千名，以实营伍，止终本身。”④ 嘉靖十六年（1537）议准：“各该军卫有司衙门，凡官下舍余军下余丁，如果户族众多，不系应袭听继之人，或民间空丁，寄籍空户，不系逃犯听解军户人数内，有情愿投充军伍者，给拨空闲屯田佃种，责令办纳子粒，务使军屯领种适均，不致冒滥。事完之日，造册奏缴。”⑤ 朝廷还积极鼓励各地武官招募军士，“视其所召多寡而轻重其赏”⑥。这使募兵的数量迅速增加，募兵制逐渐成为明朝的重要兵源途径。

募兵是一种雇佣兵，不入军籍，不世袭。刚开始时兵役只限本人终

---

① 《明经世文编》卷259《唐荆川家藏集一·条陈蓟镇补兵足食事宜疏》。

② 陈仁锡：《皇明世法录》卷43，台湾学生书局，1986年。

③ 朱健：《古今治平略》卷25，上海古籍出版社影印《续修四库全书》，2002年。

④ 《明会典》卷137《收补》。

⑤ 《明会典》卷137《收补》。

⑥ 《明世宗实录》卷464。

身，后规定无须终身服役，战时招募入伍，战事结束随即退伍去营。因此，军士没有世兵制中的人身依附关系。而且募兵制为了吸引丁壮从军，其待遇比卫所军优厚，除免本身各差役外，还享受比卫所军多的月粮，并可得到一笔相当数量的安家银、盔甲器械银和鞍马银，一人应募，一家可资以养。因此，不像世兵制下的卫所军士屡屡发生逃亡现象。

募兵由于挑选身强力壮的年轻男子入伍，并且跟随负责招募的将领统帅出征，兵将相习。因此，招募之兵的战斗力比卫所军强。到了明代后期，招募兵成为明军中的主力。

明代大臣倪岳则主张实行募兵制以代替世兵制，其理由是：以募兵制代替世兵制可节省大量费用；募兵制能招募到勇悍纯实的兵士，稍加训练，就能成为精锐之兵，具有较强的战斗力；募兵制能招募到一些潜在的社会危险分子，这样既可增加军队战斗力，又可消除社会不安定因素。他说："所谓募民壮、去客兵以弭患。而省费者，盖以兵屯聚，则有仰给之费；兵迁徙，则有供亿之劳。故三代汉唐以来，皆籍民为兵，番上递休，其数虽多，赡养亦薄，所以维持万寓，而威服四夷者，用此道也。近代籍天下之民以为长征之兵，遂至困天下之力，以事养兵之役。若今延绥之兵二万二千，而骑兵精勇者仅七千人。宁夏之兵至二万三千，而骑兵精勇者仅六千人。则坐食冗费者，不啻倍之矣。农夫之力，安得不竭；馈运之卒，安得不疲乎。往者因其战守不足，复调甘州之兵一万六千，兰县之兵五千六百，以戍延绥；复调庄浪之兵三千，凉州之兵三千，以戍宁夏；而游击之兵一万六千，则又往来乎其间。夫客兵所在，来则纷纷，归则累累，日供刍粮，岁费赏犒，虏尘未睹于一清，军廪每至于告乏，职此故也。臣愚以为城堡之中，兵固有常守矣，平居之民，则皆使出一兵焉。然必三十乃用，五十则休；侵渔有禁，使无所苦；更番有期，使无所惮。仍稍加之廪，既必大得其欢心，于是及其强锐，则教习而杂于行伍之正卒。或有疾疠，则罢遣而复于畎亩之间。民是其物力资产，既切于己，父母、妻子，复系其心，用以御戎，必自致力。然今山西、陕西非无民壮，但勾补或破其家，役使致妨其业，编之尺籍，

遂同世军，今复佥点，恐成咨怨。盍若于已役者，劳而罢之；未役者，赏以来之。明之以大信，示之以大仁，守御止在于本境，征调不致于远行，民知效劳之日有限，归闲之日无穷，则亦何所畏而不从乎？且关、陕之民，勇悍纯实，出于天性，稍加简练，悉为精兵，况其生长村疃，熟于采捕，劲弩药矢，尤其所长，守御之具，此不可缺。臣又闻比岁用兵，荐罹饥馑，延绥之民，逃窜终南，或开私矿以采银，或贩私茶以贾利，杀人劫掠，肆无忌惮，此实内患，岂独外防。亟宜简命信实之臣，厚立赏募之格，赦其既往之失，开其自新之途，应命而至，辄加优恤，沿途城堡，分隶以居，房屋器用，官为周给，量拨闲田，使自耕食。凡百科敛，悉与蠲除，诱之以利，结之以恩，但令训习，使充守御。既祛腹心之虞，且足边鄙之用。二法既行，数十万之兵，可指日而集矣。夫民兵既集，客兵可罢，兴师不妄扰乎老弱之民，粮馈不滥及于无用之卒，内焉而仰给无所费，外焉而供亿无所劳，其为利便益可知矣。”①

三、丘浚的仿唐府兵制思想

天顺、成化年间，“承平日久，民不知兵，武备不无少弛。往时一卫，以五千六百名为率，今一卫有仅及其半者，甚则什无二三焉。朝廷非不知加整饬，岁遣御史分部清勾，而法司亦往往谪有罪者戍边，然终不能复国初之旧”②。在这种情况下，大臣丘浚提出在京畿仿唐实行府兵制：“臣愚过为远虑，切恐自兹以后，日甚一日。失今不图，恐后愈难于今矣。请于国家常制之外，于京畿之中，别为寓兵之法，用唐人之意，而不泥其故迹。因今日之便，而不变其常制，不识可乎，请试言之。今京畿八府，其顺天、保定、真定、河间、永平五府，实居尊毂之下，所辖十七州八十九县，若见丁尽以为兵，可得四五十万。使今日京辅之间，有此劲兵，则国势自尊，国威自壮。视彼列屯坐食之众，游手豢养之徒，

① 《明经世文编》卷77《青溪漫稿一·论西北备边事宜疏》。

② 《明经世文编》卷74《丘文庄公集四·定军制议》。

益有间矣。万一臣言有可采者，请敕大臣集议，若于旧制无碍、治体有益、民情不拂，即委有心计知治体之臣，专主其事，讲求利害。的然有利而无害，然后见之施行。每县因其原设里社，制为队伍，一以所居就产为定。里社丁户有不足者，移其少而就多，使之整然有定数。每一里百户，分为二队，队五十名，立二总甲。每队分为五小甲，甲十名。又合十队为一都甲，而属之州县，州县属之府。其十年轮当之里甲，咸仍旧焉。凡民差役，如皂隶、柴夫等类科派，如岁办和买等类，一切蠲除之。惟养马、纳粮二事，他赋役皆无焉。其民籍十年一造如旧例，其兵籍每岁季秋一造，籍不以户而以丁，丁以二为一，单丁则合诸他。每丁自备军装、器械，如军伍制。有司岁时阅视，有不如度及颓坏者易之。民年二十二附籍，五十八免役，尪羸笃废者除其名。秋粮量减其额，或三而去其一，或五而去其三，兵不番戍，粮不调运，岁十月上其籍于兵部。五郡（谓顺天等五府）之兵，分属五军。州县各为教场，月一点操之。每府又辟平衍地为一大教场，孟冬农隙，兵部奏遣该府都督一员，带领将卒于此召集民兵，依京场操练。分命御史监督之，而纠其不如法者。兵部遣官校马政，工部遣官阅兵器。事竣，各具实开奏。遇有征行，按籍起调。”①

丘浚建议在京畿五府仿唐实行府兵制，其具体方案是：在京畿五府实行寓兵于农、全民皆兵，即“见丁尽以为兵”，可为国家增加四五十万的兵员，解决当时兵力不足的问题。其所增加的四五十万兵员的编制是以基层组织里社为单位，先移少就多，平均各里社的户数为百户，然后每户出兵 1 员，共 100 人，分为 2 队，每队 50 人，设 2 总甲。每队再分为 5 小甲，每甲 10 名。合 10 队为一都甲，每都甲 500 人，隶属于所在州县，州县又隶属于所在府。五府每户出兵一员，其原有皂隶、柴夫等科派的差役、岁办和买等均全部免除，只有养马、纳粮两项赋役仍旧，其他赋役也都免除。士兵入伍自备军装、武器等，政府派官员每年巡视，

---

① 《明经世文编》卷 74《丘文庄公集四·定军制议》。

如军装、武器不合标准或损坏的，就要更换。其士兵兵籍每年秋天编造一次，男丁22岁编入兵籍，到58岁才能免去兵役，如是瘦弱残废之人，可随时免去兵役。服兵役的人家，上交秋粮可免去1/3或3/5。这样，京畿五府的士兵可以不要轮番去戍守边疆，外地也不要调运粮食到京城供应军队。京畿五府的士兵直接隶属于五军都督府，各州县各自设有教场，供士兵每月操练一次；每一府又开辟一处更大的教场，每年初冬农闲，兵部派遣都督一员带领将士到大教场操练。朝廷派遣御史前往监督，纠正其不合法度的做法。兵部则派遣官员前去检查军队养马情况，工部则派遣官员检查兵器情况。事后，兵部、工部各向朝廷如实汇报。如遇有战事，朝廷则按兵籍调派京畿五府军队。

四、军籍思想

明朝对军籍的管理，主要是编造各种文册，作为登记、稽查将士人数、武器装备数量、发放军饷、军用物资的依据，从而对军队进行管理。朝廷规定在军队中编制的文册很多，如《明会典》卷155《册单》载："国初，令卫所有司，各造军册，遇有逃故等项，按籍勾解。其后编造有式，赍送有限，有户口册，有收军册，有清勾册；近年编造四册，曰军黄，曰兜底，曰类卫，曰类姓。其勾军，另给军单，法例益密矣。"如"洪武二十一年（1388），令各卫所将逃故军，编成图册，送本部照名行取，不许差人；各府州县类造军户文册，遇有勾丁，按籍起解"①。这里，"编成图册""类造军户文册"主要作为征发兵役的依据。嘉靖四十二年（1563）议准："札委司官一员，会同巡视科道，督率各卫掌印官，备将各营正兵及原属卫所，每营每卫各攒造文册一本，营中据册稽查，卫中凭册支饷。后有逃亡事故，即行开报，在卫即与住粮，容隐者送问。"②可见，这里的"攒造文册一本"主要是作为稽查士兵人数、发放粮饷的

① 《明会典》卷155《册单》。本目引文未注出处者，均见于此。

② 《明会典》卷134《京营》。

依据。

明代用于军队管理的文册形式多样，除上引的图册之外，还有类似于当代表格的“格眼图册”。如“正德六年（1511）题准：凡造格眼图册，每一军户，限以两行，每行十格，每格十年，备填各军贯址，充调来历，子孙支派，上自洪武十四年（1381）起，至正德七年（1512）止，用坚白纸造完。一本送部，司府州县各存一本备照。待后十年攒造之时，两行填满，益以三行，不许挨退远年格眼”。隆庆五年（1571）题准：“凡巡按御史，务令所属州县将兜底、类姓、类卫格眼册，依期攒造。册前仍揭原额若干、新收若干、某年查明住勾若干、见今清勾若干，务要总撒，相投字无伪落，类送兵部，通将洪武以来旧册互查，中间如有以越称吴，以钱易赵，及埋没欺隐等弊，听本部从重参究。”从这两条引文我们可以看出，表格式的“格眼图册”主要记载士兵籍贯、住址，征调的地点，子孙情况等，并在图册前统计军队原额人数若干人，新征士兵若干人，某年查明逃兵若干人，当前清查逃兵若干人，并将此报送兵部。由兵部将“格眼图册”与旧册互相查证，如发现冒名顶替、欺骗隐瞒等行为，将予以从严惩处。

由于“格眼图册”所记载的士兵资料复杂烦琐，不便于核查，因此，明政府要求另造“简明清册”，只填写士兵姓名、征调地点及户产、军装等，以便于稽查。如“万历元年（1573）题准：凡清军御史，务查先今议定册式，照常攒造四册，以备考核。如式另造简明清册，以便稽查。其式仍照原题宽广，各一尺二寸，每板纵横各三格。其上格大书军伍姓名，注写充发解补来历；中格注开户产、军装军丁；下格空之，待填册后十年事故。下轮攒造，则以下格事故，归并上格之末，仍空下格以待后填。其间或改调分豁者，揭名类开册前不必填格，陆续发补者，照名序填册后，四册照旧解部。简明清册止存本省，不必解部”。

为了便于清查军队士兵人数，明代的军册还采用会计中的旧管、新收、开除、实在四柱法来记录士兵人数的动态变化。明朝规定：“凡勾军册式，以成化元年（1465）以前，原额及陆续收充为旧管，以后至该年

终收充为新收，改调住勾为开除，食粮差操为实在。见今该勾逃故为清勾，分别屯所攒造花名总册，仍以该年分该勾军士名贯、充调接补来历、逃故年月日期，分别有司衙门，攒造底发册二本，并花名总册送部查收转发清解。”

明代的军册有一式两册、三册、四册，以便于互相查对备照，防止弄虚作假。如成化十一年（1475）题准：“各处清军御史及兵部委官，督各卫所将原管旗军，不分见在逃故，备开充军改调来历，并节次补役姓名，每布政司、每直隶府，攒造一处，各一样二本送部，一本存留备照，一本送御史查对。如称某卫充军，而某卫册内无本军名伍者，解部定夺，或发附近卫所收操，以后遇发到清勾文册，只将前册查对清理。”同年，“又令各处清军御史，将兵部发去各卫所造报旗军文册，对查军民二册，以防欺隐。其册，府州县各誊一本备照”。嘉靖三十年（1551）题准：“凡军士逃故，各卫所造单照旧，备造册底三本，一本送清军御史，二本随批文连单径送兵部，将底册一本兵部转送五军都督府知会，须清军御史挂号以防稽迟。虽隶都司者，离远不便，亦照此例，其无逃故军士者，各申呈清军御史年终类呈都察院咨送兵部查照。兵部发出勾单，亦令领赍人员，送清军御史，转发所属清勾。如有违误，听清军御史查究。如停差清军御史，行巡按御史。”嘉靖三十一年（1552）题准：“凡大造之年，除军黄总册照旧攒造外，又造兜底一册，细开各军名贯、充调来历、接补户丁，务将历年军册底查对明白，毋得脱漏差错。又别造类姓一册，不拘都图卫所，但系同姓者，摘出类编。又别造类卫一册，以各卫隶各省，以各都隶各卫，务在编类详明，不许混乱。其节年问发，永远新军，亦要附入各册。前叶先查概县军户总数，以递合图，以图合都，以都合县，不许户存户绝有无勾单，务寻节年故牍，补足前数。每于造册之年，另造一次，有增无减，有收无除。每县每册各造一样四本，三本存各司府州县，一本送兵部备照。”

从上述引文，我们可以看出，军册一式两册、三册、四册数量的不同，主要由其管理部门的多寡决定。换言之，即有权管理的部门，必须

都要呈送一份存留备照。如成化十一年（1475）规定，清勾文册由布政司、直隶府编造，一样两本，其中一本送主管部门兵部存留备照，另一本送御史查对。嘉靖三十年（1551）所造的军册则要报送三个管理部门，其中一本送清军御史清勾，另两本呈送主管部门兵部，再由兵部转送一本五军都督府知会。嘉靖三十一年（1552）所造的军册则要一样四本，其中司府州县各留一本，剩下一本送主管部门兵部备照。这些军册之所以一式数份分送有关管理部门存留备照，其目的是使各部门之间可以互相监督查对，防止由某一部门包办，容易欺骗、隐瞒等。军册所记载的内容，主要是军士的姓名、籍贯、征调地点、候补兵役人员姓名等，即“名贯、充调来历、接补户丁”“备开充军改调来历、并节次补役姓名”等，以便于查追逃兵，并能及时补充兵员之不足。为了便于管理、检索、查阅军册，明朝廷还设计、编制各种不同用途的文册。其中主要者有四种：一是军黄，属于总名册的文册；二是兜底，详细记录“各军名贯、充调来历、接补户丁”；三是类姓，“系同姓者，摘出类编”，便于按姓氏笔画检索；四是类卫，“以各卫隶各省，以各都隶各卫”，便于按所属卫所检索。

由于编造、清查军册是军籍管理的重要环节，因此，朝廷规定有关官员必须认真负责地编造、清查军册，如有失误差错，有关官员任满考核时，不准发给合格证书。“嘉靖三十二年（1553）题准：凡清军官员，如遇三、六年考满，将任内清过军士、取获批收若干、未获若干、奉到原发勾单若干、未缴若干、完销勘合若干，其内外经历知事等官，亦将任内收掌军册卷案，造送军单等件，总计若干，通行攒造方册，类送吏部，转咨兵部查考。如有旷废职业及营谋别差，无益军政者，不准给由。”

五、丘浚稽查军籍思想

明朝英宗、宪宗年间，士兵逃亡、兵力不足问题已较严重。正如大臣丘浚所指出的：“惟我国家自平定之初，则立为卫所，以护卫州县。卫

必五所，所必千军，而又分藩列阃，以总制之而有都卫之设。其后也，改都卫为都指挥使司，文武并用，军民相安，百有余年。其视汉唐宋之制，可谓大备矣。然承平日久，兵备不能无弛，军伍不能无缺。旧例遇有缺伍，卫所差旗军于其原籍径行勾补，其流之弊，乃至所勾至者，反少于所遣之人。得不偿失，于是用言者计，每岁分遣御史清勾，然亦徒有其名，无益于事。近有建言欲稽御史所勾之数，以为黜陟，然亦徒害平民，无益军政。臣尝考历代之制，皆是草创之初，军伍数少，而其末世乃有冗滥之失，惟我朝则是先多而后少，何也？前代之制，率因一时而随事制置，惟我圣祖，则斟酌古今，立为一代之制，使子孙百世遵守焉。方其初制为军伍也，内地多是抽丁垛集，边方多是有罪谪戍。岁月既久，奸弊日滋，或改换姓名，或变乱版籍，或潜行析户，或自私分居，彼此相隐，上下相蒙，遂至簿卷难清，挨究无迹。其间丁尽户绝者，固亦有之，而正户固在，而旁累他人者，亦不能无也。”① 丘浚在此认为，明代世兵制下的卫所军籍管理，经历了百余年后，至英宗、宪宗年间已暴露出弊端，军士逃亡，兵员不足。朝廷起初派遣旗军到逃亡兵士原籍勾补，但所勾补的人数还不如旗军逃亡的人数多。由于得不偿失，朝廷每年派遣御史前往清勾，但御史清勾也只是损害平民，徒有其名。丘浚发现明代军籍问题与前代截然相反，前代军籍均是王朝前期兵员少，尔后兵员越来越冗滥，而明代则是前期兵员多，而后则兵员越来越少。他认为其原因是军士通过改换姓名、变乱户口版籍或隐瞒户口、分居等逃避兵役。

针对这种情况，丘浚主张：“为今之计，乞敕兵部通行清理。凡天下都司卫所，俱要造册，开具本卫若所，原设额数若干，见今实在若干，缺伍若干，不问存亡，备细开造，具其籍贯及充军缘由，仍行户部行下天下布政司。若府州县，亦要造册，开具各州县军户若干，见在充当者

① 《明经世文编》卷 74《丘文庄公集四・州郡兵制议》。本目丘浚言论引文均见于此。

若干，挨无名籍者若干，彼此照对，以见其实在之数。其卫所见在食粮者若干，缺伍不补者若干，兵部类以奏闻。会文武大臣集议所缺，必设何法，然后军伍足数，以复国初之旧。必须不拂民情，而致其生怨；不为民害，而激其生变。讲明根究，至再至三，然后见之施行。如此则佥论之中，必有良法善计，不徒然也。”由此可见，丘浚解决当时军士逃亡、兵员不足的主要措施，首先就是都司卫所扎扎实实清查军士人数，弄清每个卫所原定兵员额数若干人，见今实有兵员若干人，短缺若干人，仔仔细细如实登记，编造军籍上报。其次府州县也要造册，开具各州县有军户若干，当前服兵役者若干，没有军籍的兵士有若干。然后都司卫所编造的军籍与府州县所造文册彼此比照核对，以弄清目前兵员实际人数，卫所现在领取士兵口粮人数，缺伍而没有补足兵员人数。丘浚认为，只有彻底弄清这些人数，再召集文武大臣商议，提出解决办法。值得注意的是丘浚在提出改革措施时，都特别注意尊重民情民意。如上述他提出在京畿五府仿唐实行府兵制时就强调应“治体有益，民情不拂”，而在《州郡兵制议》中提出稽查军籍措施时更明确申明“必须不拂民情，而致其生怨；不为民害，而激其生变”，而且政府在推行改革措施时，必须十分耐心，一而再，再而三地向民众说明缘由究竟。

第三节　边防思想

一、选用将官思想

明代一些有识之士认为，战争时，将官的作用是十分重要的。如大臣于谦就指出：“议得国之所恃者兵，兵之所赖者将。将得其人，则兵无

不精；兵无不精，则国威自振，而虏寇之患自平矣。”① 大臣王骥也说：“镇守山西都督佥事李谦言，欲严饬武备，莫若委任得人，则事无不举。成国公朱勇亦言，比者各都司卫所，俱缺老成能干之人掌事，多有托故，经年离职，不思在任，躬亲抚恤整齐，军伍逃亡愈多，虚费供亿。臣详勇等所言，宜行各处巡按、监察御史、按察司及总兵镇守官，从公推选，每都司卫所掌印官各一人，及选老成能干佐贰官二人，常留一人在任理事，专一整饬军马，缮修器械，完固城池，比较屯种，稽考勘合。”② 在此，于谦从宏观的视角，用逻辑推理的方式，说明国威自振、虏寇自平必须依靠兵精，而兵精必须依赖将得其人。显然，国威自振、虏寇自平的根本是将得其人。李谦则认为要严饬武备，没有比将得其人更重要的。朱勇、王骥则从微观的视角，指出都司卫所必须挑选老成能干之人掌事，才能防止军士逃亡，整饬军马，缮修器械，完固城池。

在此认识的基础上，朝廷重视选拔将才。如“宣德五年（1430），令天下都司卫所于所属官及行伍内，每岁选智勇廉能者一人，送京试用”③。“成化八年（1472），令文武官员军民人等有谙晓兵法、谋勇过人、弓马熟闲者，并许保举，试中者无官授以冠带，有官仍旧职，拨团营操练听调。边方举者，就各边操备。其有才兼文武堪为大将，耻于自进者，府部、都察院、通政司、大理寺、科道并在外衙门，各举所知。”

明代选拔武将的形式多样，如可通过举保、荐举、评议等方式。如“嘉靖六年（1527），令于各边空闲都督、都指挥及副参游击等官内，举保曾经战阵、谋勇可观者，行取听用”。嘉靖二十一年（1542）议准：“将官……如有谋勇异等沉沦行伍者，许各该总督抚按官，一体荐举，试验果实，破格收用。”大臣倪岳则提出：“乞敕该部通将各年各官公举将才，照例会同五府、各部、都察院、大理寺堂上官并掌科道官，从公逐一评议，原举堪任主副将官。其间或精通武艺，或练达戎务，或弓马熟

---

① 《明经世文编》卷33《于忠肃公文集一·建置五团营疏》。

② 《明经世文编》卷28《王靖远忠毅侯奏疏·请选择卫所官员疏》。

③ 《明会典》卷135《举用将才》。以下3个自然段引文未注出处者，均见于此。

闲，或韬略谙晓，或智谋过人，或勇敢出众，宜用于北者，北边宣府、大同、辽东、陕西等处地方有缺，挨次奏补，宜用于南者，南方云贵、两广、四川、湖广等处地方有缺，以近就近，挨次奏补。其有不协公议，及夤缘请托者，俱令革退。其有未经公举，其已举未经评议者，无得举用。”①

明代选拔武将十分注重将领的实战经验。如大臣徐有贞就主张：“乞敕兵部行移天下军卫有司，访察军民之家，但有军谋勇力之人，并从选举，不限南北，不拘额数，举选到京。问以攻守之策，试以弓马膂力，取中者月给口粮二石，分隶在京各营，然后差拨各处，总兵官参随使用。有功之日，照例授以武职。如此，则凡天下智勇之士，举无遗憾，为国家之用矣。”②“永乐十年（1412），令武官升试职，未经实授者，须立功方许实授。”③“万历九年（1581）题准：副总兵官下总兵一等，不可轻易请加，必有重大战功，紧要边工，勘实请加。其资深请加者，必总计其自任都司参游历十年以上，方许议请加授。”④

明朝还规定，在举荐武官中，如所举荐的武官以后有功绩，举主也将得到奖赏；如所举荐的武官以后有过失，举主也要受到处罚。“万历元年（1573）议准：在京四品以上及科道官，在外总督、镇巡等官，各延访，不拘见任、隐逸及被论、听勘、革弃等项人员，上自总兵，下至卒伍民庶，某可为大将，某可为偏裨，某可备先锋，及远使外夷，据实开注。每人或举一二员名，或三五员名具奏。兵部再加品骘，并将举主职名题覆附簿，听备缓急推用。如树有功绩，赏及举主；或徇私滥举，以致偾事，举主一体议罚”。

大臣林濂针对边防、战争的特殊性及武将人才的难得，提出朝廷必须重视武将人才的储备，并在储备的人才中选拔杰出的将才。他说：“臣

① 《明经世文编》卷78《青溪漫稿二·会议》。

② 《明经世文编》卷37《徐武功文集·条议五事疏》。

③ 《明会典》卷118《升除》。

④ 《明会典》卷118《升除》。

窃见国家之将兵者，虽有总兵、参游等官而参其权者，总督、巡抚、兵备也。夫此三臣者，其选未尝不以才也，然而任之或往往偾事，以不才废者有矣，屡易屡废者又有矣。其才若是其难，何也？军旅之事，非书生所习，其边地山川要害，虏情变诈，未易知也。又其恩信不素孚，则士不愿附，威望不素著，则敌不知畏，又何怪其以才举者，而每以不才废也哉……今边郡可储而用者，其内则督饷边郎也，其外则各府州县守令也。乞敕该部特重其选，别作一途。用之必择其年力精强，廉能而有胆略者，往任其事。又时察其阘茸不才，及虽才不宜边地者，亟更易之。至于抚按所举，官虽至微，亦得露章显荐。又每为破格超擢，使人人皆不以资自限，而有上进之阶。是故为边郎、郡守而才者，则可以储兵备之选矣；为兵备而才者，则可以储巡抚之选矣；为巡抚而才者，则可以储总督之选矣；为总督而才者，出入本兵可也。如此行之数年，陛下择才于是乎取之，而才之不足者，未之有也。"①

大臣毛宪则更具体地指出，由于边境地理和战争的特殊性，选拔边将应是生长在边疆之人，而且应熟悉边疆事务、品德好、有谋略、武艺超群的，这样才能领兵打胜仗。他说："臣窃谓选举边将，不宜泥于常调，必生长边方、练达边务、贤能素著者，方堪任用。乞敕巡边宪臣会合总兵以下，或于偏裨，或于行伍，各举所知，明著其能。某人智略绝伦、骑射超众，某人气节卓越、勇力出群及有战功者，亦各开列奏行。兵部遇有员缺，自大将副参而下，推举之日，仍要开列贤能功次，量才补用，必能恩威兼著，料敌设奇，相机战守，不袭前弊，而制胜有道矣。"② 在此基础上，毛宪还提出具体选拔边将的测试方法："宜令文武臣僚各举所知，遇凡智勇之人，列名上请，下之兵部。其未用也，试之武举，较以武艺，以观其能；问以方略，以观其谋。其将用也，试之治兵，观其颜色，和易以知其气；窥其约束坚明，以知其威。不必限于名位，

---

① 《明经世文编》卷313《林学士文集·陈言边计疏》。

② 《明经世文编》卷190《毛给谏文集·言备边患事》。

拘于世胄，随其智勇而选用之，则名将出矣。”①

将领选拔出来后，朝廷还必须善于任用，才能真正发挥将领的作用，在战争中取得胜利。在古代，最高统治者为防范将领军权过于专制威胁皇权，往往对领兵将帅予以多方牵制。这就使领兵将帅不能根据瞬息万变的战争形势及时迅速地做出战术调整，重新调兵遣将进行部署。明代也不例外。当时不少有识之士呼吁朝廷必须给予前线的领兵将帅较大的军事指挥权。如大臣王鏊就提出：“将权贵专，将权贵殊，位不殊则混而无统，权不专则散而不一。今边方之重者，曰大同，曰宣府，曰延绥、榆林，其在边将之任，内臣则有太监，武臣则有总兵，文臣则有都御史。都御史欲调兵，总兵不可而止者有矣；总兵欲出兵，太监不可而止者有矣。大同有急，欲调宣府之兵而不能；延绥有急，欲调大同之兵而不可。权分于将多，威夺于位埒，欲望成功，难矣。故廷议之际，佥以立总制为急……乞依祖宗时用王翺、马昂故事，起取本官，加以总制之名。沿边诸将，悉听节制，庶事权归一，无或阻挠。命出则出，命止则止。大同有急，宣府不得不援；延绥有急，大同不得不赴。号令严肃，声势增重，隐然有万里长城之势矣。”②

胡世宁则认为，朝廷既然已选拔出忠勇有谋之人作为将领，那么就应该充分相信他们，让他们担负起一方军事重任，给予他们独断的军事指挥权，以应对战场瞬息万变的形势。而且这样责任明确，有功则赏，有罪则罚。他说：“今各边总兵、巡抚见一虏出，出一军，赏一有功，戮一不用命，皆不得自专，必须奏请，事从中制，彼得推干，故难责成功，常致误事。朝廷岂以其人不足委任耶，固宜改委其人，惟求忠勇历战之人，以为总兵，遴选壮毅有谋之士，以任巡抚。惟才是使，虽小官授以节越而无嫌；惟敕是遵，虽崇爵听其指麾而无碍。固不宜拘泥资格，而用已衰之人，亦不宜骤与崇阶，而赏无功之士。选任既当，又宜体圣祖

① 《明经世文编》卷190《毛给谏文集·陈言边患疏》。

② 《明经世文编》卷120《王文恪公文集·上边议八事》。

之成法，效古人之命将，假与威权，使得专罚，多与金帛，使得厚赏。至于临期应变，料敌出奇，惟期所为，而不为中制。朝廷惟握将将之权，有功则升赏，有罪则诛黜。如此，则将士用命，事几不失，而彼得成功矣。”①

陆粲则认为，朝廷如选拔出贤劳智略之人为将领，就要厚待相信他们，激励他们为国效劳，使他们为广大士兵做出表率。他指出：“今偏裨行伍之中，岂无异才，而不能自达于上者多矣。惟本兵若行边大臣，慨然思为明主求才。有贤劳者，不必限以下位；有智略者，不必计其小过。虚心访求，多方搜采，或督令管军官员，各举所知，参伍考验。果得其人，即不次拔擢，待以殊礼，推赤心而置其腹，加厚赏以劝其劳，使有以自异于众。三军之士，属目向之，而彼不思所以自效者，非人也。”②

王崇古则提出边将必须久任，才能熟悉边地军情和环境，更好地发挥自己的才干，以应对错综复杂的战争，建功立业，以防止急功近利，侥幸升迁，而且能免去频繁调动所带来的汰优任劣以及迎送之扰。他指出：“照得陕西三边，延袤万里，四镇总兵、各司一镇之安危，副参、游协将领，分守各路之疆域，必须久任责成，方免夤缘规避。近年以来，地方多事，将选乏人，失事革去者，或多可用之才勇；被荐迁擢者，未著可纪之功效。地里兵将，方称相宜，被罪被擢，辄复委去。继任者或未必贤，即贤非土著，而地里未谙，军情未孚，初至既难展布；迁去者或新任未宜，适遭虏患，遄遄前功尽弃，竟坐废黜。或一路一年而迁黜二三，或一镇每岁而迁转十数，其送旧迎新之费，士马奔走之劳，公私烦费，渐不可支。中间东人西任、北产南迁，或虚名无实，或避难就易，无益战守，徒滋烦扰。臣抚夏三年，于凡年力可用、才守俱优者，俱未尝轻荐以遂迁擢，而误事贪猾者，随即论斥，免误地方。中有一二历任方新、干济方勤者，辄被别荐迁转，间或代以匪人，重误地方，殊非用

① 《明经世文编》卷136《胡端敏公奏议四·备边十策疏》。

② 《明经世文编》卷290《陆贞山集二·拟上备边状》。

将安边之略。且诸将失事有轻重，历任有浅深，必须参酌情法，稽叙年劳，以为进黜，庶可储才济用。合无敕下兵部，今后各边将领，地方纵有失事，查果才勇可用，操守无缺，或历任尚浅，或概管地方隔远，或临期别有调遣，情有可原者，虽经参问，量降职级，甚者革去祖职，充为事官，令仍原任，听抚素孚之兵，守经练之地，立功自赎。免即令解任，俾遂脱去，得便私图。若果策无后效，并治之罪。其余虽经论荐，历任尚浅，原无奇功，止腾虚誉者，无得一概叙迁，以遂速化之私。俟在任三年，果能保固疆场，防御无失，或立有奇功，迁擢大用，以酬劳绩。其余凡遇各边员缺，仍须各查附近地方，相应人员推补，免以远镇素不经历之官推任。庶各边将领，各思毕志封疆，无敢择地观望，地方得保障之益，免迎送之扰，而卖勇腾誉之辈，可无所售其奸诡矣。”①

二、武科举考试选拔思想

明代开设武举考试的想法，朱元璋早在吴元年（1367）就已提出：“（吴元年三月）丁酉，下令设文武科取士，令曰：盖闻上世帝王创业之际，用武以安天下；守成之时，讲武以威天下。至于经纶抚治，则在文臣，二者不可偏用也……兹欲上稽古制，设文武二科以广求天下之贤。其应文举者，察其言行以观其德，考之经术以观其业，试之书算骑射以观其能，策以经史时务以观其政事；应武举者，先之以谋略，次之以武艺，俱求实效，不尚虚文。”② 可见，在明王朝正式建立前夕，朱元璋就已在思考通过文武科举取士来为新王朝选拔治国人才。他承继前代开设武举之传统，下令开武举以广求天下习武之贤才，并明确武举的基本考试内容为谋略与武艺。但是，尔后在他当政的31年里，未见其将武举付诸实践。其原因是朱元璋后来又改变了想法，认为只要有文科举就可以选拔文武兼备的治国人才，如设武举倒不利于文武全才的选拔。他说：

① 《明经世文编》卷319《王鉴川文集四·陕西四镇军务事宜疏》。

② 《明太祖实录》卷22。

“建武学，用武举，是析文武为二途，自轻天下无全才矣。三代之上，士之学者文武兼备，故措之于用，无所不宜，岂谓文武异科，各求专习者乎？即以太公之鹰扬而授丹书，仲山甫之赋政而式古训，召虎之经营而陈文德，岂比于后世武学专讲韬略，不事经训，专习干戈，不闲俎豆，拘于一艺之偏之陋哉！”① 基于这种思想，朱元璋规定在科试后再加试骑、射、书、算、律等五事，其中骑、射两事就属武举科目，体现了他寓武于文、选拔文武双全人才的思想。综观《明太祖实录》及其他历史文献，洪武年间，朱元璋一直未开设武举考试，而是在科举考试之后加试骑、射等武举科目。如洪武三年（1370）八月，“是月京师及各行省开乡试……中式者后十日复以五事试之：曰骑、射、书、算、律。骑，观其驰驱便捷；射，观其中之多寡；书，通于六义；算，通于九法；律，观其决断”②。至洪武十七年（1384），在礼部颁定的科举成式中，也未提及武举之事。

直到天顺八年（1464），明政府才正式颁布了武举之法：“令天下文武衙门各询访所属官员军民人等，有通晓兵法、谋勇出众者，从公保举。从巡抚、巡按会同三司官考试，直隶从巡按御史考试。中者，礼送兵部，会同总兵官于帅府内试策略，教场内试弓马。答策二问、骑中四矢、步中二矢以上者，为中式，官量加署职二级，旗舍、余丁授所镇抚，民授各卫试经历，俱月支米三石；若答策二问、骑中二矢、步中一矢以上者，次之，官量加署职一级，旗舍、余丁授冠带总旗，民授各卫试知事，俱月支米二石。并送京营量用，把总、管队听调，有功照例升赏。”③ 这里，规定了武举的主持者（考官）为巡抚、巡按和三司官，应试者为官员军民中通晓兵法、谋勇出众者，考试的内容有谋略（答策）、武艺（骑射），如成绩达到规定的录取标准，就授以相应的官职和俸禄，并送京营量用，有战功时再照规定升赏。

---

① 《明太祖实录》卷183。

② 《明太祖实录》卷55。

③ 《明会典》卷135《兵部十八·武举》。

此后，经过弘治至嘉靖年间逐步完善，明代武举在制度上渐趋完备。正德十三年（1518）九月，兵部尚书王琼于廷臣会议后上武举条格：

武举乡试仿文士乡试，年以十月为期。先月，都司、布政司类造卫所，府、州、县应试者于巡按御史会三司官考验定数，两京卫所俱送中府会官考定，直隶卫所、留守司、大宁都司并各府州县俱送巡按御史考定，各转送兵部。考验之日，选取之法，一如武举会试例。武举天下军职：两京武学并诸卫所各起送五十名，南北直隶卫所各三十名，留守司、大宁都司各十名，辽东、万全二都司，山西行都司各视直隶卫所，陕西都司视两京武学，陕西行都司，山西、山东、河南、江浙、两广、川、湖、云南都司视陕西都司各杀三之一，福建、贵州各半之，川、湖、闽三行都司各视大宁都司。总小旗、舍人、舍余、军余：两京武学各卫所各起送二十名，南北直隶卫所、辽东万全都司、山西行都司各半之，大宁都司留守司及十二都司、四行都司各杀四之三。民人：南北直隶各二十名，每布政司各半之。以上起送之数虽有定额，若不及额者不拘，惟不得逾额。会试之年四月，兵部于团营教场会集考验，初九日试马上箭，十二日步下箭，十五日策一道。内阁大学士、兵部尚书为考验官、提督各营官、兵部左右侍郎、锦衣卫官二人、给事中二人为同考验官，监察御史二人为监试官。会试每科中选，如正德三年（1508）例，取六十人，官以品级为次，舍人序见任武职后，外取中选总小旗人等，不得过二十人。各处起送必须操行无过、言貌出众、膂力过人及弓马熟闲（娴）、策答通晓兵法者，不得滥举以足额数。选取之法凡有五等以原报考语行检实迹优劣为一等，言貌膂力优劣为一等，马步中箭多少各为一等，答策优劣为一等，五等俱优者中试，或五等互有优劣听考验官参酌去取。中试，官除都指挥使难升外，其都指挥同知以下俱升署一级，遇推用署指挥使、同知佥事俱加署都指挥佥事职衔，俱终其身，不袭；中试，官俸应支折色米内改五石支本色；中试，武职属都司行、都司者遇本都司及本地备倭守备、总

运等缺，属两京卫所者遇南北直隶都司、留守司官缺及备倭守备总运等缺，俱以次推用。或兼举未中选而曾经奏保者，各卫所军政掌印、佥书、管屯、巡捕等缺，亦于武举中选官推用。中试，总小旗、舍余、军余，两京及各边镇者，俱委管队在外者，各于本卫所委管守城、操练巡捕其民人，委管本州县民壮，俱冠带荣身；总小旗俱支本色米，舍余、军余、民人俱支米一石，以后立功照例升用。中试，应袭舍人俱待袭替后推用。①

兵部尚书王琼所上的武举条格是明代较为完备的武举考试制度，其在天顺八年（1464）武举考试制度的基础上加以进一步完善。首先，武举条格参照文士科举也分乡试和会试两个层次的考试。武举乡试由巡按御史会同三司官主持考试，武举会试由内阁大学士、兵部尚书为考验官，提督各营官、兵部左右侍郎、锦衣卫官、给事中等为同考验官，监察御史为监试官共同负责，可谓阵容庞大。其次，武举考试规定了各卫所、都司、留守司起送的应试者名额，不得超过限定的名额，但可以少于限定的名额。由于武举对武艺技能的特殊要求，能够参加武举科考试者多为武职、军余子弟，因此具有相当程度的世袭性。虽然朝廷规定立有军功者也可以参加武举考试，但承袭父祖军荫是武举考生的主要来源。再次，考试的内容主要还是骑射和策答兵法，除此之外，还增加了考查应试者操行、言貌、膂力等。主考官根据应试者的操行、言貌膂力、马上射箭、步行射箭、策答兵法五个方面进行评分，参酌去取。最后，依据考试成绩授以应试录取者不同的武职和俸禄。正如《明武宗实录》卷166所载：“（王）琼以前尚书刘宇所定条格有未当者，复建此议。自谓据古准今，视前为优，又自请为考验官。诏皆从之。”由此可见，王琼等所上条格的确较为完备，并得到了实行。

明代隆庆、万历年间，武举在考试内容上有所增加、改进，使考核更加全面。“穆、神二宗时，议者尝言武科当以技勇为重。万历之末，科

① 《明武宗实录》卷166。

臣又请特设将才武科，初场试马步箭及枪、刀、剑、戟、拳搏、击刺等法，二场试营阵、地雷、火药、战车等项，三场各就其兵法、天文、地理所熟知者言之。”① 但遗憾的是，这些好建议虽然得到朝廷批准，最终却没有得到实行。

三、募才勇、用土兵思想

大臣储巏看到，当时北方少数民族士兵“恃戎马足怀禽兽心，沉鸷有力，骑射精强”②，明朝军队根本不是其对手。因此，提出到沿边州县及内地招募才勇：“夫骁勇才武之士，未必尽产于沙漠，在中国倍有之。彼挟其所负，亦岂肯帖然人下哉？在有司优异拔取之耳。臣愿敕兵部选差忠实明敏官员，前往沿边州县及腹里地方，悬赏格募，不拘士民军舍之余，但胆力过人、骑射可取，五兵之中，能操一二技者，面试其能，起送赴部。置营房以安其室家，聚粟帛以足其衣食，军舍则改隶其籍、士庶则待考其功。平居则束之部伍，以变其习；有功则差其官级，以酬其劳。盖才勇之士聚之京师，既可以威敌制远，如民有啸聚弄兵之谋者，亦入吾彀中，可以坐消其患矣。”他认为，朝廷如招募到这些“胆力过人、骑射可取”的才勇之士，给予其优惠的生活条件，将他们编入军队，平时以纪律约束他们，战时让他们建功升官。这样，朝廷就可以在边境打败来犯之敌，对内则可以消除不安定的隐患。

大臣李杰提出边疆防守军队应招募土兵，这是因为本地土兵自幼在战争环境中长大，对军事、敌情比较熟悉，善于骑射，而且其与入侵之敌战斗，是为了保卫自己的家园，会更加勇于冲锋陷阵。因此，比内地派遣来的军士具有诸多优势。他说：“用土兵何则，穷边之地，其民习兵，幼识战阵，知虏情状，骑射驰突，与虏争长。必也，捐重赏以招之，设勋格以劝之，类其部伍，而不违乎俗。即其豪杰，而使为之帅，授之

① 《明史》卷70《选举二》。

② 《明经世文编》卷96《储文懿公集·防虏疏》。本自然段引文均见于此。

田宅以安其居。虏入而能得其首级者，厚赐之；虏退而能止其所掠者，即予之。如是，则人内顾家业，如报私仇；外利赏给，勇于公战。其与调遣之兵，闻鼓角之音，则悲痛伤心，望毡裘之群，则振掉丧胆者，功相万万也。”①

大臣王鏊则认为，应招募边地土兵保卫边境，因为边地土兵比京师军士骁勇，善于骑射，能耐风寒冰雪，而且与入侵之敌有杀父子兄弟的仇恨，并有保护自己家园的责任。因此，招募土兵比起征调世兵更能打胜仗。而且招募土兵不像世兵须世代为兵，平时在生活上给予优待，战争时有功就予以奖赏加官，战争结束就让他们复业还农，因此，应募者人数众多。他指出：“边人之壮勇者，召募而善抚之，不患于无兵矣。盖土兵生长边方，骁勇骑射，往往绝人。山川险易，其素所谙；风寒冰雪，其素所耐。于虏有父子兄弟之仇，于内有室家庐墓之恋，驱之使战，人自护其家，家自报其仇。若夫京军，山川非所谙也，寒暑非所习也，未见敌则先去以为民，望人有功则攘夺以为己有，其弊岂唯无益，固亦有所扰也。古人云，征兵满万，不如召募千人。近者闻边方召募，亦已稍集，但恐为将者，不加抚御，则不肯效力，其余亦不肯应募。臣愚以为宜给之兵械，丰其粮饷，厚其赏赐，其官舍应募，有功即加以官，且许其并功论赏。事已兵休，许以复业还农，不著其名于籍，则应募者必众。先加之恩，而后齐之以法，则人人皆胜兵矣。”②

大臣张时彻则认为，招募乡勇比招募土兵更好，因为官军不如土兵，土兵不如乡勇，乡勇在胆略、武艺、善战等方面更胜一筹，而且在以往的战斗中已得到证实。他建议将原供养守卫边地军队的经费用于招募乡勇，给予他们行粮衣甲器械，组织他们守卫边地。他说：“川中之兵，军快不如土兵，土兵不如乡勇。盖生长山谷，胆气既粗，逼近番寨，习尚略同，数经战阵，进退亦利，故前此官军一千，不能敌百余之番，而坝

① 《明经世文编》卷90《李董二公奏疏・论西北备边事宜三》。

② 《明经世文编》卷120《王文恪公文集・上边议八事》。

底五十乡勇，乃能冲锋破敌，其强弱可知也。平番失事之初，援兵未到，城堡空虚，兵备道访召村民，精选五百，授以甲兵，教以击刺，甚得其力，前项斩获功次，盖十之七八矣。及看得守备民快去堡窎远，往返艰难，以故俱系无籍之徒，积惯包揽，任意科索，工食花费，赤身到堡，不久脱逃。盖此辈专务诓讨工钱，多不在边操备，民财徒致縻费，而武备日见空虚，诚不便之大者。本道前议，免其解人，止追工食盘缠，发堡雇募乡勇代守。百姓得省科派，而关堡不致缺人。此不惟可行于一时，而实宜立为定法……选取精壮乡勇，照数顾役，分守关堡。听各该提督官按季造册，责令各乡勇亲自赴道支领，仍一体给与行粮。其衣甲等银，该道委官置造盔甲、器械给散，如遇更替查追。其收过乡勇，须逐名审验，籍记姓名年貌，一样造册二本，一存该堡，一送本道查考。仍照册书，写小木牌一面，该道押判给散，各兵时常悬带，以便稽查。其收充之时，备呈本院，照详施行。仍令各该提督掌堡等官，一体永为遵守。如此，庶土著之民，各怀自保之心，而熟知地利，亦不难于敌忾矣。”①

四、训练士兵思想

在军队管理中，平时训练士兵是提高军队战斗力的重要途径。明代大臣方逢时就指出：“臣闻训练者，治兵之良法也，不可一日亡所事事，时当无虞，尤易废弛。”② 尔后大臣王任重更是从实战强调训练军队的重要性和基本内容：“今三镇之兵，仅近十五万，且远近营堡棋布星分，诚若是其少矣。然古名善用兵者，每以少击众，则兵不在多明矣，所贵练而精之耳。夫兵所称练者，不过习攻杀击刺之法，练艺也；鼓投石超距之气，练胆也。未有以练心之说闻者，练心之道无他，不过恩信素孚，将识士情，兵知将意是已；法令素明，上可至天，下可至渊是已。心果练矣，平时则如身使臂，如臂使指，是兵皆有勇知方之兵也。不逞而噪

① 《明经世文编》卷 243《芝园全集·处置平番事宜疏》。

② 《明经世文编》卷 321《方司马奏疏二·审时宜酌群议陈要实疏》。

谭者，谁与？临阵则如指护臂，如臂护身，是兵皆亲上死长之兵也。望风而奔溃者，谁与？如是，则一可敌百，十可敌千，将无坚不破，无众不摧矣，岂亿人亿心者，可与之论多寡哉。”① 在此，王任重认为，用兵之所以能以少胜多，很重要的一个原因是平时对士兵进行精练。练兵主要可分为3个方面：一是训练武艺，即练习攻杀击刺的方法；二是训练胆量，即练习投石跳远等；三是训练思想，要使将士之间相互加深了解，将领要给予士兵恩惠，获得士兵信赖，使士兵明确知道朝廷颁布的有关法令。这样，就能做到将领指挥士兵如身体指挥手臂，手臂指挥手指，而在战场上士兵保护将领如同手指保护手臂，手臂保护身体。如果能这样，就可做到明军以一敌百、以十敌千，而无坚不摧。

王任重还针对西北边地官兵数量不足，土兵平时缺乏训练、战斗力不强的情况，建议朝廷于每年秋收之后，将土兵组织起来，采用团练的办法，每半月对土兵训练一次。由队长率领操练，由土兵自备弓矢、戈矛、衣甲甚至火器，训练土兵不仅勇敢而且知道战术，与明朝军队形成掎角之势，互相策应，共同守土卫家、保一方太平。他指出：“秦中八郡，惟西、凤、汉、平稍近腹里，而临、巩、延、庆俱邻边塞，虽四镇设兵防御，但边长军寡，虏贼出没，疾若风电，官军堵截，势难卒合。往往一入，百姓被其蹂躏，生畜被其抢掠，甚至大堡乡庄住居千百家者，亦任其虐害，而莫敢谁何。岂营兵皆人，而居民非人乎？操军可战而居民不可战乎？不然也，盖操军日每训练，身经战阵，且武艺熟闲，器械便易，更有军法以驱之，是以敢与之斗也。至若居民，心非不欲灭虏以保身家，但目不见旌旗，手不习兵器，一闻警报，则举家逃窜，男妇悲号。此其故盖由教练不习于平时，奔溃仓皇于一旦，无怪乎其然也。且边地寥阔，道路崎岖，官军安能卒至而为救援乎？合无令沿边州县，于每年秋收之后，自十月初一日为始，邻近州县者，总合一处，穹远者或十数乡村，合为一处，大约听居民之便，立团练之法。除近城者掌印官

① 《明经世文编》卷413《王太仆集一·边务要略》。

亲自半月一操，其乡村等处，或佐贰代操。各照军营事例，设立队长头目，时常演习，有勇力者，或自备弓矢，或自备戈矛，有身家者仍自备衣甲，或多备火器。如力不能备器械者，各执竹枪、揄棍，随宜听操，且不时家喻户晓，俾知操练即以保障，为民而匪为官。彼必乐从，各自相训练相鼓舞之不暇矣。始焉劳而不怨，既焉勇且知方，一遇丑虏内犯，将家自为营，人各为兵，居民捐生以固守，虏必畏死而缓攻。如此，则不惟地方可保无事，应援官军，亦可相持为犄角之势矣。各州县正官，果运筹有方，训练有术，遇虏深入，能保居民无害，地方无虞者。"①

大臣涂宗浚则指出在训练军队中，将领的选任很重要。将领选任好了，练兵有法，就能训练出很有战斗力的军队。在训练军士中，必须挑选精熟弓矢、火器、刀剑、戈矛的将领分别教授士兵，并且使将领与士卒同甘苦，将领体恤士卒，严明军队纪律，使兵将同心，这样，才是真正做到了练习御敌之道。他说："御虏安边，全赖兵马；兵马操练，全赖将领；将领得人，始练兵有法，而营垒自可壮矣。今延镇兵马额设五万有奇，仅止二万堪用，其余占役者，徒寄空名于册籍。老弱者徒糜粮饷而无用，即有一二健丁将官，不能以实操练，徒眩耳目已尔，求其枪炮弓矢之术，十不能一二，营伍之虚，诚未有甚于今日。今议要革虚冒，汰老弱，工技艺，齐心志，勇胆气，择将以训之。使弓矢之精者，教一队之弓矢；火器之精者，教一队之火器；刀剑戈矛之精者，教一队之刀剑戈矛。如能闻鼓先登，捐躯用命，赏恤必加；临阵逗留，望尘奔北，诛罚不宥。与士卒同甘苦，勿为科敛之举，体恤边外墩军劳苦甚于内地，以食粮丰约之，以戍哨更番之。摧锋截杀，劳过传塘守堡，分别等地，以月粮鼓舞之。一概私逃，严禁以法。务使兵将合而为一心，纪律无少移易，此古人练兵御敌之道，至今称述。今之为将者，每事夤缘，而专以剥削为务，其于练兵之道，全未有闻，边事所以日至败坏也。必内外用人，择其可否，毋听请托。凡举荐将才，必要详察其廉勇，如内而守

---

① 《明经世文编》卷414《王太仆集二·边务要略二》。

备以上，外而操守以下，有滥推混委，悉听科道纠劾，此诚正本澄源之确论。”①

五、足边军粮饷思想

古代历朝在保卫边防中，粮饷的供给是十分重要的，从某种意义上说，甚至关系到战局的胜败。正如大臣梁材指出的：“足食足兵，兵可去食不可去……我朝诏立边镇，屯兵御虏，军食充足，是以能捍御外侮，内地得安。”② 而且当时边地环境恶劣，边军时常出现逃亡现象，因此，只有给予边军更优厚的衣粮，才能稳定军心。正如毛宪所指出的：“各军离家日久，衣鞋不给，宜量加赏赐以安其心；仍行各原卫官司，按月支粮，以安其室家，庶不逃避。”③ 明朝解决边地粮饷衣服等军需供给主要采取屯田（包括商屯）、盐法开中、山西陕西税粮派边、丰年籴粮储积军储等方法，兹缕述如下。

其一，通过屯田解决边地军队粮草供给。大臣梁材指出：“我朝天下卫所设立屯田，而六边尤为紧要……养军虽资于民而广屯种，时粮赏，禁剥削，修武备为急。屯种不广，则战守无资；武备不修，则屯种废业，粮赏不时；剥削不禁，则军士日困而屯种益难。伏愿陛下敕谕镇巡将领等官，持秉公廉，申严号令，烽堠必谨，器械必精，屹然有干城之壮；军饷必敷，科害必究，恰然有挟纩之恩。以战则威，以守则固，使进退有余，而耕作不致废业，制胜可以无虞矣。”④ 在此梁材认为，边防与屯田是相辅相成的关系，即边境如不大力推广屯种，则军队粮草供给不足，战守失去依靠；相反，如边境军队防守不力，敌军时常前来骚扰抢劫，屯田将荒废，使军队粮草供给困难。因此，他主张一方面边境将领必须申严号令，谨慎防守烽堠，使军队武器装备精良，使边境守卫坚固，敌

① 《明经世文编》卷448《涂司马抚延疏草二·奏报阅视条陈十事疏》。

② 《明经世文编》卷104《梁端肃公奏议三·议处陕西四镇边储疏》。

③ 《明经世文编》卷190《毛给谏文集·陈言边患疏》。

④ 《明经世文编》卷104《梁端肃公奏议三·议处陕西四镇边储疏》。

人无可乘之机；另一方面边境广为屯种，使军队粮草供给充足。这样，就能做到战守、进退自如，克敌制胜而没有顾虑了。

大臣胡世宁则认为，要使边境粮食储备充足，推广屯种是一条有效的途径。原先屯种之所以无法推广，其原因是政府对屯种者所征收的租税太重，所以使屯种者不仅无法获利甚至带来损害，因此无人愿意开荒屯种。他建议应该对屯种者免征租税，这样就会鼓励大量民众前往边境开荒屯种，自然就会使边境粮食供给充足，粮价便宜。那时政府再用银钱贱价收购粮食，使边境粮食储备充足。他说："夫屯种孰不欲广，然每差官督劝，不能增者急于起科得利也。夫岁收不常而租有定额，则开垦者利未得而害已随，故人不敢开种。今若查此北直隶钦奉太宗皇帝圣旨事理，听令各屯原额抛荒及空闲地土，不拘土客官民军舍，尽力开垦，永不起科，则有利无害，而人乐于兴种矣。盖所贵广种多收，民间米谷价贱，发银可籴，则边储易足矣。"①

大臣魏时亮则不仅主张边境军民广为开荒屯田，而且也主张令商人进行商屯，并向政府交纳所种粮食。这样，边地的粮食储备日多，粮价日贱，广大将士马匹粮草供给日益充足。他说："伏乞敕督抚诸臣，趁此无事之时，谕令沿边军民，务广开种，善处零夷，悦之以和婉，啖之以微食，俾我之屯种愈广，耕作愈安。至盐粮飞挽，亦责令各商屯粮于边，令各以子粒上纳，不许以籴买充数。如是，则边地之收入愈多，边粮之积储日贱，无米珠薪桂之忧，有士饱马腾之庆矣。"而且，他还建议政府应保护富家商贾在边地开荒屯田，认为商屯是保障甘肃地区军需供给的重要来源："申饬镇巡，责成属官，务兴屯利。葺墩塞以居，通渠坝以灌，召富家商贾以垦为己业，并不许军屯攀扯，官府搜求，庶甘肃之屯利大兴，甘肃之兵食大裕耳。"②

其二，通过开中盐课以济边地军需供给。大臣梁材建议通过改革开

---

① 《明经世文编》卷135《胡端敏公奏议三·奏为尽沥愚忠以求采择事》。

② 《明经世文编》卷371《魏敬吾文集二·题为摘陈安攘要议以裨睿采疏》。

中盐课弊端，禁止私盐，降低商人贩盐成本，不得额外索取盐课，及时支给商人官盐等措施，提高商人开中盐课的积极性，从而接济边地紧急情况下的军需供给。他指出："各边召商开中，飞挽本色刍粮，接济紧急军饷。往岁收成颇好，粮草易集，商人得利。迩来灾伤踵至，本色价高，加以私贩盛行，斗头未减，科罚劝借，秤掣迟留，以此商人不乐开中。故济边虽资于盐，而禁私贩，减斗头，戒科罚，勤秤掣为便。夫私贩不禁，则官盐愈滞；斗头不减，则价色益高；科罚不戒，秤掣不勤，则商人赔费，而坐守益困，尤愿敕下各该巡抚巡盐，并管粮郎中等官，申明律例，禁私盐，引价虽有定数，斗头听其低昂；止令上纳本色刍粮，此外不许分毫多索；支盐出场，随到随掣，勿使久候，费累资本。商人称便，边饷有裨，盐法因以疏通，而紧急不致匮乏。"①

大臣胡世宁则提出，朝廷可通过官盐、私盐并行，防止权势之家包揽垄断开中，来增加国家的盐利收入，并以盐利收入来充足边疆粮食储备。同时，他认为如不禁止私盐，通过抽税的办法允许私盐交易，可减少禁私盐支出，并消除社会不安定因素，使军民都容易买到食盐，这是公私都有利的事情。胡世宁指出："今天下生齿，烦于国初数十余倍食盐者众矣。故今私盐盛行，而官盐未尝不售，其谓私盐不禁能沮官盐者，乃袭旧时之说也。故今宜于额外多开商中，听其买补。若虏势要占窝专利，则每岁开中，止将引目发边，付巡抚、都御史并管粮郎中掌管，听其就彼召商，责限完粮而后填给，违限不完者，则转给他人。其若都御史、郎中召报容私、致缓粮饷者，听巡按参究，则自无此弊矣。至于私盐，不必深禁，只如近日都御史汪鋐奏议，官抽其半，而给照许卖，则公私盐利皆为国用，而边储可足矣。私盐不禁，则巡逻之卒可减，盐徒意外之祸可弭，盐广鬻而壮丁益劝于前，军民得易于食，其为上下之利，盖不一而足也。"②

① 《明经世文编》卷104《梁端肃公奏议三·议处陕西四镇边储疏》。

② 《明经世文编》卷135《胡端敏公奏议三·奏为尽沥愚忠以求采择事》。

其三，将靠近西北边境的山西、陕西税粮调拨边境储备，以供军队粮草之需。胡世宁还指出，朝廷如调拨河南等处粮食供给西北边境军饷，由于路途遥远艰难，运粮百姓纷纷逃亡；如朝廷调拨银钱到西北边境购买军粮，则使边境粮价飞涨，老百姓财力枯竭。他主张最妥当的办法是将靠近西北边境的山西、陕西王府、将军、官员的俸米折成银两发放，而将山西、陕西税粮调拨边境储备，这样既避免长途运粮和边境粮价飞涨，又能使边储粮食充足。他说："臣闻今西北二边，备虏军多，粮储缺少，每岁拨河南等处民粮赍运到彼接应。此等粮米，若责运送到彼交纳，则路远艰难，民累逃窜，兵法所谓远输则百姓贫者此也。若许赍价钱就彼籴上，则边储涌贵，人益困穷，兵法所谓贵卖则百姓财竭者此也。臣念此事最为难处，乞敕该部计议，通算山西、陕西近边王府并将军仪宾禄米，及各府官僚，并司府州县官员本色俸米，通该若干，合无比照公侯伯或京官折俸事例，每石折银伍钱或七钱，每岁就于秋粮折银，或各样课银内定拨。总解各布政司交收，责令就彼分给缺官日月，扣除边用，却将下年山西、陕西粮税，尽派边方，或附近收贮。虏退事闲，则抽军就食；虏来事紧，则就近搬运。至于彼处岁办课物，亦乞留籴边粮。如系京用不可缺者，则乞改派别布政司代纳。如此暂行三年，则转运不劳，而边储自足矣。"①

其四，趁丰收之年粮价便宜时，政府出钱籴买粮食以充足军储。大臣邹守愚提出，当时隆庆诸仓军储匮乏，将影响边境守军的粮食供给，并可能造成严重的后果。他建议在七、八月丰收，粮价便宜之际，政府拨钱籴买粮食，使边境粮食储积充足。这样既能减少国家籴买粮食的财政支出，又能解决边境军需供给问题。他说："用兵之道，屯食最为急。今隆庆诸仓贮米，不过七千余石，而隆庆卫所官军月粮、口粮，岁该米八万七千余石，况兼闰月之余，而山东解户，运纳本色折色，岁供米四万六百石，仅供半年之用。夫召募之兵，有增而无减，岁额之派，缘旧

① 《明经世文编》卷136《胡端敏公奏议四·备边十策疏》。

以加新，寡失裒多，入非量出，积月移文，张颐待哺；又恐倚烽有旦夕之恐，仓卒有主客之供，其将何以待之?”针对这种情况，他建议：“收成之际，多在于七、八月，米价之贱，多止于五六钱……审措置之宜，广储蓄之计，或岁先请发太仓银两，谨视丰耗，极力收积，以专主客兵之用。事至则日取之而有余，事去则岁增之而不动，施之有恒，积之既厚，非但九年之蓄，可谓万世之计也……乘时召商籴买，每石减一钱，则百可省十，千可省百，万可省千。”这样，“边仓有常积之粟，息费从省，一举兼得，虽有仓卒之变，亦不为患矣”①。

大臣胡世宁也主张，朝廷应责令边地管粮官员，每月报告当地粮价涨跌，每年报告收成好坏，政府应乘丰收米价便宜之时，籴买粮食储备，以供边地官民食用。他指出：“每常边粮不肯趁贱预买，及临用兵，发银贵籴，且逼人强卖，公私劳费不赀。今宜妙选各边管粮部官，责其月报米价贵贱，岁报田收厚薄。如其丰收米贱之时，挪借官银十万两，到彼多籴米谷贮仓。或计今年所籴可为后二三年之用，即扣后二三年该给粮银。又于他边米贱处所收籴，或查应解边粮地方时价，米贵则量令折银解边备籴。如此通融计处，务使远近官民皆便，而边粮易于措积。”②

六、对将士应明赏罚思想

明代在管理军队中，重视对将士明赏罚，以此来激励将士英勇杀敌，守卫边防，为国建功立业。大臣倪岳就指出，明初皇帝奖赏将士虽薄，惩罚将士虽重，但由于公正分明，所以受赏者知感恩，受罚者无怨言。后来由于赏罚不公不明，使军队纪律涣散，无人想建立军功。因此，他认为，对于将士的赏罚，必须尊重广大将士的言论，必须公正有据，这样就能激励广大将士建功守纪。他说：“人君以恩威驭将帅于内，将帅以赏罚驭士卒于外，故军政行而大功集也。我祖宗之时，名帅大将不为少

① 《明经世文编》卷201《邹襄惠公俟知堂集·边储议》。

② 《明经世文编》卷135《胡端敏公奏议三·奏为尽沥愚忠以求采择事》。

矣，其间累树勋业者，或仅加其勋号，或止增其食禄，赏虽薄而人心知感者，命皆出于朝廷，而非希翼之可致也。及乎少误军机者，或削夺之必加，或诛戮之不赦，罚虽重而人心不怨者，命皆断于朝廷，而非谮毁之可移也……近者毁誉不出于至公，命讨或由于人力。冒叨希进者，累叨世及之爵；丧师偾事者，不蒙失机之诛。是由近及远，上行下效，三军之中，数万之众，权要亲昵者，功未成而先赏，罪虽著而不罚；孤寒寡援者，功高而后录，罪薄而先诛。以恩则无可怀，以威则无可畏，兵纪于是不立，边功何由可成乎。”于是，他建议：“凡今边将之功过，宜秉赏罚之大权。左右皆曰有功，弗听，而赏必采乎群言；左右皆曰有罪，弗听，而罚必稽乎舆论。使人侥幸者不得以妄求，败律者不至于苟免。于是申饬沿边之将，一体赏罚之公。书上有功，必以其实；拿戮有罪，勿徇乎情。使人人喜于建功，而重于纪法，则奸宄无所容，绩绪有所稽矣。”①

大臣李杰则提出，赏罚将士时一定要严格依据战功或过失事实，派御史等监察官核实，防止冒赏或避罚。这样，赏罚就能真正起到激励和惩戒的作用。他指出：“赏劝有功，罚威不迪，驭将之道，诚无越此。然上功之际，有杀被掠之人以冒赏者，如此，而罚弗及。战斗之际，有能奋挺前进以陨生者，如此，而赏弗及。是宜申敕宪臣核实赏罚，其虏入之时，某所守将某出兵与战，捕虏斩首若干，具以闻，而赏加焉。赏一人而千万人劝矣。某地守将某关壁不救，被掳生口若干，具以闻，而罚加焉。罚一人而千万人惧矣。赏罚既明，其有不思自励者乎？”②

大臣董越则进一步提出，为了防止冒赏避罚，朝廷应精选纪功官员，严格核实、记录将士功过。如所记录功过不实，纪功官员必须受到连坐。这样，赏罚就能真正起到激励和惩戒的作用。他指出：“有功不赏，有罪不罚，虽尧舜不能治。盖赏罚国之大柄，于出师尤当重之。必赏一人而

① 《明经世文编》卷77《青溪漫稿一·论西北备边事宜疏》。

② 《明经世文编》卷90《李董二公奏疏·论西北备边事宜三》。

千万人劝，罚一人而千万人服，斯能奔走兵士而得其死力也。近者二边用兵，朝廷未尝不严赏罚之典，而贪功冒赏者，随举辄闻，虽曰功疑惟重，不必过求，然一于优容，恐亦不足以致人之服……臣愚以为，自今征伐，宜精选纪功官员，责以连坐，必献俘馘者，乃得论功，买获者一切不与，杜权贵幕下之私，作六军敢死之气，其失机丧师辱国者，则置于法，不为已甚者，则肆赦而责其立功。如此，则人皆思自奋，不患不得其用矣。”①

大臣储巏则针对当时战争中奖赏不公，有权势者强行争功领赏，以及赏功往往拖延很久，不利于激励将士奋勇杀敌的弊端，建议朝廷应当制定具体明确的赏功规定，并及时给予有战功的将士奖赏。并且把士兵25人编为一队，有战功则一队同赏，有罪过则一队同罚。这样既可激励将士英勇杀敌，又可避免将士之间争功。他指出：“夫好生恶死，人之常情。战阵相接，锋刃相交，使吾士卒忘生赴死以求胜，惟在赏罚公明，行之果且速耳。虽孙、吴、韩、白之善将，舍是亦无以成功也。今边境所患者，稍有功次，多为有力者夺去，及至行赏文移核实，动经岁月，又乖古人赏不逾时之意。将士解体，兵气不扬，弊实坐此。臣愚愿乞朝廷捐数十万之银，贮之受敌之所，付以记功之官。敕兵部定为赏功之格：能杀胡人一首者，赏银若干；两杀二首者，倍之；杀其酋长者，又倍之。提首而入，怀金而出，愿受官者，纳赏以为左验。如此则赏不逾时，士皆戮力，而兵威作矣。但两军鏖战，纷拿之际，既斩敌首，复进御他敌，何暇转而持之，恐为他人所有，则又当体士卒之情，而为之处。臣愚不知边事，窃以臆见筹之。凡军法五人为伍，五伍为队，一队共二十五人。昼则同战，夜则同守，有无相资，患难相恤，父子兄弟，不啻过也，故有功则宜同赏，有罪则宜同罚。若一队之中，有能杀敌，战不暇顾者，许本队军士乘间得便持取其首，解战之后，必不相欺。若疑似不明，即以所给赏银均散一队，绝其争端，彼此通行，谅无不服。如此则所斩之

① 《明经世文编》卷90《李董二公奏疏·论西北备边事宜一》。

首，虽不能一一归于手刃之人，为本队所得者，十常八九，为他队所得者，十不过二三，亦体其情而结其心矣。”①

大臣胡宗宪则主张，朝廷必须严明军法，重惩将领贪黜，克扣军士自肥，剥下以奉上的行为，并严诛军士临阵退缩、逗留不进者，这样才能使军队平时是纪律严明的威武之师，战斗时是将士奋勇杀敌的常胜之师。首先，胡宗宪提出重科条以肃将领：“夫廉则生威，欲则不刚，故必有抚绥之将，而后有节制之兵。今之边将，半是债帅，克军以自肥，剥下以奉上，既有豺狼无厌之心，必成猫鼠同眠之势。猾军悍卒，动辄挟制，平时法令既不能行，临敌指挥焉得如意，自非重立科条，申明禁例，则不能以挽颓风而祛积弊也……臣欲自今沿边将领等官，但有扣减军士衣粮马价入己者，俱照监守自盗沿边钱粮事例行；科敛军士财物入己者，俱照科索运军事例行。则将官皆知畏法，而贪黩之风自息。”其次，他又提出申军法以严部伍：“臣前谓士卒之骄悍，由于将领之贪黩，此探本论也。使法例严矣，将领廉矣，而士卒犹有不用命者，此则怙强稔恶之流，刑戮不加，纪律废矣……近来边将临敌，士卒望尘而溃，曷尝见总兵官显诛一人哉？彼士卒者习知进则必死，退则必生，亦何苦舍生而求死也。所以然者，将官数易，上下异欲，平居无事，威令既不能行，临敌仓皇，军法又焉所施……臣愚以为宜申明条格，凡操练调遣，屯戍按伏，但有不遵约束者，俱许军法从事。则部伍严肃，军容整齐，威声既著于平时，号令必行于临敌矣。”②

七、振作士气，禁息流言思想

明朝一些有识之士认识到，军队打仗，必须鼓舞士气，才能充分发挥将士的战斗力，取得战争的胜利。大臣毛宪认为，朝廷必须善待奖励奋勇作战之将领，让他们在战斗中带头冲锋陷阵，以振作士气，取得战

① 《明经世文编》卷96《储文懿公集·防虏疏》。文中“五伍为队”原作“五队为伍”，误。

② 《明经世文编》卷265《胡少保奏疏一·题为陈愚见以裨边务事疏》。

斗的胜利。他指出："天子无皆勇之将，将军无皆勇之士，故怯者常千百，而勇者才一二，苟非择其人而厚待之，以作其勃然之气，孰肯尽死力以率众乎？两军相交，胜负未分，而三军之众，属目于一夫之先登，一夫倡之于前，则虽怯者亦勃然而进矣，其机固在振作之有方也。伏乞朝廷，凡遇独能奋勇之将领，宜时降玺书慰劳，优加赏赐，其或建立奇功者，更须不次超擢。至于将官，遇有如此奋勇之偏裨，如此奋勇之军卒，亦宜厚待之，犒赏之，以作其气。设若怯懦不前，则辱之以巾帼，加之以刑罚，其或退避失机者，悉以军法从事。仍查上阵被伤官军，量行升赏，阵亡之家，厚加优恤，而又鼓之以武勇，道之以忠义，严之以节制，庶人心感而士气振，赏罚信而成功多矣。"①

大臣胡宗宪则主张朝廷广募勇敢之士以振作士气："臣闻一国无皆勇之将，三军无皆勇之士，故必广募枭雄以为选锋，多方鼓舞以振兵灵……伏乞皇上敕下兵部，移咨山东、西北、直隶等处，巡抚衙门转督各该兵备道，广为招募，无问军民诸色人等，及先年近日立功缘事，充军罢职等项将官，但有才力出众、骑射绝伦者，不拘名数多寡，俱限六月以前，各给文引路费，前赴总督军门听用。又于主客兵中精选艺勇超绝者，与之相配，专置一营，号曰冲锋；又于其中选一谋勇素著、老成持重者为之帅。优其廪、养其气，勿令轻用。遇有紧急，则大将统兵，与之掎角，相机投隙。或昼冲其锋，或夜劫其营，专主破阵，不论首功，贼退之后，冲锋破敌者为上，随后斩首者次之。果有奇勋，重加升赏，有罪将官，悉皆赦宥。如此，臣知两镇之士，素负刚劲，气虽暂馁，志亦不衰。彼见夺其首赏，必耻出其下风，亦将奋勇赴敌之恐后矣。兵法曰：'激水之极，至于漂石者，势也。'夫水至弱，而尚可激，况燕赵之士，有不可以势激而气鼓之乎。"②

大臣薛三才认为，将帅必须在平时与士卒同甘共苦、同仇敌忾，那

---

① 《明经世文编》卷190《毛给谏文集·陈言边患疏》。

② 《明经世文编》卷265《胡少保奏疏一·题为陈愚见以裨边务事疏》。

么在战斗时就能使士卒赴汤蹈火，奋勇杀敌。他批评当时明朝将帅层层克扣军士，平时对他们的疾苦漠不关心，而又要指望军士在战斗中奋不顾身，那是不可能的。他说："军力宜养三军之所作者，气也；所致者，力也。将帅之于士卒，必居平分甘共苦，常鼓其同仇之气，然后临事蹈火赴汤，能奋其必死之力。今将官之爱恤军士者有几乎，自大帅、裨将以至于中千把总等官，递相攫取，真所谓层层有窦，等等相食，而总出于军士之脂膏。夫平时痛痒不相关，又从而朘削之，一旦驱之锋镝，冀其奋不顾身，庸可得乎？"①

明朝一些大臣还提出必须在边境军队中禁息流言、讹言，防止流言、讹言动摇军心、影响将士士气。大臣叶盛就针对当时边境一些逃兵、罪徒在军中散布流言、动摇军心的现象，提出必须严加禁约流言，对于故意散布流言者，必须予以彻查并处以极刑，以示警诫。他指出："守穷边者，莫急于安人心；息流言者，莫重于严号令……乃有小人妄生异议，鼓扇愚人，或以为守边官员，走入虏境；或以为各堡官军，仍要掣回；或以边报贼情，如何严急，以致无知之人，不审虚实，辄便惊疑，一闻流言，忧惶无措。臣与都督孙安等再三询察，多是比先弃城逃走之徒，或托故存留在京，或怪恨拘发原卫，侥幸脱罪，不知感恩，乃更造言，以为得志。若不严加禁约，必致坏事方来。除会同孙安等晓谕，终是愚人，易惑难晓。臣愚欲乞朝廷特降圣旨榜文，谓此处边方，往事悉不追究，即今复守，内外文武官员统理，钱粮军马，日已增益，墩台城垣，渐已坚完，朝廷顾念边方，时刻不忘，在边之人，当竭忠固守，以为保障。如有倡为异议流言，摇惑人心，意在弃城逃走，误坏大事者，许臣等指实参处，以极刑示众，仍籍其家，赍捧前来，于各该城堡永远张挂。并戒饬内外官员，亦须洁己正身，镇静持重，以安下人，以图大功。"②

大臣曾铣则针对当时讹言影响朝廷收复河套，建议由科道、御史等

① 《明经世文编》卷443《薛恭敏公奏疏·复议蓟镇事宜疏》。

② 《明经世文编》卷59《叶文庄公奏疏一·边务疏（禁息流言）》。

负责查究处理，以熄讹言。他指出：“臣闻询谋佥同，则功易就；讹言惑众，则事难图。今恢复河套，以安夏攘夷，事体重大，必假之岁月。方克有成，中间好事之人，谬为不根之说，以无为有，变黑为白。其色厉胆薄者，而讹言虏势之猖；其蹈常袭故者，而讹言安常之便。或讹言军马之弱，以危惧将领；或讹言战守之难，以恐吓士卒。夫讹言之始，一人倡之，十人和之，百千人翕然从而信之，由是上下惊疑，远迩摇撼，事沮于中止，功隳于垂成。是套之复也，百人成之而不足，一人坏之而有余。”针对讹言危害之大，他建议：“伏乞圣明敕下该部，严加禁约，申明文武官员说谎之典，军民讹言惑众之例，或特设随军科道，或专行巡按御史，纪录功过，兼察讹言。倘有仍蹈故辄，沮挠军机，阴坏成功者，根究所由，许臣并言官指名究治，庶讹言可熄，成功有期。”①

八、用间谍以了解敌情思想

古代早在先秦就有“知己知彼，百战不殆”的思想，所谓“知彼”就是了解敌情，而了解敌情的一个重要途径就是派遣间谍到敌方刺探军情。大臣胡世宁就指出，当时明朝军队在边境与敌人对峙中处处被动失利，其中一个重要原因就是明朝军队不懂得用间谍，不了解敌情，而敌人则善于用间谍，对明朝军队了如指掌。因此，他主张明朝军队应重视使用间谍，了解敌情，从而变被动为主动，对敌实行有针对性的打击，从而有效地保卫边境安全。他指出：“臣惟兵将虽练，然而不得地利，不知虏情，则动乖所之，为彼乘袭，有败无胜，譬如瞽者之射，虽挽强弓，发利矢，何益于中哉？臣切料各边军士不下数十万，虏骑控弦不过数万，然彼常寇我有余，我尝御彼不足者，盖由彼能用间，而事事得手，兵法之所利，我不能用间，而事事犯手，兵法之所忌……故臣以为，今之备边，莫先用间。然古人用间，非止一端。今则我军出外，辄为所获，彼之左右，我亦未知，则生间、内间，未可先用也。顾惟彼有虏掠探听人

① 《明经世文编》卷240《曾襄愍公复套条议四·复套条议》。

境之人，为我所获者，我惟不逞小忿，免其诛戮，不惜厚赏，悦其心志，因而用之。则彼中酋长有心慕中国者，我得以知而招怀之；有自相猜忌者，我得以知而携贰之。有阴为间谍者，我又得以知而诳惑之。由是五间可以次第毕用，而彼中事情，我无不知。我师所出，动中机会，蔑不济矣。”① 胡世宁在此总结出 5 种人可利用作为间谍，即被敌军俘获的人、敌军将领左右的人、被我军俘获的人、与明朝关系好或内部发生矛盾互相猜忌的酋长以及暗中为敌军间谍的人。

大臣胡松则建议，朝廷应厚养一批敢死之士，让他们假投降到敌军，然后找机会刺杀敌军首领和骨干，或刺探敌军强弱虚实，使我军了解敌情，早定应对措施。他认为厚养一批敢死之士作间谍，比供养数千人无用的军队，其费用要少得多。他指出：“今山西郡县详得虏所遣间谍，前后不下数十人，且言人人殊，大抵要非一时一部所遣，则其俦党之未获，散在京畿与山东、河北者，各不下千余人可知已。臣始窃怪区区丑虏，地既苦寒，百物稀少，何以遽能得人之死力若是。其后参互译问，乃知彼虽夷狄，然其赏罚信必，无爱锡予。诸边谍得实者，大之则使统部人马，次之亦不失有妻孥牛马之奉，彼贫民无赖，安得不弃此而就彼，为之耳目以求利益哉？臣愚欲乞敕下抚臣厚养死士，诈充投降，设为教诱之辞，以耸彼听，使之得见亲幸，苟其得间，则斩其名王、酋长与用事之人。如不得间，亦必来听彼诸部强弱虚实，与其协和与否，而阴为之备。今说者欲以调到延绥诸处人马留之防秋，夫久集则有馈饷之难，多屯则耗囷廪之积。苟养得数人焉，纵之以去，致之使来，则可以得其要领，早见而预为之图，即按伏当亦可罢，比诸数千人坐食之费，相距远矣。”②

大臣吴时来则提出，鉴于间谍在获取战争情报中的重要性，明朝廷必须与敌军展开争夺间谍的角逐。朝廷应善待曾当过敌军间谍的人，用

① 《明经世文编》卷 136《胡端敏公奏议四·备边十策疏》。
② 《明经世文编》卷 246《胡庄肃公奏议·陈愚忠效末议以保万世治安事》。

重金收买他们，使他们投诚，成为明军的间谍，在战争中发挥作用。他指出："夫间谍，兵之先也。兵法曰：'明君贤将，所以动而胜人，成功出于众者，先知也。必取于人，知敌之情者也。故三军之事，莫亲于间，赏莫厚于间，事莫密于间。'今虏人往往得吾中国人之死力，间谍，吾中国人也，向道，吾中国人也……彼以善用间而胜，我以不善用间而败也。夫中国之大，九边十镇之雄，诸臣之略，不闻得一间人而用之，而区区丑虏苦寒之地，乃能得吾中国人之死力，其故何哉？盖其赏罚信必，吾中国之人往至其地，皆有牛羊妻孥之奉，其为所用者，即与统部人马。而无赖穷民，安得不弃此纲维，作彼耳目，是驱中国人为虏人间也。"针对这种情况，吴时来以其人之道还治其人之身，主张："中国在虏之人数多，或往年身负不义，及近日被其驱胁，或既逃回，又私自逃往者，许令来归自首，所带牛羊夷器俱听其自得，而又不爱金帛、不爱爵赏，间或给之空地，或容其统领人马，暗邀其心，得其死力。则此等可使为间，人无贤不肖，报恩则一，彼其先尽力于虏人者，以其厚利也，而吾以厚利易之，彼将以虏之间为我之间。故事有倒行逆施，而不失其正者，用间是也。"①

第四节　海防思想

明代的边防与海防有不同的特定含义。边防指东起鸭绿江西至嘉峪关长城沿线。其防卫重点为辽东、宣府、大同、延绥、宁夏、甘肃、蓟州、太原、固原九镇，合称九边；其防御对象明前期、中期主要为蒙古，后期为女真（满洲）的侵扰、进攻。海防则指东北至东南沿海一线，其

① 《明经世文编》卷384《悟斋文集一·目击时艰，乞破常格责实效，以安边御虏保大业疏》。

防御对象主要为倭寇，明中后期，还防范葡萄牙、西班牙、荷兰殖民者的侵扰。

一、赵炳然海防思想

赵炳然（1507—1569），字子晦，号剑门，嘉靖十四年（1535）进士。任江西新喻县知县，因政绩卓著，被“荐为异等”。历按云南、浙江，平定云南边境叛乱，剿灭闽浙沿海的倭寇。任兵部侍郎、兵部尚书。寻改右佥都御史，巡抚湖广。进左副都御史，协理院事。

赵炳然到浙江“自抵任以来，咨询既竭，寝食靡遑，谨将防海事宜，条为八事，上请圣明采择”①。他在考察、调研中，了解到浙江海防存在着一系列的问题，需要建立规章制度予以规范，才能保海防之安全。“若夫求安攘之大计，立永久之弘规，则拣任守令，而责以民兵、保甲之法；整顿卫所，而责以军兵战守之宜；敬修祖制，内而沿海鳞次之兵，外而出洋战船之制，江之南北，浙与闽广，各选一大将以统其权，择数偏裨以专其地，隐然常山之蛇势；仍行各省抚按等官，因边以计兵，因兵以计食，允矣战守之鸿图。”以下缕述其保卫浙江海防的数条措施及所反映的思想。

其一，赵炳然认为，浙江沿海水兵、陆兵的编制没有统一的标准，比较混乱，不利于军队钱粮的发放，也不利于军队的布防和指挥调遣。因此，他建议，必须按通行的伍、什、队、哨、总、营编制来重新整顿军队。他指出：“浙江之兵，原系募用土人，并非卫所尺籍，所用头目，或名把总，或名千总，或名哨官、队长，所部各兵，或六七百名，或四五百名，或一二三百名，把总不必同于千总，千总不必多于哨官，权齐心异，似无体统。”针对这种混乱的现象，赵炳然“督同三司各道及总参等，会议兵额，除水兵因船之大小，布港之冲僻，只应出哨按伏打截，

① 《明经世文编》卷252《赵恭襄文集一·海防兵粮疏》。以下有关赵炳然的言论引文，均见于此。

不在营伍之例外，其于陆兵，仿古什伍之制：五人为伍，二伍为什，外立什长一名；三什为队，外立队长一名；三队为哨，外立哨官一员；五哨为总，外立把总一员；五总为营，俱属主将一员，与高标旗纛、哨探健步、书医家丁等役，俱统领之。举一营而各营无不同也，举一总一哨一队，而各总、哨、队无弗同也。非但虚数难容，钱粮有纪，如是而以上临下，以果承尊，名分定而号令行矣”。

其二，赵炳然看到，浙江沿海军队良莠不齐，逃兵严重，缺乏战斗力，因此他建议对军队进行清理，汰弱补壮，并进行操练，以此提高战斗力。他主张：“督行二司清军，及都司操捕等官，通将所属卫所，选委廉干府佐官员，亲诣吊查卷册，备将实在军丁，除屯运外，不分正余清出，挑选正军，老弱者就以本户壮丁顶替，逃亡绝户者，即拨邻近余丁抵补。编成行伍，造册在官，仍选任智谋掌印操捕等官，加意抚恤，不时操练。一面将各逃军行原籍勾解，屯粮行所司追给，至于买闭占役、差遣跟官等弊，通行严革。目前虽未敢遽谓可用，而从此练成，与招募客兵，表里战守，则主兵日充，主威日振，将来客兵可以渐减，卫所不有所赖耶。”

其三，赵炳然了解到，浙江沿海还有数量不少的民兵，但是只供官府役使，没有战斗力，徒有虚名。他建议对民兵进行选拔，将其中精健者组织起来，派官员不时操练，学习武艺，然后协助军队防守海疆。如在战斗中立功，负责操练民兵的官员和民兵都将得到奖赏，相反，这些民兵如盗窃殃民，负责操练民兵的官员和民兵都将受到惩罚，从而真正发挥民兵安境守土的作用。他指出：“臣惟民壮、弓兵之设，本为防捕盗贼，盘诘奸细，而无军州县，尤赖以备御者也。近虽半追工食，以资募兵之饷，然存留者不少。各该官司，或以之跟用役使，或以迎送勾摄，至遇编徭，听凭棍徒包当，曾无选练实用，徒为衙门市棍之薮矣。兹者盗贼横生，不止外寇，合将民壮弓兵，务选精健应役，责成该掌印巡捕等官，以时操练，习熟武艺，遇警协助军兵，并力战守。有功之日，各该官司并行奖劝，各役重加犒赏，如有纵盗殃民，通行惩戒。果能练成，

非但擒捕盗贼，即使大寇突来，而捍御有具，一役之练，一役之利也。郡邑不有所赖耶。”

其四，赵炳然了解到，当时浙江沿海有倭寇，内地有盗贼、盐徒、矿徒，内外勾结，对社会稳定形成很大的威胁。他主张，严格实行保甲法，互相稽查，实行连坐；各保甲、大族之间相互联防，以安境守土。他指出：“浙江地方，在边海则有倭寇，在内地则有盗贼，在河港则有盐徒，在山僻则有矿徒。中间外作向导奸细，内为接济，窝家往往有之，若非申严保甲之法，以谨讥察，恐无以弭盗。合行守巡兵海等道，通查各府州县城市乡村，每十家编为一甲，选一甲长，每十甲编为一保，选一保长。平居责令互相讥察，不许出外非为，及容留歹人。并有窝隐不举者，一家犯罪，九家连坐，甲长犯罪，保长连坐。仍令各甲置办随便器械，一家有警，甲长鸣锣，九家齐应，如贼势重大，保长鸣锣，九甲齐应，一保鸣锣，各保齐应。有不出救应者，许被盗之家，告官或访出，通行治罪。其山海之间，大族巨姓，自相连合，力能拒寇，各保身家者，仍立族长。平居有警，亦照保甲之法。有功者各与官兵同赏，不救者亦与失事同罚。但不许令其出官打卯，送迎勾追劳费等事。如此，非但足以讥察内奸，亦可以防御外盗，一方之行，一方之利也。村落不有所赖耶。”

其五，赵炳然建议，浙江一省必须理清地方行政道与领兵将官的关系，使他们各自职掌分明。各道负责选兵、调度钱粮等事务；将官则负责操练、领兵打仗等事务，该道对此进行监督。这样职掌分明，各负其责，遇事就不会互相推诿。他说：“浙江一省……曩因海洋有警，总参等官，统驾兵船下海，恐难分兵应陆，即以陆兵付诸海兵各道管理，固一时权宜之处也。然各道之在地方，势权为重，而选练稽察，与夫钱粮，尤为至要，事固不可不假于各道耳。臣恐遇警之时，冲锋破敌，又将官之事，各有定分也。今后总参官员，各照原分信地，用心防守。各道则选兵稽弊、调度钱粮外，其居常将官操练，该道阅视，遇敌将官攻剿，该道监督。不拘水陆，悉照遵行。其临敌功罪，则以将官为重，平时修

举，则以该道为重。使文武共济，不得互诿。及照省城防守管操、都司等官，于水利道，设兵一营，一例而行，庶职掌分明，而常变有托。戎务赖以振扬矣。”

其六，赵炳然建议，自浙江沿海总督取消后，一方面应划分清楚驻定海军队，属浙江管辖，驻金山军队，属直隶管辖，分清统辖和责任范围，另一方面浙江与直隶的交界地区，如遇到敌情，则应互相策应，不分彼此。这样就能做到事有专责，兵有专统。他指出：“任将所以专事，分地所以责成。今原设镇守总兵官一员，住扎于浙江定海，以统浙直水兵；协守副总兵一员，住扎于直隶金山，以统浙直陆兵，此总督节制时事也。今总督已奉明旨革去，则浙直为二镇矣。伏望敕下该部议拟，合无将总兵、副总兵官，各照信地，在定海者，止属浙江，在金山者，止属直隶。各总理水陆兵务，如浙直邻界，水陆有警，亦照巡抚事例，俱要互相策应，勿分彼此。如有推诿观望者，听臣等与该巡按御史参究，庶乎事有专责，兵有专统，既不失共济之意，又可免牵制之虞矣。”

其七，赵炳然认为，在浙江海防中，哨探作为军队的耳目，策应作为军队的手足，在战争中发挥着重要的作用。因此，他建议，在海防中要严格实行哨探、策应制度，即通过哨探，预先了解、传报敌情，对来犯之敌进行有针对性的打击，通过策应，水兵、陆兵，各支部队合力围击来犯之敌。他指出：浙江海防“各该将领官员，平时而不先哨报，遇警而不相策应，诚恐外寇突来，何以猝应？合行令海兵等道，监督参总等官，务要陆兵守险，水兵出洋，严行哨探，互相传报。必使水兵在洋，遇贼邀击，不令近岸；纵有近岸，陆兵堵截，不令辄登；即若登犯，并力夹击，不令流突。又或奔遁下海，水兵仍行截杀，不得抢船脱去。若或贼登岸，而水兵不知，贼烧劫而陆兵才觉，以致贼合势甚，用我向导，得我地形，是哨探之不明，传报之不速，防剿之不力，策应之不前，罪将何辞，失事官兵，先拿处治，将领严行参究”。

其八，赵炳然指出，当时东南沿海在御倭战斗中存在着赏罚不公的情况：“今之将领退缩逗留，厥罚独重矣；而战胜攻取，厥赏可不独优也

耶。其在督抚诸臣，会计兵粮，预谋战守，责固惟均，而率三军蹈白刃，履危冒险所不与也。以此较彼，分自有间，而功罪自不能以相同。夫惟不同，则公论能明，而趋避莫售矣。今之论赏，督抚与主帅同，是故有希功而捏报者矣；今之议罚，督抚与主帅同，是故有掩罪而扶同者。又或功成于部下，而主帅不以明；罪始于头领，而主帅不能正，皆非利害相关，而指臂与心，气之所以不贯也。”这就是说，赏罚不公的表现是在战斗中，将领退缩逗留，则要受到重罚，但如果英勇取胜，奖赏却没有特别优厚，这是罚与赏不对等。还有督抚诸臣负责军需供给、谋划指挥战守，与在战斗前线出生入死的将士，其赏罚一样，也是不公平的。而且这会造成督抚为了邀功而捏造事实，为了躲避惩罚而掩瞒罪过。因此，赵炳然主张：“今后如有偾事败军，将领之责，视文臣固专，而论功录劳，文臣之赏，视将领贵薄。其在部下，尤当赏不遗贱，罚必自始，庶法典至明，人心可劝。”他认为公平的赏罚应该是，在战斗中，如明军打仗失败，则前线带兵打仗将领的责任应大于幕后谋划指挥的文臣，相反，如果明军打仗胜利，对幕后谋划指挥文臣的奖赏也应少于前线带兵打仗的将领。公正的赏罚应做到奖赏不会遗漏掉地位卑贱的，惩罚则要从长官自身开始。这样就能做到法典严明，可以激励人心。

二、唐顺之海防思想

唐顺之（1507—1560），字应德，一字义修，学者称其“荆川先生”。明代儒学大师、军事家、散文家、数学家，抗倭英雄。嘉靖八年（1529）会试第一，官翰林编修，后调兵部主事。他曾以兵部郎中督师浙江，破倭寇于海上。升右佥都御史，巡抚凤阳。嘉靖三十九年（1560），卒于抗倭途中。崇祯时追谥襄文。

大臣唐顺之系常州府人，曾“目击倭贼之害，海上事情，亦颇得其

大略”[①]。其“任兵部职方清吏司署郎中事主事”时，“奉命差往浙直地方视军情”，“经历海洋，跋履行阵，老卒退校，亦遍咨访，以所闻所见，会同督抚胡宗宪等，参酌议论”，上《条陈海防经略事疏》，谈了自己的海防思想。兹缕述如下。

其一，防守倭寇的第一道防线是防守海洋。唐顺之指出，时人无不言防守倭寇上策应防守海洋，但当时防守海洋则是明朝军队最薄弱的一环。“照得御倭上策，自来无人不言御之于海，而竟罕有能御之于海者。何也？文臣无下海者，则将领畏避潮险，不肯出洋；将领不肯出洋，而责之小校水卒，则亦躲泊近港，不肯远哨。是以贼惟不来，来则登岸残破地方。”对此，唐顺之建议，明朝军队应利用沿海岛屿环绕的有利地形，以崇明、舟山为中心，在各岛屿驻扎水兵，划定各海面为防御区域。水兵昼夜巡逻于各海面，如有倭寇来犯，明军疏于防守而使之登岸者，则要受到处罚，如能在海面击退者，则以奇功论赏，如能斩获倭寇首级，则视不同情况予以重赏。从而加强明军在海上防御倭寇的力量。他指出：“臣窃观崇明诸沙、舟山诸山，各相联络，是造物者，特设此险，以迂海贼入寇之路，以蔽吴淞江、定海内地港口也。国初设县置卫，最有深意，而沈家门分哨之制，至今可考。合无春汛紧急时，月苏松兵备暂驻崇明，宁绍兵备或海道内推择一人，暂驻舟山，而总兵、副总兵常居海中，严督各总，分定海面，南北会哨，昼夜扬帆环转不绝。其远哨必至洋山马迹，贼若从某处海面深入登岸者，该总首先坐之，论其登岸多少，以次罪及总兵，又罪及兵备道而止。至于海中击贼初至，将领以奇功论，已有事例，惟军士首级之赏，尚未别白。臣先具题，击来船与击归船不同：击归船真倭首级一颗，给银十五两，自合如故；击来船，真倭首级一颗，合无量增银十两，比陆战首级尚少银五两，已足使水卒感恩怀利，尽死击贼。”

---

① 《明经世文编》卷260《唐荆川家藏集二·条陈海防经略事疏》。本目以下唐顺之言论引文，均见于此。

其二，防守倭寇的第二道防线是防守海岸。唐顺之指出，为了使海岸和内地、沿海各地能互相策应、齐心协力击败倭寇侵扰，朝廷应规定，倭寇所到之处，如明军疏于防守而造成破坏，不论是沿海还是内地，或沿海周边邻近地区，都要共同承担疏于防守之责，并受到处罚。他说："照得贼至不能御之于海，则海岸之守为紧关第二义。贼新至饥疲，巢穴未成，击之犹易，延入内地，纵尽歼之，所损多矣。然自来沿海戍守，莫不以拥城观望，幸贼空过，谓可免罪，而不顾内地之残破。内地戍守，亦幸贼所不到，而不肯策应沿海。今却不然，宜分定沿海保护内地，内地策应沿海。沿海力战，损兵折将，宜坐内地不能策应之罪；内地残破，沿海幸完，宜坐沿海纵贼之罪。又如同是一样沿海地方，贼由宁绍登岸，宁绍却不残破，而残破温台；贼由温台登岸，温台却不残破，而残破宁绍，自来只坐地方残破之罪。今却不然，宜并坐贼所从入，其沿海文武将吏，有能连次鏖战，抵遏贼锋，阻贼下船，不得登岸深入者，虽无首级，以奇功论，一准平倭事例。如此，则人知谨于海岸之守，不敢幸贼空过，以觊免门户常扃，堂奥自安矣。"

其三，唐顺之认为，东南沿海的军制，最好的选择是操练土兵；其次是土兵人数不足，再招募兵士；再次如招募兵士还不足抵制倭寇，就征调附近的军队。他的理由是招募的兵士，成分复杂，良莠不齐，很不稳定；征调的军队则不听从督抚调遣，既费军粮，又骚扰地方。他指出："自倭患以来，东南军制，最为不定。盖以济变未虑经久，枭猾之徒，方应募于江北，忽应募于浙东，方以得募价而留，忽以满募限而去。譬如借债之人，主人不得而羁之，安得而练之。至于远方无赖，托名土兵报效，希图卤掠，群然麇至，在此不由军门之征调，在彼不由督抚之遣发，坐费粮饷，骚扰地方。是以人人争言调募不便，而以练土兵为说。夫土兵之练诚是也。然土兵之数不足，安得不募；募兵不足以当贼锋之锐，安得不调。"针对这种现象，他主张："为今之计，合以练兵为实事，以募兵为权宜，以调兵为奇道。募兵则远募不如近募，调兵则多调不如少调。募兵先尽本地方骁锐，若浙江处兵、江西沙兵之类，其远方骁锐应

募者，亦须土人保任，优其募价，什伍联束，而岁番上之，不得自去自来如往时，则募兵亦土兵也。总督军门，岁调麻兵，立为定额，直隶几千，浙江几千，专为冲锋之用，听川湖军门精选发遣，以宪司一员监督前来。有不能冲锋甚至骚扰地方者，罪及监督，则调兵可以制其毒而得其用也。俟土兵训练有成，然后募、调俱罢。”这里，他认为由于当时土兵数量不足，既然募兵和调兵还不可废除，那就尽可能近募和少调。近募以募浙江处兵、江西沙兵为主，如是远募，必须要有土人担保，并且以什伍组织对其约束，不得随意来往。调兵主要调遣直隶、浙江兵士，专门用于冲锋陷阵，并派监察人员一人监督。如调兵不能冲锋甚至骚扰地方，则监察人员也要受到处罚。等到土兵训练成功具有战斗力之后，募兵、调兵都可废除。

其四，用盐利、赃罚银来解决军食不足问题。当时，“东南水陆兵粮有缺，至有一月不给者”。其原因是“其初皆算兵而赋民，原无赢余。若民间拖欠十数两，则缺却一军之食。万军不能一军空腹，而万两不能铢两无缺，加之民赋有灾伤减免，而军饷无赢余处补，宜其不能时给”。对此，唐顺之认为：“今民间搜括已尽，无可处补，而军门亦无所谓山泽管榷之利，稍可处者，惟有盐法而已……合无敕下户部，转行督抚等官，会同淮浙巡盐御史，委曲计议，多方区处，但使江北、江南、浙江，每处得七八万两，民赋若足，则别储之，一有蠲欠，即以处补此，亦国民两便之策也。”此外，唐顺之认为，赃罚银也可用于补军粮不足：“乞暂将嘉靖三十九年（1560）浙直两处赃罚，照数解与各军门，听其处补军饷。以后年分，自行解京如故。”除此之外，唐顺之还建议，自布政总司、管粮道及知府以下，如玩忽职守，供给军饷不力而失误军机者，必须予以从重处罚。“再照供给军饷，系有司职掌，有司自以不与军事之罚，往往视为不干己事。始则催征不力，继则给发不时，失误军机，多由于此。此后若有仍前怠玩者，自布政总司、管粮道及知府以下，听督抚诸臣从重参劾，庶几有司各知干己，不敢误事矣。”

其五，唐顺之建议恢复明初沿海水寨、卫所、屯田和市舶司，以加

强海防。首先，他指出："国初海岛便近去处，皆设水寨，以据险伺敌。后来将士惮于过海，水寨之名虽在，而皆自海岛移置海岸。闻老将言，双屿、烈港、峿屿诸岛，近时海贼据以为巢者，皆是国初水寨故处。向使我常据之，贼安得而巢之。今宜查出国初水寨所在，一一修复。"可见，其修复水寨的理由是，明初沿海岛屿水寨是作为御敌的据点，而今海防内撤至海岸，水寨成为海贼的巢穴，因此，要将其修复，继续发挥其作为御敌剿贼的据点。其次，他指出："国初沿海建设卫所，联络险要。今军伍空缺，有一卫不满千余，一所不满百余者。宜备查缺额之故而补足之。其运粮班操等项，原因海上无事，拨借别用者，可悉还之。原卫所使自为守，卫所之兵常足，则他兵亦可不用。"他认为明初沿海卫所联络险要，在海防中起重要作用。但当时军伍人员空缺较多，应当全面清查补足，并归还被拨借别用的运粮班操人员。这样，卫所兵员常足，就可各自为守，不必再进行募兵、调兵。再次，他指出："国初沿海卫所，皆有屯田。今埋没过半，而图册故在。宜按图照册，尽数查出，办纳屯粮。及金塘、玉环诸山膏腴几万顷，皆是古来居民置乡之处，今可垦为屯田。设所戍守，一以据险，一以因粮。"他主张应恢复明初在浙江沿海的卫所屯田，并将金塘、玉环一带几万顷荒芜的肥沃土地也开垦为屯田，并设所戍守。这样，既可以据险守卫海防，又可以收获粮食供给军队。最后，他指出："国初，浙、福、广三省设三市舶司……今海贼据峿屿、南屿诸岛，公然擅番舶之利，而中土之民交通接济，杀之而不能止，则利权之在也。宜备查国初设立市舶之意，毋泄利孔，使奸人得乘其便。"他认为，明初，浙江、福建、广东三省设市舶司，既通朝贡，又与海外通商收取关税。当时海贼占据峿屿、南屿诸岛，公开进行海外通商贸易，牟取暴利，朝廷捕杀之都不能制止。他建议朝廷应参照明初设立市舶司，管理海外贸易，并收取关税。这样，海外贸易的巨大利益，就不会被不法之徒乘机攫取。

三、宋仪望海防思想

宋仪望（1514—1578），字望之，明朝理学家，嘉靖二十六年（1547）进士。初授吴县知县，征拜御史，陈时务十二策。万历年间，累官至大理寺卿。宋仪望师从聂豹，故其学以王守仁为宗，又跟随邹守益、欧阳德、罗洪先交游。著有《华阳馆文集》。

宋仪望认为，当时东部沿海防御倭寇侵扰面临着严峻的形势："大抵今之备倭，其患有三，十数年间，闽广浙直竭兵力以拒遏之，俘馘之，岁费粮饷以百数十万计，然其为患卒不能止，而又不能遽处。"① 其原因主要有3个方面。一是倭寇在海上活动，其踪迹不可预测，故难以防御。"夫中国备倭，与备虏异。北虏虽强，然界在边陲，咸可指顾，多寡强弱，皆能预计。倭奴远隔海洋，浙直闽广数千里间，皆据海为守。自倭奴入犯，熟谙内地，每岁约束窥犯，驾风凌涛，倏忽千里，随其所向，莫非入犯之路。非若虏情，尚可诇探远近，以便防御。"二是倭寇与中国奸细勾结，侵扰沿海地区。后来倭寇与奸民发生矛盾，王直、徐海等不法之徒又乘机引倭寇入犯，使倭寇不止。"倭奴为患，患在中国奸细与倭交通。其后奸民多方骗害，失倭奴心，甚或激为仇杀，以泄宿憾。然未尝敢蓄异图，以贻大患。当时计议之臣，虑生地变，乃一意禁绝之。凡发觉者，罪在不赦。倭奴时负厚贩，抵宁波等处，悉为奸人所负，怨入骨髓，王直、徐海等，遂乘机教引，聚众入犯，故至于今，中国之祸不能止也。"三是倭寇内犯，起初为害止是"利取财物"，尔后则"利在抢捕渔人，归至彼中，货取厚利，以供耕种"。"夫捕渔之人，皆浙人也，身既在彼，心则无日不在父母妻子。故一人往，则添勾引一人。况被往者十百数千乎，臣恐浙直之间，倭奴为害不能止也。"有鉴于此，宋仪望认为："闽广浙直之间，海上防守，臣窃以为不能一日懈也。"因此，他

① 《明经世文编》卷362《宋督抚奏疏·海防善后事宜疏》。本目以下宋仪望言论引文，均见于此。

提出了6条“经略江南海防事宜”，兹缕述如下。

其一，增设游兵以定游击。宋仪望认为，江南沿海防御倭寇以阻截外洋为上策。他建议明朝军队在倭寇必入之径增设游兵以俟邀击，如碰到倭寇众多，则飞报总兵官，督发巨舰水师前来策应，将倭寇歼灭于外洋。他指出：“照得江南沿海，自狼福北至金山四百余里，一望洪涛，绝无岛屿，可泊舟师。近年倭寇突入，势必登岸，故江南防倭，必以阻截外洋为上策。今岁抽选各路双桨唬船，选置游哨惯经海道……令其远泊蒲岙、陈钱、马迹之外，其地为浙直交会之区，倭夷必入之径，分据形势，以俟邀击……如或倭势众多，飞报总兵官，遣游击督发巨舰水师，随向策应，务期歼之初至。”

其二，定船綜以便调遣。宋仪望认为，明军初增设游兵外，还要配备沙船、唬船、福苍等各种船只。倭寇惯用速度快的小船，明军必须用唬船追击，用唬船上装备的火铳、火箭、火炮边追边打，使其速度放慢。然后明军沙船追上，与唬船一起夹击。如遇到倭寇驾大船，明军就用福苍大船撞击。他还主张，政府缺乏造船经费，可用雇募的形式，雇募民间船只，用作战船。他指出：“盖倭奴惯用小船，两傍分驾十橹，摇走如飞。此中与斗，利在犁沉，非沙船不能。但沙船颇大，即双帆乘风，追莫能及。今制唬船，亦用十桨，其行又疾。遇打倭船，令其贮装百子飞沙等铳、火箭、火炮等项，夹追放打。倭船每见火器攻急，不能摇橹，沙船即可追上，因而夹击成功。如见倭奴撑驾大船，则以福苍船冲之，可以百战百胜。但照岁用沙船数多，此中钱粮缺少，势难打造。民间自造前船，最称坚利，往年官府雇募，既丰其财，又募其家兵耆民，亲身应役，槓具器械，无不精利。官无造舟之费，港有应敌之师，最为计之得也。”

其三，联陆兵以防流突。宋仪望认为，沿海自吴淞至金山300里间，临据大海，倭寇随处可以登岸深入内地。他建议挑选500名精兵，派有才干的将官进行训练，然后分番哨守。遇有敌情，则互相联络、策应，

合剿倭寇。他指出："沿海一带，自吴淞至金山三百里间，宝镇、川沙、南汇、青村、柘林各相去五十里，皆临据大海，（倭寇）随处可登，而青、南二所，更当其冲……今议各挑选五百名著伍，听臣于闲任将官或指挥内、有才局者，选委各一员专司训练，与川、柘二总分作四枝。参将于汛时移驻南汇教场内，计处营房、把总等官，各带所部挑选精兵赴营团操，教以分合聚散之形，熟其首尾联络之势。大小汛期，总兵官仍将吴淞陆兵，分番哨守，则南可以策应青村、柘林，北可以声援川沙、宝镇。其金山虽系重地，延摊沙浅，寇船难泊，止令原留官兵，沿塘巡哨。本卫官督兵城守，万一有急，则参将调兵合剿，朝发夕至。庶海塘气脉联络，而各堡形势不孤，权归一而众不涣矣。"

其四，核军储以时支给。宋仪望指出，当时沿海卫所军粮，由于层层作弊，借给不足，使军士挨饿。"照得沿海卫所军粮，旧时虚额数多，每遇拨派，势豪奸民，多方夤谋，冀得肆其拖侵；积棍刁军，法设私兑，悉以归其包骗。仓廒空虚，军士枵腹，其积弊盖已久矣。"针对这些弊端，宋仪望提出，由州县掌印官、海防同知、各卫掌印官共同设立号单，由各所官军直接到粮仓支兑军粮，这样就可杜绝种种弊端，使沿海卫所军粮供给充足。他说："今议各州县每岁秋收之后，将本色漕粮军储一概征完在仓。海防官预将各卫所官军姓名点定，候漕粮交兑之后，兵备道预行州县掌印官，听海防同知、兼同各卫掌印官，将设立号单，许令各所官军，相继往兑。每米一石量加脚价一斗三升，以充雇船搬运之费。官军报运到仓，海防同知公同掌印卫官，掣单验收。如此，则粮长既免盘运之劳，奸民自塞逋负之计，刁军永杜私兑之奸。每月给放，仍照臣案行事例，先期呈请号纸，唱名给散，则海滨孤城，俱获充实，而汛米亦可免于收买矣。"

其五，广资格以需将才。宋仪望指出，明朝廷实行的将官保荐制和世官制，不利于广泛选拔有才干的将军。"旧例推升将官，止于指挥曾经保荐者，后渐推广至千百户。自海上多事以来，始有名色把总之例，盖拘挛常调，则韩、白何由致身，破格广求，即屠钓亦足树建。自此例行，

而南北疆圉，乘风云以树奇勋者，历可数也。但先年请有部札有功者，呈请填给，后因部札不便，军中自得便宜委用。以致钻谋多端，名器太滥，物议沸腾，引嫌概弃。不得已选用世官，使世官才，则亦何事他求，但纨袴多柔脆之夫，阘茸鲜上进之志，不得不旁搜博采，以图济事功也。”对此，他建议，除世官有才可用外，对于行伍中有武勇韬略者选拔试用，果有才干战功，逐级予以提拔。这样，就能使真正有才干的人得到任用，无能钻营者不得抱侥幸之心。“今后领兵、领哨，除世官有才可用，照旧委用循资举荐外，至于草野行伍之中，有素负勇略、熟谙韬钤技艺者，各将官收录军中试验，果当，听兵备官会同总兵官指实呈请，听臣参酌成规，方许给札，授以领哨等官。俟著有劳绩，又授以名色千总把总。如果才堪统领，屡立战功，方行据实举荐，与世官一体升用。夫收录在将，则因举用而见将领之贤；甄别在臣，则收事权而革滥用之弊。如此，则真才既收于博采，而幸进者不得以觊觎矣。”

其六，联浙直以定合剿，禁渔船零星出海越捕。宋仪望主张，倭寇来犯，必由陈钱等处而入，直隶、浙江军队应联合邀击。为了防止倭寇藏匿于沿海渔民鸟嘴船中伺掠，应规定沿海渔船小满节气时，与大艅渔船一齐集体出洋捕鱼，不许零星出海越捕。他指出：“照得倭寇之来，必由陈钱等处视风色以为入犯之路。我直舟师欲邀击外洋，势必趋圣姑、蒲岙等岛，而浙中兵船，俱亦驻泊此地。若或彼此不联气一心，未免对舟为敌国矣。预乞本部移咨浙江军门，每当春汛，先期会约。严戒将士不许无端启衅，遇有倭船，合艅同击，如敢自分吴越，争夺首级者，俱不准功。则彼此同心，声势益壮，倭寇不足平矣。臣又看得倭寇之来，必于小满前潜伏海岛，伺掠渔船。近日奸人教之，每岁将抢去鸟嘴渔船，照例张网，内藏夷人，外杂渔人，以致渔船不复提防，兵船难遽邀击。今岁入寇，未便全获，其故由此。且濒海之人，以渔为业，诚难禁绝。并乞移咨浙江，但严禁捕鱼船只，定限小满与大艅渔船，一齐出洋，不许零星越捕，以中倭计。仍行温、台、宁三府，遇当出海捕鱼，止许改

用黄花挑糟等船。如敢违禁，仍将鸟嘴船先期私捕者，许官兵即拿究解艅内，仍有鸟嘴船只，许官兵径行攻打。如此，则倭夷既不得伺掠以逞奸，而我兵亦易于辨识而奋击，将来向导自绝，更无侵扰之患矣。”

其七，严乡甲以护海防。宋仪望认为，我国海岸线绵长，单靠官兵防守海防是不够的，必须在沿海保甲内组织乡兵，置造器械，平常训练，遇有敌情，协助官兵防守。乡兵如有战功，与官兵一样奖赏。他提出：“照得沿海要隘，虽各设有陆兵，然海岸延长，俱系民灶杂居，茅茨相接。若不团练乡兵，申明号令，卒遇寇突，人无固志，奔走张皇，而内地便为震动。今各地方已奉臣案验，编立保甲，合无照臣经略江防议，于保甲内择有身家者立为团长，挑选壮勇，置造器械，时常练习。每当汛期，海防官亲往犒赏，遇有声息，协助官兵，分布海塘。如有斩获，一例照格给赏团保长，有功愿纪录者，一体类奏升授。至于崇明一县，孤悬海中，居民散处，各沙兵船防守有限，臣已严行该县操练乡兵，人自为战。万一寇势猖獗，力不能支，飞报总兵官，调兵协剿。庶兵势联络，而随处可制胜矣。”

四、黄承玄海防思想

黄承玄，浙江秀水（今嘉兴）人，万历十四年（1586）进士。曾任应天府府尹，以副都御史巡抚福建，主要从事福建之军政事，卒于任。

明朝后期，“各省海防，独闽为最急，而各省武备，则独闽为最弛”①，大臣黄承玄针对这种局势，上奏《条议海防事宜疏》，陈述了自己加强福建海防的思想。兹缕述如下。

其一，饬寨、游以定经制。黄承玄认为，福建沿海原设五寨、五游互相声援策应，是比较合理的布局。但是，后来水寨渐移内澳，游亦画守疆隅，而且现在七游分为四哨，力量分散，不利于防守。“前抚臣谭

① 《明经世文编》卷479《黄中丞奏疏·条议海防事宜疏》。本目以下黄承玄言论引文，均见于此。

纶、镇臣戚继光，经画水寨之制，每寨必结聚二䑸，每䑸必上扼外险，盖合大䑸则兵力自倍，扼外险则门户自固，据上游则建瓴之势自便，其制不可易也。迨后增设五游，以寨为正兵，以游为奇兵，寨屯于游之内，游巡于寨之中，盖寨借游以共声其援，非得游而可互卸其责也，乃今日之事，有大谬不然者，寨既渐移内澳，尽非建置之初，游亦画守疆隅，全失立名之义。且向止五寨，犹必合为二䑸，今加七游，复各分为四哨。䑸零则气弱，备多则力分，且散泊便于偷安，哨近易于影射，此皆近日之陋规也。”针对这种弊端，黄承玄主张，应恢复过去寨、游制度，“寨兵必令合䑸据险，游兵必令隔哨互援；小敌则一军当之，大敌则并力犄之；在上风者追之必穷所往，在下风者邀之使无所逃，庶寨、游之设可收实效乎。或谓防倭利于合，防贼利于分。汛时专主防倭，应于上游合䑸；汛后专主防贼，不妨便宜分布。此则在事将领，自可随时变通，要以分而合之则难，合而分之则易，故分之总不如合也”。

其二，设标游以备策应。黄承玄认为，福建沿海虽设有寨、游，但由于相距每数百里，倭寇入犯时，彼此很难策应，仅能自保。因此，他建议增设一支标游，作为海上机动部队，用于遍巡全省沿海，闻调即发，遇警即援。黄承玄指出：“今者议复寨、游旧制，奇、正之用得矣。惟是营寨相距，每数百里而遥，其地各有专司，其力仅能自保。若寇合䑸突犯，则众寡有不敌之形；分䑸四窥，则彼此无相顾之势。以故各路将领，动请增兵增船。顾多增则势有不能，少增则于事无益，纵无所不增，犹之无所不寡耳。计莫如另设游兵一枝，往来策应，使沿海常余一游之师，以待其急，而随处得借一游之势，以壮其援，此今日万全之备也……但请增水兵千名、战船二十四艘，略仿洋游之制，仍系标游之名，汛期则分游南北，遍历寨游，汛毕则收入南台，时加操练。闻调即发，遇警即援。合䑸而行，可张寨、游之声势；遇哨而会，可鼓将卒之偷安。”

其三，重澎湖要防，以杜窥伺。黄承玄认为，澎湖诸岛为明军和倭寇必争之地，因此，应将澎湖并入浯铜，设浯澎游，使浯铜与澎湖互相

策应，形成掎角之势。加强澎湖海防有 4 个方面意义：一是有利于对漳泉的防守；二是可以加强对海上奸商的稽查；三是可在澎湖屯田，以供给军粮；四是可将澎湖渔民组织起来，协助官兵防倭。他指出："闽海中绝岛以数十计，而澎湖最大，设防诸岛以十余计，而澎湖最险远。其地内直漳泉，外邻东番，环山而列者三十六岛。其中可容千艘，其口不得方舟，我据之可以制倭，倭据之亦得以制我，此兵法所谓必争之地也。"澎湖地位如此重要，但当时驻防澎湖军事力量单薄，"一旅偏师，穷荒远戍，居常则内外辽绝，声息不得相通；遇敌则众寡莫支，应援不得相及。以故守其地者往往畏途视之，后汛而往，先汛而归，至有以风潮不顺为辞，而偷泊别澳者，则有守之名，无守之实矣"。对此，黄承玄主张："澎湖之险，患在寡援，而浯铜一游，实与澎湖东西对峙，地分为二，则秦越相视，事联为一，则唇齿相依。今合以澎湖并隶浯铜，改为浯澎游，请设钦依把总一员，专一面而兼统焉。浯铜原设二十二船，澎湖原设十六船，邻寨协守四船，今议再添造一十二船，增兵四百名，俱统之于钦总，而另设协总二人，一领二十舟，扎守澎湖，一领十二舟，往来巡哨。遇有警息，表里应援，臂指之势既联，掎角之功可奏矣。夫浯铜系漳泉门户，澎湖为列郡藩篱，今一设重镇，而有虎豹在山之形，一得内援，而无蛇豕荐食之患。其便一也。顷者越贩奸民，往往托引东番，输货日本。今增防设备，扼要诘奸，重门之柝既严，一苇之航可察。其便二也。兹岛故称沃野，向者委而弃之。不无遗利之惜。今若令该总率舟师屯种其间，且耕且守，将数年以后，胥原有积仓之富，而三单无糇粮之虞。其便三也。至于濒海之民，以渔为业，其采捕于澎湖北港之间者，岁无虑数十百艘。倭若夺而驾之，则踪影可混；我若好而抚之，则喙息可闻。此不可任其自为出没者，宜并令该总合同有司，联以什伍，结以恩义，约以号帜。无警听其合䑸佃渔，有警令其举号飞报，则不惟耳目有寄，抑且声势愈张，兹险之设，永为海上干城矣。"

其四，饬战舰以备冲犁。黄承玄认为，海战中战船最为重要，其次才是武器和人。但是，当时明政府造船经费，只有一半能真正用在造船

上，材料不合格，工匠技术不过关，使船质量不好。战船一般用上七八汛，就报废不能用，更谈不上能在海战中冲撞敌船。当时规定，战船必须使用十二汛，如未满十二汛，有关人员必须赔偿。这使有关将士为逃避赔偿，隐瞒报废船只，造成兵多船少现象。其结果是朝廷以小失大，养多余兵员的经费大大多于赔偿的经费。对此，黄承玄主张，战船使用以十汛为期限；为保证造船质量，造船估费当宽；责任应当专一，由路将与总哨、捕盗负责。他指出："夫海上之战，先斗船，次斗器与人，无船，则人与器皆无所用之矣。乃今日造船之弊有不可胜言者，兵方倚船为命，而官胥、匠役且倚船为家，出之帑者十，而用之船者五，且费不时给，役不预鸠，料不必中程，工不必中度，及仓皇无措，则又科贴众兵，至科之兵而亦不必用之船也。积弊至此，求船之实用，得乎？船不可用，求兵之出洋，得乎？……为今之计，一曰缩汛当议也。约法：每船限十二汛而准拆造，未满汛而敝者，照汛于各兵扣赔。今之船自七八汛以外，皆成虚具矣，此不敢暂试风涛，况望其效冲犁之用乎。乃官拘于成例，兵惮于赔汛，苟延岁月，隐澳偷安。计每寨四十余船，实不得二十船之用，则千余兵而不得五六百兵之用矣。图省一船数十金之费，而致虚糜二三百金之兵饷，岂不以小失大耶？且迩来将领每以船多兵少为辞，则何不缩其汛而量减其船。免其赔而量增其值，减一船而得九船之用，减一船之兵益之九船，而九船咸得其济，不尤为两便耶。今请将各寨游船只，不论年汛久近，但有不堪出洋者，尽行改造，暂免赔汛。要自今日鼎新之会，即为各路更始之初，自此以后，断以十汛为期，有不及格者，仍得以赔汛之例绳之矣。"除此之外，为了保证造船质量，黄承玄主张，造船"估费当宽""责任当专"。所谓"估费当宽"，就是"不问时有贵贱，地有远近，价有官民，概以成例格之。夫上吝其直，下吝其才，所啬者正足相当，而所损者乃在公事，亦何利之有焉？"所谓"责任当专"，就是"向来汛船，造于各路者，有海防佐领监之，造于省河者，则一听他人之为政焉。文吏非用船之人，则得置身于利害之外；将领无专造之责，则得置身于功罪之外。徒使经历数手，侵渔百端，多一

受事之人，即多一染指之弊；增一防奸之寄，反增一卸过之门。盖今日阃外之事，往往如此。今请以其责专属路将，凡鸠工庀材，赋庸受直，悉听路将与总哨捕盗自为之谋，而有司自省成外，一切勿掣其肘。如是，而犹有不可战之船，则臣得执而问之矣”。

其五，恤水兵以起凋敝。黄承玄指出，在福建海防中，水兵的作用、辛劳和危险大于陆兵，但其军饷不如陆兵多。再加上各种掊克，水兵生活艰难，逃亡现象时有发生。相反，将官则利用水兵逃亡，冒领无兵之饷以自肥。针对这种弊端，他主张一方面提高水兵军饷，另一方面严格挑选水兵，精简其人数，严厉禁止将官掊克水兵，从而使水兵生活有所改善。他说："夫闽海之御倭，其用则水兵急而陆兵缓，其事则陆兵逸而水兵劳，乃其饷则陆兵厚而水兵独薄。彼其出没波涛之中，身试鲸鲵之窟，即使尽沾实惠，尚虑勇壮者裹足不前也。乃见面有例、公费有例、赔汛有例、又代为称贷厚息、扣偿月饷，所余十不得其三四。且近年有免汰减饷之议，收汛又概啬其一钱，彼又何苦以躯命所博之微饷，徒为债帅充囊，债主生利哉？老弱者计无复之，姑寄粮糊口，壮勇者势不能忍，有相率掉臂而去耳。乃总哨捕盗复通同隐匿，既避逃伍之罚，又冒悬额之粮，是免汰之说，徒割见在之食，以饱虚冒之腹也。吾方虑无饷之兵，难与救死，而彼且利无兵之饷，可以自肥，大非立法初意矣。请自今挑选之后，仍复其原饷九钱，而每次汛毕，不妨仍核其懦怯者，而简汰之。第向之汰，惟其数，不惟其人；今之汰，惟其人，不惟其数。盖与其啬于给饷，而宽于冒饷，固不如丰于养士，而严于选士也。顾饷增矣，而不严禁掊克，则所谓九钱者，犹委之溪壑耳。欲严掊克之禁，当清科派之源。"

其六，严巡督以鼓偷惰。黄承玄认为，各级将官必须亲力亲为，亲自率兵出洋，亲自核散粮饷，亲自督察巡视，才能鼓舞军队士气，使军士不敢偷惰。他指出："致勇莫善乎倡，未有己安于帷幄之中，而可责人以犯风涛之险者也……今欲收海防之效，非兵尽出洋不可；欲兵尽出洋，非将领躬率不可；欲将领出洋，非院镇道馆亲督不可。请严旨申饬，先

自臣始，每汛视敌之要冲，或将之少弱者，单骑巡行，不时督阅，以为列职之倡。各驻扎道，则汛前十日亲历海口，简阅舟师，核散粮饷。汛内五月，早暮督察，精神无弗周也。巡海道则往来沿海上下督巡，总诸路之纲维，核将领之勤怠，阅历无弗遍也。各海防馆则同寨游把总一体出洋，无事戒其偷安，遇警鼓其敌忾，有功为之纪录，有过为之核查，须臾无相离也，此皆文吏之责也。总镇则往来镇东、定海，随在督师，或亲驭楼船，当机应变，毋仍一隅之株守也。路将则躬驾标船，遍历游寨，每视风汛南北，各期会于岛屿之间，毋仍信地之自画也。各寨游把总，则身先出海，远据要冲，时时存待战之心，人人励敢战之气，毋仍内港之偷安也。”

其七，议征军以收实用。明军旧例：“舟师出洋，以额兵不足驾用，故于沿海各卫所军丁，选其惯海者助之，谓之贴驾征军，大约一舟之中，兵居其十，军居其五。”由于贴驾征军“月粮之外，优以行粮”，待遇较优，因此，“卫所各官，往往因之为利，有力者买闲，老弱者应役。非不严行申饬，而积玩相因，终成虚应，如有缓急，将焉赖之？近各处借口增兵，纷纷见告，有谓其骇浪而面若死灰，见敌而隐匿重板，无望同仇之助，反为先奔之倡者”。对此，一些人分别提出各种不同应对措施，但黄承玄认为，不能一概而论，应具体问题具体分析，其原则是通过实践测试，汰弱募勇，从而提高军队战斗力。“近该道有扣征军月粮，为另募民兵之议，是不可酌而行之乎。或谓各卫所征军，有惯海精壮、胜于募兵者，不可更也，则何妨择其堪驾者仍之，而不堪驾者易之乎。或又谓乌合之兵，旋募旋汰，犹之乎不习也，然暂募之壮兵，不犹胜暂役之弱军乎。且一汛之内，勇怯已试，额兵之懦弱者可汰，而新募之惯勇者可留也。是又不可通融乎？”

第五节　兵律思想

明朝为了加强对军队的管理，制定了一系列的法律条文，对军队进行约束。兹据《明会典》卷166《兵律一》的内容①，略作分析。

一、禁止擅调官军

明朝最高统治者为维护封建专制统治，对军队进行严密的控制。为防止将帅拥兵反叛，兵律规定，军队的调遣必须经过朝廷的批准，必须以皇帝的御宝圣旨为凭。如无紧急情况擅自调动军队者，则要受到处罚。尤其是那些亲王所拥有的军队，未经朝廷批准，没有接到皇帝的御宝圣旨，更不得擅自调动军队离开封地。但是，如遇到反叛、暴乱等紧急情况，来不及上奏朝廷，将帅可火速调遣军队征讨，邻近卫所也必须立即发兵策应，否则，其与擅自调动军队同罪。《兵律一·擅调官军》规定："凡将帅部领军马守御城池，及屯驻边镇，若所管地方遇有报到草贼生发，即时差人体探缓急声息。须先申报本管上司，转达朝廷闻奏，给降御宝圣旨，调遣官军征讨。若无警急，不先申上司，虽已申上司，不待回报，辄于所属擅调军马，及所属擅发与者，各杖一百，罢职，发边远充军。""若亲王所封地面有警调兵，已有定制，其余上司及大臣，将文书调遣将士、提拨军马者，非奉御宝圣旨，不得擅离信地。若军官有改除别职，或犯罪取发，如无奏奉圣旨，亦不许擅动。违者，罪亦如之。""其暴兵卒至，欲来攻袭，及城镇屯聚军马之处，或有反叛，或贼有内应，事有警急及路程遥远者，并听从便，火速调拨军马，乘机剿捕。若贼寇滋蔓，应合会捕者，邻近卫所虽非所属，亦得调发策应，并即申报

① 本目引文未注出处者，均见于《明会典》卷166《兵律一》。

本管上司，转达朝廷知会。若不即调遣会合，或不即申报上司，及邻近卫所不即发兵策应者，并与擅调发罪同。”

二、必须及时申报军务、飞报军情

为了加强对军队的控制，明朝廷还规定将帅必须及时、如实向上级机关直至朝廷申报军务，以便朝廷能随时掌握军队的动态。如将帅不及时、如实申报，则将受到处罚。《兵律一·申报军务》规定：“凡将帅参随总兵官征进，如总兵官分调，攻取城寨克平之后，随将捷音差人飞报。一申总兵官，一申五军都督府，一行兵部，另具奏本实封御前。若贼人数多，出没不常，如所领军人不敷，须要速申总兵官，添发军马，设策剿捕。不速飞申者，从总兵官量事轻重治罪。若有来降之人，即便送赴总兵官，转达朝廷区处。其贪取来降人财物，因而杀伤人及中途逼勒逃窜者，斩。”

在明朝军队中，经常发生争功、冒功的现象，因此，朝廷规定军队在纪功、报功中必须实事求是，严禁争功、冒功，否则，争功、冒功者必须受到惩罚。《兵律一》规定：“凡临阵报有斩获贼级，纪功官从公审验，若用钱买者、卖者，俱问罪。官旗就在本卫军发边卫，民并军丁人等发附近，俱充军。若强夺他人首级，及妄割被杀汉人首级冒功者，军民舍余人等，亦照前发遣。官旗降原职役一级，京卫调外卫，外卫调边卫，边卫调极边卫，俱带俸差操。将官及守备、把总等官替人冒报功次者，亦奏请降调。若擅杀平人及被虏逃回人口，冒作贼级报功者，俱以故杀论。本管将官头目，失于钤束者，五名口以上，降级调卫，十名口以上，罢职充军。”

在战争中，军情往往瞬息万变，为了及时把握军情，以做出战略战术调整，朝廷规定将帅应飞速向上级机关逐级报告军情。《兵律一·飞报军情》规定：“凡飞报军情，在外府州差人，一申布政司，一申都指挥使司，及行移本道按察司；其守御官差人，行移都指挥使司，都指挥使司差人，一行本管都督府，一具实封；布政司一差人行移兵部，一具实封，

俱至御前开拆。按察司差人，具实封直奏。在内直隶军民官司，并差人申本管都督府及兵部，另具实封，各自奏闻。若互相知会，隐匿不速奏闻者，杖一百，罢职不叙，因而失误军机者，斩。”为了严守军事机密，朝廷还规定，在飞报军情时，必须严格保密，防止泄漏军情。“隆庆六年（1572）题准，各边镇督抚等官，但系军机，俱要密封完固题奏，不得预先泄漏。通政司上本，与司礼监发本，俱要一体严密。”①

三、禁止逃避军役

明朝由于军士粮饷不足，加上各级官军贪污、克扣，士兵生活艰辛，因此，逃避军役现象时常发生。对此，朝廷不断颁布法令，对逃避军役者予以惩罚。如《明会典》卷 154《军政一・根捕》规定：“宣德元年（1426）奏准：凡逃军三月不首者，并里邻人等问罪。就点亲邻管解，窝家发附近充军，系军籍者发边卫。能自首者，止罪逃军。递送隐藏者，烟瘴卫分充军。官司故纵者，论如律。”“（宣德）三年（1428）奏准：凡军逃还乡，有诈死更名充吏卒僧道等项，及隐寄丁口，立户他方者，并许自首改正。其诈称名目，寄住影射致原籍本卫，两无挨寻者，追获自首，俱收寄本处卫所。他人告发者，与窝家里邻官吏人等，俱照例问罪，仍追本犯银十两充赏。”“正德八年（1513）题准，凡里甲一人捉获逃军首官者，通免问罪，军丁解发原卫应役。若军丁出首者，里甲亦免问罪。若里甲邻右书手人等，敢有通同容情埋没，照例问罪发遣。”由此可见，朝廷对逃军的处理，以鼓励自首为上策，一般可以免于处罚。为了使逃军无所藏身，朝廷注重对窝藏者及左邻右舍的处罚，以此来迫使逃军亲属不敢窝藏，并使左邻右舍知情者必须积极主动告发，从而避免遭到牵连。朝廷为了督促有关官吏清查、捉捕逃军，对知而故纵、失职的官吏也予以处罚。

明朝对于平时逃避军役的处罚相对较轻，而对于战争前夕征调军士

---

① 《明会典》卷 132《各镇通例》。

违期者的处罚则较为严厉。《明会典》卷166《兵律一·从征违期》规定："凡军官军人，临当征讨，已有起程日期，而稽留不进者，一日杖七十，每三日加一等。若故自伤残，及诈伪疾患之类，以避征役者，各加一等，并罪止杖一百，仍发出征。若军临敌境，托故违期，一日不至者，杖一百；三日不至者，斩。若能立功赎罪者，从总兵官区处。"

明代躲避军役的常见做法是雇人冒名顶替。对此，《兵律一·军人替役》也做了相关规定："凡军人不亲出征，雇倩人冒名代替者，替身杖八十，收籍充军；正身杖一百，依旧充军。若守御军人，雇人冒名代替者，各减二等。其子孙弟侄及同居少壮亲属，自愿代替者，听。若果有老弱残疾，赴本管官司陈告验实，与免军身。若医工承差关领官药，随军征进，转雇庸医，冒名代替者，各杖八十，雇工钱入官。"由此可见，明朝是禁止随意雇人冒名代替军役的，尤其是随军医工，更严禁雇庸医代替。因为医工是富有技术的职业，关系到从军将士的健康保障和伤兵治疗问题。但兵律也有通融之处，即子孙弟侄、同居亲属可予以代替，还有若系老弱残疾者，由有关官司验实之后，可以免除军役。明朝还规定，如发现军役冒名代替，有关将官负有责任，也必须受到处罚。"各处备倭贴守，其把总等官，纵容舍余人等代替正军者，正军问调沿海卫分，舍余人等就收该卫充军，把总等官参问治罪。"

明朝为了减少军士逃亡现象，规定将官必须妥善安置新军食宿，3个月后再送营差操。如有过度役使新军，勒索新军财物，迫使新军逃亡者，有关将官依据所辖士兵逃亡人数，予以不同程度的处罚。"在京在外，各都司卫所，勾到新军官吏旗甲附写名数，半月内帮支月粮，各照地方借房安插，存恤三个月，方许送营差操。如有指称使用等项名色，勒要财物，逼累在逃者，不问指挥、千百户、镇抚，俱照卖放正军事例，计一年之内，所逃人数多寡，降级充军拟断。若不及数，及不曾得财者，照常发落。"

明代对于平时驻军的逃兵处罚相对较轻，但对于已决定征调到前线战斗的兵士，如发生逃亡现象，则予以严厉惩罚。《兵律一·从征守御官

军逃》规定："凡军官军人从军征讨，私逃还家，及逃往他所者，初犯，杖一百，仍发出征；再犯者，绞；知情窝藏者，杖一百，充军；里长知而不首者，杖一百。若军还而先归者，减五等；因而在逃者，杖八十。若在京各卫军人在逃者，初犯，杖九十，发附近卫分充军。各处守御城池军人在逃者，初犯，杖八十，仍发本卫充军；再犯，并杖一百，俱发边远充军；三犯者，绞。知情窝藏者，与犯人同罪，罪止杖一百，充军；里长知而不首者，各减二等；本管头目知情故纵者，各与同罪，罪止杖一百，罢职充军。其在逃官军，一百日内，能自出官首告者，免罪；若在限外自首者，减罪二等，但于随处官司，首告者皆得准理。若各卫军人，转投别卫充军者，同逃军论。"朝廷为了督促基层将官管好自己部下士兵，防止他们逃亡，对部下士兵逃亡的将官，依据其逃亡的人数，予以不同程度的惩罚。《兵律一·从征守御官军逃》规定："其亲管头目，不行用心钤束，致有军人在逃，小旗名下，逃去五名者，降充军人；总旗名下，逃去二十五名者，降充小旗。百户名下，逃去一十名者，减俸一石；二十名者，减俸二石；三十名者，减俸三石；四十名者，减俸四石；逃至五十名者，追夺，降充总旗。千户名下，逃去一百名者，减俸一石；二百名者，减俸二石；三百名者，减俸三石；四百名者，减俸四石；逃至五百名者，降充百户。其管军多者，验数折算减降，不及数者不坐；若有病亡残疾，提拨等项事故者，不在此限。"

四、操练军士

操练军士是提高军队战斗力的重要环节，明朝廷重视对军队的操练，对此做了一系列的规定。"成化二十一年（1485），令各边每年自九月起至明年三月止，俱常川操练。四月初，具操过军马，并大风大雪免操日期奏报。正德十三年（1518）奏准，通行天下各府，与卫同在一城各州县与守御所同在一城者，听各掌印官，每月二次赴军卫教场，将原选民壮机兵，会合官军操练。分巡分守等官按临之日，亦要不时点闸。嘉靖八年（1529）议准，各边镇巡官严督各该将领，将见操官军逐一简阅，

挑选膂力骁勇、弓马熟娴者，定为头拨；膂力弓马稍称者，定为次拨；其有衰老懦弱庸钝者，即便退黜，别选精壮，以饬武备。”① 由此可见，明朝军队操练一般安排在每年秋冬两季，每月两次赴军卫教场，民兵与官军一起操练。到时分巡分守官到现场督视、点名。操练后，将官将军士按膂力、弓力骁勇、娴熟程度分为三个等级，其中第三等级衰老懦弱庸钝者黜退，另选精壮补充。

为了督促军士平时勤于操练，不偷懒怠惰，朝廷制定法律，对不按规定操练的将士予以惩罚。如《兵律一·不操练军士》规定：“凡各处守御官，不守纪律，不操练军士及城池不完、衣甲器仗不整者，初犯杖八十，附过还职；再犯杖一百，指挥使降充同知，同知降充佥事，佥事降充千户，千户降充百户，百户降充总旗，总旗降充小旗，小旗降充军役，并发边远守御……各卫所京操官员，故行构讼，不肯赴操者，除犯该死罪，并立功降调罪名，另行更替外，其余悉听掌印官，申呈巡抚巡按衙门，锁项差人，解兵部发操。若有抗违不服，或挟私排陷者，参奏问调边卫，带俸差操。掌印官纵容不举，参究治罪。”

明朝自永乐年间开始，朝廷每年调河南、山东、大宁（今内蒙古宁城西）、中都（今安徽凤阳）卫军至京师操练，称为班军，隶五军营。为了督促班军准时到京师操练，朝廷对班军赴京操练延误、失班予以惩罚。《兵律一·不操练军士》规定：“凡赴京操军，一班不到者，罚班三个月。军两班、官一班不到者，罚班六个月。军三班、官两班以上不到者，罚班一年。俱先送法司问罪，完日，发本营罚班。其该班不到月日，各另扣补。若有能自首者，免其问罪，送营，照前罚补。前项失班，并承批管解扶同，捏故各军职，俱不必参提，径自送问。各边备御官军，失班不来者，备行各该巡按御史，督属拿获问罪，差人解送各边镇巡官查审。军一班不到者，在原备边处，罚班三个月。军两班、官一班不到者，改拨本处沿边城堡，罚班六个月。军三班、官两班以上不到者，极边城堡

① 《明会典》卷132《各镇通例》。

罚班一年。其补班月日，各另扣算。若来迟不曾失班者，止补来迟月日。”对于在京城轮操的官军，如有潜逃者，将受到罚款或决打的处罚：“轮操官军，逃在京城内外潜住者，俱照奉宪宗皇帝钦定，初犯打七十，再犯打一百，送操事例发落。官旗无力纳钞者，就在原问衙门，单衣决打。若逃回原籍原卫者，以越关论。其在逃三次者，不分革前革后，各免决打、纳钞，京卫调外卫，外卫调边卫，俱带俸食粮差操。”朝廷还规定，中都、山东、河南各地班军赴京操练，如班中有人缺席，有关将官必须根据缺席人数而受到不同程度的处罚。如有将官接受贿赂将赴京操练军士故意放免者，将从重处罚。“中都、山东、河南各都司卫所掌印官，将原额京操班军实在正身，照名查点，督发赴班。如有缺少者，以十分为率，卫所掌印官，三分以上，问罪住俸；五分以上，降一级；八分以上，降一级，调卫。都司掌印官，五分以上，参问住俸。八分以上，降级。若已照数点发，致有中途不到者，领班都司，并卫所札付官，俱照前例问降。若全班不到者，不分掌印、领班、札付官，俱提解来京，一体问罪，降一级，调发边卫。中间或有受财卖放者，以卖放正军事例从重论。”

五、功罪赏罚

如前第三节边防思想所述，明代不少有识之士都十分重视对将士的赏罚，以此激励广大将士奋勇杀敌。但是，由于战场情况复杂，在具体确定功罪进行赏罚时，则会遇到许多难以准确衡量功罪赏罚的问题。因此，明朝衡量功罪赏罚的条文较多，兹介绍一些较有代表性的条文：“凡守边将帅，被贼攻围城寨，不行固守而辄弃去，及守备不设为贼所掩袭，因而失陷城寨者，斩。若与贼临境，其望高巡哨之人，失于飞报，以致陷城损军者，亦斩。若被贼侵入境内，掳掠人民者，杖一百，发边远充军。其官军临阵先退，及围困敌城而逃者，斩。”“凡沿边沿海，及腹里府州县与卫所同住一城，及卫所自住一城者，若遇大虏及盗贼生发攻围，不行固守而辄弃去，及守备不设被盗攻陷城池、劫杀焚烧者，卫所掌印

与专一捕盗官，俱比照守边将帅失陷城寨者律，斩。府州县掌印并捕盗官，与卫所同住一城及设有守备官驻扎本城者，俱比照守边将帅被贼侵入境内、掳掠人民律，发边远充军，其兵备、守巡官驻扎本城者，罢职为民；若非驻扎处所，兵备守巡及守备官俱降三级调用。若府州县原无设有卫所，但有专城之责者，不分边腹，遇前项失事，掌印捕盗官，照前比律处斩。兵备守巡官，亦照前罢职降调。其有两县同住一城，及府州县佐贰首领，但分有守城信地，各以贼从所管城分进入，坐罪。若无城池，与虽有城池，被贼潜踪隐迹，设计越城，进入劫盗，随即逃散不系失陷者，止以失盗论，俱不得引用此例。”

从上引《兵律一·主将不固守》条文可以知道，明朝在军事功罪赏罚中，首先，注意追究主要将帅的责任，如遇有城寨被贼攻陷，贼侵入境内、劫杀焚烧情况的，守边将帅、卫所掌印官、捕盗官、兵备守巡官等要承担主要责任，依据不同情况受到不同程度的严厉惩罚。其次，注意区分主要责任人是失职还是非失职所造成的失败。如因将帅不行固守、守备不设造成城寨被贼攻陷，将帅将受到最严厉的斩首极刑；如因贼潜踪隐迹、设计越城，进入劫盗的，将帅则只要依照失盗的律文进行惩罚，一般处以杖刑和发边远充军。再次，注意区分被贼侵害地方的防守条件。如被贼侵害地方有城池等防御设施，而被贼等攻陷，则失职将帅将要受到斩首的严厉处罚；如被贼侵入的地方没有城池等防御设施，则处以较轻的杖刑和发边远充军。又如“若无城池，与虽有城池，被贼潜踪隐迹，设计越城，进入劫盗，随即逃散不系失陷者，止以失盗论”。最后，注意区别被贼侵入城中兵备守巡官驻扎本城与非驻扎本城的不同责任。如兵备守巡官驻扎本城，则要罢职为民；如非驻扎本城，则要降三级调用。

明朝在对将帅过责、罪行进行量刑处罚时，还特别注意依据被敌人伤害的程度，如贼虏杀军民的人数、被贼抢掠牲畜的头数、被贼抢掠衣食数量等，处以不同程度的刑罚。《兵律一·主将不固守》规定：“失误军机，除律有正条者，议拟监候奏请外，若是贼拥大众入寇，官军卒遇交锋，损伤被虏数十人之上，不曾亏损大众；或被贼众入境，虏杀军民

数十人之上，不曾虏去大众；或被贼白昼黉夜，突入境内，抢掠头畜、衣粮数多，不曾杀虏军民者，俱问守备不设，被贼侵入境内，掳掠人民本律，发边远充军。若是交锋入境，损伤虏杀四五人，抢去头畜、衣粮不多者，亦问前罪。以上各项内，情轻律重有碍发落者，仍备由奏请处置。其有被贼入境将爪探夜不收，及飞报声息等项公差官军人等，一时杀伤捉去，事出不测者，俱问不应杖罪还职。如或境外被贼杀虏爪探夜不收，非智力所能防范者，免其问罪。凡各边及腹里地方，遇贼入境，若是杀虏男妇十名口以上，牲畜三十头只以上，不行开报者，军民职官问罪降一级；加前数一倍者，降二级；加二倍者，降三级；甚者罢职。其上司及总兵等官，知情扶同，事发参究治罪。”

明朝廷还对将帅在战斗中闭门不战，见贼先退，坐失军机，战术失误，损折兵马，不行设备，生事贪功者进行各种处罚。如成化九年(1473)，令边军遇敌，“其闭门坐视，见贼先退者，乃坐失机”。“弘治六年（1493）奏准，主将、副参等官，统军杀贼，不能料敌制胜，轻率寡谋，致有损折军马，失误事机，则罪坐各官。而内臣、都御史，不曾与行者，各轻其罚，兵部临时奏请定夺。若各该分守守备等官，不行设备，被贼入境抢掳人畜，或生事贪功，损折军马，即系镇巡总兵官，平昔威令不行所致，当均受其罚。若互相隐匿，不行实报，许巡按御史、科道官并兵部访实奏劾，治以重罪。”① 由此可见，对于军事的过失、罪过，朝廷不仅惩罚主要责任人即领兵打仗的将帅，而且相关的其他责任人，如随部队负责监军的内臣、都御史，负责平时管理、训练军队的镇巡总兵官，都要连带受到处罚。如将帅与内臣、都御史、镇巡总兵官等为躲避责任互相隐瞒包庇，不向朝廷如实报告，巡按御史、科道官和兵部应查实奏劾，从重予以处罚。

朝廷为鼓励军民英勇杀敌，建立功勋，对在战斗中有功的人员进行奖赏。如嘉靖三十一年（1552）题准：“大同、延绥、宁夏、甘肃、宣

① 《明会典》卷132《各镇通例》。以下两自然段引文未注出处者，均见于此。

府、辽东各路将领，今后但遇虏贼近边，即便相机设策，或打其帐房，或杀其老小，或夺其马匹，或剿其畸零。凡有壮夫居民敢勇杀贼，俱照新例，从重升赏。赶来马匹多者，官收四分，本人六分，少者通给本人。"同年又题准，"保甲升赏罚治：每乡举殷实有力、人所信服者一人，立为头领倡率，有能把截山口，或固守城堡，保全地方，为首者，赏银一百两，授职一级，仍与冠带，为从者，各量加赏。官吏于本等资格上加升，生员增附，即与补廪。廪膳，送监肄业，义民、阴阳医官，各授七品散官，获有首级，照官军例升赏。所得牛马等项，尽给充赏"。嘉靖四十三年（1564）题准，"各处大小将领官军，果能捣巢邀击，获有奇功，不次升擢，斩有首级，照例升赏。如果深入虏营，冲锋陷阵，致有损伤，不坐将领之罪，止出格优恤死事之人，以示激劝"。隆庆元年（1567）题准，"辽镇各村居人，就近筑堡收敛，虏至，能捍拒保全者，堡长准给冠带"。"隆庆二年（1568）题准，海洋有警，水兵果能奋勇邀击，即论水兵之功；若贼近内港，陆兵果能据险堵截，不致登岸，即论陆兵之功。抚按据实具奏，俱照平倭事例升赏。"隆庆三年（1569）又题准，"蓟昌三镇务要因墙拒守，以守为战，果能保无他虞，照斩首事例，题请升级世袭"。从以上奖赏军功条例可知，明朝对军功奖励的方式比较多样：如有功者可与朝廷分享战利品，缴纳敌军马匹者，"官收四分，本人六分，少者通给本人"；朝廷可赏赐有功者钱币，如"赏银一百两"；朝廷可授予有功者官职，破格晋升职位，如"授职一级"，"授七品散官"，"不次升擢"，"升级世袭"。朝廷对军功大小的衡量标准，其中很重要的一条是以斩获敌人首级的数量来衡量。如"获有首级，照官军例升赏"，"斩有首级，照例升赏。"嘉靖三十二年（1553）题准，如将士在战斗中斩获敌人首级"五十名颗以上，授百户，仍赏银三百两；一百名颗以上，授千户，仍赏银五百两；至一百五十名颗以上，授指挥，仍赏银一千两"。大臣储巏甚至建议，在赏功之格中规定斩获敌人首级还要按其身份的不同予以不同的奖赏："能杀胡人一首者，赏银若干；两杀二首

者，倍之；杀其酋长者，又倍之。”① 朝廷除按斩获敌人首级奖赏外，对于那些在战斗中奋勇杀敌，冲锋陷阵，建有奇功的将士还要特别从重予以奖励。如对于“敢勇杀贼”的壮夫居民，“从重升赏”；对“大小将领军官，果能捣巢邀击，获有奇功，不次升擢”。

六、军队纪律

明朝为严明军队纪律，严禁将士肆意掳掠人口财物、劫夺杀人、占夺车船、作践田禾等，如有违犯，一般都处以较重的刑罚，直至处以极刑。如《兵律一·纵军掳掠》规定：“凡守边将帅，非奉调遣，私自使令军人于外境掳掠人口财物者，杖一百，罢职充军。所部听使军官及总旗，递减一等，并罪坐所由，小旗军人不坐。若军人不曾经由本管头目，私出外境掳掠者，为首杖一百，为从杖九十；伤人，为首者斩，为从杖一百，俱发边远充军。若本管头目，钤束不严，杖六十，附过还职。”“若于已附地面掳掠者，不分首从，皆斩。本管头目，钤束不严，各杖八十，附过还职。其知情故纵者，各与犯人同罪。”“轮操军人军丁，沿途劫夺人财，杀伤人命，占夺车船，作践田禾等项，许被害之人，赴所在官司具告，拿解兵部，转送法司究问。除真犯死罪外，徒罪以上，俱调发边卫充军，其管操指挥、千百户等官，往回不许与军相离。若不行钤束，并故纵劫夺杀人等项者，参问调卫。”兵律对将士掳掠人口财物的惩罚分境外与境内，对境内的惩罚重于境外。如对“已附地面掳掠者，不分首从，皆斩”，但是对“外境掳掠人口财物者，杖一百，罢职充军”。朝廷为了鼓励将士在境外与敌人作战，还区分军人于外境掳掠者，是否经过长官批准，经过批准的惩罚轻于未经过批准的惩罚。如守边将帅，“私自使令军人于外境掳掠人口财物者，杖一百，罢职充军”，但“若军人不曾经由本管头目，私出外境掳掠者，为首杖一百，为从杖九十；伤人，为首者斩，为从杖一百，俱发边远充军”。在战争期间，军人如出现掳掠

① 《明经世文编》卷96《储文懿公集·防虏疏》。

者，甚至可以不予追究："其边境城邑，有贼出没，乘机领兵攻取者，不在此限。"因此，在中国古代，战争期间出现军队掠夺百姓财物的现象是屡见不鲜的。明朝为了督促将官平时约束军士，兵律规定，如军士犯掳掠罪，将官必须负连带责任，也要受到一定的处罚。如军人"私出外境掳掠者"，"若本管头目钤束不严，杖六十，附过还职"。如是"知罪故纵者，各与犯人同罪"。而且在对将官进行处罚时，官职大的将官所受的处罚重于官职小的将官。如"军人于外境掳掠人口财物者"，"所部听使军官及总旗，递减一等，并罪坐所由，小旗军人不坐"。明朝兵律还规定，军队赴京城轮流操练时，带队将官必须跟随部队约束军士，不许在来回途中随意离开部队："其管操指挥、千百户等官，往回不许与军相离。若不行钤束，并故纵劫夺杀人等项者，参问调卫。"

在冷兵器时代，战马、武器均是十分重要的军备，朝廷规定战马不得私下出卖、宰杀，武器也不得出卖、毁坏。《兵律一·出卖战马》规定，将士不得私卖战马："凡军人出征，获得马匹，须要尽数报官。若私下货卖者，杖一百；军官卖者，罪同，罢职充军。买者笞四十，马匹价钱并入官。军官、军人买者，勿论。"买卖战马，不仅卖者买者有罪，还要连坐知情不报者和介绍买卖的牙人。如是宰杀及偷卖瘦弱的官马，其处罚与盗官马相同。"凡盗卖官马，宣德四年（1429），令追罚马二匹，知情和买牙保邻人，各罚马一匹。宰杀及偷卖官骡者，亦如之。首告者，于犯人名下追钞五千贯充赏。"[①]《兵律一》对私卖军器、毁弃军器、私藏应禁军器还规定，将士不得私卖军器、毁弃军器，也不得私藏应禁军器。"凡军人，关给衣甲、枪刀、旗帜，一应军器，私下货卖者，杖一百，发边远充军。军官卖者，罪同，罢职充军。买者笞四十，应禁者以私有论，军器价钱并入官。军官、军人买者，勿论。""凡将帅关拨一应军器，征守事讫，停留不回纳还官者，十日杖六十，每十日加一等，罪止杖一百。若辄弃毁者，一件杖八十，每一件加一等，二十件以上，斩。遗失及误

---

① 《明会典》卷152《马政三·禁约》。

毁者，各减三等，军人各又减一等，并验数追赔。其曾经战阵而有损失者，不坐不赔。”“凡民间私有人马甲、傍牌、火筒、火炮、旗纛、号带之类，应禁军器者，一件杖八十，每一件加一等；私造者，加私有罪一等，各罪止杖一百，流三千里。非全成者，并勿论，许令纳官。其弓、箭、枪、刀、弩及鱼叉、禾叉，不在禁限。”

明朝廷还要求各级将官必须在平时严格约束军士，如禁止军士出百里之外从事买卖活动、私种田地，私自出境，或因出境致死、被敌人拘执，也不许将官私自役使军士，如有违反，各级将官将根据违反规定军士的人数而受到不同的处罚。朝廷为了让各级将官互相监督，对于知情故纵或隐瞒不报告者实行连坐。《兵律一·纵放军人歇役》规定：“凡管军百户及总旗、小旗、军吏，纵放军人出百里之外买卖，或私种田土，或隐占在己使唤，空歇军役者，一名杖八十，每三名加一等，罪止杖一百，罢职充军。若受财卖放者，以枉法从重论，所隐军人并杖八十。若私使出境，因而致死，或被贼拘执者，杖一百，罢职发边远充军，至三名者，绞。本管官吏知情容隐，不行举问，及虚作逃亡，符同报官者，与犯人同罪。若小旗、总旗、百户，纵放军人，其本管指挥、千户、镇抚，当该首领官吏，知情故纵，或容隐不行举问，及指挥、千户、镇抚故纵军人，其百户、总旗、小旗知而不首告者，罪亦如之。若钤束不严，致有违犯，及失于觉举者，小旗名下一名，总旗名下五名，百户名下十名，千户名下五十名，各笞四十；小旗名下二名，总旗名下十名，百户名下二十名，千户名下一百名者，各笞五十，并附过还职，不及数者不坐。”

第六节　马政思想

在中国古代冷兵器时代，在农耕民族与游牧民族的战争中，战马是

决定胜负的一个很重要因素。北方游牧民族凭借其众多优良的战马和娴熟的骑射技术，其机动性较农耕民族有较大的优越性。因此，农耕民族要想在战争中打败游牧民族，必须大力养殖、购买大量优良战马。历史上汉、唐、宋王朝都面临着这个问题。直至明代，战马仍然是中央王朝在对北方游牧民族战争中需要妥善解决的重要问题。正如当时一些大臣所提出的，“兵政莫急于马，然养马者民，故欲修马政，必先宽民力，则民得安生，而马亦藩息矣。苟不恤民之惫，而惟马之求，臣恐二者俱失，非计之得也”①。“国之大事在戎，戎之大计在马。”②“王政莫大于兵，军政莫急于马。”③ 正因为如此，明代马政成为大臣较关注的问题，其中心就是围绕着既能繁育足够的优良马匹以供战争之需，又能减轻民众与将士的负担。不少大臣对明代马政提出自己的主张，以下介绍数位比较有代表性的马政思想。

一、丘浚的马政思想

（一）明朝马政概况

大臣丘浚曾对明朝马政做了一个简明的概括，指出明朝马政继承了汉、唐、宋诸朝的马政，主要有 3 种形式：一是“在内地则散之于民，即宋人户马之令也”④，即在内地采取宋朝的做法，将官马分散给民户牧养；二是“在边地则牧之于官，即唐人监牧之制也”，即在边疆采取唐朝的做法，由官府集中大量牧养；三是川陕地区采取“宋人之市于夷者”的做法，“有茶马之设”，即以茶叶交换少数民族的马匹。总而言之，丘浚指出：“今日国马之政言之，在内有御马监，掌天子十二闲之政，以供乘舆之用，凡立仗而驾辂者，皆于是而畜之。其牧放之地，则有郑村等

① 《明经世文编》卷 81《徐司空奏议·宽民力以修马政疏》。

② 《明经世文编》卷 252《赵恭襄文集一·题为条陈边务以俾安攘事》。

③ 《明经世文编》卷 265《胡少保奏疏一·题为陈愚见以裨边务事疏》。

④ 《明经世文编》卷 75《丘文庄公集五·牧马之政》。以下引文未注出处者，均见于此。

草场，其饲末之卒，则有腾骧等四卫。国初都金陵，设太仆寺于滁州，其后定都于北，又设大仆寺于京师。凡两淮及江南马政，则属于南，其顺天等府暨山东、河南，则属于北。其后又用言者建议，每府州县添设佐贰官一员，管马政。在外设行太仆寺于山西、陕西、辽东凡三处，苑马寺亦三处，陕西、甘肃各辖六监二十四苑，辽东仅一监二苑焉。内地则民牧以给京师之用，外地则官牧以给边方之用。又于四川、陕西立茶马司五，以茶易番戎之马，亦用以为边也。本朝国马之制大略如此。”由此可见，明朝内地所畜养的马，主要供给京师乘舆、仪仗等用途，而边疆牧场所养的马以及川、陕茶马交易的马主要供军队打仗之用。

（二）民户牧养管理

丘浚建议，对于内地将官马分散给民户收养，可采取以下管理办法："所谓民牧者……特议以行于畿甸五都耳。万一可以通行，请下兵部及两太仆寺查算天下马数。某布政司若干，某府若干，某州若干，某县若干，及查各府州县原先有无草场，及没官空闲田地，并可以为草场、马厩者。假如某县旧额，民若干里，户若干丁，概县马原额若干匹，群长若干人，既具其数，遣官亲临州县，勘实以闻。然后因其已然之法，而立为救弊之政，必不失其原额，必不拂乎人情，务使官得其用，而民无其害，然后行之。请即一县言之，其州旧有里五十，群长千人，马千匹。今即就五十里之中，择其乡村相依附处，或十村、五村为一大厩，村落相去远者，或五六十家、七八十家，为一小厩。每厩就其村居，以有物力者一人为厩长，老者一人为厩老，无力不能养马者数人为厩卒。每厩各设马房、仓囷，及长槽大镬。每岁春耕之候，厩长遍谕马户，每领马一匹者，种秆禾若干亩，料豆若干亩，履亩验之。有不种者，闻官责罚，无使失时。无田者，许其分田于多田之家，或出钱以租耕，收获之际，厩长及厩老计亩收之仓囷之中。秆草、料豆以饲马，而豆之萁，即以为煮豆之用。按日而出之，岁终具数以闻于官。若其马种，即以在官之数充之。若其种非良，许其售而换之，必求其良。前此倒失未偿之马，五分属其三，征其二，以市种马。凡马始生，则书其月日，别其毛色，使有所稽

考。又令通晓马事者，定为养马之式，镂板以示之。凡一岁游牝腾驹去特，皆有其时，越其时者有罪。凡一日龁草饲料饮水，皆有其节，违其节者有罚。其房庌必冬暖而夏凉，其牧养必早放而晡收。凡可以为马之利者无不为，凡可以为马之害者无不去，如此，则牧养有其道，其视各家人自为养者，大不同矣。

“旧例，凡群头管领骒马一百匹为一群，每年孳生驹一百匹，不及数者坐以罪。请酌为中制，每骒马十匹，止取孳生七匹，其年逾数者，除以补他年欠缺之数。今年不足，明年补之。其有种马倒死者，即以驹补足其数。本厩生牝多，许它厩闻官，以牡来易。每厩兼畜驴骡，以马为准。牝马二十，畜牝驴一，牝骡四，所生或驴或骡，具数报官，官为造车。遇有搬运官物，许于各厩起倩。无事之日，本厩马户借用者，听按日计佣，收以为秣饲之用。每季本县管马官一行巡视，府官则岁一行，太仆寺官因事而行无定时。凡其马之壮老肥瘠，逐月开具点视之。凡房庌有不如度，水草有不如法，刍豆有不及数，驱走有不如式，皆为修葺处置，违者治以重罪。是就民养之中，而微寓官牧之意，上不失祖宗之成法，下有以宽民庶之困苦，中有以致马政之不失，大略如此。”

民户养马的特点是具有分散性，不易进行管理，丘浚对此提出 6 点必须注意的管理环节。一是政府必须清查民户养马的匹数、草场的面积大小以及养马民户的人数，以便统筹规划各府州县养马之事。二是设马厩之制，5—10 村设一大厩，50—80 家设一小厩。每厩以有财力 1 人为厩长，年老 1 人为厩老，负责管理，其余没有财力之家负责具体养马为厩卒，每厩设有马房、仓囷及长槽、大镬。三是制定民户养马统一规范：每年春耕之时，养马户必须根据马匹数量栽种秆禾、豆料等，作为马匹的饲料，并规定马匹一天所食用的饲料、饮水数量。而且圈养马匹的房庌必须冬暖夏凉，马匹必须每天早上放牧，下午 3—5 时收回。四是繁殖马匹必须寻求良种马匹作为种马，凡是母马生下小马驹，必须记录其年月日及小马驹毛色。丘浚认为，旧例规定种马 100 匹每年必须繁殖小马驹 100 匹，标准太高，他建议每年种马 10 匹，能繁殖 7 匹小马驹就可以

了，而且可以繁殖超过7匹之年补不足7匹之年。如种马有死亡的，及时补上。并且要使每个马厩公马、母马数量匹配，如不匹配，及时报告官府，可与其他马厩调剂。如不作种马的马匹，应及时阉割。五是每个马厩还要兼养驴、骡，大约是每20匹母马，配养母驴1匹、母骡4匹。每厩有驴、骡多少，必须报告官府，官府为之配备车辆，作为驴、骡搬运官物之用。六是由于民户养马的分散性，县必须每季派管马官巡视一遍，府则每年派官巡视一遍，中央太仆寺则有需要时不定期进行巡视。主要巡查养马房庌、水草、刍豆等方面是否符合规定，如养马户所为不符合规定，必须予以改进，违反者还要受到处罚。丘浚认为，对于民户养马，必须略微采纳官府大量集中牧养的管理办法，这样才能使民户养马既能满足朝廷的需求，又能使民众不至于遭受太多的困苦。

（三）官府牧养管理

丘浚认为，边地“牧之于官”，朝廷应“遣知马政者勘实牧地，其有旧有而今为人所侵欺埋没者，咸复其旧；或有山林原隰可以开垦以为牧地者，开垦之；或附近州县有空闲地可以增置监苑者，增置之。士卒有逃亡者，则为之勾补，厩庌有未备者，则为之修葺。所畜之马，若牡多而牝少，则为之添牝；孳生之畜，其种之不良，则为之求良。游牝字特，必顺其时；腾放调养，各有其法；俵散阅换，各定其规。皆一一讲求，其所以然之故，与其所当然之则，为一定之法，使之永远遵守。岁时遣官巡视，有不如法者，坐以牧放不如法之律。必慎择其官，而优宽士卒；必臻实效，而不为虚文，如此则边圉得马之用矣”。

在此，丘浚认为在边地由官府大量集中牧养马匹，首先要勘查确定牧场的用地，保证有足够的土地作为牧场，才能使马匹所食用的水草等饲料得到解决。其次是保证有足够的士卒从事管理饲养大量马匹的工作，如士卒逃亡，必须及时追查补充。其三是保证有足够的马厩圈养马匹，如有未完备者，必须进行修葺。其四是要使所饲养的马匹中公马、母马相配备，如果母马太少，则必须添加母马，而且在繁殖马匹时，必须注意挑选良种马匹。其五，除此之外，还要注意阉割马匹，必须顺应其成

长的时间；放牧饲养马匹，必须讲究方法；军队领取、调换马匹必须严格按照规定办理。其六，朝廷每年派遣官员巡视边地大量集中牧养马匹的情况，如有不按照规定牧养的将士，将要受到处罚。朝廷必须谨慎挑选负责养马的将官，优待负责养马的士卒，落实好各项养马工作，这样边疆就有足够的马匹可供使用。

（四）军队领取、调换马匹

明朝饲养大量马匹，其用途是供军队打仗或京师乘舆、仪仗等。朝廷对用马者向养马者领取、调换马匹，用马者平时对马匹的饲养制定有一系列的规定。丘濬对其中的一些弊端也提出改进意见："夫俵散阅换之法，具有成规。官军领马骑操，遇有倒死，责以追偿，是固足以为不行用心保惜之戒。但马之给于官军者，多系饿损并老弱羸疾者，及至官给草料，或不以时，或马有不时之疾，猝然莫救者，亦往往有之。律文死损数目，并不准除，然一军之产，不满十百，而一旦之值，多逾数千。倾家之所有，不足以偿，甚至卖三子，不足以偿一马。兴言及此，良可伤也。请自今以后，给马与军，必具其年齿毛色体质，或肥或瘠，或有疾或无疾，明具于账。如齿逾十二，或原瘦弱，并有疾者不偿，惟以皮尾入官。若虽少壮，而忽然有异疾，先期告官，及众所共知者，亦在不偿之数。申明旧制，凡马军皆要攒槽共喂，如居隔远，秋冬之月，皆俾就近攒喂。半夜以后，本管头目亲行点视，草料有不如法及不及数者，罪之。其关管草料，则严为立法，不许变卖及将换易他物，买者，换者罪同。凡马倒死，必责同伍互偿。若同伍之人，知其马之老瘠疾病，及其人弃纵不理，雇倩与人，削减草料者，预先告官料理，免其共偿。如此，则人人爱惜其马，有不惜者，人共责之。而预得以调治之，则马无横死，而人免赔偿矣。是非独以足乎马，而亦有以宽乎军也。虽然，此内地官军骑操之马耳。至于边方之马，所系尤大，与其得驽马而乘之以御虏，又不若不乘之为愈也。盖骑战非中国所长，而中国之马，比胡马为劣，以非常之技而骑下劣之马，以角虏人之所长，非计之得也。请自今给马于军士，非良不与，而所与者必良。与之骑操而不倚之饲秣，宜

于边城中择空闲地为马厩，置长槽，或十或五，随其广狭不为定数，不分卫所队伍，因其近便而为饲养之所。选其老弱之卒，不堪战阵者，专一喂养。置大团以贮草，支大镬以煮料，每日遣官点视，时则捡其所储，夜半则视其所饲。操练之日，军士持鞍就彼鞁骑；无事之时，轮班牧放，逐名调习。或有瘦损疾病，告官调治。如此，则马得所养，而无损失之患；军得其用，而免赔偿之苦矣。”丘浚认为，当时军队领取马匹的规定过于严苛。因为内地官军所领取的马匹，许多是喂不饱并且老弱有疾病的，因此马匹死亡时有发生。但当时对有关死马责任人的惩罚赔偿则是相当高的，动辄使人倾家荡产，甚至卖掉 3 个儿子还不足以赔偿 1 匹马。他建议，朝廷把马分配给官军使用，必须先登记马匹的年龄、毛色、体质、健康状况。如马匹的年龄超过 12 岁，体质瘦弱、有疾病，如果死亡，就不必赔偿，只要将皮和马尾巴上交官府。有的马匹虽然年轻健壮，但是突然得急病死亡，如果有关责任人预先报告官府，并且周围人都知道这种情况，也可不予赔偿。如马匹不属年老、瘦弱、有疾病而死亡，而是因人为没有饲养好，或把马租借给别人役使，减少草料使马挨饿，而致马匹死亡，则必须让同伍之人共同赔偿。若同伍之人有预先向官府报告，可免除报告人的惩罚。总之，其目的就是要使军队中人人都爱惜战马，如有人不爱惜，就会受到众人的指责。丘浚主张内地战马要合槽共同喂养，如相隔较远，可采取秋冬季节就近合槽喂养。半夜以后，管理战马喂养的头目必须亲自点视，检查草料是否按规定投放，如数量不足，有关喂养人员将受到处罚。对于马的草料管理，必须更为严厉制定惩罚条款，严禁将草料变卖或交换其他物品，如有违反，购买者、交换者与出卖者同罪。丘浚认为，内地军队对战马的管理如能做到这些，那战马就不会无故死去，而管理者也就避免赔偿，军队战马也足够使用了。

至于边疆地区的战马，丘浚认为关系更为重大。因为明朝军队在骑射技术、战马上都不如游牧民族。因此，如给守卫边地军队劣马，倒不如不给，要给，就要给边地军队良马。饲养边地的战马也要于边城中选择空闲地建马厩，设置长槽，或 5 匹、10 匹，不分卫所队伍，就近集中

饲养。挑选老弱士卒，不能胜任冲锋陷阵者，专门负责喂养。设置大团以贮存草料，支起大镬以煮马料。每日派官巡视检查，各马厩是否储备足够的草料，半夜是否有人投放饲料。军队操练之时，给马披上鞍辔进行训练；无事之时，士卒轮流牧放。马匹如有瘦损疾病，及时报告官府调治。如能这样，则战马得到饲养，而无损失之患，军队得到使用，则避免赔偿之苦。

二、杨一清的马政思想

杨一清（1454—1530），字应宁，号邃庵，别号石淙。成化八年（1472）进士，曾任陕西按察副使兼督学。弘治十五年（1502）以南京太常寺卿都察院左副都御史的头衔出任督理陕西马政。后又三任三边总制。历经成化、弘治、正德、嘉靖四朝，官至内阁首辅，谥文襄。

杨一清在总理陕西马政时，对陕西马政提出了一系列的改革思想，其中主要有：评估陕西境内草场的载畜量，规定每苑的养马数量；要增加养马数量，首先必须多养种马；招募边地流民作为养马军人，给拨草场地土让他们牧养马匹；选任管理养马的官员；建立马营城堡，使人马有所安置保障；设操丁，平时牧马，遇警则保护官马。兹将其马政思想缕述如下。

（一）根据实际情况评估养马数量

杨一清指出：“今西安、凤翔、平凉、巩昌、临洮诸府之地，员广数千里，其间善水草腴田，皆隶之，故其马蕃盛如此。”① 朝廷下诏在陕西设“苑马寺，所辖六监，每监辖四苑”。杨一清总理陕西马政后，“遍历两监六苑，酌量草场广狭、军额多寡、户口盈缩、事势难易，议处得开城苑原额恩队军人四百四名，安定苑原额恩队军人二百六十五名，俱草场宽阔，水泉便利，地宜畜牧，堪为上苑，使官得其人，政令修举，各

① 《明经世文编》卷114《杨石淙文集一·为修举马政事》。以下3个自然段引文未注出处者，均见于此。

牧养万马，诚不为难。广宁苑原额恩队军人二百一十八名，后因添设固原州卫草场地方，各占修城郭，及拨为屯地；万安苑原额恩队军人，虽止九十四名，草场亦颇宽阔，俱堪为中苑。黑水苑系甘肃苑马寺迁拨恩军一百六名，草场逼窄；清平苑原额恩队军人一百三十三名，地狭土瘠，人无生业，俱止可为下苑。前项苑分，恐不能遽如原定养马之数，大要开城、安定二苑，俱可牧马一万匹，万安苑可牧马五千匹，广宁苑可牧马四千匹，清平苑可牧马二千匹，黑水苑止可牧马一千五百匹，通计六苑，除每岁给军骑操外，可常牧马三万二千五百匹，足勾陕西三边之用”。在此，杨一清能在调查研究陕西六苑军人数量、草场宽窄、水草土地肥瘠等情况的基础上，科学合理地将六苑划分为上、中、下苑三等，然后确定各苑的养马数量，从而保证了陕西三边军队对战马的需求。

（二）多养种马以大量繁殖马匹

杨一清指出：“欲广孳息，必先多畜种马。种马既少，则孳生遽难收效。查得各苑见在马二千二百八十匹，堪作种者止有一千三百余匹……必须增置七千匹，共种马万匹。以两年一驹计之，五年之内，可勾前数，将来孳息，牝复生牝，驹复生驹，源源不绝，数十万匹之数，可计岁而得矣。”但是，当时要增置7000匹种马，存在着需要大笔经费的问题，杨一清认为，“陕西地方军民，迩年以来，困于虏变，困于岁饥，困于转输，困于修筑，公私匮竭，帑藏空虚，别难措置”。因此，只能动用太仆寺马价银购买种马：“比照［弘治二年（1489）］前例，支取太仆寺马价银四万二千两，差官于平庆、临巩等府卫地方官员、军民之家，收买堪以作种好马七千匹，派发各苑孳牧。如有倒失亏欠，随即追补。前项太仆寺储蓄银两，本为济边之用，且如各边奏讨银四万两，不过收买战马四千匹，较之孳牧之利，何如暂费而大豳。”他认为，动用太仆寺储备银两购买种马用于繁殖官马，比太仆寺用储备银两直接购买战马，虽然一时花费巨大，但以后却能为朝廷节省大量经费开支。

（三）增加养马军人以满足马匹的快速增长

杨一清指出，陕西六苑养马地区，由于自然环境高寒贫瘠，生活艰

苦，使养马军人时有逃亡，对六苑养马影响很大。对此，他主张招募当地流民作为养马军人，给拨草场地土，让他们养马。这些流民既能吃苦耐贫寒，熟悉养马技术，又能安心在边地养马。朝廷如招募他们养马，既解决了养马人力不足的问题，又能使流民得到安置，消除边区社会动荡的隐患。他说："陕西苑马寺两监六苑，原额养马恩队军人，共一千二百二十名，见在七百四十五名，在逃事故等项四百七十五名，纵使勾补完足，数亦不多。若不增置牧军，则畜养乏人，难收蕃息之效……各苑天气高寒，地土硗燥，生理素少，又鲜有居室，多在崖窑堡洞住坐，腹里军人解补者，随到随逃，不安其业，马政废弛，亦多由此。访得各府卫州县百姓军余，多有逃来各苑地方潜住，年久不当差役，又无官司管束查考，往往别生事端……（此等流民）若编为养马军人，给拨草场地土，使之住牧，则官有畜养之役，民无驱逐之苦。且其耐贫寒习畜牧，比与新拨队军，万万不同。公法私情，似为两便……查访招谕去后，续据逃民赴臣投首，情愿养马者，已及百名之上，俱暂收发各苑，听候给地领马外，近访得前项逃民，节年多有投在平凉各郡王、将军中尉等府及仪宾之家，跟随使用，娶妻生子，出入府第，生事害人，官司莫能禁治……通查平凉各郡王、将军中尉等府及仪宾之家，并楚、肃二府马营、草场、庄所家人，除例应得者不动外，但有收集各处逃来军民，投托作为家人者，俱照例问发边卫充军，如此，既以增公家畜牧之人，又以杜私门招集之衅。"

（四）重视选任马政官员

杨一清认为，马政成功与否，与负责马政的官员关系重大。由于马政官员没有什么权力，又较难晋升，往往其职位不被人看好，成为安排遭贬职官员的去处。针对这种情况，他建议朝廷应挑选年轻有才干的官吏任马政官员，日后如有政绩，就及时予以升迁。这样，对马政官员才能形成较好的激励机制。杨一清指出："照得各处行太仆寺、苑马寺卿、少卿等官，比与两京太仆寺事体相同，在祖宗朝，其选至重，故官得其人，马政修举。数十年来，士大夫重内轻外，又见两寺衙门无权，多不

乐为。用人者因而俯就之，凡遇缺员，苟取充数。积习既久，遂为迁人谪宦之地，人人得而轻之。成化年间，又令巡抚提督，巡抚不得亲理其事，徒委之布、按二司。巡守兵备官员，文移所及，每以督同该寺为词，遂使卿寺之官，若为二司统属，才得与府卫为偶，势分既轻，职任愈废，虽有才能，一就是职，终身不展，垂首赍志，坐待罢黜。夫事势至此，中人之性，欲其奋发有为，斯亦难矣。”基于这种弊端，杨一清主张：“为今之计，慎择卿寺官员最为急务。该本部题称，今后凡遇各行太仆寺、苑马寺缺少卿，于各省参议佥事内，缺卿于各省参政副使及本寺少卿内，各推举有才力者升任。如果牧养有方，马政兴举，照依太仆寺卿并少卿事例，推举在京相应堂上官……不次擢用，如此则耳目一新，士气自倍，势力由此而尊，职任由此而重，使人人得自展布，马政不日可复国初之盛矣。”①

（五）修建牧马营房城堡以保护马匹

杨一清指出：陕西冬天寒冷，如无营房马厩，马匹容易在野外冻饿损伤致死；其地处边疆，如无城堡护卫，马匹容易被敌寇抢去。因此，朝廷必须投入大量财力、人力、物力，修建牧马营房城堡以保护马匹。他说：“看得陕西苑马寺各苑多不曾修建衙门城堡，及虽有城堡，年久坍塌，又皆无营房马厩，苑官多僦屋而居，或宿窑洞。所养官马，昼夜在野，且春夏之时，趁水草牧放，固可适其腾游之性，至于冬寒时月，若不蓄积草茎，攒槽喂养，山野之中，草枯水冻，加以风雪侵凌，冻饿损伤，宁不致死……又恐数年之后，我马蕃息，为虏人所窥，或贻前年（被抢）之祸，处置马营城堡，诚为急务。”② 基于这种理由，他提出：“夫筑城堡，则人马有所保障；置马厩，则马匹不至横伤；修营房，则贫军有所依栖；建公衙，则牧官可修职业；揆之事理，皆所宜为。”他建议，陕西养马各苑，“各修城门一二座，城上修垛墙更铺，以备瞭望，四

① 《明经世文编》卷114《杨石淙文集一·为遵成命重卿寺官以修马政事》。

② 《明经世文编》卷114《杨石淙文集一·为处置马营城堡事》。以下3个自然段引文未注出处者，均见于此。

周各浚城壕，于内随其地势广狭，各修营房马厩，多者数百间，少者百十余间，开立街市，以通贸易。种植树株，以供荫息。各存留隙地，堆积草束，以备支用。春夏时月，如无声息，官马听其在野牧放，一有烽火传报，即便收掣回营，及冬春寒冻时月，俱收入城堡喂养。”

除此之外，杨一清还建议挑选壮丁作为操夫，为其配备盔甲弓矢，平时牧马，闲暇操练，以防守城堡，保护马匹。他说：“西人素勇敢善斗，待马政就绪，将各苑军余挑选壮丁，设为操夫，各一二百名，给与盔甲，授之弓矢。令其不妨牧马，遇闲暇之时，操习武艺，就令寺监官员督视比较，不许调遣，专一防守本营城堡。是虽为牧马而设，亦可壮边域之声势，资紧急之应援。古者寓兵于农，今藏兵于马，无不可者，彼虏觇知我保障有地，防守有人，纵然马匹蕃盛，不敢生垂涎之意矣。”

最后必须提及的是修建城堡、营房、马厩必须投入大量的财力、人力、物力。杨一清明确向朝廷表示，当时陕西百姓负累贫困，必须由朝廷拨给巨额经费，乘当年陕西粮食歉收，通过以工代赈的方式招募缺衣少食的贫民参与修建。“至于建立城门衙门，起盖营房马厩，合用工料等价数多，其木植俱于平凉府华亭县及巩昌府漳县采打。缘各处人民节年因挖运修边等项，负累贫困，臣实不忍重劳，必得官钱雇人采打输运，则公私两便。况今岁地方薄收，来年人民必然缺食，若有官钱雇募，趋者自倍，官事易集。昔人有以凶年兴大役成大功者，意正如此。”

（六）选练操丁防护官马以守卫边疆

杨一清意识到随着边地官马的大量繁殖，已引起敌寇的窥伺与侵掠。原设立的操夫远不够防护官马，必须选练1000名操丁，配备盔甲、弓箭、腰刀，甚至火车、铳炮等，才能有效抵御敌寇。这不仅使官马得到保障，也加强边疆地区的防卫。他指出：“看得陕西监苑之设，相离边境不远。常年以虏寇为忧，虏人所利者马，马之群聚益蕃，则虏之窥伺益急，纵有城堡，若无军兵，安能捍御……查得先年亦曾设有操夫，正为防护官马，但数少不敷，近年只是黑水苑遇冬操备，其余苑分俱各废而不讲。今据副使王寅会同该寺分管官，查验拣选，新旧相兼，广宁、安

定二苑，各一百名，开城、黑水、清平、万安四苑，各二百名，六苑共操丁一千名。平时不妨牧马，遇警足资保障……除旧领有盔甲、军器外，今次增选者，俱照数给与，每名盔甲、弓箭、腰刀各一副，每营堡仍各量给与火车、铳炮、圆牌、旗帜等项，以壮声势。俱行令陕西所属各卫所查取给发。听臣选委平凉、固原等卫，谙晓操练指挥一员，往来各苑，会同该监苑官提督操练，务令武艺精熟、不许虚应故事。每年二月至九月疏放，照旧牧马，自十月初一日为始收操，照例给与行粮，于附近州县关支。若大虏在套，虽夏秋时月，一体收操支粮。有警则与概营军人，协力捍御，贼必不敢逼城堡而攻。前项操丁，虽为守护官马而设，练之既久，未必不为克敌之兵，是于牧马之中，而得千军之用。有备如此，非惟官马有所保障，彼见我城堡棋布，旗帜罗列，军器锋利，或少弭其邪心，区区小虏，不敢窥伺深入，其于平凉镇原一带地方军民，不为无补。”①

三、谢汝仪的马政思想

谢汝仪（1489—1536），字国正，号果庵。正德九年（1514）进士，授余干知县，累官监察御史，劾外戚陈万年，宦官王堂、时春及奸党何明，请诛宦官谷大用等，直声大著。迁云南参政，又迁江西按察使。在官清廉，卒之日，家无以为养。著有《果庵集》。

谢汝仪对当时马政的弊端提出了一些改革建议，具有代表性，兹缕述如下。

（一）应派御史督察马政

谢汝仪认为，当时地方州县虽有县丞或主簿、府有通判、太仆寺有寺丞管理马政，但由于各级管理官员或贪污或失职，或受到掣肘，因此管理马政效果不好。他建议朝廷每年派遣御史到地方协同太仆寺寺丞督理马政，对贪污、失职官员进行提问、参究，使地方马政官员守法尽职。

① 《明经世文编》卷114《杨石淙文集一·为防御虏寇保障官马事》。

他指出："臣伏睹祖宗养马之制，州县有判官、县丞或主簿一员以管理，每府有通判一员以总理，又量地方各设太仆寺寺丞一员以分管比较，法诚备而善也。今之马政日以就坏何哉？正缘州县管马之官，贪污者多，利马之死，不利马之生。一遇倒失，按月收其常例，谓之令补。"[1] 府之通判，"柔懦无用者，恐点马之起谤，愒日玩时，通不查理；知事而情深者，无以官专诿之，曰我尽心所事，无复知者，专务谄悦上官，营求别委"。"太仆寺寺丞之官，责重而权轻，事多掣肘，行之不易，每年出巡，比较两运备用马匹，恒不及之是惧，何暇复追种马，势固有不及也。况备用不完，年终有类参之例，种马则无追补之期。"正因为各级管理马政官员如此，所以官马"倒死既多，一遇差官印烙之年，各该州县同时比并买补。买者既多，价值自贵，乘时射利之徒以致富，而百姓囊橐罄然一空，鬻及子女者有之。及印烙一过，上下帖然，以为无事，作贱者任伊作贱，倒死者利其倒死。凡此弊之在今日者也"。针对地方马政管理官员营私牟利或对马政漠不关心、失职等弊端，谢汝仪主张："每年南北直隶，各差御史一员，河南、山东添差御史一员。一年一次领敕更替接管，协同各太仆寺寺丞督理种马，提调生驹。遇有倒死，即令马户以时买补。惟是点烙轮该年分之官，请印照常点烙。如州县官员仍前贪污，管马通判荒废本业，与各条所言情弊，逐一访察禁约，应提问者提问，应参究者参究，庶马政有益，而喂养得专，官吏知务，而奉法惟谨，则其为寺丞者亦有所藉，无复掣肘，盖实有所相济，而非有所相妨。"谢汝仪认为"差御史以专督察"是"条举马政第一义也"，由此可见，他意识到朝廷对管理马政官员的督察，是改革马政弊端的关键。

（二）提高民间养马积极性

谢汝仪认为，以往官马数量不断减少，主要原因是政府赏罚不明，养马者反而吃亏，必须倒贴不少银两，而故意让官马倒死或不生驹者，

---

① 《明经世文编》卷168《谢侍御奏疏·救偏弊以裕马政事》。本目所引谢汝仪言论引文，均见于此。

反而占到便宜，只需花两三两银子就可逃避养马。因此，他主张朝廷必须制订新的奖惩规定，让多养驹者能变卖银两，提高民间养马积极性，并对管理马政官员以养马数量作为考核依据，从而使官马数量不断增加。自弘治六年（1493）开始，朝廷规定民间“倒失马驹，征银三两，亏欠征银二两之例”，由于处罚太轻，使百姓宁可接受处罚而不养官马，这是因为养官马的费用远远高于处罚的银两：“每驹一匹，而喂养三年，方可起解。草料之费，至少不下十两，水草牧放，又用一人主之，孰若纳银费少而事轻哉。”正由于如此，养马户在放牧时，“将儿、骒马分布别用，绝其生意，间或种马有孕，百方冲落，求为亏欠，不过纳银二两。或一生驹，致令倒失，纳银三两”。百姓不愿养马，导致官马数量减少，有关官吏为逃避朝廷追究问罪，就在点烙之年，逼迫百姓购买劣马充数，使朝廷每年花费巨额经费，饲养一群无用劣马：“轮当点烙之年，官吏惧罪，逼迫小民临时买驹，多是如豺如狗，充数塞白，有驹之名，无驹之实……臣所点烙马匹，共该八万八千五十九匹，每日草料马一分，岁用财三十一万七千一十二两四钱，况一倍再倍而不止者。恶可浚有限之脂膏，养此无用之赘物哉?”针对这种弊端，谢汝仪建议朝廷重新制订合理的养马奖惩条例，给予百姓正确的导向：“严督各该管马官员，务要提调生驹，如三年之内，一马生有三驹者，内拣其一驹起俵，一驹给马头以赏其劳，一驹同贴户变卖。起俵之时，仍照例一户有马，三户帮价，马头眼同贴户，随丁田多寡分用。若止生一驹二驹，马头不必给驹，于变卖银内随宜以多坐之。其起俵之驹，仍照弘治九年（1496）事例，齿少力强不及四尺，亦为准俵，以视优异为劝。如此，则民知有养马之利矣。三年之中，一匹全不生驹者，其该帮各马起解之价，务要一时追给。一群全不生驹者，买俵大马，务要四尺以上，稍不及亦不得准俵。仍将群头马户，各枷号一月，问拟发落，或罚空腹银二两为戒。如此，则民知所惩矣。各该管马官员，申明提问降级之例，生驹不及，不许考满并转迁。若有前项纸上栽桑之病，许被害之人陈告。行之数年，生驹既多，流布民间，不惟牧马之易，而祖宗良法美意庶几复矣。”

（三）发挥群长、兽医的作用

明初，在养马各地“立有群长，所以都其事而察其弊”，“群长之下，又立兽医，所以责其往来治疗马匹”。但是到了明中叶，群长、兽医制度出现弊端，成为贪官污吏谋取私利的对象，致使群长、兽医职责不清，有名无实。“群长常川存留在县，跟同里老人等朝暮打卯，中间一年一换者有之，半年一换者有之，甚至三月一换者有之。不才官吏因是利其交代，以为侵渔之计。医兽人有一番，弓兵各官分派侵占，狡猾之徒因而营求差使为业，甚者看马医兽，又有一番，额设医兽，又有一番。看马者多市井无赖，额设者轮流应当。故小民里长之役方满，群长又及，群长之役未歇，医兽复来。往来奔命，皆马而已，问其本业，茫然不知，有司亦不以其当为者责之，此其弊之在今日者也。”针对这种弊端，谢汝仪建议：“为今之计，合无将群长遵照永乐十八年（1420）事例，通行有马州县，定为五十匹立群长一人，一年方许更替一次。中间参错不齐者，通行改正，使其常川在乡，往来调督，各该马户群盖以时，务要生驹。若有将马耕田耕地使车，赁雇与人等项作践者，具呈州县从重究治。兽医各肄定业，成者一人，专以看治马匹，州县多寡降杀。市井无籍与轮流充当等项，一切革去。仍敕各该州县，止许朔望点卯一次，于群长责其半月之中，提调群盖，过定驹马若干，各该作践马匹人户若干，于兽医责之半月之中，医过马若干，致倒失马若干。各该官员亲笔填注登簿，季点时视。若报定驹而致落胎者，罪及马户。若未曾举呈，验其脊破筋伤者，罪及群长。医兽则以疗之多寡，定其勤惰，能修其业，复其本身。若疗无状，另行更换。如此，则彼知本分之当为，而咸思勉矣。若州县官吏仍常川拘留在县役替等项，许被害之人，陈告问拟违制，庶几职业不妨，马政可修矣。”在此，谢汝仪明确指出，养马州县，50匹官马立一位群长，群长一年才允许更换一次。群长的职责就是常年住在乡村，调督所属马户，在马匹繁殖季节按时交配，使母马怀孕生驹，平时监督马户不得将官马用于耕作田地、拉车，不得将官马租赁与人。群长负有保护马匹之责，如马匹脊破筋伤等，群长必须受到处罚。兽医则专门负责

医治有病马匹，每半个月必须汇报医治过马匹有若干，没治好而死亡的马匹有若干。官府以兽医医治马匹的数量，以考核兽医工作的勤惰。如果兽医能做好本职工作，就免除其徭役；如治不好病马，就另行更换兽医。如果使群长、兽医职责明确，让他们知道该做什么，就能使他们都做到勤勉尽职。

（四）平均分配养马用地，使养马户负担均匀

谢汝仪指出，当时地方由于不法官吏营私舞弊，使养马用地分配不均，一些养马户因不堪重负而逃亡。从而引起连锁反应，“有马头逃而累及贴户者，有贴户逃而累及马头者，往往皆然”。而且各村落之间，养马负担也不平均：“如第一社原编马五十匹，今虽户口消耗，不能减少；如第二社原养马二十匹，今虽人户蕃息，马不增多。”对此，谢汝仪提出重新查勘养马用地，合理分配，使贫困者减轻负担：“今日之计，合无通行直隶养马州县，逐一查勘，原系养马地土，至今逃绝共若干。即今见在余地人户，照数拨补。仍点此社不足，彼社得以补之，不得自相排挤，偏累靠损。而各该逃亡之地，仍编入余地内，候逃户复业，照常征银解寺。或军需紧急之时，暂令里甲赔纳，亦轻少易办。如此，狡者不得以幸免，贫穷者不至于独累，养马之余地自存，小民之贫困得苏矣。”

（五）禁止州县借拨种马负重，保障种马生驹

谢汝仪了解到，当时地方一些官员“将种马轮流差拨，月无虚日，岁无虚月，或驮载双人，或负重行李，救死不赡，奚暇生驹？况又赔办草料，出差雇觅一人跟马，害有不可尽述者。一为跑走所伤，疔破中风，筋伤腿瘤，遂至倒死，又累马户重行买补，玩法殃民，岂忍言哉”。对此，谢汝仪主张：“为今日之计，合无备行有马府分，严督府属州县，凡遇里长出役，各照详前年事例，务买马走递，以接济往来。该府仍将督买过里甲马匹毛齿，每年开坐该管寺丞处查考。如有前项侵欺卖放情弊，务要体访，轻则问罪发落，重则指实参奏。仍为定法：州县官但借用种马一匹，掌印官即以违制议罪，管马官以废职受罚；致损五十匹、二百匹以上者，照例送部降级。其兵备官府佐出巡，擅行调用者，一体禁革。

庶几上下有所持循，而马可无借拨之扰也。”

（六）设立循环文簿，如实申报马匹的饲养情况和数量

明初规定，管马官吏采取旧管、新收、开除、实在四柱季报之册向太仆寺申报马匹的情况和数量，供太仆寺官员出巡时比对检查。但是到了明中叶，“法久而废”，“官吏通不查验季报之册，书吏、群头人等，遂假此以为科敛之媒，册之费能几何，而一马或敛钱百文，或倍于此，而计所费亦不赀也。况其所开报旧管、新收、开除之数，俱是纸上弥文，千无一实。寺丞出巡，未闻查对”。针对这种弊端，谢汝仪主张：“酌量马匹多寡，各府州县动支无碍官钱，通置循环文簿二扇。州县簿用府印钤记，各府簿用太仆寺印钤。其循字簿，写开春秋月分；环字簿，写开冬夏月分。其在州县之簿，通将印过马匹、毛齿、马头姓名，一样开造。一留本府，一发各州县，循去环来，按季查考，每季要见膘损若干。管马通判，轮该季点之时，府中领出存留之簿，前去点视比对。开报不实，责及官吏；瘦损倒失者，责限追补膘壮；生驹者，别行慰谕。”

四、陆粲的马政思想

陆粲，字浚明。嘉靖五年（1526）进士，选庶吉士，授给事中。寻以论厂卫、劾张桂凡两次下狱，谪都镇驿丞，迁永新知县。不久，致仕归乡。著有《陆贞山集》。

嘉靖年间，陆粲曾奉敕清查坝上等马牛羊房头畜，发现当时马政一些弊端，遂上奏《陈马房事宜疏》，陈述改进建议8条。兹缕述如下。

其一，每月定时稽核养马钱粮，防止贪官污吏营私舞弊。陆粲在清查中发现，当时各马房输纳钱粮，“典牧者任意侵欺，浪费无极，计一马豢养之资，何止破中人十家之产”①。其原因是“盖缘会派不稽其实数，放支尽出于内臣，是以其弊至此”。对此，他建议朝廷“敕该部通行各马

① 《明经世文编》卷289《陆贞山集一·陈马房事宜疏》。本目以下所引陆粲言论引文，均见于此。

房经该官员，将臣等今次查过实在头畜，逐一开写毛色、口齿、印记来历，置立文簿，送部用印钤记，付该管委官收掌。遇有孳生倒死，及该监取回发下等项马匹、养马官旗，先行呈报。委官验过，及报本仓，附簿明白，方准收除。各官攒遇每月赴部注销之日，就将收除实数，呈报巡清科道官。其草料每月或五日、或十日一次，委官亲自下仓，眼同内外官，明白放支。候至年终，科道官会同委官，亲诣各仓场，通行查点造册送部，以凭会计钱粮。庶实数有稽，宿弊可革，贪冒之徒，无从而上下其手矣”。陆粲认为，防止养马官员侵欺浪费养马钱粮的有效办法是加强会计管理，即置立会计簿籍，记录马匹毛齿、印记等，明确马匹数量，根据马匹数量发放养马钱粮。养马官员每月赴部注销养马钱粮，并将钱粮收支簿籍，呈报科道官员稽查。当仓场发放养马草料时，朝廷每月五日或十日一次，派官下仓监督发放。每年年终，科道官会同下仓监督的官员，到各仓场查点，编造会计文册，送部稽核。总之，通过多次稽核养马钱粮，可以有效防范贪官污吏侵欺、浪费养马钱粮。

其二，合理规定马牛驼等饲料供给标准，既防止官吏浪费、侵克，又保证马牛驼能够饲养得健壮。陆粲指出：官府饲养马牛，“使所支之刍料，尽为马食，犹之可也。顾钱粮之糜费不訾，而马牛之耗损益甚，一举而两失之，岂不尤可惜哉”。其原因是“各马房马有支料八升，牛有支料一斗，及草二束者，以一马牛而兼数马牛之食，诚为浪费，皆由内外官员假此多支，以为侵克之资耳”。陆粲针对多支马牛饲料是造成官吏浪费、侵克的主要原因，提出重新合理制定马牛驼饲料供给标准，从而有效制止官吏浪费侵克。同时督促官吏在新饲料供给标准下必须把马牛饲养健壮，如饲养不好致牛马死亡超过规定的限制，有关官吏必须受到不同的处罚。“臣（陆粲）等查照该部覆题及弘治年间给事中许天锡奏内事理，参酌损益，除耕籍牛，曾经上用，其草料合行照旧关支。及三牛房牛只，见今每只日支料三升，草十斤，别无议处外，其西儿骡马，并挤乳马匹与料五升，余马俱各料四升，草一束。骆驼一只，与料六升，草一束。其各马房存留牛只并驴骡，俱照三牛房例，定与料三升，草十斤。

已经照数造册进缴，合无定为定例，通行遵守。仍查弘治年间，该部原题事例，申明侵盗钱粮之禁。敕御马尚膳二监，转行提督太监等官，严督各该官员，今后马牛在房，务要加意饲秣。除天行时气外，平时一月之间，百匹之内倒死三匹以上者，将内外官军、医兽参究送法司，治以重罪。如提督等官，故纵容隐者，听科道官指实参奏。使人知警畏，则钱粮不至虚费，而马牛亦免横死矣。”

其三，免除官府会派，减轻百姓负担。陆粲指出：此前“户部年年会派，各马房料草，俱行山东、河南、直隶、顺天等府办纳，动以数百万计，实用无几，虚费居多”。因此，他主张免除官府会派，减轻百姓负担，其理由有 3 个方面。一是各地养马数量已有定额，可减少养马钱粮：“臣等清查明白，头畜已有定数，则钱粮宜从减省。”二是百姓遭受水旱灾害，应减轻受灾民众负担：“地方水旱灾伤，科役繁重，合无敕该部将嘉靖七年（1528）会派之数，除已征在官外，其未征者量与停止，或通融计算，准作以后年分之数，用纾久困之民。”三是地方租税收入已够支付养马支出：“各马房草场地土，本为饲秣之资，顷年常遣官阅实，计有地三万三千余顷，其子粒所入，姑以一亩三分计之，已逾十万两之数。假令岁收其半，亦自足用。”鉴于上述理由，陆粲建议朝廷“今该部计处，每年刍料取给于此（即三万三千余顷子粒所入），其会派之数，尽行蠲除，以后更不必重征……凋瘵遗黎，不胜幸甚！”

其四，裁减多余旗军，根据马匹数量，配备相应旗军，以节省国家养马开支。陆粲在巡查马政中发现：“各房见在旗军，共四千四十九名，其间役占买闲，比比皆是。如坝上马房，止有马牛等畜，共二百三十三匹头只，却有军六百六十一名，冗滥至此极矣。”鉴于这种情况，他指出：“夫设军以为马也，今马少军多，将安用之？且如湖渠马房，先有牛马等畜，共七百五十四匹头只，今除减退外，尚有四百九十九匹头只，然军士止九十二名，亦不闻有缺少之患。举此一处以例其余，则空闲者之多可知矣。国家养军，岁费粮赏，不知凡几，岂容置之无用之地，以供私役哉！”因此，他建议朝廷“敕下该部，将各马牛羊房军士尽行查

出，照湖渠马房例，视其马之多寡，量为存留，其余悉依原拟，发回卫所差操，俾行伍克实，牧圉专精，彼此实为两便”。即查清各马房马牛羊的数量，然后按湖渠马房马匹与军士的比例数（大约一名军士管理五匹马）来确定管理马匹的旗军数，超出的旗军发回原卫所操练。这样就能使养马旗军不致冗滥，并使马匹牧养管理专精。

其五，裁减多余的管理马匹官员，对留任的管理马匹官员实行考核与奖惩。陆粲认为，当时管理马匹的官员过多，应予以裁减，以节省经费。派遣提督和科道官考察管理马匹官员，奖励勤能廉洁者，惩罚怠玩贪刻者；每年年终以所管理牲畜数量增减来评定官员政绩等级，予以奖惩。他指出：“看得各牛马羊房，俱设有内官管理马匹、钱粮，每岁或七八员，或十余员，其多者至二十余员，马少官多，十羊九牧，徒为烦扰。且今头畜更减于前，钱粮不多，官亦宜省。乞敕该部查正统等年间，各马房原设内臣额数，如有马少官多去处，量为裁革。养马指挥千百户，员数过多者，一体查明，发回本卫所听候差操。其内臣之中，岂无贤能有志向上者，宜令提督并巡视仓场科道官察其勤能廉静者，具奏旌擢，怠玩贪刻者，指实奏闻处治。每年终仍计其畜产之繁耗，以为殿最，惩劝既明，则人知激励。是亦修举马政之一助也。”

其六，禁止管理马匹官吏向前来巡视的提督等官员宴请、送礼，从而间接杜绝管理马匹官吏刻剥佃户、勒索商人、贪污侵渔养马经费。陆粲查访得知：“提督等官，每年点视马匹，所至内外管事人员，盛设酒席款待，及馈送茶果钱，多至百数十万，其跟随识字人役，亦各得分例钱，习以为常。自上而下，交相征取，苟非掊克侵欺，其财何所自至。是以征收子粒，则刻剥佃户；收纳料草，则勒掯商人；虚增妄报，百计侵渔，其源皆起于此。”对于当时养马官吏通过刻剥佃户、勒索商人、贪污侵渔国家养马经费，用于宴请前来巡视的提督等官员及向其送礼的现象，陆粲主张予以禁止，如有违反，则严厉处罚：“（朝廷）宜敕该衙门通行禁约，今后敢有仍蹈前弊者，科道官及缉事衙门指实参奏，处以重法。臣等又访得每年马匹下场收放，承委官员，于各州县侨户需索银两，递年

为害非浅。合无今后但遇下场时月，该部先行奏请，出榜晓谕，有似前需索者，严加惩治。则人心知警，而弊端可绝矣。”

其七，将官府马匹、牛只重新印烙明显，使官马与私人马匹易于区别，从而防止官马被人盗卖、占有。陆粲指出：“臣惟印烙马牛，所以分别公私，防闲诈伪，关系不为不重。顷者臣等查点过各房马牛，虽称有环吉三尖等字样，其实通无印号，间有一二亦多细浅模糊。而太监阎洪奏乞存留，乃假印号相杂为辞。臣等常据所见以折之矣。比闻天闲在内者，亦有盗易之弊。若使防范果严，岂应有此。今见在头畜已经臣等奏请，重加烫烙。此后如有各处贡贺，及新收孳生马匹，俱乞及时印烙。每二年或三年一次，提督官通行点视，但有文理细浅者，即为照前再印。庶几真伪可辨，而奸弊不生矣。”

其八，在养马的地方建立公廨、房屋，以供京城官吏能较长时间在此办理养马事务，这样就不必经常往返京师，耽误公事。陆粲指出：“看得各马房钱粮，户部设有主事分管。缘仓场去京，或在百里之外，俱无公署可居，各官逐月下仓，寓宿内臣私宅；本仓官攒亦无廨宇，每遇收粮随同主事到彼，赁住民房，或二三日事毕，旋即回京。以至钱粮之出纳，通不经手，马牛之肥瘦，邈不相关，揆诸事体，深为未便。切见近日在京，尼寺拆毁数多，变卖未尽，合无量为拆卸。前去马房盖造公廨，以为各官次舍之所，并官攒亦各造与房屋，就彼居住，以便收支，庶不往来道途，致误公务。”

五、官府马政思想

明代对官马的饲养、使用等一整套较系统、完备的制度，时称马政。明太祖朱元璋时，就设立了有关机构和官员，管理官马。“洪武七年（1374），初设群牧监。十三年（1380），增滁阳等五牧监。二十三年（1390），定为十四牧监。二十六年（1393）定：凡太仆寺所属十四牧监，九十八群，专一提调牧养孳生马骡驴牛……（洪武）二十八年（1395），废牧监，始令民间孳牧。三十年（1397），设北平及辽东、山西、陕西、

甘肃行太仆寺。永乐四年（1406），始设苑马寺，凡苑视其地广狭为三等。上苑牧马万匹，中苑七千匹，下苑四千匹。苑有圉长，一圉长率五十夫，每夫牧马十匹。”总之，“马政有太仆，苑马寺专理，而统于兵部”①。马政的具体事务有厩牧、关换、折粮、收买，“厩牧中有孳牧，有寄牧，有放牧；孳放之处，各有草场。类列其事，则关换外，如起解、印俵、买补、禁约、比较以及收买”②。以下简要介绍其中主要的官府马政思想。

（一）民户领养马匹思想

明朝民户领养马匹制度，渊源甚早。据《明会要》卷150《马政一》记载：“洪武二十八年（1395），令江南十一户，共养马一匹，江北五户，共养一匹。内丁多之家充马头，专养一马，余令津贴钱钞，以备倒失买补之用，不许轮流，有仍前轮流及令孤寡残废一概出办者，发边卫充军。如马头家生畜不旺，许令于贴户家看养。凡儿马一匹，配骒马四匹为一群，立群头一人；五群立群长一人，每群长下选聪明子弟二三人，习学医兽，看治马匹。”洪武二十八年的这一规定，基本上奠定明朝民户领养马匹的制度框架。其一，规定了民户养马的数量。由于江南、江北自然条件的不同，因此民户养马的数量差别甚大，江南11户共养马1匹，而江北5户就要养马1匹。其二，规定了数家民户共养一马的方式。为了明确养马责任，政府规定数户共养一马，数户中人丁多的家族充当马头，由其专门负责喂养马匹，其余民户为贴户，以出钱钞的方式承担养马的义务。而且明确禁止数户轮流喂养一马，只有当马头之家生畜不旺的情况下，才允许改换贴户家喂养。其三，设立了基层管理、保护马匹人员。明初规定：按公马1匹、母马4匹作为1群，设群头1人管理；5群再设立群长1人进行管理；每个群长之下还要挑选两三个聪明的年轻人学习兽医知识，负责医治生病的马匹。

① 《明会典》卷150《马政一》。

② 《明会典》卷150《马政一》。

尔后，明朝历代皇帝对马政中领养马匹制度略有改变，但其基本制度框架是相同的。如永乐“十四年（1416），令北方人户，五丁养马一匹，免其粮草之半。每马十匹立群头一人，五十匹立群长一人。十五年（1417），定南方养马例：江北每五丁养马一匹，江南十丁养马一匹……宣德三年（1428）奏准，北直隶每三丁养骒马一匹，二丁养儿马一匹，免粮草之半……四年（1429），令山东、兖州、济南、东昌三府，每五丁养骒马一匹，三丁养儿马一匹，不在免粮之例”①。“弘治六年（1493）奏定，北直隶河间、大名、保定、顺德、广平、真定、永平七府免粮养马。每地五十亩，领儿马一匹；百亩，领骒马一匹；共儿马一万六百九十五匹，骒马四万二千七百八十匹。山东济南、兖州、东昌三府，河南开封、卫辉、彰德三府，计丁养马，每五丁领儿马一匹，十丁领骒马一匹，共儿马六千八百五匹，骒马二万七千二百二十匹。南直隶应天、镇江、太平、宁国、广德五府州，每十丁领儿马一匹，十五丁领骒马一匹，共儿马一千九百九十九匹，骒马七千九百九十六匹。”正德十六年（1521）奏准，“马匹派上户领养，中户量贴草料，给与由帖，不许轮养，瘦损，止罪马头，其因而倒死，亦于本犯名下追补。嘉靖六年（1527）奏准，两京太仆寺分管寺丞、于有力人户内佥充马头，倒失责令陪补……九年（1530）议准，河南陈州等七州县人户，每十丁孳养种马一匹，免其均徭杂差，原额均徭量改本省差轻州县代办。其项城县民，佃养马地土，退出拨与养马人户牧放，通免征解租银”。由此可知，洪武之后明朝历代马政的变化主要是如何分摊民户养马负担。历代分摊还是主要以丁来计算，并随着地区的自然条件不同而分摊的马匹数量有明显的不同，北方民户养马负担重于南方。如永乐十五年（1417）规定，江北每5丁养马1匹，江南则10丁养马1匹。除了以丁来分摊养马负担外，还有以土地面积大小来分摊的。如弘治六年（1493）规定，北直隶7府养马，每50亩地，领养公马1匹，每100亩地，领母马1匹，养马户免征税粮。洪武年间所

---

① 《明会典》卷150《马政一·民间孳牧》。本自然段引文均见于此。

规定的马由马头专门负责喂养，不许轮流喂养，而其余贴户则负责供给草料的制度，基本上被原封不动地保留下来。为了明确马头养马责任，正德十六年（1521）还申明，如民户领养马匹“瘦损，止罪马头，其因而倒死，亦于本犯名下追补”。由此可见，明朝马政十分重视明确养马责任，以保证每匹官马能得到健康喂养，以杜绝官马因喂养不尽心而大批瘦损死亡。此外，洪武年间制定的群长、医兽制度也被以后历朝沿袭。如“成化四年（1468）奏准，群长每五年一替。八年（1472）奏准，各处医兽，每州定设二名，每县一名，岁终更替”。“嘉靖二年（1523）议准，凡群长照永乐十八年（1420）事例，马五十匹，立群长一人，一年方许更替一次，常川在乡，往来调督群盖，若有作践，责令具呈究治。医兽，照洪武二十八年（1395）事例，每群长下，选聪明子弟二三人，习学医兽，定业成一人，专看治马。”并且规定每月朔望两次对群长、医兽进行考核，如有失职，则予以处罚：“仍令州县，止许朔望各点卯一次。群长责其呈报，半月之中，提调定驹，及作践马若干；医兽责其呈报，半月之中，医疗过并倒死马若干。已报驹而落胎者，罪其马户；作践不曾举呈，而验其脊破者，罪及群长；医兽疗治无状，更换。”

明政府让民户领养马匹，不仅要求民户养好领养的马匹，还要求民户让领养的马匹繁殖，定期向政府交纳马驹。如“洪武二十八年（1395）定，凡补领，或孳生三岁骒驹，每二年纳驹一匹。永乐二十二年（1424），令民养官马者，二岁纳驹一匹。……（成化）三年（1467）奏准，复二年纳一驹，额外多余者，官为收买，别给空闲人户……（弘治）九年（1496）奏准，凡一马两年连生二驹者，除纳官外，听其自用”①。万历元年（1573）议准，“其二年之内不生一驹者，量追收过草料银八两，扣充朋买大马解俵”。在此，政府通过赏罚来督促民户养好官马，多生小驹。即领养母马的民户，每匹母马每两年向政府交纳1匹马驹；如领养的母马两年之内不生一驹者，那就必须追回喂马的草料银8两，用

① 《明会典》卷150《马政一·民间孳牧》。

于另外购买大马交纳给官府。如领养的母马两年之内连生 2 匹马驹，那多出的 1 匹可由官府收买，或由养马民户自行使用。

明政府为了及时了解地方州县寄养马匹的情况，一方面定期派各种官员到地方点查，一年点查达 12 次之多，其官员有兵备道、御史、太仆寺少卿和地方州县官等。另一方面，为了防止官员借点查为名骚扰地方，朝廷亦严格规定各级官员点查州县寄养马匹的次数和时间。如“隆庆二年（1568）题准，各府州县寄养马匹，每年止许查点十二次。兵备道以二月、八月，御史以四月或五月，少卿十月或十一月，凡四次；其余月份，该州县掌印官自行点视，凡八次，通判等官不必再查”①。

（二）军队牧养马匹思想

明代除了民户领养马匹外，由于军队对马匹的大量需求，朝廷规定军队也必须自行牧养马匹。军队牧养马匹与民户领养马匹的形式不同，民户领养是将官马分散到各家各户喂养，而军队牧养则是圈围草场、牧场，大批集中喂养。如“洪武二十三年（1390），令五军都督府、锦衣、旗手、虎贲左右、兴武、鹰扬、金吾前后、羽林左右、龙骧、豹韬、天策、神策府军前左右等卫，各置草场于江北、汤泉、滁州等处，牧放马匹。二十五年（1392），罢民间岁纳马草，凡军官马，令自养；军士马，令管马官择水草丰茂之所，屯营放牧。永乐十一年（1413），令御史同锦衣卫官，巡视官军牧放马匹。以后锦衣、旗手等卫，五军等营，各置草场于顺天等府，每岁春末夏初，各营马匹，除例该存留听用外，其余兵部推举坐营官一员，具奏请敕管领下各该草场牧放，至九月终回营。其牧马，每三日演习一次，下场之后，兵部行移该科及都察院，具奏差官点闸马匹倒死、官军逃亡，领敕官按月造报。如有纳贿卖闲，不行提督，致马瘦损者，点闸官指实参奏。其在边者，以四月中出牧，九月初回营”。② 由此可见，从春末夏初至九月份，军队牧养大约有一半时间是集

① 《明会典》卷 150《马政一・京府寄牧》。

② 《明会典》卷 151《马政二・营卫放牧》。

中放养在草场。朝廷还派官员清点检查马匹死亡、养马军士逃亡等情况，并且每个月造册上报。如有养马官员行贿偷懒、不听指挥以致马匹瘦弱损失者，清点检查官员可予以查实，报告朝廷。

在军队牧养马匹中，草场是十分重要的，是供给官马饲料的来源，因此，朝廷特别重视草场的保护，防止草场被人侵占。“成化四年(1468)令，北直隶京师附近系官草场，不许内外官豪势要妄指求讨托故投献。违者，许科道纠劾，及各该衙门追究治罪。弘治九年（1496）奏准，差官踏勘各处牧马草场，凡占种者俱令退出，内堪种地土，佃与近场军民耕种，每亩征租，上等七分，中等五分，收贮各府州县库，给民帮助买马；不堪种者，照旧放牧马匹。十四年（1501），以草场租银太重，减额征解太仆寺，以备买马。”① 可见，明政府主要是把不适合耕种的土地作为草场进行养马；如能用于耕种的土地，则租佃给军民耕种，以收取地租，但是其地租收入则用于购买马匹。凡用作草场养马的土地，政府还要时时派官员巡视检查，防止被人侵占耕种。

为了督促将官和军士尽心喂养马匹，朝廷对养马失职致马匹死亡者予以惩罚。隆庆三年（1569）奏准，“各营将官严督官军务要用心喂养马匹，以后遇有倒死，查果不系作践，如领养一年以上者，比常量加追银一两；二年以上者，比常量加五钱；五年以上者，仍照例追桩”②。“嘉靖二十二年（1543）奏准：凡遇言（官）军倒死马匹，领养一年者，旗军追罚银三两，千百户镇抚四两，指挥五两，都指挥六两；二年以上者，旗军二两，千百户镇抚二两五钱，指挥三两，都指挥三两五钱；五年以上者，旗军一两五钱，千百户镇抚二两，指挥二两五钱，都指挥三两；十年以上者，旗军一两，千百户镇抚一两五钱，指挥二两，都指挥二两五钱。走失被盗者，各加五钱。按月追完造册，解部稽查发寺收候买马支用。其领养十五年以上者，免追桩银。”③ 在此，明政府对养马失职致

---

① 《明会典》卷151《马政二·牧马草场》。

② 《明会典》卷152《马政三·买补》。

③ 《明会典》卷152《马政三·买补》。

马匹倒死者的处罚轻重主要依据两个方面。一是所领养马匹的喂养年限，年限越短，处罚越重；年限越长，处罚越轻。二是所领养马匹主人的职位，职位越高，责任越大，处罚越重；职位越低，责任越小，处罚越轻。

在喂养马匹中，一个关键的环节是喂养者必须给马匹足够的饲料，让其吃饱，但一些失职者往往将喂马饲料卖钱，中饱私囊，使马匹吃不饱，致其挨饿瘦弱而死亡。对此，朝廷专门制定有关惩处条例，严禁饲养者克减官马草料以出卖赚钱。“成化四年（1468），令官军勇士私卖官给草料，以致马匹瘦死者，巡绰官缉拿，并买主送问。弘治三年（1490）奏准，把总等官克减官马草料者，计赃满贯发边卫立功，满日，就彼带俸。盗卖者，发瞭哨，买至料豆十石以上者，充军。”①

（三）印俵、买补马匹思想

对官马的管理，明代一项很重要的措施是对马匹进行印烙，以防止官马被不法之徒盗卖，并使官马与私马有明显的区别，时称印俵。如成化初，“每岁九月中请旨，差御史二员，同该管寺丞，分行印俵。嘉靖二年（1521）议准……每遇三年之期，仍照常请印点烙，待后种马蕃盛足勾原额备用马匹，不致拖欠，照旧停止。近例并差御史一员印马。凡印烙马驹，旧例孳生备用骑操折易并进纳马匹，俱印烙以防奸弊。其孳生及陪纳马驹，应交俵者，印讫差官，照依地方日期，将空闲增出人丁俵散领养，造册具奏。各处印中备用马匹，径解兵部发太仆寺交纳，以凭俵散”②。“凡印马字样，洪武中孳生驹，用云字小印，俵散作种者用大（大字）印，给军骑操者，再用云字印。嘉靖三十五年（1556）议准，寄养马印官字，五军等营印五字，枢字、机字、巡字。隆庆五年（1571），寄养马印寄字，锦衣卫、勇士营、四卫营印衣字、士字、四字。”由此可见，印俵马匹如同现代汽车上牌照，最初是一年一次，后改为三年一次。在印俵时，有关官员不仅要给官马印烙，还要将印烙后的马匹登记造册

① 《明会典》卷152《马政三·禁约》。

② 《明会典》卷152《印俵》。以下两个自然段引文，均见于此。

上报。不同作用、不同部队的马匹所烙的字印也不同，使人一眼看去就能识别。如留作种马的烙“大”印；给军队骑操的马，则用“云”字印烙；寄养的官马则烙“官”字或“寄”字；五军等营使用的马则烙“五”字，锦衣卫使用的马则烙“衣”字，勇士营使用的马则烙“士”字，四卫营使用的马则烙“四”字。

明朝还规定，一些买补备用的马或检验不合格的马，则可暂时不予印烙。备用的马以备选择，选上后再予以印烙；不合格的马则不印烙，以便于变卖。“凡免印马匹，成化二十一年（1485）奏准，买补备用马免其用印，止令起解以备选择。弘治六年（1493），令孳生儿驹看验不堪及骡驹多余者，俱免印烙，从其变卖，以充买补备用之数。”

如果一些马匹，因老病不堪使用而要被淘汰变卖，必须印烙“退”字火印，然后才能估价卖掉。嘉靖三十九年（1560）议准：“陕西各苑马老病矮小，不堪作种给征者，各用退字火印，照依时估定价变卖。就将前卖过价银，另买膘马，分发各苑无马军丁领养，仍将卖过马骡收过价银，造册奏缴。每三年变卖一次。”①

所谓买补，就是民户所养官马死亡或丢失，必须购买一匹符合要求的马匹或交纳相应的银子补偿给官府。“凡买补孳牧马匹，洪武榜例，倒失者从民议和，或一县，或三五群长，辏价买补三岁以上、八岁以下、高四尺以上、堪中马匹还官，听候验印作数。违错及迟延者，一体追驹。”“弘治二年（1489）奏准，买补骑操马匹，须四岁以上、八岁以下，价自十二两至十五两，官军自愿添价收买者，听。”“弘治九年（1496）奏准，各处倒失马驹应买补者，遇孳生蕃息之时，量征价银解京，以备各边买马之用。大马一匹，征银五两；驹一匹，倒失者征银三两；亏欠者二两。”从以上记载可知，洪武年间买补时，官府和民户还可以协商，协商时以一县或三五群为单位凑足银钱，所购买补偿官府的马匹必须是3

① 《明会典》卷152《马政三·买补》。以下两个自然段引文未注出处者均见于此。

岁以上、8岁以下、高4尺以上，可供军队使用的马匹，弘治时改为4岁以上、8岁以下，价格在每匹马12—15两银钱的马匹。弘治九年对买补做了更灵活的货币化处理，即直接要求民户交纳银钱补偿，然后再由官府统一到边地购买马匹。从大马1匹征银5两，驹1匹征银3两来看，其对民户领养官马死亡或丢失的处罚还是较轻的，以弘治二年一匹4岁以上8岁以下马匹价格按12—15两计算，民户赔偿官府的银钱仅占马价的1/4至1/3之间。

（四）对养马官吏的奖惩及禁约思想

明朝为了督促养马官吏忠于职守，认真负责地把官马养好，制定了一系列条文，对养马官吏进行奖惩。如"洪武间定，凡管马官吏，时常下乡提督看验马匹，要见定驹若干，显驹若干，重驹若干，明白附写，以俟太仆寺官出巡比较。正月至六月，报定驹；七月至十月，报显驹；十一月至十二月，报重驹。凡季报原领马为旧管，买补孳生为新收，事故交俵等项为开除，季终为实在。春季二月二十四五，夏季六月二十四五，秋季九月二十四五，冬季十二月二十四五，径送太仆寺类缴。其有生质奇异与种马不同者，明白申报。凡比较点马文簿，要开原领孳生儿骒马数，分豁该算驹者若干，不该算驹者若干，已生及未生者若干，原马齿色及所生驹毛色，逐一开报。凡倒失种马，亏欠马驹，俱在年终完备。如是不完，府州县正佐首领官吏，决杖二十，管马官吏加等痛治。凡管马官，有阘茸贪污害民者，分管及所在掌印官闻奏，以除民害"①。这里，朝廷首先对养马官吏采取两种监督检查。一是派管马官吏等时常下乡巡视清查马匹，要求养马官吏申报定驹、显驹、重驹各有若干匹。二是要求养马官吏每一季度以旧管、新收、开除、实在四柱法向太仆寺申报所养马匹数量变化情况。然后朝廷根据所申报的马匹数量，考核官吏是否完成养马任务。如未完成，有关地方的府州县正副长官，必须受到杖打二十的处罚，管马官吏则要加倍受到处罚。如管马官员无能贪污，

① 《明会典》卷153《马政四·比较》。以下两个自然段引文，均见于此。

其上级官府必须上报朝廷，予以罢免。

“成化二年（1466）奏准：管马官三年任内，孳生不亏者、称职；额外多生者，量加旌擢；不及额至百匹者，降用；分管寺丞，以所属课额亏增递为黜陟。七年（1471）奏准，府州县掌印首领官，任内马匹亏欠孳养不增者，九年不准给由。措置完日，与管马官一体降用。弘治二年（1489）奏准，每二年差太仆寺少卿二员，南京太仆寺少卿一员，分往北直隶、河南、山东、南直隶地方，比较该纳马驹。每岁终，分管寺丞，具管马官贤否呈部。六年之内，马匹无亏者，量加旌擢，以外亏损数多，照例黜罢。九年（1496）奏准：府州县买补马匹，不及五分者，正官住俸一月；不及四分者，两月；不及三分者，三月；京县不拘多寡，止住一月；其管马官不及五分者，全住。”洪武以后，明代历朝对养马官吏的考核奖惩更加完备。对管马官员三年任期内，如所管马匹额外多生的，按所生马匹数量予以破格提拔晋升；六年之内，只要所生马匹不亏欠而达到要求，有关官员就予以破格提拔晋升。相反，如所管马匹孳生数量比原定的数额差 100 匹，管马官员就要降级；府州县长官，如在其任内马匹孳养数量没有增加的，九年之内不得给予考核合格凭证，并与管马官员一起降级任用。弘治九年（1496）规定，府州县在买补马匹中，如：达不到原定数额的五分，正官就要停发一个月的俸禄；达不到原定数额的四分，就要停发两个月的俸禄；达不到原定数额的三分，就要停发三个月的俸禄；京城所辖县官，不论买补马匹达不到原定数额的多少，均停发俸禄一个月；其管马官员如达不到原定数额的五分，其俸禄全部停发。

朝廷为了防止管马、养马官员在职期间违法乱纪、损害官马，制订了一系列规定，对管马、养马官员进行约束，其主要有以下 3 个方面。其一，为了保证管马、养马官吏能集中精力做好管马、养马工作，朝廷禁止管马、养马官吏兼管其他事务，司府州县并分巡分守官也不许差遣管马、养马官员从事其他工作。“洪武榜例，各卫所府州县管马官员职专提调马匹，不许管署卫所府州县事务及别项差占。弘治十四年（1501）

奏准，凡司府州县并分巡分守官，并不许差委管马官员，如违，听巡按御史及分管寺丞纠举，应提问者提问，应参奏者参奏。抚按官亦要一体遵依，毋擅差委。”① 其二，有关官吏不得私自占用官马。“宣德四年（1429），令官军人等不许将官马闲时带鞍骑坐、驮载物件、两人共骑及妇女骑坐，违者，御史、给事中同锦衣卫官，拿送本部罚马一匹，仍送法司问罪。成化六年（1470），令管军官，将官马拨送与人跟随、迎送或识字人骑占听候，并赁借与人，致令伤死者，问罪，照例罚马入官。在外各边，例亦如之。弘治二年（1489）奏准，官司借用寄养马二匹者，罚一匹；五匹者，罚二匹。年终分管寺丞，具有无追罚数目奏报。三年（1490）奏准，管军内外官，私占官马及借拨与人者，五匹以下，降一级；以上，降二级；俱发边卫立功，借者一体论罪。九年（1496），令凡借拨官马至瘦损倒死，州县五十匹，府二百匹以上，借者及管马官，各降一级。十年（1497），令管军官拨借车马，驮载围猎者，五匹以下，罚马一匹；以上，罚二匹；十匹以上，罚三匹；伤死者，五匹以下，降一级；六匹以上，降二级；马各抵数追偿。十三年（1500）奏准，凡官军将所领官马耕田走递，驮载物件，或两人共骑，或妇人骑坐者，依宣德四年（1429）禁例问罪，俱罚马一匹。若雇与人骑坐等项，枷号半个月，及借与人，各彼此罚马一匹……嘉靖二十三年（1544）议准，有将官马雇借骑驮者，照例追问。仍将追罚马匹，每匹折银十两，送太仆寺交纳，以备买马之用。”② 这里的私用官马驮载物件，拨送与人跟随、迎送，赁借与人，借拨与人，拨借车马，驮载围猎，耕田走递，雇与人骑坐，雇借骑驮，等等，均属于官马私用私占，假公济私行为，因此，必须遭到处罚。如因此使官马损伤，甚至死亡的，则必须加重惩罚。除此之外，两人共骑一马，超出马的承载力，会使马匹受到损害；妇女坐马有违封建礼教习俗，故也要受到处罚。对于这些行为的处罚形式，有罚违反者

① 《明会典》卷152《马政三·禁约》。本自然段引文均见于此。

② 《明会典》卷152《马政三·禁约》。

交纳马匹给官府，其交纳马匹的数量依据违反行为的轻重而有所不同。嘉靖年间又将追罚马匹改作折银交纳，每匹马折银10两。有采取降级处罚的，管马官与借者，处罚相同。除此之外，还有发往边卫立功或枷号惩罚的。其三，严禁盗卖官马。“凡盗卖官马，宣德四年（1429），令追罚马二匹，知情和买牙、保邻人各罚马一匹。宰杀及偷卖官骡者，亦如之。首告者于犯人名下追钞五千贯充赏。”“弘治间奏准，养马人户，盗卖官马至三匹以上者，问拟盗官畜产罪名，发附近卫所充军。其盗卖寄养马者亦如之，知情和买者，民发摆站，军发边方瞭哨。嘉靖二年（1523）奏准，盗卖骑操官马及照例罚马人犯，尽产变卖，买马还官。如果贫难，免其追罚。军调边卫，民发附近卫所，永远充军，遇赦不宥。其各营把总，地方守备等官，遇前操军盗卖和买官马，三匹以上者，降一级；五匹以上者，罪止降二级。”明朝对盗卖官马的处罚有罚马、充军、降级等处罚，而且如遭到充军处罚，将来遇到赦免也不宽宥，终身充军。朝廷为了严防盗卖官马，鼓励知情人告发，由犯人名下追缴钞五千贯赏给告发者。相反，如知情不报，知情者、买方、牙人、担保人、邻居都要受到连带处罚。

主要参考文献

一、古文献

1. 张廷玉等：《明史》，中华书局，1974 年。
2. 申时行等：《明会典》，中华书局，1989 年。
3. 《明太祖实录》，台北历史语言研究所，1962 年校印本。
4. 《明太宗实录》，台北历史语言研究所，1962 年校印本。
5. 《明仁宗实录》，台北历史语言研究所，1962 年校印本。
6. 《明宣宗实录》，台北历史语言研究所，1962 年校印本。
7. 《明英宗实录》，台北历史语言研究所，1962 年校印本。
8. 《明宪宗实录》，台北历史语言研究所，1962 年校印本。
9. 《明孝宗实录》，台北历史语言研究所，1962 年校印本。
10. 《明武宗实录》，台北历史语言研究所，1962 年校印本。
11. 《明世宗实录》，台北历史语言研究所，1962 年校印本。
12. 《明穆宗实录》，台北历史语言研究所，1962 年校印本。
13. 《明神宗实录》，台北历史语言研究所，1962 年校印本。
14. 《明光宗实录》，台北历史语言研究所，1962 年校印本。
15. 《明熹宗实录》，台北历史语言研究所，1962 年校印本。
16. 《崇祯长编》，台北历史语言研究所，1962 年校印本。
17. 《崇祯实录》，台北历史语言研究所，1962 年校印本。
18. 朱元璋：《大诰》《大诰续编》《大诰三编》，上海古籍出版社影印

《续修四库全书》，2002年。

19. 陈子龙等：《明经世文编》，中华书局，1962年。

20. 龙文彬：《明会要》，中华书局，1956年。

21. 谷应泰：《明史纪事本末》，中华书局，1985年。

22. 邓士龙：《国朝典故》，北京大学出版社，1993年。

23. 嵇璜：《续文献通考》，商务印书馆“万有文库”十通本。

24. 《大明律集解附例》，台湾学生书局，1986年。

25. 戴金：《皇明条法事类纂》，科学出版社，1994年。

26. 丘浚：《大学衍义补》，台湾商务印书馆影印文渊阁本《四库全书》。

27. 张居正：《张太岳集》，上海古籍出版社，1984年。

28. 杨一清：《杨一清集》，中华书局，2001年。

29. 王世贞：《弇山堂别集》，中华书局，1985年。

30. 海瑞：《海瑞集》，中华书局，1962年。

31. 章懋：《枫山集》，台湾商务印书馆影印文渊阁本《四库全书》。

32. 黄淮、杨士奇等：《历代名臣奏议》，上海古籍出版社，1989年。

33. 王守仁：《王文成公全书》，《四部丛刊》本。

34. 沈德符：《万历野获编》，中华书局，1989年。

35. 林希元：《荒政丛言》，北京古籍出版社，2003年。

36. 孙承泽：《春明梦余录》，台湾商务印书馆影印文渊阁本《四库全书》。

37. 宋濂：《宋文宪公全集》，台湾商务印书馆影印文渊阁本《四库全书》。

38. 方孝孺：《逊志斋集》，《四部丛刊》本。

39. 吴与弼：《康斋文集》，台湾商务印书馆影印文渊阁本《四库全书》。

40. 刘基：《诚意伯文集》，台湾商务印书馆影印文渊阁本《四库全书》。

41. 黄道周：《黄漳浦集》，台湾商务印书馆影印文渊阁本《四库全书》。

42. 黄道周：《榕坛问业》，台湾商务印书馆影印文渊阁本《四库全书》。

43. 黄宗羲：《明儒学案》，上海世界书局，1936 年。

44. 罗洪先：《念庵罗先生集》，台湾商务印书馆影印文渊阁本《四库全书》。

45. 刘宗周：《刘子全书》，台湾商务印书馆影印文渊阁本《四库全书》。

46. 顾炎武：《天下郡国利病书》，上海古籍出版社，2002 年。

47. 夏言：《桂洲先生奏议》，齐鲁书社影印《四库全书存目丛书》。

48. 文林：《文温州集》，齐鲁书社影印《四库全书存目丛书》。

49. 姜宝：《姜凤阿文集》，齐鲁书社影印《四库全书存目丛书》。

50. 唐顺之：《荆川集》，台湾商务印书馆影印文渊阁本《四库全书》。

51. 姚舜牧：《药言》，《丛书集成》初编，中华书局，1982 年。

52. 陈确：《陈确集》，中华书局，1979 年。

53. 程敏政：《篁墩文集》，台湾商务印书馆影印文渊阁本《四库全书》。

54. 汪道昆：《太函集》，黄山书社，2004 年。

55. 王世贞：《弇州四部稿》，台湾商务印书馆影印文渊阁本《四库全书》。

56. 霍韬：《霍渭崖家训》，《涵芬楼秘笈》第二集。

57. 许相卿：《许云村贻谋》，《丛书集成》初编，中华书局，1982 年。

58. 庞尚鹏：《庞氏家训》，道光丙戌手抄本。

59. 陈梦雷：《古今图书集成》，中华书局、巴蜀书社，1985 年。

60. 归有光：《震川先生集》，上海古籍出版社，2007 年。

61. 张履祥：《杨园先生全集》，中华书局，2002 年。

62. 张师载：《课子随笔》，1922年溧阳周倚德堂木活字印本。

63. 程春宇：《士商类要》，载贾嘉麟等《商家智谋全书》，中州古籍出版社，2002年。

64. 李晋德：《客商一览醒迷》，载贾嘉麟等《商家智谋全书》，中州古籍出版社，2002年。

65. 张萱：《西园闻见录》，上海古籍出版社影印《续修四库全书》，2002年。

66. 王圻：《续文献通考》，现代出版社，1986年。

67. 孙承泽：《天府广记》，北京古籍出版社，1984年。

68. 沈榜：《宛署杂记》，北京古籍出版社，1983年。

69. 顾起元：《客座赘语》，中华书局，1987年。

70. 徐光启：《农政全书》，岳麓书社，2002年。

71. 郑晓：《今言》，中华书局，1984年。

72. 陆曾禹、倪国琏：《钦定康济录》，台湾商务印书馆影印文渊阁本《四库全书》。

73. 俞森辑：《荒政丛书》，台湾商务印书馆影印文渊阁本《四库全书》。

74. 顾炎武：《日知录集释》，上海古籍出版社，2006年。

75. 于慎行：《谷山笔麈》，中华书局，1997年。

76. 张瀚：《松窗梦语》，上海古籍出版社，1986年。

77. 高拱：《高文襄公集》，齐鲁书社影印《四库全书存目丛书》，1997年。

78. 陈梦雷：《明伦汇编》，中华书局、巴蜀书社，1985年。

79. 叶盛：《水东日记》，中华书局，1980年。

80. 赵翼：《廿二史札记校证》，中华书局，1984年。

81. 曹端：《通书述解》，台湾商务印书馆影印文渊阁本《四库全书》。

82. 曹端：《曹月川先生遗书》，北京大学出版社，2014年。

二、今人著作

1. 胡寄窗：《中国经济思想史》，上海人民出版社，上册 1962 年，中册 1963 年，下册 1981 年。

2. 赵靖：《中国经济思想通史》，北京大学出版社，1997 年。

3. 何炼成：《中国经济管理思想史》，复旦大学出版社，1990 年。

4. 刘泽华，葛荃主编：《中国古代政治思想史》，南开大学出版社，2001 年。

5. 白钢：《中国政治制度通史》，人民出版社，1996 年。

6. 曹德本：《中国政治思想史》，高等教育出版社，2004 年。

7. 方宝璋：《中国审计史稿》，福建人民出版社，2006 年。

8. 高锐：《中国军事史略》，军事科学出版社，1992 年。

9. 侯外庐：《宋明理学史》，人民出版社，1997 年。

10. 中国哲学教研室、北京大学哲学系：《中国哲学史》，商务印书馆，1995 年。

11. 赵华富：《徽州宗族研究》，安徽大学出版社，2004 年。

12. 冯尔康等：《中国宗族史》，上海人民出版社，2009 年。

13. 龚贤：《明代管理思想——基于政策工具视角的研究》，经济管理出版社，2014 年。

14. 吴照云：《中国管理思想史》，经济管理出版社，2012 年。

15. 王天有：《明代国家机构研究》，北京大学出版社，1992 年。

16. 南炳文：《明史新探》，中华书局，2007 年。

17. 黄仁宇：《十六世纪明代中国之财政与税收》，生活·读书·新知三联书店，2001 年。

18. 孟森：《明史讲义》，上海古籍出版社，2008 年。

19. 黄云眉：《明史考证》，中华书局，1984 年。

20. 王毓铨：《明代的军屯》，中华书局，1965 年。

21. 钱穆：《明代政治》，台湾学生书局，1968 年。

22. 朱绍侯：《中国古代史》，福建人民出版社，1982 年。

三、今人论文

1. 李龙潜：《明代钞关制度评述——明代商税研究之一》，《明史研究》第四辑，黄山书社，1994 年。

2. 鞠明库：《明代灾害与政治》，华中师范大学，2008 年博士论文。

3. 常建华：《明代江浙赣地区的宗族乡约化》，《史林》2004 年第 5 期。

4. 王守义：《明代的商屯》，《南开大学学报》1956 年第 2 期。

5. 汪崇筼：《以商品经济观念论开中盐法及其嬗变》，《盐业史研究》2000 年第 3 期。

6. 王雄：《从纳粟中盐到纳银中盐》，《广播电视大学学报》2003 年第 2 期。

7. 何本方：《明代榷关浅析》，《商鸿逵教授逝世十周年纪念论文集》，北京大学出版社，1995 年。

8. 陈永正：《从〈大学衍义补〉试析丘浚思想》，福建师范大学，2002 年博士学位论文。

9. 宋建晓：《王守仁“知行合一”思想的独特价值》，《人民日报》（学术版）2017 年 6 月 19 日。

10. 方宝璋：《民惟邦本，本固邦宁——略论丘浚的民本思想》，《光明日报》（理论版），2008 年 6 月 22 日。

11. 宋建晓：《明代海外贸易政策对“一带一路”建设的启示》，《中国海洋大学学报》2019 年第 1 期。

后　记

终于可以松口气了，三百多万字的先秦、秦汉魏晋南北朝、隋唐五代、宋、元、明、清时期管理思想史校样稿终于寄往鹭江出版社。拙著历经二十年的时间，如果说长，也真够长了，人生能有几个二十年的时间？但如果说短，也真够短的，单单春秋战国、秦汉、隋唐、宋、元、明、清等十余个主要朝代，一个朝代仅花费约两年的时间草就书稿，从收集资料、整理资料到拟订提纲、撰写书稿，实在是太仓促了！但是，拙稿作为国家社会科学基金重大项目“中国古代管理思想通史”的成果之一，只能在极其有限的规定时间里尽可能把它做好。这套系列专著是我走上治学道路后近四十年来所出版字数最多、卷帙最浩繁的书稿。按照常理来说，我接受这一任务时，已过耳顺之年，应该退休养老、颐养天年了，却不知老之已至，不自量力地自讨苦吃，从此继续焚膏继晷，恪勤朝夕。听说著名学者冯友兰先生八十多岁才开始动笔撰写《中国哲学史新编》，那我在甲子之年动笔写先秦至清管理思想史，也只能说是小巫见大巫了！幸运的是，上天关照了我，二十年来没病没灾，让我得以顺利地进行这项浩大的工程。天道酬勤，现在终于完成了。

是书在撰写期间，我也经历了人生的退休过程。退休对我来说，是一件好事，意味着可以无拘无束地进入“自由王国”，自由自在地支配自己的生活，不必勉强自己去参加那些毫无意义的会议，不必去跟那些自己不喜欢的人打交道，可以去践行陶渊明“不为五斗米折腰”的生活。

退休将届之际，我做出了一个选择，回家乡莆田生活，开始了人生的一个新阶段。我在临退休的时候，接受莆田学院的邀请，作为特聘教授在莆田学院商学院任教。从此，我就长住在莆田学院校园内的东道德楼。我祖籍莆田，但从来没有在家乡长期生活过，没想到晚年却回到家

乡，真应了“叶落归根”这句老话。

我小时候，暑假时经常跟着舅母到莆田外婆家里，那里有我熟悉的乡土气息：空气中弥漫着烧稻草夹杂着牛粪的气味，成群的八哥在田间地头飞翔鸣叫；晚上，打谷场的戏台上锣鼓喧天，台下人头攒动。现在虽然住在校园内，但周边仍然有小块的菜地，还能闻到农民施肥的气味，偶尔仍然能见到几只八哥停在校园的房顶鸣叫。逢年过节，学校周边的宫庙里，仍然会搭起戏台演戏，莆仙戏唱腔不绝于耳，格外亲切。我恍惚间返璞归真，又回到童年的故乡。莆田的气候比福州更为温暖宜人，海产品和水果新鲜丰富。学院从领导到普通教师、学生，对我都十分友好尊重。我在这样的环境中工作、生活，觉得十分惬意。这五年多来，我在学术上完成了国家社科基金重大项目“先秦秦汉魏晋南北朝隋唐五代元明清管理思想”部分的撰写，并成功申请到国家社科基金一般项目“政策工具视角下的古代政府治理思想及其当代价值研究”。随着自己年纪渐大，我努力放慢生活节奏，一天伏案工作五六个小时，晚上散步后回到家练练书法。

拙稿的完成，得益于许多相识或不相识的人的帮助，在此必须表达我的感恩之情。一是拙著之所以在短短近二十年的时间里得以顺利完成，一个很重要的因素是参考了许多学者的研究成果，主要者已在每册参考文献中列出，在此还要特别提出的是：冯友兰著的《中国哲学史新编》、赵靖主编的《中国经济思想通史》、白钢主编的《中国政治制度通史》、侯外庐主编的《宋明理学史》、曹德本主编的《中国政治思想史》、高锐主编的《中国军事史略》、王曾瑜著的《宋朝军制初探》、汪圣铎著的《两宋货币史》、冯尔康著的《中国宗族史》、赵华富著的《徽州宗族研究》、王利华著的《中国家庭史》第一卷《先秦至南北朝时期》等。我就是在前人研究的基础上，再阅读了各朝代大量的第一手史料，从而形成对古代管理思想的全面系统的看法，最终完成拙著的撰写。如果没有前人成果的参考借鉴，一切都从第一手史料做起，那么可能就要花费三四十年的时间才能完成。尤其明清时期史料浩如烟海，粗略浏览一遍就要

一二十年的时间。二是在拙著的撰写过程中，得到了几位教授的支持与帮助。首先，我在江西财经大学工作期间得到副校长吴照云教授的提携，加入他主持的中国管理思想史研究团队，从而使一些早期成果得以顺利地在经济管理出版社出版。退休后我来到莆田学院，承蒙校长宋建晓教授和商学院院长林鸿熙教授的支持，为我排除了许多杂事的干扰，能够有充足的时间撰写书稿。宋校长对中国古代管理思想颇感兴趣，晚上经常与我一起散步，切磋古代管理思想的学术问题，留下了许多难忘的美好回忆。三是众所周知，当前国内发表学术论文、出版学术专著难，鹭江出版社副总编辑余丽珍编审得知我正在撰写这一系列专著，帮助申请福建省优秀出版项目资助，使拙著在即将完稿之际就解决了出版问题。余编审与责任编辑梁靓、金月华、杨玉琼、黄孟林等还为拙著的出版做了大量的编辑和审校工作，付出了艰辛的劳动。在此，本人向以上提及的认识或不认识的人，还有大量未提及的人，致以深深的谢意！

现代学术讲究道德规范，反对剽窃，这是很好的。因此，我对拙著中的注引问题做一简单说明。世界上的任何学术专著，或多或少都是在前人研究成果的基础上进行创新深化并提高发展的。拙著中的文字主要由三种类型的表述构成：第一种也是最多的一种，基本上是属于原创性的，即笔者通过收集整理研读原始资料，然后得出自己的见解而写成的。这种文字采取仅注原始资料出处的做法。笔者粗略估计，这种文字至少占全套书一半以上。第二种是有些文字在参考前人专著论文成果的基础上，根据自己的理解，做了改写。中国古代管理思想史内容丰富，涉及面十分广泛，仅凭一己之力，很难面面俱到，因此必然要参考前辈的学术成果。如拙著中的自我管理部分，其实是属于中国哲学史的范围，而仅中国哲学史的研究，就让人一生难以穷尽了。因此，这一部分几乎是参考了前人的著述。但是笔者在参考前人著述的基础上，根据自己的理解并从管理思想的角度尽可能做了新的表述。由于与参考的前辈著述观点或多或少有所不同，所以不便一一注出，只在参考文献中开列有关作者和著作，一些参考较多的著作在后记中特别予以致谢。第三种是有些

文字或观点完完全全就是前人的成果，这类文字不多，但往往都是很经典的，笔者很难对此再进行提高和改写，因此就予以引注，采取与引用原始资料相同的引注方式。

中国正快速进入多元化、老年化社会，人们的物质生活水平提高，思想观念也发生了深刻的变化。有的人退休后，生活安排得丰富多彩。与我同龄的许多老年人，每天养养鸟，栽栽花，钓钓鱼，去各地旅游观光……生活过得开心惬意。这无可非议。我们这一代人有太多的磨难、坎坷，现在已到了夕阳西下的年龄，再不开心玩一玩、乐一乐，那更待何时！现在大多数老人的观念是活在当下、快乐开心，但我却不改初衷。我平时生活太有规律，出门旅游会打乱了规律，极不习惯，感觉难受，所以对旅游只能望洋兴叹，心有余而力不足。现在，我每天刷一个小时的手机，看一些感兴趣的信息，与亲友们通通声气，还是挺愉快的。每年两三次的同学聚会，吃吃饭，叙叙旧情，开心温馨。除此之外，每天阅读一些图书、报刊，散步时思考思考，然后提笔写一些感想，生活宁静充实，自得其乐。我觉得自己快到古稀之年了，趁着身体还没什么大毛病，继续努力笔耕吧。自 1977 年恢复高考之后，命运之神眷顾了我，使我跨入大学的门槛，有了一个治学的好环境。每当我想起这些，就倍加珍惜，不但要让自己活得开心健康，还应当让自己活得更充实更有意义些。

方宝璋匆草于莆田学院万贤斋

2020 年秋分

图书在版编目（CIP）数据

明代管理思想史 / 方宝璋著. —厦门：鹭江出版社，2021.12

（中国管理思想史）

ISBN 978-7-5459-1659-1

Ⅰ.①明… Ⅱ.①方… Ⅲ.①管理学—思想史—中国—明代 Ⅳ.①C93-092

中国版本图书馆 CIP 数据核字(2020)第 225724 号

中国管理思想史

MINGDAI GUANLI SIXIANGSHI

明代管理思想史

方宝璋　著

出版发行：鹭江出版社

地　　址：厦门市湖明路 22 号　　**邮政编码**：361004

印　　刷：福建新华联合印务集团有限公司

地　　址：福州市晋安区福兴大道 42 号　　**联系电话**：0591－88208488

开　　本：700mm×1000mm　1/16

插　　页：4

印　　张：43.5

字　　数：604 千字

版　　次：2021 年 12 月第 1 版　　2021 年 12 月第 1 次印刷

书　　号：ISBN 978-7-5459-1659-1

定　　价：145.00 元